Monika Setzwein

Ernährung – Körper – Geschlecht

Forschung Soziologie
Band 199

Monika Setzwein

Ernährung – Körper – Geschlecht

Zur sozialen Konstruktion von Geschlecht im kulinarischen Kontext

VS VERLAG FÜR SOZIALWISSENSCHAFTEN

VS Verlag für Sozialwissenschaften
Entstanden mit Beginn des Jahres 2004 aus den beiden Häusern
Leske+Budrich und Westdeutscher Verlag.
Die breite Basis für sozialwissenschaftliches Publizieren

Bibliografische Information Der Deutschen Bibliothek
Die Deutsche Bibliothek verzeichnet diese Publikation in der Deutschen Nationalbibliografie; detaillierte bibliografische Daten sind im Internet über <http://dnb.ddb.de> abrufbar.

1. Auflage Juni 2004

Der VS Verlag für Sozialwissenschaften ist ein Unternehmen von Springer Science+Business Media.
www.vs-verlag.de

Umschlaggestaltung: KünkelLopka Medienentwicklung, Heidelberg
Druck und buchbinderische Verarbeitung: MercedesDruck, Berlin
Gedruckt auf säurefreiem und chlorfrei gebleichtem Papier
Printed in Germany

ISBN 3-8100-4122-X

Inhalt

Danksagung

Dieses Buch ist die geringfügig überarbeitete Fassung meiner Dissertationsschrift, die im Sommer 2003 von der Philosophischen Fakultät der Christian-Albrechts-Universität zu Kiel angenommenen wurde. Ich danke meinen Doktorvätern Prof. Dr. Lars Clausen und Prof. Dr. Hans-Werner Prahl für die gewährte akademische Freiheit und die sehr persönliche Begleitung nicht nur während dieser Phase meiner Lehrjahre. Beiden gilt mein tief empfundener, herzlicher Dank für Ansporn und Bestärkung, für kritische und weiterführende Anregungen, für fachlichen Rat und menschliche Unterstützung.

Dank gebührt auch den Kieler KollegInnen vom Institut für Soziologie für die ebenso inspirierenden wie kurzweiligen (Mittags-)Diskussionen über Quergedachtes, Eigensinniges, Umwegiges. Ganz besonders danke ich PD Dr. Elke M. Geenen und PD Dr. Klaus Schroeter für zahlreiche, nicht nur in theoretischer Hinsicht sehr belebende Gespräche. Elke M. Geenen verdanke ich außerdem viele wertvolle Anmerkungen zu meinem Manuskript und Motivationsschübe gerade auch auf den berühmten letzten Metern vor dem Ziel. In einer früheren Version hat auch Dr. Dirk Stangenberg die Arbeit mit seinen fachlichen und freundschaftlichen Kommentaren bereichert. Mit ständig aktualisierten Literaturhinweisen versorgte mich Ulla Kubitz, der ich als Freundin auch für vieles andere zu danken habe. Nicht zuletzt möchte ich dem geschäftsführenden Direktor des Instituts, Prof. Dr. Günter Endruweit, meinen Dank dafür aussprechen, dass mir Raum und Ressourcen zum Denken und Schreiben gewährt wurden.

Für ein sehr frühes und fortwährendes Interesse an der Thematik bin ich Dr. Uwe Spiekermann und Prof. Dr. Barbara Methfessel sehr dankbar. Uwe Spiekermann brachte mich mit dem *Internationalen Arbeitskreis für Kulturforschung des Essens* zusammen und bestärkte insbesondere meine Ambitionen im Feld der kulinarischen Männerforschung mit ebenso einschlägigem wie amüsantem Material aus der Historie. Barbara Methfessel sensiblisierte mich für den Aspekt der Hausarbeit in meinem Themenfeld. Ihr sei an dieser Stelle noch einmal für die vielen Hinweise und engagierten Nachfragen gedankt.

Die Zeit der akademischen Qualifikation war nicht immer schlaraffig. Für die Nähe, Wärme und Freude, den Mut, die Zuversicht und die heiteren Glücksmomente, die er mir auch während mancher Durststrecke schenkte, danke ich meinem Mann Christian. Dir widme ich dieses Buch.

Januar 2004, Monika Setzwein

Einleitung

„Essen, gegessen werden, das ist das Modell der Operation der Körper, [...]. Sprechen dagegen, das ist die Bewegung der Oberfläche, der idealen Attribute oder unkörperlichen Ereignisse. Verlangt wird, was am schwierigsten ist: über Nahrung sprechen oder Wörter essen."

(Gilles Deleuze)

Silben, Wörter, Sätze zu schlucken, sie mit den Zähnen zu ergreifen, zu kauen und von einer Backentasche in die andere zu schieben, scheint unmöglich – mindestens aber ungleich schwieriger, als sich Gedanken über körperbezogene sujets wie das Essen zu machen und diese in Sprache zu fassen. Gleichwohl ist die im folgenden verhandelte Zusammenschau von Ernährung, Körpern und Geschlechtern kaum ein leichtes Unterfangen. Alle drei Bereiche führen geradewegs in die Niederungen des Unsagbaren, in die sinnlich-materiellen Ebenen des Fleisches, des leiblichen Spürens, Erlebens und Empfindens, in die Gefilde des lebendigen Seins. Und diesem ist durch bloße Denktätigkeit so wenig (oder so viel) beizukommen, habhaft zu werden, wie dem Wort die Fähigkeit eignet, den Menschen zu munden und sie zu sättigen. Trotz und gerade wegen dieser Schwierigkeit sind die im Spannungsbogen von Natur und Kultur angesiedelten Themenkreise für eine an der Hinterfragung von Seinsgewissheiten interessierte Soziologie allerdings so außerordentlich reizvoll. Und der „verdünnte Saft der Vernunft" (Dilthey, zit. nach Asemissen, 1991: 151) vermag zur Sphäre des Lebendigen – wenngleich stets in spezifischer Übersetzung und Transformation – durchaus Verbindung aufzunehmen, Strukturen aufzudecken und der Organisation von „wohlbegründeten Irrtümern" (Bourdieu, 1974: 24) auf die Spur zu kommen. Darüber lässt sich freilich sprechen.

Die Rede über das sagbare Unsagbare hat gegenwärtig Hochkonjunktur, die Diskurse mögen in jüngerer Zeit gar nicht abreißen. Viel und immer mehr wird über Körper und Leiber und ihre vielfältigen „Operationen" wortgewaltig debattiert. Nicht nur jenen Wissenschaften, die sich zunehmend einem kulturwissenschaftlichen Paradigma verpflichten, wird die Körperlichkeit in

Theoriebildung und empirischen Unterfangen gleichermaßen zur zentralen Kategorie. Auch die Alltagskultur ist durch einen anhaltenden Körperkult gekennzeichnet, der sich in kollektiven Praxen wie Diätwahn oder Fitnesswellen und in einer raumgreifenden Diskursivierung von Gesundheit, Ernährung, Sexualität, Altern etc. Bahn bricht. Es ist freilich kein Zufall, dass die Körper gerade jetzt verstärkt die Bühnen von Forschung und Lebenswelt besteigen und in wachsendem Maße deren Programme gestalten. Das Virulentwerden der Körper ist hierbei ein zwiespältiges. Einerseits geraten sie angesichts der subjektiven Unabwendbarkeit gesellschaftlicher Entwicklungen und Risiken zu einem Ort der Gestaltbarkeit, Kompensation, Sinn- und Identitätsstiftung, avancieren sie angesichts der Zumutungen einer mehr und mehr technisierten Kultur zum Zufluchtsort für Sinnlichkeit, Authentizität und Lebendigkeit. Andererseits steht etwa im Zuge von Medikalisierungs- und Kommerzialisierungsprozessen gerade diese Integrität zur Disposition, indem die Bioindustrie die Körper zu ihrer Kolonie erklärt. Doch auch die mannigfaltigen Versuche zu einer Befreiung oder emanzipatorischen Wiederaneignung der okkupierten Körper stehen vielfach unter dem Vorzeichen repressiver und instrumenteller Zugriffe, bleiben im Abstrakten verhaftet und lassen kaum mehr als eine Entfesselung ins Bild (vgl. Kamper, 1997) gelingen.

Die soziologische Theoriebildung hat auf den gesellschaftlichen Körperwandel reagiert und mit konstruktivistischen, poststrukturalistischen, ethnomethodologischen und phänomenologischen Zugängen sowie mit Ansätzen aus der Theorie symbolischer Interaktion und einer Soziologie des Alltags Denkachsen vorgelegt und Forschungsprogramme aufgestellt, die den Körpern eine zentrale Position in der Konstitution sozialer und subjektiver Wirklichkeiten einräumen. Insbesondere in der sozialwissenschaftlichen Frauen- und Geschlechterforschung sind diese Vorlagen aufgegriffen und weiterentwickelt worden, da die Körper hier im Laufe der Jahrzehnte schließlich zur letzten Bastion der Geschlechterdifferenz geworden waren. Die Körper als biologische Statthalter der zweigeschlechtlichen Ordnung zu dekonstruieren, sie als kulturelle Schöpfungen zu entschleiern, ist ein wesentliches Anliegen der aktuellen Geschlechterforschung. Bei der in dieser Arbeit aufgeworfenen Frage nach der sozialen Konstruktion von Geschlecht im kulinarischen Kontext fällt der körperlich-leiblichen Dimension daher die Funktion eines theoretischen Bindeglieds zu.

In der Zusammenführung von Ernährung und Geschlecht – zweier Bereiche, die nicht zuletzt aufgrund disziplinärer Schranken bislang ohne tiefere Berührung geblieben sind – bieten die Körper und Leiber einen Umschlagplatz für Denkfiguren und Wissenschaftsprogramme, welche Bezüge zwischen den beiden Forschungsfeldern vermitteln, gleichzeitig aber auch innerhalb der jeweiligen Arbeitsbereiche neue Perspektiven eröffnen. Die theoretischen Ambitionen des hier vorgestellten Vorhabens reichen somit über das im Engeren angesteuerte Ziel eines erweiterten Verständnisses der Zusammenhänge von Ernährung und Geschlecht noch hinaus. Mit den körper- und leibtheoretischen Zugängen sollen Anknüpfungspunkte für ein theoretisches Rahmenmodell gewonnen werden, das in der sozial- und kulturwissenschaftlichen Ernährungsforschung über den Geschlechteraspekt hinausgehend Verwendung finden kann. Auf der anderen Seite soll der Geschlechterforschung – neben der vorgeschlagenen Integration unterschiedlicher Theorielagen im Hinblick auf die Herstellung von Männlichkeit(en) und Weiblichkeit(en), die allzu oft auf den Aspekt der interaktiven Herstellung verkürzt bleibt – das in ihren Reihen eher randständige Thema Ernährung systematisch als ein Bereich erschlossen werden, der für die gegenwärtige Diskussion einer Vergeschlechtlichung der Körper und Verkörper(lich)ung der Geschlechter große Relevanz besitzt.

Ausgehend von der Auffassung, dass sich die Reproduktion der Geschlechterordnung einer Verflechtung von körper-/leibbezogenen Konstruktionsprozessen verdankt, wird im Folgenden untersucht, wie die mit der Ernährung im Zusammenhang stehenden Handlungen, Vorstellungen, Sozialarrangements, Diskurse etc. als auf den Körper/Leib zugreifende Praktiken an der sozialen und subjektiven Hervorbringung von Geschlecht beteiligt sind. Es geht mithin also nicht primär um den – für sich genommen wenig informativen – Nachweis geschlechtstypischer Unterschiede im Felde der Ernährung. Das Interesse richtet sich vielmehr auf die Hintergründe dieser Unterschiede, auf ihre Voraussetzungen, Modalitäten und Effekte, beispielsweise auf ihr Zustandekommen, ihre Einbettung in umfassende Deutungshorizonte, die Mechanismen ihrer Aufrechterhaltung, ihre soziale und subjektive Bedeutung und Verankerung. Zur Verfolgung dieser Aspekte werden fünf Schritte unternommen: ein erster, der die Voraussetzungen der Fragestellung erörtert und die Grundlage bereitet für alles sich Anschließende, und vier weitere, die in unterschiedliche Richtungen hinausführen, um möglichst viele Seiten des facettenreichen Panoramas zu erkunden. Diese für sich selbst und zugleich miteinander in Beziehung stehenden vier Schrittfolgen legen mit theoretischen Sichtwechseln je eigene, einander ergänzende Bedeutungsschichten des gewählten Diskussionsgegenstandes frei.

Eröffnet wird der Reigen der Perspektiven also mit einigen einführenden Betrachtungen, die sich der grundlegenden Problematik einer theoretischen Verortung von Ernährung, Körpern und Geschlecht als Kulturphänomene annehmen. Die Überlegungen greifen vor dem Hintergrund der in diesen Feldern jeweils basalen und aktuellen soziologischen Forschung beispielsweise die Frage auf, inwieweit sich wesentliche Bereiche der Ernährung als Aspekte der Repräsentation, der materiellen Manifestation und der Konstitution sowie Regulation von Sozialbeziehungen spezifizieren lassen. Im Hinblick auf die soziale Konstruktion von Geschlecht steht die Relevanz der körperlich-leiblichen Dimension im Mittelpunkt des Interesses. Es wird dafür plädiert, die gesellschaftlichen Produktionsweisen von Geschlechtern und Geschlechtsidentitäten nicht allein einer Untersuchung der symbolischen Reproduktion der Geschlechterordnung zu überlassen, sondern ebenso deren sinnlich-materieller Seite auf den Grund zu gehen. Die Kombination der Ergebnisse mündet in den Vorschlag, das Zusammenwirken von kulinarischen Handlungen und Diskursen, die auf die Körper zugreifen, als Konstituens der zweigeschlechtlichen Wirklichkeit zu begreifen und in diesem Sinne *Ernährungsforschung als Geschlechterforschung* zu betreiben. Dieser Gedanke wird abschließend zu einem Forschungsmodell verdichtet, das mit der Konkretion der Körper/Leiber als Voraussetzungen wie gleichermaßen Effekte symbolischer Ordnungen und Machtbeziehungen, als Medien der Repräsentation und Aneignung sozialer Strukturen und als Orte des Erlebens und des Identitätsgefühls das weitere Vorgehen vorzeichnet.

Das zweite Kapitel ist demnach der Ebene des Symbolischen gewidmet. Hier geht es nach einigen grundsätzlichen Klärungen zum Verhältnis von Körpern, symbolischen Ordnungen und der Hierarchie der Geschlechter vor allem um die Frage, inwieweit der Bereich der Ernährung mit kulturellen Vorstellungen von „Weiblichkeit" und „Männlichkeit" und den Geschlechtskörpern verwoben ist, und wo sich Spuren der dominanten sexuellen Ideologie, die im Kern um das aktiv/passiv-Schema organisiert ist, im kulinarischen Kontext auffinden lassen. An verschiedenen Beispielen wie etwa Aphrodisiaka, Nahrungstabus oder der Lust am Fleisch werden die Geschlechterverhältnisse in den kulturellen und gesellschaftlichen Sinnwelten des Essens nachgezeichnet und tiefgreifende Bezüge zwischen der symbolischen Ordnung der Geschlechter und der kulinarischen Taxonomie aufgedeckt.

An die Bearbeitung der symbolischen Verweisungszusammenhänge schließen sich (wiederum nach einer Herleitung der theoretischen Vorannahmen) Ausführungen über die interaktive Herstellung und Wahrnehmung von Geschlechtsunterschieden beim Essen und Trinken an. An dieser Stelle werden empirische Daten über das Verzehrsverhalten, über Nahrungspräferenzen und Einstellungen zur Ernährung zu geschlechtstypischen und geschlechtskonstituierenden Essstilen zusammengefasst. Der Umgang mit der Ernährung wird, wie auch die in einem eigenen Abschnitt behandelte Sexuierung von Zubereitungsarten und Verzehrssituationen, als Ressource in der Inszenierung der Geschlechter, also als Feld des *doing gender* begriffen. Dabei zeigt sich, dass zwischen den kulinarischen Vorlieben bzw. Abneigungen der Geschlechter und ihren Körpern nicht allein gedankliche oder symbolische Korrespondenzen bestehen. Vielmehr stehen die Ernährungsweisen sehr konkret mit der geschlechtlich geprägten Körperlichkeit in Verbindung, insofern die essenden Körper als materielle Konstrukteure in Erscheinung treten und die Vorstellungen von „Männlichkeit" und „Weiblichkeit" in je typischen Haltungen, Strategien und Verwendungsweisen visuell realisieren. Um eine *visuelle Semantik* geht es auch bei der Fokussierung der Hausarbeit als institutionalisiertes, geschlechtskatalysierendes Sozialarrangement. Es werden nicht nur Strukturen des *Genderismus* und milieutypische symbolische Transformationen der Machtverhältnisse zwischen den Geschlechtern im Haushalt aufgezeigt, sondern daneben die spezifische Logik der Bewegtheit der (weiblichen) Körper bei der Hausarbeit in den Blick genommen. Die Hausarbeit bringt spezifische korporale Ausdrucksweisen, Körperroutinen und rituelle Gesten hervor, in welche Codierungen sozialer Beziehungen eingeschlossen sind.

Den interaktiven Arrangements wird im vierten Kapitel sodann die *politische Anatomie der Geschlechter* als Untersuchungseinheit an die Seite gestellt. Zum einen wird dabei die Herausbildung geschlechtsdifferenter Habitusformen als tiefenstrukturelle Basis des *doing gender* diskutiert, und zum zweiten erfolgt eine Reflexion geschlechtshierarchischer Vergesellschaftungsmodi, die „männliche" und „weibliche" Körper in unterschiedlicher Weise in die Netze von Disziplinar- und Bio-Macht verstricken. Wie sich die Geschlechtskörper im Zusammenspiel von Politiken der Diskursivierung und Kontrolle, der symbolischen Positionierung und der habituellen wie materiellen Formung konstituieren, lässt sich eingängig an den Prozessen der Körper- und Ernährungssozialisation veranschaulichen. Unter Rückgriff auf die Betrachtung geschlechtsdifferenter Raum- und Bewegungskonzepte, Körpernormen und Körperängste sowie den damit in enger Verbindung stehenden Ernährungsstrategien können die Prozeduren der Ausbildung von geschlechtlich differenziertem *korporalen Kapital* und damit die Somatisierung der Geschlechterhierarchie erhellt werden. In diesem Kontext werden zudem Fragen nach institutionellen Eingriffen in die Nahrungsaufnahme aufgeworfen und Vorgänge der Normalisierung von Körpern ebenso thematisiert wie die zunehmende Moralisierung des Essens, die um sich greifende Lipophobie und die Tyrannei der Gesundheit. Als Schattenseite der Machtmechanismen, die sich um die Ernährung gruppieren, erweisen sich nicht zuletzt Formen abweichenden Essverhaltens, die hier als Ausdruck nach innen verlagerter äußerer Zwänge und Konflikte gewertet werden. Ob es sich bei den als geschlechtskonforme Bewältigungsstrategien von *Genderkonflikten* gedeuteten Essstörungen wie Anorexie und Bulimie um Formen der Abwehr oder der Aneignung „weiblicher" Körperlichkeit handelt, wird ebenfalls erkundet.

Mit dem letzten Schritt wird schließlich ein Bogen zur subjektiven, zur gefühlten Ebene der Reproduktion der Geschlechterdifferenz geschlagen. Inspiriert von der Leibphänomenologie geraten nun das Identitätspotenzial von Körper und Leib und daran anschließend die leiblich-affektive Dimension der Geschlechtlichkeit in den Blick. „Männlichkeit" und „Weiblichkeit" werden als gefühlte Größen gefasst, in denen aufgrund einer Verschränkung von Körper und Leib kulturelle Deutungen, soziale Konstruktionen und subjektive Befindlichkeiten ineinander laufen. Um herauszufinden, inwieweit ernährungsbezogene Aspekte eine Rolle bei der Verwirklichung von Geschlecht als einer subjektiv empfundenen Realität spielen, wird zunächst die „sinnliche" Dimension des Essens herausgearbeitet, also Bezüge zu den sensorischen und emotionalen Qualitäten von Ernährung hergestellt. Besonderes Augenmerk gilt hierbei dem Geschmack, dem Genuss und dem emotionalen Wert von Nahrung, mit denen Kategorien beschrieben sind, die in der Verschmelzung von Empfindung und Bedeutung sensorische, emotionale, soziale und kulturelle Dimensionen in sich aufheben. Erweitert wird die Betrachtung der Beziehungen zwischen Essen und Emotionen durch die Einführung von *kulinarischen Atmosphären*. An ihrem Beispiel kann verfolgt werden, wie Speisen und Verzehrssituationen in das Leiberleben eingreifen und damit zugleich soziale Funktionen erfüllt werden, indem Atmosphären auf eine gefühlsmäßige Realisierung von Normen drängen. Der Einsicht folgend, dass über die Vergeschlechtlichung von Gefühlen und Gefühlsregeln Geschlechtervorstellungen verankert und Geschlechternormen installiert werden, wird schließlich der Relevanz von Emotionen bei der sozialen Konstruktion von Geschlecht im kulinarischen Kontext nachgegangen. Die These, dass nicht nur geschlechtsdifferente Emotionskonstrukte den Umgang mit der Ernährung beeinflussen, sondern umgekehrt „männliche" und „weibliche" Essstile auch spezifische Leiberfahrungen und emotionale Befindlichkeiten befördern können, lässt das fünfte Kapitel ausklingen.

An mancher Stelle können die hier vorgetragenen Überlegungen wenig mehr sein als Annäherungen an einen unerschöpflichen Gegenstand. Sie werden dann zu einer Spurensuche in der faszinierenden Vielfalt eines weitverzweigten Wurzelwerks, die sich auf die Fährten wechselnder Vernetzungen und Verbindungsmöglichkeiten setzt. Und so versteht sich diese Arbeit bei allem theoriegeleiteten Ordnungswillen, der sein Objekt notwendig fragmentiert, zugleich auch als eine Art *bricolage*, die sich im Namen einer alles umgreifenden Verknüpfung den Prinzipien der Systematizität und der Abgeschlossenheit widersetzt und unter der Oberfläche immer neue lose Enden generiert, die andernorts in weiterführende Stränge einzuflechten wären.

1 Ernährung – Körper/Leib – Geschlecht: Konturen eines soziologischen Forschungsprogramms

1.1 Ernährung als soziokulturelles Phänomen

„Food is an interaction, not an object."

(Terry Eagleton)

1.1.1 Essen und Trinken im Spannungsfeld von Natur und Kultur

Als elementare Triebfeder des (Über-)Lebens steht das Nahrungsgeschehen[1] neben ähnlich essentiellen Bereichen wie z.B. die Sexualität im Zentrum der menschlichen Existenz. Das Individuum reproduziert sich im Essakt, der einer rhythmisch wiederkehrenden Befriedigung bedarf, die nur begrenzt Aufschub duldet. Ihre unhintergehbare Notwendigkeit lässt die Ernährung zur Quelle menschlichen Arbeitens und Wirtschaftens werden und kann mit Max Weber gar als Ausgangspunkt einer Entfaltung des rationalen Handelns überhaupt gelten (Weber, 1980: 35). Die Geschichte der Menschheit war immer auch eine Geschichte des Kampfes um Nahrung, und in weiten Teilen der Welt bestimmen noch immer Hunger und Durst grundlegend den Alltag der Bevölkerung. Nur eine Minderheit der auf der Erde lebenden Menschen verfügt über eine kontinuierliche, gesicherte Nahrungsversorgung. In den Wohlstandsgesellschaften unserer Tage sind dagegen Mangel und Knappheit längst der Überproduktion und dem Überfluss an Nahrung gewichen. Doch auch dort, wo Essen und Trinken im Übermaß vorhanden und für die Menschen erreichbar sind, büßt die Ernährung nichts von ihrem zentralen Stellenwert ein – im Gegenteil: In der historisch vermutlich erstmaligen Situation einer dauerhaften Überversorgung ist es nun die täglich sich wiederholende Sorge um die „richtige" Ernährung, welche die Erfahrungswelten grundlegend prägt.

1 Dieser Begriff ist den Arbeiten Gerhard Neumanns entlehnt (vgl. Neumann, 1993a; Neumann, 1999).

Es ist ihre existenzielle Bedeutung – als Bedingung der Möglichkeit von Leben und Tod, Gesundheit und Krankheit – welche die Ernährung als Teil des *Natur*geschehens ausweist. Die Unentrinnbarkeit, mit der das menschliche Leben an die Zufuhr, Verdauung und Ausscheidung von Nahrung gebunden ist, der Charakter des Nahrungstriebes als eines angeborenen Bedürfnisses, sind Hinweise auf naturale Zusammenhänge. Die Ernährung betrifft das Individuum in seiner biologischen Verfasstheit als stoffwechselbedürftiger Organismus – und es ist eben diese sinnlich-materielle Körperlichkeit, im Sinne des kartesianischen Dualismus als das „Andere der Vernunft" begriffen, durch die sich die Menschen als Teil der Natur wahrnehmen. Hinzu kommt, dass die Nahrung der Natur entstammt, ihr mitunter abgerungen werden muss, sei es als Ernte, Jagdbeute oder Zuchtvieh. Pflanzen und Tiere, die als Natur deklarierte Umwelt des Menschen, sind Quellen seiner Versorgung, Objekte seines Nahrungstriebes. Nur die Kunstnahrung, heute nunmehr realisierte Schreckens- und Heilsvision in einem[2], macht hier eine Ausnahme. Mit ihr werden, ganz ähnlich der künstlichen Erweiterung des Menschen zum *cyborg* oder seiner technischen Reproduzierbarkeit durch bioindustrielle Verfahren, die Grenzen des Natürlichen verschoben, verwischt, unkenntlich gemacht, vielleicht auch aufgehoben. Doch wo liegen eigentlich die „Grenzen des Natürlichen" beim Essen und Trinken?

Obwohl es einige gute Gründe dafür gibt, die Ernährung mit ihren biologischen Funktionen dem Reich der Natur zuzuschlagen, kann sie mit gleicher Berechtigung als zutiefst kulturelle Angelegenheit betrachtet werden. Dies zeigt sich nicht erst in der oben angesprochenen industriellen Fertigung von *food products*[3], sondern besitzt einen weitaus fundamentaleren Charakter. Fast nichts wird so verzehrt, wie die Natur es bereithält.[4] Was die Menschen (neben anderem) von Tieren unterscheidet, ist, dass sie zwischen das Nahrungsbedürfnis und dessen Befriedigung das kulturelle System der *Küche* setzen (Wierlacher, 1993: 2). An erster Stelle steht dabei die Unterscheidung von essbaren und nicht essbaren Dingen, die in jeder Gesellschaft – jedoch nicht in jeder Gesellschaft mit dem gleichen Ergebnis – getroffen wird. Gera-

---

2 Eine Heilsvision ist die durch Enträumlichung und Entzeitlichung virtualisierte Nahrung insofern, als sie eine Emanzipation von natürlichen Zwängen verspricht. Zur Schreckensvision gerät die zur Simulation gesteigerte Künstlichkeit denen, die die Integrität des Körpers tangiert und moralische Barrieren überschritten sehen, etwa bei der Herstellung von Fleischersatz aus Klärschlamm. (Diesem als „Klo-Burger" berühmt gewordenen Produkt war allerdings bislang keine große Karriere beschieden – aufgrund einiger Marketingfehler, wie die japanischen Erfinder meinen.)

3 Die Entsinnlichung und Künstlichkeit der *food products* kommt auch in kulinarischen Neologismen (z.B. Isodrink, Turbo-Burger, Instant-Meal) zum Ausdruck. Die artifiziellen Begriffe entsprechen der seriellen Qualität der Waren (vgl. Tanner, 1993: 274f.).

4 Hier muss angemerkt werden, dass jeder Nahrung (mit Ausnahme der Muttermilch) insofern etwas „Künstliches" anhaftet, als nichts aus der Natur per se dafür da ist, den Menschen zu ernähren (Teuteberg, 1993: 125).

de an den Dingen, die eine Gesellschaft vom Nahrungssystem ausschließt, lässt sich der kulturelle Charakter der Ernährung besonders eingängig ablesen: Nicht alles, was sich unter biologischen Gesichtspunkten für die menschliche Ernährung eignet, wird tatsächlich gegessen, und nicht alles, was wir verzehren, ist in ernährungsphysiologischer Hinsicht notwendig dem Bedarf der körperlichen Verwertungsprozesse angepasst. Vielmehr beruht die Nahrungsauswahl auf kulturellen Übereinkünften und sozialen Urteilen, nur in Einzelfällen, beispielsweise bei Giftigkeit, ist von einer naturgegebenen Einschränkung auszugehen (vgl. Setzwein, 1997). Zudem werden aus den für essbar befundenen „Naturalien" erst durch kulturell festgelegte Formen der Auslese, Verarbeitung (Putzen, Schälen, Schneiden, etc.) und Zubereitung (Kochen, Braten, Räuchern etc.) *Nahrungsmittel*. Und erst in ihrer Komposition werden einzelne Nahrungsmittel zu *Speisen*, welche – in bestimmter Reihenfolge und in institutionell geregeltem Rahmen genossen – wiederum erst die *Mahlzeit* konstituieren, die für die menschliche Nahrungsaufnahme charakteristisch ist. Dazu gehört auch das universale Phänomen der *Tischgemeinschaft* und das sozial normierte Verhalten beim Essen und Trinken, für das in jeder menschlichen Gesellschaft benennbare Sitten, Gebräuche und Konventionen bestehen. Im Akt des gemeinsamen Essens werden Bündnisse geschlossen, symbolische Verwandtschaften hergestellt, zugleich aber immer auch Grenzen gegenüber den Anderen, den Fremden, gezogen.

Die Ernährung ist also unentwirrbar in das Netz der Kultur verstrickt, und selbst die als letzte Bastionen des Natürlichen erscheinenden Vorgänge der „organischen Assimilation" (Schipperges, 1993: 29) oder des Gedeihens von Pflanzen und Vieh verlieren bei näherem Hinsehen ihre Eindeutigkeit. Zwar ist z.B. der Verdauungstrakt als solcher nicht etwas aus Kultur Resultierendes, wohl aber sind kulturelle Eingriffe in den Prozess des Verdauens zu verzeichnen, wenn etwa disziplinierende Maßnahmen zur Anwendung kommen, um sozial unerwünschte Begleiterscheinungen dieses Vorgangs zu vermeiden. Auch die Art und Weise, in der über Nahrungsaufnahme, -verwertung und -ausscheidung in einer Kultur gesprochen – und *nicht* gesprochen – wird, oder die als Normen durchgesetzten Vorstellungen darüber, wie und in welchem Tempo angemessen zu kauen und zu schlucken sei, verweisen auf das kulturelle Regelwerk, in welches die als natürlich empfundenen Vorgänge eingebunden sind. Ähnliches gilt für das Wachstum von Pflanzen und Tieren, das als solches wiederum einem natürlichen Ablauf entspricht, jedoch stets mit kulturellen (und kultischen) Handlungen, Techniken und Mythen verknüpft wurde, sei es in Form von Fruchtbarkeitsriten oder elektronisch gesteuerten Mastanlagen.

Das Ineinandergreifen naturaler und kultureller Aspekte der Ernährung lässt mögliche Bruchlinien nur undeutlich zutage treten, und doch zeigt sich im System der Wissenschaften, die sich mit dem Nahrungsgeschehen befassen, eine recht klare Trennung der Bereiche. Die seit dem 19. Jahrhundert als eigenständige Disziplin etablierte Ernährungswissenschaft verschrieb sich zur Zeit ihrer Entstehung einem naturwissenschaftlichen Forschungsparadigma, das auch heute noch seine Vorherrschaft behauptet. Entsprechend richtet sich ihr Interesse vornehmlich auf die physiologischen Funktionen der Ernährung, die sie mit Hilfe biochemischer Analyseverfahren untersucht und in der Praxis mit Empfehlungen zur Nährstoff- und Brennwertzufuhr zu optimieren trachtet. Im Alltag ist die naturwissenschaftliche Betrachtung der Ernährung allgegenwärtig: „Ernährungsfehler" werden im Bekanntenkreis debattiert, im Büro kollektiv Kalorien gezählt oder Informationen über die Wirksamkeit angeblich gesundheitsfördernder Lebensmittelzusätze ausgetauscht. Dieser populärwissenschaftliche Diskurs wächst auf dem Boden einer Expertisierung, die immer stärker um sich greift. Dass dieses Expertentum vorrangig naturwissenschaftlichen und medizinischen Sichtweisen anhängt, ist hierbei nicht zuletzt den Hierarchieverhältnissen der Disziplinen innerhalb des Wissenschaftssystems geschuldet.[5]

Auf der anderen Seite haben sich, verstärkt in den letzten drei Jahrzehnten, viele geistes-, sozial- und kulturwissenschaftliche Fächer (z.B. Soziologie, Psychologie, Geschichtswissenschaft, Philosophie, Sprach- , Kunst- und Literaturwissenschaften, Pädagogik, Theologie etc.) des Themas Ernährung angenommen, ohne aber eine eigenständige Ernährungsforschung mit fest umrissener Programmatik etabliert zu haben.[6] Am weitesten ausgearbeitet erscheinen entsprechende Ansätze in der Ethnologie und der Kulturanthropologie, die das Forschungsfeld Ernährung schon länger systematisch bearbeiten und insbesondere interkulturelle Unterschiede bei der Nahrungserzeugung, -zubereitung und -aufnahme in den Blick nehmen.

---

5 Die Dominanz des naturwissenschaftlichen Paradigmas findet sich wieder einmal bestätigt, wenn man den Blick in die Landschaft der Forschungsförderung schweifen lässt. So soll z.B. die „Programmgruppe zur Ernährungsforschung", die seit dem Frühjahr 1999 als interdisziplinäres Projekt der Deutschen Forschungsgemeinschaft (DFG) ausgewiesen ist, ihr Interesse vornehmlich um Fragen der Lebensmittelindustrie (Verträglichkeit, Nährwert, allergisches Potenzial von *functional food*), und der Diagnostik und Therapie ernährungsbedingter Krankheiten kreisen lassen. Gleiches gilt für das thematische Programm „Lebensqualität, Management lebender Ressourcen" des fünften EU-Rahmenprogramms, das eine Leitaktion zu „Gesundheit, Ernährung und Umweltfaktoren" vorsieht.

6 Aus den Reihen der mit sozialen und kulturellen Aspekten der Ernährung befassten WissenschaftlerInnen wurde zu Beginn der 90er Jahre vorgeschlagen, dem „Naturthema Ernährung" das „Kulturthema Essen" an die Seite zu stellen (vgl. Barlösius, 1992; Wierlacher/Neumann/Teuteberg, 1993) – eine Trennung, der ich nicht folgen möchte. Statt dessen fasse ich Ernährung als einen komplexen Begriff, der beide Dimensionen umfasst (vgl. Prahl/Setzwein, 1999: 8). Aus dem Kanon der Disziplinen, die zur Erforschung der Ernährung beitragen, sei außerdem auf die Agrar- und Wirtschaftswissenschaften verwiesen, die auf eine recht lange Tradition in diesem Bereich zurückblicken können, den sie teils in Verlängerung naturwissenschaftlicher Perspektiven, teils aber auch in Abgrenzung zu diesen bearbeitet haben.

Im alltäglichen *Erleben* der Menschen sind freilich die beiden Sphären, die sich unter dem sezierenden Blick der je disziplinär verengten Perspektive auftun, auf das Innigste ineinander verschränkt. Im Auseinanderdenken taucht jedoch die Frage auf, in welches *Verhältnis* die kulturellen und die natürlichen Aspekte der Ernährung zueinander zu bringen sind: Ist die menschliche Ernährung an der Schnittstelle von Natur und Kultur zu verorten, markiert sie einen Übergang von Natur zu Kultur, zeichnet sie sich durch eine schlichte Doppelzugehörigkeit zu beiden Bereichen aus, oder lassen sich Natur und Kultur womöglich gar nicht in der Weise voneinander scheiden, wie sie die akademische Arbeitsteilung nahezulegen scheint?

Seit alters her gelten Natur und Kultur als einander entgegengesetzte Pole. Diesem bis heute lebendigen Denkmuster liegt die antike griechische Dichotomie von *physis* – als jenem von-sich-aus-Gegebenen, das sich selbst erhält – und *techné* – als dem durch „handwerkliche" Eingriffe Geschaffenen – zugrunde. Unter Kultur werden demnach solche Institutionen, Handlungen, Prozesse, symbolische Formen etc. subsummiert, die im Sinne intentionaler Techniken aus der gegebenen „natürlichen" Umwelt einen sozialen Lebensraum werden lassen (vgl. Böhme, 1996). Uneinigkeit bestand allerdings schon im Altertum über die Frage, welche der beiden Sphären die „geordnete" sei. Ist Natur die aus sich selbst (oder dem Göttlichen) geborene Ordnung, die für kulturelle Strukturen ein Vorbild abzugeben vermag, oder ist sie vielmehr durch die Wechselhaftigkeit des Chaos gekennzeichnet, das Ordnung nur zufällig und flüchtig hervorbringt, während die Kultur Ordnungsmechanismen generiert, die Gemeinschaft und Kontinuität stiften? In dieser Frage sind bereits zwei Standpunkte präformiert, die auch heute noch zur Diskussion stehen, und zwar auf der einen Seite als Kulturkritik, welche den dekadenten und repressiven Charakter des Zivilisierungsprozesses anprangert – und dabei einen (fragwürdigen) verlorengegangenen Natur-/Urzustand der Einheit, Freiheit und Selbstregulierung voraussetzen muss – und auf der anderen Seite als eine Art Fortschrittsoptimismus, der die als unzulänglich, barbarisch und bedrohlich wahrgenommene Natur durch die Vorherrschaft kultureller Errungenschaften (nicht minder fragwürdig) zu überwinden sucht.[7] Gemeinsam ist den Auffassungen indes, dass menschliches Leben sich nirgends als voraussetzungslose, reine Natur vollzieht, sondern dass sich jenseits einer solchen ‚ersten' Natur eine *‚zweite' Natur*[8] konstituiert, die sowohl als not-

7 Ob die gesellschaftliche Entwicklung als Teil der Naturgeschichte (Überlebenskampf in der Natur bzw. Überwindung der Natur) aufgefasst wird oder als etwas, das es zu (re-)naturalisieren gilt, ist abhängig von der jeweiligen normativen und moralischen Bestimmung des Naturbegriffs. Zur Ambivalenz und Doppelung des Naturbegriffes (kritischer Naturbegriff für die aufzuhebende Gegenwartsgesellschaft, utopischer Naturbegriff für die herzustellende Zukunftsgesellschaft) in der Kritischen Theorie, in der idealistische mit materialistischen Naturkonzepten konfrontiert werden (vgl. Rath, 1994: 49ff.).

8 Seit Cicero hat sich für den Prozess der Vergesellschaftung der menschlichen Natur (insbesondere durch Erziehung und Bildung) der Begriff „zweite Natur" durchgesetzt, der histo-

wendige Verlängerung und Weiterführung der ersten, als auch als etwas sich Verselbständigendes oder schließlich als einzig „wirkliche“, d.h. erfahrbare und fassbare, Natur gesehen werden kann. Mit dem Begriff der zweiten Natur wird einerseits die Distanz kultureller Praktiken zur Ur-Natur ausgedrückt, andererseits aber gleichzeitig dem Umstand Rechnung getragen, dass jene den Menschen so zu eigen werden können, dass sie nicht anders denn als naturgegeben erscheinen.

Eine notwendige Verlängerung der ersten Natur durch soziale Institutionen hat unter anderem Arnold Gehlen zu seinem Thema gemacht, der den Menschen als „Mängelwesen“ beschreibt, das im Gegensatz zu den Tieren über lediglich rudimentär ausgebildete Instinkte, einen nur unspezifischen Sinnesapparat und über keinerlei organische Waffen verfügt. Um in der als feindlich gedachten natürlichen Umwelt überleben und die angeborenen Defizite kompensieren zu können, verlegen sich die Menschen demnach auf die Erschaffung einer *Kulturprothetik.* In ihrer Notwendigkeit verweisen die kulturellen Schöpfungen darauf, dass der Mensch „von Natur ein Kulturwesen“ (Gehlen, 1974: 80)[9] sei. Vor dem Hintergrund einer solchen Argumentation kann die gesellschaftliche Evolution nur als Naturgeschichte gelesen werden, ist Kultur nichts anderes als ein Reflex auf natürliche Zwänge, nicht mehr als das immer wieder neu sich formierende Ergebnis eines fortwährenden Kampfes mit der Natur. Für die Ernährung bedeutet dies, dass das natürliche Nahrungsbedürfnis als Vitaltrieb die Grundlage für das kulturelle System der Küche abgäbe, die letztlich biologische Zwecke erfüllte. Aus einer solchen naturalistischen Perspektive heraus sind zahlreiche Studien entstanden[10], die darum bemüht sind, die naturgegebene „Rationalität“ unterschiedlicher Ernährungsweisen, Zubereitungsarten und Nahrungstabus nachzuweisen, welche sich vornehmlich als Angepasstheit von Bevölkerungen an die jeweilige ökologische Umwelt manifestiere. So entfachte beispielsweise Marvin Harris mit seiner kulturmaterialistischen Analyse von Nahrungstabus äußerst kontroverse Diskussionen, indem er behauptete, dass die Meidung bestimmter Nahrungsquellen in unterschiedlichen Kulturen *immer* auf physiologische, ökologische oder ökonomische Bedingungen zurückzuführen sei. Selbst religiöse Verzehrsnormen wie die mosaischen Speisegesetze hätten

---

risch unterschiedliche inhaltliche Einfärbungen erfahren hat und in seiner Bedeutung auf Artefakte, Symbole, gesellschaftliche Strukturen allgemein ausgeweitet werden kann. Sowohl die erste als auch die zweite Natur müssen gedoppelt gedacht werden: als äußere und als innere. Zur inneren zweiten Natur sind hierbei Instanzen wie das Gewissen oder das Über-Ich zu zählen. Eine gute Einführung zur Problematisierung der zweiten Natur seit Nietzsche und Freud bietet Rath, 1994.

9 Das Erscheinungsjahr der Originalausgabe ist bei älteren Werken (z.B. „Klassikern“) als Zusatz im Literaturverzeichnis aufgeführt. Im Text wurde auf diese Angabe verzichtet.

10 Exemplarisch sei hier auf die Arbeiten von Harris, 1987; Harris, 1988 und Katz, 1974; Katz, 1979 sowie Ross, 1978 verwiesen. Zu einer Kritik an Harris vgl. unter anderem Simoons, 1967; Eder, 1988; Fiddes, 1993.

stets eine in diesem Sinne „rationale“ Grundlage. Unter Einbeziehung einer nutzentheoretischen Perspektive erweise sich z.B. das dort mit einem Verbot belegte Schweinefleisch als ein Nahrungsmittel, dessen Herstellungskosten aufgrund der klimatischen und topographischen Gegebenheiten seinen ernährungsphysiologischen Nutzen überstiegen hätten (vgl. Harris, 1988), und das aus eben diesem Grunde tabuiert worden sei.

Die Aneignung der Natur wird in einer solchen Sichtweise als ein Prozess der Anpassung an die durch sie gesetzten Vorgaben interpretiert – eine Auffassung, die das Essen und Trinken auf das Kriterium ihrer physischen Angemessenheit reduziert und sich in vielerlei Gestalt in modernen Ernährungsratgebern, medizinisch motivierten Studien oder ernährungswissenschaftlichen Forschungsprogrammen wiederfinden lässt. Von soziologischer Seite ist an diesen Zugängen moniert worden, dass die soziokulturelle Gestaltung des Nahrungsgeschehens nicht als eigenständiger Prozess betrachtet wird, der einem eigenen, kulturellen *Sinn* folgt und mehr ist als bloße Adaption und Überformung von an sich „natürlichen“ Notwendigkeiten (Barlösius, 1993: 92; 100). Nicht Reaktion, sondern Kreation, so ließe sich diese Kritik reformulieren, ist die Eigenheit kultureller Erscheinungen.

Auch Bronislaw Malinowski geht davon aus, dass sich die Funktionalität sozialer Institutionen mit der Befriedigung biologischer Grundbedürfnisse, welche stets „kulturelle Antworten“ (Malinowski, 1985: 82) implizierten, verbindet. Sämtliche Vitalabläufe würden dementsprechend durch Kultur reguliert und modifiziert, naturale Prozesse also in Wissen, Glauben und soziale Beziehungen überführt. Doch diese Umsetzung in soziale Institutionen ziehe wiederum neue, *abgeleitete* Bedürfnisse nach sich, die der kulturelle Apparat zu seiner Aufrechterhaltung und Funktionsfähigkeit hervorbringe. Die kulturellen Antworten seien deshalb von nahezu *ebenso zwingendem* Charakter wie die natürlichen Grundbedürfnisse, auf die sie reagierten, und ließen wiederum neue Institutionen entstehen. Das gilt auch für den Prozess der Ernährung, den Malinowski als „vom wirkungsvollen Arbeiten in einer ganzen Kette von verbundenen Institutionen und vorbereitenden Handlungen abhängig“ (ebd.: 129) beschreibt. Das reibungslose Ineinandergreifen der kulturellen Praktiken sei dabei „genau so unentbehrlich wie das Einführen der Nahrung in den Mund des Einzelnen, das Kauen, der Speichelfluß, das Hinabschlucken und die Verdauung“ (ebd.) – Vorgänge, die wiederum selbst sozial normiert und geregelt sind.

Eine Position, mit der weiter versucht werden kann, das Verhältnis von Natur und Kultur als unauflösliches *Doppelverhältnis* zu denken, lässt sich in den Schriften Helmuth Plessners finden. Mit seinem Postulat eines „anthropologischen Grundgesetzes“ der „natürlichen Künstlichkeit“ (Plessner, 1981, IV: 383) bestimmt Plessner die Doppelzugehörigkeit des Menschen zur natürlichen und zur kulturellen Sphäre als dessen charakteristische Einheit.

> „Existenziell bedürftig, hälftenhaft, nackt ist dem Menschen die Künstlichkeit wesensentsprechender Ausdruck seiner Natur. [...] Künstlichkeit im Handeln, Denken und Träumen [ist] das innere Mittel, wodurch der Mensch als lebendiges Naturwesen mit sich in Einklang steht." (ebd.: 391)

Aus dem auch bei Nietzsche und Gehlen hervorgehobenen Merkmal einer biologischen Unspezialisiertheit („Weltoffenheit") der menschlichen Natur leitet sich die Unmöglichkeit einer nicht-kulturellen Existenz des Menschen ab. Gleichzeitig ist die Kultur dabei aber mehr als ein Kompensationsmechanismus, sie entspricht vielmehr einer „ontische[n] Notwendigkeit" (ebd.: 396). Die Kultur wird hier zu einer zweiten Natur, die nicht als Negation der ersten Natur konzipiert ist, sondern den Gegensatz zwischen beiden verschwimmen lässt. Der Umstand, dass Menschen sich ernähren müssen, um ihr Leben zu erhalten, wäre demnach zwar grundsätzlich natürlich bedingt, die Art und Weise jedoch, in der sie ihrem Nahrungsbedürfnis nachkommen, wäre eine Frage kultureller und sozialer Zusammenhänge, die ihrerseits im Bewusstsein der Menschen als Natur in Erscheinung treten können. Ob bestimmte Nahrungspräferenzen und -meidungen nun natürlichen oder sozialen Motiven folgen, wäre so besehen kaum mehr auseinander zu halten.

Die Verselbständigung der zweiten Natur bleibt dabei allerdings relativ, denn es spricht durchaus etwas gegen eine *völlige* Beliebigkeit der kulturellen Gestaltungsformen beim Essen und Trinken: der universelle Charakter ihrer Institutionen. Malinowski weist in seiner „Theorie der Kultur" darauf hin, dass in jeder (bekannten) menschlichen Gesellschaft Tischgemeinschaften und Regeln der Auswahl, Zubereitung, Präsentation und des Verzehrs bestehen, und dass der Akt der Nahrungsaufnahme stets im Rahmen bestimmter Institutionen (Haushalt, Kantine etc.) stattfindet (Malinowski, 1985: 127). Für Eva Barlösius sind es – ganz ähnlich – die kulturelle Unterscheidung von essbar und nicht-essbar, die Küche als kulturelles Regelwerk der Speisenzubereitung sowie die Mahlzeit als soziale Situation des Essens, die universelle Dimensionen der Ernährung markieren (Barlösius, 1999: 40). In diesen drei Marksteinen liege die Lösung für die Frage verborgen, „wie biologische Konstitution in kulturelle und gesellschaftliche Bahnen gelenkt wird" (ebd.). Allerdings könne damit keine historisch-evolutionäre Herleitung dieser Institutionen verbunden werden, da nicht vom Standpunkt eines Übergangs von Natur in Kultur, sondern von der Warte einer „natürlichen Künstlichkeit der Ernährung" (ebd.: 40f.) aus argumentiert werde.

Wurde in den bio-kulturellen Erklärungsansätzen die Kultur als Anwort auf natürliche Bedürfnisse gelesen, so erscheint sie in der Plessnerschen Wendung – bei aller Betonung der Eigendynamik kultureller Prozesse – eher als eine Art Weiterführung der Natur mit anderen Mitteln. Daran lässt sich eine Provokation Moscovicis anschließen, der konstatiert:

„Die hartnäckigste Täuschung ist die Vorstellung einer zweiten Natur, welche zum unverändert fortbestehenden Substrat einer ersten Natur hinzuträte." (Moscovici, 1982: 39f.)

Serge Moscovici verabschiedet den Gegensatz von erster und zweiter Natur, indem er kulturelle Praktiken und technische Artefakte zu einer *Transformation* der alten Natur (und nicht: Gegennatur) erklärt. Die Gesellschaft, so seine grundlegende These, sei in einem kontinuierlichen Prozess aus der Natur hervorgegangen, und es bestehe zwischen beiden ein „beständiger Übergang" (ebd.: 438). Die Grenzen würden immer wieder neu versetzt und keinesfalls könne daher ein Gesellschaftszustand „naturnäher" sein als ein anderer, vielmehr sei Gesellschaft immer eine „Form der Natur" (ebd.: 503f.). Wenn aber die erste Natur nicht als „unverändertes Substrat", sondern als etwas durch die Menschheit Vergesellschaftetes betrachtet werden muss, dann kann sie selbst nichts anderes sein, als Teil und Ergebnis kultureller Prozesse. Insofern die Gesellschaft eine beständige Fortsetzung und Veränderung der Natur ist, ist die Natur eine „menschliche Kunst" – auch wenn wir es „zweifellos [...] nicht gewöhnt [sind], uns selbst als Agens unserer Naturordnung zu begreifen." (ebd.: 44)

Damit wird der Prozess der Aneignung und Vergegenständlichung der Natur, bei Moscovici unter dem Primat der *Arbeit* stehend, zur Natur selbst erklärt. Natur ginge so in historisch sich transformierenden menschlichen Naturverhältnissen auf, woraus sich zwei – von dem als „anthropozentrische Selbstüberschätzung" (Köhler, 1983: 27) gescholtenen Ansatz Moscovicis nicht unmittelbar intendierte – Annahmen ableiten lassen: Zum einen weist Hartmut Böhme darauf hin, dass in einer Verlängerung der Thesen Moscovicis darauf zu kommen sei, dass das „lädierte Antlitz" (Böhme, 1988: 29), mit welchem die Natur uns in der Jetztzeit ökologischer Krisen begegne, als das Ergebnis eines Projektes von Arbeit gewertet werden müsse, das „so und genau so gewollt" (ebd.: 30) gewesen sei und daher die Verantwortlichkeit der Menschen auf den Plan rufe. Zum anderen stellt sich in einer Erweiterung des Gedankens von der „Menschengeschichte der Natur" die Frage, ob es überhaupt eine Natur außerhalb der Gesellschaft geben kann, oder etwas abgeschwächt: ob eine außerhalb der Gesellschaft liegende Natur für die Menschen überhaupt *erkennbar* und *kommunizierbar* sein kann. Schon die Benennung von etwas als „natürlich" stellt ja ein gesellschaftliches Urteil dar, das auf einer menschengemachten Unterscheidung beruht. Das zur „Natur" Erklärte erweist sich gerade im Akt seiner Ausgrenzung aus der kulturellen Welt als ein Teil eben dieser, als ein kulturelles Konzept. Eine vom Menschen abstrahierte Natur bliebe demnach ohne Ort oder genauer: in der menschlichen Phantasie verortet. Man möchte der Frage Groddecks „Haben Sie schon einmal irgend etwas gesehen, was außerhalb der Natur liegt?" (Groddeck, 1979: 79) entgegnen: Haben Sie schon einmal irgend etwas gesehen, was außerhalb der Kultur liegt?

Klaus Eder gelangt im Anschluss an Moscovici zu einer kulturtheoretischen Reformulierung des Naturbegriffs, indem er die Rolle der Gesellschaft im Konstitutionsprozess der Natur näher zu bestimmen sucht und hierbei einen dreifachen Konstruktionsprozess ausmacht (vgl. Eder, 1988: 28ff.). Neben einer kognitiven und einer normativen Konstruktion[11] ist es vor allem die *symbolische* Konstruktion von Natur, die in diesem Zusammenhang bedeutsam ist. Die Vergesellschaftung der Natur kulminiere geradezu in einer symbolischen Aneignung der Natur, mit der versucht werde, die sozial produzierte Natur als ein Zeichensystem zu benutzen, mit welchem Unbegriffenes kommunikabel gemacht werden könne (vgl. ebd.: 30).

Das Nahrungsgeschehen wird in einer solchen Perspektive zu einem zentralen Bereich der *Vermittlung* von Natur und Kultur (als eines durch den Menschen definierten Verhältnisses), da es die Aspekte der materiellen und der symbolischen Aneignung der Natur in sich vereinigt. Die Transformation der Natur in eine symbolische Ordnung, die nicht die „Welt" widerspiegelt, sondern sie mit Wert und Sinn versieht, schafft eine Ebene kultureller Selbstverständlichkeiten, welche die Beziehungen der Menschen zueinander regelt (ebd.: 16). Weit über ihre utilitaristische Funktion hinaus besitzt die Ernährung moralische und ästhetische Bedeutungen (ebd.: 11), die im naturalistischen Blickwinkel nicht mehr angemessen zu erfassen sind. Um diese Ebene der Ernährung in den Blick zu bekommen, ist eine strukturalistische Herangehensweise hilfreich, die versucht, gesellschaftlichen „Eigengesetzlichkeiten" auf die Spur zu kommen und unter der Oberfläche liegende Zusammenhänge offenzulegen.[12] Dies wird erreicht, indem die Beziehungen, welche die

---

11 Formen des kognitiven Umgangs mit der Natur (z.B. Weltbilder) begründen spezifische gesellschaftliche Naturverhältnisse, und diese Verhältnisse sind kein „moralisch neutralisierter Bereich" (Eder, 1988: 51), wie z.B. der für die europäische Industrialisierung kennzeichnende Topos vom *Kampf* mit der Natur zeigt. Auch heute werden die Debatten um die Aneignungsformen von Natur als moralische geführt, etwa wenn es um die Frage geht, ob das Natürliche immer auch das Bessere sei oder noch grundsätzlicher, was denn überhaupt als natürlich gelten dürfe. Die moralische Konstruktion ist im Ernährungbereich z.B. unter dem Stichwort der „gesunden" oder „naturgemäßen" Ernährungsweise besonders eingängig nachvollziehbar und besitzt eine hohe praktische Relevanz.

12 Als einer der Wegbereiter dieses Ansatzes kann Emile Durkheim gelten, der in seinem Spätwerk mit der Analyse der „Elementaren Formen des religiösen Lebens" eine Studie vorgelegt hat, in welcher er zeigen konnte, dass die unterschiedlichen Religionen in verschiedenen Gesellschaften nicht unterschiedliche Entwicklungsstufen einer Religion darstellen (wie die Evolutionisten meinten), sondern Variationen eines strukturellen und funktionalen Zusammenhangs in verschiedenen sozialen Typen. Eine Gemeinsamkeit der Variationen liegt Durkheim zufolge in der Differenz zwischen dem Profanen und dem Heiligen, wobei die Sphäre des Heiligen durch z.B. Tabus vom Profanen strikt getrennt werde und eine Realität *sui generis*, d.h. eine Wirklichkeit eigener Natur und Gesetze darstelle. Religiöse Symbole bilden Durkheim zufolge einen integrativen Bestandteil des sozialen Bewusstseins, da sie wesentlich mit den Normen einer sozialen Gemeinschaft verbunden sind, sie repräsentieren und weitergeben. Insofern fungieren religiöse Symbolsysteme als symbolische Repräsentationen der Gesellschaft, und die Inhalte einer Religion können entsprechend

Elemente eines Systems zueinander und zum Ganzen haben, untersucht werden und mit Hilfe von Klassifikationen die so gewonnenen Strukturen einzelner Bereiche (z.B. Ernährung, Verwandtschaft) zu denen anderer Bereiche der Gesellschaft in Beziehung gesetzt werden. Es ist vor allem das Verdienst Claude Lévi-Strauss' gezeigt zu haben, dass „die Küche einer Gesellschaft eine Sprache ist, in der sie unbewußt ihre Struktur zum Ausdruck bringt" (Lévi-Strauss, 1976, Bd. III: 532). Lévi-Strauss verdeutlicht diese These am Beispiel des „kulinarischen Dreiecks", dessen Pole das Rohe, das Gekochte und das Verfaulte darstellen (vgl. Lévi-Strauss, 1966; 1976, Bd. III). In keiner Gesellschaft würde etwas völlig roh (ungewaschen, ungeschnitten etc.) oder verfault verzehrt, wobei die Interpretation dessen, was als roh und verfault gilt, durchaus sehr variabel sein kann, wie sich z.B. an unterschiedlichen Garzeiten für Fleisch zeigt oder sich an Spezialitäten wie „schwarzen Eiern" aus China und „Bündener Fleisch" ablesen lässt. Auch werde in keiner Kultur etwas einfach nur gekocht, vielmehr würden Speisen stets in einer bestimmten Weise zubereitet und gegart (braten, backen, schmoren, sieden etc.). Das Grunddreieck erweitert Lévi-Strauss unter anderem um eine Differenzierung von Kochtechniken, die sich in der Zugabe von Wasser und dem Abstand der Nahrung zum Feuer voneinander unterscheiden. Auf diese Weise trennt er zunächst Gesottenes von Gebratenem und arbeitet heraus, welche Parallelen sich anhand der so gewonnenen kulinarischen Strukturen zu anderen gesellschaftlichen Bereichen auffinden lassen.

Lévi-Strauss gelangt zu mehreren polaren Oppositionen, unter anderem ordnet er dem Gebratenen die Sphäre der Natur zu, da die Nahrung hierbei direkt dem Feuer ausgesetzt wird, während das Gesottene dem Feuer in doppelt vermittelter Form, nämlich in einem Kochgefäß und unter Zugabe von Wasser, gegenübertritt. Das Gesottene sei daher mit dem Reich der Kultur assoziiert. Außerdem sei zu beobachten, dass Gebratenes vornehmlich Gästen zum Mahl angeboten werde, wohingegen gesottene Speisen im engeren Kreis der Familie verzehrt würden. Aus der Einteilung in Endo- und Exo-Küche schließt Lévi-Strauss weiter auf eine Parallele zu den sozialen Orten des weiblichen („innen") und des männlichen Lebens („außen") und verweist zudem auf Zuordnungen im Zusammenhang mit der sozialen Stratifikation von Gesellschaften (aristokratisches vs. plebejisches Prinzip). Bis hin zur Opposition von Leben und Tod reichen die Tiefenstrukturen, die Lévi-Strauss in den kulinarischen Kategorien des Gebratenen und des Gesottenen wiederfindet. Unter dem strukturalistischen Paradigma sind vielfältige Studien zum Thema Ernährung entstanden, prominente VertreterInnen sind etwa Mary Douglas, Edmund Leach und Roland Barthes.

---

als Symbole von etwas außerhalb der Religion Liegendem interpretiert werden. Jedes Element eines Systems ist demnach in seiner Beziehung zu den anderen Elementen und in seiner Beziehung zum Ganzen – also strukturell – zu sehen (vgl. Durkheim, 1981).

Aus einer kulturalistischen Perspektive heraus wird das Nahrungsgeschehen als Zusammenspiel von Zeichen gewertet, das – einem Text gleich – entziffert werden kann und Aufschluss gibt über die einer Gesellschaft zugrundeliegende symbolische Ordnung. Das Verhältnis von Natur und Kultur wird hierbei als kulturelle Leistung vorgestellt, da es ein durch Menschen definiertes Verhältnis ist, das außerhalb der menschlichen Deutung nicht *existent* wäre. In postmoderner Manier würde man hier eine *diskursive Produktion* behaupten, die Hervorbringung der Natur durch den Akt des Bezeichnens. Nun ist zwar eingängig, dass Natur immer schon sprachlich und historisch vermittelt und dem Menschen nur in vergesellschafteter Form zugänglich ist, doch heißt das zwangsläufig, dass Natur diskursiv *erzeugt* ist? Dass sie des Menschen bedarf, um *da* zu sein und nicht nur, um *so* zu sein, wie wir sie deuten? Dann wären Hunger, Durst, Verdauung, Stoffwechsel und Ausscheidung nurmehr kulturelle „Konstruktionen", und dies wäre in der Tat ein kulturalistischer Reduktionismus, der dem naturalistischen Reduktionismus in nichts nachstände.[13] Doch der Konstruktionsgedanke läuft weniger auf eine Behauptung von Entitäten hinaus, als vielmehr auf die Offenlegung einer erkenntnistheoretischen Problemlage: Die Unmöglichkeit, einer *entschleierten* Natur ins Auge blicken zu können, hat zur Folge, dass dem wissenschaftlichen Zugriff nur die transformierten Naturverhältnisse (die Konstruktionsmodi, Diskurse, symbolischen Vermittlungen, Imaginationen etc.) zugänglich sind – und dieses Problem bleibt auch bestehen, wenn versucht wird, die Ernährung als einen naturdeterminierten Prozess oder als Ausdruck einer „natürlichen Künstlichkeit" des Menschen auszuweisen.

Die menschliche Ernährung ist als biologisches wie soziales Fundamentalproblem zweifellos immer „Kulturthema" und „Naturthema" zugleich.[14] Mit der Anerkennung eines *kulturellen Apriori der Natur* ist aber die Einsicht verbunden, dass auch die als natürlich apostrophierten Grundlagen und Anteile der Ernährung grundsätzlich ein Problem der Kultur darstellen. Und insofern dürfen, mehr noch: müssen die kultur- und sozialwissenschaftlichen Disziplinen diesen Forschungsgegenstand in seinem *gesamten* Facettenreichtum für sich reklamieren.

---

13 So befürchtet z.B. Barlösius, mit den strukturalistischen Ansätzen einer soziologistischen Argumentation aufzusitzen, die der anthropologischen Besonderheit der Ernährung nicht gerecht werde (vgl. Barlösius, 1993: 88; Barlösius, 1999: 28).

14 Dabei bleibt allerdings weitgehend ungeklärt, in welches *Verhältnis* die reproduktive und die soziale Funktion der Ernährung denn nun *genau* zu bringen sind. Gerhard Neumann betont, dass beide Bereiche eng miteinander verknüpft und aufeinander bezogen seien und bezeichnet eine Untersuchung der Problemfelder in ihrer *Wechselbeziehung* als „kulturpolitische Aufgabe ersten Ranges" (Neumann, 1999: 9).

1.1.2 Ernährung als Sozialbeziehung

Marcel Mauss bestimmte die Ernährung seinerzeit zum „sozialen Totalphänomen“ und befand, dass „in diesen »totalen« gesellschaftlichen Phänomenen [...] alle Arten von Institutionen gleichzeitig und mit einem Schlag zum Ausdruck kommen: religiöse, rechtliche und moralische [...], ökonomische [...], ganz zu schweigen von den ästhetischen Phänomenen, in welche jene Tatsachen münden“ (Mauss, 1968: 17f.). In der Ernährung finden sich die gesamtgesellschaftlichen Strukturen quasi „im Kleinen“ zum Ausdruck gebracht. So realisieren sich beispielsweise soziale Stratifikationsmuster in Fragen des Geschmacks (Distinktion) oder Kommensalitätsschranken, werden grundlegende moralische Kategorien im Rahmen von Distributionsregeln oder der Ambivalenz des Fleischessens virulent oder spiegelt sich die Politik der Ökonomie in den Formen der Herstellung und der Gestalt (*Warenästhetik*) von Nahrungsmitteln wider.

Von kindauf essend und trinkend eignen sich Menschen die gesellschaftlichen Strukturen an, verleiben sie sich ein und reproduzieren in ihrem kulinarischen Handeln[15] zugleich das Struktur- und Funktionengefüge, das die dem Handeln vorausgesetzten Ordnungsmuster konstituiert. In der Ernährung finden die gesamtgesellschaftlichen Mechanismen und Strukturen nicht nur einen spiegelgleichen Widerschein oder symbolischen Ausdruck, sondern sie werden in kulinarischen Akten bestätigt, tradiert und immer wieder neu hervorgebracht. In soziologische Basisterminologie übersetzt, lässt sich festhalten, dass die gesellschaftlichen Makrostrukturen sowohl Voraussetzung als auch Ergebnis der Interaktionen von Akteuren auf der Mikroebene sind. Das Verhältnis von Makro-*Logik* als einer Eigengesetzlichkeit gesellschaftlicher Entwicklungen und Mikro-*Dynamik*, bei der das Individuum als Schöpfer sozialer Erscheinungen auftritt, polarisiert den methodologischen Horizont der Soziologie und hat verschiedenste Versuche zu einer Vermittlung der beiden Ebenen – letztlich zu einer Klärung des Verhältnisses von Individuum

15 Als „kulinarische Handlungen“ sollen alle intendierten Verhaltensäußerungen gelten, die im Bereich des Essens und Trinkens vollzogen werden. Der Begriff „kulinarisch“ wird damit in einer erweiterten Fassung verwendet, die ihn auf alles „das Essen als Kulturphänomen Betreffendes“ (Mattheier, 1993: 246) ausdehnt. Zur Definition und Klassifikation sprachlicher kulinarischer Akte vgl. Mattheier, 1993, zur Zeichenhaftigkeit kulinarischen Handelns vgl. Enninger, 1982a; Enninger, 1982b. Enninger definiert kulinarisches Handeln als ein „aus dem Verhaltenskontinuum isolierbares, zweckgerichtetes und sinnvolles Handeln [...], das a) bei der Auswahl des Eßbaren aus den verfügbaren verdaulichen Substanzen, b) bei der Anwendung verfügbarer Zubereitungstechniken auf Eßbares und c) bei der Organisation des Verzehrs einer Steuerung durch perzeptive, ethische und ästhetische Orientierungstafeln einer spezifischen Kultur unterliegt.“ (Enninger, 1982a: 321)

und Gesellschaft – motiviert.[16] Auf unkonventionelle Weise hebt Norbert Elias die oberflächliche Unvereinbarkeit der Perspektiven auf, indem er zunächst die gängigen Denk- und Sprachmittel radikal kritisiert.

„Ganz besonders [...] die zwingende Tendenz unserer Sprachen, uns in einer Weise sprechen und denken zu machen, als ob alle »Objekte« unseres Nachdenkens, die Menschen selbst mit eingeschlossen, zunächst einmal Objekte, nicht nur ohne Bewegung, sondern auch ohne Beziehungen wären, ist für das Verständnis der Menschengeflechte, die den Gegenstand der Soziologie bilden, äußerst hinderlich. Wenn man Textbücher der Soziologie durchblättert, findet man viele Fachausdrücke, die den Eindruck erwecken, daß sie sich auf isolierte und unbewegliche Objekte beziehen, während sie sich doch, genauer betrachtet, auf Menschen beziehen, die in ständiger Bewegung sind oder waren und in ständiger Beziehung zu anderen Menschen stehen oder standen.“ (Elias, 1986: 120f.)

Die verwendeten „Substanzbegriffe“, die soziale Phänomene auf einen *Zustand* reduzierten, führten schließlich zu Formulierungen, die Gegenüberstellungen auch dort implizierten, wo tatsächlich gar keine gegeben seien – wie etwa in der Rede von „Individuum *und* Gesellschaft“. Eine von den Menschen völlig isolierte Gesellschaft sei ebensowenig denkbar wie eine nicht-gesellschaftliche Existenz von Individuen. Vielmehr bildeten die Menschen miteinander Beziehungsgeflechte, wandelbare Muster von unterschiedlicher Stabilität und Dauerhaftigkeit, die eine relative Autonomie von einzelnen Individuen besitzen und eine eigene Dynamik und Logik der Selbststeuerung entwickeln. Mit der Annahme solcher *Figurationen*, in denen Struktur und Prozess zusammenfallen, wird die Trennung von Makro und Mikro flüchtig. Elias plädiert dafür, „von den Beziehungen her auf das Bezogene [zu] denken“ (ebd.: 124) und versetzt damit hergebrachte Denkmuster in Bewegung. Auch das Nahrungsgeschehen kann unter figurationstheoretischen Vorzeichen etwas „bewegter“ gesehen werden.[17] Indem Nahrungsmittel, Verzehrsformen, Tischsitten, Esstabus, Ernährungsregeln etc. vor dem Hintergrund miteinander verflochtener Menschen betrachtet werden, lassen sich wesentliche Bereiche des soziokulturellen Phänomens Ernährung als Aspekte der *Repräsentation*, *materiellen Manifestation* und *Konstitution/Regulation von Sozialbeziehungen* spezifizieren.

Auf einer elementaren Ebene sehen z.B. Max Weber und Ferdinand Tönnies in der stetig wiederkehrenden Notwendigkeit der Nahrungsbeschaf-

---

16 Für die Gegenwart wären etwa die Arbeiten von Bourdieu (Habitus-Konzept), Esser (Rational Choice-Ansatz) oder Münch (neo-funktionalistische Argumentation) exemplarisch zu nennen.

17 Es wird an dieser Stelle nicht angestrebt, eine figurationssoziologische Theorie der Ernährung zu entfalten (obwohl dies sicher mehr als lohnend wäre). In lockerer Schrittfolge wird lediglich die Spur aufgenommen und zu möglichen Anschlussstellen hin verfolgt, wobei Elias‘ spätere Fassungen des Figurationskonzepts als Mischverhältnis von Mensch, Natur, Umwelt etc. hier unberücksichtigt bleiben sollen. Mit den nachfolgenden Überlegungen kann vielleicht auch einer noch ausstehenden Untersuchung der „*elementaren Formen des kulinarischen Lebens*“ etwas Nahrung gegeben werden.

fung eine der Quellen, aus denen soziales Handeln, also das wechselseitig aufeinander bezogene Handeln von Menschen, überhaupt entspringt.[18] Insofern wäre das Nahrungsbedürfnis eine grundlegende Motivation zur Ausbildung von Sozialzusammenhängen, die sich schließlich zu spezifischen und umfassenderen Formen der Sozialorganisation ausformen und den Beziehungen zwischen den Gesellschaftsmitgliedern (in Gestalt von Ungleichheiten, Machtbalancen etc.) einen gewissen Rahmen abstecken. Auch die Grundformen des sozialen Handelns, Tausch und Konflikt[19], könnten demgemäß an die Basis des Nahrungsgeschehens zurückverlegt werden. So weist Mauss beispielsweise in seiner Studie über den Gabentausch ausdrücklich darauf hin, dass dem von ihm untersuchten *Potlatsch* in „archaischen" Gesellschaften zwei Bedeutungen eigen seien: Neben seiner geläufigen Auslegung als „Gabe" bedeute der Begriff eigentlich „ernähren" und bezeichne in seiner wörtlichen Übersetzung den „Ort, wo man gesättigt wird" (Mauss, 1968: 23).[20] Mauss sieht darin keinerlei Widerspruch, denn die Bedeutungen „schließen einander nicht aus, da hier die wesentliche Form der Leistung, zumindest theoretisch, die des Nahrungsmittels ist" (ebd.). Ferdinand Tönnies macht überdies darauf aufmerksam, dass in der Verteilung des Erzeugten und Erwirtschafteten an der Tafel eine einfache Grundform des Gütertausches zu erkennen sei (Tönnies, 1979: 24). Der Austausch von Nahrung setzt Individuen zueinander in Beziehung und konstituiert dabei unterschiedlich gestaltete (Macht-)Verhältnisse – grundsätzlich stiftet er aber zunächst einmal Gemeinschaft.

Es gehöre zum *Wesen* der Nahrung, geteilt zu werden, vermerkt Mauss bei der Wiedergabe einer brahmanischen Interpretation des Gastrituals (Mauss, 1968: 142), und auch die altgriechische Gleichsetzung von „Teilung" und „Mahl" oder das lateinische „companium", das auf „brotteilende" Gefährtenschaften (z.B. Kompanie, Kumpan) hindeutet, verweisen auf den beziehungsstiftenden Charakter der Ernährung. Umgekehrt wird als „Eigenbrötler" bezeichnet, wer sich sozialen Kontakten verschließt, und eine aufgelöste Paarbeziehung findet in der Trennung von „Tisch und Bett" ihren Ausdruck. Im Teilen der Nahrung (und in den geteilten Auffassungen über die Nahrung), im Akt des gemeinsamen Verzehrs, verbinden sich Menschen zu Gemeinschaften – als Familie, politische Bündnispartner, Glaubensanhänger, Kriegerkaste etc. Die Verbundenheit wird dabei einerseits auf einer symboli-

18 Zu bedenken ist auch, dass es die Nahrungsaufnahme ist, durch welche die erste soziale Beziehung im Leben eines Menschen konstituiert wird. In den ersten Lebensmonaten sind mit dem Stillen bzw. Füttern des Säuglings und der Beseitigung seiner Ausscheidungen die sozialen Interaktionen in höherem Maße auf den Ernährungsprozess konzentriert als später.

19 Zu einer Problematisierung der soziologischen Kategorien Tausch und Konflikt im Hinblick auf die Ernährungsthematik vgl. Prahl/Setzwein, 2000.

20 Bei der Übersetzung ist allerdings zu beachten, dass es zahlreiche Bezeichnungen in den unterschiedlichen indigenen Sprachen gibt, die sich auch überschneiden (vgl. Mauss, 1968: 102f., Anm. 194).

schen Ebene hergestellt, indem sie kulinarisch repräsentiert wird, andererseits schafft das gemeinsame Essen und Trinken aber auch in einem ganz praktischen Sinne Nähe, indem es die Beteiligten an einer Essstatt zusammenführt. Mahlzeiten sind figurative Gebilde, in denen Menschen sich handelnd aufeinander beziehen und Verflechtungsmuster hervorbringen, die eine über die Präsenz der beteiligten Individuen hinausgehende Geltung besitzen. So sind z.B. die „Spielregeln" und die symbolische Aufladung einer häuslichen Familienmahlzeit andere als die eines Geschäftsessens oder eines Candlelight-Dinners.

Obwohl das Essen in der Tischgemeinschaft ein verbindender Akt ist, bleibt die Nahrungsaufnahme selbst zugleich ein individuelles Ereignis, da die dem Munde zugeführte Speise stets nur einer einzigen Person zu eigen sein kann: „[Was] der Einzelne ißt, kann unter keinen Umständen ein anderer essen" (Simmel, 1957: 243). Georg Simmel beschreibt in seinem Aufsatz zur „Soziologie der Mahlzeit" das Paradox von Egoismus und Gemeinsinn an der Tafel im Rahmen einer „Überwindung des Naturalismus" (ebd.: 245). Dabei setzt er die fortschreitende soziale Normierung, Stilisierung und Ästhetisierung der Nahrungsaufnahme mit einer fortschreitenden Kultivierung gleich. Die Beherrschung und Einhaltung von überindividuellen Regeln sieht er als Vermögen von „Gebildeten", also Angehörigen der höheren Stände in entwickelten Gesellschaften an und kontrastiert dieses mit dem Verzehrsverhalten unterprivilegierter Schichten und „tief stehender" Gesellschaften (ebd.), das er als naturnäher („naturalistisch"), ungehobelter und individualistischer im Sinne von an egoistischen Interessen (z.B. Sättigung) ausgerichtet charakterisiert.[21] In der Fähigkeit, sich vom Stofflichen der Nahrung, von der puren Materie, distanzieren zu können, beispielsweise durch die Verwendung von Esswerkzeugen, liegt für Simmel eine Bedingung von Freiheit. Nicht zivilisatorische Zurichtung, sondern eine Loslösung von den Zwängen der Begierde sei mit der Umformung des rohen Nahrungsbedürfnisses in die „Sozialform der Mahlzeit" (ebd.: 246) gegeben. Das kultivierte Mahl vergemeinschafte die Essenden, indem jeder Person ein symbolischer Individualismus – ausgedrückt durch den eigenen Teller – zugestanden werde, der sich aber in eine höhere Form der Gemeinsamkeit – angezeigt durch die Zusammengehörigkeit der einzelnen Teller zu einem kompletten Service – auflöse.

„Der Teller symbolisiert die *Ordnung*, die dem Bedürfnis des Einzelnen gibt, was ihm als Teil des gegliederten Ganzen zukommt, aber ihn dafür auch nicht über seine Grenzen hinausgreifen läßt. Aber nun hebt der Teller diesen symbolischen Individualismus doch wieder in eine höhere formale Gemeinsamkeit auf; die Teller eines Eßtisches müssen

21 Zu einer Kritik dieser Überlegungen Simmels vgl. Scharfe, 1986. Scharfes Einwände richten sich in erster Linie gegen die bürgerliche Ideologie, die in der Gegenüberstellung von kultivierter Mahlzeit als Verzehrsform der höheren Stände und reiner Brennstoffzufuhr in den niederen Ständen durchscheint.

jeweils in sich völlig gleichartig sein, sie vertragen keinerlei Individualität; [...]" (ebd.: 247; Herv. i. O.).

Tischgemeinschaften sind in allen menschlichen Gesellschaften bekannt und können vielgestaltige Formen annehmen. Mit Max Weber lassen sich in grober Einteilung *alltägliche* von *nicht-alltäglichen* Tischgemeinschaften unterscheiden (Weber, 1980): Während erstere – idealtypisch als „Familienmahlzeit" konzipiert – einen zentralen Bestandteil von Hausgemeinschaften[22] ausmachten und eng an die Befriedigung des Nahrungsbedürfnisses geknüpft seien, rücke im Fall letzterer – als Gastritual, Festakt, religiöses Opfermahl oder politisches Bankett – die integrative Kraft des gemeinsamen Verzehrs gegenüber der Notwendigkeit, sich zu ernähren, deutlich in den Vordergrund. Gemeinsames Speisen gilt traditionell als Instrument zur Schließung von Bündnissen und Befriedung sozialer Konflikte.[23] Dazu gehören kulinarisch abgerundete Gipfeltreffen ebenso wie das „Brüderschafttrinken" oder die Nahrungsspenden wohlhabender Eliten an die arme Bevölkerung, die als neidminderndes Ritual dem Ausbruch von Konflikten vorbeugen und so zur Stabilität der gesellschaftlichen Ordnung beitragen.

Die Gemeinschaft der einen impliziert dabei freilich immer die Abgrenzung von anderen, und so befördern Essen und Trinken Prozesse der *Inklusion* und Prozesse der *Exklusion* zugleich. Dies lässt sich nicht nur an den vorgestellten Formen der Tischgemeinschaft nachvollziehen, sondern beispielsweise auch anhand von alternativen Kostformen, der Errichtung von Nahrungstabus oder auch der abwertenden Identifizierung anderer Nationalitäten mit je „typischen" Speisen – etwa als „Frogs", „Krauts" oder „Kümmeltürken". Die kulinarische Regulierung sozialer Beziehungen vollzieht sich im Rahmen von Machtverhältnissen, deren Basis wie Effekt sie gleichermaßen darstellt. Dabei können Herrschaftsinteressen z.B. durch die gezielte Verletzung gültiger Tabus, etwa dem Schlachten heiliger Tiere nach einer kriegerischen Eroberung, durchgesetzt werden. Dominanzansprüche lassen sich unter anderem durch Distributionsregeln geltend machen, die festlegen, wem

22 Die häusliche Tischgemeinschaft leitet sich aus Formen des gemeinschaftlichen Wirtschaftens her, die sich mit der Weiterentwicklung der Produktionsmittel weitgehend aufgelöst haben. Heute hat das gemeinsame Essen der „Hausgemeinschaft" seinen traditionellen Status faktisch zwar eingebüßt – Instantprodukte, Fast Food und Mikrowelle begünstigen individuelle Verzehrssituationen von Haushaltsmitgliedern mit höchst unterschiedlichen Zeitstrukturen – seine integrative *Bedeutung* ist aber erhalten geblieben: Nach wie vor gilt der gedeckte Tisch als herausragender Ort familialer Kommunikation, ist das gemeinsame Speisen (auch wenn es nicht mehr täglich stattfinden mag) ein Anlass, alle Mitglieder der Kernfamilie zu versammeln. Und nicht zuletzt ist an den öffentlichen und akademischen Klagen über mögliche soziale, psychologische oder gesundheitliche Folgen des Verschwindens der Familienmahlzeit abzulesen, welch hoher Stellenwert dieser Institution zugerechnet wird.

23 Für die Zeit des frühen Mittelalters anschaulich dargestellt in Althoff, 1987. Althoff verweist unter anderem auf den ehemals *rechtsverbindlichen* Charakter von „Vertragsmahlzeiten".

wann, d.h. an welcher Stelle der Verteilungsreihenfolge, welche und wieviel Nahrung zusteht. Und *Ernährungsstile* eignen sich hervorragend zur Demonstration eines herausragenden Status (Luxus, Exotik) oder „gegenkultureller" Ambitionen (Vegetarismus, Junk-Food-Generation). Widerstands- und Protestpotenzial findet sich dagegen vor allem in Formen der Nahrungsverweigerung, die in ihrer politischen Dimension von der Zurückweisung der Tischgemeinschaft[24] bis zum Hungerstreik als politisches Druckmittel reichen kann.

Die angeführten Beispiele machen deutlich, dass – neben einer über das Essen und Trinken hergestellten Konstitution und Regulation sozialer Beziehungen – die durch Macht und Gegenmacht gekennzeichneten Verflechtungsgefüge, die Menschen miteinander bilden, durch symbolische Vermittlungen im Bereich der Ernährung *repräsentiert*[25] werden. Nahrungsmeidungen und -tabus, Kommensalitätsschranken, Speiserituale, Essstile und Fragen des Geschmacks, aber auch Versorgungsgebote[26] oder einzelne Nahrungsmittel wie Fleisch fungieren als Medien symbolischer Kommunikation. Eingebunden in Prozesse fortwährender Semantisierungen, die gesellschaftliche Bedeutungshorizonte und Sinnressourcen hervorbringen, aber auch subvertieren und auflösen können, gibt es eine „Rhetorik des Essens" (Barthes), die soziale Zusammenhänge im Gewand kulinarischer Chiffren erscheinen lässt. Soziologisch interessant ist hierbei neben der semiologischen Entzifferung der Zeichengewebe, als die sich Mahlzeiten, Verzehrsregeln etc. deuten lassen, vor allem ein Blick auf die *Politik der Zeichenproduktion.* Die Möglichkeiten der Definition, Verfügung und Durchsetzung von Symbolwelten sind gesellschaftlich ungleich verteilt, so dass nicht nur das *Wie* der Bedeutungsgenerierung zu hinterfragen ist, sondern auch das *Warum.* Wer mit welchem Interesse welche Relevanzen definiert, welche Konfliktpotenziale und Machteffekte mit bestimmten diskursiven Praktiken verbunden sind, oder durch welche sozialen Kontrollmechanismen die Geltung von Sinn in unter-

24 So brachte z.B. Heinrich IV zwar seinen Gang nach Canossa hinter sich, rührte bei dem anschließenden Essen mit Papst Gregor VII aber keine Speise an und machte auf diese Weise deutlich, dass er nicht bereit war, sich auf Dauer dem päpstlichen Willen zu unterwerfen (vgl. Althoff, 1987: 13).

25 Zumeist ist davon die Rede, dass soziale Verhältnisse in der Ernährung (und anderswo) „widergespiegelt" werden. Ich wähle hier den Begriff der Repräsentation, um deutlich zu machen, dass in der Darstellung von Zusammenhängen eine Transformation schon inbegriffen ist. Außerdem scheint sich mir damit auch der dynamische Charakter des Handelns (den ein „Spiegel" eben nicht besitzt) besser einfangen zu lassen.

26 Anschaulich nachzuvollziehen etwa in den (Pionier-)Studien der Sozialanthropologin Audrey I. Richards, die am Beispiel eines Bantu-Stammes im ehemaligen Rhodesien vor Augen führt, wie über den Tausch von Nahrungsmitteln eine Vielzahl von Sozialbeziehungen repräsentiert wird. So besteht unter anderem eine herausragende und sozial verbindliche Aufgabe der Frauen darin, ihre zukünftigen Schwiegersöhne mit aufwändigen und reichhaltigen Speisen zu versorgen (vgl. Richards, 1939; Richards/Widdowson, 1936).

schiedlichen sozialen Kontexten abgesichert wird, sind in diesem Zusammenhang wichtige Problembereiche.[27]

Sozialbeziehungen können in unterschiedlicher Weise in die Ernährung eingehen, z.B. in der angesprochenen Produktion von Bedeutungen oder als spezifische Form des Wirtschaftens und der Erzeugung von Nahrung, sie können sich aber auch in „geronnener“ Gestalt in Gegenständen *materialisieren.* So lassen sich Essgeräte wie Messer, Gabel und Löffel durchaus als Werkzeuge interpretieren, die nicht nur eine Distanz zum Stofflichen der Nahrung herstellen, sondern vor allem einer Distanzierung der Essenden untereinander dienlich sind. So „vernünftig“ es uns heute auch anmuten mag, für den Verzehr von Suppen ein Gerät wie den Löffel zu benutzen oder das individuelle Essbesteck einem Griff in gemeinschaftlich geteilte Schüsseln vorzuziehen – es handelt sich hierbei um Erfindungen, die weniger rationalen Einsichten denn vielmehr einer Veränderung von Figurationen geschuldet sind. Im Prozess der Zivilisation greifen, wie Norbert Elias eindrucksvoll herausgearbeitet hat[28], sozio- und psychogenetische Entwicklungen ineinander, wirken sich gewandelte Interdependenzgeflechte auf psychische Dispositionen (die *Beziehungen* von Triebstruktur und Selbstzwangapparatur *im Innern* der Menschen) aus. Mit der Verdichtung menschlicher Beziehungen in der Folge wachsender sozialer Differenzierung und Integration wurde es in der frühen Neuzeit zunehmend gesellschaftlich funktional, spontane Affekte zurückzudrängen und ein „sozialverträgliches“ Verhalten zu zeigen. Die als „Vorrücken von Scham- und Peinlichkeitsschwellen“ beschriebenen Wandlungsprozesse veränderten freilich auch den sozialen Umgang mit der Nahrung. Während es noch im Mittelalter in allen Ständen üblich war, die Speisen mit den Händen aus gemeinsamen Schüsseln zu fassen, wenige Trinkgläser oder Krüge miteinander zu teilen und die Suppe zu mehreren aus einer Schale zu trinken, wurde die Nahrungsaufnahme ab dem 16. Jahrhundert (zunächst in den abendländischen Oberschichten) immer stärker zum Gegenstand zahlreicher Normierungen, die auf eine zunehmende Distanz im Sinne einer Zurückhaltung der eigenen Person in Rücksicht auf andere abzielten. So wie der Affekthaushalt der mittelalterlichen Menschen, die aus einer Schüssel aßen, auf die Formen ihrer Beziehungen zueinander hin ausgerichtet war, wurde nun eine Modellierung der Individuen nach den veränderten gesellschaftlichen Bedürfnissen angestrebt. Erst später wurden rationale Erklärungen wie z.B. der Hinweis auf hygienische Vorteile nachgereicht, die den Prozess der Zivilisierung des Essens in die eingeschlagene Richtung vorantrieben und verfestigten (vgl. Elias, 1993: 154f.).

Die Ernährung als soziologische Kategorie zu fassen, wie soeben unter dem Aspekt der Sozialbeziehung exemplarisch unternommen, ist ein Vorha-

---

27 Zu einer Kritik der kultursemiologischen Verengung ernährungssoziologischer Perspektiven vgl. Setzwein, 2000b.

28 Vgl. Elias, 1993; Elias, 1994.

ben, das noch am Anfang seiner akademischen Etablierung steht. Zwar hat sich durchaus schon manch prominenter *Klassiker* des Faches dem Essen und Trinken in theoretischer Absicht zugewandt – so etwa Weber, Simmel, Tönnies, Comte und Spencer –, doch kann von einer systematischen Bearbeitung des Feldes erst seit jüngerer Zeit die Rede sein.[29] Dies gilt vor allem für die deutsche Forschungslandschaft, die gegenüber den angelsächsischen und westeuropäischen Ländern, wo entsprechende Fragestellungen seit einigen Jahrzehnten bearbeitet werden, vergleichsweise dünn besiedelt erscheint. Die deutsche Rückständigkeit ist ablesbar am geringen Institutionalisierungsgrad der sozialwissenschaftlichen Ernährungsforschung, der sich z.B. im Fehlen von Lehrstühlen und speziellen Periodika manifestiert. Trotz des bestehenden Aufholbedarfs kann aber auch im deutschsprachigen Raum heute nicht mehr von kuriosen Interessenlagen vereinzelter WissenschaftlerInnen gesprochen werden, da die Forschung – verstärkt in den vergangenen Jahren – zu einer beachtlichen Kumulation und Kontinuität gelangt ist (vgl. Bayer/Kutsch/Ohly, 1999).[30]

Warum ein Thema, das in so Grundsätzliches der menschlichen Existenz vorstößt, in der Geschichte der Soziologie bislang so randständig bleiben konnte, lässt sich mehr als nur vermuten: Die (vermeintliche) Banalität und Trivialität der alltäglichen Verrichtungen, die mit dem Essen einhergehen, vor allem aber ihre Körpergebundenheit machten die Ernährung in den Anfängen der sich etablierenden Disziplin als theoretischen Bezugspunkt unattraktiv. Die Diskussionen kreisten um die Hauptfrage nach den konstituierenden Charakteristika der modernen Industriegesellschaft – physiologische wie auch individualpsychologische Faktoren des sozialen Lebens wurden dabei explizit ausgeklammert. Körperlichkeit wurde weitgehend als naturale Kategorie gefasst, der sich mit sozialwissenschaftlicher Methodologie kaum zu nähern war.[31] Auch der Umstand, dass die Ernährung der häuslichen Sphäre zugeeignet ist und damit vornehmlich in den Zuständigkeitsbereich von Frauen fällt, lässt sie in der noch immer von Männern dominierten Wissenschaft als wenig prestigeträchtiges Forschungsgebiet erscheinen. Nicht zu-

---

29 Als Einführungen in die Ernährungssoziologie liegen Barlösius, 1999 und Prahl/Setzwein, 1999 vor. Eine systematische Bestandsaufnahme von Institutionen, EinzelwissenschaftlerInnen und Publikationsorganen aus dem Bereich „Ernährung und Gesellschaft" sowie eine kommentierte Bibliographie, eine Auswahl theoretischer und methodologischer Ansätze und Vorschläge für eine Strukturierung des Forschungsfeldes finden sich bei Bayer/Kutsch/Ohly, 1999. Zu Stand und Perspektiven einer interdisziplinären Kulturforschung der Ernährung vgl. vor allem die Sammelbände Wierlacher/Neumann/Teuteberg (Hg.), 1993 und Teuteberg/Neumann/Wierlacher (Hg.), 1997.

30 Auch eine Vernetzung von Fachleuten ist zu verzeichnen und findet gegenwärtig hauptsächlich durch den seit 1994 bestehenden *Internationalen Arbeitskreis für Kulturforschung des Essens* und die bereits 1977 gegründete *Arbeitsgemeinschaft Ernährungsverhalten* statt.

31 Dies ist auch darauf zurückzuführen, dass sich SoziologInnen – anders als z.B. in der Ethnologie und Anthropologie üblich – zumeist nur mit ihren *eigenen* Gesellschaften befassen.

letzt aber scheint das Nahrungsgeschehen von Peinlichkeitsschwellen umgeben zu sein, die auf seiner Triebhaftigkeit und fundamentalen Ähnlichkeit zur Sexualität basieren (vgl. Kap. 2.2.1). Vor diesem Hintergrund kann die Verkürzung der Ernährungsthematik auf naturwissenschaftliche Aspekte durchaus als Distanzierungsstrategie interpretiert werden, mittels derer „die Vergesellschaftung des Hungers mit Sexual- und destruktiven Trieben, die mit einer symbolischen, kulturellen Ordnung verwoben sind“ (Rath, 1997: 243), ausgeblendet wird.

1.2 Geschlecht als soziale Konstruktion: Körper im Kreuzfeuer

„Das Geschlecht liegt im Auge des Betrachters.“

(Barbara Duden)

1.2.1 Kritik der Kategorie Geschlecht: Geschlecht im Spannungsfeld von Authentizität und Imagination

Die Kategorie Geschlecht ist – anders als die Ernährung – in der sozialwissenschaftlichen Forschung mittlerweile in die Jahre gekommen, und in jüngster Zeit wird ihr gar eine drohende Krise der Überlebtheit attestiert. Sowohl als analytischer Begriff wie auch in ihrer statuszuweisenden Funktion innerhalb gesellschaftlicher Institutionen hat das Geschlecht laut gegenwärtiger (und durchaus umstrittener) Diagnose an Geltung verloren – eine grundsätzliche Erschütterung der zweigeschlechtlichen Ordnung wäre aber dennoch eine „maßlos übertrieben[e]“ Erwartung (vgl. Becker-Schmidt/Knapp, 2000: 143). Was den einst sicher gewähnten Boden der Geschlechterdifferenz in *theoretischer* Hinsicht ins Wanken gebracht hat[32], ist ein fundamentaler Wechsel des Blickwinkels: Nicht länger nur die *Folgen* der zweigeschlechtlichen Organisation des sozialen Lebens, sondern ihre *Voraussetzungen* – die Verfasstheit der Differenz selbst – sind zunehmend ins Zentrum akademischen Interesses geraten und aktualisieren die Frage nach der *Wirklichkeit* der Geschlechter in neu und anders gelagerter Gründlichkeit. Die Diskussion, die

32 Die Verschiebungen im *Arrangement der Geschlechter* (Goffman), die möglicherweise zu einer Abschwächung der Kategorie Geschlecht in ihrer Funktion als sozialer Platzzuweiser geführt haben, sollen an dieser Stelle nicht erörtert werden.

immer weniger von einer Naturalisierung des Sozialen ausgehen mag und sich statt dessen verstärkt der Sozialisierung der Natur zuwendet, hat die heilige Scheu (so die Freudsche Übersetzung des aus dem Polynesischen stammenden Begriffs *Tabu*) abgelegt, an biologische „Gewissheiten" heranzutreten und Letztbegründungsansprüche naturwissenschaftlicher Provenienz auf den Prüfstand geistes-, sozial- und kulturwissenschaftlicher Perspektiven zu stellen.

Die wissenschaftliche wie politische Kritik der Vorstellung, mit dem Geschlecht eine unhintergehbare und unveränderliche Größe vor sich zu haben, ist zwar schon historischen Datums, doch konzentrierte sie sich bislang eher auf den sozialen Ungleichheitsüberschuss einer biologisch gegebenen und „an sich" von Verhältnissen der Dominanz und Subordination nicht zwangsläufig gekennzeichneten Differenz der Geschlechter. Die *Naturgegebenheit* von Unterschieden, die bestehende *Geschlechterregimes* (Connell) legitimierten, wurde in Zweifel gezogen, nicht aber die Annahme, dass Zweigeschlechtlichkeit per se „normal" sei.

Es ist an verschiedener Stelle herausgearbeitet worden, wie in der Entstehung der Moderne, im Zuge von Aufklärung und Industrialisierung, der von Männern dominierte wissenschaftliche Diskurs zum Thema Geschlecht in substantialistische Festschreibungen über das *Wesen* von Männern und Frauen kulminierte (vgl. z.B. Hausen, 1976; Honegger, 1991; Bublitz, 1998). Im revolutionären Frankreich des 18. Jahrhunderts wurde z.B. die Frauenrechtsbewegung gewaltsam niedergeschlagen und das logische Problem, Frauen von den Menschen- und Bürgerrechten, die im Rahmen einer neuen Anthropologie als *Naturrechte* deklariert waren, eigentlich nicht ausschließen zu können, damit gelöst, sie qua *natürlicher* Eigenschaften in anderen Sphären zu verorten: in der Welt der Gefühle, des Körperlichen, des Häuslichen etc. (vgl. Hassauer, 1988). In ihrem vielzitierten Aufsatz beschreibt Karin Hausen die Erfindung polarer Geschlechtscharaktere, die in Korrespondenz zur Physiologie gedacht wurden und noch heute in der (populären wie wissenschaftlichen) Produktion von Stereotypen eine gewichtige Rolle spielen, als Resultat eines akuten Orientierungsbedürfnisses, das sich mit dem historischen Übergang vom „ganzen Haus" zur „bürgerlichen Familie" eingestellt hatte. Mit der durch die industrielle Revolution durchgesetzten kapitalistischen Wirtschaftsweise und der somit beförderten Dissoziation von Erwerbs- und Familienleben gewinnt die Kontrastierung der Geschlechter nach Hausen eine neue Qualität:

> „Der Geschlechtscharakter wird als eine Kombination von Biologie und Bestimmung aus der Natur abgleitet und zugleich als Wesensmerkmal in das Innere der Menschen verlegt. Demgegenüber sind die älteren vor allem in der Hausväterliteratur und den Predigten überlieferten Aussagen über den Mann und die Frau Aussagen über den Stand, also über soziale Positionen [...]. [...] Neuartig ist an der Bestimmung der »Geschlechtscharaktere« also offenbar der Wechsel des für die Aussagen über den Mann und die Frau gewählten Bezugssystems. Seit dem ausgehenden 18. Jahrhundert treten an die Stelle der Stan-

desdefinitionen Charakterdefinitionen. Damit aber wird ein partikulares durch ein universales Zuordnungsprinzip ersetzt: statt des Hausvaters und der Hausmutter wird jetzt das gesamte männliche und weibliche Geschlecht und statt der aus dem Hausstand abgeleiteten Pflichten werden jetzt allgemeine Eigenschaften der Personen angesprochen. Es liegt nahe, diesen Wechsel des Bezugssystems als historisch signifikantes Phänomen zu interpretieren, [...]." (Hausen, 1976: 369f.)

Mit der Annahme nicht antagonistisch, sondern komplementär gefasster Eigenschaften und Wesensarten der Geschlechter[33] wird es überdies nicht nur möglich, die Trennung von „Gemeinschaft" und „Gesellschaft"[34] als der *natürlichen* Weltordnung entsprungen auszugeben, die Ungleichheit von Männern und Frauen wird gleichermaßen *notwendig* und *ideal.* Aus dem Grundsatz der Ergänzung erklärt sich möglicherweise auch die Attraktivität dieses Aussagesystems für die Frauen selbst.[35] Mit der Trennung von Hausarbeit und einer zur Lohnarbeit verallgemeinerten Erwerbsarbeit wird der neue Typus der (zunächst noch bürgerlichen) Hausfrau geschaffen, und mit der Zuweisung spezifischer und teils ideologisch überhöhter Kompetenzbereiche (z.B. Mütterlichkeit, heimelige Gegenwelt zur konkurrenten und feindlichen Erwerbssphäre, Repräsentativität und Schönheit) legitimiert. Indem die „Natur" des weiblichen Geschlechtscharakters also nicht nur als Kriterium für die Exklusion aus zentralen Bereichen des gesellschaftlichen Lebens – Wissenschaft, Politik, Ökonomie – herangezogen wird, sondern zugleich eine sym-

---

33 Die mittels einer systematischen Auswertung diverser Lexika sowie medizinischer, pädagogischer, psychologischer und literarischer Schriften gewonnenen Merkmalsgruppen umfassen unter anderem nach wie vor geläufige (und deshalb einer erklärenden Kennzeichnung als „weiblich" bzw. „männlich" nicht bedürftigen) Vorstellungen von Aktivität/Passivität, Rationalität/Emotionalität, Öffentliches Leben/Häusliches Leben, Selbständigkeit/Abhängigkeit, Konkurrenz/Kooperation, Gewalt/Güte, Erwerben/Bewahren etc. (vgl. Hausen, 1976: 368).

34 Auch die Gegenüberstellung von Gemeinschaft und Gesellschaft bei Tönnies zeichnet ein Gesellschaftsmodell, das auf die Polarität der Geschlechter Bezug nimmt, etwa wenn das „Weib" als Verkörperung des Organischen, Natürlichen, Gewachsenen in Erscheinung tritt. Als gemeinschaftliches „Urverhältnis" ersten Ranges charakterisiert Tönnies dann auch die Mutter-Kind-Dyade (Tönnies, 1979: 10) und verknüpft die Diagnose einer fortschreitenden Zurückdrängung gemeinschaftlicher Lebensformen mit dem Befund eines Verlustes weiblicher Qualitäten: eine Frau, die z.B. als Fabrikarbeiterin den Mechanismen der als künstlich und mechanisch charakterisierten Gesellschaft ausgesetzt sei, werde „aufgeklärt, [..] herzenskalt, bewußt" – Eigenschaften, die „ihrer ursprünglichen Natur" „fremdartig" und „schauderhaft" seien (ebd.: 139).

35 Dies zeigt sich z.B. in Teilen der ersten wie – in abgewandelter Form – auch der zweiten Frauenbewegung. Im Wilhelminischen Kaiserreich forderte die bürgerliche Frauenbewegung zwar beispielsweise bessere Bildungschancen für Mädchen, begründete die gewollte universitäre Ausbildung und die Einstellung von Lehrerinnen aber mit deren „natürlichen" spezifischen Kompetenzen in der Erziehung von Bürgerstöchtern zu angehenden Gattinnen. Und bis heute haben sich Strömungen des *Ökofeminismus* erhalten können, die aus „weiblichen" Wesenszügen eine moralische Überlegenheit von Frauen ableiten und in dieser eine Strategie zur Erlösung der Welt gefunden zu haben meinen.

bolische Aufwertung erfährt, bietet sie den Frauen innerhalb der Praxis ihrer Herabsetzung und Unterordnung ein kompensierendes Moment.

An der *Naturalisierung* der Kategorie Geschlecht, die keinesfalls nur ein Erbe historisch zurückliegender Epochen ist, das sich anhaltend fortschreibt, sondern ein Prozess, der stets aufs Neue in Gang gesetzt wird, arbeitet sich die Frauenforschung seit Jahrzehnten ab. In den 1970er und 1980er Jahren stellte sich die mit der Frauenbewegung engagiert und emphatisch verbundene feministische Wissenschaft die Frage, ob die in androzentrischer Rhetorik konstatierten Unterschiede zwischen den Geschlechtern überhaupt nachweisbar seien (vgl. Hagemann-White, 1984). In einem weiteren Schritt konzentrierte sich die Forschung schließlich auf die Ursachen von Unterschieden, die als *geschlechtsspezifische* Verhaltensweisen und Orientierungen klassifiziert wurden. Vor allem sozialisations- und rollentheoretische Ansätze wurden zu einer Erklärung von Geschlechterdifferenzen herangezogen und so der berühmte Ausspruch von Simone de Beauvoir, dass Frauen nicht als Frauen *geboren*, sondern zu ebensolchen *gemacht* würden, in vielfältiger Weise untermauert. In ihrer Anwendung auf die Geschlechterdifferenz erwiesen sich die vorhandenen Theoreme als ergänzungsbedürftig und prekär. So kritisierte z.B. Helga Bilden am Sozialisationskonzept von Jürgen Habermas, dass dieser auf *weibliche Sekundärtugenden* verweise, ohne in seinen Überlegungen zum Prozess der Sozialisation die Kategorie Geschlecht gebührend in Rechnung gestellt zu haben (Bilden, 1977). Auch der Rollentheorie Parsonscher Prägung wurde von Seiten der Frauenforschung die Reproduktion hergebrachter Stereotype und Geschlechterhierarchien vorgeworfen, da in der systemtheoretischen Sichtweise die gesellschaftliche *Zweckmäßigkeit* der Geschlechtsrollen in den Vordergrund rückte. Die Debatten waren bestimmt von Auseinandersetzungen über das *soziale* Geschlecht, das zwar auf einer *natürlichen* Geschlechterdifferenz beruhen, in seiner gesellschaftlichen Verfasstheit aber nicht (oder nur rudimentär) durch Natur festgelegt sein sollte.

Mitte der 1980er Jahre prägte Ursula Beer den Begriff einer „Strukturkategorie Geschlecht“ mit ihrem Befund, dass die vorfindliche Geschlechtsspezifik in unterschiedlichen Bereichen nicht mit rollentheoretischen Argumenten als Repertoire von Verhaltensmustern zu bestimmen sei, die der geschlechtlichen Arbeitsteilung entsprungen seien, und dass das Geschlecht nicht nur den Bezugspunkt für eine symbolische Klassifikation darstelle. Vielmehr besitze die soziale Unterscheidung von Geschlechtern selbst strukturierende Wirkung (vgl. Beer, 1984). Sie ist ein Strukturmerkmal von Gesellschaften, und „alle unsere bekannten Kulturgebilde [beruhen] auf Geschlechterungleichheit“ (Beer, 1990: 9). Parallel zur Untersuchung von Themenkomplexen wie die Hierarchisierung von Arbeitsbereichen, die statuszuweisende Funktion von Geschlecht (Krüger) oder die *doppelte Vergesellschaftung* von Frauen (Becker-Schmidt) entwickelte sich ein Forschungsstrang, der mit der expliziten Parteilichkeit einer Wissenschaft *von* Frauen *für*

Frauen brach und sich statt dessen dem *Verhältnis* der Geschlechter[36] mit akademischen Interesse zuwandte. Die *Geschlechterforschung* setzte sich zum Ziel, beide Seiten des dualistischen Relationsgefüges zu beleuchten, da die soziale Stellung des einen Geschlechts immer erst aus der Entgegensetzung zum anderen Geschlecht gewonnen werden kann. Die Beziehungsstrukturen und Verweisungszusammenhänge, die das Geschlechterverhältnis konstituieren, wurden zum Gegenstand zahlreicher Analysen gemacht.

Gleichzeitig drängte sich in den internationalen Diskussionen, vor allem im Zuge der Kritik des *black* und *lesbian feminism*, immer unüberhörbarer die Frage auf, ob denn überhaupt von kollektiven Geschlechtsidentitäten ausgegangen werden könne, ob es etwas gebe, das Frauen über alle Unterschiede wie Klasse, Ethnizität, Alter, sexuelle Orientierung etc. hinaus verbinde. Die soziale Ungleichheit zwischen Frauen wurde – ebenso wie die zwischen Männern (vgl. Connell, 1999; May, 1995; Meuser, 1998; Zemann, 1997) – zum Gegenstand von Forschungsprogrammen gemacht und dafür plädiert, „Weiblichkeit“ und „Männlichkeit“ fortan im *Plural* zu begreifen. Zwischen bloßer Diversität, symbolischer Distinktion und der Annahme ineinander verschränkter Vergesellschaftungsprozesse, in denen sich Menschen kontextuell vergeschlechtlichen, liegen hierbei die sozialwissenschaftlichen Interpretationsansätze. Was zur Beantwortung der Frage nach einer übergeordneten Gemeinsamkeit blieb, war nicht mehr als der Hinweis auf die biologische Geschlechtszugehörigkeit, die soziokulturellen Aspekten der Differenzierung enthoben schien. Doch in dem Maße, in dem das Verhältnis von Natürlichem und Kulturellem in der Geschlechterdifferenz zum Kristallisationspunkt einer an der Hinterfragung von Identitätsunterstellungen interessierten Forschung avancierte, geriet die Unterscheidung von *sex* (biologisches Geschlecht) und *gender* (soziales Geschlecht) zum Angriffspunkt eingehender Kritik. So wenig historisch, kulturell und sozial variierende Ausprägungen von „Männlichkeit“ und „Weiblichkeit“ die Authentizität des Geschlechts verbürgen können, so wenig scheinen auch die „fleischlichen Insignien“ (Hirschauer, 1994: 685) der Geschlechterdifferenz hierzu in der Lage zu sein. Es wurde schließlich die nunmehr weithin vertretene These aufgeworfen, mit dem Geschlecht eine soziale *Konstruktion*[37] vor sich zu haben, die einem sozialen Klassifikationsbedürfnis und nicht biologischer Notwendigkeit geschuldet sei.

---

36 Das Geschlechterverhältnis kann als gesamtgesellschaftliches Ordnungsprinzip verstanden werden, das Männer und Frauen in *institutionalisierter* Form zueinander in Beziehung setzt (vgl. Becker-Schmidt/Knapp, 1995: 7)

37 Zum Begriff der Konstruktion vgl. Knorr-Cetina, 1989. In ihrem Beitrag unterscheidet die Autorin Sozialkonstruktivismus, kognitionstheoretischen Konstruktivismus und empirischen Konstruktivismus. Ich beziehe mich im wesentlichen auf sozialkonstruktivistische Denkweisen und rezipiere auch diskurstheoretische Argumentationen.

Zunächst bezog sich der Gedanke einer sozialen Konstruktion der Zweigeschlechtlichkeit allerdings auf die Wahrnehmung und Herstellung von Geschlecht in sozialen Interaktionen, wie sie bereits in den 1960er und 1970er Jahren von Erving Goffman und Harold Garfinkel beschrieben worden waren.[38] Gemäß dem ethnomethodologischen Grundsatz, das Bekannte zum Gegenstand sozialwissenschaftlicher Untersuchungen zu machen und das Alltagswissen nicht unhinterfragt als „Plausibilisierungsressource" (Hirschauer, 1993a: 57) gelten zu lassen, wurden Studien betrieben, die zeigen konnten, dass sich das Geschlecht nicht nur als Struktur-, sondern auch als Prozesskategorie[39] fassen lässt: Das Geschlecht ist ein Merkmal der Sozialorganisation von Gesellschaften, das sich als Merkmal von Menschen in Darstellungs- und Interpretationspraxen sozialer Handlungszusammenhänge realisiert. Statt „irgendwo im Individuum [...] verankert" und als „Eigenschaft von Personen dingfest" machen (Gildemeister/Wetterer, 1992: 231) zu sein, wird das Geschlecht gleichsam als Interaktionspraxis in den sozialen Kontext ausgelagert. Aus dem Zwang, in einer nach dem Prinzip der Zweigeschlechtlichkeit organisierten Gesellschaft eindeutig, exklusiv und dauerhaft geschlechtlich klassifiziert zu sein (vgl. Kessler/McKenna, 1978: 113), resultiert eine fortwährende Produktion von (durchaus soziokulturell differenzierter) Geschlechtlichkeit, ein unablässiges *doing gender* (West/Zimmermann, 1991), dem sich niemand entziehen kann, und das eben daher eine *faktische* Unhintergehbarkeit der Geschlechterdifferenz begründet. Obwohl „Weiblichkeit" und „Männlichkeit" in diesem Sinne gleichermaßen als soziale Konstruktionen begriffen werden können, bleibt zu beachten, dass Männer und Frauen in ungleicher Weise an den durch Strukturen der Macht geprägten Konstruktionsprozessen, z.B. an der Definition von Relevanzen, beteiligt sind. Die Herstellung der Geschlechterdifferenz ist keinesfalls beliebiger Natur, sondern besitzt ein hohes Maß an sozialer Verbindlichkeit und Rigidität und begründet eine hierarchische Ordnung: Differenz kommt im Gewand von Dominanz daher, und das *Gleichheitstabu*[40] der Geschlechter wird in einer Distinktion durch Diskriminierung aufrechterhalten.

Großes Aufsehen erregte im Kontext der konstruktivistischen Geschlechtertheorie der als *dekonstruktivistisch* etikettierte Vorschlag Judith Butlers, das Geschlecht als sprachlich erzeugtes *Phantasma* aufzufassen und den

---

38 Im deutschsprachigen Raum setzte sich diese Diskussion erst in den vergangenen Jahren durch, wurde in den 1980er Jahren aber bereits von Carol Hagemann-White vertreten.

39 Eine Perspektive, die beide Momente miteinander verknüpft, ist das schon zitierte Figurationskonzept von Elias, das sich freilich auch für die Kategorie Geschlecht fruchtbar machen lässt. Der Sammelband von Klein/Liebsch (Hg.), 1997 bietet hierzu interessante Anregungen.

40 Dieser Begriff (bzw. *sameness taboo*) geht vermutlich auf Rubin, 1975 zurück (vgl. Lorber/Farrel, 1991: 8).

Wirklichkeitseffekt von Geschlechtlichkeit auf das ritualisierte iterative Zitieren von Geschlechternormen zurückzuführen. Nach einer „Rezeptionssperre" (Gildemeister/Wetterer, 1992: 203) wurden zu Beginn der 1990er Jahre auch im deutschsprachigen Raum die Thesen Butlers engagiert diskutiert. Bis dato anhaltende Tiraden der Entrüstung wurden ebenso entfacht wie Stürme euphorischen Beifalls, die Geschlechterforschung (und vor allem die *Frauenforschung*) wurde von vielen – ihres Gegenstandes beraubt – am Ende gesehen, von anderen dagegen ein zukunftsweisender Paradigmenwechsel verkündet, und die Auseinandersetzungen um die Brennweite des dekonstruktivistischen Objektivs finden sich gar zum Streit der Generationen stilisiert. Was die Fachwelt derart aufgeschreckt hat, war weniger die Historisierung von „natürlichen" Phänomenen, also z.B. der Körper – etwas, das im Einflussbereich der Tradition Kritischer Theorie durchaus als vertrauter Gedanke gelten kann – als vielmehr die Konsequenz ihrer Anwendung auf die Kategorie Geschlecht: Den biologischen Dimorphismus als kulturelles Artefakt und spezifisches gesellschaftliches Klassifikationsmodell zu analysieren, ist ein Vorgehen, das sich nicht nur Vorwürfen der Absurdität ausgesetzt sieht. Butler selbst hat schließlich ihr theoretisches Konzept nachgebessert und immer wieder betont, dass sie epistemologisch und nicht ontologisch argumentiere, d.h. die materiellen Geschlechtskörper nicht in Diskurse verflüchtige, sondern lediglich der Unmöglichkeit Respekt zolle, einen nicht kulturell/diskursiv vermittelten, präreflexiven Körper erfassen und kommunizieren zu können. Zwar entscheidet Butler die Frage nach dem Verhältnis von Natur und Kultur in der Geschlechterdifferenz im angegebenen Sinne zugunsten der Kultur, sie besteht aber zugleich darauf, dass eine solche Frage „strenggenommen nicht beantwortet werden kann" (Butler, 1997: 36).

Aufgeworfen wurde das Problem vor allem durch Studien, die in der Folge kulturanthropologischer Forschungen Themenfelder wie Transsexualität[41] oder *Gender Crossing* bearbeiteten. Das „unquestionable axiom" (Kessler/McKenna, 1978: 4), als das uns die immer wirksame und nicht ablegbare Kategorie Geschlecht begegnet, wurde mit Untersuchungen über historische und kulturelle Variationen der Geschlechterdifferenz der Frage würdig. Zu nennen wären hier etwa die Arbeiten von Sherry B. Ortner und Harriet Whitehead, Thomas Laqueur, Claudia Honegger oder Barbara Duden.[42] Verweise

41 So arbeitete z.B. Harold Garfinkel im Rahmen einer soziologischen Untersuchung von Transsexualität heraus, dass Geschlechtlichkeit eine Konstruktion ist, die einer fortwährenden, erlernten Repräsentationstätigkeit bedarf, und dass die Geschlechtsidentität weniger als gemeinhin vermutet mit bloßen biologischen Merkmalen verknüpft ist (vgl. Garfinkel, 1967; siehe dazu auch Kap. 3.1.2).

42 Als „Klassikerin" einer (damals noch nicht so bezeichneten) Dekonstruktion der Geschlechterdifferenz wird häufig Margaret Mead bemüht. Bereits vor mehr als 50 Jahren hatte sie anhand von Feldstudien in der Südsee aufgezeigt, dass die Definition (auch körperlicher Merkmale) von Männlichkeit und Weiblichkeit erheblichen kulturellen Schwankungen zu unterliegen scheint. Ein Fazit ihrer Forschungsarbeit war, dass in jeder menschlichen

auf die interkulturelle Variationsbreite der Geschlechterdifferenzierung – von geschlechtlich unklassifizierten („neutralen", „androgynen") Populationsteilen (z.B. Kinder, Alte) über die *soziale* Herstellung von Männern durch Mannbarkeitsriten bis zur Institutionalisierung von Geschlechtsklassenwechseln und dritten Geschlechtern[43] – relativierten die „evidente Hälftenhaftigkeit" (Tyrell, 1986: 467) der „eigenen" Gesellschaft. Allerdings rühren derartige Befunde nicht unbedingt an den biologisch verbürgten Fundamenten, denn sowohl die Klassifizierung von Männern als initiierten Männern wie auch die Bestimmung eines dritten oder vierten Geschlechts bezieht sich auf die *soziale* Geschlechtszugehörigkeit: weder werden im Regelfall Mädchen Mannbarkeitsriten unterzogen, noch setzen sich ergänzende Geschlechtsklassen aus körperlich definierten Hermaphroditen zusammen.[44] Vielmehr sind es gerade die sozialen Geschlechtsmerkmale, welche mit dem *Wechsel* (das heißt eben auch: zunächst gilt die binäre Klassifikation) in eine Zusatzkategorie wie *berdaches* und *nadles* in Nordamerika oder *eingeschworenen Jungfrauen* im Kosovo (vgl. Grémaux, 1994) assoziiert sind. So vollzieht sich beispielsweise die Übernahme des *berdache*-Status in indigenen Stammesgesellschaften des nördlichen Amerikas vornehmlich über die Ausübung bestimmter Arbeiten. In der Regel handelt es sich bei den *berdaches* um anatomisch als Männer klassifizierte Personen, die sich aus freien Stücken für eine soziale weibliche Existenz entscheiden. Gemeinhin ist mit dem *gender crossing* eine Inszenierung von Weiblichkeit verbunden, die sich auf Kleidung, Bewegung, Sprachgebrauch etc. bezieht, doch reicht die Erfüllung dieser

---

Gesellschaft (in je verschiedenem Mischungsverhältnis) unterschiedliche „Konstitutionstypen" von Maskulinität und Femininität vorzufinden seien und eben deshalb eine *Serie* von *Geschlechtskontinua* aufgestellt werden müsse, um *alle* Ausprägungen einzuschließen. Das Hauptproblem sei, so Mead, dass die jeweiligen Geschlechterideale einer Kultur stets auf einem bestimmten Typus beruhten, der zum Klischee und Stereotyp gerinne und „Zwischengrößen" rigide in ein binäres Schema zwinge (vgl. Mead, 1992: 122-130). Die Befunde Meads können jedoch nach heutigem Erkenntnisstand nicht als wissenschaftlich fundiert und empirisch abgesichert gelten. Zu einer Kritik der Annnahmen Meads vgl. Freeman, 1983; Freeman, 1999; Freeman, 2000; Glick, 1983.

43 Einen Überblick über Studien, die sich der Untersuchung des Phänomens eines institutionalisierten dritten Geschlechts widmen, bietet Herdt (Ed.), 1994.

44 Man könnte hier aber auch eine ethnozentristische Sichtweise unterstellen, die Beobachtungen auf die Folie vertrauter Schemata zu bringen geneigt ist. Zum Phänomen der Intersexualität ist zu sagen, dass die anatomische Unentscheidbarkeit des Geschlechts in den beschriebenen Gesellschaften nicht die Ursache für die Einrichtung einer dritten Geschlechtsklasse ist (da sie hier quantitativ nicht häufiger auftritt als woanders), dass aber intersexuell geborene Menschen einen „geschlechtlichen Ort" innerhalb der Gesellschaft haben – anders als in unserem Kulturkreis, wo dem, was nicht sein darf, mit Skalpell und Hormontherapie zu Leibe gerückt wird. Eltern intersexueller Säuglinge *müssen* (auf der Grundlage hormoneller und chromosomaler Analysen sowie dem Stand der Operationstechnik) entscheiden, zu welchem der beiden *natürlichen* Geschlechter die ärztliche Kunst ihr Kind normalisieren wird.

Kriterien für die Akzeptanz im neuen Status nicht aus: entscheidend ist die Übernahme von als weiblich eingestuften Tätigkeiten wie die Korbflechterei oder das Stampfen von Getreide (vgl. Whitehead, 1981: 88). Auch die sexuelle Orientierung und Partnerwahl, der in unserem Kulturkreis üblicherweise ein hoher Rang bei der Bestimmung der Geschlechterrollen eingeräumt wird, gilt hier nicht als Indikator für die Zugehörigkeit zu einer Geschlechtsklasse. *Berdaches*, die sexuelle Beziehungen zu Frauen unterhalten, werden keinesfalls zu „Männern" re-klassifiziert. Obwohl sie mit allen Pflichten und Rechten „gewöhnlicher" Frauen ausgestattet sind, inklusive der Möglichkeit, Männer zu ehelichen, gelten die *berdaches* dennoch als Mischwesen, die ein Weder-noch und ein Sowohl-als-auch in sich vereinen und denen daher besondere Fähigkeiten, z.B. in rituellen Kontexten, zugesprochen werden.

Während die interkulturell vergleichenden Studien vor allem die soziale Organisation der Geschlechterordnung in den Blick nehmen, zielen die historischen Untersuchungen von Laqueur auf die *biologische* Fundierung der Geschlechterdifferenz selbst, die er als Resultat der Entstehung moderner Menschenwissenschaften entlarven will. Indem er biologische Erkenntnisse in die Interpretationsdilemmata geisteswissenschaftlicher Disziplinen hineinzieht, gelingt es Laqueur, deutlich zu machen, dass der naturwissenschaftliche Diskurs über den Geschlechtskörper, den er von der Antike bis zum psychoanalytischen Paradigma Freuds nachzeichnet, *gesellschaftlichen* Vorstellungen vom Verhältnis der Geschlechter zueinander folgte. Bis ins 18. Jahrhundert hinein dominierte in der anatomischen Lehre die Auffassung, dass Frauen und Männer über die gleichen Geschlechtsorgane verfügten, die lediglich unterschiedlich (innen bzw. außen) angeordnet seien. Der männliche Körper galt hierbei als Grundtypus und der weibliche als eine graduelle, gleichwohl unvollkommene Abstufung desselben. Den wissenschaftlichen Beweis für die Existenz *eines* biologischen Geschlechts führten noch in der Renaissance Anatomen, die bei ihren Leichensektionen immer nur das sahen, was sie schon wussten.

> „Je mehr die Anatomen der Renaissance den weiblichen Körper auseinandernahmen, in ihn hineinschauten und ihn visuell zur Anschauung brachten, umso nachdrücklicher und überzeugender erkannten sie ihn als eine Spielart des männlichen." (Laqueur, 1992: 87f.)

Erst im Zuge der Aufklärung, mit dem Aufbruch traditionaler Ordnungen und dem Wandel sozialer Gefüge, der auch das Arrangement der Geschlechter erfasste, änderte sich die Vorstellung der Geschlechterdifferenz. Für die Begründung hatte nun eine biologische Legitimation der sozialen Ungleichheit zwischen den Geschlechtern herzuhalten, nachdem Verweise auf die „natürliche" Vorrangstellung des männlichen Geschlechts, etwa durch eine göttlich verfügte Ordnung, in den Hintergrund traten. Während vor dem 17. Jahrhundert das Geschlecht einer sozialen Kategorie gleichkam und „männlich" oder „weiblich" zu sein, primär bedeutete, einen bestimmten Platz in der Gesellschaft einzunehmen, galt nach der Aufklärung, die begonnen hatte, die Körper wissenschaftlich aus einer umfassenden Weltordnung herauszulösen, der geschlechtsmarkierte Körper als das „Eigentliche" der Differenz, das von kulturellen Konnotationen nur begleitet wurde. Das Geschlecht wurde zur ontologischen Kategorie. Die Ordnung der Geschlechter fand durch den fortan vertretenen radikalen Dimorphismus eine neue Begründung (vgl. Honegger, 1991). Geschaffen wurden eine Anatomie und Physiologie der *Inkommensurabilität*, die auch über begriffliche Differenzierungen kommuniziert wurde: Erst im 18. Jahrhundert erhielten die Eierstöcke, die zuvor den Testikeln gleichgesetzt waren und heute ein wesentliches Bestimmungsmerkmal des weiblichen Körpers abgeben („Keimdrüsengeschlecht"), eine eigene Benennung (Laqueur, 1992: 17). Nicht dem wissenschaftlichen Fortschritt ist die Entdeckung des uns so selbstverständlichen Zwei-Geschlechter-Modells geschuldet – die damaligen Anatomen hätten die Körper auch anders sehen und z.B. Vagina und Penis als *unterschiedlich* interpretieren *können*, aber aus kulturellen Gründen taten sie das nicht –, vielmehr haben Annahmen über die Geschlechterdifferenz den Verlauf des wissenschaftlichen Fortschritts beeinflusst (vgl. ebd.: 30). Seit dem späten 19. Jahrhundert wurde die Verschiedenheit der Geschlechter dabei nicht mehr nur an den sicht- und tastbaren Körpern diagnostiziert, sondern auch anhand mikroskopischer Einheiten. So bestanden z.B. in den Deutungsmustern der Zellphysiologie männliche Individuen aus katabolischen, d.h. Energie verströmenden Zellen, weibliche Personen setzten sich hingegen aus anabolischen, Energie bewahrenden Zellen zusammen. Die biologische Substanz gleichbleibender, ahistorisch gedachter geschlechtsmarkierter Körper konnte so als „Erkenntnisgrundlage für gebieterische Postulate über die gesellschaftliche Ordnung" (ebd.: 19) verstanden werden.

Dass jedoch die Geschlechterdualität in Form klar geschiedener Alternativen unter der Lupe jüngerer Interpretationen aus der Humanbiologie wissenschaftlich eher unbefriedigend belegt ist, zeigt die Uneindeutigkeit der Kriterien. Bis heute, so das (noch immer gültige) Fazit von Carol Hagemann-White, gebe es „keine zufriedenstellende humanbiologische Definition der Geschlechtszugehörigkeit, die die Postulate der Alltagstheorie einlösen würde" (Hagemann-White, 1988: 228). Als Pfeiler der Feststellung biologischer Männlichkeit bzw. Weiblichkeit gelten vier Faktoren: Morphologie (primäre und sekundäre Geschlechtsmerkmale), Hormone (Verhältnis von Gestagenen, Östrogenen und Androgenen), Gonaden (Eierstöcke, Hoden) und Chromosomen (Kombination der Geschlechtschromosomen von Ei- und Samenzelle) (vgl. Christiansen, 1995: 17; Fausto-Sterling, 1992: 78ff.). Was im Alltagsverständnis gewöhnlich ohne Anstrengung gelingt – das Geschlecht eines Menschen anzugeben –, kann biologisch durchaus zum Problem werden.[45]

45 Zur Veranschaulichung lässt sich die Geschichte des Geschlechternachweises im Leistungssport anführen. Personen, die bei Wettkämpfen als „Frau" antreten möchten, müssen ihre Geschlechtszugehörigkeit durch entsprechende Tests verifizieren, um sicherzustellen, dass

Nicht alle vier Faktoren müssen nämlich zwangsläufig zusammenfallen wie etwa im Fall morphologischer Zweideutigkeit der Genitalien bei eindeutiger Chromosomenkonstellation (Pseudohermaphroditismus). Außerdem umfassen die jeweiligen Kategorien zur Bestimmung des Geschlechts durchaus mehr als zwei Klassifikationsmöglichkeiten. Dies gilt z.B. beim Auftreten „überzähliger“ Chromosomen: Trotz des Vorhandenseins zweier X-Chromosomen, die üblicherweise ein Kennzeichen für eine weibliche Geschlechtszugehörigkeit abgeben, haben Menschen mit einer chromosomalen XXY-Kombination einen männlichen Phänotyp. Und nicht zuletzt ist das Zusammenspiel der Hormone, das spezifische Mischungsverhältnis, als das sich das hormonelle Geschlecht darstellt, im stetigen Wandel, wird der Hormonspiegel einer Person von Stresserscheinungen, Essgewohnheiten, Umweltbelastungen, Erkrankungen etc. beeinflusst.[46] Plausibler als die binäre Codierung der Menschheit anhand zweier Geschlechtsklassen erscheint daher die Behauptung eines *Geschlechterkontinuums*, das Relationen angebbar macht und auf die Rigidität der Ausschließlichkeit verzichtet. Dafür plädiert indirekt auch – hier gänzlich ohne Rückgriff auf biologische Debatten – Hartmann Tyrell. Seiner Argumentation zufolge

> „[...] drängt sich (dem Auge) durchaus nicht (schon gar nicht zwingend) die Wahrnehmung einer geschlechtlichen Zweiklassengesellschaft auf, die einen Unterschied nur zwischen Männern und Frauen macht und dazwischen nichts gelten lässt; [...]. Klassifikatorisch mag eher die Etablierung einer gemischten Gruppe in der Mitte naheliegen, [...]. [Es] gibt für die soziale Wahrnehmung immer Fälle von ‚unweiblichen‘, körperlich ‚maskulin‘ geratenen Frauen bzw. ‚effiminierten‘ Männern, und gerade für diesen, in die Dissonanz zur eigenen Körperlichkeit gezwungenen Populationsanteil böte es sich an, eine Art geschlechtlicher Mischklasse zu bilden, die man von dem Druck auf Entsprechung mit den genannten Standards freistellt. Aber die geltenden Geschlechterklassifikationen versagen sich solchen Offerten fast überall, sie insistieren auch für die Mittellagen auf binärer Verteilung und zwingen die unmännlichen Männer, Männer zu sein. Der Rigorismus einer solchen Klassenscheidung [...] hat ersichtlich etwas Künstliches, [...].“ (Tyrell, 1986: 457)

Indem die skizzierten Befunde und Überlegungen zur Verfasstheit der Geschlechterdifferenz unterstellte Gewissheiten zerstreuen – mindestens aber Seinsgewissheiten auf Geltungsgewissheiten zurückstutzen –, provozieren sie

---

durch einen etwaigen „Überschuss“ an Männlichkeit keine Wettkampfvorteile gegeben sind. Bis 1966 wurde zu diesem Zweck ein ärztliches Attest verlangt, das durch visuelle Geschlechtskontrollen überprüft werden konnte (so geschehen z.B. bei den Leichtathletik-Europameisterschaften 1966 in Budapest); seit den Olympischen Spielen von 1968 werden Chromosomentests durchgeführt, die aber auch nicht alle Intersex-Typen zu erfassen vermögen (vgl. Kolip, 1997a: 67).

46 Und wer kann von sich selbst behaupten, sich seines eigenen Geschlechts in *allen* Punkten wirklich *sicher* zu sein? Dass wir uns unseres Geschlechts sicher sind, ohne auf biologische oder medizinische Konstrukte zurückgreifen zu müssen, ist freilich viel interessanter und kommt an späterer Stelle zur Sprache.

erneut die Frage, wo sich die Kategorie Geschlecht im Spannungsfeld von „Echtheit“ (oder: Natur) und „Konstruiertheit“ (oder Kultur) verorten. Diese Frage entscheidet sich ganz offenbar an den Körpern, die gleichermaßen als Garant für Authentizität und als Medium von Imaginationen fungieren. Die Ambivalenz von Echtheit und Konstruiertheit tritt auf den Plan, indem der Körper einerseits als Objekt kultureller Praktiken, andererseits aber auch als Subjekt des „natürlichen“ Lebens erscheint. In seiner Eigenschaft als Medium zivilisatorischer Zurichtungen und kultureller Lesarten liegt dem Körper ein transitorisches Moment inne, da der Wandel der Zeit seine Spuren in die Körper zeichnet. Gleichzeitig steht der Körper aber auch für Unmittelbarkeit und Natürlichkeit. Dietmar Kamper und Christoph Wulf fassen dieses Doppelverhältnis in die Formeln einer abstrakten Körper-Schrift und einer konkreten, lebendigen Körper-Sprache (vgl. Kamper/Wulf, 1984b: 3f.). Mit letzterer Funktion geht die Vorstellung einer Unhintergehbarkeit des körperlichen Ausdrucks einher. Zwar gilt der Körper als kontinuierlich transformierte Realität, doch ebenso gilt er als Bürge der Wahrhaftigkeit. Dies hängt zum einen damit zusammen, dass der Körper nur begrenzt dem Bewusstsein unterworfen werden kann und als Organismus – und somit Teil der *Natur* – ein von Bewusstseinsprozessen unterschiedenes Eigenleben führt. Vor allem dem Umstand, dass der Leib eine *gefühlte Realität*, eine Wirklichkeit eigener und sehr subjektiver Qualität darstellt, verdankt sich seine Authentizität (siehe dazu auch Kap. 5.1). Zum anderen besteht die Institutionalisierung des Körpers als „Organ der Wahrheit“ (Hahn, 1988: 673) aber auch darin, dass die Körperexpressionen ein *soziales* Bedeutungssystem darstellen. Die an sich sinnleeren, unbestimmten Körperäußerungen werden erst in der Verflechtung von Menschen sinnhaft bestimmt und auf diese Weise Soziales als Natürliches, durch Natur Begründetes ausgegeben. Gleiches gilt für die Geschlechterdifferenz, die erst durch das Bedeutsammachen bestimmter Körperzonen im Rahmen kultureller Praktiken hergestellt und durch Verhüllungsvorschriften, Berührungstabus, Sexualpraktiken etc. stilisiert wird (vgl. Hirschauer, 1994: 685).

Das „echte“, „eigentliche“ Geschlecht erklärt Butler zu einer idealisierten Vorstellung, zum Phantasma, das bar jeder Substanz gleichwohl eine hohe alltagsweltliche Relevanz besitzt, indem die unerreichbaren Ideale echter Männlichkeit bzw. Weiblichkeit als *Normen* fungieren wie z.B. in den Medien oder der Medizin. Hirschauer dagegen plädiert für ein Fallenlassen jedweder „Irrealisierungsrhetorik“ à la Butler (Hirschauer, 1993a: 58) und will den Blick auf die *soziale Realität* der Geschlechter gerichtet wissen. Diese wiederum lebe von der Bildförmigkeit des als Wirklichkeit Erlebten, da situative Darstellungen von Geschlechtlichkeit, im Gegensatz z.B. zu synthetischen Bildern, nicht als Repräsentationen, sondern als „real“ aufgefasst würden.

> „Mit jedem körperlichen Auftreten einer Person in sozialen Situationen wird eine Anschaulichkeit und Augenfälligkeit sozialer Ordnung erzeugt, die ungleich realitätsmächtiger ist als es Diskurse sein können [...]." (Hirschauer, 1994: 672)

Daher, so Hirschauer, bestehe die „*primäre* Existenzweise" der Geschlechter in „bildlichen Symbolisierungen" (ebd.; Herv. d. Vf.). Bildhaftigkeit und Wahrhaftigkeit der Geschlechterdifferenz finden sich hier in ganz neuer Weise zueinandergesellt, und es wird deutlich, dass der *Wirklichkeit* der Geschlechterdifferenz nur in der Berücksichtigung unterschiedlicher Ebenen auf die Spur zu kommen ist, die unter dem Blickwinkel einer Dialektik von Individuum (Handlung, Prozess ...) und Gesellschaft (Diskurs, Struktur ...) bearbeitet werden müssen. Es lässt sich nicht klären, worin die „*wahre* Ursache" (Villa, 2000: 64; Herv. d. Vf.) für die Geschlechterdifferenz verborgen liegt[47] – und auch eine feministisch orientierte Wissenschaft kann kein „*wahres* Bild des Geschlechtsunterschiedes" (Laqueur, 1992: 36; Herv. d. Vf.) produzieren – es kann aber in einer genuin soziologischen Perspektive die Frage verfolgt werden, auf welche Weisen sich die Zweigeschlechtlichkeit in sozialen und subjektiven Realitäten verwirklicht. Und was dabei Authentisches imaginiert und Imaginäres authentisiert wird, vollzieht sich vorrangig im Medium von Körperlichkeit und Leiblichkeit.[48]

1.2.2 Körper- und leibbezogene Aspekte der sozialen Konstruktion von Geschlecht: Thesen zur Konkretheit des Abstrakten

In der Soziologie sind die als Untersuchungsgegenstand einst in Theorie wie Empirie übersehenen Körper schon länger keine Unbekannten mehr. Insbesondere in den vergangenen drei Jahrzehnten mehren sich soziologische Publikationen zum Thema, und kaum findet sich eine „große" Theorie, die sich nicht in mehr oder weniger systematischer Absicht über die Körper hergemacht hätte[49]: Systemtheoretische Betrachtungen (z.B. Karl-Heinrich Bette,

---

47 Dennoch steht diese – zweifelsfrei äußerst medienwirksame – Frage weiterhin im Zentrum verschiedener Wissenschaften. Einen aktuellen Aufwärtstrend können derzeit evolutionspsychologische Ansätze verzeichnen, die im Hightech-Gewand von Hirn- und Genforschung traditionelle Klischees bedienen und etwa Vergewaltigungen als Männern angeborene biologische Strategie zur Samenstreuung werten (so z.B. Randy Thornhill und Cray T. Palmer mit ihrer „Natural History of Rape", erschienen im Februar 2000). Auch das Herunterbrechen geschlechtstypischer Unterschiede in allen möglichen Lebensäußerungen auf die Ebene biochemischer Prozesse, scheint eine Vorliebe (bio-)psychologischer Forschungen zu sein.

48 Zu einer Abgrenzung von *Körper* und *Leib* vgl. Kap. 1.2.2 und eingehender Kap. 5.1.1.

49 Auch in den verschiedenen Teilbereichen der Soziologie wurden die Körper als Forschungsbereich aufgenommen und in Untersuchungen so unterschiedlicher Felder wie Techniksoziologie, Sozialisationsforschung, Jugendsoziologie oder Biographieforschung einbezogen.

Alois Hahn) fehlen ebenso wenig wie Studien aus dem Umfeld des Symbolischen Interaktionismus (z.B. Erving Goffman), Arbeiten in der Tradition der Kritischen Theorie (z.B. Rudolf zur Lippe) sind neben poststrukturalistischen (z.B. Pierre Bourdieu, Michel Foucault) und dekonstruktivistischen Ansätzen (z.B. Judith Butler) vertreten, und nicht zuletzt ist an „Klassiker" wie Marcel Mauss mit seinen Forschungen über die kulturelle und soziale Variation von Körpertechniken oder an Norbert Elias, der das große Paradigma der Zivilisationstheorie an der Untersuchung körpergebundener Bereiche gewann, zu erinnern. Auch finden sich in angrenzenden Fachgebieten wie der Anthropologie (z.B. Helmuth Plessner, Mary Douglas), der Philosophie (z.B. Hermann Schmitz) oder der Psychoanalyse (z.B. Klaus Theweleit) teils umfassend ausgearbeitete Körper-/Leibtheorien, welche die soziologische Betrachtung stark beeinflussen. In den ausgehenden 1990er Jahren kann „der Körper" gar als Kulminationspunkt akademischer Aufmerksamkeit gelten, an dem breit gefächerte Perspektiven aus Geistes-, Kultur- und Sozialwissenschaften zusammentreffen.

Das gegenwärtige wissenschaftliche und gesellschaftliche Interesse am menschlichen Körper speist sich zu einem großen Teil aus der Gleichzeitigkeit seines Verschwindens und seiner Wiederbelebung als Medium subjektiver Sinnstiftung.[50] Neben der *bioindustriellen Kolonisierung* des Körpers (vgl. Virilio, 1996), seiner schrittweisen Entleerung, Ersetzung und technischen Reproduzierbarkeit bis hin zur Existenz als *post-human* in der telematischen Kultur, gilt der Körper als Zufluchtsort, der Sinn und Sinnlichkeit gewährt, als Ort, an dem sich der Mensch seiner Lebendigkeit versichern kann.[51] Diese Rückbesinnung auf den Körper, die sich in einer Flut körperori-

50 Zu beobachten ist außerdem eine parallele Entwicklung der gesellschaftlichen Thematisierung der Körper und der Entfaltung bzw. Aktivierung entsprechender Theorieansätze. So folgt der fortschreitenden Vertreibung der Leiber durch technologische Entwicklungen einerseits die Entfaltung poststrukturalistischer und (radikal) konstruktivistischer Theorielagen, während die Soziologie andererseits auch auf die Versuche und Strategien der Menschen reagiert, der Entsinnlichung neue Formen der Versinnlichung entgegenzusetzen und sich diesen mit phänomenologischen oder ethnomethodologischen Betrachtungsweisen anzunähern versucht (vgl. Rittner, 1982).

51 Interessant ist in diesem Zusammenhang die Frage, worin ein größeres Emanzipationspotenzial für die Frauen liegt: in der „Konkretion" ihrer Körper (Befreiung der Körper, Wiederentdeckung der eigenen Sinnlichkeit, Selbsterfahrung etc.) oder in der Abstraktion von körperlichen Prozessen durch technische Interventionen (Reproduktionstechnologien, Hormonkuren o.ä.). Für den eher unkonventionellen zweiten Vorschlag (in kritischer Diskussion) vgl. Haraway, 1995. Auch Marie-Luise Angerer hält fest, dass „[d]ie Kreation des cyborg [..] für eine Welt *nach* den Geschlechtern" stehe und die Entkörperlichung eine Option auf Freiheit darstelle (Angerer, 1994b: 34; Herv. d. Vf.). Dann wären m. E. allerdings erst einmal die Vorzeichen der *Unfreiheit* näher zu bestimmen, unter denen sich eine „Freisetzung" von Körpern in technische Artefakte, die ja auch als *Enteignung* beschreibbar wäre, vollzieht.

entierter Angebote auf dem Erlebnis- und Therapiemarkt manifestiert, kann zum einen mit Veränderungen in der Sozialstruktur in Verbindung gebracht werden. Ihr Leiden an der modernen Gesellschaft – gegründet auf eine in Entmündigung verkehrte Emanzipation (vgl. Dreitzel, 1980; zur Lippe, 1982) – übersetzt sich in vielgestaltige Überforderungssyndrome, welche die Menschen nach Entlastung suchen und einen „Rückzug in die Konkretheit" (Rittner, 1982: 49) antreten lassen. Im Erleben des eigenen Körpers, sei es durch bewusste Wahrnehmung oder riskante Provokation von Grenzerfahrungen, in seiner Inszenierung als Ikone des präferierten Lebensstils oder in der Sorge um seine Bedürfnisse und der Erarbeitung seiner Gesundheit, vollzieht sich die neuerliche „Wiederkehr des Körpers" (Kamper/Wulf, 1982). Körperliche Gesundheit, Fitness und Jugendlichkeit haben sich zu einem gesellschaftlichen Imperativ entfaltet, der mit dem Status von Personen verbunden ist. Als *Kapital* und *Fetisch* und als angesichts der demographischen Vergreisung der entwickelten Industriegesellschaften wieder apokalyptisch Gewordene geraten die Körper zum Gegenstand einer „repressiven Fürsorge", die sich in Formen des modernen „Kollektivwahns" (z.B. Schlankheit, Hygiene) Bahn bricht (Baudrillard, 1981: 113).

Zum anderen ist aber auch das im sozialen Wandel veränderte Arrangement der Geschlechter an der sich weiter steigernden Diskursivierung der Körper beteiligt (vgl. Turner, 1991: 19). In Zeiten der „Geschlechtsmigration" (Hirschauer, 1993a: 64), in denen sich immer mehr Frauen – und zögerlicher auch Männer – aufmachen, den Platz ihres sozialen Geschlechts zu verlassen, findet einmal mehr ein Rückgriff auf biologistische Sichtweisen statt, um der Gewissheit des Geschlechtsunterschiedes versichert bleiben zu können. Als materieller Statthalter der Geschlechterdifferenz und Kernargument von Letztbegründungsbemühungen taugt der Körper aber nur, so lange er nicht ins Sichtfeld soziologischer Interpretationen entlassen wird. Mit den oben skizzierten Perspektiven auf die Verfasstheit der Geschlechterdifferenz reicht die Irritierung hergebrachter Denkmuster bis auf die Pointe einer Inversion des Verhältnisses von Erscheinung und Klassifikation. Nicht der Sexualdimorphismus produziert die vorhandene duale Klassifikation, sondern die Klassifikation bringt den Dimorphismus (mit) hervor (vgl. Tyrell, 1986: 458)[52], und zwar als diskursive Strategie in performativen Akten (Butler,

52 Tyrell bezieht sich an dieser Stelle auf die *Soziosomatik* Ian Watts und konstatiert, dass es eine männliche und eine weibliche Physis in „gesellschaftlich voraussetzungsloser Reinkultur" nicht geben könne, sondern dass sich der geschlechtliche Dimorphismus statt dessen historisch, kulturell und sozial kontextabhängig realisiere (Tyrell, 1986: 458) – eine Einsicht, die er schon in Wilhelm Heinrich Riehls Werk über die Familie von 1861 notiert fand. Auch Lindemann hält fest, dass die Unterscheidung von zwei Geschlechtern anhand der Körper ein Wissen um die Geschlechterdifferenz schon voraussetze (Lindemann, 1993b: 45). Mit der Dekonstruktion der biologischen Geschlechterdifferenz sollen keineswegs geschlechtsunterscheidende Phänomene wie z.B. die weibliche Gebärfähigkeit oder der männliche Phallus ins Reich der Fabel verwiesen werden, vielmehr geht es (mir) darum,

1991; Butler, 1993a), als Differenzverstärkung durch *somatische Kulturen* (Boltanski, 1976) und eine zweigeschlechtliche Erkennungspraxis (Goffman, 1994), als normalisierende wissenschaftliche (z.B. medizinische) Praxis, als interaktive Darstellungsleistung (Hirschauer, 1993a; Hirschauer, 1993b; Hirschauer, 1994; Garfinkel, 1967; West/Zimmermann, 1991) – je nachdem, welches Theorierepertoire zu Rate gezogen wird.[53]

Vor diesem Hintergrund wird deutlich, dass es nicht nur um die Frage einer *symbolischen* (Re-)Produktion der Geschlechterdifferenz gehen kann, wenn das Geschlecht als soziale *Konstruktion* begriffen wird, sondern dass die Herstellung von Geschlechtlichkeit um die Betrachtung ihrer *sinnlich-materiellen* Dimension erweitert werden muss, um den gesellschaftlichen Produktionsweisen von Geschlechtskörpern und Geschlechtsidentitäten auf den Grund gehen zu können. Es geht an dieser Stelle um nicht weniger als die Offenlegung der Mechanismen einer Vergeschlechtlichung der Körper und einer Verkörper(lich)ung der Geschlechter. Damit ist ein ganzer Komplex von Fragen verbunden, etwa: Mit welchen Deutungsmustern und Codierungen ist die Differenzierung von Geschlechtskörpern verknüpft? Auf welche Weisen werden Körper geschlechtlich markiert und materiell geformt? Wie werden die soziale Ordnungskategorie Geschlecht und die Struktur des Geschlechterverhältnisses körperlich zur Anschauung und zum Ausdruck gebracht, und auf welche Weisen werden sie körperlich angeeignet und in ihrer Verleiblichung zu sinnlich empfundener Konkretheit?

In ihrer Eigenschaft als Schnittstelle von Individual- und Sozialstrukturen erweisen sich die Körper als konstitutiv für die Behauptung sowohl sozialer als auch subjektiver (Geschlechter-)Realitäten, wobei der präreflexive Charakter von Körperpraktiken und körperlichen Ausdrücken den Anschein von Natürlichkeit erweckt und somit den sozialen Konstruktionsprozess verdeckt. Die Körper unterliegen vielfältigen sozialen Einflüssen – kulturellen Deutungen und Normierungen ebenso wie disziplinierenden Zurichtungen und gesellschaftlich geprägten Umgangs-, Präsentations- und Erlebensweisen. In der Verschränkung von sozialen Ungleichheiten, die sich unter anderem als Klasse/Schicht/Milieu, Alter, Ethnizität und Geschlecht fassen lassen, gewinnen die Körper Kontur, Gestalt, Bedeutung. In und an den Körpern

---

deutlich zu machen, dass auch Anatomie und Physiologie ausgesprochen sozial voraussetzungsvolle Erscheinungen sind und nicht hinter gesellschaftlich und kulturell vermittelte Sichtweisen zurückgetreten werden kann. „Natürliche Essenzen" der Geschlechterdifferenz wie z.B. die seit Beginn des 20. Jahrhunderts als relevant erklärten Hormone haben ebenso einen soziohistorischen Hintergrund wie technologische Entwicklungen oder die Formen der Arbeit. Außerdem sind es gesellschaftliche Aushandlungsprozesse in Machtgeflechten, die über die je konkreten (sozialen und subjektiven) Realitäten natürlicher Prozesse wie das Menstruationsgeschehen oder (Un-)Fruchtbarkeit entscheiden (vgl. Villa, 2000: 95).

53 Was es mit den einzelnen Interpretationsmodellen *genau* auf sich hat, wird jeweils zu Beginn der entsprechenden nachfolgenden Kapitel erläutert.

laufen Vergesellschaftungs- und Individuationsprozesse ineinander, verweben sich „innere“ und „äußere Realität“ (vgl. Hurrelmann, 1993) in ein gemeinsames feines Netz. Die Struktur der Gesellschaft wird an den Körpern als Gestaltung, Stilisierung, Bewegung, Gestik, Gebrauch etc. sichtbar, schreibt sich in den einzelnen Körper ein, mehr noch: wird einverleibt *in* seine Sinne, durch welche die Welt den Menschen erst erfahrbar wird.

Selbst das Empfinden, Fühlen und Erleben findet sich im Medium des Leibes von Vergesellschaftungsprozessen beeinflusst, das der Identität aufs Engste Verbundene mit den Prinzipien der Sozialorganisation verknüpft. Neben der korporalen besitzt die Einverleibung sozialer Strukturen auch eine emotionale Dimension, die für das Geschlechterverhältnis von nicht geringer Bedeutung sein dürfte. Wenn es zutrifft – und dafür gibt es durchaus Anhaltspunkte –, dass bestimmte Emotionen Männern und Frauen in unterschiedlichem Maße gesellschaftlich abverlangt, zugestanden, zugemutet werden und geschlechtsdifferente Muster im Ausdruck von und im Umgang mit Emotionen erkennbar sind, so steht zu vermuten, dass dies Konsequenzen für das Erleben der Leiber und damit für die leibliche Verfasstheit der Geschlechter(differenz) hat. Umgekehrt kann aber auch davon ausgegangen werden, dass die geschlechtliche Differenzierung von somatischen Kulturen und Körperpraxen Unterschiede in emotionaler Hinsicht (mit)konstituiert.[54]

In der soziologischen Reflexion ist jedoch nicht nur von einer „Sozialität der Körper“ und Leiber auszugehen, sondern gleichermaßen die „Körperlichkeit des Sozialen“ (Hirschauer, 1994: 674) zu gewärtigen. Hirschauer weist darauf hin, dass sich die gesellschaftlichen Strukturen, während sie sich in die Körper einlassen, zugleich im Medium der Körperlichkeit *konstituieren*, indem sie öffentlich zur Anschauung gebracht und praktiziert werden. Die Existenz „kultureller Verhaltenscodes“, die sich den Körpern auf- und einprägen, ist von ihrem körperlichen Gebrauch abhängig. Insofern schreibt sich Gesellschaft nicht nur *auf* und *in* die Körper der Menschen, sondern auch *durch* sie.

In einer Zusammenführung der verschiedenen Perspektiven zeigt sich, dass die Wirklichkeit des vergeschlechtlichten Lebens auf insgesamt vier Ebenen hervorgebracht wird: (a) „Geschlecht“ existiert in einem umfassen-

54 Die Soziologie der Emotionen ist ein sehr junger Forschungszweig, der im deutschsprachigen Raum erst seit wenigen Jahren verstärkt von sich reden macht (in der *British Sociological Association* wurde dagegen „schon“ 1986 eine entsprechende Sektion eingerichtet). Eine Zusammenschau von Emotionen, Körper und Geschlecht in einer gesellschaftstheoretischen Perspektive scheint mir ein ausgesprochen lohnendes Unterfangen zu sein. Gleich eine ganze Liste von interessanten Fragen drängen sich dem soziologischen Blick auf – etwa: Wie wird Geschlechtlichkeit über Emotionen sozial hergestellt (Gibt es ein *doing emotion* der Geschlechter?)? Werden durch bestimmte geschlechtsdifferente Körperpraxen bestimmte Emotionen wie Stolz oder Angst provoziert, verstärkt, befördert? Einige vertiefende Gedanken dazu in Kap. 5.2.1 und 5.3.1.

den symbolischen Verweisungssystem (bzw. System dualistischer Geschlechtssemantiken), (b) es realisiert sich in der sozialen Organisation gesellschaftlichen Handelns als objektivierte Struktur, (c) es materialisiert sich in der Somatisierung gesellschaftlicher (Macht-)verhältnisse, und (d) es ist in seiner sinnlich empfundenen Qualität konstitutiver Bestandteil subjektiver Identitäten. Auf allen Ebenen sind die Körper/Leiber dabei von zentraler Bedeutung. Die Dimensionen des vierfachen Konstruktionsprozesses müssen in Verhältnissen der Gleichzeitigkeit, Wechselseitigkeit und Ambivalenz gedacht werden. Die folgende Abbildung gibt die Ebenen der sozialen Konstruktionsprozesse überblicksartig wieder.

Abb. 1 Körper-/leibbezogene Aspekte der sozialen Konstruktion von Geschlecht

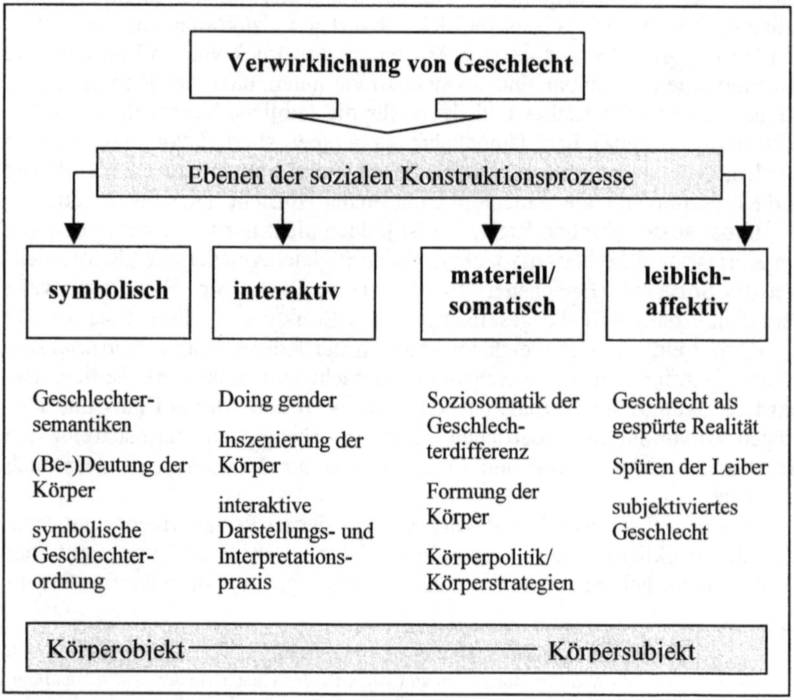

In symbolischer Hinsicht erscheint der Körper zunächst als Medium kultureller Deutungsmuster, als Projektionsfläche für die Phantasien der Gesellschaft (vgl. Bernard, 1980: 116), auf der sich nicht eine „natürlich" gegebene Ordnung der Welt *widerspiegelt*, sondern auf der eine Ordnung in die Welt *gebracht* wird, indem ihr Sinn, Bedeutung und Wert verliehen wird. Im Vermittlungsprozess von Materialität und Imaginarität fungieren die Körper aber nicht nur als *Symbolisierungsfelder*, sondern sie können gleichermaßen als *Voraussetzung* wie *Effekt* von Symbolisierungsprozessen betrachtet werden. Dies bedeutet, dass die per se bedeutungslosen Körper in ihrer Materialität und Sinnlichkeit einerseits der Gesellschaft eine Möglichkeit bieten, sich selbst zu denken, zu verstehen und zu repräsentieren[55], und andererseits mit Sinn versehene korporale *Zeichen* wie Gesten, Gebärden, Bewegungen, Haltungen etc. die spezifische Materialität der Körper erst hervorbringen.[56] Entsprechend können auch die Geschlechtskörper zur Basis wie zum Resultat der kulturellen Vorstellungen über die Differenz der Geschlechter erklärt werden und die aus Geschlechtersemantiken verfasste Textur als *Doxa* (Bourdieu), d.h. als Ensemble kulturell selbstverständlicher, unhinterfragter, kollektiv geteilter Annahmen und Sinngebungen, wirksam werden. Aus den Körpern werden Mythen hervorgetrieben, welche die Realität – auch die körperliche Realität und leibliche Verfasstheit – der Geschlechter konstituieren, sich als Konstruktionen aber nicht zu erkennen geben. Das zum abstrakten Ideologem kondensierte „Geschlecht", eine qua Naturalisierung den sozialen Kontexten entrissene, enthistorisierte und folglich *entwirklichte* Kategorie, erweist sich für die Konkretheit der Geschlechter, sei es in Handlung, Gestalt oder Empfinden, als ausgesprochen realitätsmächtig.[57] Dies um so mehr, als die Bedeutungswelten nicht nur ein Modell *von* Wirklichkeiten, sondern vor allem ein Modell *für* Wirklichkeiten abgeben und insofern der Handlungsorientierung dienen.[58] Indem die Bedeutungen auf die Körper rekurrieren und in Körperpraktiken (re-)produziert werden, gewinnt ihr hand-

55 Hilge Landweer macht darauf aufmerksam, dass es vor allem die *leibliche Affektivität* sei, die – in ihrer Eigenschaft als Phänomen *sui generis* – als Grundlage für Symbolisierungsprozesse gelten könne (vgl. Landweer, 1993: 40; vgl. auch Öhlschläger/Wiens, 1997).

56 Donna Haraway weist darüber hinausgehend darauf hin, dass die Körper ihrerseits Bedeutungen *generieren* und ihre Materialität einen *eigenständigen* Einfluss auf den Konstruktionsprozess hat (vgl. Haraway, 1995). Weder ließen sich die Körper in präkulturelles Biomaterial noch in diskursive Zeugungswut auflösen, vielmehr stellten sie als „materiell-semiotische Erzeugungsknoten" (Hammer/Stieß, 1995: 21) eine strukturierende Aktivität dar. Haraway geht es um den Entwurf eines neuen Naturbegriffs, der von der Vorstellung Abschied nimmt, dass eine passiv gedachte Natur von einem aktiv gedachten Subjekt (Geist, Kultur, Gesellschaft, Diskurs ...) angeeignet wird. Der *Eigensinn* der Körper rückt daher ins Blickfeld ihres „nachmetaphysischen Materialismus" (Becker-Schmidt/Knapp, 2000: 99) – ein interessanter Aspekt, der aber leider kaum überzeugend ausgearbeitet wird. Zu einer Kritik der gemeinsamen „Ko-Konstruktion" von „Subjekten" und (z.B. tierischen, materiellen, technischen) „Objekten" vgl. Becker-Schmidt, 1998; Weber, 1998.

57 Das gilt selbst, wenn eine *Hyperrealität* (Baudrillard) des Geschlechts behauptet wird, d.h. eine verselbständigte Herrschaft nur noch auf sich selbst verweisender Zeichen (*Semiokratie*). Eine solche Diskussion hätte allerdings unter anderem zu problematisieren, wie der (Geschlechter-)"Text" zu der ihm eigenen Struktur gelangt ist, wenn sich seine Struktur immer nur aus sich selbst erklärt. Dazu müsste er zu etwas anderem in Beziehung gesetzt werden als zu seiner eigenen Struktur.

58 Dies ist ein Grundgedanke Durkheims über die gesellschaftliche Funktion von Symbolen (vgl. Hülst, 1999: 132; Geertz, 1987: 44-95).

lungsweisender Charakter eine *präreflexive* Dimension. Praktiken der Vergeschlechtlichung von Körpern, etwa durch *Riten der Feminisierung und Maskulinisierung* (Bourdieu) bewirken daher in der „Somatisierung des kulturell Arbiträren" zugleich eine „dauerhafte Konstruktion des Unbewußten" (Bourdieu, 1997b: 95).

Körperliche Darstellungen des Geschlechts entsprechen einer symbolischen Praxis, in der sich die soziale Ordnung der Geschlechterbeziehungen ebenso wie die materielle Formung der Körper verwirklicht (vgl. Hirschauer, 1994: 674). Auf der Ebene sozialer Interaktionen vollzieht sich die Konstruktion von Geschlecht im Rahmen symbolisch vermittelten Handelns. Die Körper können hierbei als Medien der Repräsentation gelten, in denen die Geschlechter und Geschlechterverhältnisse visuelle Präsenz und tätige Interpretation erlangen. Die Körper fungieren, ihrerseits zu Zeichen stilisiert, als *Träger* und *Produzenten* sexuierter Zeichen wie Kleidungsstücke, Frisuren, Haltungen, Bewegungsweisen etc. Dass diese Merkmale – wie im übrigen auch die Genitalien selbst – überhaupt als (Geschlechts-)Zeichen wirken können, ergibt sich aus ihrer Eingebundenheit in einen symbolischen *Kontext.* Daher sind der Vergeschlechtlichung von Objekten, Handlungsroutinen, Körperäußerungen etc. keine „natürlichen" Grenzen gesetzt – alles lässt sich prinzipiell zum Vehikel der interaktiven Konstruktion von Geschlecht machen (vgl. Hirschauer, 1993b: 37).[59] Dieser theoretischen Beliebigkeit stehen allerdings praktische Engführungen gegenüber, in denen die Kenntlichmachung des Geschlechts durch Objekte und Akte an je spezifische Normen gebunden ist.

Die Sexuierung von Körpern und Tätigkeiten, Sprechweisen und Räumen, Dingen und Eigenschaften ist im Alltag deshalb von so immenser Bedeutung, weil sie die *Augenfälligkeit* des Geschlechts hervorbringt, auf die sich die Gewissheit der Zweigeschlechtlichkeit beruft: ob jemand „männlich" oder „weiblich" ist, wird in direkten Interaktionen für gewöhnlich weder erfragt noch mitgeteilt – es wird *gesehen* (und gehört).[60] Insofern ist die Geschlechtszugehörigkeit etwas, das in *sozialen Beziehungen* konstituiert wird, in einem Wechselspiel zwischen Darstellenden und Betrachtenden, die immer und zugleich beides sind: Inszenierende und Interpretierende, Ausführende und Zuschreibende. Die *Geschlechtszuständigkeit* (Hirschauer) ist

---

59 Lindemann wendet gegen die von Hirschauer postulierte Kontingenz von Sexuierungsprozessen ein, dass die Geschlechterdifferenz noch nicht völlig reflexiv geworden sei und der Wahrnehmung von Geschlecht durch (sozial konstruierte) Merkmale wie Penis oder Vagina „natürliche Grenzen" (Lindemann, 1993a: 51) gesetzt seien. Ich stimme dieser Kritik insofern zu, als geschlechtlich signifikante Merkmale wie z.B. Brüste oder Erektionen zwar – als *Analogien* – durchaus bei beiden Geschlechtern aufgefunden, aber keinesfalls zum *Zeichen* des jeweils anderen Geschlechts gemacht werden können.

60 Einen Exkurs zum Thema „Doing sehen" bietet Villa, 2000: 83-90. Zum Aspekt des Hörens von Geschlecht vgl. sprachwissenschaftliche Forschungsergebnisse zur Prosodie (vgl. Kotthoff, 1994: 180-192 sowie die dort verzeichnete Literatur).

dementsprechend sowohl eine Angelegenheit derer, die kulturelle Bedeutungen zeigen, als auch jener, die diese Bedeutungen attribuieren, erwarten und erkennen, und das heißt auch, dass Männer und Frauen nicht einfach passiv von Verhältnissen der Dominanz und Subordination vereinnahmt werden, sondern sich (inter-)aktiv in diese Strukturen einarbeiten.[61] Eine Untersuchung der Beschaffenheit, Entstehung, aber auch der Unterbrechung solcher Interdependenzmuster könnte einen Weg zur Beantwortung der Frage weisen, ob das *doing gender* überhaupt vermeidbar ist, umgangen werden kann, oder ob die vermutete Omnirelevanz des Geschlechts ihrerseits ein Produkt populärer wie wissenschaftlicher Diskurse ist und es sich eher um eine Kategorie von „relativer Signifikanz" (Hirschauer, 1994: 679) handelt, die mehr einem diskontinuierlichem Verlauf von Aktualisierung und Neutralisierung als einem fortwährenden Prozess gleicht.

In jedem Fall ist davon auszugehen, dass geschlechtssinnstiftende Handlungsroutinen und korporale Darstellungstechniken mit einer tiefgreifenden Formung der materiellen Körper einhergehen und die Strukturen des Geschlechterverhältnisses – wie andere soziale Ungleichheitsstrukturen auch – somatisiert werden. Pierre Bourdieu ist die in soziologischer Theorie formulierte Einsicht zu verdanken, dass sich gesellschaftliche Makrostrukturen (sozioökonomisch determinierter Raum der sozialen *Klassen*) und individuelle Praxen (durch *Geschmack* differenzierter Raum der Lebensstile) in einer Weise vermitteln, die zur Ausbildung je spezifischer Systeme von Dispositionen führen, welche im Alltag als Denk-, Wahrnehmungs- und Beurteilungsschemata fungieren. Dieser auf der Basis der sozialen Lage hergestellte *Habitus* ist insofern strukturierte Praxis, als er klassenspezifische Züge trägt, gleichzeitig wirkt er aber auch als strukturierende Praxis, indem die entsprechenden Schemata wiederum strukturangepasste Praxisformen generieren und somit die sozialen (Klassen-)Strukturen reproduzieren. Parallel zur Ausbildung eines Habitus vollzieht sich Bourdieu zufolge außerdem die Gestaltung einer spezifischen *Hexis*, die als realisierte, einverleibte und dauerhaft verankerte körperliche Disposition beschrieben werden kann, welche sich in unterschiedlichen Weisen der Körpermanipulation, Bewegungen, Haltungen etc. niederschlägt und somit eine sozial bestimmte körperliche Existenz zur Folge hat. In diesem Prozess verbinden sich Vorgänge der materiellen und der symbolischen (Re-)Produktion der Körper – und ihrer Ungleichheit – miteinander, denn als bevorzugte Distinktionsmittel werden die Körper seit dem 18. Jahrhundert zunehmend zum Repräsentationsorgan. In ihrer Transformation zum Ausdrucksmedium verlieren die Körper immer mehr die Eigenschaften, die sie besitzen und gewinnen dafür jene, die sie repräsentieren (vgl. Gebauer, 1982: 321).

61 Damit ist freilich noch nichts über ungleich verteilte Chancen der Definition oder Verweigerung von geschlechtlich differenzierten Anforderungen gesagt.

Die sozial hergestellte (und durchaus wörtlich zu nehmende) *Offensichtlichkeit* des Geschlechts basiert – neben interaktiven Arrangements des Darstellens und Interpretierens – auf einer materiellen Stilisierung der Körper, die auf eine Herausstellung von Differenzen angelegt ist.[62] Diese vollzieht sich zum einen in eher unreflektiert ablaufenden Prozessen der Enkulturation und Sozialisation, etwa, wenn es um so Grundlegendes wie Körperhaltungen, Ausdruck von Gefühlen, Bewegungstechniken etc. geht. Zum anderen werden Unterschiede aber auch in (mehr oder weniger) bewussten Strategien der Körperaneignung intentional produziert. So werden z.B. männliche und weibliche Körper mittels unterschiedlicher Fitnessprogramme in je spezifischer Weise „in Form" gebracht: Krafttraining und Muskelaufbau für die einen, Problemzonengymnastik und auf ästhetische Koordination von Bewegungsabläufen abzielender Jazzdance für die anderen. Gleiches gilt für Praktiken der Körperpflege: die Verwendung von Make-up und Lippenrot, das Zupfen von Augenbrauen, das Wachsenlassen von Fingernägeln oder die Entfernung der Achselbehaarung und das Rasieren der Beine sind (in unserem Kulturkreis) nur einige Beispiele für eine absichtsvoll und künstlich hergestellte „weibliche" Qualität des Körpers. Entsprechend gehört auf der „männlichen" Seite das „Weichspülen" der Körper durch Bodylotions, Peelings und Epiliergeräte zum eher gemiedenen Part der Körperpflege (Ausnahmen bestehen z.B. im Fall männlicher Models), und eine Gestaltung mit Mitteln der dekorativen Kosmetik, insbesondere das Auftragen von Lippenstift und Nagellack, ist als Abweichung von der dominanten – und als Bestandteil einer marginalisierten – sexuellen Kultur verpönt. Maskulinität wird eher durch einen leistungsorientierten, instrumentellen Gebrauch der Körper („Drill") eingeschliffen und über Sportlichkeit, Härte, Ausdauer, Kraft etc. kommuniziert (vgl. Baur, 1988; Baur/Miethling, 1991).[63]

---

62 Es sind gleichfalls (subkulturell, situativ etc.) gegenläufige Tendenzen erkennbar, die auf eine Verringerung der Differenz abzielen.

63 Diese sehr ausschnittartigen und arg verkürzten Aufzählungen sollen hier nur einen ersten (und an anderer Stelle zu vertiefenden) Hinweis auf Prozeduren der materiellen Vermännlichung und Verweiblichung von Körpern geben. Es handelt sich zumal um nur wenige herausgegriffene Tendenzen, die nicht nur kulturell und historisch variabel, sondern auch nach Kriterien wie Alter, Klasse/Schicht/Milieu, Ethnizität, Region etc. differenziert sind. Die materielle Vergesellschaftung von Körpern auf der Folie von Weiblichkeits- und Männlichkeitsidealen weist eine außerordentlich große Bandbreite auf und reicht bis zur Produktion ganz spezifischer Formen des Fleisches, die Riten der Traumatisierung von Körpern einschließt, etwa in Form der flächendeckenden Infibulation von Frauen in Teilen Ostafrikas oder der bei den Ureinwohnern Australiens einstmals verbreitete Subinzision, in deren Folge der Penis nach der Entfernung der Vorhaut an der Unterseite aufgeschnitten wurde, so dass er in erigiertem Zustand flach und breit war. Auch das Brechen und Abbinden der Füße kleiner Mädchen im alten China oder die vor allem in den USA bei jungen Frauen verbreiteten operativen Brustvergrößerungen können in die Liste der Beispiele eingereiht werden.

Bei der materiellen Formung der Körper kommt neben Bewegungs- und Präsentationskulturen (z.B. Mode) der Ernährung eine herausragende Rolle als Differenzverstärkerin zu, da mit ihr eine sehr direkte Möglichkeit der Körpermanipulation gegeben ist: im Verzicht auf Nahrung zugunsten einer schlanken Linie ebenso wie im gesteigerten Verzehr, um „groß und stark" zu werden. Mit der Auswahl und Zusammenstellung bestimmter Nahrungsmittel lassen sich überdies Haut- und Haarbeschaffenheit, Muskelaufbau, körperliche Leistungsfähigkeit etc. beeinflussen und gemäß der kulturellen Vorstellungen vom Unterschied der Geschlechter gestalten. Körpernormen und Verzehrsnormen greifen bei der Modellierung von Männlichkeit und Weiblichkeit ineinander. Körperbezogene Praktiken wie die Ernährung, aber auch das Gesundheitsverhalten oder die Sexualität sind in Netze der Macht eingesponnen und Teil einer umfassenden *Politik der Körper*, auf die staatliche Instanzen ebenso Einfluss nehmen wie Massenmedien, Werbung und Kunst oder religiöse, medizinische und pädagogische Diskurse. Durch die Etablierung von Disziplinar- und Normalisierungstechniken werden die Körper zum Austragungsort allgegenwärtiger, dynamischer und produktiver Machtbeziehungen, die als Mikrostrukturen in allen Bereichen des Lebens (und nicht nur an zentralen Punkten gesellschaftlicher Makrostrukturen) verortet sind (vgl. Foucault, 1978), und die den Menschen in einer Pluralität von Techniken und Verfahrensweisen unter die Haut gehen.

Die materielle Formung der Geschlechtskörper impliziert zugleich auch eine Vergesellschaftung der *Leiber*, die als *gespürte Realitäten* für die *subjektive* Wirklichkeit und Konkretheit der sozialen Ordnungskategorie Geschlecht eine herausragende Bedeutung besitzen. Als präreflexiv vorgestelltes Phänomen ist der Leib eine „Gegebenheit eigener Art" (Schmitz), die vom äußerlichen, sicht- und tastbaren Körper unterschieden ist. Während der Körper eine messbare Größe darstellt und in seine Einzelteile zergliedert werden kann, entspricht der gespürte Leib eher einer qualitativen Erscheinung, vergleichbar etwa der Unterscheidung von Schallwellen und gehörten Tönen, Lichtwellen und gesehenen Farben (vgl. Lindemann, 1996: 165). Menschen erleben ihre Umwelt als *leibliches* Selbst – und *sind* somit ihr Leib –, sie sind sich in ihrem Erleben aber zugleich gewahr, dass sie die Welt im Medium des Leibes – nun in Form des Körpers – erleben (vgl. Plessner, 1981: 364f.). Insofern sind *Körper-Haben* und *Leib-Sein* unauflöslich ineinander verschränkt. Und dies bedeutet wiederum, dass eine Wechselwirkung gesellschaftlicher Strukturen auch mit dem individuellen Erleben und Empfinden konstatiert werden kann.

> „Der Körper, den wir erleben, ist nie wirklich und zur Gänze der unsere, ebensowenig die Art und Weise, in der wir ihn erleben. Die Körpererfahrung jedes einzelnen als Quelle, Organ und Stütze jeder Kultur ist vollständig von den anderen und der Gesellschaft durchdrungen." (Bernard, 1980: 119)

Das subjektivierte Geschlecht kann entsprechend als *leiblich-affektive Dimension* von Geschlechtlichkeit verhandelt werden, die sozial „durchdrungen" ist, indem die Leiber spüren (lassen), was die Körper (geschlechtlich) bedeuten (vgl. Lindemann, 1993a ; Lindemann, 1996). Gleichzeitig durchdringt sie ihrerseits die soziale Realität des Geschlechts, etwa als vorbegriffliche Voraussetzung in seiner interaktiven Verwirklichung. Menschen treten nicht als „geschlechtslose Agenten" (Landweer, 1993: 40) in eine Situation ein, in welcher sie durch Markierungen entlang der Geschlechterdifferenz positioniert werden, sondern bergen in ihrer Leiblichkeit ein kulturelles „Phantasiereservoir" (ebd.), aus dessen Tiefen die Sedimente von Symbolisierungsprozessen erst erschlossen werden.

Die Ebenen der sozialen Konstruktionsprozesse, in denen sich die Realität der Geschlechter in kultureller, sozialer und subjektiver Hinsicht konstituiert, sind dicht verwoben, bedeuten einander Bedingung und Resultat in einem. Nur zu Analysezwecken mag entflochten werden, was derart verstrickt ist, um die unterschiedlichen Aspekte in ihrem Zusammenspiel sichtbar werden zu lassen. Auf das Geschlecht trifft zu, was Michel Bernard über den Körper sagt:

> „Unser Körper [...] ist weder als lebender Organismus eins mit seiner biologischen Realität, noch als Phantasie mit seiner imaginären Realität, noch als kulturelle Konfiguration und Praktik mit seiner sozialen Realität [...]." (Bernard, 1980: 116)

Das Geschlecht ist – wie der Körper– zugleich mehr und weniger als seine symbolische, interaktive, materielle und emotionale Konstruktion: Es ist ein Modus, in dem sich die Gesellschaft denkt.

1.3 Ernährungsforschung als Geschlechterforschung

> Since Eve ate apples,
> much depends on dinner."
>
> (Lord Byron)

1.3.1 Theoretische Herausforderungen und praktische Relevanz

Der in dieser Arbeit unterbreitete Vorschlag, Ernährungsforschung als Geschlechterforschung zu betreiben, resultiert aus den vorangehend skizzierten Einsichten in die Bedeutsamkeit der Ernährung als Mittel der gesellschaftlichen Regulierung und Repräsentation sozialer Beziehungen und den Erkenntnissen über die soziale Konstruiertheit der Geschlechterdifferenz im

Medium von Körperlichkeit und Leiblichkeit. In der Kombination dieser Perspektiven zeichnen sich Konturen für ein soziologisches Forschungsprogramm ab, das es ermöglicht, ausgetretene Pfade zu verlassen und eine Betrachtung der Zusammenhänge von Ernährung und Geschlecht neu zu denken. Weitaus fundamentaler und komplexer als herkömmliche Studien vermuten lassen, gestalten sich die Verknüpfungen von Geschlechterordnung und Ernährungsbereich, wenn beide Untersuchungsgegenstände konsequent und zentral in ihrer *sozialen Qualität* diskutiert werden (vgl. Setzwein, 2000a; Setzwein, 2002; Setzwein, 2004a).

Dies ist bislang nur sehr vereinzelt und äußerst rudimentär geschehen, da der Erschließung des Forschungsfeldes „Ernährung und Geschlecht" kaum systematische Aufmerksamkeit entgegengebracht wurde. Das bedeutet nicht, dass die Kategorie Geschlecht aus der Ernährungsforschung ausgeklammert geblieben wäre: Die empirischen Daten von Verzehrserhebungen sind in aller Regel nach dem Geschlecht differenziert, das Ernährungsverhalten älterer, berufstätiger oder schwangerer Frauen wird in eigens für diese Gruppen konzipierten Studien untersucht, im Kontext von globaler Nahrungssicherung und nachhaltigem Wirtschaften wird explizit auf die Bedeutung von Frauen verwiesen und im Zusammenhang mit dem Wandel von Ernährungsgewohnheiten rekurriert die Forschung gern auf veränderte Haushaltsstrukturen, wobei die Rolle der „Hausfrau" von besonderem Interesse zu sein scheint.[64] Häufig werden allerdings geschlechtsbezogene Unterschiede im Verzehrsverhalten o.ä. nur am Rande anders gelagerter Hauptthematiken gestreift und in wenigen Absätzen abgehandelt. Auch ist bislang darauf verzichtet worden, die in diesem Bereich bereits herausgearbeiteten Befunde zu bündeln und in eine systematisierende Zusammenschau zu bringen.

In der jüngsten Vergangenheit mehren sich, vor allem im skandinavischen und angelsächsischen, aber auch im deutschsprachigen Raum Untersuchungen, welche die Kategorie Geschlecht verstärkt in den Mittelpunkt des ernährungsbezogenen wissenschaftlichen Interesses rücken – bevorzugt (und damit auch begrenzt) in den Feldern Gesundheitsverhalten, Diätpraktiken und Essstörungen[65]. Oftmals sind die vornehmlich empirisch und eher naturwissenschaftlich ausgerichteten Studien auf spezielle Teilbereiche bezogen, beispielsweise auf die Einstellung zu gesunder Ernährung, auf den Verzehr ausgewählter Nahrungsmittel, den Einfluss des Familienstandes auf Essgewohnheiten oder die Verbreitung restriktiver Essmuster bei Jugendlichen.

---

64 Diese Aufzählung zeigt die so oft – wenn nicht schon geradezu regelhaft – auftretende Verkürzung der „Geschlechterperspektive" auf das weibliche Geschlecht. Die Liste wäre außerdem um den Hinweis auf die vor allem in den USA geführte Debatte einer (politischen und moralischen) Verknüpfung von Feminismus und Vegetarismus zu erweitern (vgl. dazu unter anderem Adams, 1990; Adams (Ed.), 1995).

65 Vor allem der Bereich der Essstörungen stellt schon seit längerem ein Untersuchungsfeld dar, in dem das Geschlecht (auch in seiner sozialen Qualität) zentral thematisiert wird. (Siehe hierzu auch Kap. 4.3.2.)

Vielfach haben derlei Erhebungen lediglich explorativen Charakter, da sie sich auf sehr kleine Stichproben stützen und statistischen Anforderungen oft nur schwerlich genügen. Inzwischen liegen einige explorative und repräsentative, qualitativ wie quantitativ verfahrende Untersuchungen vor und reproduzieren in der Mehrzahl die immer gleichen Ergebnisse: Frauen ernähren sich in den westlichen Wohlstandsgesellschaften der Tendenz nach gesünder als der männliche Teil der Bevölkerung.[66] Dies zeigt sich in der Auswahl der Nahrungsmittel ebenso wie in den verzehrten Mengen bestimmter Nahrungsmittelgruppen. Die höhere Gesundheitsorientierung von Frauen bei der Zusammenstellung ihrer Kost wird vornehmlich aus den vergleichsweise höheren Verzehrswerten von Obst und Gemüse, Milchprodukten, Vollwertwaren sowie an der geringeren Aufnahme von Alkohol und tierischen Fetten herausgelesen.[67] Außerdem lassen sich geschlechtsbezogene Unterschiede bei der Beurteilung gesundheitsfördernder Praktiken konstatieren, die offenbar mit Vorstellungen über sozial normiertes geschlechtsadäquates Verhalten korrespondieren. Während Männer eher Bewegung und sportliche Aktivitäten als wichtigste gesundheitsfördernde Faktoren einstufen, beurteilen Frauen die Rolle der Ernährung für Wohlbefinden und gesundheitliche Verfassung deutlich höher und verfügen zudem über ein fundierteres und umfassenderes Ernährungswissen (vgl. Saltonstall, 1993; Roos, 1998). Dabei sind freilich auch Schichteffekte beobachtbar, die sich unter anderem darin manifestieren, dass die Ernährungsweise von Frauen der gehobenen Mittelschicht stärker mit den (an Mittelschichtnormen orientierten!) Ernährungsempfehlungen im Einklang steht als dies bei den Essgewohnheiten von Frauen aus der Arbeiterschicht der Fall ist (vgl. Hupkens/Knibbe/Drop, 1997). Neuere Studien geben allerdings auch Hinweise darauf, dass das Verzehrsverhalten von Frauen insgesamt weniger mit sozioökonomischen Variablen korreliert als das der männlichen Bevölkerung, und dies sowohl unter dem Aspekt der Einstellung zu gesunder Ernährung als auch hinsichtlich des Verzehrs bestimmter Nahrungsmittel (vgl. Fagerli/Wandel, 1999).

Weiter ist hinreichend belegt, dass in den entwickelten (post-)industriellen Gesellschaften große Teile der weiblichen Bevölkerung einen restriktiven, durch Diätstrategien gekennzeichneten Ernährungsstil praktizieren. Bereits im frühen Jugendalter verfestigen sich entsprechende Essmuster, in denen Mahlzeiten bewusst ausgelassen, bestimmte Nahrungsmittel gemie-

66 Da eine „gesunde" Ernährung sich nach sozialen und kulturellen Standards bemisst und entsprechend Wandlungsprozessen unterliegt, kann nicht von der Existenz allgemeingültiger Regeln für gesundes Essen und Trinken ausgegangen werden. Ich beziehe mich an dieser Stelle auf die zur Zeit propagierten Normen der Ernährungswissenschaft (repräsentiert z.B. durch die Deutsche Gesellschaft für Ernährung, die Ernährungsempfehlungen ausspricht), der in diesem Bereich die Definitionsmacht zufällt.

67 Für die BRD können diese Befunde an den repräsentativen Daten der Nationalen Verzehrsstudie (NVS) nachvollzogen werden (vgl. Kübler et al. (Hg.), 1994a; Kübler et al. (Hg.), 1994b). Für Beispiele siehe Kap. 3.2.1.

den, Diätpläne befolgt oder Medikamente wie Abführmittel und Appetitzügler zur Gewichtskontrolle eingesetzt werden. Das sozial akzeptierte restriktive Essverhalten gilt gemeinhin als Risikofaktor bei der Entwicklung von Essstörungen, die ebenfalls als „Frauenthema" behandelt werden: Nur etwa ein bis fünf Prozent der an Bulimie Erkrankten sind männlichen Geschlechts (vgl. Kolip, 1997a: 28; Stein-Hilbers/Becker, 1996: 28), bei Magersüchtigen wird dieser Anteil auf bis zu zehn Prozent geschätzt (Kolip, 1997a: 28) – allerdings können die Prävalenzraten von Essstörungen insgesamt kaum exakt bestimmt werden, da nur die in der ärztlichen Praxis behandelten Fälle Berücksichtigung finden.

Was die meisten empirischen und überwiegend naturwissenschaftlich ausgerichteten Untersuchungen zum Verzehrsverhalten der Geschlechter gemeinsam haben, ist, dass sie das Geschlecht im Status einer unabhängigen Variable belassen. Geschlecht gilt voraussetzungslos als feststehende, gegebene Größe, und Unterschiede, die sich im Hinblick auf diese Größe zeigen, werden entweder auf biologische Bedingtheiten (Unterschiede im Stoffwechsel, unterschiedlicher Bedarf an Nährstoffen und Nahrungsenergie etc.) oder soziale Anforderungen (z.B. geschlechtsdifferente Körpernormen, „Schönheit" als weibliches Kapital, Frauen als Verantwortliche für die Gesundheit der Familie) zurückgeführt. Was jedoch nicht in den Reflexionshorizont einbezogen wird, ist die grundlegende Frage nach den sozialen *Herstellungsmodi* von Geschlechtlichkeit und der Konstitution von Geschlechterverhältnissen. Und damit wird übersehen, dass die Kategorie Geschlecht für die Ernährungsthematik mehr bietet als ein Differenzierungskriterium für empirische Daten – sie besitzt gerade als *theoretischer* Bezugspunkt ein überaus entwicklungsfähiges Potenzial. Diese Umstellung der Sichtweise markiert denn auch den entscheidenden Übergang von einem Forschungsbereich „Geschlecht als Thema der Ernährungsforschung" hin zu einem Forschungsbereich *„Ernährung als Thema der Geschlechterforschung"*.

In Ansätzen haben sich Nickie Charles und Marion Kerr Mitte der 1980er Jahre theoretische Anschlussstellen der Frauenforschung für die Untersuchung von Ernährungsverhalten zunutze gemacht und den ehrgeizigen Plan verfolgt, alltägliche familiäre Essgewohnheiten auf der Folie einer hierarchisch strukturierten Geschlechterordnung zu interpretieren. Die beiden Wissenschaftlerinnen, die ihre Forschungsarbeit auf 200 Interviews mit Müttern von Kleinkindern stützten, kamen in der Offenlegung vielfältiger Bezüge zu der abschließenden These, dass sich die Struktur der patriarchalen Familie durch Esspraktiken reproduziere. Zum Sinnbild der patriarchalen Familienstruktur bestimmten sie dabei die „anständige Mahlzeit" – ein Familienessen, das aus Fleisch und Beilagen besteht, nach den Vorlieben der Männer ausgewählt, am Tisch hierarchisch verteilt und von Frauen zubereitet und aufgetragen wird (Charles/Kerr, 1988: 226ff.). Die Untersuchung von Charles und Kerr hebt sich, obgleich manches Ergebnis heute als veraltet eingestuft werden mag, noch immer vom Gros der vorliegenden Forschungen ab, da die Autorinnen das Ernährungsthema zentral von der Kategorie Geschlecht her konzipieren und die soziale Funktion des Essens und Trinkens in den Vordergrund rücken.[68] Doch auch in dieser, der Vorstellung einer als Geschlechterforschung angelegten Ernährungsforschung durchaus nahekommenden Studie, bleibt der theoretische Rahmen, den die Autorinnen abzirkeln, in traditionell feministischen und patriarchatskritischen Argumentationen stecken: Es sind die *Folgen* der Geschlechterdifferenz, die im Ernährungsbereich nachgezeichnet (und beklagt) werden, deren *Voraussetzungen* bleiben dagegen unhinterfragt.

Wenn nun aber, wie oben dargestellt, davon ausgegangen werden kann, dass sich die soziale und subjektive „Verwirklichung" der Geschlechter einer Verflechtung von körper-/leibbezogenen Konstruktionsprozessen verdankt und dem Ernährungshandeln zugerechnet werden kann, soziale Beziehungen zwischen den Geschlechtern nicht nur zu repräsentieren, sondern auch zu regulieren und zu konstituieren, dann liegt der Schluss nahe, *dass ernährungsbezogene Diskurse und Akte an der sozialen Herstellung von Geschlechtlichkeit und Geschlechterarrangements beteiligt sind* – und dies als auf den Körper/Leib zugreifende Praktiken in exponierter und fundamentaler Weise.

Ernährungsforschung als Geschlechterforschung zu betreiben, kann vor diesem Hintergrund dann nichts anderes heißen, als die kulinarische Praxis unter dem Gesichtspunkt der *Konstitution* zweigeschlechtlich organisierter sozialer und subjektiver Realitäten zu untersuchen und den Geschlechtertext, der Vorstellungen, Handlungen und Erlebnisweisen im Felde der Ernährung unterlegt ist, mit soziologischem Gespür und Handwerkszeug herauszulesen. Dies schafft die Grundlage dafür, Ernährung und Geschlecht in einer Weise zueinander in Beziehung zu setzen, die die soziale Qualität und grundsätzliche gesellschaftliche Verfasstheit *beider* Bereiche *konsequent* würdigt und systematisch zusammenführt. Was mit einem solchen Unterfangen gewonnen werden kann, ist von nicht geringer Bedeutung: Es baut eine Zuwegung in wissenschaftlich kaum erschlossenes Terrain und nimmt sich dabei gleich zwei weiße Flecken auf der Forschungslandkarte vor: die Unentdecktheit der Ernährung in den Territorien der Geschlechterforschung und die weitgehende Verbannung der Analysekategorie Geschlecht aus den Ländereien der Ernäh-

---

68 Eine weitere Ausnahme stellen auch die Arbeiten der Heidelberger Haushaltswissenschaftlerin Barbara Methfessel dar, die Verknüpfungen mit Ergebnissen der Frauenforschung und der neueren Jugendgesundheitsforschung herstellt und für eine geschlechtersensibilisierte *Ernährungspädagogik* plädiert (vgl. Methfessel, 1999a; Methfessel, 1993; Methfessel/Kettschau, 1994).

rungssoziologie.[69] Damit sind Zugewinne auf beiden Seiten zu erwarten. Für die Geschlechterforschung gibt es mit der Ernährung nicht nur ein neues Forschungsfeld auszuspähen, es bietet sich überdies die Gelegenheit, die soziale Herstellung der zweigeschlechtlichen Wirklichkeit, die sinnlich-materielle (Re-)Produktion der Geschlechterdifferenz, an einem alltagsrelevanten Lebensphänomen nachvollziehbar zu machen. Für die Ernährungsforschung liegt der Gewinn der vorgeschlagenen Verbindung dagegen in erster Linie im Theorieangebot. Indem sie die Fäden der neueren Geschlechterforschung aufnimmt und mit eigenen Ansätzen verspinnt, kann der Ernährungssoziologie eine weiterführende Theoretisierung ihres Gegenstandes gelingen – ein Erfordernis, das im Zuge der Etablierung dieser jungen Disziplin (neben einer Fokuserweiterung ihrer empirischen Forschungsbereiche) von herausragender Bedeutung ist. Mit den in der sozialwissenschaftlichen Geschlechterforschung verhandelten Theorielagen sind potenzielle Achsen der Theoriebildung gegeben, die in der Ernährungsforschung bislang weitgehend ungenutzt geblieben sind.

Die theoretischen Herausforderungen, die eine als Geschlechterforschung konzipierte Ernährungsforschung mit sich bringt, liegen in der Zusammenführung und Nutzbarmachung unterschiedlicher, auch gegenläufiger, theoretischer Stränge zur Beantwortung der Frage, inwiefern und auf welche Weisen sich soziale Ordnungsmuster – hier: das kulturelle System der Zweigeschlechtlichkeit – im Medium der Ernährung realisieren. Die *Verbindung* der einzelnen Ebenen, in deren Zusammenspiel sich die Konstitution sozialer und subjektiver Wirklichkeiten vollzieht, dürfte hierbei den schwierigsten Part abgeben. Nicht zuletzt besteht die größte Herausforderung aber darin, ein theoretisches Rahmenmodell zu entwerfen, das künftigen ernährungssoziologischen Analysen zur Orientierung dienen kann und diese dazu anhält, die Ernährung stets in der Vielfalt ihrer Dimensionen – von symbolischen Bedeutungen bis zu leiblichen Empfindungen – wahrzunehmen und diese Vielschichtigkeit im Forschungsprozess systematisch zu berücksichtigen. Damit wäre dann nicht nur die Aussicht auf neue Erkenntnisse verknüpft, sondern auch die Chance vergrößert, Ernährungsforschung als interdisziplinäres Projekt voranzubringen, da entsprechende Anschlussstellen bereits in ein Rahmenkonzept integriert wären.[70]

Wenn das Verzehrsverhalten der Geschlechter im oben beschriebenen Sinne einmal anders in den Blick genommen und neu gesehen wird, hat dies

69 Es darf an dieser Stelle allerdings darauf hingewiesen werden, dass in den Nachbardisziplinen Ethnologie und Anthropologie gleichwohl einschlägige Forschungsergebnisse vorliegen, an welche angeknüpft werden kann.

70 Der hier unterbreitete Vorschlag ist freilich nur *eine* Möglichkeit unter vielen, verschiedene Disziplinen am Forschungsgegenstand Ernährung zusammenzubringen. Der Vorteil des Rahmenmodells besteht aber darin, eine Struktur der Integration einzelwissenschaftlicher Diskurse und damit eine engführende Fokussierung der Problembereiche anzubieten.

aber nicht nur weitreichende theoretische Implikationen, vielmehr ergeben sich daraus auch innovative Impulse für Aufgabenstellungen der Praxis. Wenn bedacht wird, dass die Erfolgsraten naturwissenschaftlich geprägter Ernährungsberatungen recht gering sind (vgl. Pudel, 1993) und in der Therapie von Essstörungen zunehmend die Dominanz individualpsychologischer Konzepte infrage gestellt wird (vgl. Stein-Hilbers/Becker, 1996), dann gewinnen die soziologische Erweiterung des Verständnisses von Ernährungszusammenhängen, die Einsicht in die soziale Verfasstheit der Geschlechterdifferenz und die Entlarvung von Alltagsmythen ganz konkrete lebensweltliche Relevanz. Was im Alltag nicht immer sichtbar – gleichwohl immer *wirksam* – ist, kann mit Hilfe des hier vorgeschlagenen Forschungsrasters aufgedeckt, erhellt und weitergehenden Untersuchungen zugänglich gemacht werden. Und daran schließt sich die Möglichkeit an, praxisrelevante Konzepte z.B. in Bereichen der Ernährungserziehung und -beratung, der Präventivmedizin oder der Rehabilitation *grundlegend* zu erweitern.[71]

1.3.2 Entwurf eines Forschungsmodells

Die angestrebte soziologische Zusammenschau von Ernährung und Geschlecht gewinnt als Forschungsmodell Kontur, indem beide Bereiche über theoretische Zugriffe auf die Körper/Leiber miteinander verknüpft und an der Frage der sozialen Herstellung von „Männlichkeit“ und „Weiblichkeit“ ausgerichtet werden. In einem ersten Schritt können so die Körper zunächst als Medien von Projektionen vorgestellt werden, als kulturelle und soziale Gebilde, in denen sich gesellschaftliche Bedeutungshorizonte manifestieren (vgl. Douglas, 1998: 99). Die geschlechtssinnstiftende Interpretation der Körper umgreift hierbei auch wesentliche Bereiche kulinarischer Symbolwelten, da Ernährung und Sexualität – als basale Momente der Triebausstattung des Menschen – ebenso tiefgreifende wie vielfältige Bezüge, Parallelen und Analogien zueinander aufweisen (vgl. Kap. 2.2.1). In der Sinnwelt des Essens ist die symbolische Ordnung der Geschlechter ein bestimmendes Prinzip, das sich beispielsweise durch Tischsitten, Distributionsregeln oder Nahrungsmeidungen und -tabus in konkrete Geschlechterarrangements und Formen der geschlechtlichen Exklusion und Inklusion übersetzt. Sexuelle Ideologien kleiden sich in kulinarische Gewänder, welche, indem sie als kulturelle Praktiken Einfluss auf die Körper der Menschen nehmen, ihrerseits eine Möglichkeit darstellen, auf die Gesellschaft und ihre im Medium des Körpers repräsentierte Ordnung einzuwirken (vgl. Douglas, 1998: 99ff.).

---

71 Denkbar wären z.B. Forschungen, die sich salutogenetischen Fragestellungen im Ernährungsbereich zuwendeten.

Als Medien der Repräsentation sozialer Ordnung werden die Körper vor allem auf der Ebene der interaktiven Herstellung von Geschlecht relevant, auf der sich jener den Kulinarien unterlegte Geschlechtertext zu Darstellungs- und Interpretationsweisen verdichtet. In den Formen der Einverleibung von Nahrung, dem schnellen Schlingen oder zögerlichen Nippen, dem kräftigen Zermalmen oder sorgfältigen Zerteilen, insgesamt der Art des Kauens, Schluckens und der Körperhaltung beim Essen, realisieren sich Inszenierungen von (sozial differenzierten) Weiblichkeiten und Männlichkeiten, die mit dem jeweiligen Körperschema korrespondieren. Auch geschlechtstypische Geschmackspräferenzen und Verzehrssituationen können unter dem Aspekt der körperlichen Repräsentation von Geschlecht gelesen werden, etwa, wenn es um die Präsenz von Körpern in (symbolisch) geschlechtersegregierten Räumen (z.B. Haus – Kneipe) oder die Wirkung von Nahrung auf die körperliche Verfasstheit geht. Letzteres ist dabei nicht nur eine Frage der Körperfülle, sondern betrifft auch Aspekte wie z.B. Körperausdünstungen, die sich etwa als Folge stark gewürzter Speisen einstellen können. Von symbolisch vermittelten Geschmacksvorlieben und Demonstrationen von Mäßigung und Freizügigkeit über institutionalisierte Interaktionsmuster bei Tisch (Familienmahlzeit, Essengehen als Initiation von Liebesbeziehungen etc.) bis zu einer zielgerichteten Modellierung von Körperformen und dem *gendering* in der Küche (geschlechtliche Arbeitsteilung) erstreckt sich das Repertoire eines *doing gender* in kulinarischen Akten.

Im Zuge kulinarischer Manifestationen der Geschlechterdifferenz fungieren die Körper zugleich als Medien der Inkorporierung sozialer Strukturen, indem die praktizierten Essstile nicht allein in Fleisch und Blut über-, sondern in dieselben *ein*gehen. Dies geschieht im Rahmen einer an der symbolischen Polarität der Geschlechter orientierten, lebenslangen Körper- und Ernährungssozialisation und unter dem Einfluss disziplinierender und normalisierender Mechanismen in dynamischen Machtgefügen. Unter dem Fokus einer Verwobenheit von Ernährungsstrategien und gesellschaftlichen Machtverhältnissen lassen sich beispielsweise restriktive Essmuster und durch Anorexie versehrte Körper in den gegenwärtigen Wohlstandsgesellschaften als pathologisierte (weil übersteigerte) Ausprägungen einer sozial erwarteten (letztlich sozial erzwungenen) geschlechtlichen Stilisierung im Dienste der Unterscheidbarkeit und Ungleichheit der Geschlechter interpretieren. Die ins Innere und Äußere der Menschen gebannte Geschlechterhierarchie (re-)produziert sich hier wie dort auch im Umgang mit der Nahrung.

Als eines der grundlegenden Elemente somatischer Kulturen gehört die Ernährung zu jenen Orten des Umgangs mit dem eigenen Körper, seiner Repräsentation und seinem Erleben, an denen sich die Körper in ihrer Materialität, aber auch in ihrer Leibhaftigkeit, d.h. in ihrer *empfundenen* Qualität vergesellschaften. Dies ist ein Aspekt, der in der sozial- wie naturwissenschaftlich orientierten Ernährungsforschung bislang fast gänzlich unterschlagen blieb, obwohl doch das Essen und Trinken als ein ebenso sinniges wie *sinnliches* Geschehen von Empfindungen, Emotionen, Affekten, Stimmungen, Atmosphären etc. gar nicht abzukoppeln ist. Gerade weil der Ernährung leiblich-sinnliche Komponenten substanziell innewohnen, die Nahrungsaufnahme mit *Empfindungen* des Wohlgeschmacks oder Abscheus, der Erfüllung oder des unstillbaren Mangels einhergeht, kommen dem Nahrungsgeschehen seine unter die Haut gehenden identitätsstiftenden, vergemeinschaftenden und trennenden Kräfte zu. Im Medium spürender Leiber schlagen kulturelle Bedeutungshorizonte und soziale Ordnungsmuster ihre Wurzeln in die Individualstrukturen der einzelnen Menschen, verwirklicht sich das Geschlecht erst als subjektiv gespürte Realität und Evidenz. Zusammenfassend ergibt sich für die Betrachtung der kulinarischen Praxis unter dem Leitmotiv der Konstitution der Geschlechterdifferenz das folgende Bild:

Abb. 2 Forschungsmodell Ernährung – Körper/Leib – Geschlecht

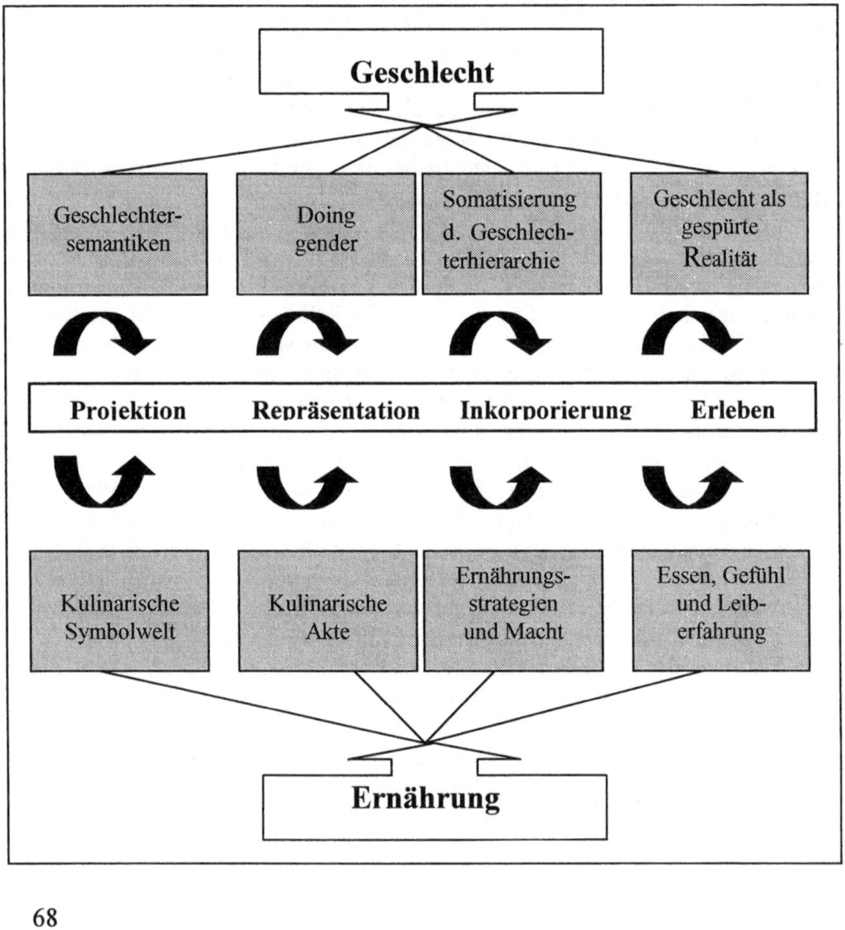

2 Die kulinarische Symbolisierung der Geschlechterordnung

2.1 Grundlegende Annahmen über die symbolische Ebene der (Re)Produktion der Geschlechterdifferenz: der Körper als Medium von Projektionen

„Der Körper als soziales Gebilde steuert die Art und Weise, wie der Körper als physisches Gebilde wahrgenommen wird.“

(Mary Douglas)

2.1.1 Der Körper/Leib als Voraussetzung und Produkt symbolischer Ordnung

Die Fähigkeit zur Bildung von Symbolen und die Schaffung komplexer Symboluniversa sind Eigenschaften, welche die menschliche Aktivität gegenüber der Tierwelt als einzigartig ausweisen. Als *animal symbolicum* (Cassirer) bedient sich der Mensch des Symbolgeschehens unter anderem zu Zwecken der Selbstdarstellung, der Kommunikation und der Handlungsorientierung. Die kulturell generierte Ordnung bestimmt den Erfahrungs- und Erkenntnisraum der Menschen dergestalt, dass ihnen die „Welt“ (als naturgegebene Wirklichkeit) immer nur mittelbar zugänglich ist und die Beziehung zu ihr notwendig ein Selbstgespräch bleibt.

„Statt mit den Dingen selbst umzugehen, unterhält sich der Mensch in gewissem Sinne dauernd mit sich selbst. Er lebt so sehr in sprachlichen Formen, in Kunstwerken, in mythischen Symbolen oder religiösen Riten, daß er nichts erfahren oder erblicken kann, außer durch Zwischenschaltung dieser künstlichen Medien.“ (Cassirer, 1960: 39)

So unbestritten zentral der Stellenwert von Symbolen im (Zusammen-)Leben der Menschen ist, so strittig und unbestimmt ist dagegen ihre wissenschaftliche Definition und Begründung. In ein Labyrinth widersprüchlicher Konzepte gerät, wer sich auf die Suche nach klärenden Antworten macht und dabei einmal sprachphilosophisch oder psychoanalytisch, ein anderes Mal phänomenologisch oder soziologisch angelegten Gängen folgt.[72] Schon die begriff-

72 Einen solchen beschwerlichen Weg hat Dirk Hülst in seiner Habilitationsschrift auf sich genommen, um am Ende der Reise mit einer soziologischen Theorie des Symbols aufwar-

liche Abgrenzung von *Symbol* und *Zeichen* stiftet Verwirrung, wenn einerseits beide Bezeichnungen synonym gesetzt werden (z.B. in Nachschlagewerken, in denen der eine Begriff auf den anderen verweist) und andererseits das Zeichen in theoretischer Hinsicht einmal zum Oberbegriff des Symbols (z.B. bei Pierce), einem anderen Ansatz folgend aber umgekehrt das Symbol zum Oberbegriff des Zeichens (z.B. bei Hülst) erklärt wird.[73] Noch unübersichtlicher wird die Lage, wenn es um eine positive Bestimmung des Symbolbegriffs geht, d.h. seine Bedeutung nicht aus der Abgrenzung gegenüber dem, was er *nicht* bezeichnet, gewonnen werden soll.

Es bietet sich daher an, zunächst einer *Minimaldefinition* zu folgen und das Symbol als etwas zu bestimmen, das über sich selbst hinausweisend etwas anderes vertritt, ohne es abzubilden, oder, um eine elaboriertere Version dieser Definition zu bemühen: die *Repräsentation des Nicht-Gegenwärtigen* besorgt. Hierbei lässt sich die kommunizierte Bedeutung nicht aus der materiellen Beschaffenheit des Symbolkörpers ableiten, da die hergestellte geistige Verbindung von Symbol und Inhalt stets *sozial* konstituiert ist. Schon Durkheim hatte auf die Nachrangigkeit des Bedeutungsträgers gegenüber der ihm zugedachten Bedeutung hingewiesen und betont, dass der Sinn der symbolischen Übertragung „nicht in der Natur der materiellen Dinge begründet, sondern in der Natur der Gesellschaft“ (Durkheim, 1981: 313) zu finden sei.

Weiterführend ist davon auszugehen, dass der „Sinnträger“, der ein Gegenstand, eine Handlung, eine Geste etc. sein kann, durch einen nur interpretativ zugänglichen – und damit sozial konstituierten – *Zusammenhang* auf „eine nur gedanklich ausdrückbare Beziehung zwischen Menschen, zwischen Mensch und Natur oder zwischen Mensch und Göttern“ (Hülst, 1999: 49) verweist. Diese Auffassung setzt die Vorstellung voraus, dass die Produktion von Symbolen stets in einen situativen, variablen *Deutungskontext* eingebunden ist, mithin also von – sozial mehr oder weniger verbindlichen – Interpretationen begleitet wird und keiner dem materiellen Bedeutungsträger imma-

---

ten zu können, in der sich Gedanken und Konzepte von Durkheim bis Lorenzer verbunden finden. Hülst führt im ersten Teil seiner Arbeit die problematische Vielfalt an Symbolauffassungen sehr anschaulich vor Augen (vgl. Hülst, 1999: 19-122). Zur Soziologie des Symbols vgl. auch Helle, 1980.

73 In der Entscheidung dieser Frage neige ich selbst dazu, im Anschluss an Eco und Hülst Symbole als eine den Zeichen überzuordnende Kategorie anzusehen, und zwar aufgrund ihrer relativen semantischen Unbestimmtheit. Das bedeutet, dass Symbole auf Zusammenhänge (genauer: gesellschaftliche Beziehungen) verweisen, die sich nicht semantisch fixieren lassen (es sei denn, sie werden institutionalisiert), sondern deren Sinn erst in kontextabhängigen Interpretationsprozessen modelliert wird. Zeichen – und dazu können so unterschiedliche Formen wie das Ikon, Embleme, Synekdochen, Metonymien, Metaphern, Allegorien etc. gezählt werden (vgl. die Klassifikation in Eco, 1981) – besitzen diese relative Interpretationsoffenheit dagegen nicht. Die häufig vollzogene Gleichsetzung von Symbol und Zeichen lässt sich auf den Umstand zurückführen, dass in beiden Fällen die Wahrnehmung eines Objekts, einer Geste o.ä. als „zugehörig“ gedachte geistige Vorstellungen (Interpretationen) provoziert (vgl. Hülst, 1999: 340).

nenten semantischen Festlegung. Insofern handelt es sich bei Symbolisierungsprozessen nicht um die Verwendung vorgeschriebener Texte, sondern, wie Hülst formuliert, um eine „*Modalität* des Textgebrauchs“ (ebd.: 341; Herv. d. Vf.), bei der die Bedeutung durch soziale Kontrollmechanismen und nicht durch direkte Wahrnehmungsprozesse (temporär) abgesichert wird. Die Symboldeutung besteht also nicht in einer Dechiffrierung vorgegebenen Sinns, sondern in einer subjektiven psychischen Leistung, die sich *implizites Wissen* und Intuition zunutze macht.[74]

Die Annahme einer prinzipiellen semantischen Unbestimmtheit oder zumindest Unschärfe von Symbolen markiert ihren Unterschied zu lexikalisch festgelegten Begriffen oder Emblemen. In der Verwendung von Symbolen geht es um die Vermittlung nicht präzise benennbarer, suggerierter Bedeutungen, die in der Rezeption produktiv erschlossen werden müssen. Nur in ihrer Institutionalisierung lassen sich einzelne Symbole als *feststehende Codes* lesen. An solcherlei Festschreibungen hat auch die wissenschaftliche Beschäftigung mit Symbolen ihren Anteil, und zwar in zweifacher Hinsicht: Zum einen ist sie an der Konstruktion von Symbolen beteiligt, etwa wenn bestimmte Einzelphänomene einer Kultur herausgegriffen und zu Repräsentanten eines kulturellen Ganzen stilisiert werden („Schlüsselsymbole“), ohne den Einfluss des Zeitgeistes, individueller Präferenzen oder unkontrollierter eigener Vorannahmen auf den Deutungsprozess zu reflektieren (vgl. Warneken, 1997: 550).[75] Zum anderen sind es die semantischen Fixierungen der Forschung, die beispielsweise Stereotype produzieren können, welche dann ihrerseits – nachdem sie in trivialisierter Form in die Alltagskultur diffundiert sind – wieder wissenschaftlich untersucht werden.[76]

Es wäre eine unzulässige Verkürzung, Symbole als Einzelphänomene zu betrachten, als Objekte, die isoliert und beziehungslos erfahrbar wären. Zwar können einzelne bildliche Darstellungen, Gegenstände oder Handlungsfolgen als konkrete Mittler von gedanklichen Beziehungen – oder wie Schütz es ausdrückte *Appräsentationen*, d.h. mitschwingenden Assoziationen, die das

---

74 Mit implizitem Wissen ist ein kulturelles Hintergrundwissen angesprochen, das sich nicht „auswendig“ lernen und „aufsagen“ lässt, das aber bei Bedarf artikuliert werden kann (im Gegensatz zum „unbewussten Wissen“) (vgl. Sperber, 1975: 7ff.).

75 Warneken fordert deshalb, die auf die Gegenwart bezogene ethnographische Symbolforschung als *dialogische Feldforschung* anzulegen, die mit den Menschen über die Auswahl und die Deutung von Symbolen kommuniziert (Warneken, 1997: 559). Auch Alfred Schütz mahnte an, die „Denkgegenstände, die der Sozialwissenschaftler konstruiert“ auf denjenigen aufruhen zu lassen, „die vom Alltagsdenken des Menschen konstruiert werden, der sein tägliches Leben in seiner Sozialwelt lebt“ (Schütz, 1971, Bd. I: 59).

76 Dies lässt sich am Beispiel des Geschlechts besonders eingängig nachvollziehen. Viele geschlechtsstereotype Vorstellungen im Alltag rekurrieren auf popularisierte (häufig sozialpsychologische) Forschungsergebnisse (z.B. zum Orientierungsvermögen, zur Art des Denkens, zu Führungsstilen), die auf der Grundlage von Forschungsdesigns gewonnen worden sind, welche von unhinterfragten Differenzmodellen (Polarität, Komplementarität) ausgehen.

Abwesende vergegenwärtigen – gefasst werden, doch sind diese immer in bestimmte, umfassendere Sinnwelten eingebettet. Es ist daher angeraten, den Blick stärker auf die Symbol*systeme* zu richten und diese als figurative Muster in Bezug zu gesellschaftlichen Beziehungsstrukturen zu setzen. Denn das soziologisch Interessante an Symbolen sind zuerst ihre gesellschaftlichen Funktionen und ihre Funktionsweise und erst an zweiter Stelle ihr Bedeutungsgehalt. Und so wird im Folgenden zwar auch von einzelnen materiellen Bedeutungsträgern die Rede sein, vielmehr aber von „symbolischen Ordnungen“, „symbolischen Formen“ und „symbolischen Praxen“.

Die definitorische Beschränkung auf das Minimum (das dann ja doch in seiner Offenheit noch spezifiziert wurde) entbindet bei aller Zurückhaltung gegenüber der Vielstimmigkeit und dem seltenen Zusammenklang wissenschaftlicher Symboldiskurse nicht von der Frage nach den *Grundlagen* des Symbolgeschehens, nach der Entstehung symbolischer Ordnungen und ihren sozialen Funktionen, nach ihrer Verankerung im Einzelnen und in der Gesellschaft.[77]

Das erste Problem, das sich bei der Suche nach dem *Ursprung* des Symbolischen unweigerlich aufdrängt, ist das Henne-Ei-Dilemma: Gibt es, wie z.B. Lévi-Strauss meint, eine unbewusste Ordnung, die den sozialen Beziehungen der Menschen zueinander *vorgängig* ist und den „Aufbau“ der Gesellschaft nach dem Bild des Geistes formt (z.B. Binaritätsprinzip) (vgl. Eder, 1988: 16)? Oder setzt nicht vielmehr der Prozess der Symbolbildung eine gesellschaftliche Struktur schon voraus, etwa im Sinne konventionalisierter Sinnvorräte und Erkenntnisformen oder der noch grundsätzlicheren Auffassung Durkheims, dass soziale Verflechtungsmuster klassifikatorisches Denken erst *ermöglichen* (als Prototyp von logischen Beziehungen zwischen Dingen) (vgl. auch Douglas, 1998: 2)? Dem Dilemma ist kaum zu entfliehen, denn Symbolwelt und Sozialwelt sind ohne einander schlechterdings undenkbar. Es liegt deshalb nahe, dem von Norbert Elias vorgeschlagenen Ausweg zu folgen und von einer *Ko-Evolution* der beiden sich wechselseitig voraussetzenden Bereiche auszugehen – und bei diesem Prozess auf die Annahme eines Anfangspunktes zu verzichten (vgl. Elias, 1991).[78]

Die Frage nach der Herkunft von Symbolen impliziert aber noch einen weiteren Aspekt: die Erkundung des „Urgrundes“, in dem ganz basale Sym-

77 Es können an dieser Stelle nicht alle für eine Diskussion der Frage relevanten Symbolkonzeptionen und Theorielagen herangezogen werden. Statt dessen beschränke ich mich auf ausgewählte Gesichtspunkte, denen die Ansätze unterschiedlicher Referenzautoren (Bourdieu, Douglas, Durkheim, Elias, Lakoff/Johnson, Schütz) zugrunde gelegt sind.

78 Elias entwickelt diesen Gedanken im Zusammenhang mit der Vorstellung, dass sich in der Verbindung von biologischer Evolution und sozialer Entwicklung unterschiedliche gesellschaftliche Integrationsstufen herausbilden, die jeweils spezifische Formen von Symbolisierungen (auch: Weisen des Sprechens, Denkens, Wissens) hervorbringen. Zum Gedanken einer gemeinsamen Entwicklung von Gesellschafts- und Symbolsystem vgl. auch Malinowski, 1985.

bolisierungsformen ihre Wurzeln haben. Zwar können Symbole als kommunikative Phänomene gelten, die nur in und durch Kommunikationsprozesse existieren, ergo aus Kommunikation hervorgehen, doch ist ebenso unübersehbar, dass der scheinbaren kulturellen Beliebigkeit grundlegende Baumuster gegenüberstehen, nach denen sprachlicher Sinn konstruiert wird (vgl. Lakoff/Johnson, 1998). Gibt es also so etwas wie eine „natürliche" Basis von Symbolisierungsprozessen, *natürliche Symbole* (Douglas) gar, aus deren Grundstock die Mannigfaltigkeit von Symbolsystemen erwächst?[79] Es erscheint wie ein Widerspruch in sich und dennoch plausibel, wenn Mary Douglas darauf besteht, Symbolsysteme nicht nur mit Gesellschaftssystemen in Beziehung zu bringen, sondern auch mit dem menschlichen Körper als ihrer natürlichen Grundlage.[80] In ihren sozialanthropologischen Studien kommt Douglas zu dem Ergebnis, dass die Kategorien der gesellschaftlichen Erfahrungen und die Wahrnehmung der Körper wechselseitig voneinander abgleitet werden (vgl. Douglas, 1998: 103f.). So wie die Auffassung des Körpers stets kulturell und sozial geprägt ist, der Körper also niemals in seiner biologischen „Natürlichkeit", sondern immer nur als „mikrokosmische[s] Abbild der Gesellschaft" (ebd.: 109) betrachtet werden kann, so leiten sich die Kategorien, in denen die Gesellschaft wahrgenommen wird, ihrerseits von „kulturell verarbeiteten Körpervorstellungen" (ebd.: 99) ab.

> „Der Körper als soziales Gebilde steuert die Art und Weise, wie der Körper als physisches Gebilde wahrgenommen wird; und andererseits wird in der (durch soziale Kategorien modifizierten) physischen Wahrnehmung des Körpers eine bestimmte Gesellschaftsauffassung manifest." (ebd.)

Dies lässt sich unter anderem an Formen der Körperkontrolle nachvollziehen, die einem Ausdruck sozialer Kontrollmechanismen gleichkommen, wobei den *Körperöffnungen* eine besondere Rolle zufällt. Denn sie entsprechen Orten der Grenzüberschreitung nach innen wie nach außen, die sozial codiert sind und individuell besonders gehütet werden. In Gesellschaften, deren Grenzen (z.B. durch feindselige Nachbarn) konkret bedroht oder latent unsicher sind, wird der Unversehrtheit von Körpern (im Sinne ihrer Reinheit) besondere Aufmerksamkeit geschenkt, tendieren die Menschen dazu, die potenzielle Verwundbarkeit des „durchlässigen" Körpers durch *Reinheitsgebote* einzudämmen und z.B. penibel festzulegen, welche Nahrung seine Grenzen passieren darf.[81] In diesem Sinne lässt sich konstatieren, dass Riten

79 Es wird hier darauf verzichtet, die Frage in Richtung auf angeborene psychische Grundlagen von Symbolen (etwa den *Archetypen* bei Jung) zuzuspitzen.

80 Auch Cassirer hatte schon darauf hingewiesen, dass der Körper – in Auseinandersetzung mit der Welt – quasi als Ur-Symbol fungiere, indem er die erste Vergegenständlichung leiblicher Erfahrungen darstelle (z.B. in Form von Mimik und Gestik) sowie ein Modell für symbolische Beziehungen bereitstelle (vgl. Cassirer, 1929: 117).

81 Eindrucksvoll schildert Douglas diesen Zusammenhang am Beispiel der mosaischen Speisegesetze (vgl. Douglas, 1988; siehe dazu auch Setzwein, 1997: 148-154). Die Tabuierung

und Regeln, die auf den Körper einwirken, ebenfalls ein probates Mittel darstellen, auf die Gesellschaft einzuwirken. Die Integrität und Gefährdung des einzelnen Körpers steht für die Integrität und Gefährdung des ganzen Kollektivs, und die Bereitschaft, die Strenge der körperlichen Kontrolle zu lockern, nimmt in gleichem Maße zu, wie die Stärke der sozialen Kontrollmechanismen schwindet. Eine Gesellschaft (oder gesellschaftliche Gruppierung) wird also umso mehr Bereiche als „unrein" bestimmen, je mehr sie auf die Wahrung ihrer (sozialen, politischen, religiösen etc.) Ordnung aus ist.

Gleiches gilt für Prozesse der sozialen Distinktion innerhalb von Gesellschaften: Mit der Steigerung und Verfeinerung von Techniken der Körperkontrolle – von Douglas als Stufen der „Entkörperlichung" (ebd.: 110), von Elias als Vorrücken von Scham- und Peinlichkeitsschwellen beschrieben – lassen sich Unterschiede in der sozialen Hierarchie markieren. Ganz allgemein ist für Gesellschaften mit komplexen, differenzierten Klassifikationssystemen und hohem sozialen Druck zu beobachten, dass körperliche Vorgänge zunehmend aus dem zwischenmenschlichen Umgang ausgeschlossen werden und dem Bewusstsein (z.B. gegenüber affektiven oder unterbewussten Anteilen der menschlichen Existenz) eine dominante Stellung eingeräumt wird – auch dies ist eine Ausprägung von „Reinheitsregeln".

Als universale Muster des wechselseitigen Austauschs von Bedeutungsgehalten zwischen physischem Körpererleben und gesellschaftlicher Struktur finden sich neben den Entsprechungen von Körperkontrolle und sozialen Einschluss- bzw. Ausschlussverfahren außerdem Korrespondenzen zwischen dem Status von Körperteilen und sozialen Hierarchisierungen (z.B. Kopf – Füße; Hirn – Unterleib), aber auch die in allen menschlichen Gesellschaften bekannten Institutionen des Übergangs von einem Status in einen anderen – die *rites de passage* (van Gennep) –, die einem Rhythmus von Ausscheidung und (Wieder-)Aufnahme folgen.

Während Douglas ihre Konzeption natürlicher Symbole auf der Überzeugung einer wechselseitigen Beeinflussung körperlicher und gesellschaftlicher Beziehungen und Verhältnisse aufbaut, konzentriert sich das Autorengespann Lakoff und Johnson in seiner sprachtheoretisch angelegten Arbeit auf den *engeren* Zusammenhang von Körperlichkeit und symbolischen (sprachlichen) Ausdrucksformen (vgl. Lakoff/Johnson, 1998). Die Autoren behaupten eine prädiskursive Basis sprachlicher Bedeutungsstrukturen, die aus zentralen, in sich strukturierten und regelhaft organisierten menschlichen Erfahrungsbereichen hervorgeht. Zu den als „natürliche Arten von Erfahrung" (ebd.: 137) apostrophierten Bereichen zählen sie Interaktionen mit der physi-

---

bestimmter Nahrungsmittel kann vor diesem Hintergrund als Ausdruck der Sorge um die kollektive Identität der Volksgruppe gewertet werden.

schen Umwelt (z.B. Bewegung, Nahrungsaufnahme, Manipulation von Objekten) ebenso wie institutionalisierte zwischenmenschliche Beziehungen und – in besonderer Weise – die Körper mit ihren motorischen, sensorischen, perzeptorischen und emotionalen Fähigkeiten. *Leiberfahrungen*, bei denen kinästhetische Aspekte („Spüren") ebenso eine Rolle spielen wie motorische Aktivität („Bewegung") oder die Verortung von Körpern in raum-zeitlichen Strukturen, bilden die Grundlage physischer Schemata, aus denen sich den Ausführungen von Lakoff und Johnson zufolge *metaphorische Projektionen* ableiten, die in fundamentaler Weise an der Generierung sprachlichen Sinns beteiligt sind.[82] Johnson spricht in diesem Zusammenhang von *image schemata*, von leibgebundenen Deutungsmustern, die epistemische Orientierungsleistungen erbringen.

„An image schema is a recurring, dynamic pattern of our perceptual interactions and motor programs that gives coherence and structure to our experience." (Johnson, 1987: xiv)

Als grundlegende Konzepte beschreiben Lakoff und Johnson Muster sich wiederholender Bewegungsabläufe und einfache Raumkonzepte (z.B. umschließen und umschlossen sein), aus denen *Orientierungsmetaphern* gewonnen werden. Vor dem Hintergrund ihrer physischen Basis erscheinen Konzepte von oben und unten, vorn und hinten, innen und außen, nah und fern etc. als universale Phänomene. Dennoch weisen die Autoren darauf hin, dass die von ihnen untersuchten metaphorischen Orientierungen zwar keinesfalls *willkürlich*, gleichwohl aber kulturell *variabel* seien. Ob also, um ein Beispiel der Autoren aufzunehmen, die Zukunft als *vor* oder *hinter* den Menschen liegend begriffen wird, hängt von der jeweiligen Kultur ab, die die physisch vermittelten „Lagen" bewertet (Lakoff/Johnson, 1998: 22). Physiologie und Kultur bilden deshalb *gemeinsam* den Horizont, in dem die Welt den Menschen erfahrbar ist.[83] Insofern lässt sich auch der stets im Hintergrund mit-

---

82 Die Kernthese, von der Lakoff und Johnson ausgehen, besagt, dass „die Metapher nicht nur eine Frage von Sprache ist", sondern dass „das menschliche Konzeptsystem metaphorisch strukturiert und definiert ist. Die Metapher als sprachlicher Ausdruck ist gerade deshalb möglich, weil das menschliche Konzeptsystem Metaphern enthält." (Lakoff/ Johnson, 1998: 14) Mit „Konzeptsystem" beziehen sich die Autoren auf kognitive Strukturen. Sprachbilder rekurrieren so zentral auf die Körper, weil diesen im Erfahren der Welt eine herausragende Position zukommt.

83 „Stellen wir uns einmal ein sphärisches Wesen vor, das nicht in einem Gravitationsfeld lebt und keine andere Körpererfahrung kennt oder sich vorstellen kann. Was könnte die Orientierung OBEN für ein solches Wesen möglicherweise bedeuten? Die Antwort auf diese Frage würde nicht nur davon abhängen, welche Physiologie dieses sphärische Wesen hat, sondern auch davon, welche Kultur es hat." (Lakoff/Johnson, 1998: 71) Für unseren Kulturkreis lassen sich als physische Grundlagen des wichtigen oben/unten-Schemas zahlreiche Beispiele finden – hier zur Veranschaulichung ein kleiner Ausschnitt: Glück = oben (sich obenauf fühlen, beflügelt sein, Hochstimmung) → aufrechte Körperhaltung; Trauer = unten (niedergedrückt sein, sinkende Stimmung, in Depressionen verfallen) → gebeugte Körperhaltung; Macht ausüben = oben (überlegen sein, Oberkommando haben, auf der Höhe der Macht sein, die Oberhand behalten, zu den Oberen gehören) → Position des Siegers

schwingende (scheinbare) Widerspruch zwischen der Annahme „natürlicher“, d.h. universaler Grundlagen von Symbolen und der Behauptung ihrer prinzipiellen kulturellen Kontingenz und semantischen Unbestimmtheit auflösen: Es sind nicht universale Symbole oder Symbolgehalte, die sich aus der körperlichen Basis ableiten lassen, sondern basale *Gestaltungsprinzipien*, die der „Autonomie“ kulturspezifischer Symbolsysteme keineswegs entgegenstehen.

Was mit diesem Ansatz gewonnen werden kann, ist nicht zuletzt die Einsicht, dass auch soziale Konstruktionen einer körperlich-leiblichen Basis bedürfen – und sei es nur als Bedingung der Möglichkeit von Denken und Sprechen. Im Anschluss an die neuere Kognitionsforschung (z.B. Varela), die das menschliche Erkenntnisvermögen als Ergebnis physikalischer Prozesse und als Begleiterscheinung einer im Verlauf der Evolution gereiften Materie „Hirn“ wertet, lässt sich aber noch eine weitere Wegbiegung einschlagen und von den „embodied structures of understanding“ (Johnson, 1987: xvi) zu einem *embodied self* gelangen. Damit ist der Stellenwert des Symbolischen in bezug auf die Genese des Selbst angesprochen, und es gerät die Frage ins Visier, inwieweit Subjektivität etwas ist, das symbolischen Prozessen vorgängig sein kann – eine Frage, die in der (de-)konstruktivistischen Auseinandersetzung um das Problem der Subjektkonstitution großes Gewicht besitzt. Elisabeth List beantwortet diese Frage mit dem Hinweis auf die *Kategorie des Lebendigen*, das jeder Artikulation eines Selbst- oder Weltverständnisses vorausgehe (vgl. List, 1997b: 296). Im *Körperselbst*[84] sieht sie die Form eines vorbewussten *Protoselbst* (ebd.: 312), das als vitale Grundlage der Subjektivität fungiert und dem *zentrumslosen Selbst* (Varela), das sich aus fragmentierten Selbstaspekten (Mikrostruktur) zu einem *Patchwork* zusammensetzt und erst in der Sprache eine symbolische (und virtuelle) Einheit (Makrostruktur) erhält, zu einer kontinuierlichen *Kohärenzerfahrung* verhilft.

Es spricht also einiges dafür, das Symbolische im Leiblichen verwurzelt zu sehen. Dies lässt sich aber nicht nur im beschriebenen Sinne der *image schemata* oder einer Allem vorausgesetzten Lebendigkeit behaupten, sondern auch unter dem Gesichtspunkt einer *affektiven Dimension* des Symbolgeschehens. Es ist eine der besonderen Eigenschaften von Symbolen, komplexe Zusammenhänge und Wirklichkeiten, die den Sinnen nicht direkt zugänglich sind, anhand von lebensweltlichen, d.h. der Wirklichkeit des alltäglichen Lebens entnommenen Gegebenheiten, zu erschließen. Dabei fließen sinnlich getrennte Wahrnehmungsbereiche (außerhalb des Bewusstseins liegende

---

in einem Kampf ist gewöhnlich obenauf; Macht ausgeliefert sein = unten (unterlegen sein, umfallen, unterworfen sein, unter Kontrolle stehen, am unteren Ende der Gesellschaft stehen) → Position des Verlierers in einem Kampf ist gewöhnlich unten. Ausführlicher dazu ebd.: 22-30.

84 Das Körperselbst besteht List zufolge aus der „prozeduralen Einheit materiell-organismischer Komponenten“ (List, 1997b: 295), nicht aus deren bloßer Summierung.

Sinneseindrücke, geistige Vorstellungen und Phantasien, dauerhaft gesicherte Zeichen wie z.B. Begriffe) ineinander (vgl. Durkheim, 1981: 323ff.), und die Übermittlung der vielschichtigen Beziehungen gewinnt einen *ganzheitlichen* Charakter. Symbolisierungsprozesse umfassen stets zwei grundsätzliche Dimensionen: Sie sind nicht nur *ideologisch* gerichtet und veranlassen in dieser Funktion das Bewusstsein, bestimmte Vorstellungen abzurufen, sie besitzen gleichzeitig eine *emotionale* Tiefendimension, die – kollektive und subjektive – Gefühle (z.B. Abscheu, Stolz, Überlegenheit, Demut etc.) hervorruft und eine notwendige Ergänzung des ideologischen Pols bildet (vgl. Hülst, 1999: 358). Auf diese Weise werden Ideologien in Gefühle eingebunden und geraten den Menschen damit zu etwas dem individuellen Selbst eigentümlich zugehörig Empfundenem.[85]

Indem das Symbolisierungsgeschehen den *ganzen* Menschen erfasst, ist es in besonderer Weise dazu geeignet, „Wirklichkeit" zu konstituieren. Die (geistig konstruierte) Wirklichkeit der Sinnwelten steht mit der (sozial konstruierten) Wirklichkeit der gesellschaftlichen Beziehungen in einem wechselseitigen, dynamischen Durchdringungs- und Abhängigkeitsverhältnis, d.h. es besteht eine *Interdependenz* zwischen der Gesellschaft und den leiblich verankerten Vorstellungen von Gesellschaft. Die Wirksamkeit von Symbolbildungen beruht darauf, dass die Menschen an die repräsentierten Zusammenhänge *glauben* und diese als real *empfinden.* Symbolische Praxen sind demnach keine Inszenierungen, die dem „wirklichen Leben" *aufgesetzt* wären, sondern sie sind dieses Leben selbst – das bedeutet allerdings nicht, dass sie sich wissenschaftlich darauf *beschränken* lassen, ebendieses zu sein. Eine solche Behauptung redete einem naiven Empirismus (als Unterwerfung unter beobachtbare Phänomene und der Reproduktion ihrer Eigenschaften) das Wort, von dem Bourdieu zu Recht behauptete, er würde die Soziologie als *Soziologie* auslöschen (vgl. Bourdieu, 1974: 27). Vielmehr können symbolische Ordnungen des sozialen Miteinanders als sichtbare Oberflächenphänomene tieferliegender, nicht auf Anhieb erkennbarer Strukturen begriffen werden. Die Welt der symbolischen Formen, in der das alltägliche Leben sich vollzieht, ist die *Verdoppelung* einer primären gesellschaftlichen Ordnung, die sich auf ökonomische Ungleichheiten gründet (vgl. Bourdieu, 1974: 58). Die sozialen (Klassen-)Unterschiede werden in semantische Unterscheidungen transformiert und so Differenz in Distinktion – mit Tyrell ließe sich noch hinzufügen: Distinktion in Diskriminierung (vgl. Tyrell, 1986: 465) – überführt.[86] Im Spannungsfeld zwischen den objektivierten gesellschaftlichen

85 Zugleich werden die Gefühle damit zu abstrakten Werten und Vorstellungen in Beziehung gesetzt und so zu *sinn*haften Erscheinungen. Zur Einbindung der Geschlechterideologie in Gefühle siehe Kap. 5.1.2.

86 Für Bourdieu sind die symbolischen Unterscheidungen gegenüber den materiellen Verhältnissen zwar sekundär, doch betont er gleichfalls, dass jede Form der Herrschaft auf symbo-

Strukturen und den subjektiven Sinngebungen bildet hierbei der Körper/Leib den Knotenpunkt, an dem sich die Stränge des Symbolischen und des Physischen, des Sozialen und des Psychischen ineinanderschlingen. Durch die Inkorporierung der gesellschaftlichen Ordnung im Rahmen symbolischer Praxen wird aus den „objektiven Grenzen“ ein „*Sinn für Grenzen*“ (Bourdieu, 1994: 734; Herv. i. O.), ein *leiblich* verfasster „Unterscheidungssinn“ (ebd.: 740), der in seiner Ausprägung als subjektiv empfundener und kollektiv geteilter *Geschmack* (auch z.B. Takt- und Ehrgefühl, Ekel etc.) ohne expliziten Bezug auf die primären sozialen Differenzen operiert.

Der Gedanke einer Verankerung des Symbolischen im Leiblichen lässt sich mit Mary Douglas allerdings auch umkehren und damit weiter ergänzen. Indem Douglas auf der grundsätzlichen gesellschaftlichen Vermitteltheit des „sozialen Gebildes“ Körper insistiert, macht sie deutlich, dass nicht allein das Symbolgeschehen über körperliche Grundlagen, sondern umgekehrt auch die Körper über symbolische Grundlagen verfügen. Vor diesem Hintergrund erscheinen die Körper schließlich in *doppelter* Hinsicht als Mittler von Vorstellungen, als zwiefältige Projektionsmedien: Im Sinne einer Voraussetzung von symbolischen Gestaltungsmustern wirken sie als sozial vermittelte *Generatoren* metaphorischer Projektionen, und im Sinne eines Effektes von gesellschaftlichen Vorstellungen und Repräsentationen fungieren sie als (Resonanz-)*Flächen*, die Projektionen lebendig werden lassen, und mehr noch: ihre spezifische Materialität aus eben diesen gewinnen. Die Körper werden zu Verkörperungen von Vorstellungen, indem die Vorstellungen (konkretisiert in Normen, Diskursen etc.) Kategorien bereitstellen, welche die Körper erfahrbar machen.

Für die symbolische (Re-)Produktion der Geschlechterdifferenz bedeutet dies, dass die Körper jene Orte bilden, an denen aus kulturell verarbeiteten Vorstellungen geschlechtssinnstiftende Bedeutungen geschöpft werden, die ihrerseits auf die materielle Realität der Körper einwirken und als inkorporierte Ideologien die soziale Wirklichkeit ebenso wie das individuelle Erleben (mit)-konstituieren. Da sich auch die leiblich verfassten Orientierungsschemata nur im Austausch mit der sozialen Umwelt (z.B. Körper der ersten Bezugspersonen) herausbilden können – und diese eine zweigeschlechtlich organisierte Umwelt ist – unterliegt auch der grundlegende Prozess der Erfahrungsbildung im Zugang zur Welt einer geschlechtlichen Prägung. In der wechselseitigen Durchdringung von gesellschaftlichen Strukturen – in Geschlechterverhältnissen – und der leiblichen Verankerung von Vorstellungen über die Ordnung der Gesellschaft – im kulturellen System der Zweige-

---

lische Vermittlung angewiesen ist, um in der psychischen Struktur der Gesellschaftsmitglieder verankert werden zu können.

schlechtlichkeit – gewinnt die Kategorie Geschlecht jene Stabilität, die ihr den Status einer „natürlich“ legitimierten Tatsache verleiht.

2.1.2 Die Ordnung der Geschlechter: metaphorische Transformationen und symbolische Gewalt

Der Rekurs auf die „symbolische Geschlechterordnung“ oder die „symbolische Reproduktion der Geschlechterdifferenz“ ist ein in der Geschlechterforschung verbreitet anzutreffender Gemeinplatz. Auffallend weniger verbreitet sind dagegen Bemühungen um eine Spezifizierung des damit Gemeinten[87] und eine Einbindung in allgemeinere symboltheoretische und gesellschaftstheoretische Konzepte. Dies macht es an dieser Stelle schwierig, den sehr unterschiedlich – systematisch oder vordergründig, enggeführt oder weit ausholend – bearbeiteten Aspekten einen gemeinsamen Rahmen zu geben. Hinzu kommt, dass nicht nur den „Objekten“, die zu mentalen Statthaltern von Weiblichkeit oder Männlichkeit gemacht werden, eine gewisse kulturelle Beliebigkeit innewohnt, sondern sich *alle* Gegenstände der Welt (und des gedachten Außerweltlichen), alle sozialen Praktiken und subjektiven Empfindungen entlang der Geschlechterachse sortieren lassen oder nach Unterscheidungen klassifizierbar sind, die auf die gesellschaftlich konstruierte Opposition von „männlich“ und „weiblich“ zurückgeführt werden können (vgl. Bourdieu, 1997a: 161). Die Grenzziehungen zwischen dem „Weiblichen“ und dem „Männlichen“, Sphären, die einander ausschließen (was „männlich“ ist, kann nicht „weiblich“ sein und umgekehrt), gehören als kosmologisches System zu den grundlegenden Einteilungen der Welt.

Eine Durchquerung des Sinnuniversums der Zweigeschlechtlichkeit wäre also ein von vornherein verfehltes Unterfangen. Zu weit spannt sich der Ho-

87 Dies zeigt sich unter anderem in der uneinheitlichen und auch ungenauen Verwendung von Begriffen, z.B. wenn „Stereotyp“ synonym zu „symbolischer Ordnung“ gebraucht wird. Häufig wird auf eine Problematisierung der Terminologie und der dahinterstehenden Theorielagen gänzlich verzichtet – gerade so, als wäre es ein Leichtes, sich wissenschaftlich einig und im Klaren darüber zu sein, was es mit der Sphäre des Symbolischen im Leben der Menschen auf sich haben könnte. Gudrun-Axeli Knapp zählt zum Bereich der symbolischen Ordnung Legitimationssysteme, Ideologien und kulturelle Repräsentationen (vgl. Knapp, 1992: 295f.). Ich beziehe mich im folgenden mit dem Begriff „symbolische Geschlechterordnung“ auf die Struktur aller geistigen und materiellen Repräsentationen der Geschlechterdifferenz (Sprache, Aussagesysteme, Leitbilder/Vorstellungen, sexuierte/sexuierende Objekte und Praktiken etc.). Arbeiten zur „symbolischen (Re-)Produktion der Geschlechterdifferenz“ beziehen sich zumeist auf die Herstellung von Geschlecht in sozialen Interaktionen. Diesem Aspekt ist das dritte Kapitel der vorliegenden Arbeit gewidmet. Hier sollen aber zunächst einige grundlegende Überlegungen zur symbolischen Geschlechterordnung angestellt werden.

rizont möglicher Beobachtungsfelder, zu zahlreich und wandelbar sind die notwendig einzubeziehenden Gesichtspunkte und zu komplex die geforderten Analyseebenen. Es kann immer nur eine eingeschränkte Perspektive eingenommen werden, der Blick auf einen begrenzten historischen Zeitabschnitt etwa oder auf einzelne Elemente ausgewählter Kulturen. Das Inventar (in der Terminologie Foucaults: das *Archiv*) von Vorstellungen über die Geschlechter und ihre Unterschiedlichkeit kann nur mosaikhaft und immer nur kontextuell erfasst werden, auch wenn der *gender symbolism*, d.h. das Auftreten symbolischer Geschlechtszusammenhänge in nicht intrinsisch mit dem Geschlecht verknüpften Bereichen, kontextübergreifend alle Lebensbereiche der Menschen mit geschlechtskonnotierten Dualismen und zirkulären Sinnzusammenhängen durchzieht.[88] Letzteres ergibt sich Bourdieu zufolge daraus, dass die für sich genommen *willkürliche* Einteilung der Dinge und Tätigkeiten nach dem Gegensatz von „männlich" und „weiblich" zu einer objektiv und subjektiv *notwendigen* Einteilung wird, und zwar dadurch, dass sie in ein System homologer Gegensätze (hoch/tief, hell/dunkel, hart/weich, scharf/fade etc.) eingereiht ist (vgl. ebd.). Da diese Gegensätze sich *im Unterschied ähnlich* sind, sind sie

„konkordant genug, um sich in und durch das unerschöpfliche Spiel von Umschreibungen und Metaphern gegenseitig zu stützen; und divergent genug, um jedem von ihnen eine Art semantischer Dichte zu verleihen, die aus der Überdeterminierung durch die Harmonie, die Konnotationen und die Entsprechungen hervorgeht. Diese auf alles anwendbaren Denkschemata scheinen stets in der Natur der Dinge liegende Unterschiede zu registrieren (das gilt vor allem für den Geschlechtsunterschied); und sie werden durch den Lauf der Welt, insbesondere der biologischen und kosmischen Zyklen, geradeso wie durch die Übereinstimmung aller Köpfe, in denen sie sitzen, unablässig bestätigt." (ebd.)

Forschungen zur *Archäologie* und *Genealogie* der Geschlechterdifferenz (vgl. Bublitz, 1998) – also die Freilegung des systematischen Gehalts von Aussagesystemen und Denkmustern über die Geschlechter und die Untersuchung der konkreten Entstehungsbedingungen von Geschlechterdiskursen – beziehen ihre Erkenntnisse vorrangig aus der Untersuchung von *Leitbildern* des „Männlichen" und „Weiblichen". Diese finden sich in philosophischen, medizinischen oder pädagogischen Diskursen dokumentiert, in Darstellungen der Künste, in den Programmen der Massenmedien, in der Konsumwerbung

88 Die Omnipräsenz von geschlechtlich konnotierten Unterscheidungen darf allerdings nicht mit einer *unveränderlichen Omnirelevanz* der Kategorie Geschlecht in sozialen Kontexten gleichgesetzt werden. Im Zuge neuer sozialer Integrationsmuster sind nicht nur Auflösungs- und Transformationstendenzen in der für die Moderne konstatierten polaren Opposition beobachtbar (Spielarten des „Weiblichen" bzw. „Männlichen"), auch vor dem Hintergrund einer *Prozesshaftigkeit* des Geschlechts können Verläufe mit Abschwächungen, Unterbrechungen, Wiederaufnahmen, Verstärkungen etc. geschlechtssinnstiftender Interdependenzen angenommen werden. Mit wieviel Nachdruck und in welcher Form welche Aspekte der Geschlechtlichkeit (der eigenen und die der anderen) relevant gemacht werden, ist auch eine Frage sozialer Umstände.

etc. Zu bedenken ist dabei jedoch, dass Leitbilder nicht nur historisch und kulturell variieren, sondern dass sie immer auch unter den Vorzeichen der sozialen Partikularität und der Idealisierung betrachtet werden müssen. Partikular sind sie, weil die in bestimmten Diskursen transportierte Ideologie zumeist nur mit den Lebensverhältnissen jeweils bestimmter Gesellschaftsschichten korrespondiert (und aus diesen gewonnen wird)[89], aber auch, weil es keine *einheitlichen* Leitbilder von „Männlichkeit" und „Weiblichkeit" gibt, und Zuschreibungen durchaus ambivalent sein können.

Die Gleichzeitigkeit verschiedener Auffassungen über die Geschlechterdifferenz bedeutet allerdings kein gleichrangiges Nebeneinander heterogener Repräsentationen von „Weiblichkeit" und „Männlichkeit". Statt dessen sind *hegemoniale* Konzepte[90] und dominante Kulturen von „Männlichkeit" und „Weiblichkeit" auszumachen, die als übergeordnetes Ideal auch dort fungieren, wo sie den Lebenswirklichkeiten der Menschen zuwiderlaufen. Es versteht sich eigentlich von selbst – wird jedoch, beispielsweise in Diskussionen um historische Geschlechterverhältnisse, immer wieder einmal angemahnt –, dass Leitbilder als Repräsentationen der kulturellen Geschlechterdifferenz nicht mit der sozialen Wirklichkeit der Geschlechter verwechselt werden dürfen. Doch ein möglicherweise geringer Realitätsgehalt lässt keinesfalls auf eine geringe *Realitätsrelevanz* kulturell dominanter Geschlechtervorstellungen schließen, im Gegenteil: als Orientierungsgeber in Normierungs- und Disziplinierungsprozessen besitzen sie große Bedeutung.[91]

Einer grundlegenden Betrachtung der symbolischen Geschlechterordnung kann es nicht allein darum gehen, die *Inhalte* oder *Codes* der (für eine Epoche, eine Kultur, eine wissenschaftliche Disziplin etc. dominanten) Differenzvorstellungen zu beschreiben, die, wie Honegger pointiert formuliert, von einer geradezu „traumatisierende[n] Redundanz" (Honegger, 1991: 3), aber auch von großer Widersprüchlichkeit sein können. Vordringlicher stellt sich die Frage, wie Geschlechtersinn überhaupt generiert wird, wie die Mechanismen seiner Produktion aussehen und auf welche Weise die *Geschlechterglaubensvorstellungen* (Goffman) für soziale Realitäten relevant werden. Dass die Expedition dabei immer wieder auch ins unerträglich Bekannte allseits bemühter binärer Oppositionen führt, lässt sich dabei kaum vermeiden.

---

89 So entsprach etwa die Geschlechterideologie des 18. Jahrhunderts, die den Lebensverhältnissen des gebildeten Bürgertums, nicht jedoch bäuerlichen oder proletarischen Lebensbedingungen (vgl. Hausen, 1976: 382).

90 Zum Begriff der *hegemonialen Männlichkeit* vgl. Connell, 1987; Connell, 1999.

91 So kapriziert sich z.B. die neuere „kritische Männerforschung" unter anderem auf die pathogenen Effekte von vorherrschenden Männlichkeitsvorstellungen und reklamiert – wie auch Bourdieu (vgl. Bourdieu, 1997a) – für die Männer, psychisch und physisch Opfer ihrer eigenen Herrschaft zu sein. Zu bedenken ist außerdem, dass auch pluralisierte Stile und alternative Entwürfe in Beziehung zur orthodoxen symbolischen Ordnung stehen, sei es als Transformation, Ausdifferenzierung oder Kontrastprogramm.

Wenn nach dem Ursprung von Vorstellungen über die Geschlechterdifferenz und ihrer materiellen wie ideellen Repräsentationen gefragt wird, muss die Forschung befriedigende Antworten freilich schuldig bleiben.[92] Die Quellen zweigeschlechtlicher Codierungen der „Welt“ – welche sich jeweils nur in zeitlicher und räumlicher Umgrenzung erfassen lassen – werden an unterschiedlichen Fundstellen vermutet. So führt beispielsweise Irene Dölling die biblische Geschichte vom Sündenfall (Eva als Verführerin und Verkörperung einer bedrohlichen Sexualität) als Grundlage gegenwärtig gültiger Geschlechtervorstellungen in unserem Kulturkreis ins Feld (vgl. Dölling, 1991), während z.B. Andrea Bührmann die moderne Konkretion des okzidentalen Geschlechterdispositivs[93] als gesellschaftliches System der biologischen Zweigeschlechtlichkeit auf das Zusammenspiel repressiver und produktiver Wirkungen von Macht zurückführt (vgl. Bührmann, 1995; Bührmann, 1998). Nach den Untersuchungen von Foucault verketten sich im 19. Jahrhundert Mechanismen der Disziplinarmacht (Dressur der einzelnen Körper) und der Bio-Politik der Bevölkerung (Kontrolle des Gattungskörpers) zu einer *Bio-Macht*, die vor allem über das Sexualitätsdispositiv ihren Einfluss auf die Menschen geltend macht. Die Sexualität erweist sich in diesem Prozess als besonders bedeutsam, da sie einen Schnittpunkt darstellt, an dem die Disziplinierung der individuellen Körper und die Kontrolle der Bevölkerung durch Strategien der Klassifizierung, Hierarchisierung und Normalisierung ineinander laufen. Der Vermessung und Kartographierung von Körpern, wie sie z.B. in der Anatomie vorgenommen wurde (und wird), entsteigen kulturell geformte Körperbilder, die eine fundamentale Differenz der Geschlechter beschwören und vor dem Hintergrund der anthropologischen Annahme einer Interdependenz von Physis und Psyche ein „mimetisches Verhältnis zwischen Körpergestalt und Geschlechtscharakter“ (Bührmann, 1998: 89) unterstellen.

Auf die Verquickung von körperlichen Eigenschaften und Wesensmerkmalen, den Schulterschluss von Biologie und Bestimmung, weist auch Karin Hausen hin, die jedoch die kapitalistische Trennung von Produktion und

---

92 Dies lässt sich zum einen mit der Gleichursprünglichkeit von symbolischen Ordnungen und gesellschaftlichen (Ungleichheits-)Strukturen erklären. Zum anderen kann die Frage nach einem „Ursprung“ von Mythen (und als solcher ist die Geschlechterdifferenz ja wiederholt bezeichnet und bearbeitet worden) genau genommen gar nicht beantwortet werden, weil Mythen „immer schon da“ sind und ihre Rezeption zugleich stets ihre Transformation impliziert. Ein ursprünglicher, quasi authentischer Ausgangspunkt lässt sich im Zusammenfall von Aneignung und Veränderung nicht finden (vgl. dazu Blumenberg, 1979).

93 *Dispositive* ergeben sich aus dem Zusammenwirken von diskursiven (Wissen, Aussagensysteme, Bilder, Normen etc.) und nicht-diskursiven (interaktive Arrangements, leiblich-affektive Dimension, Arbeitsteilung) Machtpraktiken, die sich allerdings nicht strikt voneinander abgrenzen lassen, sondern sich wechselseitig beeinflussen. Die Kategorie Geschlecht fasst Bührmann als ein Phänomen, das innerhalb des Geschlechterdispositivs hervorgebracht wird und als Basis für das symbolische System der Zweigeschlechtlichkeit dient (vgl. Bührmann, 1998: 71). Zum Zusammenhang von Macht, Körper und Geschlecht vgl. eingehender Kap. 4.1.2.

Reproduktion für die Entstehung moderner Geschlechtszuschreibungen verantwortlich macht (vgl. Hausen, 1976). Zwar sei das „Kontrastprogramm" der Charaktere (ebd.: 367) historisch nicht wirklich neu, es erreiche in seiner naturalisierten Version aber eine neue Qualität.[94] Die in der Folge ökonomischer Transformationsprozesse erfolgte Spaltung von Erwerbs- und Familienleben führe zu einer Übersetzung von Tätigkeitsaspekten der beiden Sphären in komplementäre Charaktereigenschaften und produziere so häusliche (bewahrende, gütige, emphatische ...) Frauen und öffentliche (erwerbende, durchsetzungsfähige, vernünftige ...) Männer. Dies habe nicht nur die intendierte Absicherung des neuen bürgerlichen Familienmusters und seiner ökonomischen Funktionen, sondern auch die Kultivierung, Vertiefung und Verschärfung von Geschlechtsunterschieden zur Folge gehabt, die durch das Sozialisationsgeschehen in den getrennten Lebensbereichen evoziert worden seien (vgl. ebd.: 386ff.).[95]

Die gesellschaftliche Arbeitsteilung zwischen den Geschlechtern, auf welche die symbolische Repräsentation des Geschlechterverhältnisses verweist, wird von anderen AutorInnen dagegen selbst als ein abgeleiteter, sekundärer Faktor gewertet. Sie benennen die *sexuelle Arbeitsteilung* im Zeugungsakt[96] als eigentlichen Ausgangspunkt für symbolische Projektionen (z.B. Krais, 1993; Bourdieu, 1997a; Bourdieu, 1999; O'Brien, 1981). Demnach sind die Hierarchieverhältnisse in der (An)Ordnung der Geschlechter jener „doctrine of male potency" (O'Brien, 1981: 133) geschuldet, die (kulturübergreifend, aber nicht universal) den männlichen Samen als eigentlichen Urheber neuen Lebens ansieht und den weiblichen Körper zu einem Ort der nährenden Aufbewahrung (Gefäß, Acker o.ä.) degradiert[97]. Dieses Muster männlichen Schöpfertums tritt in vielen mythisch und rituell bearbeiteten Formen auf und reicht hinauf bis zur Phantasie einer völligen Tilgung des weiblichen Körpers aus dem Reproduktionsprozess. Männliche Kopfgeburten sind dabei keine Spezialität des technischen Zeitalters mit seinen hochbezahlten gen- und reproduktionsmedizinischen Forschungsabteilungen, sondern

94 Tatsächlich wäre aber zu fragen, was an den herrschenden Geschlechtervorstellungen des 18., 19. oder 20. Jahrhunderts überhaupt *spezifisch modern* ist. Vergleichende Forschungen zu den hegemonialen Konzepten von „Männlichkeit"/„Weiblichkeit" und der Geschlechterdifferenz in verschiedenen historischen Epochen fehlen m. W. noch.

95 Zur Entstehung eines weiblichen „Sozialcharakters" vgl. auch Chodorow, 1990, die auf der Grundlage psychoanalytischer Perspektiven die Reproduktion von Mütterlichkeit beschreibt.

96 In den 1980er Jahren wurde in der Fortführung der Hausarbeitsdebatte verschiedentlich vorge schlagen, den *gesamten* Prozess der Reproduktion der Gattung zu einem theoretischen Brennpunkt zu machen (vgl. unter anderen Beer, 1984; Becker-Schmidt, 1987).

97 Diese Auffassung ist auch einer der Gründe dafür, warum es z.B. muslimischen Männern eher als muslimischen Frauen gestattet ist, Andersgläubige zu ehelichen: der Samen bestimmt, welche Pflanzenart heranwächst – nicht der Boden, auf den der Samen fällt. Schon Aristoteles war übrigens davon überzeugt, dass der Mann dem neuen Leben Seele und Geist spende, während die Frau den bloßen Stoff beisteuere (vgl. Krais, 1993: 229).

ein schon aus der antiken Mythologie bekannter Topos: erinnert sei an die Göttin Pallas Athene, die der Stirn eines von Wehen geplagten Zeus entsprang.[98]

O'Brien sieht die Ursache für die *symbolische Enteignung* der Frauen von ihrer Reproduktionsarbeit im Ausschluss der Männer von wesentlichen Erfahrungen des Reproduktionsprozesses: Es gebe keine „unmittelbare" Beziehung des Vaters zu seinem Kind, das im Körperinnern der Frau entsteht und heranreift, und es lasse sich außerdem keine zweifelsfreie Gewissheit in der Verbindung von sexueller Vereinigung und Zeugung herstellen. Einzig das Moment der *alientation* (vgl. ebd.: 47), die Entäußerung des Samens, biete den Männern eine unmittelbare, als Trennung und Weggabe beschreibbare Erfahrung. Es sei für Männer daher notwendig, sich die Nachkommen durch die soziale Institution der Vaterschaft anzueignen, die ein *Recht* auf die Kinder garantiere und jene Kausalität begründe, derer die Erfahrung im Reproduktionsprozess entbehre. Im Gegensatz zur Mutterschaft, die freilich auch eine soziale Institution und kulturelle Konstruktion darstellt, ist die Institution der Vaterschaft gleichzeitig auch eine Voraussetzung für die „natürliche", biologische Zurechnung eines bestimmten Kindes zu einem bestimmten Mann. Während Frauen in der reproduktiven Arbeit des Gebärens eine sehr direkte Bestätigung ihrer Mutterschaft eines betreffenden Kindes erleben[99], sind Männer zur Bestätigung ihrer biologischen Vaterschaft auf die *soziale* Anerkennung ihres Beitrags zur Reproduktion der Gattung angewiesen. Hierbei wirken unter anderem Heiratsregeln und Verwandtschaftsdefinitionen als patriarchale Kontrollmechanismen, die die Vaterschaft absichern, indem sie den sexuellen Zugang zu Frauen sozial regulieren. Zur männlichen Kontrolle des Reproduktionsprozesses gehören O'Brien zufolge aber nicht nur soziale Normierungen der sexuellen Beziehungen (oder später: die Medizinisierung von Empfängnis, Schwangerschaft und Geburtsvorgang durch männliches Expertentum), sondern auch die mystifizierende Überhöhung des männlichen Anteils am Fortbestehen der Gattung Mensch auf der Ebene der symbolischen Repräsentationen (vgl. auch Krais, 1993: 228).

Die mit der „doctrine of male potency" betriebene Reduzierung von Frauen auf passive, aufnehmende, bewahrende Innenräume und die parallele Aufwertung von Männern als aktive Lebensspender, die der rohen Materie

---

98 Allerdings verschlang Zeus der Sage zufolge zuvor die schwangere Metis, um die Geburt eines Sohnes abzuwenden, der ihm die Herrschaft hätte streitig machen können.

99 Dies stimmt zumindest, wenn man Varianten der Reproduktionsmedizin außer Acht lässt, die Frauen Kinder zur Welt bringen lassen, an denen sie genetisch nicht „beteiligt" sind (Leihmütter, denen das befruchtete Ei einer anderen Frau eingesetzt wurde) bzw. die biologische Mütter produzieren, welche nie ein Kind geboren haben (Eizellenspenderinnen). Ob nun das Austragen und Gebären des Kindes oder aber die Bereitstellung des Erbmaterials als Kriterium von Mutterschaft zu gelten hat, entscheiden dann rechtliche Regelungen.

ihren Geist einhauchen, sichert den Männern jedoch nicht nur ihren Anspruch auf den entscheidenden Part im Reproduktionsprozess, sondern lässt sich zugleich als Ausgangspunkt für weitere symbolische Teilungen der Welt werten. So wird – beispielsweise in der Philosophie Platos (vgl. O'Brien, 1981: 116ff.) – die eigentliche Menschwerdung schließlich vom Prozess der materiellen Reproduktion der Gattung entkoppelt gedacht und damit die Opposition eines *kreatürlichen* Weiblichen und eines *kreativen* Männlichen geschaffen. Durch den Ausschluss der weiblichen Reproduktionsarbeit aus dem Bereich dessen, was den Menschen „eigentlich" ausmacht (Geist), und der gleichzeitigen Beschränkung von Frauen auf die Reproduktionsfunktion, gelingt ihre symbolische Verbannung aus der Sphäre der Kultur. Indem die schöpferische Potenz des Zeugungsaktes auf die produktive Dynamik des intellektuellen Verkehrs unter Gleichen übertragen wird, geraten die Gestaltung der Welt, die Lenkung öffentlicher Geschicke, die Produktion von Erkenntnis etc. zu einer exklusiv männlichen Tätigkeit. Die bekannten Dichotomien von Natur und Vernunft, Privatheit und Öffentlichkeit, die das abendländische Denken (vor allem der Moderne) über die Geschlechter so nachhaltig prägen, finden sich demnach also schon in dieser frühen Interpretation der sexuellen Arbeitsteilung angelegt (vgl. Krais, 1993: 230).

Die kulturelle Unterscheidung von Natur und Kultur ist für die Geschlechterordnung von besonderer Relevanz: Geist und Gemüt, Wissen und Gefühl, Individualität und Ganzheitlichkeit[100] sowie die Derivate dieser und ähnlicher Dualismen sind Konzepte, die sich in vielen Bereichen – vom bürgerlichen Familienmodell bis zu aktuellen Managementtheorien – immer wieder neu beleben. Die geschlechtsbezogenen Zuordnungen bleiben dabei jedoch in mehrfacher Hinsicht ambivalent, so ambivalent wie sich die Natur-Kultur-Verhältnisse selbst darstellen. Weiblichkeit und Natur korrespondieren häufig dort, wo die Natur als passiv, leidend, zu erobernd, aber auch als fruchtbar oder verdeckt bedrohlich und dämonisch imaginiert wird, während die Kultur in einer Mischung aus gestaltender Aktivität und Unterwer-

100 Die Gegenüberstellung von männlicher Differenziertheit und weiblicher Ganzheitlichkeit findet sich unter anderem bei Georg Simmel wieder, der – die soziale Praxis als notwendige Vollstreckung einer natürlichen Ordnung betrachtend – eine Ungleichzeitigkeit der Geschlechter in der Moderne ausmacht: das männliche Geschlecht sei dem Zwang zur Individualisierung unterworfen, während das weibliche Geschlecht seine Einheitlichkeit bewahre (vgl. Simmel, 1911). Ähnliches trifft auch auf Tönnies zu, der die moderne Integrationsform der Gesellschaft im Männlichen repräsentiert findet, das von „Bestrebung", „Berechnung" und „Bewusstheit" geprägt sei, wohingegen das traditionelle, durch „Gesinnung", „Gemüt" und „Gewissen" konstituierte Prinzip der Gemeinschaft dem Weiblichen entspreche. Der Unterschied der Geschlechter äußert sich im Grad der Ausschließlichkeit, in dem Menschen der einen oder der anderen Seite zugehören. Während den Männern eine Option auf gemeinschaftliche Existenzweisen (z.B. als Bauer) zugestanden wird, gilt für Frauen eine Entwicklung in umgekehrter Richtung als „widernatürlich" (vgl. Tönnies, 1979: 124ff.).

fung „irrationaler“ Anteile als über die geistlose Materie triumphierend daherkommt. Ob das mit dem Weiblichen Assoziierte allerdings als Defizit (Mangel an Verstand und Selbsttätigkeit, Unfähigkeit zur Entwicklung, Reduktion auf die Eigenschaft als Gattungswesen etc.) erachtet wird, das Frauen aus dem Kreis des Menschlichen ausschließt, oder aber als wertvolles und erstrebenswertes Gut (Naturnähe, Erdverbundenheit, ursprüngliche Einheit etc.), ist eng gekoppelt an die Bewertung gesellschaftlicher Entwicklungen: Wird beispielsweise die Dynamik des Kulturprozesses als krisenhaft erlebt, und herrscht eine pessimistische Einschätzung vor, so findet sich die als „Natur“ konzipierte Weiblichkeit in Erlösungsphantasien zur Heilsbringerin und zum „besseren Ich“ stilisiert – was jedoch nicht unbedingt mit einer Wertschätzung real existierender Frauen gleichgesetzt werden darf, denen gerade dann der Verlust ihres „natürlichen“ Wesens (durch Intellektualisierung, Berufstätigkeit o.ä.) als Beitrag zum bestehenden Unbehagen in der Kultur angelastet wird. Die Zuordnungen „Frau-Natur“ und „Mann-Kultur“ lassen sich aber, zumindest partiell, auch umkehren, und zwar insbesondere dann, wenn die animalische Kraft der Natur, ihre Wildheit und Unbändigkeit thematisiert werden. Die freie, unbezwingbare Natur scheint eher mit Virilität (und vice versa) assoziierbar, die einer zahmen (auch: zivilisiert-schamhaften) Weiblichkeit gegenübersteht. Doch anders als in der Vorstellung männlich-geistigen Schöpfertums gerät das Weibliche hier nicht zum Repräsentanten einer der Natur überlegenen Kultur, sondern zum *kultivierten Objekt*: die Zivilisierung von Frauen wird stärker betrieben, rigider gehandhabt und unnachsichtiger kontrolliert als dies bei Männern der Fall ist. Auf diese Weise werden die weiblichen Körper jener Natur entrückt, die Vorstellungen von Aktivität, Unbezwingbarkeit und (reproduktiver) Potenz entspricht – was freilich auch dahingehend interpretiert werden kann, dass Weiblichkeit, vor allem die weibliche Sexualität, im Grunde genommen besonders stark mit diesen Attributen in Zusammenhang gebracht wird und deshalb bezwungen werden muss. Auffällig ist: Frauen treten symbolisch hauptsächlich als *gebannte* Natur in Erscheinung – als geistlose, den Naturprozessen abhängig ergebene Kreatur, als ins Utopische verlagerte urtümliche Einheit, als eingenommener Körper, der kein eigenes Begehren kennt.[101] Oder sie repräsentieren im Gegenteil eine bedrohliche, gefahrvolle, eine lüstern verschlingende Natur, deren dämonische Kräfte es abzuwenden gilt.

Die Assoziation von Frauen und Natur ist ein häufig bemühter Topos und für die Anthropologin Sherry B. Ortner ein ebenso universales Phänomen wie die kulturell attribuierte Zweitrangigkeit des weiblichen Geschlechts in allen

101 Letzterem liegt die Gleichzeitigkeit von Entsexualisierung (als begehrendes Subjekt) und Sexualisierung (als begehrtes Objekt) zugrunde. Auffällig ist, dass mit weiblicher „Triebhaftigkeit“ oder weiblicher Sexualität allgemein in vielen Kulturen ein Gefahrenpotenzial (z.B. für die männliche Potenz) verbunden wird.

bekannten menschlichen Gesellschaften.[102] In ihrem Versuch, die Logik und die sozialen Wurzeln dieses kulturellen Denkens herauszuarbeiten, das der Auffassung von der Minderwertigkeit des Weiblichen zugrunde liegt, formuliert Ortner die These, dass es sich bei den Unterscheidungen von männlich und weiblich um *Transformationen der Natur-Kultur-Dichotomie* handele, und dass diese Dichotomie nicht nur einen Gegensatz, sondern vor allem ein Hierarchieverhältnis zugunsten der Kultur beschreibe (vgl. Ortner, 1975: 71f.). Die Superiorität der Kultur ergebe sich hierbei aus ihrem Zugriff auf die Natur: Natur werde als etwas erlebt, das (magisch oder technisch) kontrolliert werden kann (oder muss), etwas, das sich aneignen, in den Dienst der Kultur stellen und nutzbar machen lässt – bis hin zu seiner totalen Ausbeutung.[103]

Die universale Nachrangigkeit des Weiblichen in der symbolischen Ordnung der Geschlechter – und den faktischen Geschlechterverhältnissen – führt Ortner entsprechend darauf zurück, dass Frauen als der Natur *näherstehend* angesehen werden als Männer. Dieser Eindruck resultiere zum einen daraus, dass der weibliche Körper z.B. durch den Menstruationszyklus, durch Schwangerschaft, Geburt und das Stillen stärker und offensichtlicher in natürliche Abläufe involviert sei (vgl. ebd.: 74).[104] Die natürlichen Funktionen ihrer Körper, vor allem die Laktation, versetzten Frauen schließlich in soziale Rollen, die ebenfalls als „naturnäher" charakterisiert würden, da sie als Extension des „natürlichen Bandes" zwischen Mutter und Kind – repräsentiert durch den Vorgang des Stillens – betrachtet würden. Durch die mit der Mutterschaft verbundenen Tätigkeiten werde das Bild der naturnahen Frau weiter verstärkt, da die Kinder aufgrund ihrer „Unfertigkeit" selbst mit der Sphäre der Natur assoziiert würden. Außerdem entwickelten Frauen durch das *role*

102 Ortner geht davon aus, dass *alle* bekannten Gesellschaften – in unterschiedlicher Weise und in je spezifischen kulturellen Formen – durch die Subordination von Frauen gekennzeichnet sind. Sie räumt zwar ein, dass die Machtbalancen zwischen den Geschlechtern stark variieren können, lässt aber selbst matrilinear oder matrilokal organisierte Gesellschaften nicht als Gegenbeispiele gelten, da sich die Zweitrangigkeit (*second status*) des weiblichen Geschlechts dort z.B. an impliziten Formen der Abwertung, beispielsweise an symbolischen Formulierungen der Inferiorität, ablesen lasse. Neben der impliziten Abwertung gelten ihr Elemente der kulturellen Ideologie, die Weiblichkeit (weibliche Aufgaben, Rollen, Tätigkeiten etc.) explizit als minderwertig einstufen, sowie soziokulturelle Arrangements, die Frauen ausdrücklich oder de facto von der Teilhabe an gesellschaftlicher Macht und ranghohen Positionen ausschließen, als Indikatoren für die Unterordnung von Frauen (vgl. Ortner, 1975: 69f.; vgl. dazu auch de Beauvoir, 1992). Für *matriarchale* Macht müsste hingegen, analog zu patriarchalen Strukturen, gelten, dass Frauen die Macht besäßen „Werte und Erklärungsmuster der Gesellschaft zu definieren sowie [...] das Sexualverhalten der Männer zu bestimmen und zu kontrollieren." (Lerner, 1991: 52f.)

103 Das Natur-Kultur-Verhältnis, das Ortner hier als universal unterstellt, kommt m. E. allerdings recht modern und abendländisch daher. Auch wird die Ambivalenz der postulierten Hierarchie von Ortner nicht weiter problematisiert.

104 Ortner argumentiert vom Standpunkt „körperlicher Tatsachen" aus, die aus heutiger Sicht durchaus weiter hinterfragt werden müssten (vgl. exemplarisch dazu Villa, 2000).

training im familialen Bereich jene Kompetenzen und psychischen Strukturen (Emotionalität, Empathie, Sinn für das Konkrete etc.), die wiederum ihre Nähe zur Natur untermauerten und ihren Abstand zur männlich dominierten Kultur dokumentierten (vgl. ebd.: 81). Das Weibliche lasse sich aber dennoch nicht vollends mit dem Natürlichen in eins setzen, da Frauen ebenso wie Männer an der Handhabung und Schaffung von Kultur beteiligt seien. Innerhalb der Familie erfüllten Frauen die Funktion, Natur in Kultur zu transformieren, so vor allem in der Sozialisierung der Nachkommen, aber auch z.B. durch das Kochen, das die „rohe" Natur in Mahlzeiten überführt.[105] Der entscheidende Unterschied zwischen den weiblichen und den männlichen Kulturleistungen liege aber im Grad ihrer sozialen Wertschätzung. So wie in der Familie eine niedrigere Stufe der sozialen Organisation gesehen werde, die nur die quasi-natürliche Keimzelle der komplexeren, auf einem höheren Niveau organisierten Gesamtgesellschaft darstellt, so würden auch die im Sektor des Privaten von Frauen erbrachten Leistungen als untergeordnete Phänomene gewertet.

> „[T]he family (and hence woman) represents lower-level, socially fragmenting, particularistic sort of concerns, as opposed to interfamilial relations representing higher-level, integrative, universalistic sorts of concern. [...] Thus men are identified not only with culture, in the sense of all human creativity, as opposed to nature; they are identified in particular with culture in the old-fashioned sense of the finer and higher aspects of human thought – art, religion, law etc." (ebd.: 79)

Indem Frauen also zwar mit Natur assoziiert, nicht jedoch völlig auf den Stand unbewusster Kreatürlichkeit reduziert werden können, erhalten sie nach Ortner einen *intermediären* Status (vgl. ebd.: 83ff.). Dies bedeutet einerseits, dass Frauen in dem hierarchisch gedachten Verhältnis von Natur und Kultur eine Art Zwischenposition einnehmen. Andererseits gelten sie in der Natur-Kultur-Dichotomie aber auch als Grenzgängerinnen und Vermittlerinnen zwischen den Welten, was sich besonders eingängig an ihren Sozialisationsfunktionen ablesen lässt.

---

105 Diese Funktionen übernehmen auch Männer, doch ist beobachtbar, dass dies zumeist auf einer *höheren* Ebene erfolgt. Während Frauen überwiegend mit der Erziehung von Kleinst- und Kleinkindern befasst sind, treten Männer als Sozialisatoren verstärkt in Erscheinung, wenn Kinder die Grundkompetenzen bereits erworben haben und z.B. auf den Status als Erwachsene vorbereitet werden sollen – vor allem, wenn es sich um Jungen handelt. Dieses Muster ist auch in unserem gegenwärtigen Bildungssystem zu erkennen, wo im Primarbereich ganz überwiegend Frauen beschäftigt sind und der Anteil des männlichen Personals in dem Maße ansteigt, in dem das Prestige der jeweiligen Bildungseinrichtungen zunimmt – bis hin zum Hochschulbereich, wo in der BRD im Jahr 2001 92,3 Prozent der mit C4 dotierten Lehrstühle mit Männern besetzt waren (laut Statistischem Bundesamt, Stand vom Januar 2003). Gleiches gilt für die Nahrungszubereitung, die als Haute Cuisine eine (gut bezahlte und hoch angesehene) *Kunst* der Männer, als alltägliche Verrichtung im Haushalt dagegen eine (unbezahlte und selbstverständliche) *Pflicht* der Frauen darstellt.

Ortner liefert mit ihren Überlegungen zum *gendering* der Natur-Kultur-Dichotomie einige Hinweise darauf, wie sich die Ordnung der Geschlechter als ein Hierarchie- und Herrschaftsverhältnis konstituiert. Den Körpern schreibt sie in diesem Prozess insofern eine zentrale Rolle zu, als diese – in ihrer „weiblichen" Form – die kulturell verlängerte Naturhaftigkeit von Frauen substantiell begründeten. Männliche Körper geraten Ortner dabei allerdings nicht in den Blickwinkel, und so setzt sich in ihrer Argumentation die kritisierte (patriarchale) Denkform weiter fort, nach der Körperlichkeit eine primär „weibliche" Angelegenheit sei. Bei der Frage nach der Erzeugung von kulturellen Bedeutungen des Geschlechts scheint es zudem verfehlt, die Geschlechtskörper als voraussetzungslose Gegebenheiten zu behandeln, aus deren „natürlichen" Eigenschaften sich Geschlechterglaubensvorstellungen und symbolische Repräsentationen einfach ableiten lassen. Wenn die Körper, wie oben (Kap. 2.1.1) ausgeführt, als „doppelte" Projektionsmedien gelten können, dann bedeutet dies, dass sie in ihrer kulturell interpretierten Form nicht nur zur Generierung von Vorstellungen über das Geschlechterverhältnis genutzt werden (z.B. in dem, was an ihnen an „geschlechtlicher Qualität" überhaupt *relevant* gemacht wird), sondern selbst eine Rückwirkung dieser Vorstellungen sind. Ihre je spezifische, geschlechtliche Existenzweise erhalten die Körper erst in der dialektischen Beziehung einer Vergeschlechtlichung der Körper und einer Verkörperlichung der Geschlechter. Die Vorstellungen über „weibliche" und „männliche" Geschlechtskörper bestimmen die Wahrnehmung von Körpern und den (sozialen und individuellen) Umgang mit ihnen. Dadurch gerinnen die Phantasien zu materiellen Gestalten korporaler Geschlechtsmarkierungen, die ihrerseits zur Sinnerzeugung und Legitimation von Bedeutungen genutzt werden.

Statt von der Auffassung auszugehen, dass den Körpern per se geschlechtliche Merkmale eigen seien, welche die Produktion bestimmter kultureller Geschlechtsbedeutungen provozierten, ließe sich in Erinnerung an Mary Douglas noch eine weitere Überlegung anschließen: Die Körper treten als (mittelbare) Produzenten von Geschlechtersinn auch insofern in Erscheinung, als sie die Basis für metaphorische Projektionen abgeben, derer sich die Menschen zur Imagination und Darstellung der Geschlechterordnung bedienen. Aus kulturell verarbeiteten Körpervorstellungen werden basale Muster gewonnen, in denen (Geschlechter-)Hierarchien gedacht und repräsentiert werden können. Ein Beispiel hierfür wäre etwa die grundlegende oben/unten-Metaphorik, die sich unter anderem in der symbolischen Codierung des Sexualaktes (vgl. Bourdieu, 1997b: 95), aber auch in Aspekten der Differenzierung weiblicher und männlicher Tätigkeiten[106] oder in der Na-

106 So stellte Bourdieu bei seiner Feldforschung in der Kabylei unter anderem fest, dass in der gemeinsamen Arbeit, z.B. bei der Olivenernte, Männer häufig Tätigkeiten verrichteten, die nach oben ausgerichtet waren und eine gerade Körperhaltung erforderten, während die Frauen eher mit Aufgaben befasst waren, die ihre Aufmerksamkeit und ihre Körper zum

mensgebung[107] wiederfinden lässt. Auch im Paarbildungsverhalten, das im allgemeinen große Männer und kleine Frauen begünstigt, kommt dieses Muster zum tragen – womit der Eindruck eines höher/tiefer-Gefälles zwischen den Geschlechtern physisch verstärkt wird.[108] Gleiches gilt außerdem für die soziale Codierung von Körperhaltungen (aufrecht/gebeugt; gerade/schräg etc.) oder z.B. Blickrichtungen: Aufschauen und die Augen niederschlagen gelten hier als „weibliche" Gesten, während der „männliche" Blick gerade und direkt auf sein Gegenüber trifft.[109]

Die (symbolische) Kommunikation der Geschlechterdifferenz bedient sich damit einer ganz grundlegenden sozialen Orientierungsmetaphorik von Herrschaft, die sich aus leiblichen Erfahrungen und Empfindungen der Über- und Unterlegenheit (obenauf sein, sich unterwerfen etc.) herleitet. Nicht geschlechtliche „Eigenheiten" von Körpern wären in dieser Perspektive zur Quelle der symbolischen Geschlechterordnung zu machen, sondern leibliche Repräsentationen von Dominanz und Subordination, die mit kulturellen Bildern von „Weiblichkeit" und „Männlichkeit" besetzt werden und damit die geschlechtlichen Qualitäten der Körper – im Sinne einer Einverleibung grundlegender Schemata, welche auch die individuelle Leiberfahrung prägen (vgl. Bourdieu, 1999: 135) – herstellen.[110] Die geschlechtlichen Konnotatio-

---

Boden hin zwangen (vgl. Bourdieu, 1999: 131ff.) – ein korporales Muster, das in seinem Gegensatz von aufrecht und gebeugt in vielen Gesellschaften die Grundlage für ein System von Zeichen der Achtung und Verachtung darstellt (sich vor jmd. verneigen, auf jmd. herabsehen, vor jmd. niederknien, den Kopf hochtragen etc.).

107 Dieses Phänomen lässt sich in einigen Gesellschaften beobachten, in denen der geschlechtsidentifizierende Charakter von Personennamen nicht durch Lautbilder hergestellt, sondern primär semantisch bestimmt wird. So berichtet Anna Meigs von den *Hua* in Neu-Guinea, dass die dort üblichen Frauennamen fast durchweg auf erdnahe, niedrige Pflanzen rekurrieren, die Namen der Männer hingegen aus dem Reich der Bäume, Berge und des Himmels gewonnen werden (vgl. Meigs, 1992: 112).

108 Eine weitere physisch sich auswirkende Nebenwirkung bringt Bourdieu folgendermaßen auf den Punkt: „So kann in einer Welt, die den Gegensatz zwischen dem (physisch, aber auch sozial, moralisch) Großen und dem Kleinen zur Grundlage des Geschlechtsunterschieds macht, nicht erstaunen, daß die Männer [...] sich eher Sorgen über »zu kleine« Körperteile machen, während Frauen bei sich Körperregionen kritisch betrachten, die ihnen »zu groß« vorkommen (Bourdieu, 1999: 135, Fn. 1).

109 Zu den körperlichen Inszenierungen von Geschlecht vgl. den anschaulich illustrierten Band von Mühlen Achs, 1998 sowie die Arbeiten von Henley, 1989 und Morris, 1996.

110 Zur Besetzung mit Vorstellungen über die Geschlechter eignen sich frühe sensomotorische Muster von Raum und Bewegung so besonders gut, weil diese einen universellen Charakter haben (vgl. List, 1997b: 309). List weist darauf hin, dass das Verhältnis von Leiblichkeit und Geschlecht unter dem Gesichtspunkt sensomotorischer Grundlagen nur insofern in den Blick genommen werden könne, als deren *gesellschaftliche (Entstehungs)-Bedingungen* mit berücksichtigt würden. So sei beispielsweise die Begrenztheit von Raum und Bewegung eine Alltagserfahrung in der weiblichen Sozialisation, die auf sozialen Normierungen beruhe. Auch der Rückgriff auf die Geschlechtssymbolik archaischer Kulturen, etwa die weibliche Konnotation von räumlichen Rundformen, reiche nur bis auf die Affirmation von Frauenbildern (hier: Gefäß), die einer hierarchischen kulturellen Ordnung angehörten. Die „Lücke

nen von Oppositionen wie oben/unten, vorn/hinten, aktiv/passiv ruhen damit auf der Konstitution des Geschlechterverhältnisses als eines Herrschaftsverhältnisses auf[111], das sich in leiblichen Dispositionen realisiert. Entscheidend dabei ist, dass sich die Symbolik sexueller Herrschaft und die Symbolik sozialer Herrschaft „im Rahmen ein- und derselben Körpersprache" (Bourdieu, 1994: 741, Fn. 13) vollzieht und die Körper damit zu *Analogie-Operatoren* werden, die „praktische Äquivalenzen zwischen den diversen Teilungen der sozialen Welt stifte[n]" (ebd.).

> „Alle Macht hat eine symbolische Dimension: Sie muß von den Beherrschten eine Form von Zustimmung erhalten, die nicht auf der freiwilligen Entscheidung eines aufgeklärten Bewußtseins beruht, sondern auf der unmittelbaren und vorreflexiven Unterwerfung der sozialisierten Körper. Die Beherrschten wenden auf jeden Sachverhalt der Welt, insbesondere aber auf die Machtverhältnisse, denen sie unterliegen, und auf die Personen, die deren Träger sind, mithin auch auf sich selbst, nicht reflektierte Denkschemata an, die das Produkt der Inkorporierung dieser Machtbeziehungen sind. Unter der verwandelten Form eines Ensembles von als Wahrnehmungskategorien fungierenden Gegensatzpaaren (hoch/niedrig, groß/klein usf.) konstruieren diese Schemata die Machtverhältnisse, indem sie sie vom Standpunkt derjenigen aus als natürliche erscheinen lassen, die in ihnen ihre Herrschaft behaupten." (Bourdieu, 1997a: 165)

Die Stabilität des Zusammenhangs von symbolischer Ordnung und sozialen Strukturen ergibt sich daraus, dass das Sinnsystem von eben denjenigen Praktiken legitimiert und bestätigt wird, die es selbst bestimmt, weil die Unterscheidung gleichzeitig sowohl in der sozialen Welt als auch in den Köpfen der einzelnen Menschen (als Prinzipien der Wahrnehmung, des Denkens und Beurteilens) präsent ist.

Symbolische Formen, so Bourdieu, wirken als *symbolische Gewalt*, die die Praxis der Individuen anleitet und die Beziehungen zwischen ihnen – z.B. das Verhältnis der Geschlechter – ordnet. Symbolische Gewalt ist dadurch gekennzeichnet, dass sie eine Herrschaft begründet, die nicht unverhohlen als Herrschaft auftritt, sondern ihre Wirkung in verklärter, verschleierter Form entfaltet. Sie ist ein „subtiler, euphemisierter, unsichtbarer Modus der Herrschaftsausübung" (Krais, 1993: 232), der in direkten sozialen Interaktionen zum Tragen kommt und gerade dadurch funktioniert, dass er nicht als Gewalt

---

zwischen eigenleiblicher Erfahrung und symbolischer Deutung" (ebd.: 308) dürfe, so List, nicht vorschnell geschlossen werden, indem kulturell durchgesetzte Bilder (z.B. die Wahrnehmung des weiblichen Körpers als bedrohlicher und zugleich verlockender Innenraum oder die Wahrnehmung des Phallus als Instrument der Unterwerfung) bemüht würden (und: wie zwingend ist eigentlich die symbolische Codierung des Geschlechtsaktes als eines Herrschaftsaktes?). Die Kategorie Geschlecht gehöre in jedem Fall – ob nun sozial oder natürlich apostrophiert – der Ordnung des Symbolischen an, und es sei daher die vordringlichste Frage, „wer die Macht hat, diese Ordnung durchzusetzen" (ebd. 308).

111 Bourdieu fasst die männliche Herrschaft als Paradigma *aller* Herrschaft (vgl. Bourdieu, 1997a: 216).

erkannt wird.[112] Dies gelingt, indem die symbolische Gewalt direkt auf den *Habitus* der Menschen rekurriert, der sich auf der Basis der sozialen Lage herausbildet und *innerliche* Dispositionen produziert, mittels derer sich Menschen in der Gesellschaft verorten. Dabei handelt es sich nicht um die Verinnerlichung erlernbarer, feststehender Regeln (wie etwa bei der Übernahme bestimmter sozialer Rollen), sondern um ein dynamisches, produktives Prinzip, das einen *praktischen Unterscheidungssinn* generiert, der beispielsweise als Wohlgefallen und Abscheu, Stolz und Scham, Gemeinschafts- und Fremdheitsgefühl leibhaftig spürbar ist. Für die Herausbildung des geschlechtsspezifischen Habitus gilt, dass er einerseits als Konzept antagonistischer Identitäten stattfindet, also Männer und Frauen in einem fortwährenden Prozess z.B. Handlungsoptionen nach einem binären Code auswählen und dabei stets die „andere" Möglichkeit des Seins aus dem Bereich ihrer eigenen Möglichkeiten ausschließen (vgl. ebd.: 218). Andererseits vollzieht sich die Einverleibung der Geschlechterordnung immer in Verzahnung mit anderen, komplexeren Formen der sozialen Differenzierung, und so lassen sich durchaus auch unterschiedliche Ausprägungen des geschlechtsspezifischen Habitus verzeichnen[113] – bei allerdings schicht- und milieuübergreifenden Gemeinsamkeiten. Die Formen der symbolischen Gewalt sind auf die Formen des Habitus abgestimmt, denn ihre Wirksamkeit entfaltet die symbolische Gewalt erst dort, wo Menschen durch die Art ihres Denken, Fühlens und Wollens für sie *empfänglich* sind. So sind z.B. die Reglements, die Frauen in ihrem Verhalten im öffentlichen Raum auferlegt werden (etwa die Erwartung eines zurückhaltenden Auftretens oder die Meidung „männlichen" Terrains wie Eckkneipen, Sportheime o.ä.) keine *äußerlich* durchgesetzten Grenzen, sondern „habituelle Konstanten" (Bourdieu, 1997a: 171), die von emotionalen Regungen begleitet sind.[114] Der Kodex dessen, was eine Person für sich als

112 Krais behauptet im Anschluss an Bourdieu, dass symbolische Gewalt zu ihrem Funktionieren darauf *angewiesen* sei, nicht als Gewalt erkannt zu werden und ihre Funktion einbüße, sobald sie als Nötigung oder Einschüchterung wahrgenommen werde (vgl. Krais, 1993: 232). Zwar gehört es zum Wesen symbolischer Gewalt, über nicht reflektierte, körperlich verankerte Dispositionen zu wirken, doch wird sie längst nicht dadurch *wirkungslos*, als Herrschaftsmechanismus aufgedeckt worden zu sein. Eben weil die Grenzen, die das Verhältnis der Menschen zueinander regulieren, in Fleisch und Blut stecken, sind sie so schwer einzureißen.

113 Am Beispiel von Männlichkeit unter anderem durchdekliniert bei Meuser, 1998; May, 1995; Zemann, 1997. Die Verschränkung von Ungleichheiten führt außerdem dazu, dass Konflikte zwischen verschiedenen Ordnungsvorstellungen im Habitus *angelegt* sind und das System von Dispositionen in sich keinesfalls widerspruchsfrei ist. So befinden sich beispielsweise Frauen einer privilegierten Schicht sozial zugleich „oben" (Schicht) und „unten" (Geschlecht) – bei jeweils variierender Relevanz der Kategorien.

114 Bourdieu scheint hier allerdings geneigt, die Relevanz *physischer* Gewalt für das Funktionieren der symbolischen Gewalt etwas zu vernachlässigen. Die von ihm zitierten Unsicherheits- und Angstgefühle, die Frauen an bestimmten Orten beschleichen und ihren Bewegungsradius im öffentlichen Raum beschränken, sind sicher nicht nur auf schräge Blicke zurückzuführen, die Frauen symbolisch in ihre inkorporierten Schranken weisen. Hinter der

angemessen, ehrenhaft, anständig oder unpassend, erniedrigend, verwerflich annimmt (beispielsweise in bezug auf Weisen des Handelns, Bewegens, Sprechens, Essens oder auch im Hinblick auf Interessen und Neigungen), bestimmt die Praxis sozialer Inklusionen und Exklusionen. Dabei ersetzen die inkorporierten Grenzen häufig *explizite* Ausschlussverfahren durch indirekte Selbstexklusion, was vor allem in Bereichen deutlich wird, in denen sich *formale* Gleichstellungen finden. Dies ist unter anderem bei der Studien- oder Berufswahl, bei der Familienorientierung oder eben dem Verhalten im öffentlichen Raum zu beobachten. Kein Gesetz verbietet Frauen den Aufenthalt in zwielichtigen Kaschemmen oder Männern die Teilnahme am Gymnastikkurs des örtlichen Turnvereins, keine offizielle Vorschrift macht aus arbeitslosen Frauen ehrbare „Hausfrauen" (und ggf. „gute Mütter"), aus nicht-erwerbstätigen Hausmännern dagegen schändliche „Versager" und „Drückeberger". Vielmehr gibt es geschlechterdifferenzierte Tabuzonen – unter anderem übersetzt in Anmaßungen und Peinlichkeiten –, deren Übertretung nicht nur die soziale Kontrolle der anderen (Angehörige des eigenen wie des gegengeschlechtlichen Aggregats) auf den Plan ruft, sondern vor allem eine Selbstsanktionierung zur Folge hat, die aus leiblichen Sensationen besteht: brennende Scham, würgender Ekel, taumelnde Unsicherheit. Die Körper werden hier zu Komplizen der „gesellschaftlichen Zensur" (Bourdieu, 1997a: 171), zum Ort, an dem sich der Zwang der symbolischen Gewalt konkret realisiert.

Sind in den Geschlechterbeziehungen auch manche Auflösungsprozesse und Lockerungen bezüglich der Rollenverteilungen zwischen Männern und Frauen zu beobachten, so steht eine *symbolische Revolution* (Bourdieu) indes noch aus. Doch nur durch einen Wandel der immateriellen Geschlechterkultur, einer Revidierung ideologischer Konzepte, nur durch eine neue Sprache, neue Interpretationen der Körper und der Sexualität, einer Verschiebung der Definitionsmacht etc. wird eine andere Ordnung der Geschlechter überhaupt denkbar.

---

symbolischen Gewalt, die Frauen dazu bringt, bestimmte Handlungsoptionen für sich selbst als nicht angemessen zu empfinden, steht doch auch ein physisches männliches Gewaltpotenzial, das – in unterschiedlichen Weisen der Erfahrung – Bestandteil sowohl der weiblichen als auch der männlichen Sozialisation ist. Die kulturell attribuierte Zweitrangigkeit des weiblichen und die der Erstrangigkeit des männlichen Geschlechts werden als soziale und subjektive Realität nicht nur symbolisch durchgesetzt, sondern auch vermittels Praktiken der Gewaltausübung, mit denen Männer sich Zugriff auf Leib und Leben von Frauen verschaffen. Bei der Ausbildung des geschlechtsspezifischen Habitus spielen geschlechterdifferenzierte Erfahrungen in der Ausübung und im Erleiden von Gewalt eine wichtige Rolle.

2.2 Ernährung und sexuelle Ideologie: eine innige Beziehung

„Die Trüffel ist kein positives Erotikon.
Bei bestimmten Gelegenheiten kann sie aber
die Frauen nachgiebiger und die Männer feuriger machen.“

(Jean Anthèlme Brillat-Savarin)

2.2.1 Analogien und symbolische Beziehungen zwischen Essen und Sexualität

Will man der symbolischen Geschlechterordnung im Kontext der Ernährung auf die Spur kommen, um zu sehen, wie die kulinarischen Repräsentationen der Geschlechterhierarchie gestaltet sind oder sich die kulturellen Bedeutungen des Geschlechts im Verbund mit alimentären Praktiken herstellen, empfiehlt es sich, den Blick zunächst auf die engen und vielfältigen Beziehungen zwischen Ernährung und Sexualität zu richten.[115]

Der Volksmund lässt keinen Zweifel daran, dass zwischen Erotischem und Kulinarischem ein enges Band besteht. In der Sprache des Essens, so scheint es, spricht sich das Begehren, besser: der Umgang mit dem Begehren, noch einmal so gut. Dass „Liebe durch den Magen geht“ wissen wir längst, und auch, dass Näschereien oder raffinierte Menüs zum üblichen Verführungsrepertoire beider Geschlechter gehören. Nur „Kostverächter“ entziehen sich dem Charme von „Leckerbissen“, die einfach „zum Anbeißen“ sind – vielleicht „knackig“ wie „junges Gemüse“ oder mit „Schinken“ ausgestattet, die so „appetitlich“ aussehen, dass vor lauter „Gier“ und „Fresslust“ „der Mund wässrig“ wird. Die Moral wird jedoch gleich mitgeliefert, wenn es heißt: „Appetit darf man sich holen, aber gegessen wird zu Hause.“ Ob dem dann ein mehrgängiges Fünf-Sterne-Spektakel, eine Fast food-Vergnügung für den kleinen Hunger zwischendurch oder die etwas phantasielose Hausmannskost folgt – auf die Doppeldeutigkeit der Kategorien ist immer Verlass. Selbst die Liebe-Hass-Ambivalenz, die das Einverleibungsgeschehen begleiten kann, wird in alimentären Bildern gefasst: Jemanden „zum Fressen gern“ zu haben, ihn „anknabbern“ oder „vernaschen“ zu wollen, bezeugt die entge-

115 Zum Zusammenhang von Ernährung, symbolischer Geschlechterordnung und sexueller Ideologie vgl. auch Setzwein, 2002.

gengebrachte Zuneigung, hat man aber eine Person so richtig „gefressen" oder etwa endgültig „satt", nimmt die Sache eine gänzlich andere Wendung.

Die in ihrer Vielfalt kaum zu überblickenden umgangssprachlichen Parallelisierungen von Ernährung und Sexualität finden sich sowohl bei der kulinarischen Umschreibung sexueller Gelüste und Aktivitäten als auch bei der Charakterisierung der begehrten Objekte und der Thematisierung erotisch besonders geschätzter Körperzonen (beispielsweise der besungene Erdbeermund, apfel- oder melonengleiche Brüste, die Pfirsichhaut, das weibliche Genital als Pflaume oder Muschel, die männlichen Eier, Nüsse, Bananen und Würstchen etc.). Sie gründen sich unter anderem auf Formähnlichkeiten, metaphorische Projektionen und Mythen.

Was Ernährung und Sexualität so eng zusammenrücken, so nahe beieinander liegen lässt, ist zum einen ihre anfängliche Einheit in der psychosexuellen Entwicklung des Menschen (orale Phase), zum anderen aber auch die körperliche Einheit der jeweils beteiligten Organe. So dient etwa der Mund nicht nur der Aneignung von Nahrung[116], die er kauend, schlürfend, lutschend dem Körper einverleibt, auch im Liebesspiel ist er eine Leibesinsel von hoher erotischer Qualität und Relevanz.[117] Er macht sich die Körper der Anderen wie eine Speise zu eigen, indem er sie mit der Zunge schmeckt, mit seinen Lippen umschließt und mit den Zähnen ergreift. Und auch die am anderen Ende des Ernährungsvorgangs stehenden analen und genitalen Areale bilden neben ihrer Ausscheidungsfunktion zentrale Orte der Lustgewinnung und sexuellen Befriedigung. In besonderer Weise sind Ernährung und sexuelles Erleben im Medium der nahrungsspendenden weiblichen Brust miteinander verbunden: Im Aufsaugen ihres warmen Milchstroms stillt das Kind nicht nur seine alimentären, sondern zur selben Zeit auch seine sexuellen Bedürfnisse. So wie beim Säugling Nahrungsaufnahme und Sexualbefriedigung zusammenfallen, so ist aber auch auf Seiten der Frau die Nahrungsspende zugleich mit einem Lustgewinn verbunden, indem die Saugbewegungen die Brüste stimulieren und somit eine sexuelle Spannung erzeugen. Doch während den Brüsten und den an ihnen gewonnenen erotischen Genüssen im Liebesspiel eine lustvolle Rolle zufallen, ist eine sexuelle Erregung der Frau beim Stillen eher verpönt. Die hierbei erlebten Lustempfindungen werden daher oftmals verdrängt und mit Scham- und Schuldgefühlen belegt.[118] Eine besondere Provokation liegt schließlich darin, die milchgebende Brust als erotisches Stimulans für das männliche Begehren herzunehmen. Dies geschieht nicht nur auf

116 Der Mund ist ein zentrales Aneignungsorgan, Essen ein Mittel der Erkenntnis. Dies zeigt sich nicht nur auf der oralen Entwicklungsstufe, sondern auch im Sündenfall oder in der Metaphorik, wenn z.B. von „geistiger Nahrung" oder „Wissensdurst" die Rede ist (vgl. Wierlacher, 1993: 5).

117 Eine dritte Funktion des Mundes ist die des Sprechens. Einen Zusammenhang zwischen Essen, Sexualität und der Lust am Sprechen zeigt Kleinspehn, 1993 auf.

118 Zu dieser Entwicklung vgl. auch Kleinspehn, 1987b: 240-252.

den Märkten der Pornographie, sondern wird auch im Prostitutionsgewerbe als ganz spezielle Dienstleistung angeboten.

Insgesamt scheint eine allzu innige Beziehung von Nahrungsgeschehen und Sexualität gesellschaftlichen Tabuierungen zu unterliegen (vgl. dazu auch Prahl/Setzwein, 1999: 153). Symbolische und metaphorische Bezüge sind erlaubt, doch gilt z.B. eine direkte Einbeziehung von Nahrungsmitteln in die sexuelle Betätigung – sei es als Fetisch, mechanisch stimulierendes Hilfsmittel oder Dekoration der nackten Haut – als nicht eben alltägliches und auch etwas anrüchiges Vergnügen, bei dem allenfalls noch die Schaulust auf ihre Kosten kommen darf.[119] Vor allem aber sind es die ausgefällten Überreste des Ernährungsprozesses, um die sich gesellschaftliche Tabus ranken, und deren Erotisierung einer als pervers bezeichneten Klientel überlassen bleibt. In ihrer Umschreibung als „Natursekt“ und „Kaviar“ verwandeln sich hier die Ausscheidungen (symbolisch, aber auch praktisch) in begehrte Kulinarien, deren „Verzehr“ so prekär ist, weil durch ihn die von den Körperöffnungen geleistete Trennung von Innen und Außen durchkreuzt wird. Was aus dem Innern des Körpers nach außen gelangt, gleichviel aus welcher Öffnung es austreten mag, ist im Normalfall von einer Rückkehr in den Körper ausgeschlossen, und schon das damit-in-Berührung-Kommen kann Ekelgefühle hervorrufen.[120] Zudem öffnen sich die zentralen Schranken, die die Grenzen des Körpers passierbar machen, „regelgerecht“ nur in jeweils eine Richtung: Der Mund lässt hinein, der Anus lässt hinaus.[121] Eine Ausnahme von dieser Regel bildet die Vagina, die (am Ernährungsprozess allerdings unbeteiligt) gleichermaßen aufnehmend wie auswerfend wirken kann.[122]

---

119 Die Dekoration der nackten Haut mit Nahrung ist allerdings ein beliebtes Motiv in künstlerischen Kontexten. Mittlerweile wird das sogenannte *Body-Food* aber auch als professionelle (jedoch kaum alltäglich-gewöhnliche) Dienstleistung angeboten. Unbekleidete Damen und Herren fungieren dabei unter Einsatz ihrer Rücken und Bäuche als „Unterlage“ für ein Buffet nach Wahl.

120 Sehr schön beschreibt Jean Paul in „Dr. Katzenbergers Badereise“ jenen Ekel, der sich nur bei dem Gedanken, etwas zu verzehren, das den Körper verlassen hat, einstellt: „Wein, Bier, Likör, Brühe, kurz nichts ist uns so rein, so einheimisch und zugeartet und bleibt so gern tagelang (was nichts Fremdes kann) in unserem Munde als etwas, wovon der Besitzer, wenn es heraus wäre, keine halbe Teetasse trinken könnte – Speichel.“ (Paul, 1987: 277f.)

121 Möglicherweise sind orale Sexualpraktiken deshalb weniger deutlich aus dem Kanon sozial akzeptierter Sexualität ausgeschlossen als anale, weil das aufnehmende Prinzip des Mundes dabei gewahrt bleibt. Die anale Penetration kehrt dagegen die Richtung der üblichen Grenzüberschreitung um, indem sie aus einem ausscheidenden ein aufnehmendes Organ macht. Tendenziell prekär bleiben aber *beide* Formen des sexuellen Verkehrs – nicht zuletzt, weil sie der (in vielen Gesellschaften verbreiteten) Zurichtung von Sexualität auf Fortpflanzung zuwiderlaufen. Ihre Ablehnung wird dann allerdings medizinisch rationalisiert mit hygienischen Bedenken und Krankheitsrisiken begründet.

122 Zwar gilt auch für den Mund, dass er etwas aus dem Körperinnern nach außen treten lassen kann: z.B. Speichel oder den Inhalt des Magens, aber dies ist nicht seine vorrangige und als „normal“ betrachtete Funktion. Im Gegenteil werden Ausscheidungen aus dem Mund (Erbrechen, Sabbern, Auswurf) häufig als Indizien einer Erkrankung gewertet, oder sie

Es besteht eine bis auf die Antike zurückreichende Tradition darin, zwischen den zentralen Körperöffnungen sowie zwischen den alimentären und sexuellen Vorgängen Entsprechungsverhältnisse zu formulieren. Das gilt beispielsweise für die verbreiteten Analogien von Magen und Uterus oder von Mund und weiblichem Genital, wo die Funktionen und Eigenheiten des einen Parts auf den anderen übertragen werden. Daraus ergeben sich dann Vorstellungen, in denen z.B. der Geburtsvorgang als Defäkation erscheint (und umgekehrt das Absetzen von Kot in der analen Phase als schöpferischer, produktiver Akt interpretiert wird). Aus der Gleichsetzung von Mund und Vulva/Vagina leiten sich hochgradig angstbesetzte Phantasien ab, die aus dem Geschlechtsakt eine kannibalistische Aggression und unter bestimmten Umständen aus dem Essen (oder Küssen!) eine orale Empfängnis werden lassen (vgl. Kap. 2.3.2).

Die Körperöffnungen, die das Zusammenspiel von Innen und Außen, von Vereinigen und Trennen, Einschluss und Ausschluss regulieren, bergen in ihrer Funktion, die Grenzen des Körpers zu wahren und – um der (individuellen wie kollektiven) Reproduktion willen – gleichzeitig durchlässig zu machen, ein hohes Verletzlichkeitspotenzial. Ernährung und Sexualität sind daher Lebensphänomene, die in sehr hohem Maße gesellschaftlichen Reglements und Disziplinierungen unterstellt sind.

Ernährung und Sexualität sind zwei Bereiche, die sich so gut zusammen denken lassen, dass es fast schwierig wird, ihre Unterschiedlichkeit herauszustreichen. Doch sicher gilt: Die Stillung von Hunger und Durst ist unvermeidlicher und zeitlich weniger aufschiebbar als die Befriedigung sexueller Lust. Ein leerer Magen lässt sich nur durch die Zufuhr von Nahrung füllen, Sexualität dagegen ist sublimierbar, kann verdrängt und durch Ersatzhandlungen kompensiert werden. Versuchte man, das Essen und Trinken dauerhaft durch Befriedigungen anderer Art zu ersetzen, nähme dies einen tödlichen Ausgang – einer sublimierten oder substituierten Sexualität jedoch lässt sich sogar nachsagen, Urheberin besonderer kultureller Höchstleistungen zu werden. Trotz der kulturschöpfenden Kraft ihrer Sublimierung ist die Sexualität für die Erhaltung der Gattung aber ebenso unverzichtbar wie die Nahrung für den Einzelnen. Und auch darin sind Essakt und Zeugungsakt bei aller (strukturellen) Ähnlichkeit – im ersten reproduziert sich das Individuum, im zweiten die Menschheit – unterschieden: Was jemand verzehrt, kann kein Zweiter essen, das Assimilieren der Nahrung ist ein individuelles Geschäft, wohingegen die Zeugung neuen Lebens (zumindest traditionellerweise) der Beteili-

---

fungieren – wie im Fall des gezielten Ausspuckens – als Geste der Verachtung. Ausnahmen bilden das Atmen und das Sprechen, wobei eine verstärkte Atmung durch den Mund (Keuchen, Hecheln) ebenfalls besonderen Umständen, beispielsweise starker körperlicher Anstrengung oder Krankheit, vorbehalten bleibt. Auch welche im Innern gefassten Gedanken durch den Mund nach außen gelangen, unterliegt zumeist strenger Kontrolle.

gung zweier Personen bedarf. So wie sich aber Sexualität und Fortpflanzung entkoppeln lassen, sei es durch die „unfruchtbaren Lüste" bestimmter Sexualpraktiken, durch sexuelle Ein-Personen-Szenarien oder Techniken der Schwangerschaftsverhütung, so lässt sich vergleichbar die Esslust nur schwerlich von ihren reproduktiven Funktionen trennen.[123] Am ehesten könnte man dies wohl für den Fall abweichenden Essverhaltens behaupten, etwa wenn die in einer bulimischen Heißhungerattacke aufgenommene Nahrung durch selbstinduziertes Erbrechen der Verstoffwechselung, also der Verschmelzung mit dem Körper, entzogen wird.

Trotz der berechtigten Parallelen, die der Volksmund zwischen erotischem und kulinarischem Erleben zeichnet, gibt es aber noch einen weiteren nicht zu unterschlagenden Unterschied zwischen beiden: den *Orgasmus*. Roland Barthes hält in seinen Bemerkungen zum Werk Brillat-Savarins fest, dass dem Essen jener Rhythmus von Erregung und Entspannung fehle, der für die sexuelle Aktivität charakteristisch sei (Barthes, 1999: 42). Barthes mag bei Tisch keine Leidenschaft, keine ansteigende Lust verzeichnen, die sich in einem Höhepunkt entlüde und hernach erneut entflammte. Von ekstatischen Zuständen ebenso weit entfernt wie von aggressiven Impulsen, laufe das Speisen vielmehr auf eine allmähliche, stetig voranschreitende Sättigung hinaus. Und einmal sattgegessen, liege der Appetit für eine ganze Weile danieder. Zwar ist Barthes unumwunden darin zuzustimmen, dass sich Sättigung und Orgasmus in ihrer Erlebnisqualität deutlich voneinander unterscheiden, doch ist auf der anderen Seite wohl nicht ganz zutreffend, dass der Genuss beim Essen sich zwangsläufig in quasi erregungsloser Gleichförmigkeit ergeht.

Steigerungen der Lust sind möglich, auch beim Essen: Da ist der betörende Duft aus der Küche, der einem das Wasser im Munde zusammenfließen lässt und eine Vorlust weckt, die beim Anblick der angerichteten Speisen in Gier und Entzücken gleichermaßen umschlagen mag. Dann folgen Aperitif und erster Gang, die einen ersten Geschmack auf die Zunge zaubern, kurz und leicht und nur dazu gedacht, die Spannung steigen zu lassen. Wie ein Versprechen auf Erfüllung verwöhnen alsbald ein zweiter oder dritter Gang den Gaumen, deren Raffinesse die Erwartungen an das Hauptgericht in die Höhe treibt, und mit jedem weiteren Bissen wird schließlich immer stärker der wachsende Genuss auch an den Körpern der Essenden sichtbar – als „Leuchten", wie Brillat-Savarin trefflich beobachtet, ein Eindruck, der durch „glänzende Augen" und „blühende Lippen" (Brillat-Savarin, 1979: 86), ein „belebtes Kolorit" und „sanfte Wärme", die alle Glieder durchströmt (ebd.:

123 Das soll freilich nicht heißen, dass Menschen nur um ihrer Reproduktion willen äßen, was eine haarsträubend falsche Behauptung wäre. Vielmehr liegt der angesprochene Unterschied darin, dass die Befriedigung sexueller Begierde unter bestimmten Voraussetzungen in ihrer reproduktiven Funktion „folgenlos" bleibt, die Stillung der Esslust aber nie, weil das Gegessene in die Substanz des Körpers übergeht.

119), hervorgerufen wird. Die erhitzten Körper sinken zum Ende des Mahls gesättigt, zufrieden und auch ein wenig erschöpft in ihre Sitzgelegenheiten zurück und lassen sich nur noch ein pikantes oder süßes Ausklingen der Tafelfreuden gefallen.[124] Im antiken Rom war (in privilegierten Kreisen und in Zeiten des Überflusses) freilich selbst dann noch lange nicht Schluss. Wenn die Mägen gefüllt waren, verschaffte das *Vomitorium* wieder Platz für weitere Speisen und verlängerte den sinnlichen Genuss, indem es dem Appetit erneut auf die Sprünge half.

Sicher ist es kein Zufall, dass gerade Essen und Trinken immer wieder als kompensatorischer Ersatz für eine fehlende sexuelle Erfüllung (oder auch mangelnde liebevolle Zuwendung) in Anschlag gebracht werden. Dann ist vom „Kummerspeck" der Einsamen die Rede oder vom Seelentrost durch Süßes, wenn die Liebe Kummer macht. Wo die Gelegenheiten für einen erotischen Austausch abnehmen (z.B. im Alter), die sexuelle Aktivität durch Funktionsstörungen eingeschränkt ist (Impotenz) oder das Begehren der Strenge des Geistes unterworfen wird (Zölibat), gewinnt die Lust am Essen an Bedeutung.[125] Besonders deutlich äußert sich dieser Zusammenhang wohl in der Umschreibung des Essens als „Sex des Alters". Essen und Trinken verschaffen angenehme körperliche Sensationen, sie besitzen sinnliche Qualitäten der Lust, des Genießens und des Wohlseins, die sie – neben der ursprünglichen ontogenetischen Einheit von Sexualbefriedigung und Nahrungsaufnahme – für eine Konversion von Sexualwünschen prädestinieren.[126] Wenn aber Sexualwünsche in Esswünsche konvertiert werden können, dann liegt es nahe, umgekehrt Probleme mit dem Essen als Ausdruck einer sexuellen Problematik zu deuten. Völlerei und Dauerfasten werden so zu Chiffren eines tieferliegenden Mangels, einer Verletzung der körperlichen Integrität, der Abwehr eigener sexueller Bedürfnisse oder fremddefinierter Ansprüche etc. In dieser Perspektive lassen sich viele mit der Ernährung verbundene Tätigkeiten, Vorstellungen, Ängste etc. auf Übertragungen aus dem sexuellen Bereich herunterbrechen. So kann beispielsweise der *Futterneid* nicht nur mit

---

124 Man mag vielleicht einwenden, diese Beschreibung sei nicht sehr alltagstauglich und hätte z.B. mit dem täglich genossenen Mittagstisch in Kantine, Mensa oder Schnellimbiss ebenso viel gemeinsam wie der *loup de mer* mit dem Rollmops, doch gilt gleichfalls für den Sex, dass es solchen und solchen gibt.

125 In der religiösen Askese gehen allerdings der Verzicht auf erotische und der Verzicht auf kulinarische Genüsse häufig Hand in Hand, um die Rückbindung der Ordensleute an ihre Körper zu verhindern. Da Essen und Trinken im Gegensatz zur sexuellen Aktivität nicht mit einem allgemeinen Verbot belegt werden können, ist die klösterliche Küche darauf ausgerichtet, sie zumindest ihrer lustvollen Komponenten zu berauben (vgl. hierzu Kleber, 1994). Auf der anderen Seite gibt es aber auch zahlreiche historische Beispiele dafür, dass gerade auch die Klöster Hochburgen der Schlemmerei und Völlerei waren.

126 Die Konvertierbarkeit von Sexualwünschen in Esswünsche ist nicht ohne weiteres umkehrbar, aber wenn im Alter das Essen den Sex ersetzen soll, dann kann vielleicht zum Privileg der Jugend erklärt werden, das Essen durch Sex zu ersetzen und sich (zumindest temporär) nur von „Luft und Liebe" zu ernähren.

dem Neid im Gefüge der sozialen Ungleichheit in Zusammenhang gebracht werden, wie Klotter anschaulich vor Augen führt (vgl. Klotter, 1993: 67-78), sondern auch als Ausdruck eines nicht eingestandenen sexuellen Unbehagens gelesen werden. Im (heimlichen) Beneiden derer, die ihrer Esslust ungezügelt freien Lauf lassen, die sich in ihrem Genuss nicht mäßigen, sich keine spontane Fast food-Befriedigung versagen und hemmungslos auch jene Speisen verzehren, die sie nicht kennen – und dies alles womöglich auch noch ohne negative Folgen wie Gewichtszunahme oder Gewissensbisse –, spiegelt sich der Neid auf eine vermeintlich weniger zugerichtete, weniger der Disziplin unterworfene Sexualität wider. Auch in der Neigung zum kulinarischen Exotismus zeigt sich die sexuelle Dimension des Futterneids, wenn im Lichte (eher: im Dunkel) ethnischer Vorurteile der Verzehr exotischer Speisen mit der Vorstellung verbunden wird, die Fremden hätten die „konstitutionelle Unbefriedbarkeit des Begehrens"[127] (Rath, 1993:73) überwunden. So geht es beim Futterneid/Sexualneid weniger um die Angst, dass die anderen etwas wegnähmen, als vielmehr um „die Phantasie, daß die anderen auf eine uns unzugängliche Weise tatsächlich Befriedigung am Objekt des Begehrens fänden" (ebd.).

Kulinarische Akte, Verzehrssituationen, Essstile oder auch Nahrungsmittel lassen sich also im Kontext einer symbolischen Vergegenwärtigung sexueller Zusammenhänge interpretieren. Eine solche Sichtweise wird vornehmlich durch psychoanalytisch orientierte Erklärungsmodelle unterstützt, welche die vielfältigen Aspekte des Nahrungsgeschehens vor allem unter dem Fokus ihrer Bedeutung für die menschliche Triebbefriedigung bearbeiten – und damit die Annahme voraussetzen, dass im Verhältnis der Triebe zueinander der Sexualtrieb gegenüber dem Nahrungstrieb dominant ist.[128] Der Blick auf die Ernährung wird stets vom Aussichtspunkt der Sexualität her unternommen, während der Nahrungstrieb selbst weniger Beachtung findet. Dass dies eine zwar gemeinhin akzeptierte, jedoch keineswegs zwingende Prioritätensetzung ist, zeigt die Schweizer Medizinhistorikerin und Psychotherapeutin Esther Fischer-Homberger, die das Essen und Trinken, Verdauen und Ausscheiden in der Entwicklung der Freudschen Theorie buchstäblich unter den Tisch fallen sieht, nachdem diesem Bereich traditionell eine hohe Aufmerksamkeit entgegengebracht worden war (vgl. Fischer-Homberger, 1997).

So ging man in der Antike mit der Humoralpathologie, die Gesundheit als einen Gleichgewichtszustand zwischen den vier Körpersäften (Schleim, Blut, Galle, schwarze Galle) beschreibt, davon aus, dass dem Nahrungsge-

127 Damit ist gemeint, dass der Verlust der Mutterbrust angeblich nie überwunden wird.

128 Rath spricht von einem „logischen Primat" der Sexualität bei der Subjektkonstitution, räumt dem Hunger aber ein „zeitliches Primat" (Rath, 1993: 155) ein und reagiert damit auf die an der Freudschen Lehre geübten Kritik, dass in dieser die Libido und nicht der Nahrungstrieb zum Haupttrieb bestimmt ist.

schehen bei der Entstehung körperlicher und seelischer Leiden eine ganz entscheidende Rolle zufällt. In diesem Denkmodell ist es der Verdauungskanal, der die „zentrale Achse der Psychophysiologie“ (ebd.: 20) markiert, und die Vorstellungen über körperliche Abläufe des Stoffwechsels orientierten sich sehr eng an den Vorgängen der Nahrungszubereitung in der Küche: Die aufgenommenen Speisen und Trünke würden, so die herrschende Lehre, im Körper wie in einem Ofen der „Kochung“, „Gärung“ und „Gerinnung“ unterzogen, um direkt in Blut und Nervensaft, Samen und Geist umgewandelt zu werden (vgl. ebd.). Störungen der körperlichen und geistig-seelischen Verfassung wurden entsprechend häufig auf Fehler in der Auswahl und Zusammensetzung der Nahrung zurückgeführt oder einer nicht einwandfrei funktionierenden Verdauung angelastet.[129] Essstörungen galten demnach als Urheber einer Vielzahl von Krankheiten und Beschwerden, darunter auch solche, die das Geschlechtsleben betrafen, und jene, die nach heutiger Lesart als neurotische oder psychosomatische Erscheinungen gelten können.

Nachdem sich in der späteren Neuzeit organizistische Auffassungen gegenüber der Säftelehre und iatrochemischen Vorstellungen[130] durchgesetzt hatten, fand eine ganz entscheidende Grenzziehung im medizinischen Diskurs statt, welche die spätere Heraufkunft der psychoanalytischen Lehre mitbegründen sollte: die Trennung von organischen und psychischen Leiden. Im Einklang mit der mechanistischen, kartesianisch geprägten Körperauffassung wurden im 17. Jahrhundert Zusammenhänge zwischen der Morphologie des Körpers, seinem „Bauplan“ und dem Auftreten von Krankheiten entdeckt. Seit dem späten 18. Jahrhundert galt nicht mehr der *ganze* Mensch (bzw. sein ganzer Körper) als „krank“, wenn ein Leiden ihn plagte, sondern man lokalisierte Krankheiten nun in den einzelnen Organen, über deren Aufbau und Funktionsweise viel Wissen angesammelt worden war. Während zunächst noch die Ursachen für körperliche und psychische Störungen gleichermaßen in Fehlfunktionen der Organe vermutet wurden, begann man ab der Mitte des 19. Jahrhunderts weiter zu differenzieren, denn mit dem Aufkommen der Zellularpathologie, einem noch heute in der Schulmedizin verbreiteten Paradigma, erschienen nun nicht mehr ganze Organe als Krankheitsauslöser, sondern einzelne Zellen. Indem aber pathogene Mikroorganismen, mechanisch bedingte Funktionseinschränkungen o.ä. als Ursache von Erkrankungen identifiziert werden konnten, schieden Störungen, für die keine

129 Freilich umfasste die antike Diätetik nicht allein Regeln des richtigen Essens und Trinkens, sondern brachte mit dem Ziel einer der Gesundheit zuträglichen Lebensführung alle zentralen Bereiche der menschlichen Existenz, wie beispielsweise auch die Rhythmen von Wachen und Schlafen, von sexueller Aktivität und Enthaltsamkeit, in eine Gesamtschau. Einen kurzen Überblick über die Entwicklung diätetischer Konzepte seit der Antike gibt von Engelhardt, 1993.

130 Die Iatrochemie wurde unter anderem von Paracelsus vertreten und begriff Krankheit als einen Zustand chemischer Veränderungen im Körper, die mit gezielt verabreichten chemischen Substanzen aufgehoben werden sollten.

entsprechenden „organischen“ Nachweise erbracht werden konnten, aus dem Kanon somatisch begründbarer Leiden aus. Damit jedoch gab es neuen Erklärungsbedarf für die nun unerklärlich gewordenen Phänomene wie Melancholie, Hypochondrie und andere „nervöse“ Störungen, die in der Antike noch mit Diätfehlern oder Verdauungsproblemen begründet worden waren.

Zu diesem Zeitpunkt betreten (neuro-)psychologische Theorien die Bühne medizinischer Diskurse, die zunächst noch versuchen, organisch nicht greifbare Störungen, z.B. Unfallneurosen oder Schocks, durch „Infizierungen“ mit Ideen zu erklären (z.B. Charcot). In Analogie zu den Erkenntnissen aus der Bakteriologie vermutete man, die krankheitsauslösenden Ideen bahnten sich ihren Weg in die Hirne der Betroffenen, setzten sich dort fest und riefen dadurch manifeste Beschwerden wie beispielsweise Lähmungen hervor. Ein Paradigmenwechsel erfolgte schließlich mit den Arbeiten Freuds, der die „Nervenleiden“ vor den Hintergrund sexueller Zusammenhänge stellte. Damit verschwanden die traditionell mit der Ernährung in Zusammenhang gebrachten Störungen zunehmend aus dem Rampenlicht der wissenschaftlichen Aufmerksamkeit, in das nun die Libido als Haupttrieb der menschlichen Entwicklung eingetaucht war. Und konnten vormals Essstörungen als Ursache von Sexualproblemen angesehen werden, so finden sich Ernährung und Sexualität fortan in das vertraute, umgekehrte Verhältnis gebracht, das ein gestörtes Essverhalten auf einer sexuellen Problemlage beruhen lässt.[131]

> „Ganz systematisch deutet Freud die Ess-Störung als Symptom, als Hinweis auf eine andere, eigentliche, ursächliche Störung. Wie er auch in seiner späten geschaffenen Sexualtheorie das erste, orale, und das zweite, anale, Entwicklungsstadium zwar nach Anfang und Ende des Magen-Darmtrakts benennt, schliesslich aber unter dem Primat der reifen Genitalität lediglich als ‚prägenitale‘ Teil- und Vorstadien des Eigentlichen erscheinen lässt. Das von Lust begleitete Essen wird damit Ausdruck der Befriedigung eines sexuellen Partialtriebs mit beschränkter Eigenwürde und verhält sich zur Genitalität wie die gefrässige Raupe zum Schmetterling.“ (ebd.: 29)

Die Folie, auf der die symbolischen Beziehungen von Ernährung und Sexualität untersucht werden, ist zumeist (explizit oder implizit) von diesen Vorstellungen geprägt: Sexuelle Phänomene – Wünsche, Phantasien, Ängste, Traumata – werden aus kulinarischen Kategorien – Begriffe, Bilder, Essverhalten – quasi rückübersetzt.

Die Vermischung von sexuellen und kulinarischen Kategorien, wie sie umgangssprachlich üblich ist, kann darüber hinaus aber auch als eine Folge zivilisatorischer Prozesse angesehen werden. Zwar sind Analogien von Er-

131 Diese Entwicklung ist auch im Zusammenhang eines allmählichen Wandels in der Vorstellung des Körper-Seele-Verhältnisses zu sehen, der sich für das 18. Jahrhundert feststellen lässt. Plakativ formuliert beziehen sich die Veränderungen vor allem darauf, dass nicht mehr der Körper die Seele beeinflusst (z.B. die Aufnahme bestimmter Nahrungsmittel melancholisch oder aggressiv macht), sondern die Seele sich im Medium des Körpers Ausdruck verschafft (vgl. Kleinspehn, 1987b: 356).

nährung und Sexualität und auch die theoretische wie praktische Zusammenführung beider Lebensbereiche (z.B. in der Diätetik oder in der Orgie) keineswegs neuzeitliche oder gar moderne Erscheinungen, doch gewinnt ihre Liaison im Verlauf der Zivilisation eine neue Gestalt. Für das 17. Jahrhundert ist zu beobachten, dass ein zunehmend sexualisiertes Vokabular die Rede über das Essen bestimmt und die Ernährung selbst sexualisiert wird (vgl. Kleinspehn, 1987b: 153-198). Während zuvor beide Bereiche zwar aufeinander bezogen, aber doch voneinander getrennt gedacht wurden – etwa in dem Sinne, dass bestimmte Speisen erotische Gelüste zu wecken vermögen –, lösten sich nun die Grenzen auf, verschwammen Bilder ineinander, wurden Bezeichnungen zweideutig. Diese Entwicklung führt Thomas Kleinspehn darauf zurück, dass es im Zuge einer wachsenden verinnerlichten Selbstkontrolle der Menschen gegenüber früheren Zeiten weniger wichtig geworden war, den kulinarischen Diskurs auf das Verhalten bei Tisch zu konzentrieren. Die Tischsitten und die Rücksichtnahme auf die anderen Mitglieder der Tischgemeinschaft blieben nicht mehr alleiniger Gegenstand der Überlegungen, statt dessen richtete sich der Fokus nun auf das einzelne Individuum in seiner Körperlichkeit. Das Fehlverhalten, das der (essende) Mensch seinem Körper gegenüber an den Tag legen konnte, wurde zum Thema medizinischer und moralischer Schriften, und mit dieser Intimisierung

> „beginnen sich die Beschreibungen vielfältiger körperlicher Vorgänge in ihrer Diktion und ihrer Zielsetzung einander anzugleichen, wobei viele Begriffe neue Bedeutungsvarianten erhalten und dabei vor allem doppeldeutig werden." (ebd.: 171)

Anhand zahlreicher Beispiele aus der Literatur des Barock zeigt Kleinspehn auf, wie der Geschlechtsakt immer häufiger als Mahlzeit, die erotisch zentralen Körperteile als Nahrungsmittel und Sexualängste als orale Aggression umschrieben werden. Parallel dazu verzeichnet er die Tendenz zu einer Sexualisierung der Körper, vor allem der weiblichen, die sich ebenso wie die Sexualisierung des Essens im Verbund mit Mechanismen der Ästhetisierung vollzieht und mit dem Vorrücken von Scham- und Peinlichkeitsschwellen im Zusammenhang steht. Als Folge des Zivilisierungsprozesses habe sich die Einstellung der Menschen zur Sexualität gewandelt. Zwar sei die Sexualität bis zum 16. Jahrhundert (wie auch danach noch) kirchlichen Restriktionen unterworfen gewesen, doch waren bis zu dieser Zeit Nacktheit und das Reden über Sexualität noch kaum verpönt, lagen die Schamgrenzen weitaus niedriger als dies für spätere Epochen zu konstatieren ist.[132] Erst mit der zunehmend ins Innere der Menschen verlagerten, nunmehr selbstauferlegten Kontrolle sowie der gestiegenen Reizempfindlichkeit gerät die Sexualität in den Bereich des Peinlichen. Wurden in den humanistischen Schriften der Renaissance sexuelle Tatbestände zunächst noch offen ausgesprochen und lediglich durch den Zusatz von moralischen Regeln in ihrem Lustgehalt relativiert,

---

132 Zu einer Kritik dieser auf Elias rekurrierenden These vgl. Duerr, 1988.

wird gegen Ende des 16. Jahrhunderts das Bestreben erkennbar, sich nicht nur vermittels des erhobenen Zeigefingers der Moral, sondern durch allegorische oder medizinisch-physiologische Beschreibungen vom erotischen Gegenstand des Textes zu distanzieren. Wo sich in der mittelalterlichen Literatur noch „das Fleisch rührt", werden hundert Jahre später nur noch die „ersten Früchte der Liebe gepflückt" und die „Destillierblase" des Liebhabers durch Kraftsuppen „besser in Tätigkeit" gesetzt (zit. nach Kleinspehn, 1987b: 172f.). Durch die Verwendung von Bildern, vorzugsweise aus der Anatomie und der Ernährung, werden die mit (peinlicher) Körperlichkeit befassten Thematiken nur noch angedeutet und die Kommunikationsebene in das Reich des Imaginären überstellt. Dies wirkt entlastend und angstmindernd, setzt aber voraus, dass das Gemeinte kollektiv erschlossen werden kann, die verwendeten Codes also eine allgemein verständliche Bedeutung erlangen.

Gleichzeitig hat die Distanzierung von den Körpern ihre Sexualisierung zur Folge. Mit dem wachsenden Schamgefühl und der erhöhten Empfindlichkeit gegenüber den Körpern der Anderen werden immer häufiger Körperteile tabuiert – und vormals neutralen oder vieldeutigen Arealen, wie beispielsweise dem Mund, nun eine überwiegend sexuelle Bedeutung zugedacht (ebd.: 174).[133] Der von Kleinspehn zum Beleg zitierte van Ussel beschreibt diesen Vorgang, mit dem sich auch die Vermischung kulinarischer und erotischer Metaphorik erklären lässt, folgendermaßen:

> „[D]ie Randgebiete des Sexuellen [wurden] semantisch immer weiter sexualisiert durch die Verwendung von Ausdrücken, die symbolisch oder analogisch gebraucht wurden. Andererseits entstand im Zentrum eine größere Lücke infolge der genitofugalen semantischen Expansion vom Kern aus. Dieser Kern wurde Gegenstand einer semantischen Anziehung in der Gestalt sexualverdeckender Worte. Die psychisch-primäre Sexualität wurde so mit symbolischen Worten verschleiert, und die nichtsexuelle Peripherie wurde sexualisiert mit Worten, die ihre ursprüngliche Bedeutung verloren." (zit. nach Kleinspehn, 1987: 175)

Parallel zu seiner Sexualisierung findet eine Ästhetisierung des Essens statt. Im Gegensatz zu aus dem Mittelalter stammenden Kochbüchern sind die barocken Anleitungen in der *Kunst* des Zubereitens und Anrichtens von Speisen in hohem Maße von der Vorstellung geprägt, dass die Mahlzeiten nicht nur den Gaumen, sondern auch Augen und Gemüt der Menschen zu erfreuen hätten. Indem sie ihre Nahrung nach Maßgabe des *Schönen* gestalten ließen, konnten die Angehörigen privilegierter Schichten ihre *Kultiviertheit* zum Ausdruck bringen. Raffinierte Kreationen und aufwändige Dekorationen wurden den Wohlhabenden zu Zeugen ihres guten Geschmacks und ihrer

---

133 Es ist in erster Linie der weibliche Körper, der dem Prozess der Sexualisierung unterliegt. Kleinspehn erklärt dies mit dem Wechsel vom Allianz- zum Sexualitätsdispositiv (Foucault), in dessen Folge die körperliche *Schönheit* von Frauen zu einem eigenständigen Wert avanciert. Die sexuelle Codierung des weiblichen Körpers verläuft dabei parallel zum Ausschluss von Frauen aus gesellschaftlichen Funktionen (vgl. Kleinspehn, 1987b: 359).

Fähigkeit des Genießens. Damit gelang nicht nur eine Abgrenzung gegenüber der Tierwelt und jenen Mitmenschen, denen die geschätzten geschmacklichen Kompetenzen versagt blieben, weil ihr Speiseplan von Notwendigkeiten diktiert wurde. Der voranschreitende Ausschluss alles „Animalischen" aus dem Prozess des Genießens führte auch dazu, dass die tierische Herkunft der Speisen – die erschlagenen Kälber, abgestochenen Schweine, erdrosselten Tauben etc. – immer stärker kaschiert wurde. Wenn überhaupt noch ganze Tiere auf den Tisch kamen, dann in hochverzierten, nach ästhetischen Kategorien abgestimmten Arrangements, die das aggressive Moment der Nahrungsaufnahme verdeckten.[134]

Die Ästhetisierung des Essens distanziert die Menschen ebenso wie die Ästhetisierung der Körper von ihrer Animalität, von einer „niederen" Natur, die „dunklen" Trieben und unkontrollierten Affekten folgt. Sexualität und Ernährung, die zwei Lebensbereiche, welche die Menschen wie kaum ein anderer auf ihre Körperlichkeit zurückwerfen, werden durch ihre Ästhetisierung vom gleichermaßen bedrohlichen wie beschämenden Unkultivierten bereinigt und gezähmt. Die Ausrichtung der (kulinarischen und erotischen) Sinnlichkeit auf ästhetische Normen impliziert aber nicht nur eine Abwehr unerwünschter Aspekte: Schönheit und gefällige Darbietung locken ebenso an und provozieren zur Lust am Objekt. In der Distanzierung liegt somit zugleich eine Form der Annäherung, ein Mittel der Aneignung, das das Begehren kanalisiert. Das Vergnügen an der Schönheit bedeutet aber auch eine Verlagerung der Sinnesfreuden ins Visuelle. In der Hierarchie der Sinne (vgl. Mattenklott, 1982; Serres, 1998) sind es die *Fernsinne*, also Gesicht und Gehör, die den *Nahsinnen* – Geschmack[135], Gespür, Geruch[136] – übergeordnet sind und denen daher eine erhöhte Aufmerksamkeit zukommt. An der Erfassung des Schönen lassen sich zwar prinzipiell alle Sinne und auch das abstrakte Denken beteiligen, doch sind in einer Kultur, die das Auge zum zentralen Sinnesorgan erklärt, die visuellen Reize von besonderer Bedeutung. Sowohl in der Erotik als auch in der Kulinarik sind Inszenierungen, die der Lust am Schauen huldigen, wichtige und weit verbreitete Elemente des Genießens. Während aber beim Essen das Auge letztlich doch nur „*mit* isst", besitzt das

134 Zum Prozess der Pazifizierung des Essens im Verlauf der Zivilisierung (z.B. durch die Trennung der Nahrung vom Akt des Tötens) vgl. Elias, 1993, insbesondere 157-173.

135 Der „Geschmack", der als Kategorie des Urteilens auf nahezu alles – Kleidung, Möbel, Kunst, Musik etc. – angewendet wird, leitet sich in seiner Bezeichnung von den leiblichen Erfahrungen des Mundes und der Zunge her, die als Vorbild für andere geschmackliche Erfahrungen dienen. Zur *Vergeistigung des Geschmacks*, insbesondere in der literarischen und moralischen Geschmacksdebatte des 18. Jahrhunderts vgl. Kleinspehn, 1987b: 158ff.

136 Das Riechen nimmt in der Rangordnung eher eine mittlere Position ein und wird nicht durchgängig den „niedrigeren" Sinnen zugeschlagen. Auch in der Differenzierung nach Fern- und Nahsinnen liegt der Geruch in mittlerer Distanz. Zur Kulturgeschichte des Geruchs vgl. Corbin, 1984.

Visuelle im sexuellen Kontext eine eigenständigere Qualität: als Voyeurismus, der in Peep- Shows oder durch Erzeugnisse der pornographischen Industrie bedient wird. Kulinarische und erotische „Hingucker" ähneln sich zwar in ihrer Funktion, den Appetit anzuregen, doch sind ansprechend ausstaffierte Kochduelle im TV nicht mit Sexfilmen, Darstellungen von Tafelfreuden nicht mit einem Striptease und die Hochglanzfotos raffiniert aufgemachter Kochbücher nur schwerlich mit pornographischen Darstellungen vergleichbar. Und: Niemand käme wohl auf die Idee, in einem Restaurant allein für das Anschauen ästhetisch aufbereiteter Speisen sein Portemonnaie zu ziehen oder sich damit zufrieden zu geben, andere beim Essen beobachten und belauschen zu dürfen.

Eine besonders pointierte Zusammenführung von visuell präsentierter Kulinarik und Erotik findet sich in der Gattung des *erotischen Kochbuchs.* Dabei handelt es sich zumeist um kleine Rezeptsammlungen aphrodisierender Gerichte, die im Rahmen erotischer Bilder und Texte präsentiert werden und neben der Anleitung zum Kochen auch Anleitungen zur Verführung enthalten können.[137] Hier transportieren – wie auch in der Literatur und bildenden Kunst – symbolisch aufgeladene Nahrungsmittel (Spargel, Austern, Äpfel, Hähnchenschenkel etc.) sexuelle Botschaften oder werden die sinnlichen Erfahrungen des Speisens mit erotischer Sinnlichkeit (analogisch und bildlich) verschmolzen. Erotische und kulinarische Reizwirkungen verbünden sich dabei, indem einerseits das Essen in seiner Zusammensetzung, ästhetischen Darbietung und atmosphärischen Inszenierung zum sexuellen Stimulans wird, und andererseits die erotischen Zusammenhänge wie Aktbilder und Anekdoten, welche die Kochrezepte einrahmen, die Lust auf die vorgestellten Speisen steigern.[138]

Die symbolischen Verweisungen zwischen Ernährung und Sexualität zeigen eine Vermischung der beiden Bereiche, beruhen aber ihrem Charakter nach im wesentlichen darauf, dass sexuelle Zusammenhänge im kulinarischen Feld zum Ausdruck gebracht werden können: Einzelne Nahrungsmittel besitzen sexualsymbolische Bedeutung[139], sei es aufgrund äußerer Ähnlichkeit

---

137 Eine eigene Rubrik für erotische Kochbücher hält z.B. die Kölner Buchhandlung *Buch-Gourmet* bereit. Im aktuellen Repertoire befinden sich zahlreiche Titel von *Food as Foreplay* („Jedes Rezept wurde dreifach getestet: 2X in der Küche und 1X im Schlafzimmer") über *Pasta für zwei* („Ich mach's Dir italienisch") und *Dinner Dates* („Heiße Rezepte für kochende Paare und Paarungen") bis hin zu Bildbänden, in denen sich eine bekannte Strippergruppe am Herd versucht („*In the kitchen with the Chippendales*") oder die Romantik-CD als Stimmungsmacher gleich mitgeliefert wird („*Romantische Menüs für Verliebte*").

138 Letzteres ist ein Verfahren, das sich besonders die Konsumwerbung zunutze macht, indem sie bestimmte Produkte erotisiert, in erotische Zusammenhänge stellt oder erotische Bilder zur „Garnierung" von Werbebotschaften verwendet, um das Interesse an den beworbenen Produkten zu steigern.

139 Es wird in der Herstellung von Nahrungsprodukten bisweilen auch dazu übergegangen, den sexualsymbolischen Gehalt von Nahrungsmitteln zu *explizieren* (z.B. durch entsprechende

zu Sexualorganen, den ihnen innewohnenden Wirkungen auf die Körperfunktionen oder aufgrund mythischer Kontexte (etwa der Apfel als Sinnbild der Verführung) und metaphorischer Projektionen; kulinarische Handlungen können erotisches Begehren und sexuelle Aktivitäten repräsentieren, der soziale Umgang mit Sexualität kann in Essregeln (z.B. Tabus, Reinheitsvorstellungen, Initiationsspeisen) ausgedrückt werden etc. Da die Strukturen der gesellschaftlichen Sexualorganisation, die durch Aspekte der Ernährung repräsentiert werden, aber von den „soziosymbolischen Anschauungen des biologischen Geschlechts" (Bourdieu, 1997b: 94) und den realen Herrschaftsverhältnissen zwischen den Geschlechtern abhängen, spiegelt sich in ihrer kulinarischen Vergegenwärtigung zugleich auch die symbolische Ordnung der Geschlechter wider. Wie sich diese *kulinarische Geschlechterordnung* gestaltet, wie sich die Geschlechter in der Sinnwelt des Essens begegnen, soll in den folgenden Überlegungen konkretisiert werden.

2.2.2 Geschlechterverhältnisse in der Sinnwelt des Essens

Die kulinarische Kommunikation der Geschlechter – der ihnen zugedachten Eigenschaften und Unterschiede und der impliziten Hierarchie, welche die Struktur ihrer institutionalisierten Beziehungen[140] kennzeichnet – vollzieht sich sowohl im Rahmen symbolischer Praxis (kulinarisches Handeln), beispielsweise durch Essstile und Nahrungsdistribution, als auch vermittels der Vergeschlechtlichung einzelner Lebensmittel, Geschmacksrichtungen, Zubereitungsarten, Wirkungsweisen von Nahrung etc. Die Folie, auf der die geschlechtlichen Zuweisungen erfolgen, wird von der herrschenden *sexuellen Ideologie*[141] bereitgestellt, nach welcher nicht nur die Geschlechtskörper sozi-

---

Stilisierungen und Verpackungen) oder die Subtilität der Verweisung durch die Plastizität der Imitation zu ersetzen – etwa in Form essbarer Körperteile (Lyoner Wurst im Phallusformat, Vulvanachbildungen aus Marzipan, Torten in Gestalt wohlproportionierter Hinterteile und Brüste etc.).

140 Ich folge hier der Auffassung, dass das Geschlechterverhältnis als Herrschaftsverhältnis konstituiert ist, in dem Männer (faktisch und potenziell) über die besseren Machtpositionen verfügen. Gleichzeitig bleibt freilich zu berücksichtigen, dass es sich bei einer solchen Aussage um ein sehr kondensiertes und abstrahierendes Modell handelt und die Machtbeziehungen zwischen den Geschlechtern auf der Handlungsebene differenziert zu analysieren wären. So ist die Vielgestaltigkeit dieser Machtbeziehungen auch vor dem Hintergrund anderer sozialer Faktoren (Schicht, Alter, Ethnie etc.) zu betrachten und zudem als ein wechselvolles Verhältnis von Macht und Gegenmacht wahrzunehmen, in welchem unterschiedliche Formen der Macht aufeinandertreffen.

141 Unter „sexueller Ideologie" soll ein symbolisch repräsentiertes, strukturiertes Bündel von Vorstellungen, Auffassungen und (Leit-)Bildern, d.h. Sinnressourcen gefasst werden, die sich auf die Sexualorganisation der Gesellschaft beziehen und die Funktion der Konstituierung, Durchsetzung, Legitimation und Festschreibung des Herrschaftsverhältnisses zwischen den Geschlechtern erfüllen.

al codiert, sondern auch die Geschlechtscharaktere und die den Geschlechtern zugewiesenen (ideellen und materiellen) Räume entworfen werden. Die in Kap. 2.1.2 beschriebene Interpretation der sexuellen Arbeitsteilung kann als ein noch immer grundlegendes kulturelles Dispositiv aufgefasst werden, in welchem sich der Herrschaftsanspruch des männlichen Geschlechts formuliert.

Die sexuellen Klischees, die sich zwar in Abhängigkeit von Zeit und Kultur entwickeln, aber doch auch übergreifende Strukturen aufweisen, speisen sich hierbei vor allem aus der Polarisierung von *Aktivität* (Subjekt) und *Passivität* (Objekt)' welche die bekannten stereotypen Vorstellungen von z.B. „männlicher" Unabhängigkeit/Aggression/Promiskuität/Triebhaftigkeit/Stärke etc. vs. „weiblicher" Abhängigkeit/Zurückhaltung/Keuschheit/Verfügbarkeit/ Schwäche etc. impliziert.[142] Diese Bilder – in denen moralische und normative Ansprüche an *beide* Geschlechter transportiert werden, und die in den Köpfen von Männern und Frauen gleichermaßen wirksam sind – reproduzieren sich mittels der Institutionalisierung des androzentrischen Blicks, etwa in den Diskursen der Medien, Werbung, Wissenschaft etc., und sie verwirklichen sich im Alltag durch eine umfassende männliche Kolonisierung weiblicher Körper – sei es in Form sexueller Gewalt, Prostitution, gesetzlich verbürgter Zugriffsrechte oder in der Reproduktionsmedizin. Mit den Vorstellungen von „männlicher" Aktivität, die sich produktiv etwas zu eigen macht und „weiblicher" Passivität, die zur Aneignung einlädt oder ihrer gar bedürftig ist, verbindet sich auch die gesellschaftliche Obsession mit männlicher Potenz und weiblicher Schönheit: Die Kraft (Macht) des Phallus zeichnet das aneignungsfähige, aktive Subjekt aus, während dem anzueignenden Objekt die verlockende Attraktivität zum zentralen Moment wird.

Dieses Muster zieht sich – in wechselnder Ausprägung und Rigidität – durch die Jahrhunderte (ohne freilich den Fehlschluss einer einheitlichen und linear sich entwickelnden Sexualauffassung und Sexualpolitik zuzulassen). Um nur einige wenige Beispiele zur Illustration herauszugreifen[143], sei etwa

---

142 Es geht hier nicht darum, *universale* Strukturen zu behaupten. In den Forschungsberichten der Ethnologie lassen sich stets auch Gegenbeispiele zu den beschriebenen Arrangements finden. Das aktiv/passiv-Schema verweist aber auf eine Ordnungsstruktur, die weit verbreitet ist und in der westlichen Kultur zentrale Bedeutung besitzt. Darüber hinaus gibt Robert Connell zu bedenken, dass sich westliche Geschlechterarrangements aufgrund ihres hegemonialen Charakters global auszuweiten drohen und eine allmähliche „Gleichschaltung" von Geschlechterordnungen heraufziehe (vgl. Connell, 1999: 220).

143 Es wäre eine wissenschaftliche Aufgabe für sich, die historische Entwicklung der sexuellen Ideologie mit Blick auf die Konstruktion der Geschlechterdifferenz nachzuzeichnen (z.B. anhand moraltheoretischer, medizinischer, theologischer, literarischer oder pädagogischer Diskurse), dabei Differenzierungen nach Region, Stand/Klasse/Schicht sowie nach der Art der sexuellen Beziehungen (Ehe, Prostitution, Liebschaften, Hetero- und Homosexualität) zu berücksichtigen und diese Befunde schließlich noch mit Vorstellungen und Praktiken aus dem Ernährungsbereich (z.B. Aphrodisiaka, geschlechtstypische Nahrungspräferenzen o.ä.) in Zusammenhang zu bringen. Da ein solches Vorhaben in Anspruch und Umfang den

darauf verwiesen, dass in der antiken griechischen Kultur, in der die „Knabenliebe" eine wichtige Rolle spielte, der *passive* Part beim Geschlechtsakt als sklavisch und eines freien Bürgers nicht würdig galt: Der mächtige, gesellschaftlich geachtete Mann hatte andere (männliche Kinder und Frauen) zu koitieren und nicht umgekehrt (vgl. Veyne, 1986: 44). Zur gleichen Zeit legte die geltende Eheform die (verheirateten) Frauen unter Androhung schwerer Strafen auf eine monogame Sexualität fest und beschnitt sie damit radikal in ihrer sexuellen Selbstbestimmung. Ehefrauen bekleideten vornehmlich die Position der Haushälterin und Gebärerin männlicher Erben. Während ihre Gatten üblicherweise wechselnde erotische Beziehungen zu anderen Frauen oder Knaben unterhielten, war es den Frauen zumeist nicht einmal gestattet, allein die Straße zu betreten oder in der Gegenwart männlicher Gäste am häuslichen Mahl teilzunehmen. Lediglich kompensatorische Ausnahmeregelungen wie beispielsweise ein in einigen Teilen Griechenlands ausschließlich von Mädchen und Frauen abgehaltenes Fest, bei dem diese sich zu Ehren des Dionysos an Wein und Tanz berauschten, hoben die Verbannung in die Passivität zeitweise auf. Höhere Bildung, öffentliches Ansehen und sexuelle Freizügigkeit, die den verheirateten Frauen im Normalfall verwehrt blieben, waren nur den *Hetären* zugänglich, jenen Dienerinnen der Göttin Aphrodite, deren Liebeskünste und kulturelle Gewandtheit von gut betuchten Männern hoch geschätzt und reich entlohnt wurden.[144]

Mit dem Siegeszug des Christentums gerieten Sexualität und Erotik in der Lehre der Kirchenväter bekanntlich für beide Geschlechter zu einem Übel, das dem Seelenheil zwar abträglich, aber für die Aufrechterhaltung der Gesellschaft nun einmal unumgänglich war. Unter moralischen Auflagen, die vor allem die unfruchtbaren Lüste verdammten und die monogame Ehe propagierten, verengte sich die Wertschätzung sexuellen Erlebens auf die Zeugung von Nachkommen. Freilich stimmte die Realität der geschlechtlichen Beziehungen nicht durchgängig mit den normativen Ansprüchen überein. Im Gegenteil wird der mittelalterlichen Gesellschaft, vor allem in den Städten,

---

für dieses Kapitel gesteckten Rahmen freilich mehr als überschreitet, beschränke ich mich (zu Lasten der Vielschichtigkeit und zu Gunsten der Übersichtlichkeit) in der Darstellung auf einige ausgewählte Zusammenhänge. Zur (abendländischen) Geschichte der Sexualität vgl. Foucault, 1983ff. (3 Bde.), Ariès/Béjin, 1986, Taylor, 1970. Den Aspekt sich wandelnder Scham- und Peinlichkeitsschwellen im Bereich geschlechtlicher Beziehungen beschreibt Elias, 1993: 230-263. Eine (z.T. eher populärwissenschaftlich gehaltene) Kulturgeschichte der Sexualität, die ihren Schwerpunkt nicht auf das christliche Europa legt, sondern auch andere Kulturen (z.B. altamerikanische Hochkulturen, vorkoloniales Afrika, Ferner Osten) umspannt, bietet Davies, 1987. Interessante Einblicke zur *Vergeschlechtlichung der Sexualität* finden sich überdies bei Lorber, 1999: 107-140.

144 Im antiken Rom sind ähnliche misogyne Strukturen vorzufinden, allerdings kann für die ersten nachchristlichen Jahrhunderte auch festgestellt werden, dass die Scheidungsrate in der feinen römischen Gesellschaft stetig wuchs, weil die Frauen der Oberschichten begonnen hatten, es den Männern in ihren sexuellen Ausschweifungen nachzutun (vgl. Davies, 1987: 175).

eine (am Maßstab bürgerlicher Konventionen gemessen) relativ große Unbefangenheit in sexueller Hinsicht nachgesagt. Dies galt allerdings wiederum vornehmlich für das männliche Geschlecht, dem außereheliche Verhältnisse eher nachgesehen wurden.[145] Die weiblichen Prostituierten, die ihre männliche Kundschaft bedienten, waren hingegen zwar noch ein Bestandteil der gesellschaftlichen Öffentlichkeit, doch ihr Ansehen glich dem des Henkers, dessen Tun man nicht tabuierte, wohl aber mit Verachtung ansah (vgl. Elias, 1993: 242). Bei Hildegard von Bingen, der berühmten Mystikerin des hohen Mittelalters, finden sich freimütige Beschreibungen einer sexuellen „Typologie" der Geschlechter, die ebenfalls das bekannte Bild von zurückhaltenden, passiven Frauen und dominanten, aktiven Männern nachzeichnen. Das Begehren der Frauen sei „milder", „leichter", weniger „heftig" als das der Männer, heißt es in ihrer Schrift über die „Metaphysik der Seele" und zur Begründung: wenn sie „immerfort in der Hitze des wollüstigen Begehrens stecken würden", könnten sie nicht „[d]erartig geeignet zur Empfängnis und zum Austragen sein" (von Bingen, 1989: 210). Während also der „Geschlechtsgenuß" der Frau „milde und still" sei, werde der Mann im „Sturm der Leidenschaft [...] wie in einer Mühle herumgeworfen" und „[s]eine „Geschlechtsorgane sind dann gleichsam die Schmiede, in die das Mark sein Feuer liefert." (ebd.) Hier ist es also nicht der erhobene Zeigefinger der Moral, auf den sich die Argumentation stützt, sondern der Rückgriff auf physische Zusammenhänge, der die sexuelle Ordnung der Geschlechter begründet.

Von besonderer Bedeutung für die Entstehung der modernen sexuellen Ideologie ist jedoch das bürgerliche Zeitalter, in welchem die Polarisierung von „aktiven" Männern und „passiven" Frauen – auch vor dem Hintergrund der Institutionalisierung einer Männlichkeit im Sinne der neuen *Arbeitsethik* (vgl. Connell, 1999: 207) – eine Zuspitzung erfährt, die bis in die Gegenwart nachwirkt. So legte beispielsweise der Spätaufklärer Jean-Jacques Rousseau mit seinem Erziehungsroman „Emile" zwar den Grundstein für das progressive Postulat der „Herzensbildung", das auch heute noch den Kanon pädagogischer Lehren prägt, hatte dabei jedoch nur seinen männlichen Protagonisten im Blick. Die Erziehung der zukünftigen Gefährtin Emiles, Sophie, ist keinesfalls an der freien Entfaltung ihrer „naturgegebenen" Talente orientiert, sondern schlicht an einer Anpassung an Emiles Bedürfnisse. Im Hinblick auf die sexuelle Beziehung der Geschlechter propagiert Rousseau ebenfalls ein Frauenbild, das durch eine Ausrichtung auf die männliche Sexualität gekennzeichnet ist.

145 In der Zeit des Absolutismus galten in der höfischen Gesellschaft hingegen auch außereheliche Beziehungen von Frauen als tolerierbar, was unter anderem mit der aristokratischen Haltung im Zusammenhang steht, die Beschränkung der Sexualität auf die eheliche Gemeinschaft als „bürgerlich" und damit nicht standesgemäß zu betrachten (vgl. Elias, 1993: 253f.).

„Da die Frau dazu geschaffen ist, zu gefallen und sich zu unterwerfen, muß sie sich dem Mann liebenswert zeigen und ihn nicht herausfordern, ihre Macht liegt in ihren Reizen, und mit ihnen muß sie ihn zwingen, seine eigene Kraft zu entdecken und zu gebrauchen. Die wirkungsvollste Art, diese Kraft zu erwecken, ist, sie durch Widerstand notwendig werden zu lassen." (Rousseau, 1990: 721)

Frauen sollen demnach nicht nur ihre eigene Lust negieren, sondern zusätzlich eine Art rituellen Widerstand praktizieren, der – ebenso wie die Schönheit ihrer Körper – dazu dient, das Begehren des Mannes zu stimulieren und zugleich ihre „Wohlanständigkeit" unter Beweis stellt. Die Vorstellung, dass sich „anständige" Frauen in erotischen Angelegenheiten ruhig etwas zieren und sich nicht allzu offensiv gebärden sollten, gleichzeitig ihre Zurückhaltung oder ihr Widerstreben aber als Aufforderung, ihr „Nein" auf männlicher Seite für ein „Ja" genommen werden darf, ist – trotz konkurrierender Modelle[146] – nach wie vor Bestandteil der herrschenden sexuellen Ideologie. Die Etablierung der bürgerlichen Sexualität ist häufig als Siegeszug lustfeindlicher, asketischer, puritanischer Vorstellungen (und einer durch die Hintertür hereingelassenen Doppelmoral) beschrieben worden. Michel Foucault konnte indes zeigen, dass die Standardversion der Repressionshypothese einige Mängel aufweist, weil sie z.B. nicht erklärt, warum sich die bürgerliche Klasse zuerst selbst den sexualfeindlichen Beschränkungen unterwarf, die viktorianische Moral aber nicht zum Zweck einer effizienteren Ausbeutung und Kontrolle der Arbeiterklasse installierte (vgl. Foucault, 1983: 147). Foucault behauptet, dass die geschlechtliche Lust keineswegs in eine völlige Repression abgedrängt wurde, sondern dass eine Verschiebung stattgefunden habe, in deren Folge an die Stelle der *ars erotica* früherer Gesellschaften die *scientia sexualis* getreten sei. Damit sei die Sexualität in den Gegenstandsbereich medizinischer Wissenschaft überführt worden, doch statt einer asketischen Verleugnung des Körpers, habe die wissenschaftliche Rationalisierung eine *Intensivierung* der Beschäftigung mit körperlichen Vorgängen nach sich gezogen. Mit der Etablierung von „Techniken der Maximalisierung des Lebens" (ebd.: 148), beispielsweise im Bereich der Hygiene, Gesundheitsvorsorge, Geburtshilfe etc., habe sich das Bürgertum in der Sorge um den eigenen Körper eine „Selbstaffirmation" geschaffen, die dem Schutz, der Abgrenzung und Stabilisierung diente.[147] Die Diskursivierung der Sexualität

146 Auch die in den 1960er Jahren gefeierte Befreiung der Sexualität hat allerdings in patriarchalen Strukturen stattgefunden und die Ideologie keinesfalls aus den Angeln gehoben. Vielmehr hat die „sexuelle Revolution" eine Instrumentalisierung von Körpern und Erotik nach sich gezogen, die nunmehr (unter anderem) als *Pornographisierung* der Lust zurückschlägt – und dabei nicht nur die sexuellen Machtverhältnisse zwischen den Geschlechtern perpetuiert.

147 Die Ausbreitung des bürgerlichen Sexualitätsdispositivs auf den gesamten Gesellschaftskörper setzt Foucault gegen Ende des 19. Jahrhunderts an. In dem Prozess, der mit dem ausgehenden 18. Jahrhundert seinen Anfang genommen hatte, seien bevölkerungspolitische

habe eine Sexualisierung mit sich gebracht, die sich unter anderem auf Kinder und Jugendliche erstreckte, besonders aber die bürgerliche Hausfrau betraf. Foucault bezeichnet die bürgerliche Familie als erste Stätte einer „Psychiatrisierung des Sexes" und die „müßige Frau" als diejenige Person, die „als erste vom Sexualitätsdispositiv besetzt wurde" (ebd.: 145). Die umfassende Medizinisierung der weiblichen Sexualität und die Heraufkunft der modernen Hysterikerin haben hier ihre Verankerung.

Im Bereich der Ernährung und ihrer symbolischen Funktionen finden sich tiefe Spuren der sexuellen Ideologie allerorten. So lässt sich die androzentrische Perspektive, die den Umgang mit der Sexualität beherrscht, beispielsweise im Kontext der *erotischen Qualität* von Nahrungsmitteln beobachten. Auffällig ist, dass es bei der aphrodisierenden Wirkung[148], die bestimmten Kulinarien oder alimentären Zusätzen nachgesagt wird, eine deutliche Konzentration auf die *männliche* Potenz gibt. In den unterschiedlichsten Gesellschaften und Zeitaltern finden sich Pulver, Trünke, Speisen, welche die männliche Lust steigern, für ausdauernde Erektionen und eine gute Samenproduktion sorgen sollen. Zu diesen Zwecken werden häufig die männlichen Geschlechtsteile besonders „mächtiger" Tiere (z.B. Wale und Stiere) bzw. deren symbolische Äquivalente (z.B. Horn des Nashorns) verzehrt, um eine Übertragung der sexuellen Potenz zu bewirken. In gleicher Weise hofft man(n), sich durch die Einnahme geraspelten Hirschgeweihs die Brünftigkeit des Wildes aneignen zu können oder die Fruchtbarkeit eines Krokodils zu erlangen, indem man dessen Gelege verzehrt. Das Motiv einer *Einverleibung sexueller Eigenschaften* spielt auch in einigen Formen des rituellen Kannibalismus eine Rolle, wenn davon berichtet wird, dass feindliche Krieger nach ihrer Tötung kastriert und die Geschlechtsteile anschließend in der Absicht verzehrt werden, die eigene Manneskraft um diejenige des Gegners zu verstärken. In der Forschung ist jedoch umstritten, inwieweit es sich bei letzterem um konkret vollzogene Handlungen, symbolische Akte oder projektive Phantasien handelt.

Edle Steine, Korallen und Perlen werden zerstampft, Käfer und andere Insekten zu Aufgüssen und Pulvern verarbeitet, pflanzliche Drogen der Nahrung beigemischt, um müde Männer munter zu machen. Liebesmahle und -trünke verhelfen mancher Sage zufolge listigen Frauen dazu, den Geliebten für sich zu gewinnen und dauerhaft zu binden. Der Genuss jener geheimen Rezepturen lässt die Erwählten fast schlagartig in Liebe entbrennen, entfacht

---

Kalküle, ökonomische Interessen und Bestrebungen zur Aufrechterhaltung von Herrschaftsverhältnissen von Bedeutung gewesen (vgl. Foucault, 1983: 146f.).

148 Zur Geschichte der Aphrodisiaka vgl. Camporesi, 1991; Müller-Ebeling/Raetsch, 1989; Raetsch, 1990. Lustfördernde Substanzen, die nicht verzehrt, sondern z.B. auf die Geschlechtsteile aufgetragen werden (Salben, Tinkturen), werden im folgenden nicht weiter berücksichtigt.

ihre Leidenschaft, und dieses *Entflammen* verweist seinem Charakter nach auf die sexuelle Stimulation durch aphrodisierende Substanzen – ohne dass diese aber (entsprechend dem moralischen Kanon der betreffenden Epoche) in allen Darstellungen des „Liebestrunk-Topos" explizit gemacht würde. Ganz unverhohlen taucht dieser Zusammenhang aber z.B. in der alten hinduistischen Sage über den Liebesgott Shiva auf, von dem es heißt, dass ihm seine Frau Parvati – der vielen Liebschaften ihres Gatten überdrüssig und über seine Untreue reichlich erbost – einige Hanfblüten in sein Essen mischte. Nachdem er die Mahlzeit verspeist hatte, soll dem Gott eine nie gekannte erotische Lust überkommen sein, deren Intensität ihn fortan zu ehelicher Treue beflügelte (in einer anderen Version lässt Parvati Shiva die Hanfblüten rauchen, vgl. Müller-Ebeling/Raetsch, 1989: 19).

Der Einsatz pflanzlicher Aphrodisiaka – neben einigen Gemüsen und Knollenarten vor allem Kräuter und Gewürze – basiert im Gegensatz zur Verwendung der meisten tierischen „Lustspender" weniger auf dem Gedanken einer *Übertragung* sexueller Kräfte.[149] Werden die Hoden, der Penis oder das Horn eines Tieres als Orte aufgefasst, an denen sich seine sexuelle Energie konzentriert, die qua Verzehr in einen anderen Körper überführbar ist, beruht das erotische Potenzial der verwendeten Pflanzen dagegen zumeist auf den ihnen innewohnenden Reizstoffen. Diese rufen häufig körperliche Reaktionen und leibliche Empfindungen hervor, die denen der erotischen Stimulation verwandt sind. So sind es vor allem ihre erhitzenden und anregenden Eigenschaften, die Gewürze wie Pfeffer, Ingwer, Rosmarin, Muskat oder Chili zu aphrodisischen Substanzen werden lassen. Nach ihrem Genuss durchpulst eine gliederlösende Wärme den Körper, weitet die Gefäße, beschleunigt den Herzschlag und steigert die Empfindlichkeit der Haut gegenüber Berührungen. Hinzu kommt der betörende Duft vieler Kräuter und Gewürze, der gleichermaßen belebend wie berauschend wirken kann. Die Aromen von z.B. Zimt, Vanille, Lavendel oder Nelken kommen noch immer in erotischen Kontexten in vielfältiger Weise zur Anwendung: in Parfums, Badezusätzen und Körperlotionen ebenso wie in atmosphärenwirksamen Duftkerzen, Räucherstäbchen und Verdampflämpchen. Auch psychoaktive Ingredenzien, welche „die Sinne schwinden" lassen (bzw. um andere Erfahrungsräume erweitern oder in andere Richtungen schärfen), das „klare Denken"

149 Eine Ausnahme besteht aber dann, wenn die betreffende Pflanze mit etwas anderem assoziiert wird wie z.B. im Fall des Granatapfels. Dieser war in der Antike eines der bekanntesten Aphrodisiaka und bezog diese Qualität aus unterschiedlichen, sich überkreuzenden Bedeutungen. So wurde seine Form zum einen mit dem Geschlechtsteil der Aphrodite verglichen und der fruchttragende Baum zum zweiten als Symbol immerwährender Fruchtbarkeit betrachtet. Zum dritten aber – und das ist hier das Entscheidende – galt der Granatapfel dem Mythos zufolge als ein Gewächs, das dem Blut des wilden und zügellosen Dionysos entsprungen war. Wer seine Früchte aß, kostete also zugleich vom Blut jenen Gottes, der für seine sexuellen Ausschweifungen berühmt war, und konnte somit darauf hoffen, etwas von den ekstatischen Qualitäten des Dionysos in die eigenen Lenden zu bekommen.

zugunsten sinnlicher Sensationen zurücknehmen und das Selbst zeitweise von Zweifeln, Ängsten und Hemmungen entlasten, gelten als Beförderer der Geschlechtslust. Hierzu zählen beispielsweise der schon erwähnte Hanf, die Mohnpflanze und der Kokastrauch, aber auch alkoholische Getränke – und von diesen vornehmlich der Wein, der auch heute noch in aller Regel zu einem Verführungsessen dazugehört. Im Altertum wurden den Weinen sogar noch spezielle Kräuter zugesetzt, um ihre Rauschwirkung zu verstärken. Andere Pflanzen gewinnen ihre erotische Bedeutung wiederum aus ihrer Ähnlichkeit mit den Geschlechtsmerkmalen (Spargel, Banane, Pflaume, Melone, hodenförmige Wurzeln etc.) oder aus ihrer Konnotation mit Luxus und Erlesenheit (Champagner, Trüffel, exotische Früchte etc.). Die häufig mit Erotik assoziierten Meeresfrüchte (Hummer, Austern, Venusmuscheln etc.) bieten über den Luxusaspekt hinaus ein sinnliches Erleben, das mit sexuellen Bezügen belegt werden kann. So wird etwa das Fleisch der Hummer mit bloßen Fingern aus ihrer Kruste geperlt, „ausgezogen" also, und die salzig-mild auf der Zunge zergehende Auster mit den Lippen aus ihrer Schale geschlürft.

Traditionell mit erotischen Gelüsten verknüpft ist auch der Wohlgeschmack des Süßen. Vor allem dem Honig werden in vielen Kulturen seit alters her stärkende Kräfte zugesprochen, und er ist bis in unsere Tage hinein eine beliebte Zutat für aphrodisierende Speisen. In seiner Verarbeitung zum bekannten Met der germanischen Volksstämme wurde der Honig mit verschiedenen Kräutern kombiniert, um die von ihm ausgehende Steigerung der Kräfte noch zu potenzieren. Zuckerwaren[150] waren lange Zeit ein Privileg der Reichen und Mächtigen und gehörten zum Kanon begehrter Luxusgüter, die ebenfalls mit der Fleischeslust in Verbindung gebracht wurden. „Zuckerschnuten", „Sahneschnitten" oder „Zuckerpuppen" verweisen auf (zumeist weiblich gedachte) Objekte, an denen sich die Sehnsucht nach der „süßen Liebe" stillen lässt, und mit „süßen Küssen" lockt der rote „Erdbeermund".[151] Süß schmeckende Früchte, vor allem die roten Kirschen und Erdbeeren, gelten seit vielen Jahrhunderten in Europa als Symbole der Wollust und der Verführung.

Bei jenen Aphrodisiaka, deren Wirksamkeit nicht in der Übertragung der sexuellen Energien anderer Menschen, Tiere oder Götter vermutet wird, scheint die Konzentration auf die männliche Geschlechtslust zunächst weni-

150 Zur Kulturgeschichte des Zuckers vgl. Mintz, 1987, der am Beispiel des Zuckers den Zusammenhang von Nahrung und Macht analysiert.

151 Im späten Mittelalter verfasste der streitbare französische Dichter Francois Villon jene „verliebte Ballade für ein Mädchen namens Yssabeau", die in deutscher Sprache durch die Nachdichtung von Paul Zech den „Erdbeermund" berühmt machte: „Ich bin so wild nach deinem Erdbeermund/ ich schrie mir schon die Lungen wund/ nach deinem weißen Leib, du Weib/Im Klee, da hat der Mai ein Bett gemacht/da blüht ein schöner Zeitvertreib/mit deinem Leib die lange Nacht/Da will ich sein im tiefen Tal/dein Nachtgebet und auch dein Sterngemahl." (Villon, 1962: 98)

ger pointiert zu sein. Kräuter und Gewürze, Knollen und Gemüse, Obst und Meeresfrüchte sind in ihrer Verwendung weniger geschlechtsexklusiv als Stierhoden oder Walpenisse.[152] Dennoch zeigt sich auch hier, dass zumeist die Steigerung der männlichen Potenz – länger währende und häufiger wiederkehrende Erektionen – im Mittelpunkt des Interesses steht. Die weibliche Lust wird im Kontext aphrodisierender Substanzen hingegen eher am Rande oder aber als Lust an der erhöhten Potenz des Mannes thematisiert. Es sind weniger die Eigenschaften des sexuell agierenden *Subjekts* (Kraft, Vitalität, Aktivität), die aphrodisierende Speisen und Trünke bei Frauen evozieren sollen, statt dessen geht es vornehmlich um eine Steigerung ihrer Qualität als *Objekte* der Lust (Attraktivität, Zugänglichkeit, Hingabe).[153] Damit erklärt sich auch, dass z.B. die Geschlechtsteile weiblicher Tiere keine analoge Verwendung zu denen ihrer männlichen Artgenossen finden – als „weibliche" Potenzmittel sind sie irrelevant. Und ein Produkt, dass der Lust- und Leistungssteigerung bei Frauen diente, dürfte kaum je in gleichem Maße öffentliches Interesse erregen und die Kassen klingeln lassen wie jene in den letzten Jahren geradezu euphorisch gefeierte „Wunderpille" *Viagra*[154], die das Knabenkraut und die Rauke vergangener Zeiten mit gleicher instrumenteller Zielvorgabe ersetzte: den allzeit einsatzfähigen Phallus.

Die Verwendung von Aphrodisiaka zielt zwar bei beiden Geschlechtern (sofern sie für beide Geschlechter *gedacht* sind) auf die Herstellung einer sexuellen „Bereitschaft". Während diese aber im Fall des männlichen Geschlechts im wesentlichen mit der körperlichen Funktion der Erektion gleichgesetzt ist, äußert sich die „Bereitschaft" von Frauen eher darin, sich für die sexuellen Wünsche des männlichen Gegenübers empfänglich zu zeigen und es in seiner Aktivität (je nach zeitgenössischer Sexualmoral und sozialem Stand *mit* oder *ohne* eigenen Genuss) gewähren zu lassen. Ganz im Sinne Brillat-Savarins, der konstatierte, dass die Trüffel „die Frauen *nachgiebiger* und die Männer *feuriger*" mache (Brillat-Savarin, 1979: 53, Herv. d. Vf.) – und diese Erkenntnis nach eigenem Bekunden aus einer Befragung von Män-

152 Camporesi verweist allerdings darauf, dass es in der Renaissance unter wohlhabenden französischen Frauen (den von Brantôme so bezeichneten „galanten Damen") beliebt gewesen sein soll, die Geschlechtsteile und Kämme junger Hähne in Pasteten aufzuspüren und zu verspeisen, was zu einem „besorgniserregend[en] Massaker an den Hähnchen" geführt habe (Camporesi, 1991: 68).

153 Darüber hinaus gilt vor allem der Bereich der Reproduktion als „weibliches" Einsatzgebiet für die magischen Eigenschaften von Speisen: Bestimmte Nahrungsmittel können der Fruchtbarkeit zugute kommen oder ebenso eine Leibesfrucht heraustreiben, und bis in unsere Tage hinein hat sich die (nunmehr wissenschaftlich abgesegnete) Praxis der „Wunschkinddiät" erhalten können, mit der das Geschlecht des Ungeborenen beeinflusst werden soll. Demnach sollen salzige und kaliumreiche Speisen zur Geburt eines Jungen, der verstärkte Verzehr von Milchprodukten und magnesiumhaltigen Gemüsen wie Erbsen oder Blattspinat zur Geburt eines Mädchens verhelfen (vgl. Feichtinger/Reiger, 1991).

154 In einigen Restaurants waren für die männliche Kundschaft zeitweise gar *Viagra-Menüs* erhältlich – statt blauer Pille gab es blaue Sauce.

nern höheren Standes gewann – sollen Frauen durch den Genuss erotisch aufgeladener Nahrung in eine erhöhte sexuelle Zugänglichkeit versetzt werden. Während dem Verzehr von Austern oder Rettich, Chili oder Wein (in Maßen) eine direkte positive Wirkung auf das männliche Geschlechtsteil und seine Leistungsfähigkeit nachgesagt wird, werden die luxuriösen, erhitzenden oder berauschenden Nahrungsmittel im Hinblick auf die weiblichen Esser gemeinhin mit der Vorstellung in Verbindung gebracht, innere Widerstände zu lösen und die Fähigkeit zur Hingabe zu fördern. Die Stärkung und Wiederherstellung ihrer sexuellen *Kraft* aber, die sie zu aktiven Nutzerinnen der männlichen Körper machte, ist kaum ein Thema aktueller erotischer Rezeptsammlungen[155] und galt historisch lediglich für „lüsterne" und „naschhafte" Frauen von zweifelhaftem Ruf als nötig und erstrebenswert.

Für tugendhafte Frauen empfahl sich dagegen die Enthaltsamkeit gegenüber den kulinarischen Symbolen der Lust, doch sind neben der Verbannung aphrodisierender Gerichte vom weiblichen Speiseplan auch Rezepte überliefert, die ganz gezielt zum Schutz von Jungfräulichkeit und Keuschheit des weiblichen Geschlechts eingesetzt wurden. In der frühen Neuzeit wurden jungen Mädchen und ehrbaren Frauen Diäten anempfohlen, die vorzugsweise auf Nahrungsmittel setzten, denen eine *kühlende* und damit lustdämpfende Wirkung auf den Körper nachgesagt wurde: Flussfische, Linsen, Sülzen, essigsaure Gemüse, Salate, Spinat, säuerliches Obst und mit Wasser verdünnte Fruchtsäfte erschienen als geeignete Mittel, leidenschaftliche Erregungen erst gar nicht aufkommen zu lassen, vor allem, wenn sich die Betroffenen an dieser Nahrung satt aßen und kein Hungergefühl zu unseliger Unruhe führen

155 An dieser Stelle lässt sich eine kleine (methodisch ungeleitete und unabgesicherte) Randbeobachtung einfügen, die die Recherche nach *erotischen Kochbüchern* mit sich brachte: In aller Regel sind solche Werke auf heterosexuelle Paare zugeschnitten, es gibt aber auch (wenige) Exemplare, die sich an eine homosexuelle Klientel wenden. Dabei fällt auf, dass „schwule" Kochbücher einen anderen Ton anschlagen als „lesbische": Homosexuellen Männern werden unter anderem „Scharfmacher" (Schulze, 1996) feilgeboten und aphrodisierende Gerichte mittels erotischer Fotos von jungen Männern – „fünf heiße Models" – schmackhaft gemacht (Röder, 1999). Die erweiterbare Rezeptsammlung, mit der die „Verführung des Geliebten" laut Werbetext zu einer „Leichtigkeit" wird, erhält dabei je nach Belieben einen Einband aus Stahl, Leder, Latex, Jeans oder Uniform. Weibliche Homosexuelle sollen sich dagegen angesprochen fühlen, wenn es um „Warme Mahlzeiten" (Dietl/Jacobi, 2000) geht und sie nicht nur Frauen, sondern auch „gutes Essen lieben". Sie können aber auch „Kochen für Gertrude Stein" (Toklas, 1999) und damit der Lust nachgehen, mehr über die „lebenslange lesbische Liebe in Paris" zu erfahren, die die legendäre Salondame mit der Autorin des Kochbuches in der ersten Hälfte des 20. Jahrhunderts pflegte. Die Rezeptsammlung der Sekretärin, Muse und Köchin jener vielseitigen Künstlerin ist in der deutschen Neu-Ausgabe von Wolfram Siebeck eingeleitet und lockt mit Gerichten und Geschichten aus dem „wohl bedeutendsten modernistischen Zirkel". Auffällig ist daneben auch, dass der autoerotischen Lust im kulinarischen Zusammenhang offenbar kein Platz eingeräumt wird – zwar finden sich viele Ratgeber für die praktische Single-Küche, doch ist, soweit ich sehen konnte, kein Werk darunter, welches die „Liebe an und für sich (selbst)" durch luststeigernde Rezepturen und kulinarische Finessen zu versüßen trachtet.

konnte (vgl. Camporesi, 1991: 66f.). Solche *Anaphrodisiaka* finden sich aber auch in der (alten wie neuen) Klosterküche oder in jüngeren Kostempfehlungen für männliche Jugendliche und „Kopfarbeiter" wieder.[156] Bis in das 20. Jahrhundert hinein forderten Pädagogen beispielsweise eine fleischarme Ernährung für pubertierende Jungen und junge Männer, um diese vor der „Krankheit Onania" zu bewahren (vgl. Fiddes, 1993: 175). Ebenfalls um ihrer „Gesundheit" willen wurde Männern, die in sitzenden Berufen arbeiten oder sich viel mit Büchern befassen, angeraten, auf den Verzehr von rotem Fleisch und anderen „erregenden" Speisen zu verzichten, da sich andernfalls durch fehlende körperliche Betätigung Hitze und Spannung im Körper anstauten und zu pathogenen Frustrationen führen müssten (vgl. Twigg, 1983: 25).

Es sind jedoch nicht allein die aphrodisierenden oder anaphrodisierenden Nahrungsmittel, die in Symbolgehalt und Verwendung die Vorstellungen über die (sexuelle) Ordnung der Geschlechter repräsentieren. Im Gegenteil ließe sich fragen, ob es überhaupt einen Bereich des Kulinarischen gibt, der nicht vom *gender symbolism* durchzogen wäre. Gibt es also so etwas wie *geschlechtsneutrale* Lebensmittel, Speisen, die sich *nicht* assoziativ und intuitiv eher mit dem einen denn mit dem anderen Geschlecht in Zusammenhang bringen ließen? Kaum. Die Begründungen für die jeweiligen Zuordnungen mögen wohl variieren (beobachtbare Nahrungspräferenzen, sexualsymbolische Bedeutung, sensorische Eigenschaften o.ä.), und in Einzelfällen werden auch doppeldeutige Schlüsse möglich sein, doch werden Menschen in aller Regel die geschlechtlichen Konnotationen angeben können, die in der Kultur, welcher sie angehören, ihre Nahrungsmittel begleiten. Ob grüner Salat oder Schlachtplatte, gedämpfter Fisch oder gegrillte Schweinshaxe, Hähnchenbrustfilet oder Steak tartare, Sekt oder Bier – die Liste ließe sich beliebig fortsetzen und zeigt, dass das zweigeschlechtliche Raster, welches die menschliches Wahrnehmung so nachhaltig prägt, auch in der kulinarischen Welt stets aktiviert ist. Das *gendering* von Nahrung leistet einen Beitrag zur sozialen Konstruktion der Zweigeschlechtlichkeit.

Die Vorstellungen darüber, welche Nahrung einen eher „weiblichen" und welche hingegen einen eher „männlichen" Charakter aufweist, hängen nicht zuletzt an jenen kulinarischen Oppositionen, nach denen wir die *geschmackliche Qualität* der jeweiligen Stoffe klassifizieren. Die Kategorien süß/salzig, lieblich/herb, fade/scharf, weich/fest, cremig/körnig, fein/deftig, zart/zäh etc. beschreiben sensorische Eigenschaften von Lebensmitteln, die sich leicht mit den stereotypen Vorstellungen über die Geschlechter, über ihre körperlichen und charakterlichen Merkmale in Einklang bringen lassen. So repräsentiert das Leichte, Nachgiebige, Süßliche oder geschmacklich eher Indifferente, das

156 Übrigens sind viele der ehedem als Anaphrodisiaka empfohlenen Nahrungsmittel heute zentraler Bestandteil typisch „weiblicher" Kost (vgl. Kap. 3.2.1).

gemeinhin die als „weiblich“ konnotierten Speisen (z.B. Obst, Gemüse, Quark, Fischfilet, Süßspeisen) auszeichnet, jene Passivität, Schwäche und Unterlegenheit, die in der Konstruktion von „Weiblichkeit“ (nicht nur in der sexuellen Ideologie) eine tragende Rolle spielt.[157] Bei den Nahrungsmitteln, die bevorzugt zum kulinarischen Inbegriff von „Weiblichkeit“ gemacht werden, d.h. diejenigen, die in der kulinarischen Kommunikation von Geschlecht als Zeichen des „Weiblichen“ fungieren, handelt es sich vor allem um Substanzen, deren Verzehr keinen großen körperlichen Kraftaufwand (z.B. beim Kauen und Schlucken) erfordert und keine intensiven Reizungen von Mund und Magen impliziert. Der sinnliche Reiz, der von diesen Speisen ausgeht, ist eher mild, lau und weich oder von Mischempfindungen geprägt. Ihre Konsistenz bietet kaum einen physikalischen Widerstand, und die physiologische Aufbereitungsarbeit der Stoffe erfordert keine anstrengende, längere Betätigung der willkürlichen Muskulatur. Obwohl sättigend, gelten die „weiblichen“ Nahrungsmittel nicht unbedingt als nahrhaft und kräftigend. Die sozialen Deutungen weisen eher in Richtung auf „schonende“ und „gesunde“ Eigenschaften oder beziehen sich, etwa im Fall von Süßspeisen, auf den „verwöhnenden“ Charakter dieser Nahrung.[158] Die „weibliche“ Kost deckt sich daher in Vielem mit der Kost, die auch Kindern, Kranken und Alten als angemessene Ernährungsweise zugeschrieben wird.

Entgegengesetzt verhält es sich mit den kulinarischen Insignien der „Männlichkeit“. Nahrungsmittel, die mit Mannestum assoziiert werden (z.B. rotes Fleisch und Alkohol), sind üblicherweise weit davon entfernt, als gesunde Schonkost gelten zu können. Es sind hingegen die „starken“, deftigen und schweren Speisen, die eine als „männlich“ apostrophierte Ernährungsweise kennzeichnen. Sie bieten dem Körper in der Regel einen beträchtlichen physikalischen Widerstand (Fleisch) – erfordern also einen zupackenden „Biss“ – besitzen häufig schleimhautreizende Wirkungen (scharfe, bittere, herbe, stark gesalzene Speisen und hochprozentige Alkoholika) und sind oft durch eine energiereiche Zusammensetzung charakterisiert, die sich im Ma-

157 Freilich wird noch zu überlegen sein, inwieweit die Geschmackswahrnehmungen selbst sozialen Konstruktionsprozessen unterliegen und wie der Zusammenhang zwischen individuellen Sinneseindrücken (Sensationen) und sozialen Repräsentationen (Symbole) gefasst werden kann. Die Frage nach der sensorischen Wahrnehmbarkeit der kulturellen (z.B. geschlechtlichen) Qualität von Nahrungsmitteln soll hier aber zunächst zurückgestellt und in Kap. 5.3 erneut aufgegriffen werden.

158 Eine Aufstellung von Nahrungsmerkmalen (sensorische Eigenschaften), physiologischer Aufbereitung und sozialer Deutung der sinnlich vermittelten Reize findet sich bei Jellinek, 1974, jedoch ohne ausdrückliche Berücksichtigung der Geschlechterperspektive. Auffällig ist allerdings, dass als „zäh“ und „hart“ apostrophierte Lebensmittel mit den Attributen „aktiv“ und „männlich“ belegt werden. Andere als „männlich“ einstufbare Elemente der Ernährung wie z.B. Alkohol sind bei Jellinek als „erwachsen“ gedeutet. „Weibliche“ Lebensmittel tauchen in dem Schema gar nicht auf. Vgl. dazu auch die Darstellungen bei Gniech, 2002: 72f. Zur Vergeschlechtlichung von Nahrung vgl. außerdem Lupton, 1996a; Lupton, 1996b.

gen als Schwere und Völlegefühl bemerkbar machen kann. Es zeigt sich somit, dass die „weiblichen“ und „männlichen“ Geschmacksrichtungen mit Auffassungen über die Geschlechtskörper (insbesondere: Stärke vs. Schwäche, Aktivität vs. Passivität) in Beziehung stehen und mit zentralen Strukturen der jeweiligen Körperschemata korrespondieren.[159]

Die kulturelle Bewertung von Speisen als „starke“ (energiereiche, würzige, widerständige...) oder „schwache“ (energiearme, fade, nachgiebige...) Nahrung zeigt schon an, dass es sich hierbei nicht um eine einfache Unterscheidung handelt, sondern um ein Hierarchieverhältnis. In vielen Gesellschaften wird die „überlegene“ Nahrung mit Fleischverzehr gleichgesetzt und der pflanzlichen Ernährung am anderen Ende der Skala ein besonders niedriger Status attestiert. Auf der symbolischen Ebene ist diese Hierarchisierung von Fleisch- und Pflanzenkost unter anderem dem Umstand des Tötens geschuldet, der für die carnivore Ernährungsweise grundlegend ist und als Triumph über die Natur interpretiert werden kann. Eine frugivore Lebensweise wird dagegen häufig mit Friedfertigkeit assoziiert, einer Eigenschaft also, die im physisch ausgetragenen Kampf zum Unterliegen führen muss und damit eher Beute- denn Machtpositionen begründet.[160] Nicht zuletzt rührt die „Überlegenheit“ des Fleisches aber auch von einer kulturellen Klassifikation der „natürlichen“ Ordnung her, welche das Tierreich auf einer vertikalen Achse über dem Reich der Pflanzen ansiedelt.[161]

---

159 Diese Zusammenhänge werden in Kap.3.2.1 näher ausgeführt, wo es um empirisch beobachtete Nahrungspräferenzen von Männern und Frauen geht. Zur Gegenüberstellung „weiblicher“ Schwäche und „männlicher“ Stärke im medizinischen Diskurs des 18./19. Jahrhunderts vgl. Stolzenberg-Bader, 1989; zur Produktion des „schwachen Geschlechts“ siehe Waldeck, 1993.

160 Die Hierarchisierung von Nahrungsmitteln wurde auch zu *ethnischen Stereotypen* verarbeitet, so etwa in der „imaginären Geographie Europas“ (Tanner, 1996: 406), in der die Bevölkerungen des Südens als anspruchslose und genügsame Menschen charakterisiert wurden, die sich überwiegend von pflanzlichen Speisen ernährten, während die Bevölkerungen des Nordens als ebenso fleisch- wie machtgierig galten (vgl. Montanari, 1999: 133; vgl. auch Wirz, 1997: 441).

161 Solche (zeitlich, räumlich, kulturell variable) Vorstellungen besaßen beispielsweise im Europa des 17. und 18. Jahrhundert große Popularität. Ausgehend von der *scala naturae* des Aristoteles wurden immer wieder Kosmologien geschaffen, die den Versuch unternahmen, alles in der Welt Vorfindbare an „seinen“ Platz zu bringen (vgl. Montanari, 1999: 108ff.). In Bezug auf die Ernährung galt aber nicht nur das Fleisch der vegetabilen Kost überlegen, sondern es wurden weitere Differenzierungen vorgenommen. So finden sich in Aufzeichnungen aus dem 15. und 16. Jahrhundert diejenigen Pflanzen als besonders gering bewertet, die durch eine starke Bodennähe gekennzeichnet sind. Knollen und Wurzeln hatten demnach einen sehr niedrigen Status in der Nahrungshierarchie, während Früchte von höheren Bäumen und Sträuchern durch ihre Ausrichtung zum Himmel „geadelt“ wurden (vgl. ebd.: 109). Ein ausgesprochen ähnliches Muster findet sich auch z.B. bei den *Hua* in Neu-Guinea, wo die Nahrungstabus für initiierte Männer eine Kategorie beinhalten, die alles betrifft, was mit dem Erdboden in Verbindung gebracht wird: Erdpilze, Mäuse, kurzes Zuckerrohr, am Boden fressende Tiere (im Gegensatz zu auf/an Bäumen fressenden Tieren) etc. Die Geschlechterhierarchie dieser Gesellschaft ist dabei ebenfalls an einer Parallelisie-

Die kulinarische Taxonomie, die zwischen starken und schwachen, hochwertigen und minderwertigen Nahrungsmitteln unterscheidet, steht in enger Beziehung zu den Klassifikationen der sozialen Ordnung: Die Qualität der Nahrung muss der Qualität der Essenden entsprechen. In dieser Kurzformel steckt eine Auffassung, die ursprünglich auf die antike Diätetik zurückgeht. Hippokrates entwarf ein diätetisches Programm, dass die Nahrungsauswahl auf das Fundament physiologischer Charakteristika und spezifischer Lebensgewohnheiten der einzelnen Menschen stellte und somit Faktoren wie das Alter, den Gesundheitszustand, die Humoralkonstitution, das Geschlecht, die Art der Betätigungen, aber auch Umweltbedingungen wie klimatische Verhältnisse und die Jahreszeiten in ihrem Einfluss auf die je spezifischen Dispositionen für relevant erklärte. Obwohl dieses Konzept vom *Prinzip* her – da auf eine *individuelle* Ernährungsweise abzielend – die sozialen Ungleichheiten nur indirekt thematisierte, war es von seinem *Ansatz* her eine höchst elitäre Angelegenheit, denn es verlangte von den Personen, die die Anweisungen befolgen wollten, ein hohes Maß an Zeit, Aufmerksamkeit, kultureller Vorbereitung und nicht zuletzt entsprechender alimentärer Ressourcen. Mit seinen Empfehlungen wandte sich Hippokrates denn auch an eine Minderheit der gebildeten Bevölkerung und überließ den Massen lediglich wenige allgemeine Hinweise (vgl. Montanari, 1999: 102).

In der Folge verengte sich die Vorstellung, dass die Art der Nahrung der je individuellen (körperlichen, geistigen, sozialen etc.) Konstitution jedes einzelnen Menschen folgen sollte, gravierend in ihrem Bedeutungsgehalt. Die Idee von der „Qualität" einer Person setzte sich historisch vorwiegend unter *gesellschaftlichen* Gesichtspunkten durch, d.h. sie wurde immer stärker mit dem sozialen Status eines Menschen, seinem Vermögen, seinem Wissen, seiner Arbeit und seiner Macht verknüpft. Die ungleiche Verfügung über die verschiedenen Kapitalien wurde hierbei – zumal von den Privilegierten – als gegebene Größe einer notwendigen Ordnung angesehen und als eine quasi „natürliche", dem Menschen immanente Eigenschaft gewertet. Das Verhältnis zwischen Ernährung und sozialem Stand war zunächst vor allem durch eine quantitative Relation gekennzeichnet. Doch als die Nahrungsmengen, die den Reichen und Mächtigen zu ihrem *demonstrativen Konsum* (Veblen) dienten, kaum mehr steigerungsfähig waren, erlangten qualitative Aspekte des Essens, Erlesenheit und Raffinesse, aufwändige Zubereitung und ästhetisches Arrangement, immer größere Bedeutung. Die Forderung, die eigene Ernährungsweise der „Qualität" der Person folgen zu lassen, war seit Hippokrates von Ärzten und Gelehrten stets wiederholt worden und bedeutete unter diesen Vorzeichen, dass adligen Mägen ausschließlich köstliche und kostbare Speisen zugeführt werden sollten, während zu den bäuerlichen Mägen einfa-

---

rung von oben/Himmel/Mann und unten/Boden/Frau orientiert (vgl. Meigs, 1992; siehe dazu auch Kap. 2.3.2).

che und grobe Nahrungsmittel passten, und der wachsenden Schar von Armen und sozial Ausgegrenzten die verdorbenen Nahrungsreste zur Ernährung blieben, die von der Kirche für das Almosenritual empfohlen wurden. Im späten Mittelalter und der frühen Neuzeit dominierte die Qualitäts-Ideologie den medizinischen Diskurs über das Essen, der mit seiner Naturalisierung des Zusammenhangs von Ernährung und sozialem Status die Nahrungsprivilegien der herrschenden Klassen legitimierte und zugleich die sozialen Ungleichheitsstrukturen symbolisch absicherte. Es galt als *physiologische* und damit „natürlich" determinierte Notwendigkeit, eine der sozialen Position entsprechende Kost einzuhalten. Wer sich dem entzog, hatte mit üblen Krankheiten und schlimmstenfalls einem tödlichen Ausgang des verfehlten Essens zu rechnen.[162] So wie es z.B. einer aristokratischen Verdauung nicht zugemutet werden konnte, dunkles Brot zu verarbeiten (vgl. Mennell, 1988: 385), so galten allzu erlesene und verfeinerte Gerichte für den bäuerlichen Magen als unverträgliches Risiko für Leib und Leben. Das Ernährungsverhalten und der gesellschaftliche Status bestätigten sich auf diese Weise gegenseitig und mit unausweichlicher Evidenz.

„Der Zusammenhang zwischen der »Qualität der Nahrung« und der »Qualität der Person« wird nicht als eine einfache faktische Gegebenheit wahrgenommen, die an zufällige Situationen des Wohlergehens oder des Bedürftigseins gebunden ist, sondern als absolute und sozusagen ontologische Wahrheit postuliert: Gut essen oder schlecht essen ist ein dem Menschen innewohnendes Attribut, wie auch seine gesellschaftliche Rolle verinnerlicht (und wünschenswert unabänderlich) ist." (Montanari, 1999: 107)

Gleiches kann auch in Bezug auf die Kategorie Geschlecht behauptet werden. Die Parallelisierung der Mythen von „starker" und „schwacher" Nahrung und ebensolchen Geschlechtern konstituiert eine symbolische Ordnung, die sich sehr direkt an die materiellen Körper rückkoppelt, indem sie eine ungleiche Verteilung der Nahrung zwischen Frauen und Männern rechtfertigt.[163] Dies war ganz besonders ab dem 18. Jahrhundert der Fall, als die Geschlechtscharaktere an die „natürliche" Bestimmung von Geschlechtskörpern geknüpft

---

162 Allerdings wird auch davon berichtet (zumindest in literarischen Quellen), dass sich die Herrschenden bei der Bestrafung alimentärer Verfehlungen nicht allein auf die von der „Natur" verabreichten Schmerzen und Krankheiten verließen, sondern selbst aktiv wurden. Montanari verweist unter anderem auf eine Novelle aus dem 15. Jahrhundert, in der ein Bauer die gesellschaftliche Ordnung herausfordert, indem er Pfirsiche von einem Baum stiehlt. Zur Strafe übergießt man ihn mit kochendem Wasser und ermahnt ihn, sich auf die Früchte, die für seinesgleichen angemessen seien, zu besinnen: Rüben, Knoblauch, Zwiebeln (vgl. Montanari, 1999: 105).

163 Dieser Zusammenhang ist freilich nicht nur als historisches Phänomen zu werten, sondern gilt nach wie vor. In vielen Gegenwartsgesellschaften, in denen Nahrungsgüter knapp sind, sind es vor allem die Frauen und (weiblichen) Kinder, die unter der Ernährungsarmut zu leiden haben. Aber auch in den entwickelten Gesellschaften hat sich das Muster der Nahrungsdistribution, nach welchem dem „Familienernährer" die größte Portion zusteht, erhalten. Wem in welcher Reihenfolge wieviel und welche Art der Nahrung zuerkannt wird, bemisst sich nach der sozialen Rangordnung.

und zu undurchlässigen Entgegensetzungen polarisiert wurden. Die Kost der Frauen sollte gemäß ihrer „charakterlichen“ (und darin eingeschlossen: körperlichen) Beschaffenheit aus dem unteren Segment der Nahrungsmittelhierarchie stammen, also vorzugsweise die „schwachen“ Speisen umfassen und auch in quantitativer Hinsicht durch Mäßigung gekennzeichnet sein, wohingegen der männliche Appetit vorrangig mit „starker“ Nahrung und ausreichend großen Portionen zu bedienen war.[164]

Ein solches Bild zeichnet nicht nur der bereits zitierte Aufklärer Rousseau, der die sanftmütige Sophie einen „ihrem Geschlecht eigenen Geschmack“ (Rousseau, 1990: 432) haben lässt: eine Vorliebe für Milchspeisen und Zuckerwaren, Gebäck und Beilagen, dazu eine Abneigung gegen Fleisch, Wein und „starke Getränke“ sowie eine ganz allgemeine Zurückhaltung gegenüber kulinarischen Genüssen. Auch die sich im Zuge der Industrialisierung etablierende Ernährungswissenschaft propagiert entsprechende Ernährungsideale für die Geschlechter – und sichert damit männliche Nahrungsprivilegien durch wissenschaftliche Rationalisierung ab. So publiziert der Physiologe Jacob Moleschott in der Mitte des 19. Jahrhunderts seine „Lehre der Nahrungsmittel. Für das Volk“, in welcher er die Auffassung verbreitet, „[...] daß minder nahrhafte Speisen und Getränke, oder die nahrhaften in verringerten Gaben beim Weibe ausreichen“ (Moleschott, 1853; zit. nach Tanner, 1996: 416). Moleschott, der als einer der Mitbegründer des *mechanischen Materialismus* gilt, gewann seine Überzeugungen in kulinarischen Angelegenheiten dabei aus dem Kontext der zeitgenössischen technologischen Entwicklungen (z.B. Modell der Dampfmaschine) und naturwissenschaftlichen Erkenntnisse (z.B. Energieerhaltungssatz), die er auf das Nahrungsgeschehen bezog. Die symbolische Repräsentation des menschlichen Körpers hatte sich unter dem Einfluss der industriellen Revolution in die Gestalt eines Motors transformiert, dessen Wirkungsweise darin bestand, die durch die Nahrung aufgenommene Energie in Arbeitskraft und Wärme umzuwandeln. Vermittelt über das Medium „Blut“ sollten die mit dem Essen und Trinken zugeführten Nährsubstanzen außerdem in Muskeln, Knochen, Nerven und Hirn umgesetzt werden, was bedeutet, dass die Nahrung nicht allein als Energielieferantin gedacht blieb, sondern als ein Stoff, der in den Körper *überging* und mit den Organen (wie Herz und Hirn) auch die geistigen und emotionalen Dispositionen beeinflusste. Die Feuerbachsche Formel, dass der Mensch sei, was er esse – ein oft bemühtes und vielfach variiertes Motiv, das häufig auf Brillat-Savarin zurückgeführt wird, dessen eigentliche Herkunft jedoch kaum

164 Ausnahmen galten lediglich für Schwangere und Wöchnerinnen und wurden mit den „natürlichen“ Reproduktionsfunktionen begründet. Allerdings gilt für die Schwangerschaft, dass sie gleichfalls einen *sozialen* „Ausnahmezustand“ markiert und kulinarische Freiräume entsprechend als Kanalisierung eines Konfliktpotenzials gedeutet werden können (vgl. Tolksdorf, 1975).

mehr zu klären ist – bezieht sich auf eben diese Denkweise (vgl. Tanner, 1996: 411).[165]

Die Überzeugung aber, dass die Nahrung als Produzentin der „Person" fungiert, dass Essen und Identität nicht allein symbolisch, sondern gleichfalls materiell kurzgeschlossen sind, impliziert die Vorstellung einer *vergeschlechtlichenden Wirkung* von Nahrung, die für die Essenden das Risiko birgt, durch eine „falsche" Ernährungsweise an den je geschlechtertypischen Eigenschaften zu verlieren bzw. nicht-opportune Eigenheiten hinzuzugewinnen. So ist die Angst vieler Männer, durch den Verzicht auf Fleisch und die Hinwendung zu vegetarischer Kost an Virilität einzubüßen, ja an Körper und Geist geradezu zu „verweiblichen", ein populärer Beweggrund für das Beharren auf „starke" Speisen. Schwäche und Sanftmut sollen dem wirklich „männlichen" Mann um keinen Preis in die Glieder fahren. An diesem Beispiel zeigt sich die emotionale Tiefendimension kulinarischer Symbole, die eine Einbindung der Geschlechterideologie in Gefühle bewirkt. Motivationsforschungen, so Roland Barthes in seinem grundlegenden Aufsatz zur „Psycho-Soziologie der zeitgenössischen Ernährung", hätten gezeigt, dass Männer vorrangig Nahrungsmittel mieden, die in ihrer kulturellen Deutung mit einem niedrigen Status versehen seien und daher ein „Minderwertigkeitsgefühl" implizierten (Barthes, 1982: 71). Doch was macht eigentlich ein Nahrungsmittel zur Chiffre von Minderwertigkeit oder Überlegenheit?

Zum einen beziehen sich derartige Konnotationen auf die oben beschriebenen Eigenschaften wie Konsistenz, Energiegehalt und den betreffenden Status in der symbolischen Ordnung der natürlichen Welt. Zum anderen zeichnen sich „schwache" und „starke" Speisen aber auch dadurch aus, dass sie eben vornehmlich von „schwachen" bzw. „starken" Personen verzehrt werden, d.h. der soziale Status derjenigen, die ein Nahrungsmittel besonders häufig zu sich nehmen, bestimmt dessen kulturellen Bedeutungsgehalt. Daher können sich die typisch „weiblichen" Nahrungsmittel auch problemlos mit den für Kinder, Kranke und Alte empfohlenen Speisen überschneiden, während der „männliche" Geschmack dieser Kost diametral gegenübersteht. Der Geschlechtersinn ergibt sich demnach aus der sozialen Verwendung der Nahrung und den kulturellen Deutungen, die sich auf ihre Substanz beziehen und kann nicht aus der Nahrung „an sich" entziffert werden. Es formieren sich *zirkuläre Verweisungszusammenhänge*, in denen sich die Assoziationen von Weiblichkeit/Schwäche/Minderwertigkeit und Männlichkeit/Stärke/Hochwertigkeit wechselseitig bestärken. Deborah Lupton spricht in diesem Zusammenhang auch von „symbiotic metaphorical relationship": Das Essen von

165 Bei Feuerbach heißt es in seinen Ausführungen zu Moleschott wörtlich: „Menschliche Kost ist die Grundlage menschlicher Bildung und Gesinnung. Wollt ihr das Volk bessern, so gebt ihm statt Deklamationen gegen die Sünde bessere Speisen. Der Mensch ist, was er isst. Wer nur Pflanzenkost genießt, ist auch ein vegetierendes Wesen, hat keine Tatkraft." (Feuerbach 1850, hier zit. nach Barantzke/Gottwald/Ingensiep (Hg.), 2000: 73)

Gemüse (oder: Fleisch) bedeutet „Weiblichkeit" (bzw. entsprechend: „Männlichkeit") und umgekehrt bedeutet „Weiblichkeit" (resp. „Männlichkeit") eine Vorliebe für Gemüse (bzw. Fleisch) (vgl. Lupton, 1996b: 24). Die an leiblichen Repräsentationen von Dominanz und Subordination gewonnenen Muster „oben vs. unten" und „groß vs. klein" konkretisieren sich hier in Gestalt einer vertikalen Anordnung der Nahrungsmittel, deren Pole mit der Geschlechterhierarchie parallelisiert werden, sowie in der als geschlechtstypisch ausgegebenen Größe des Appetits und Energiebedarfs und im Umfang der jeweils zugestandenen Nahrungsmengen und Körperproportionen.

Das bürgerliche 19. Jahrhundert popularisierte und verfestigte mit seinen wissenschaftlichen Begründungen die kulinarische Geschlechterordnung, die (wie andere körpergebundene Lebensbereiche) das Herrschaftsverhältnis zwischen den Geschlechtern bis in die kleinsten Verästelungen des Alltags hineintrug. Mit der Erfindung der bürgerlichen Hausfrau verband sich die Propagierung einer Weiblichkeit, die sich in der Reduzierung auf das Private, in weitgehender Untätigkeit und in einer *Ästhetik des Schwindens* verwirklichen sollte: schwach, blass, zart und schmal wünschte man sich die Leiber der Damen – und selbstverständlich ohne Appetit.[166] Was in der kulinarischen Versagung negiert wird, ist indes nicht allein die Esslust. Es ist die Lust des eigenen Körpers, das eigene Begehren überhaupt. Appetitlosigkeit ziert die sittsame, von ihrem Leib enteignete Frau[167], und das weibliche Essen gerät zum *Sündenfall* (vgl. Wirz, 1997: 443). Unschuld und Reinheit sind zentrale Motive in dieser Konstruktion eines *bedürfnislosen* weiblichen Körpers, der wohl kochend und dienend, weniger aber genießend und verdauend am täglichen Mahl teil hat. Brillat-Savarin unterhöhlt ein gesellschaftliches Tabu, wenn er in seiner Schrift über die „Physiologie des Geschmacks" die Feinschmeckerei als ein quasi „natürliches" Feld der Frauen beschreibt. „Nichts", so sein Urteil, sei „reizender anzuschaun (sic!) als eine hübsche Näscherin unter den Waffen", denn:

> „Feinschmeckerei ziert die Frauen. Sie entspricht der Zartheit ihrer Organe, sie ersetzt ihnen einige Genüsse, denen sie entsagen müssen [...]. [B]ei den Frauen hat die Neigung zur Feinschmeckerei etwas Instinktives, denn sie ist der Schönheit günstig. Eine Reihe genauer und rigoroser Untersuchungen hat erwiesen, daß stärkende, zarte und sorgsame Ernährung die äußeren Zeichen des Alters auf lange Zeit hinausschiebt. [...] Und wie es gewiß ist, daß, physiologisch, die Erschlaffung der Muskeln jene verruchten Feinde der Schönheit, die Falten, erzeugt, ebenso bestimmt kann man sagen, daß, ceteris paribus,

166 Auf Beispiele aus Romanen und Dramen des 19. und frühen 20. Jahrhunderts verweist Wirz, 1997. Zur Ästhetik der blutleeren, dahinschwindenden Frau vgl. auch Brittnacher, 1994: 79ff. Das damit im Zusammenhang stehende Motiv der „schönen Leiche" findet sich ausführlich bearbeitet bei Bronfen, 1994.

167 Inwieweit die Nahrungsverweigerung aber auch eine Form der Aneignung des eigenen Körpers und der „Selbstbestimmung" sein kann, wird in Kap.4.3.2 hinterfragt.

Künstler und Kenner des Essens zehn Jahre jünger erscheinen als Dilettanten." (Brillat-Savarin, 1979: 86ff.)

Auch wenn der Autor hier den Frauen eine „instinktive" Attraktivitätsorientierung unterstellt, die sie in der Freude am Essen ein probates Mittel zur Steigerung ihrer Objektqualitäten (und offenbar der Kompensation versagter Gelüste) finden lässt – und sich damit durchaus innerhalb gängiger Geschlechterklischees bewegt – spricht Brillat-Savarin das weibliche Geschlecht mit seiner Meinung vom Gebot der genusslosen Enthaltsamkeit frei: Eine eher unpopuläre Auffassung, die ihre Zwiespältigkeit vornehmlich aus der Parallelisierung von Speiselust und sexueller Aufgeschlossenheit gewinnt. Der schwache Appetit ist eben nicht nur der Zwilling einer schwachen Konstitution, sondern zugleich das Korrelat gezügelter Leidenschaft.

Zur Kontrastfolie der zivilisierten Sittlichkeit findet sich im bürgerlichen Zeitalter häufig der Topos „wilder" Gier und Unersättlichkeit stilisiert, der sich – in seiner Ambiguität von Sexualität und Ernährung – auch aus den zeitgenössischen Phantasien über die kolonisierten Völker speist. Dabei ist das Bild dickleibiger, stets hungriger Frauen, die sich wollüstig über die Männerwelt hermachen, genauso als Stereotyp vertreten wie die „Menschenfresserei", welche beträchtlich zur Erregung der zivilisierten Gemüter beitrug.[168] Die schon in antiken und mittelalterlichen Darstellungen dokumentierte Furcht vor kannibalistischen Akten erreichte mit dem Kolonialismus des 16. und 17. Jahrhunderts einen neuen Stellenwert, denn die weitgereisten Seefahrer schienen jene Szenarien, die mittelalterliche Gelehrte von der *terra incognita* entworfen hatten, mit ihren Berichten über monströse Geschöpfe, die in schaurigen Verfahren Menschen zu Mahlzeiten verarbeiteten, bestätigen zu können. Es häuften sich Aufzeichnungen über Stammesgesellschaften in Afrika, Südamerika und Polynesien, die ihren Appetit auf Menschenfleisch an ihren Gefangenen, aber auch an Mitgliedern aus den eigenen Reihen stillten. Die düsteren Schilderungen reichen dabei von der Darstellung archaischer Opferrituale bis zur Beschreibung eines kulturell verfeinerten Kannibalismus, der sich des Kochtopfes bedient, um die unfreiwilligen Nahrungsspender am ganzen Stück zu garen.

Obwohl die Bilder, die von den Fremden gezeichnet wurden, sehr deutlich unter dem Eindruck des Interesses standen, das Handelsreisende, Missionare, Kolonialverwalter und Sklavenjäger bei der Verfolgung der eingebo-

---

168 In diesem Kontext ist auch die literarische Figur des *Vampirs* interessant, der als „Gourmet unter den [..] Kannibalen" (Brittnacher, 1994: 76) im 18. und 19. Jahrhundert das Gegenbild zur bürgerlichen Sexualmoral verkörpert. In Gestalt blutrünstiger Aristokraten gehen die Vampire vorzugsweise an keuschen Bürgerstöchtern einer „perversen" Erotik nach, die als Schreckensbild jene Elemente an die Oberfläche zurückdringen lässt, die mit der Unterdrückung der Triebe und Verdrängung der Leiblichkeit ins moralische Abseits geraten waren (vgl. ebd.: 74-80).

renen Bevölkerung leitete, und obwohl sich die angeblichen „Augenzeugenberichte“ bis in den Wortlaut hinein sehr stark ähnelten, da viele den gleichen Text zur Grundlage nutzten (nämlich Hans Stadens 1557 veröffentlichte Geschichte seiner neunmonatigen Gefangenschaft in Brasilien, die ihn in die Fänge der „Wilden/Nacketen/Grimmingen Menschenfresser Leuthen“ brachte)[169], wirkten die vorurteilsvollen Vorstellungen bis in das 19. Jahrhundert hinein nach.[170] Im Lichte der Aufklärungsphilosophie wandelte sich dabei das Bild der grausamen Heiden, die durch die missionierenden Exorzisten zur Gottesfurcht bekehrt wurden (sofern sie die systematischen Eroberungszüge überhaupt überlebten), in die Vorstellung vom *Edlen Wilden*, der – vom blutigen Götzendienst geläutert und kraft der „natürlichen“ Reinheit seines Herzens – zu einem Ideal an Humanität und Tugendhaftigkeit avancierte, das in der Alten Welt mittlerweile vom Untergang bedroht schien. Charakterisiert durch die Unverderbtheit und Unbeschwertheit seines Gemüts verwies der im Sinne der Kolonialherren umerzogene „Primitive“ in seiner utopieträchtigen Idylle auf die Schattenseiten der Zivilisation: eine ränkesüchtige und herzenskalte Gesellschaft.[171]

Die mit Abscheu und Faszination zugleich aufgenommenen Erzählungen über anthropophage Praktiken beinhalten aber auch einen unter dem Blickwinkel des Geschlechterverhältnisses interessanten Aspekt. So schildert der vielfach kopierte Staden die weiblichen Stammesangehörigen bei der Vorbereitung und Abhaltung der kannibalistischen Mahlzeiten als besonders aktiv

169 Arens weist darauf hin, dass eine Überprüfung der historischen Zeugnisse der Anthropophagie ergeben habe, dass die meisten der angeführten „Beweise“ auf Hörensagen oder bereits veröffentlichten Darstellungen beruhen. Ohne abstreiten zu wollen, dass Kannibalismus als soziale Praxis existent ist (allerdings mehr aus logischen Gründen, denn aus einer Überzeugung durch vermeintliche Fakten), plädiert Arens für eine Skepsis gegenüber den Berichten und für eine Schärfung gegenüber der Frage nach der *sozialen Funktion* des Kannibalismus-Vorwurfs: „The significant question is not why people eat human flesh, but why one group invariably assumes that others do.“ (Arens, 1979: 139) Die „Anderen“ der Menschenfresserei zu bezichtigen, schafft nicht nur eine tiefe Grenze zwischen dem „Eigenen“ und dem „Fremden“, der Vorwurf dient auch der ideologischen Absicherung der eigenen Gewalttätigkeit und Blutrünstigkeit, mit der man den „Kannibalen“ gerechtfertigterweise begegnet. Freilich mag es auch die Erwartungshaltung der Daheimgebliebenen gewesen sein, die als Zwang zu abenteuerlichen Geschichten die Fabulierlust der Zurückgekehrten beflügelt haben dürfte. Nicht zuletzt ist ferner zu bedenken, dass auch die anthropologische Forschung selbst zu einer Reifizierung der Anthropophagie beigetragen haben mag. Zur Kannibalismusdebatte vgl. außerdem Brown et al. (Eds.), 1983; Frank, 1987; Harris, 1990; Hulme, 1998; Sanday, 1986; Tannahill, 1979a.

170 Die Spuren dieser Vorstellungen lassen sich sogar bis in unsere Zeit verfolgen, wenngleich mit einer Wendung ins (beabsichtigt oder unbeabsichtigt) Komische: Die Karikatur des im Kochtopf schmorenden Weißen und des mit Menschenknochen geschmückten Wilden scheint noch immer für Comics, Witzseiten, Drehbücher etc. tauglich zu sein.

171 Wohl kaum ein Roman zeichnete die Umerziehung vom Kannibalen zum ethnozentrischen Konstrukt des *Edlen Wilden* so eindringlich und auflagenstark nach wie Daniel Defoes 1719 erstmals veröffentlichte „Abenteuer des Robinson Crusoe“.

und dominant: Die Frauen quälen die über einen längeren Zeitraum festgehaltenen Opfer aber nicht nur mit Schlägen, Fesseln und wilden Tänzen, sie verkehren auch sexuell mit ihnen und lassen sich schwängern, während sie gleichzeitig Vorkehrungen für die Tötungszeremonie treffen. Den eigentlichen Akt des Tötens übernimmt dann zwar ein männliches Mitglied der Gruppe, doch sind es wiederum die Frauen, die den Leichnam über dem Feuer garen, das Fleisch zerlegen und zu guter Letzt noch mit den abgetrennten Extremitäten um die Hütten laufen. Während sich die Männer schließlich am Fleisch des Toten laben, machen sich die Frauen mit ihren Kindern über Hirn und Innereien her, die sie gierig verschlingen (vgl. Kohl, 1993: 166f.). Der sexuellen Aneignung des männlichen Opfers folgt seine vollständige orale Vernichtung, bei der die Frauen in Stadens Schilderungen eine treibende Kraft darstellen.

Das Motiv der animalisch verschlingenden und bedrohlich unersättlichen Frau, das sich in vielen Aufzeichnungen über die Menschenfresserei findet, greift auf eine männliche Angst zurück, die in den Mythen unterschiedlicher Kulturen weit verbreitet und auch in der europäischen Geschichte immer wieder ein Thema gewesen ist: die Angst vor einer triebhaften weiblichen Sexualität, die sich des männlichen Körpers geradezu imperialistisch bemächtigt. Im 19. Jahrhundert erleben Phantasien über die „männerfressende" *femme fatale* und die kastrierende *vagina dentata* eine Blütezeit. Neben dem Bild eines passiv, rein und eher blutleer imaginierten weiblichen Körpers stehen

„[...] dämonisierte Bilder von Frauen, die [...] als Verführerinnen erscheinen, deren Verführungskunst und Geschlechtlichkeit aber stark oral-sadistische Elemente enthalten. Angesichts realer Unterdrückung der bürgerlichen Frau und ihrer weitgehenden Zurückdrängung auf die Privatsphäre des Hauses entsteht dennoch in der männlichen Phantasie ein Bild, das eher Angst ausdrückt." (Kleinspehn, 1987b: 346)

Die Dämonisierung weiblicher Sexualität korrespondiert mit männlichen Verschlingungsphantasien, in denen Mund und Vagina analogisiert werden. Diese Angst vor dem Verschlungenwerden entspringt einer menschlichen Urangst, deren Grundlegungen sich sowohl in der ontogenetischen als auch in der phylogenetischen Entwicklung aufspüren lassen. Die Erfahrung, zur Jagdbeute überlegener Nahrungskonkurrenten werden zu können, ist in der menschlichen Evolution tief verwurzelt. Bevor die frühgeschichtlichen Menschen ihren Platz als erfolgreiches Raubtier – als *Jäger*, auf den sich ja die Evolutionsmythen des 20. Jahrhunderts bis heute hauptsächlich konzentrieren[172] – einnehmen konnten, müssen sie lange Zeit ein Dasein als jagbares

172 In evolutionstheoretischen Forschungen ist der Beziehung zwischen Mensch und Tier hauptsächlich unter dem Fokus des jagenden Menschen Beachtung geschenkt worden. Die Fähigkeit zur Jagd gilt gemeinhin als entwicklungsgeschichtlicher Ursprung menschlichen Verhaltens. Mittlerweile werden diese Positionen als in die Vergangenheit projizierte As-

Fleisch geführt haben, das „routinemäßig gefressen wurde" (Ehrenreich, 1997: 58). In der individuellen Entwicklung kann die Furcht vor dem Verschlungenwerden in tiefenpsychologischer Perspektive auf die Labilität und Verletzungsoffenheit von Körpergrenzen zurückgeführt werden. Während sich der Säugling in den ersten Lebensmonaten als mit dem mütterlichen Körper verbunden wahrnimmt, nicht zwischen dem eigenen und dem anderen Körper unterscheidet, erfährt sich das Kind ab etwa dem ersten Lebensjahr als ein von seiner Mutter (bzw. der zentralen Bezugsperson) unterschiedener Körper. Die Erkenntnis dieser Trennung erzeugt Ängste, die auf die Körpergrenzen gerichtet sind und sich in paradoxe Haltungen kanalisieren können: in einen regressiven Symbiosewunsch, den das Bestreben leitet, die erlebte Trennung rückgängig zu machen und in einem Akt oraler Aggression das Verlorene in den eigenen Körper zurückzuholen, oder eben in die Angst, die eigenen Grenzen nicht behaupten zu können und von einer übermächtigen Instanz restlos einverleibt zu werden (vgl. Kleinspehn, 1987b; Kleinspehn, 1987c; Rath, 1993).[173]

Die Metapher der gierigen oder gar kannibalischen Frau[174] kann als Gegenbild der passiven *femme fragile* indes nicht darüber hinwegtäuschen, dass die *herrschende* symbolische Ordnung den Mann als Jäger und die Frau als das Fleisch imaginiert, auf das sich das männliche Begehren richtet. Die ideologische Struktur dieses Mythos, der in doppeldeutiger Verweisung das „Fleisch" einerseits zum Synonym für den weiblichen Körper macht und es in der Ordnung der Kulinarien andererseits zum Statthalter der „Männlichkeit" bestimmt, gilt es nun weiter auszuleuchten.

---

pekte der gegenwärtigen (westlichen) Kultur kritisiert, die zur Legitimierung des menschlichen Verhältnisses zur Gewalt genutzt werden (vgl. Tanner, 1994).

173 Kleinspehn, der die Verschlingungsängste vor allem an Beispielen aus der Literatur untersucht, lässt allerdings offen, was die beschriebenen Psychodynamiken für die Entwicklung des *weiblichen* Sozialcharakters bedeuten könnten. Frauen tauchen in seinen Überlegungen vornehmlich als geliebt-gehasste Objekte auf, als Mütter oder Partnerinnen, die Störungen in der männlichen Psyche induzieren.

174 Hier sind Bezüge zur Hexenverfolgung erkennbar, in deren Verlauf vielen Frauen unter dem Vorwurf des Verzehrs von Menschenfleisch ein tödlicher Prozess gemacht wurde. Tatsächlich zielte der Vernichtungsfeldzug aber nicht zuletzt auf die Kompetenz, welche die Frauen auf dem Gebiet der Sexualität besaßen. Ihr Wissen über Techniken der Verhütung, Abtreibung, Geburtshilfe etc. kostete Zehntausende Frauen in Europa das Leben (die Schätzungen schwanken teils beträchtlich), weil es ihnen eine Macht verlieh, von der sich die patriarchale Herrschaft bedroht sah.

2.3 „Männliche“ Nahrung und „weibliche“ Nahrung

„Ein Weib ist, wie der unsterbliche Eber
in Walhalla, alle Tage wieder speisefähig.“

(Novalis)

2.3.1 Die Doppeldeutigkeit des Fleisches

Fleisch ist wie kein anderes Nahrungsmittel von einer Aura umgeben, in der sich Macht und Gefahr, Schuld und Lust zu einer magischen Einheit verdichten. Es ist, wie Nick Fiddes ausführt (vgl. Fiddes, 1993), ein *natürliches Symbol* der Macht, eine greifbare Verkörperung von Herrschaft, die notwendig aus einem Akt des Tötens und Blutvergießens hervorgeht – notwendig deshalb, weil in den meisten Gesellschaften allein das Fleisch von Tieren als essbar gilt, die zuvor durch den Menschen (gezielt) zu Tode gebracht wurden. An Unfällen, Witterungseinflüssen oder Altersschwäche verendete Tiere werden zumeist nicht als Nahrungsquelle betrachtet. Heute findet die Tötung der eigens für den menschlichen Verzehr aufgezogenen Tiere zwar als maschinisierter, entöffentlichter Prozess statt, der die KonsumentInnen das blutige und gewalttätige Geschehen vergessen macht, dem sie ihre Braten und Wurstwaren verdanken, doch noch bis in das 18. Jahrhundert hinein wurde das Fleisch gerade durch die Brutalität seiner Herstellung geadelt. Es bezog seinen einzigartigen Wert aus der *sichtbaren* Herrschaft des Menschen über die anderen Lebewesen, die in der Ausübung von Grausamkeit besonders deutlich zum Ausdruck gebracht werden konnte. Die wissenschaftlich sanktionierte Lehre besagte, dass das Fleisch der Tiere seine spezifische geschmackliche Qualität erst durch bestimmte Tötungsprozeduren erlange. So sollte etwa das Auspeitschen von Schweinen und Kälbern kurz vor der eigentlichen Schlachtung ebenso wie das Aufschlitzen lebender Fische oder das Enthäuten noch lebendiger Aale deren Fleisch durch die erlittenen Schmerzen zarter und schmackhafter werden lassen (vgl. ebd.: 86; vgl. Mennell, 1988: 386ff.).

Obwohl die Gewalt, die zur Aneignung des Fleisches anderer Lebewesen unabwendbar ist, im Prozess der Zivilisation zunehmend aus dem Bereich des Öffentlichen und dem Bewusstsein verdrängt werden konnte, hat sich die symbolische Funktion des Fleisches als Repräsentation einer siegreichen

Unterwerfung der Natur erhalten.[175] Fleisch ist aber – aufgrund seiner untrennbaren Verknüpfung mit dem Tod – nicht nur das am höchsten bewertete Nahrungsmittel, das selbst den Göttern zur Opfergabe gereicht, es ist gleichzeitig diejenige Nahrung, deren Verzehr am meisten Ängste provoziert. Während pflanzliche Speisen eher selten gefürchtet werden, ist der Genuss von Fleisch vielfach in Tabus und besondere Reglementierungen eingebunden. Die meisten expliziten Nahrungstabus beziehen sich auf Fleisch (vgl. z.B. Simoons, 1967). Auch die Nahrungsmittel, die am ehesten tiefsitzende Ekelgefühle hervorrufen, sind gewöhnlich tierischen Ursprungs. Für unsere Gesellschaft lässt sich hier beispielsweise die weit verbreitete Abneigung gegenüber Eingeweiden, Augen, Knorpelgewebe, Blutgefäßen etc. anführen. Seinen herausragenden Status im Nahrungssystem erhält das Fleisch nicht zuletzt aus diesem ambivalenten Charakter einer zugleich begehrten und gefürchteten Nahrungsquelle.[176]

Fleisch ist der Inbegriff einer *Herrenspeise* (Derrida), das Signum von Superiorität und als solches prädestiniert, Herrschaftsansprüche zu markieren: die Herrschaft von Menschen über die Natur, die Herrschaft von „zivilisierten“ über „nicht-zivilisierte“ Gesellschaften[177], die Herrschaft der Reichen über die Armen[178] – und die des männlichen über das weibliche Geschlecht.

---

175 Das gilt vornehmlich für das rote Fleisch von Säugetieren, nicht aber für jede Fleischspeise. Die von ihrer tierischen Herkunft bis zur Unkenntlichkeit entfremdeten Fleischklöpse im Brötchen etwa oder die halbfingerkurzen Cocktailwürstchen umweht nicht unbedingt der Geist von Macht und Natureroberung. Häufig ist sogar zu beobachten, dass Kinder, die sich weigern, „Fleisch“ zu essen, gegen Salamistückchen auf ihrer Pizza oder *Chicken nuggets* wenig einzuwenden haben, weil sie diese nicht als „Fleisch“ wahrnehmen. Das Tierische in den visuell und haptisch von ihrem Ursprung befreiten Speisen wurde jedoch mit der BSE-Krise – zumindest für kurze Zeit – schmerzlich in die Erinnerung zurückgerufen.

176 Zum Stellenwert des Fleisches in der Kultur vgl. vor allem Fiddes, 1993 sowie die umfangreiche Literatur über Nahrungstabus (verzeichnet und diskutiert in Setzwein, 1997). Mellinger, 2000 trägt ausgewählte Aspekte der Nahrungsforschung zu einer Kulturgeschichte des Fleisches zusammen.

177 Der Verzehr von Fleisch galt lange als Zeichen der Überlegenheit „höher“ entwickelter Gesellschaften (vgl. auch die ethnischen Stereotype, s. Fn. 160). Dieser Zusammenhang von Fleisch und Macht scheint fortzuleben, wenn man sich gegenwärtige Verzehrsstatistiken ansieht: Im Ranking der Industrieländer sind es die US-BürgerInnen, die mit einem Verbrauch von 33kg pro Kopf und Jahr die Riege der Fleischesser anführen (vgl. Rifkin, 1994: 116). Die Zugehörigkeit zur Gesellschaft der Fleischesser „definiert aus geopolitischer Sicht die Stellung des betreffenden Staates nicht minder deutlich, als dies die Zahl seiner Panzer und Schiffe oder die Steigerung seiner industriellen Produktion tut“ (ebd.: 118). Um ihren Hunger nach Fleisch zu stillen, greift die sogenannte „erste“ Welt auf die Ressourcen der Entwicklungsländer zurück (z.B. durch Umnutzung von Agrarflächen oder Waldrodungen für die Viehzucht), treibt diese noch tiefer in die Armut, verschärft damit die globale Nahrungsungleichheit und reproduziert zugleich ihre Dominanz gegenüber den ausgebeuteten Ländern.

178 Hier klingen – neben der historischen Dimension von demonstrativem Konsum und faktischer Unerreichbarkeit des Fleisches für unterprivilegierte Bevölkerungsschichten – auch metaphorische Bezüge an, indem z.B. der Kapitalismus häufig in Bildern des Schlachtens,

Dass Fleisch zum Symbol von Männlichkeit und deren zentralen Attributen wie Stärke, Potenz, Macht werden konnte, ist vermutlich das Resultat vorgeschichtlicher Entwicklungen. In der Forschung wird davon ausgegangen, dass sich aufgrund eines Rückgangs der Großwildbestände in der ausgehenden Altsteinzeit die Jagdtechniken der Menschen und mit ihnen die Geschlechterrollen veränderten. Folgt man den Interpretationen archäologischer Funde und steinzeitlicher Höhlenzeichnungen, stand am Beginn der Menschheitsgeschichte nicht der Mann als Jäger und Ernährer seiner Sippe, sondern die *gemeinsame* Nahrungsbeschaffung durch Frauen, Männer und Kinder.[179] Das Großwild wurde erlegt, indem die Gruppe ganze Herden über Klippen, in Fallgruben oder in Sumpfgebiete hetzte und die Tiere anschließend gemeinschaftlich tötete und zerlegte. Die Treibjagd, bei der es funktional war, dass sich möglichst viele Gruppenmitglieder an ihr beteiligten, wurde jedoch angesichts abnehmender Beutetiere zugunsten einer Technik aufgegeben, die auf die Fähigkeiten weniger, spezialisierter Personen setzte: die Pirschjagd. Nun galt es, die Tiere, die zur Nahrung dienen sollten, erst einmal aufzuspüren, ihnen zu folgen, sich unbemerkt anzuschleichen, um schließlich zum tödlichen Angriff überzugehen. Diese Jagdvariante schloss es aus, im lärmenden Familienverbund der Beute nachzustellen, so dass vor allem die Kinder bei der Fleischbeschaffung keine hilfreiche Rolle mehr spielen konnten und in den Lagern zurückgelassen wurden. Außerdem erforderte die Suche nach dem seltener gewordenen Wild eine hohe Mobilität, von der die Frauen durch das langsame Heranwachsen ihrer Nachkommen abgekoppelt wurden. Auf diese Weise wurde die Jagd nach Fleisch immer stärker zu einer exklusiv männlichen Tätigkeit, während die weibliche Geschlechtsrolle immer mehr auf reproduktive Funktionen und die Abhängigkeit vom Jagderfolg der Männer festgelegt wurde.

Dieser Wandel scheint sich auch in den erhaltenen Ausdrucksformen der Kunst zu bestätigen, denn ungefähr für die gleiche Zeit, in der sich die „neue" Geschlechterordnung durchsetzte, ist eine Abnahme der Darstellungen von Frauen mit Symbolen der Jagd sowie insgesamt ein Rückgang weiblicher Statuetten zu verzeichnen (Leroi-Gourhan, 1975: 155f.). Und auch die in vielen Kulturen überlieferten Mythen von mächtigen und blutrünstigen weiblichen Gestalten erfuhren im Verlauf der Geschichte eine Transformation.

„Die Entthronung der geheimnisvollen fleischfressenden Jägerin bzw. der historische Wandel des Rollenmodells, der mit der neuen Aufgabenverteilung einherging und dem

---

Blutsaugens, Auszehrens etc. des „Arbeitsviehs" beschrieben wurde. Exemplarisch sei hierfür auf Bertold Brecht verwiesen, der in seiner „heiligen Johanna der Schlachthöfe" den Klassenkampf nicht zufällig in die Kulissen der Chicagoer Fleischfabriken verlegt.

179 Vgl. dazu Leroi-Gourhan, 1988, außerdem Mellinger, 2000 (insbesondere 15-36) und Ehrenreich, 1997 sowie die dort verzeichnete Literatur. Zur sozialen Evolution der Geschlechter siehe auch Lorber, 1999: 191-214.

weiblichen Teil der Gruppe die Aufgabe und Funktion der Verwalterin des Saatguts und der Fleischverarbeitung anheim stellte, bewirkte auch eine Neubesetzung des Götterhimmels: Aus den einst blutdurstigen und fleischhungrigen Kämpferinnen wurden friedliebende Göttinnen des Ackerbaus, die zum Leben nun wenig mehr als eine Handvoll Samen brauchten.“ (Mellinger, 2000: 134f.)

Indem das als Nahrung hochgeschätzte Fleisch nunmehr fast ausschließlich von männlichen Jägern beschafft wurde,[180] erlangten diese zunehmend die Kontrolle über die begehrte Ressource, was ihnen nicht nur die Macht gab, den Löwenanteil der Beute für sich zu beanspruchen, sondern auch über die weitere Verteilung an die übrigen Gruppenmitglieder – und damit ggf. deren Überleben – zu verfügen. Fleisch wurde damit zu einer Speise der Männer.[181] Umgekehrt knüpften sich die Vorstellungen von Männlichkeit an die Macht über das Fleisch. In vielen Initiationsriten nicht-westlicher Gesellschaften spielt das Jagen und Erlegen von Tieren noch immer eine wichtige Rolle: Erst der Jagderfolg macht aus dem Knaben einen heiratsfähigen, für die Rolle des Familienernährers qualifizierten Mann.

Den Zusammenhang von männlicher Macht und der Verfügungsgewalt über Fleisch bekräftigt auch eine Studie von Peggy Sanday, die in einer Untersuchung von mehr als 100 „nontechnological cultures“ Hinweise darauf fand, dass in Gesellschaften mit einer pflanzenbasierten Ökonomie eher egalitäre Geschlechterarrangements anzutreffen sind, als in solchen, deren Ökonomie auf den Verzehr von Fleisch fußt (vgl. Sanday, 1981). Da in den auf pflanzliche Kost ausgerichteten Gesellschaften die Wertschätzung dieser vorrangig von Frauen erzeugten Nahrung sehr hoch sei, besäßen auch die Produzentinnen mehr Ansehen und sozialen Einfluss. Fleischbasierte Ökonomien korrespondierten hingegen mit einer hohen Bewertung männlicher Güter, patrilinearen Verwandtschaftsstrukturen und einer Arbeitsteilung, die den Frauen insgesamt mehr und dabei vor allem gering geschätzte Tätigkeiten zuweist. Die Männer besetzen demgegenüber Aufgabenbereiche, die – wie das Jagen – mit Ehre und Prestige verbunden sind. Von diesen Befunden jedoch auf eine Gleichung der Form „vegetarische Kultur = egalitäre Sozialstrukturen“ bzw. „Viehhaltergesellschaft = hierarchische Ordnung“ zu schließen, scheint indes verfehlt. Eine Überprüfung derartiger (zugegebener-

180 Der „Mann als Jäger“ ist ein Schema, das in den meisten traditionalen Gesellschaften vorzufinden ist (vgl. Collier/Rosaldo, 1992) und als Metapher auch in der westlichen Welt zur Beschreibung des Geschlechterverhältnisses dient.

181 In manchen Untersuchungen wird gemutmaßt, dass es einen Tauschhandel zwischen Männern und Frauen gegeben habe, in denen sexuelle Dienstleistungen gegen Fleisch geboten worden seien. Dabei wird unter anderem auf einige Stammesgesellschaften rekurriert, in denen die Frauen bei ausbleibendem Jagderfolg sexuelle Kontakte verweigern bzw. erfolgreiche Jäger auch im Wettbewerb um die weibliche Gunst siegreich sind (vgl. Harris, 1990). Auf den Tausch Fleisch (Nahrung) gegen Fleisch (Körper) verweist auch die verschiedentlich vorgebrachte, feministische Kritik an der klassischen „Versorgungsehe“, die als eine Form der *Prostitution* angeprangert wird.

maßen reizvoller) Zusammenhänge bleibt weiterer Forschungsarbeit anheim gestellt.

Wie sehr das Fleisch aber auch in den gegenwärtigen hochindustrialisierten Gesellschaften noch immer in ganz alltäglichen Situationen seine Rolle als Garant männlicher Dominanz behauptet, zeigt sich nicht nur in der Verteilung des Fleisches bei der Familienmahlzeit (vgl. Charles/Kerr, 1988), sondern auch darin, wenn es einmal abwesend ist: Vegetarisch lebende Männer gelten vielfach als verweichlichte Schwächlinge[182], und fleischlose Mahlzeiten können gar zu Auslösern für häusliche Gewalt werden, wenn Männer sich durch die „feminine" Kost in ihrem Status als Oberhaupt der Familie zurückgesetzt sehen (vgl. Adams, 1990: 38). So lassen sich selbst die Beziehungsstreitigkeiten prominenter Paare *öffentlich* als Magenfrage diskutieren. Verona Feldbuschs klägliches Versagen beim Versuch, ihrem Dieter ein anständiges Schnitzel zu braten, hielt die Gazetten als Scheidungsgrund wochenlang in Atem. Und nachdem Boulevardjournalisten enthüllt hatten, dass Gerhard Schröder unter der fleischlosen Küche seiner „Hillu" zu leiden hatte, mochte ihm bald jeder nachsehen, dass ein erfolgreicher Politiker eher das Weite sucht, statt an Salatblättern zu nagen. „Der Chef muss Fleischesser sein" konstatiert Derrida (Derrida, 1998: 292) – und für wen gilt das mehr als für einen Regierungschef, zumal auf Bundesebene? Der von Hiltrud als Grund für die Auseinandersetzung vorgebrachte Seitensprung ihres Mannes schien angesichts des Skandalons verwehrter Currywürste dagegen niemanden so recht zu interessieren. Die Verweigerung des Fleisches reichte als öffentliche Erklärung für das Scheitern der Ehe offenbar aus.

Der Fleischverzehr ist vor allem in Gesellschaften, in denen kein Mangel an dieser Ressource herrscht, keine *exklusiv* männliche Nahrung. Zwar essen Männer signifikant mehr und öfter Fleisch und Fleischwaren als Frauen und bevorzugen dabei statushöhere Produkte gegenüber den häufiger von Frauen und Kindern verzehrten minderwertigen Waren (z.B. Würstchen, Hackfleisch)[183], doch sind Frauen vom Fleischsystem keinesfalls ausgeschlossen. Anders verhält es sich jedoch bei der Herstellung des Fleisches, beim Töten, Ausweiden und Zerlegen der Tiere. Wenngleich der Ausschluss von Frauen hier nicht (mehr) *prinzipieller* Natur ist,[184] d.h. eine formale Gleichstellung in der Berufsausübung des Schlachterhandwerks vorgesehen ist, liegt doch eine augenfällige *faktische* Ausgrenzung vor, fungiert das Geschlecht als eine Art „Berufseignungskriterium", das Frauen von derlei „männlichen" Verrichtun-

---

182 Bei der Verknüpfung von Fleisch und Männlichkeit ist freilich die Differenzierung unterschiedlicher Männlichkeitsauffassungen in Rechnung zu stellen. Männlicher Vegetarismus ist daher nicht an allen Orten des sozialen Raums gleichermaßen „geächtet".

183 Für empirische Belege siehe Kap. 3.2.1.

184 Einen prinzipiellen Ausschluss des weiblichen Geschlechts vom beruflich sanktionierten Töten gab es aber beispielsweise noch bis vor kurzem in der Bundeswehr, die ihren weiblichen Mitgliedern im Einklang mit der Verfassung den „Dienst an der Waffe" bislang verweigerte .

gen weitgehend fernhält (vgl. Pringle/Collings, 1993). Der *Schnitt* ins Fleisch ist – weit mehr noch als sein Verzehr – ein männliches Privileg.[185] Das gilt im übrigen auch für den Schnitt ins *menschliche* Fleisch, wie das quantitative Verhältnis von weiblichen und männlichen Chirurgen leicht zu belegen vermag.[186]

Nun sind Schlachterhandwerk und Chirurgie schwerlich miteinander zu vergleichen – obschon vielleicht nicht wenige von Chirurgen zu berichten wissen, die sich wie „Schlachter" gebärden –, doch ist beiden Bereichen gemein, dass es, im Gegensatz zu anderen männlich dominierten Berufssparten wie Ingenieurswesen, Tischlerhandwerk, Informationstechnik etc. kaum erkennbare Bestrebungen gibt, den Anteil von weiblichen „Profis" zu erhöhen.[187] Kann für die Chirurgie noch das ihr traditionellerweise entgegengebrachte hohe soziale Ansehen als Grund für die Abschottung gegenüber weiblicher Konkurrenz veranschlagt werden, greift ein solches Argument im Hinblick auf das am unteren Ende der Prestigeskala angesiedelte Schlachterhandwerk daneben. Hier wie dort heißt die ritualisierte Begründung für die Erhaltung der Tätigkeit als Männerdomäne häufig „mangelnde Körperkraft". Der Vorwandcharakter dieser Behauptung muss vor dem Hintergrund der technologischen Entwicklung, die weder vor dem Operationstisch, noch vor der Schlachtbank halt gemacht hat, nicht umständlich entlarvt werden. Es darf statt dessen vermutet werden, dass die Absenz von Frauen an den Stätten des Blutvergießens und Zerschneidens von Körpern[188] mit männlichen Machterhaltungsinteressen und – besonders im Fall des Fleischerhandwerks – mit den symbolischen Implikationen dieser Tätigkeiten im Zusammenhang steht.

Frauen, die mit Fleischermessern und Beilen hantieren, scharfe Klingen durch Sehnen, Muskeln, Organe führen und blutige Kadaver in Stücke hacken, rühren an kulturellen Tabus. Mehr als ihre männlichen Kollegen, die

185 Historisch betrachtet bestand die männliche Dominanz vorrangig eher bei größeren Säugetieren, während Fische, Geflügel und Kleintiere im ländlichen Raum auch von Frauen getötet wurden.

186 Gegenwärtig liegt der Anteil von Frauen im Facharztgebiet Chirurgie bei knapp 12 Prozent; im Fleischerhandwerk sind etwa 10,5 Prozent der Beschäftigten weiblich (vgl. Statistisches Bundesamt (Hg.), 2000a: 426; 109).

187 Ähnlich sind sich die beiden Bereiche aber auch in einem Aspekt der Terrainverteidigung durch die Männer. Weibliche Auszubildende in Schlachtereien berichten davon, dass männliche Kollegen sie mit blutigen Organen überschütten, um ihnen den Arbeitsplatz abspenstig zu machen (vgl. Pringle/Collings, 1993: 39). Ähnliches hat sich vor noch gar nicht allzu langer Zeit auch in den Universitäten abgespielt: Nachdem Frauen zum Medizinstudium zugelassen waren, versuchten ihre Kommilitonen sie durch das Bewerfen mit Leichenteilen aus den Hörsälen zu vertreiben.

188 Mit dem Begriff „Absenz" beziehe ich mich auf die quantitative Unterrepräsentanz in den genannten Berufen, was aber nicht den Blick dafür verstellen soll, dass Frauen in anderer Hinsicht sehr wohl an diesen Orten präsent sind. Auch wenn sie selten das Messer führen, sind Frauen doch häufig in *assistierender*, vor- und nachbereitender Funktion vertreten.

das schlechte Image des Berufsstandes beklagen mögen und deren Verrichtungen mit einer gewissen Scheu und Distanz betrachtet werden, umgibt die Metzgerinnen eine Atmosphäre der Ungeheuerlichkeit. Als Reinigungskraft im Schlachtbetrieb, Fachverkäuferin an der Fleischtheke oder Köchin der Familienmahlzeit ist der Umgang mit Fleisch für Frauen unproblematisch, die Rolle des professionellen Totschlägers aber, der mit seinen Fertigkeiten Tierleichen in Nahrung transformiert, behalten sich die Männer vor. Die weitgehende Exklusion der Frauen von diesen Tätigkeiten findet ihre Erklärung in der Verschmelzung unterschiedlicher Themenkreise, die auf der Schlachtbank zusammentreffen: Tod, Körperlichkeit, Sexualität. So lebt in der Tötung der zum Verzehr bestimmten Mitgeschöpfe jene Macht fort, die für den Sieg über die „natürliche" Welt steht. Ein Sieg, der freilich die Unterwerfung des als „Natur" (wenn auch *kulturreproduzierende* Natur) definierten weiblichen Geschlechts einschließt. Die Verteidigung des männlichen Privilegs auf das Töten und Zerlegen der Tiere kann damit als Absicherung der männlichen Vorrangstellung im Verhältnis der Geschlechter gelesen werden: Legte man die Messer in weibliche Hände, geriete die symbolische Geschlechterordnung aus den Fugen. Dies vor allem auch deshalb, weil der Verfügung über das Fleisch zugleich eine sexuelle Komponente innewohnt.

Die Assoziationen zwischen Fleischerei und Sexualität haben eine lange Tradition. Die australischen Forscherinnen Pringle und Collings verweisen in ihrem anregenden Beitrag unter anderem auf einige Werke flämischer und norditalienischer Maler des 16. Jahrhunderts, auf denen z.B. Metzger zu sehen sind, die mit einem zweideutigen Lächeln und umgeben von sexuell konnotierten Sinnträgern – als phallisch geltende Messer (vertikal aufgestellt oder vor den Unterleib gehalten), mit Lüsternheit assoziierte Tiere (z.B. Keiler) und Ähnlichem – ihre zweideutige Ware feilbieten (vgl. ebd.: 36ff.). In vielen europäischen und anderen Sprachen existieren Doppeldeutigkeiten bei Begriffen und sprachlichen Wendungen, die sich auf Fleisch, seine Herstellung, Verarbeitung und seinen Verkauf beziehen. So wurden z.B. *carne* und *beccheria* lange Zeit ebenso für sexuelle Zusammenhänge gebraucht wie *a bit of meat*, das zunächst synonym für „Geschlechtsverkehr mit einer Frau" verwendet wurde und später zur Bezeichnung von Prostituierten diente. Im englischsprachigen Raum galten außerdem Ausdrücke für „heißes" oder „rohes" Fleisch als umgangssprachliche Bezeichnungen für Frauen, und mit „Fleischhäusern" waren zugleich Bordelle gemeint (vgl. Mills, 1989: 155). Einige dieser im *Dictionary of Historical Slang* verzeichneten Formulierungen sind noch heute gängig. Es sind hauptsächlich die Diskurse der Stammtische und Pornographie, die sich einer Terminologie bedienen, in der Frauen mit gejagten Tieren oder Fleisch gleichgesetzt werden: „einsame Wölfe" gehen auf die „Jagd" nach „weiblicher Beute", Frauenkörper werden in einer „Fleischbeschau" begutachtet, Frauen werden zu „Frischfleisch" oder „Freiwild" erklärt, das „gezähmt" und „zugeritten" werden kann. Aus den Wörterbüchern des Fleisch-, Jagd- und Viehzüchterwesens bedient sich die „armseligere“ Variante vom „Mann als Jäger“ (Fiddes, 1993: 176), die sich darin ihrer Herrschaft über das weibliche Geschlecht versichert.

In dieser Assoziation von Frauen mit Fleisch, die Sexualität und Macht auf ihre ganz eigene Weise kurzschließt, liegt dann auch ein weiterer Schlüssel für die Beantwortung der Frage nach der auffälligen Abwesenheit von Frauen im Reich der Schlachtbänke. Es ist der (anzügliche) „weibliche“ Charakter der Kadaver, welcher den von Frauenhand geführten Schnitt zu einer prekären Angelegenheit werden lässt.

> „The alignment of women with meat, the connections between femininity, butchery and the ‚meat market‘ suggest that the animal flesh being ‚manhandled‘ is a displacement of the female body. For women to touch the flesh as *women* would be intolerable.“ (Pringle/Collings, 1993: 37; Herv. i. O.)

Das Schema vom „Fleisch der Frauen als Nahrung der Männer“ wird nirgends deutlicher als im pornographischen Kontext. Carol Adams hat gezeigt, dass das *metaphoric sexual butchery* eine Basiskomponente männlicher Pornographie darstellt und vielfältige Bezüge zwischen sexueller Gewalt und dem Schlachten von Tieren bestehen (vgl. Adams, 1990). So beziehen sich nicht nur die kulturellen Bilder von sexueller Gewalt häufig auf die Transformation eines lebendigen Leibes in ein lebloses Stück Fleisch – eine *typische* Umschreibung von Vergewaltigungs- und Missbrauchserfahrungen –, die Pornographie macht sich die Metaphorik des Schlachtens auch explizit zunutze, indem sie entsprechende Requisiten einsetzt: Ketten, Peitschen, Tierhalsbänder etc. Als Apotheose des *metaphoric sexual butchery* erscheinen schließlich die *snuff movies*, die ihr Segment auf dem pornographischen Markt durch ein reales Abschlachten von Frauen (und manchmal Kindern) behaupten. Der sexuellen Folter folgen in diesen Videos ausgedehnte Tötungszeremonien, die mit Verstümmelungen der noch lebenden Opfer beginnen und in einem Öffnen, Ausweiden und Zerlegen der Körper ihren mörderischen Höhepunkt finden. Kannibalistische Anklänge komplettieren die Orgie männlicher Verfügungsgewalt über das weibliche Fleisch, das mit dem (angedeuteten oder tatsächlichen) Verzehr gänzlich der Vernichtungswut unterstellt und restlos angeeignet wird.

Sexuelle Gewalt und Schlachterei seien sich zudem, so Adams, auch darin ähnlich, dass in beiden Fällen ein „abwesender Referent“ vorliege (vgl. ebd.: 39). Im Sprechen über Fleisch sei das Tier, das als *Tier* keine Nahrung sein kann[189], genauso abwesend wie die Frauen, wenn über sexuelle Gewalt gesprochen werde. Nicht auf die Frauen, sondern auf eine spezifische Form

---

189 Dies äußert sich übrigens besonders eingängig in den euphemistischen Umschweifen, mit denen Schnitzel, Steaks, Karbonaden, Keulen, Haxen, Rouladen, Filets, Schaschliks etc. auf unseren Tellern landen und einen Bezug zur menschlichen Anatomie leugnen. Lediglich Innereien werden analog zu menschlichen Organen benannt.

der weiblichen *Erfahrung* referiere beispielsweise die Rede von einer „Vergewaltigung der Welt“.[190] Die metaphorische Verquickung von Schlachtpraxis und Sexualgewalt basiere daher auf einer Art doppelten Übertragung:

„Thus, when women are victims of violence, the treatment of animals is recalled. Similarly, in images of animal slaughter, erotic overtones suggest that women are the absent referent.“ (ebd.: 43)

Während die Tiere also den „abwesenden Referenten“ darstellten, wenn vom *butchering of women* die Rede sei, gäben die Frauen jene nicht präsente Bezugsgröße ab, wenn *the rape of animals* angeprangert werde. Adams entwickelt aus diesen Einsichten das Konzept eines „feministischen Vegetarismus“ (und nicht wie Mellinger irrtümlich behauptet „vegetarischen Feminismus“ (Mellinger, 2000: 146)), der die Ausbeutung von Tieren und Frauen durch Männer parallelisiert. Das Fleisch sei demnach die *Inkarnation* des männlichen Verhältnisses zur „natürlichen“ Welt, das sich herrschend, unterwerfend, vernichtend zeigt. Und einer Ablehnung des Fleisches komme daher die Funktion einer stellvertretenden Zurückweisung patriarchaler Verhältnisse zu, die ihre Stabilität nicht zuletzt der Praxis sexueller Gewalt verdanken, die selten sexuell motiviert, aber immer eine Form der Machtausübung ist. In der Verneinung des Fleisches liege ein symbolischer Protest gegen die herrschende Geschlechterordnung, in der Männer sich die Verfügungsmacht über das Fleisch der Frauen anmaßten.

Ob eine vegetarische Lebensweise tatsächlich an der symbolischen und sozialen Ordnung der Geschlechter zu rütteln vermag, soll hier nicht entschieden werden, entsprechende Bögen sind aber immer wieder geschlagen worden, zumal vor dem Hintergrund des überproportionalen Anteils von Frauen an jenen Bevölkerungskreisen, die sich vegetarisch ernähren.[191] Da der Vegetarismus als Komponente des Lebensstils heute vor allem bei jüngeren Personen und in Milieus populär ist, für die ein hoher Bildungsgrad sowie eine alternative politische Haltung kennzeichnend sind, ist es allerdings nicht unplausibel, dass der Fleischverzicht auch mit einer größeren Offenheit und Egalitätsorientierung hinsichtlich der Geschlechterarrangements kombiniert ist.

Historisch gesehen können aber einige Zweifel an der These unterbreitet werden, dass die Herausbildung einer vegetarischen Bewegung eine Erscheinung des Geschlechterkampfes gewesen sei. In der abendländischen Kultur

190 Vergewaltigungen werden hier – aufgrund der weiten Verbreitung und Systematizität, mit der Frauen Opfer dieser Gewalt werden – als „weibliche“ Erfahrung begriffen, ohne jedoch verdrängen zu wollen, dass auch Jungen und Männer Opfer sexueller Gewalt (fast ausschließlich durch männliche Täter) werden.

191 Die Mehrzahl der Studien geht für die Bundesrepublik von etwa 60% weiblichen Vegetariern aus, berücksichtigt man aber auch andere alternative Ernährungsmodelle wie die Vollwertkost, die einen eingeschränkten Fleischverzehr vorsieht, driften die Geschlechter weiter auseinander.

hat sich die bewusste (und demonstrative) Meidung von Fleisch in der Zeit um das 6. vorchristliche Jahrhundert ausgeprägt.[192] Zunächst wurde der Fleischverzicht von der *orphischen Bewegung* praktiziert, die sich mit moralischen Vorbehalten gegen die gängige Opferpraxis der griechischen Welt wandte. Die AnhängerInnen der Orphik glaubten, mit der Abwendung vom Töten und Blutvergießen ihre Seelen retten und Erlösung finden zu können. Diese Vorstellung wurde von den Pythagoräern zu einer Lehre der Seelenwanderung fortgeführt, die es logisch ausschloss, beseelte Lebewesen zu verspeisen. Der Vegetarismus entwickelte sich in der Antike schließlich zu einer religiösen Gegenkultur gegen das herrschende Fleischsystem, die ihren Einfluss bis in die römische Kaiserzeit behaupten konnte. Interessant ist, dass sich diese Bewegung hauptsächlich aus Menschen zusammensetzte, die abseits der politischen Gemeinschaft standen oder über geringe Partizipationschancen verfügten: Frauen, Fremde, Randgruppen, ausgeschlossene Intellektuelle – Personen also, die am Fleischsystem und der staatlichen Opferreligion, wenn überhaupt, nur geringen Anteil hatten (vgl. Mellinger, 2000: 77). Die faktische Ausgrenzung wurde in ein gleichermaßen philosophisches wie politisches Konzept umgemünzt, das der sozialen Distinktion dienlich war und insofern als Ausdruck gesellschaftlicher Konfliktlagen gelesen werden darf. Das Gleiche gilt, wenn auch unter anderen Vorzeichen, ebenso für den bürgerlichen Vegetarismus der Moderne.

Es sprechen viele Indizien dafür, dass die Mitglieder der vegetarischen Organisationen, die im 19. Jahrhundert in Gestalt von Vereinen ihren Aufschwung nahmen, die propagierte Lebensweise dazu nutzten, den eigenen sozialen Aufstieg abzusichern und ihren gesellschaftlichen Status zu konsolidieren (vgl. Barlösius, 1997). Die vegetarische Lebenshaltung bot den aufstrebenden Gruppen („neuer Mittelstand"), aus denen sich ihre Anhängerschaft vornehmlich rekrutierte, eine Möglichkeit der Abgrenzung sowohl gegenüber den auf die Verbesserung ihrer materiellen Lebenssituation ausgerichteten proletarischen Schichten, von denen sie sich durch die Maxime der selbst auferlegten Askese distanzieren konnten, als auch gegenüber den wohlhabenden bürgerlichen Schichten, die an einer Imitation des adeligen Lebensstils orientiert waren. Eva Barlösius deutet die vegetarische Lebensweise daher als eine Form der *Verbürgerlichung* von Individuen, die als soziale Aufsteiger zwar ökonomisch bereits den Mittelschichten angehörten, kulturell hingegen noch nicht in die bürgerliche Lebensführung integriert waren.

192 Zur Geschichte des Vegetarismus vgl. Baumgartner, 1989; Spencer, 1993; Teuteberg, 1994. Die folgenden Ausführungen verstehen sich nicht als historischer Abriss der vegetarischen Bewegungen, daher erlaube ich mir an dieser Stelle einige recht grobe Abkürzungen. Das Ziel besteht statt dessen darin, aufzuzeigen, dass die Debatten um den Vegetarismus historisch nicht – wie heute durchaus üblich – von der Geschlechterproblematik überlagert waren.

Lenkt man den Blick auf eine sozialstatistische Beschreibung der sich öffentlich zum Vegetarismus Bekennenden jener Zeit, zeigt sich ein gänzlich anderes Gesicht der gewöhnlich als gegenkulturelle Bewegung[193] aufgefassten Lebensweise. Die überwiegend kleinbürgerliche Anhängerschaft des Vegetarismus stammte hauptsächlich aus protestantisch geprägten, urbanen Gebieten, Hochburgen der Industrialisierung, die aber zugleich eine bildungs- und wirtschaftsbürgerliche Tradition aufwiesen. Hier waren es in erster Linie die unverheirateten *Männer*, die sich mit einem Durchschnittsalter von 20 bis 30 Jahren den Vereinen anschlossen. Ihre Mitgliedschaft hielt diese Klientel jedoch im statistischen Mittel nur vier bis acht Jahre aufrecht und begrenzte ihren „Vegetarismus“ damit augenscheinlich auf die Phase der beruflichen und familialen Integration. Diese Befunde – wie auch der Umstand, dass sich viele bereits bestehende Organisationen erst später in „vegetarische“ umbenannten und das Etikett zu Abgrenzungszwecken nutzten, oder auch die zahlreichen Konflikte zwischen den verschiedenen Vereinigungen (vgl. ebd.: 177) – lassen vermuten, dass das nach außen gekehrte Engagement für eine vegetarische Lebensweise im 19. Jahrhundert ein Phänomen darstellt, das mehr als Ausdruck von *Konflikten zwischen den sozialen Klassen*, denn als Ausdruck eines Geschlechterkonfliktes gewertet werden muss.

Dennoch ist nicht von der Hand zu weisen, dass das Manifest der vegetarischen Lebensweise eine Aufwertung der traditionell weiblich konnotierten Nahrung beinhaltet und damit Anknüpfungspunkte für Emanzipationsbestrebungen bereithält. In diesem Sinne interpretiert Albert Wirz (am Beispiel des berühmten Müesli-Schöpfers Bircher-Benner) die Bemühungen um die Ernährungsreform auch als einen indirekten Angriff auf die symbolische Geschlechterordnung:

„Die moralische Physiologie Bircher-Benners implizierte somit eine *Feminisierung* des Essens und eine nichtinterventionistische Medizin. Sie achtete die Integrität auch des kranken Körpers. Darüber hinaus barg sie nicht weniger als ein Versprechen von Autonomie auch für die Schwachen. Das mag mit erklären, weshalb sich gerade auch emanzi-

---

193 Zur Diskussion einer *anticarnivoren Gegenkultur* der Moderne vgl. Eder, 1988. Klaus Eder fasst das zentrale Element der modernen Esskultur, den Fleischgenuss, als eine demokratisierte Form des griechischen Opfermahls, also des konstitutiven symbolischen Aktes der Polis, auf. Die Demokratisierung der carnivoren Kultur vollzog sich demnach als Prozess der Verbürgerlichung der Verzehrssitten, welcher sich zunächst in der Entwicklung der bürgerlichen *Grande Cuisine* aus der aristokratischen *Haute Cuisine* niederschlug und schließlich in einer Uniformierung der Esskultur im Hinblick auf den Fleischverzehr führte. Als Internationalisierung von Verzehrsgewohnheiten setzt sich der Demokratisierungsprozess gegenwärtig weiter fort und mündet unter anderem in eine Überformung der Dritten Welt durch die europäische carnivore Kultur, wobei der Verbrauch von Fleisch in dem Maße ansteigt, in dem die Demokratisierung voranschreitet. Der Vegetarismus stellt zu der vorherrschenden carnivoren Kultur den gegenkulturellen Pol dar, der jedoch nicht, wie vielfach geschehen, als dem Prinzip der Modernität entgegengesetzt betrachtet werden darf, sondern als Versuch gewertet muss, eine *andere* Moderne zu realisieren.

patorisch bewegte Frauen von der moralischen Physiologie angesprochen fühlten. Und wenn der Ernährungsreformdiskurs die gegebene Geschlechterordnung auch nicht direkt in Frage stellte – schließlich war Bircher-Benner ja selbst ein ausgegorener Patriarch, der über seine Sippschaft wachte wie ein alttestamentarischer Stammvater –, so untergrub die moralische Physiologie dennoch die symbolischen Fundamente, auf denen die patriarchale Ordnung der bürgerlichen Gesellschaft aufbaut." (Wirz, 1997: 455; Herv. d. Vf.)

Die höhere Bewertung der pflanzlichen Kost, die im Zuge der wissenschaftlichen Entdeckung der Vitalstoffe, vor allem der *Vitamine*, um die Jahrhundertwende weiteren Aufwind bekam, mochte zwar die männliche Fleischreligion nicht in ihren Grundfesten erschüttern, eine Irritierung der Nahrungshierarchie hat sie aber doch bewirkt. „Schwaches zwingt Starkes" sagte Lao Tse – Bircher-Benner übertrug die alte taoistische Weisheit auf die Nahrung und kehrte damit die hergebrachte kulinarische Taxonomie um (vgl. ebd.). Die „schwache" Nahrung zeigte nunmehr unleugbare Stärken.

Es ist zu vermuten, dass angesichts grassierenden Rinderwahns und anderer mit bedrückender Regelmäßigkeit wiederkehrender Fleischskandale die kulturelle Umbewertung von carnivorer und frugivorer Ernährungsweise in einigen Gegenwartsgesellschaften zugunsten letzterer voranschreiten wird. Wie dauerhaft und nachhaltig eine solche Entwicklung jedoch ausfallen wird, ist kaum abzusehen. Und ob sich mit einer „Feminisierung" der Ernährung gar eine *symbolische Revolution* verbinden lässt, bleibt abzuwarten. „Die Tatsache, daß am Vorabend des dritten Jahrtausends das Ansehen von Fleisch heftig sinkt", schreibt Nick Fiddes, „könnte die Herausbildung neuer Werte ankündigen" (Fiddes, 1993: 275). Noch immer aber verteidigt das Fleisch seinen Thron als Symbol der Macht, auch wenn sich der „Sieg über die Natur" schon längst in eine Niederlage verkehrt hat.

2.3.2 Zur Errichtung von Geschlechtergrenzen: Nahrungstabus

In einigen Gesellschaften übernehmen *explizite* Verzehrsbeschränkungen die Definition dessen, was als „männliche" und was als „weibliche" Nahrung zu gelten hat, und erfüllen damit die Funktion einer symbolischen Segregation der Geschlechter.[194] Diese Beschränkungen sind in aller Regel in übergreifende Kontexte eingebunden, die religiöse Weltauslegungen ebenso umfassen wie sexuelle Anschauungen oder ideologische Legitimationen von Herr-

194 Auf die rationalen, funktionalen und symbolischen Fundamente, die Verzehrsbeschränkungen *allgemein* zugrunde liegen, soll an dieser Stelle nicht eingegangen werden. Aus der Fülle von Nahrungsablehnungen, die sowohl Grenzen zwischen verschiedenen Gesellschaften als auch innerhalb von Gesellschaften – zwischen unterschiedlichen sozialen Aggregaten oder Interessengruppen – markieren können, sollen hier nur diejenigen (und auch diese wiederum nur ausschnitthaft) Beachtung finden, die eine Grenze zwischen den Geschlechtern ziehen.

schaft. Häufig sind dabei Nahrungstabus[195] vorzufinden, welche die hoch angesehene Fleischnahrung für Frauen (und Kinder) weitgehend unzugänglich machen, wobei zu den allgemeinen Verzichtsgeboten, die den Frauen auferlegt werden, noch temporäre Versagungen hinzutreten, die mit der weiblichen Reproduktionsfunktion (Menstruation, Schwangerschaft, Stillzeit etc.) in Verbindung stehen. Entsprechende Befunde lassen sich für die unterschiedlichsten Kulturen und geographischen Räume konstatieren.[196] Frederick J. Simoons hat in seiner Forschungsarbeit über Nahrungsablehnungen einen Katalog von Erklärungen über die Ursprünge von Nahrungstabus zusammengetragen und weist darauf hin, dass neben Abgrenzungsbestrebungen, ökonomischen Kosten-Nutzen-Kalkülen oder magischen und religiösen Aspekten auch die Herrschaftsinteressen privilegierter Gruppen die Nahrungsideologie bestimmen. Die Kontrolle der alimentären Ressourcen durch Essverbote verschaffe den – fast immer männlichen – Prestigeträgern einer Gesellschaft die Macht, die beste Nahrung für sich selbst zu reservieren (Simoons, 1967: 115). Dies bringt eine weitere symbolische Aufwertung und zugleich eine physische Stärkung mit sich, die im Zusammenwirken den privilegierten Status der Betreffenden konsolidieren. Über explizite Verbote und Tabuierungen hinaus können auch Distributionsregeln für eine faktische Begrenzung des Speiseplans benachteiligter Bevölkerungsgruppen sorgen, indem sich die Verteilung der Nahrung in Qualität und Menge nach der sozialen Wertschätzung der Essenden bemisst.

Dass Nahrungstabus und -verbote aber die Grenze zwischen den Geschlechtern nicht nur durch die Konstituierung von Nahrungsprivilegien markieren, sondern in komplexer Weise mit der symbolischen Geschlechterordnung, den herrschenden Vorstellungen über Sexualität und den Bildern,

---

195 Im Bereich der Verzehrsbeschränkungen sind Tabus, Verbote und Meidungen voneinander zu unterscheiden, was in der einschlägigen Literatur zumeist vernachlässigt wird. Kurzgefasst basieren die emotional hochbesetzten *Nahrungstabus* auf einer *innerlichen* Verankerung kultureller Selbstverständlichkeiten, deren Überschreitung innerliche (psychische) Sanktionen impliziert. Nahrungstabus besitzen häufig einen ambivalenten Charakter, da sie Ehrfurcht und Abscheu in sich vereinen können. Während tabuierte Stoffe sich also quasi „aus sich selbst heraus" verbieten, stellen *Nahrungsverbote* von außen gesetzte, ggf. kodifizierte Normen dar, die durch gesellschaftlich akzeptierte Autoritäten (z.B. politische oder religiöse Organe) legitimiert sind. *Nahrungsmeidungen* beziehen sich dagegen auf Speisen, die dem kulturell definierten Bereich des Essbaren angehören und deren Verzehr nicht ausdrücklich untersagt ist, die jedoch aufgrund der ihnen anhaftenden sozialen Konnotationen von jeweils unterschiedlichen Teilen der Gesellschaft gemieden werden. Nahrungstabus, -verbote und -meidungen liegen dicht beieinander. Das Tabu ist eine besondere Form des Verbots, die Meidung kann wie das Tabu stark emotional geprägt sein, und nicht zuletzt können Meidungen und Verbote Tabuierungen nach sich ziehen. Zur Begründung und näheren Erläuterung der begrifflichen Abgrenzung siehe Setzwein, 1997: 21-78.

196 Für zahlreiche Beispiele und Belege vgl. Simoons, 1967. Freilich lassen sich aber – entgegen der weitverbreiteten Tendenz – auch Gesellschaften finden (z.B. im Amazonasgebiet), in welchen besonders den Frauen ein großer Fleischhunger nachgesagt wird, den die männlichen Jäger stillen müssen.

die sich eine Kultur von den Geschlechtskörpern macht, verwoben sein können, haben vor allem strukturalistisch angelegte Analysen herauszupräparieren vermocht.[197] Die enge Verquickung von Nahrungstabus und Geschlechterordnung soll im folgenden exemplarisch aufgezeigt werden, und zwar anhand einer auf Neu-Guinea durchgeführten Studie, deren Autorin sich in ihrer Sensibilisierung für die Geschlechterproblematik kritisch von der älteren ethnographischen Forschung zu dieser Fragestellung absetzt. Anna S. Meigs (Meigs, 1988; Meigs, 1992) bemängelt an der ethnographischen Literatur, die sich der Lebensweise von Menschen auf Neu-Guinea widmet, vor allem, dass bis heute stereotype Interpretationen der Geschlechterideologie fortleben, die auf Deutungen der ersten FeldforscherInnen im ozeanischen Raum zurückgehen. Letztere skizzierten vor dem Hintergrund der vorgefundenen räumlichen Geschlechtersegregation, der existierenden Männerkulte, die in vielfältigen Ritualen das „Weibliche“ symbolisch auf Abstand halten, und einer geringen Wertschätzung von Frauen allgemein die geläufige Geschlechterordnung, nach der Männern Attribute wie „überlegen“, „stark“ und „rein“ zufallen, während das weibliche Geschlecht mit den entgegengesetzten Eigenschaften „unterlegen“, „schwach“, „unrein“ assoziiert wird. Nun sei, so die Argumentation von Meigs, diese Form der Geschlechterideologie in der von ihr untersuchten Gesellschaft der *Hua* zwar nachweislich vorhanden, doch besitze diese eine bislang außer Acht gelassene Tiefendimension, in welcher sich zugleich Vorstellungen über die Geschlechterdifferenz und Sexualität offenbarten, die von einer „Schwäche“ des männlichen Geschlechts ausgingen.

„[...] [T]he eating rules and the metaphors associated with them provide strong new report for the description of New Guinea sexual ideology as one of overwhelming male superiority and power. But beneath the arrogant male ideological stance, the ground is soft. Careful study reveals a second facet to male thinking – an attitude of reproductive impotence and sexual inferiority.“ (Meigs, 1992: 109)

Zu diesem Ergebnis gelangt Meigs durch eine akribische Analyse der Essregeln, die von den *Hua* – wie auch die Nahrungsmittel selbst – in fast allen Fällen mit sexuellen Konnotationen belegt werden. Von besonderem Interes-

197 Auch dort, wo Nahrungstabus die Geschlechter *nicht* voneinander trennen, können sie mit der Sexualorganisation einer Gesellschaft im Zusammenhang stehen. Edmund Leach machte die Beobachtung, „daß die Art und Weise, in der Tiere im Hinblick auf ihre Eßbarkeit kategorisiert werden, in gewisser Weise mit der Art korrespondiert, wie Menschen im Hinblick auf ihre Geschlechtsbeziehungen kategorisiert werden.“ (Leach, 1972: 52) Die von Leach offengelegten Parallelen münden in ein Schema, das die „Heiratbarkeit“ von Personen und die Essbarkeit von Tieren an einer Achse von Nähe und Distanz ausrichtet: „Sehr nah“ (nahe Verwandte/Schoßtiere) und „sehr fern“ (außerhalb der Gesellschaft stehende Fremde/wilde Tiere, die nicht gejagt werden) stellen hierbei jene Klassen dar, welche die Essbarkeit bzw. die Möglichkeit ehelicher Beziehungen ausschließen. Vgl. dazu auch die Untersuchung von Tambiah, 1969, der die Beziehung zwischen Nahrungs- und Heiratsregeln am Beispiel eines thailändischen Dorfes nachzeichnet.

se ist hierbei vor allem jener Regelkomplex, der für die initiierten Männer formuliert wird, denn diese bilden diejenige sozial definierte Gruppe, die dem „Weiblichen“ als kulturelles Konstrukt nicht nur diametral gegenübersteht[198], sondern in spezifischer Weise durch dessen Einfluss *gefährdet* ist. So zeigt sich denn auch, dass die für „vollwertige“ Männer als gefährlich eingestuften und zum Tabu erklärten Speisen einen auffälligen Bezug zur weiblichen Sexualität besitzen.

Insgesamt acht Kategorien von Nahrungstabus, die dem Schutz der initiierten männlichen Gesellschaftsmitglieder dienen sollen, konnte Meigs ausfindig machen. Dabei handelt es sich in der überwiegenden Zahl um Pflanzen und Tiere, deren Eigenschaften mit Merkmalen des weiblichen Körpers parallelisiert werden, aber es gehören ebenso Dinge in den Kanon des Tabuierten, die über einen symbolischen Verweis auf Unreinheit oder Minderwertigkeit assoziativ an das weibliche Geschlecht gekoppelt sind, indem sie auf dessen sozialen Status referieren. Einige Tiere wie z.B. das Opossum sind in mehrere Kategorien gleichzeitig eingeordnet und dadurch als besonders tiefsitzende, starke Tabus gekennzeichnet. Sie vereinigen verschiedene Assoziationen auf sich, die jede für sich genommen bereits einen Verzicht gebietet. Im einzelnen stellt sich die Struktur der männerspezifischen Speisetabus wie folgt dar :

Tab. 1 Nahrungstabus für initiierte männliche Hua (nach Anna S. Meigs)

Nahrung	Assoziation/kulturelle Deutung
1. Dinge, die *rot* sind (z.B. rotes Gemüse, rötliche Banane, rote Vögel, rötliche Pilze, besonders: Öl des roten Schraubenbaums)	Vagina, Menstruationsblut
2. Dinge die „*be'ftu*“ riechen (z.B. verschiedene Arten des Opossums, ein bestimmter Pilz, zwei Arten von Jamswurzeln)	Geruch menstruierender Frauen
3. Dinge, die mit einem *Loch* in Verbindung gebracht werden (z.B. einige Tiere, die in Höhlen oder Erdlöchern leben sowie ein bestimmter Pilz, der in Baumlöchern wächst)	Vagina
4. Dinge, die *haarig* sind (z.B. pelzige Tiere und Vögel, die am Kopf übermäßig befiedert sind, eine Gemüseart, die als behaart gilt)	weibliches Schamhaar

198 Initiationsriten ziehen nicht nur Trennungslinien zwischen denen, die die Initiation bereits durchlaufen haben und jenen, die sie noch erwarten. Sie markieren auch (und vielleicht vor allem) eine Grenze zu den Gesellschaftsmitgliedern, die *nie* in diesen Initiationsritus eintreten werden.

5. *Opossum* und Dinge, die mit ihm in Zusammenhang gebracht werden (z.B. nicht gar gekochte Süßkartoffel, weil ihre Farbe dem Innern des Auges eines Opossums gleicht, Wasser aus dem Dschungel, weil es von den Ausscheidungen des Opossums verunreinigt ist)	Frau, weibliche Sexualität allgemein
6. Dinge, die mit dem *Erdboden* in Verbindung stehen (z.B. kurzes Zuckerrohr, Erdpilze, Vögel, die am Boden fressen, sowie Mäuse und Hunde)	Unreinheit und Unterordnung allgemein, niedriger Status von Frauen im besonderen
7. Dinge, von denen angenommen wird, dass sie ein *dunkles Inneres* haben (z.B. Opossum, Mäuse, Hunde, einige Innereien des Schweins)	weibliche Fruchtbarkeit
8. Dinge, die *wild* sind (z.B. wilde Jamswurzeln, wilde Bananen, Opossum, Mäuse, Wildgemüse)	unkontrollierbare weibliche Sexualität, „weibliche Natur“ vs. „männliche Kultur“

Einige der aufgeführten kulturellen Deutungen erschließen sich recht klar und ohne größere Umschweife, bei anderen hingegen sind weitere Informationen nötig, um die Zuordnungen zu verstehen. So ist etwa die Tabuierung von Pflanzen und Tieren, welche mit dem Erdboden assoziiert werden (6), auf der einen Seite eine Konsequenz aus der Annahme, dass der Boden durch menschliche und tierische Exkremente verschmutzt und daher „unrein“ sei. Zugleich wird die „Bodennähe“ aber auch als ein Merkmal der Frauen aufgefasst, die in der sozialen Hierarchie einen niedrigen Status innehaben, also „unten“ stehen. So kommt in der Begründung dieser Klasse von Verzehrsbeschränkungen auf der anderen Seite eine Geschlechterordnung zum Ausdruck, welche die Männer (nicht nur symbolisch) gen Himmel hebt, während sie die Frauen zu Boden drückt. Der Umstand, dass die *Hua* beispielsweise ihre Schlafplätze so organisieren, dass die der Männer stets höher liegen als die der Frauen, oder auch die Beobachtung, dass fast alle weiblichen Namen in Bezeichnungen für erdnahe Pflanzen wurzeln, die Namen der männlichen Stammesangehörigen jedoch von hohen Bäumen, Bergen oder dem Himmel selbst abgeleitet werden (vgl. ebd.: 110ff.), muss vor dem Hintergrund dieses basalen, leiblich fundierten Schemas von Herrschaft bewertet werden.

Die Assoziation, die zu einer Tabuierung der Dinge führt, von denen vermutet wird, dass sie ein dunkles Inneres bergen (7), fußt Meigs zufolge auf Erfahrungen aus dem Ackerbau. Die gedankliche Verknüpfung von Dunkelheit und Fruchtbarkeit liegt sehr nahe, wenn man sich vor Augen hält, dass ein Feld idealerweise kühl, feucht, schwer und somit dunkel sein muss, um reiche Erträge einzubringen. Ist der Boden dagegen hell, deutet dies auf einen verdorrten Acker, der keine Früchte tragen wird. Auch die letztgenannte Klasse von Esstabus, die sich auf „wilde" Tiere und Pflanzen bezieht (8), schlägt indirekt eine Brücke zur weiblichen Fruchtbarkeit. Das „Wilde" bedeutet den *Hua* vor allem Unkontrollierbarkeit, etwas Unbekanntes, Geheimnisvolles, das sich nicht beherrschen lässt und daher eine potenzielle Gefahr darstellt. Zu diesen Phänomenen zählen auch die Reproduktionsfunktionen des weiblichen Körpers, ein Mysterium, um das ein Netz vielfältiger Regeln und Rituale gespannt wird, welches die unheimlichen Kräfte zumindest ansatzweise kontrollierbar machen soll. Die Attribuierung von Frauen als „wilde Natur" erschließt sich implizit außerdem aus den Vorkehrungen, die Männer treffen, um ihre Verrichtungen vor weiblichen Einflüssen zu schützen. „Männlich" definierte Arbeiten wie das Anfertigen von Pfeil und Bogen, Werkzeugen oder Musikinstrumenten müssen stets in räumlicher Distanz zu den Frauen ausgeführt werden, wenn sie gelingen sollen. Baut ein männlicher *Hua* einen irdenen Ofen, darf keine Frau in der Nähe sein, denn ihre Anwesenheit würde später das Garen der Speisen verhindern. Besonders unheilvolle Kräfte werden *menstruierenden* Frauen nachgesagt, die allgemein männliche Unternehmungen gefährden, aber vor allem auch für die Nahrung eine Bedrohung darstellen. Werden Nahrungsmittel von Menstruierenden berührt (oder auch nur angesehen), werden sie ungenießbar.[199] Die größte Gefahr besteht dabei für die prestigeträchtige Fleischnahrung, deshalb isolieren die *Hua* z.B. ihre geschlachteten Schweine von den weiblichen Stammesangehörigen. In all diesen Bemühungen zeigt sich eine Polarisierung von kulturschöpfenden Männern und „wilden" Frauen, deren undurchsichtige Kräfte die männlichen Kulturleistungen bedrohen und auch den Männern selbst Schaden zufügen können.

Das *Opossum* (5) sticht aus der Klassifikation hervor, da seine Tabuierung mehrere Kategorien umgreift und die *Hua* alles, was diesem Tier auch nur ähnlich ist oder auf andere Weise einen Bezug zu ihm aufweist, als Speise für die initiierten Männer ablehnen. Sein besonderer Status rührt von einer Parallelisierung her, in der das Opossum als eine tierische Entsprechung (*counterpart*) des Weiblichen aufgefasst wird. Viele Eigenschaften dieser Beutelrattenart bringen die *Hua* mit Merkmalen des weiblichen Körpers in Verbindung: Das Fell des Opossums sei wie das weibliche Schamhaar, seine Ausdünstungen erinnerten an den Geruch menstruierender Frauen, es lebe in vaginagleichen Höhlen, und die besondere Weise, in der einige Arten kopfüber von den Bäumen herabsteigen, ähnele stark der Geburt eines Kindes.

---

199 Der Glaube, dass Speisen und Getränke in der Gegenwart menstruierender Frauen verderben, ist weit verbreitet und beispielsweise auch in der europäischen Kultur verankert, etwa als Volksglaube über sauer gewordene Milch oder beim Ausschluss von Frauen aus dem Brauereihandwerk. Noch im ausgehenden 19. Jahrhundert hielten es britische Mediziner für eine wissenschaftliche Tatsachc, dass Fleischstücke, die von menstruierenden Frauen berührt würden, unweigerlich verfaulten.

Die männlichen Informanten, die Meigs zur Tabuierung des Opossums befragte, waren sich darin einig, dass sein Verzehr besonders schwerwiegende Folgen nach sich ziehen würde – sie befürchteten, durch den Genuss des Fleisches schwanger zu werden (vgl. ebd.: 111). Damit aber wäre eine der markantesten Grenzen zwischen den Geschlechtern gefallen.

Die aufgeführten Kategorien von Esstabus lassen erkennen, dass die Beschäftigung mit der gefürchteten weiblichen Sexualität im Leben der männlichen *Hua* eine außerordentlich große Rolle spielt. Dabei insistieren die Männer stets auf der Minderwertigkeit von Frauen, die sie etwa in der metaphorischen Verbindung mit dem Erdboden oder der „wilden" Natur besonders herausstreichen und in der Sozialorganisation ihrer Gesellschaft (z.B. durch Besitz- und Wahlrechte) fest etabliert haben. Doch es ist nicht nur die Assoziation von Nahrung mit Sexualität, die, vermittelt über Speiseregeln, eine symbolische Grenzziehung zwischen den Geschlechtern leistet. Auch der umgekehrte Bezug – eine Beschreibung von sexuellen Vorgängen in kulinarischen Kategorien – wird von den *Hua* genutzt, um die hierarchisch verfasste Ungleichheit der Geschlechter zu bekräftigen.

In einer Untersuchung sprachlicher Ausdrücke wie Redewendungen und Beschimpfungen sowie der Analyse überlieferter Sagen belegt Meigs die bei den *Hua* sehr populäre Analogisierung von Mund und Vagina, die eine implizite Assoziation zwischen dem Akt des „Fütterns" (der Nahrungsgabe, des Nährens etc.) und dem Geschlechtsakt einschließt. Das geistige Band, mit dem das „Füttern" und der Koitus bedeutungsvoll zusammenknüpft werden, besteht in der Vorstellung, dass beim Geschlechtsverkehr lebenswichtige Substanzen ausgetauscht würden. Dabei handelt es sich um *nu* und *vza bu*, ersteres hauptsächlich eine Bezeichnung für die Sexualsekrete, Körperschweiß, Blut und Lymphflüssigkeit[200], letzteres die gasförmige Variante des *nu*, die über den Mund abgegeben werden kann. Um ihr *vza bu* nicht zu verlieren, durchlaufen die männlichen Initianden eine längere Phase des Schweigens, die das Entweichen der Substanz, die als Essenz des Lebens und Quelle der Vitalität gilt, verhindern soll. Ein Mangel an *nu* wird gleichermaßen für ein geringes Körperwachstum, eine schnelle Alterung, Schwächlichkeit und Impotenz verantwortlich gemacht.

Jeder Austausch von *nu*, ganz gleich, ob er über das Medium Blut, die Nahrung oder Körperkontakte erfolgt, kann zwei mögliche Effekte haben – je nachdem, wie die soziale Beziehung zwischen dem Gebenden und dem Empfangenden bewertet wird. Handelt es sich um eine positiv bewertete Beziehung, so wird auch der Akt des *nu*-Transfers positiv gesehen und ein günstiger Einfluss auf den Körper der empfangenden Person erwartet. Liegt jedoch eine negativ beurteilte Sozialbeziehung vor, z.B. eine Feindschaft oder ein

200 In einer erweiterten Fassung verstehen die *Hua* darunter außerdem alles Lebende, das eine betreffende Person unter großen Mühen aufgezogen (ernährt) hat, z.B. Kinder, Zuchttiere, bestimmte Gartenfrüchte.

Konkurrenzverhältnis, wird die Übertragung des *nu* als eine negative Angelegenheit betrachtet, die eine Schwächung der Körperkräfte bewirkt. Diese Ambiguität führt Meigs darauf zurück, dass die *Hua* ihre sozialen Beziehungen bevorzugt in körperbasierten Metaphern zum Ausdruck bringen. Um sowohl freundschaftliche als auch feindselige Verhältnisse repräsentieren zu können, erhalte jede körperbezogene Handlung deshalb eine doppelte Bedeutung (vgl. ebd.: 115).

Obwohl das „Füttern" und der Koitus als Prototypen des *nu*-Transfers angesehen werden, kommt diesen Akten im alltäglichen Kontext jedoch *keine* doppeldeutige Konnotation zu, die eine positive Bewertung ebenso erlaubte wie eine negative. Statt dessen hat der Geschlechtsverkehr bei den *Hua* einen einseitig negativen Beiklang, der insbesondere auf der Annahme beruht, dass die Männer während des Beischlafs einen Teil ihres *nu* an die Frauen verlören, indem diese sich den Samen und die Atemluft ihrer Liebhaber einverleibten. In dem Maße, in welchem die Kraft der Männer schwinde, gewönnen die Frauen an Stärke, so die Argumentation aus Sicht der Männer. Dem halten allerdings die weiblichen *Hua* entgegen, dass die Substanzen, die sie von den Männern empfingen, keinesfalls ihre Lebenskraft stärkten, sondern im Gegenteil ihr eigenes *nu* bedenklich verringerten. Demgegenüber gilt die Nahrungsgabe – als symbolischer Widerpart des Sexualaktes – als essentiell positive Leistung, die moralisch äußerst hoch geschätzt wird. Wer andere ernährt, sorgt für deren Wachstum und Gedeihen, für Gesundheit und Lebenskraft.

Die beiden Akte unterscheiden sich aber nicht nur hinsichtlich ihrer (moralischen) Bewertung, sondern auch in ihrer jeweiligen Zuordnung zu den Geschlechtern. Während der sexuelle Verkehr in der Auffassung der *Hua* eine männlich dominierte Angelegenheit darstellt – begründet mit der „aktiven" männlichen Rolle beim Koitus –, ist die Nahrungsgabe als eine genuin weibliche Tätigkeit definiert. Daraus könnte nun folgen, dass den Frauen, zumindest unter diesem Aspekt, ein höherer Wert beigemessen wird als den Männern, dass sie an dieser Stelle das „überlegene" Geschlecht abgeben. Doch die Gruppe der initiierten Männer stellt die Ambiguität, die den Transfer von *nu* in körperbezogenen Akten gewöhnlich begleitet, auch für das „Füttern" und den Geschlechtsverkehr wieder her. Eine Inversion der Bewertungen wird erreicht, indem – im Kontext des Männerkultes – der männlich definierte Sexualakt symbolisch der weiblich konnotierten Nahrungsspende gleichgestellt und umgekehrt die „weibliche" Nahrungsgabe analog dem „männlichen" Geschlechtsakt gedeutet wird (vgl. ebd.: 116). Dies führt zu einer Reinterpretation der Vorgänge, die nun die Männer zu Spendern des lebenswichtigen *nu* werden lässt, welches die Körper der anderen nährt, während die Frauen im Akt der alimentären Versorgung verdächtigt werden, die männlichen Körper zu vergiften – oder schlimmer noch: zu schwängern. Meigs deutet diese Umkehrungen als Strategie der Männer, ihre soziale und moralische Überlegenheit festzuschreiben. Indem sie die primäre Assoziation der beiden Akte mit den jeweiligen Geschlechtskörpern durch die Vertauschung der geschlechtlichen Zuschreibungen unterlaufen, gelingt es den Männern, die als „natürlich" (weil körperbasiert) aufgefassten Verhältnisse mit der von ihnen bevorzugten Konzeption sozialer Ordnung in Übereinstimmung zu bringen. Das festigt die in die Gesellschaftsstruktur eingelassene Geschlechterideologie, zeigt aber auch deren latente Vulnerabilität. Die Umdeutung körperbezogener Vorgänge wird nötig, weil die männliche Überlegenheit potenziell gefährdet ist.

Um die Hierarchie aufrechtzuerhalten, sind klare Grenzen zwischen den unterschiedlich bewerteten Geschlechtsklassen zu ziehen. Die Nahrungstabus, die für die initiierten *Hua*-Männer bestehen, markieren die Trennungslinie zum weiblichen Geschlecht sehr deutlich. Sie sind geprägt von der Furcht, „weibliche" Speisen zu verzehren und darauf angelegt, alles „Weibliche" abzuwehren, um die männlichen Körper vor Schaden zu bewahren. Die Sanktionen, mit denen die *Hua* bei einer Übertretung der Tabus rechnen, gipfeln entsprechend in der Imagination einer oralen Empfängnis – einem Akt also, der die übliche Geschlechterordnung pervertierte und einem Verlust des männlichen Körpers gleichkäme. Die Errichtung von Geschlechtergrenzen mit kulinarischen Mitteln muss indes nicht immer so drastisch ausfallen und augenfällig sein wie in der Gestalt von Speisetabus. Vielmehr können vielerlei kulinarische Akte – in Form von Nahrungspräferenzen und -meidungen, Essstilen, Zubereitungsformen, der Versorgung anderer mit Nahrung etc. – als symbolisch vermittelte Handlungen gelesen werden, die zu einer Konstitution von Geschlechtsunterschieden genutzt werden, wie das folgende Kapitel zeigen wird.

3. Zur interaktiven Herstellung von Geschlecht in kulinarischen Akten

3.1. Grundlegende Annahmen über die interaktive Ebene der (Re-) Produktion der Geschlechterdifferenz: der Körper als Medium sozialer Repräsentation

Can we ever not do gender?

(Candace West/Don Zimmermann)

3.1.1 Zur Konstitution sozialer Realitäten durch symbolvermittelte Interaktion

Die Sozialwelt, in der Menschen ihren Alltag leben, in der sie handeln, wahrnehmen, sich selbst und andere erfahren, ist eine Wirklichkeit, die nicht *von sich aus* existent ist. Sie realisiert sich vielmehr in und durch die Handlungen und Kommunikationen, mit denen Menschen sich – stets *interpretierend* – aufeinander beziehen. Dabei besteht ein unauflösliches wechselseitiges Bedingungsverhältnis zwischen der Konstruktion sozialer Realitäten und der Konstruktion intersubjektiver Sinnwelten, die in Form von (Glaubens-)Vorstellungen, Symbolsystemen und Ideologien institutionalisierte Definitionen von Wirklichkeit liefern.

Die Annahme, dass *soziale Tatsachen* von Menschen in interaktiven Prozessen erzeugt werden, findet sich in unterschiedlichen soziologischen Zugängen mit je spezifischer Perspektivierung wieder. Gemeinsam ist diesen unter dem Etikett des *Interpretativen Paradigmas* zusammengefassten Ansätzen[201], dass sie ihr Augenmerk vornehmlich auf die Mikrostrukturen des Sozialen richten, auf die Akteure und ihre Interaktionen, und dass sie sich um eine Rekonstruktion des sozialen Sinns (bzw. der Mechanismen seiner Generierung) bemühen, der die unmittelbar erfahrbare *Lebenswelt*[202] der Menschen

---

201 Für eine Darstellung vgl. Helle, 1999; Matthes, 1973; Treibel, 2000.

202 Der Lebenswelt-Begriff wurde von Edmund Husserl geprägt und von der phänomenologischen Soziologie, namentlich von Alfred Schütz, aufgenommen und weitergeführt. In ihrer soziologischen Wendung bezeichnet die Lebenswelt jenen Raum fraglos gegebener Selbstverständlichkeiten, in welchem die Gesamtheit potenzieller und tatsächlicher menschlicher (Alltags-)Erfahrungen angesiedelt ist. Die Lebenswelt ist ihrem Charakter nach sozial, da sich kein Mensch in ihr *allein*, sondern immer nur in Beziehung zu anderen befinden kann. Als Wirklichkeit entspringt die Lebenswelt ihrem *Vollzug* durch die Handelnden.

eigentlich ausmacht. Diese Interpretation der Interpretation erfordert eine wissenschaftliche Praxis, die ihre Einsichten aus qualitativen Verfahren, aus Feldforschungen und teilnehmenden Beobachtungen, Tiefeninterviews und Inhaltsanalysen bezieht, und schließt die Zielsetzung ein, die Konstruktion der Wirklichkeit im Lichte des sozialen Handelns zu *verstehen*, anstatt nach vermeintlich objektiven Erkenntnissen über gesellschaftliche Strukturen und Prozesse zu suchen. Innerhalb der interpretativ ausgerichteten Theorielagen bestehen aber auch deutliche Unterschiede, vor allem, was die als eigenständige Realität gedachte Interaktionsebene und deren Anbindung an makroskopische Phänomene wie soziale Ungleichheitsstrukturen betrifft. Auch die damit in Zusammenhang stehende Kongruenz von individueller und kollektiver Moral, die schon Durkheim bei der Frage nach den sozialen Integrationsformen in modernen, zunehmend differenzierten Gesellschaften beschäftigt hatte (vgl. Durkheim, 1977), markiert Differenzen zwischen den verschiedenen Ansätzen, in denen die im kollektiven Bewusstsein geteilten sozialen Normen auf der einen Seite als dem Handeln vorausgesetzte Institutionen, auf der anderen Seite aber ebenso als Produkte von Handlungen erscheinen können. In der deutschen Soziologie sind vor allem die Arbeiten von George Herbert Mead[203], Erving Goffman[204], Harold Garfinkel[205], Peter L. Berger und Thomas Luckmann[206] rezipiert worden, die mit ihrer Fokussierung der soziosymbolischen Konstruktion des Sozialen auch die Geschlechterforschung wesentlich beeinflusst haben.

George Herbert Mead, der als Begründer der Theorie *symbolischer Interaktion* gilt[207], verdankt seine Popularität und seinen Status als Klassiker der Soziologie einem Werk, das er selbst nie zu Papier gebracht hat. Es waren seine Studierenden und Kollegen der Chicagoer Universität, die anhand von Vorlesungsmitschriften Meads Theoriegebäude einer breiten Fachöffentlichkeit zugänglich machten. Fast 40 Jahre lang hatte Mead an der Privatuniversität in der Abteilung für Philosophie gelehrt, ohne als Verfasser einer einzigen Buchpublikation in Erscheinung getreten zu sein. Erst die posthume Veröffentlichung seiner Vorlesungen im Jahr 1934 brachte dem Zeitgenossen Durkheims späten Ruhm. Vor allem innerhalb der Soziologie gewann sein Werk rasch großen Einfluss und gehörte gegen Ende der 1930er Jahre bereits zur Standardlektüre, wie sich an der Aufnahme in soziologische Lehrbücher, aber auch an der breiten Rezeption (z.B. durch Funktionalisten wie Parsons und Merton) erkennen lässt (vgl. Helle, 1992: 66). Mead, dessen Denken

203 Vgl. Mead, 1973. Sekundär dazu Joas, 1999; Joas, 1988; Joas, 1980a; Wenzel, 1990.

204 Vgl. Goffman, 1969; Goffman, 1971; Goffman 1994. Sekundär dazu Hitzler, 1992; Hettlage/Lenz (Hg.), 1991; Hettlage, 1999.

205 Vgl. Garfinkel, 1967. Sekundär zu Garfinkel siehe Heritage, 1984.

206 Von besonderem Einfluss ist die Gemeinschaftsarbeit Berger/Luckmann, 1969 (zuletzt 1999 in 15. Auflage erschienen).

207 Die Bezeichnung *Symbolischer Interaktionismus* stammt indes nicht von Mead, sondern von seinem Schüler Herbert Blumer, der die Programmatik des Ansatzes weiterentwickelte.

vom Behaviorismus und vom nordamerikanischen Pragmatismus geprägt war, betrachtete den Menschen als ein „symbolverwendendes Tier" (Mead, 1968: 107ff.) und hatte damit besonders die menschliche Fähigkeit des Sprechens im Blick. Im Gegensatz zur Gebärden- und Lautkommunikation der Tiere, die weitgehend einem Schema von Reiz und Reaktion folge, seien die menschlichen Gesten mit Sinn ausgestattet und fungierten als *signifikante Symbole*, die soziale Beziehungen repräsentierten.

Ein bedeutsames Charakteristikum menschlicher Interaktion liege außerdem darin, dass Menschen sich während des Austausches selbst wahrnähmen und zugleich die Erwartungen und das Verhalten ihrer InteraktionspartnerInnen antizipierten (*Erwartungserwartungen*). Auf diese Weise sähen sich die Interagierenden immer auch mit den Augen der anderen und richteten ihr Handeln wechselseitig aufeinander aus. Diese Fähigkeit des *role taking* führt Mead zufolge zur Ausbildung eines *generalisierten Anderen*, zu einer Vorstellung also, in der sich die Erwartungen und Einstellungen anderer, konkreter InteraktionspartnerInnen zu einem verallgemeinerten Bild verknüpfen, das die Normen und Werte (und damit Handlungsanforderungen) von Bezugsgruppen repräsentiert. Das Handeln wird demnach nicht nur an den präsenten Personen im direkten Austausch orientiert, sondern stets auch an den abstrakteren Vorstellungen, die im generalisierten Anderen zu allgemeinen Verhaltensstandards (bestimmter Gruppen) kondensiert sind. Die Rollenübernahmefähigkeit leistet damit eine Integration in die Gesellschaft, gleichzeitig ist sie aber auch eine wichtige Voraussetzung für die Herausbildung des individuellen Selbst, das erst in einer koordinierenden Vermittlung von personaler und sozialer Identität entstehen kann. Nur dadurch, dass sich ein Individuum in andere hineinversetzen und verschiedene Rollen übernehmen kann, wird es in die Lage versetzt, sich selbst in seiner Sozialität (z.B. die eigene Position in Abgrenzung zu anderen Positionen) wahrzunehmen und Identität zu gewinnen. Mead geht davon aus, dass sich die menschliche Persönlichkeitsstruktur aus drei Elementen zusammensetzt, die er als *I*, *Me* und *Self* bezeichnet. Ersteres umfasst die Spontaneität, Kreativität und Triebausstattung eines Individuums, während das *Me* jene Vorstellungen beinhaltet, die andere (wichtige Bezugspersonen und Bezugsgruppen) von diesem Individuum haben. Es handelt sich beim *Me* demnach um ein soziales Selbst, das auf einer einfachen Stufe durch die Verinnerlichung von Verhaltenserwartungen entsteht und in mehrfacher „Ausführung" auftritt. Das *Self* ist schließlich das Resultat einer gelungenen Synthetisierung von *I* und *Me* zu einem einheitlichen Selbstbild.[208]

---

208 Diese Annahmen der Identitätsentwicklung sind in der Folge unter anderem von Erving Goffman und Jürgen Habermas aufgegriffen worden, die die Meadsche Konzeption, etwa unter dem Gesichtspunkt des Sozialisationsprozesses, weiterführend bearbeitet haben. Für eine zusammenfassende Darstellung vgl. Joas, 1980b. Eine übersichtliche Auseinandersetzung mit dem Identitätskonzept des Symbolischen Interaktionismus, in der Kritik und Ge-

In diesem Prozess fällt den Körpern die zentrale Rolle des *Interaktionsmediums* zu. Sie sind es, die handeln, sie bilden den Zugang zur Welt – und werden darin zu Trägern intersubjektiven Sinns, zu Verkörperungen von sozialen Bedeutungen. Doch als „handelnde Organismen“ (Mead) bleiben die Körper nicht nur Spiegel, auf denen die Strukturen sozialer Beziehungen widerscheinen. Indem sie die materielle Basis der Gesten bilden, mittels derer Menschen miteinander kommunizieren (etwa als Gesichtsausdruck, Handbewegung oder Stimme), sind sie die *Vorbedingung* für die Entwicklung von Identität und zugleich die „fassbare“ Dimension der *Selves*, die eben nicht als freischwebende Geister in Erscheinung treten (vgl. Helle, 1992: 69). Zudem werden im Austausch mit den anderen die sozialen Bedeutungen und gemachten Erfahrungen auch *leiblich* verarbeitet, d.h. mit spezifischen Empfindungen verknüpft, so dass die Konstitution des Selbst auch im Lichte einer Synthetisierung von sozial verfassten Bedeutungen und leiblichen Zuständen, z.B. Gefühlen und Befindlichkeiten, beschrieben werden kann (vgl. Hülst, 1999: 185).

Das Verhältnis von Gesellschaft und Individuum ist bei Mead in einer zirkulären Weise gefasst. Zwar betrachtet er die generalisierten Verhaltenserwartungen und Sinnressourcen als Grundlage für die Interaktionsstruktur, doch ist es der soziale Austausch, der die Menschen überhaupt erst zu einer Symbolisierung und Kommunikation *befähigt*, in der entsprechende Vorstellungen transportiert werden können. Nur durch die Gesellschaft kann es eine symbolisch vermittelte Interaktion geben, die durch Selbstwahrnehmung und Verhaltensantizipation zur Entwicklung des individuellen Selbst führt, das wiederum eine Voraussetzung für die Konstituierung eines sozialen Bewusstseins darstellt, ohne welches es keine Gesellschaft geben kann (vgl. ebd.: 181).

Im Denken Meads liegen konstruktivistische Perspektiven und das Erbe des Behaviorismus nahe beieinander. Einerseits sieht er das kreative Potenzial, das im konkreten Handeln durch die Möglichkeit der Improvisation, des Spiels, der Fehl- oder Neuinterpretationen angelegt ist, doch andererseits beharrt er auf der Überzeugung, dass die Handlungen und Verhaltensformen der Menschen auf die Rezeption *vorgefundenen* sozialen Sinns zurückgehen. Unter dem Blickwinkel einer Herstellung sozialer Realitäten durch symbol-

---

genkritik aufgezeigt werden, bietet auch Kühn, 1993. Die im Anschluss an Mead entwickelten Konzepte von personaler, sozialer und Ich-Identität umschreiben als Korrelate zum I, Me und Self die individuelle biographische Dimension, die gegenwärtigen, identitätsrelevanten (d.h. gegenüber anderen Rollen prioritären) Rollenverpflichtungen sowie die Vermittlung dieser beiden Instanzen zu einer Einheit, die affirmative (Anpassung an gesellschaftliche Standards) und emanzipatorische (Fähigkeit zu Reflexion und aktiver Umstrukturierung des eigenen Ich, dadurch Freiheitsgrade im Handeln) Aspekte vereinigt.

vermittelte Interaktionen geht Meads Ansatz, der für eine solche Perspektive gleichwohl den Grundstein legt, daher nicht weit genug. Da er die Verflechtung von gesellschaftlichen Makrostrukturen und Mikroeinheiten wie Subjekt, Handlung, Gruppe etc. immer mit thematisiert, greift Mead jedoch über einige im Anschluss an seine Theorie entwickelten mikrosoziologischen Konzepte eigentlich hinaus. Diese verengen den Fokus auf die Handlungsebene und deren Eigenlogik oftmals so stark, dass der Blick für den Einfluss institutionalisierter Sozialbeziehungen, z.B. Herrschaftsstrukturen, verstellt wird.

Ein mikrosoziologischer Ansatz, der sich in Überschneidung und in Auseinandersetzung mit der Theorie symbolischer Interaktion entfaltet hat und dennoch eine eigenständige Konzeption darstellt, ist die *Ethnomethodologie*. John Heritage vergleicht die Perspektive und Herangehensweise dieser hauptsächlich durch Harold Garfinkel populär gewordenen Forschungsrichtung mit der Wirkungsweise eines Mikroskops (vgl. Heritage, 1984: 311). Als soziologisches Äquivalent jener Apparatur, die es erlaubt, Einsichten in winzige Strukturen zu erhalten, die dem Auge andernfalls verborgen blieben, nehmen sich ethnomethodologische Studien noch der kleinsten sozialen Beobachtungseinheit an, um die Welt so zu verstehen, wie die Menschen sie im Alltagsleben auffassen. Keine Handlung scheint zu banal, keine Situation zu nichtig, als dass sie der soziologischen Aufmerksamkeit entgehen dürfte. Das Ziel ist dabei, die Art und Weise nachzuzeichnen, in der die Gesellschaftsmitglieder auf den *common sense*, also die jeweiligen Bestände an Alltagswissen und Sinnvorräten zurückgreifen, diese in konkreten Situationen umsetzen und (um-)interpretieren. Die Selbstverständlichkeiten und präreflexiven Routinen, die das alltägliche Leben strukturieren und die als Normalität gelten, werden von Garfinkel durch konsequentes und systematisches Hinterfragen offengelegt. In seinen bekannten Krisenexperimenten, die ihm den Ruf eines „Interaktionssadisten“ einbrachten, setzte Garfinkel diese Normalität außer Kraft, indem er einen Teil der unausgesprochenen Erwartungen und Definitionen, die Interaktionen unreflektiert begleiten, bewusst konterkarierte. Dazu wurden zufällig ausgewählte Personen, die sich ihrer Teilnahme an einem Experiment keineswegs bewusst waren, mit „unüblichen“ Verhaltensweisen konfrontiert, etwa mit einer ausführlichen Befindlichkeitserörterung als Antwort auf die Begrüßung „Wie geht's?“ oder mit der Aufforderung, eine dahingesagte Alltagsbemerkung genau zu erklären (vgl. Garfinkel, 1973: 283ff.). Die Unterminierung der eingespielten Routinen und die Frustrierung von normalerweise nicht thematisierten Erwartungen führte zumeist zu einem Abbruch der Kommunikation, der mit einer emotionalen Erregung (Verwirrung, Ärger, Wut) einherging. Einen zentralen Pfeiler seiner Arbeit stellt die von Garfinkel entwickelte Methode der *dokumentarischen Interpretation* dar, die anhand der detaillierten Erfassung von Interaktionssequenzen (z.B. Mienenspiel, Tonfall, Körperhaltung) und deren rekonstruktiver Interpretation wichtige Informationen über Interaktionsabläufe bereitstellt.

Im Anschluss an Garfinkel, insbesondere im Rückgriff auf seine „Agnes-Studie“ (vgl. das folgende Kapitel), hat sich in der Geschlechterforschung eine Sichtweise etablieren können, welche die Kategorie Geschlecht auf der Interaktionsebene ansiedelt: als eine soziale Praxis, deren spezifische Funktionsweise es herauszupräparieren gilt. Die Differenz der Geschlechter erscheint in dieser Verortung als Realität, die sich maßgeblich ihrem Vollzug in und durch Interaktionen verdankt. Damit verschiebt sich der Fokus von einer letztlich anhand der biologischen Ausstattung von Körpern bestimmten Kategorie Geschlecht hin zu einer *Prozesskategorie* Geschlecht, in der die kompetente Darstellung und Interpretation kultureller Weiblichkeits- und Männlichkeitsvorstellungen zum entscheidenden Merkmal wird. Die Stabilität der interaktiv erzeugten Ordnungen rührt dabei von einer durch Klassifikationszwang unumgänglichen Permanenz der Produktion her, in der die Welt der alltäglichen Handlungen den Status einer sich selbst herstellenden Realität gewinnt, die ihre eigenständige Logik und Dynamik besitzt.[209]

Ein „Eigenleben“ attestiert auch Goffman den wechselseitig aufeinander bezogenen Handlungen der Menschen, befindet aber zugleich, dass es *Schnittstellen* zwischen der Interaktionsebene und den Strukturen der Gesellschaft gebe. Obwohl von Mead und dem Symbolischen Interaktionismus wie auch von der ethnomethodologischen Forschungstradition deutlich beeinflusst, ist Goffman im engeren Sinne keiner dieser Theorierichtungen zuzuordnen. Auch hat er kein konsistentes Theoriegebäude vorgelegt, das es rechtfertigen würde, von der Begründung einer eigenständigen Theorie zu sprechen. Obwohl seine zahlreichen und breit rezipierten Forschungen zu wichtigen Debatten geführt und tiefe Spuren in der Soziologie hinterlassen haben – erinnert sei nur an so prominente Beispiele wie die Theatermetapher, das Rahmenkonzept, die Analyse totaler Institutionen oder die Arbeiten zu Stigmatisierungsprozessen – liegt eines der Hauptverdienste Goffmans darin, *heuristische Zugänge* zu einem Thema gelegt zu haben, das sein wissenschaftliches Werk wie ein roter Faden durchzieht: die *Interaktionsordnung* (vgl. Knoblauch, 1994: 16). Der grundlegende Ausgangspunkt besteht hier darin, die Interaktionen nicht von der Warte individueller Handlungsmotivationen und -strategien aus zu betrachten, sondern die Beziehungen zwischen den Handlungen selbst zu untersuchen und auf diese Weise Interaktionsmuster und Handlungssysteme ausfindig zu machen, die sich selbst hervorbringen. Das soziale Handeln sieht Goffman in einem Spannungsfeld von individueller Strategie und überindividuellen *Ritualen* angesiedelt. Soziale Rituali-

209 Das gilt freilich gleichfalls für die Makrostrukturen, die ebenso eine eigene Ordnung darstellen und sich nicht in einer Aufsummierung symbolischer Interaktionen erschöpfen.

sierungen entsprechen einer symbolischen Darstellung von Kollektiven, indem sie die Beziehungen zwischen den Interagierenden regulieren. Sie standardisieren körperliche und sprachliche Ausdrucksformen und tragen durch die Ausformung ganz grundlegender, oftmals unreflektiert befolgter Verhaltensmuster wie z.B. Höflichkeitsstandards (Distanz zwischen Körpern, höfliche Nichtbeachtung anderer in anonymen Kontexten, z.B. des Sitznachbarn beim Busfahren, „Übersehen" von Missgeschicken, Begrüßungen, Entschuldigungen etc.) zur „Normalität" alltäglicher Interaktionen bei.

Die Interaktionsordnung ist das Ergebnis wechselseitig aufeinander bezogenen Handelns, in dessen Verlauf sich strukturelle Einheiten herausbilden, die zu einer Realität eigener Ordnung werden. Das Spezifische an der interaktiven Wirklichkeit, das zugleich auch ihren Unterschied zur Gesellschaftsstruktur markiert, liegt, wie auch schon Mead betont, vor allem in ihrer *Körperlichkeit*. Körperliche Präsenz ist eine Voraussetzung für direkte Interaktionen, und ebenso ist das Handeln ein wesentliches Moment körperlichen Seins. Die Anwesenheit der Körper impliziere, so Goffman, spezifische Chancen und Gefahren[210] und schaffe eine *sinnliche* Dimension, die einzigartig sei. In unmittelbaren Begegnungen – und eben *nur* in diesen – könne eine „große Palette ungegenständlicher Dinge" (Goffman, 1994: 78) in einer Form repräsentiert werden, die den Sinnen auf andere Weise nicht zugänglich seien. Durch Gesten und Körperhaltungen, Kleidung und Bewegungen werde den transportierten Bedeutungen ein „dramatischer Aufbau" (ebd.) verliehen. Die agierenden Körper werden damit zur greifbaren Anschauung sozialer Ordnung, zu Produzenten einer *Visualität* des Sozialen. Diese Unmittelbarkeit qua Körperlichkeit ist es dann auch, welche – aufgrund der damit verbundenen empirischen Zugänglichkeit – die Interaktionsebene zu einem populären Untersuchungsfeld werden lässt.

Obwohl auch Goffmans bevorzugter Analysegegenstand *soziale Situationen* sind – die „Bühnen der Inszenierung" (ebd.: 61) –, richtet er seinen Blick doch ebenfalls auf die Strukturen (und Bedeutungen), die jenseits des Situationalen existieren. So ergeben sich transsituative Aspekte beispielsweise durch eine temporäre Verkettung aufeinander bezogener Handlungen, die sich als *Interaktionsgeschichte* bezeichnen lässt und die je aktuellen Verhaltensweisen in konkreten Interaktionssituationen mitbestimmt. Außerdem ist auch die *Verstehbarkeit* der körperlichen Inszenierungen an etwas außerhalb der jeweiligen Situation Liegendes, nämlich an das Vorhandensein kollektiv

210 Goffman weist in diesem Zusammenhang darauf hin, dass es in Interaktionen zwangsläufig zu Konfrontationen mit unvorhersehbaren Gebietsansprüchen komme. Die *körperliche Kopräsenz* impliziere dabei prinzipiell die Gefahr der physischen Verletzung, aber auch die Möglichkeit, andere mit Verletzung zu bedrohen. Dies sei aber nur die eine Seite der Medaille, denn viele Verhaltensweisen, die in territorialer Hinsicht als „feindlich" eingestuft würden, ähnelten jenen, die in anderen sozialen Situationen als Vertrauensbeweise zählten. So berge die Anwesenheit der Körper gleichermaßen eine Ressource für Zuneigung, Vertrauen, Höflichkeit (vgl. Goffman, 1994: 60f.).

geteilter und dauerhafter Codierungen, geknüpft. Überindividuelle Verankerungsprozesse lassen sich aber vor allem als *institutionelle Reflexivität* auffinden. Damit ist die Institutionalisierung sozialer Praxen gemeint, die sich über eine Habitualisierung und Typisierung von Verhalten in unterschiedlichen gesellschaftlichen Feldern vollzieht.[211] Statt allein die konkreten Interaktionsabläufe ins Visier zu nehmen, geht es Goffman auch darum, aufzuzeigen, wie ritualisierte Formen von Verhalten (z.B. Geschlechtsinszenierungen) als Darstellungsrepertoire und als *normative* Ansprüche fungieren, die eine bestimmte Positionierung der Betreffenden im sozialen Raum miterzeugen.[212] Auch wenn sich die Eigenständigkeit und Eigengesetzlichkeit der Interaktionsordnung gerade in einer Gegenüberstellung mit den Gesellschaftsstrukturen zeigen, sind die beiden „Welten" bei Goffman nicht voneinander losgelöst gedacht. Über *interfaces* ergeben sich Orte der Überschneidung, an denen soziale Situationen Auswirkungen auf die Organisation der Gesellschaft haben und umgekehrt etwa soziale Ungleichheitsstrukturen in Interaktionsprozessen als Rahmenbedingung zum Tragen kommen. Dabei warnt Goffman allerdings vor einer Sichtweise, die hier ein deterministisches Verhältnis unterstellen wollte. Weder dürfe man die „vergleichsweise autonom[e] Form des Lebens in der Interaktionsordnung" als „irgendwie vorgängig, grundlegend oder konstitutiv für die Gestalt von makroskopischen Phänomenen" (ebd.: 77) auffassen, noch würden soziale Strukturen die kulturell standardisierten Darstellungsformen vollständig bestimmen. Diese „helfen lediglich, aus einem verfügbaren Repertoire von Darstellungen auszuwählen" (ebd.: 85).

Als zentrale Schnittstellen, welche die engsten Koppelungen zwischen Gesellschaftsstruktur und Interaktionsordnung erkennen lassen, benennt Goffman die Kategorien Klasse und Geschlecht. Im Hinblick auf das Arrangement der Geschlechter hebt er hervor, dass sich eine soziologische Betrachtung nicht darauf beschränken könne, die sozialen Folgen der (in seiner Perspektive biologisch verfassten) Geschlechterdifferenz zu erklären, sondern ihr Augenmerk vielmehr auf die institutionellen Mechanismen zu legen habe, die dafür sorgten, dass die Unterschiede in sozialen Arrangements den Status einer Ordnungskategorie erhielten, deren Geltung den handelnden Menschen stichhaltig erscheine. Diese Position Goffmans ist ebenso wie Garfinkels ethnomethodologische Studien zu einem Auslöser für die Ent-

---

211 Das Konzept einer Institutionalisierung von Handlungspraxen verfolgen auch Berger/Luckmann, 1969, die davon ausgehen, dass die unmittelbar erfahrbare Lebenswelt durch Stützkonstruktionen abgesichert wird, die *stufenweise* angelegt sind. Die Legitimierung verläuft demnach von einfachen Formen des Alltagswissens bis hin zu den komplexen Theoriegebäuden der Wissenschaften oder Glaubenssysteme. Für eine kurze, zusammenfassende Kritik vgl. auch Gottschall, 2000: 128ff.

212 Anders als z.B. Bourdieu entfaltet Goffman diesen Gedanken allerdings nicht zu einem Konzept, das von einer systematischen Verbindung von Habitus und Gesellschaftsstruktur ausgeht.

wicklung einer Geschlechterforschung geworden, die der Frage nachgeht, wie Männlichkeit(en) und Weiblichkeit(en) sozial produziert und auf Dauer gestellt werden.

3.1.2 Geschlecht als Darstellungs- und Interpretationspraxis

Die radikale Soziologisierung der Geschlechterdifferenz, als die sich die gegenwärtige mikrosoziologisch und konstruktivistisch operierende Geschlechterforschung versteht (vgl. Hirschauer, 1994: 699), verdankt ihre Grundlegung hauptsächlich den Untersuchungen, die Harold Garfinkel seinerzeit im Themenfeld der Transsexualität angestellt hat.[213] Zu Berühmtheit gelangt ist vor allem seine Abhandlung über den Fall „Agnes" (vgl. Garfinkel, 1967: 116-185), einer Mann-zu-Frau-Transsexuellen, mit der Garfinkel zahlreiche Interviews führte. Als Agnes zur Behandlung in die Universitätsklinik von Los Angeles kam, wo Garfinkel seine Studien betrieb, hatte der Wissenschaftler eine Person vor sich, deren körperliche Erscheinung mit Ausnahme der Genitalien weiblich war. Agnes war mit männlichen Geschlechtsteilen geboren worden und hatte bis zur Pubertät als Junge gelebt. Doch durch die heimliche Einnahme von Hormonpräparaten ihrer Mutter wuchsen Agnes während dieser Zeit Brüste, und sie inszenierte sich fortan offensiv als Frau, ergriff einen „weiblichen" Beruf (*typist*) und ging eine Beziehung zu einem heterosexuellen Mann ein. Diese Liaison veranlasste Agnes, die Klinik aufzusuchen, da ihr Freund sie zu intimen Kontakten drängte. Aufgrund ihrer „falschen" organischen Ausstattung war sie den Annäherungen bislang ausgewichen und wünschte nun, durch eine Operation auch anatomisch dem Geschlecht angeglichen zu werden, dessen soziale Rolle sie seit ihrer Jugendzeit eingenommen hatte. Als Zwanzigjährige ließ sich Agnes Penis und Hoden entfernen und durch eine künstliche Vagina ersetzen.

In seiner Dokumentation des Geschlechtswechsels (*passing*) von Agnes führt Garfinkel eindringlich vor Augen, wie wenig sich „Männlichkeit" und „Weiblichkeit" aus der biologisch interpretierten Beschaffenheit von Körpern einfach „ergeben". Der als Kausalität konstruierte Zusammenhang von biologischen Geschlechtsmerkmalen und sozialen Geschlechterrollen wird als unhinterfragter *common sense* sichtbar, indem er sich im Licht des „natürli-

213 Garfinkel selbst spricht zwar von *intersexed persons*, gewöhnlich eine Bezeichnung für Menschen mit *anatomischen* Abweichungen in den Geschlechtsmerkmalen (z.B. Hermaphroditismus), da er aber den (durch Operationen oder Hormonbehandlungen unterstützten) *Übergang* von einem Geschlecht zum anderen untersucht, ist seine Studie in der wissenschaftlichen Öffentlichkeit als Transsexuellen-Studie rezipiert worden. Auf diese Unstimmigkeit weist Treibel hin (vgl. Treibel, 2000: 140f.). Auch bei Garfinkels prominenter Fallstudie „Agnes" handelt es sich im klinischen Sinne *nicht* um eine Intersexuelle.

chen Krisenexperimentes“ Transsexualität (vgl. Lindemann, 1993b: 48) bricht. Dabei ist es zum einen die Verkörperung einer Dissoziation von Anatomie und Geschlechtsidentität, die Transsexuelle zu einer Provokation für die alltagsweltlichen Annahmen über das Geschlecht werden lässt. Garfinkels Studien haben zum anderen aber auch zeigen können, dass Geschlechtlichkeit weit mehr eine Angelegenheit kompetenten Verhaltens darstellt als eine Frage des Vorhandenseins bestimmter Genitalien. So verlangt Agnes zwar – in einer von ihr selbst als *Korrektiv* gedeuteten Intervention – nach einer Transformation des Fleisches, um eine subjektive Vollständigkeit ihres Frauseins herstellen zu können. Doch auch mit der „richtigen“ anatomischen Architektur ist ihre soziale Existenz als Frau keineswegs ein für allemal garantiert, sondern muss durch entsprechende Verhaltensweisen stets neu legitimiert werden. Garfinkel berichtet davon, wie Agnes eine Art *image management* betreibt (vgl. Garfikel, 1967: 165), indem sie ihre Weiblichkeit fast schon überzeichnet. Durch auffälliges Flirten, betont „weibliche“ Interessen und Schwächen, durch die Rekonstruktion einer Biographie, in der sie schon immer „typisch weibliche“ Eigenschaften an den Tag gelegt haben will, versucht Agnes sich vor Zweifeln an ihrem Geschlechtsstatus zu schützen. Garfinkel wertet die Anstrengungen, die Agnes täglich neu auf sich nimmt, um von den anderen als „normale“ Frau gesehen zu werden, als ihre Eingebundenheit in den gesellschaftlichen Konsens über die Zweigeschlechtlichkeit. Obwohl sie selbst einen lebendigen Widerspruch zur geltenden Ordnung darstellt, reproduziert sie in ihrem Denken und Verhalten deren zentrale Vorannahmen: (a) Es gibt zwei und nur zwei Geschlechter, (b) jeder Mensch muss entweder dem einen oder dem anderen Geschlecht zugehören, (c) die Geschlechterklassifikation gilt dauerhaft für das ganze Leben.[214]

Für niemanden ist die konsistente Darstellung des eigenen Geschlechts also eine freie Wahl, doch für Transsexuelle stellt sich in besonderer Weise das Problem, das erworbene Geschlecht überzeugend zu inszenieren, da sie die gewöhnlich unreflektierten Routinen und Darstellungsressourcen weitaus weniger selbstverständlich handhaben können. Durch die Überschreitung der

214 Agnes sieht sich daher selbst auch nicht als eine Person, die ihr Geschlecht *gewechselt* hat. Vielmehr ist sie außerordentlich darum bemüht, die Kontinuität ihrer Weiblichkeit herauszustreichen. In diesem Sinne sind etwa ihr Bestreben um eine Änderung der Geburtsurkunde und die Rekonstruktion ihrer Kindheit als die eines Mädchens zu interpretieren. Auch der Umstand, dass Agnes ihr männliches Genital als krankhafte Wucherung deutet, die durch einen operativen Eingriff entfernt werden soll, um ihren „eigentlichen“ Körper freizulegen, verweist auf die Konstanzannahme des Geschlechts, die für gewöhnlich nicht unterlaufen werden darf. Nur im Rahmen von *Ventilsitten* (Vierkandt), z.B. im Karneval, sind temporäre „Geschlechtswechsel“ erlaubt, die sich allerdings dadurch auszeichnen, dass sie qua Übertreibung fast immer *offensichtlich* sind. Prekär wird es aber, wenn die Inszenierungen so gelungen sind, dass das „eigentliche“ Geschlecht nicht zweifelsfrei erkannt werden kann.

Geschlechtergrenze ist für sie die Gefahr, als das andere, das „falsche" Geschlecht wahrgenommen zu werden, stets präsent. Dadurch gerät ihr Geschlechtsstatus permanent auf den Prüfstand, und Transsexuelle unterliegen somit dem Dilemma, dass

> „[e]ine um Perfektion bemühte Darstellung [..] wie eine Unschuldsbeteuerung ständig auf sich selbst [verweist], anstatt von sich abzulenken, sie wird als eine Steuerung von Zuschreibungen und d.h. als Darstellung erkennbar. Statt solcher pubertätsähnlich überzeichneter Geschlechtsbilder geht es um eine Art ‚richtiges Maß' der Verwendung von Geschlechtsindizien. ‚Frauen' sind nicht einfach ‚weiblich', sondern verhalten sich kompetent zu Weiblichkeitssymbolen." (Hirschauer, 1993b: 43f.)

Die Darstellungsarbeit, welche Transsexuelle leisten, um von ihrer Umwelt als ein bestimmtes Geschlecht erkannt zu werden, macht deutlich, wie sehr die soziale Wirklichkeit der Geschlechter von den *kulturellen Genitalien* (Garfinkel) abhängt, die Menschen sich – ganz im Gegensatz zu den meist unter der Kleidung verborgenen Geschlechtsteilen – in ihren Interaktionen gegenseitig vorzuführen pflegen: als typisch „weibliche" und typisch „männliche" Verhaltens- und Erscheinungsweisen. Auch für diejenigen, die ihre Geschlechtlichkeit nicht zur Disposition stellen wollen, gilt, dass sie ein fortwährendes *doing gender* betreiben. Ohne dass es ihnen unbedingt zu Bewusstsein käme, machen Menschen sich mit der (erlernten) Auswahl ihrer Handlungen, Neigungen, Gesten, Körperverwendungen, mit ihrem Paarbildungsverhalten, ihrer Berufsorientierung oder ihrem Sprachverhalten ohne Unterlass[215] zu Männern und Frauen.

Mit der Annahme einer interaktiven Konstruktion von Geschlecht verbindet sich notwendig die Kritik an einer Geschlechtskonzeption, welche die Zweigeschlechtlichkeit als jenseits des Sozialen liegendes Faktum zum unhinterfragten Ausgangspunkt ihrer Analysen macht. Diese auch in der Frauenforschung und feministischen Wissenschaft bis heute vielfach vorherrschende Perspektive lenkt den Blick vornehmlich auf die (sozialen) Folgen der Geschlechterdifferenz, ohne jedoch die alltagsweltlichen Vorstellungen über die Existenz der beiden Geschlechter als eine spezifische Form der Wirklichkeitskonstruktion ins Auge zu fassen (vgl. Gottschall, 2000: 297). In diesem Sinne kritisieren Candace West und Don Zimmermann (West/Zimmermann, 1991) auch die – zunächst gewinnbringende – Unterscheidung von *sex* und *gender* als nicht weiterführend genug.[216] Zwar biete die Einführung der Kategorie *gender* eine wichtige Grenzziehung zu biologistischen Konzep-

215 In neueren Forschungen (insbesondere von Stefan Hirschauer) wird Garfinkels Omnirelevanzannahme bezüglich des Geschlechts aufgegeben und der Blick auch auf Prozesse der Unterbrechung oder Neutralisierung in Geschlechtsdarstellungen gerichtet (vgl. Kap.1.2). Zu Prozessen des *undoing gender* vgl. auch Heintz/Nadai, 1998.

216 Die Unterscheidung wurde geprägt von Stoller, 1968. Zur neueren sex/gender-Debatte vgl. unter anderem Landweer, 1993; Lorber/Farrel, 1991; Lorber, 1999; Butler, 1991; Butler, 1993a; Haas, 1995a; Haas, 1995b; Villa, 2000.

ten, die auch in sozialwissenschaftlichen Kontexten durchaus keine Seltenheit darstellen, doch impliziere die Gegenüberstellung von „natürlichem" und „sozialem" Geschlecht die Vorstellung, dass es eine vorsoziale Geschlechtlichkeit und damit einen außerhalb der Gesellschaft stehenden Körper gebe. Zudem beinhalte diese Unterscheidung den Gedanken, dass das soziale Geschlecht analog dem biologischen Geschlecht zwangsläufig binär verfasst sei (vgl. ebd.: 13ff.). Das Autorengespann plädiert daher dafür, zu untersuchen, auf welche Weisen das System der Zweigeschlechtlichkeit als Realität produziert wird und schlägt im direkten Rückgriff auf Garfinkels „Agnes-Studie" eine Konkretisierung des sex/gender-Konzeptes vor. Neben der Geschlechtsklassifizierung bei der Geburt (*sex assignment*) gehen West und Zimmermann dabei von einer sozialen Zuordnung zu einer Geschlechtsklasse aus (*sex category*), die anhand sexuierter Merkmale vollzogen wird und eine Art Stellvertreterfunktion für das biologisch definierte Geschlecht darstellt. Die aufgrund der äußeren Erscheinung (Aufmachung, Kleidung, Gebrauch des Körpers etc.) erwarteten oder „unterstellten Genitalien" (Gildemeister, 1992: 232) entscheiden hierbei über die Zugehörigkeit zur jeweiligen Geschlechtsklasse. Als dritte Kategorie kommt schließlich die fortlaufende Bestätigung dieser Zugehörigkeit durch den interaktiven Vollzug des Geschlechts (*doing gender*) ins Spiel. Im aktiven Austausch mit anderen wird das jeweilige Geschlecht durch den kompetenten Umgang mit den betreffenden Merkmalen der Geschlechtskategorie validiert. Das bedeutet, dass die Geschlechtsdarstellungen weder beliebig sind, noch sich auf die Aktualisierung einzelner herausgegriffener Charakteristika oder Symbole (z.B. die Kleidung, die als isoliertes Merkmal dann nur eine Ver-Kleidung wäre) beschränken lassen.

Alle drei Dimensionen der Geschlechtlichkeit werden von West und Zimmermann als soziokulturelle Konstrukte begriffen, die einander für gewöhnlich entsprechen, jedoch nicht zwangsläufig in Übereinstimmung stehen müssen, wie wiederum am Beispiel der Trans- oder Intersexualität gezeigt werden kann.[217] Die Beziehungen zwischen *sex*, *sex category* und (*doing*) *gender* sind als reflexiver Prozess gedacht, „in dem es zur situationsspezifisch immer wieder neuen Konstituierung einer geschlechtlich bestimmten Person in einem definierten Kontext kommt." (Gottschall, 2000: 299) Die *sex*

---

217 Wie dominant dabei die soziale Zuordnung zu einem Geschlecht gegenüber der biologischen Klassifikation sein kann, beweisen z.B. Fälle, in denen Menschen erst nach ihrem Tode als das jeweils andere Geschlecht „entdeckt" werden. Ein bekanntes Beispiel hierfür ist die Lebensgeschichte des Jazzmusikers Billy Tipton, nach dessen Tod die Zeitungen 1989 titelten: *He was a she*. Von dieser Enthüllung war selbst die Witwe des ehemaligen Bandleaders, seine fünfte (!) Ehefrau überrascht, die ebenso wie viele enge Freunde und frühere Geliebte den aufgebrachten JournalistInnen versicherte, niemals auch nur den geringsten Zweifel an Tiptons Männlichkeit gehabt zu haben. Zur Biographie von Billy Tipton siehe Middlebrook, 1999, zum Transvestismus vgl. Garber, 1993.

category fungiert als entscheidende Rahmenbedingung für das *doing gender*, insofern jedes Verhalten, jede Geste, Handlung, Äußerung etc. in Interaktionen prinzipiell unter dem Gesichtspunkt der *Geschlechtsangemessenheit* (vgl. ebd.) gelesen und bewertet werden kann. Die angenommene Omnirelevanz der binären Geschlechterklassifikation bewirkt dabei, dass sich die Geschlechter nicht (nur) als Reproduktion normativer Erwartungen verwirklichen, sondern dass die Zweigeschlechtlichkeit generell als Darstellungsressource in Erscheinung tritt und so vom Prinzip her alle Tätigkeiten und Objekte sexuiert werden können.

Als allgegenwärtige Interaktionspraxis ist das Geschlecht nicht nur eine Frage der Darstellungsarbeit, sondern in besonderer Weise auch ein Phänomen des Wahrnehmens und Interpretierens, da an der Konstruktion von Geschlecht in Interaktionen immer mehrere Personen beteiligt sind. Während West und Zimmermann in ihrem vieldiskutierten Aufsatz zum *doing gender* den Schwerpunkt auf die Analyse der Darstellungsleistungen legen, haben fast zehn Jahre zuvor Suzanne Kessler und Wendy McKenna auf die Bedeutung der Wahrnehmung in Prozessen der Geschlechtskonstruktion aufmerksam gemacht – eine Perspektive, die mittlerweile wieder verstärkt aufgegriffen wird. Neben der kompetenten Geschlechtsdarstellung wird von den Interagierenden wechselseitig auch ein kompetentes *Erkennen* der „Geschlechtszeichen“ erwartet. Die Attribuierung unterliegt dabei gleichermaßen einem Zwang wie die Inszenierung, denn ebenso wie nicht akzeptiert wird, dass Erscheinung, Auftreten und Verhalten einer Person keinen (möglichst eindeutigen) Rückschluss auf deren Geschlecht zulassen, wird eine „falsche“ Zuordnung hingenommen. Genauso wenig ist es möglich, auf eine geschlechtliche Klassifizierung des Gegenübers gänzlich zu verzichten, im Gegenteil kann sogar davon ausgegangen werden, dass die Differenzierung nach dem Geschlecht zu den ersten Unterscheidungen gehört, die bei Begegnungen zwischen Menschen getroffen werden (vgl. Freud, 1940: 120). Die Geschlechtszuweisung fordert den Interagierenden aber nicht nur notwendig eine Entscheidung zwischen den einzig zulässigen Kategorien „männlich“ und „weiblich“ ab, sondern die einmal getroffene Entscheidung kann zudem nur mit peinlicher Berührung aller Beteiligten (vor allem aber derjenigen Person, die sich in der Deutung als nicht kompetent erwiesen hat) wieder rückgängig gemacht werden. Hirschauer bezeichnet diese Anforderung als „Fortschreibungszwang“ (Hirschauer, 1993b: 32), durch den die einmal vollzogene Zuordnung auch bei nachfolgenden ambivalenten Signalen aufrecht erhalten wird. Der Fortschreibungszwang veranlasst die Menschen außerdem dazu, nahezu jedes Verhalten und jede Äußerung der mit ihnen interagierenden Anderen im Lichte der unterstellten Geschlechtszugehörigkeit zu sehen (vgl. Kessler/McKenna, 1978: 6). Diese Filterfunktion wird von Kessler und McKenna als entlastendes Moment in der Darstellungsarbeit gewertet, dessen sich Personen auch *bewusst* bedienen können. So raten die Autorinnen z.B.

den Mann-zu-Frau-Transsexuellen, mit denen sie im Zuge ihrer Studien zusammengearbeitet haben, sich bei Telefongesprächen explizit als *Frau* XY vorzustellen. Damit könnten sie die Anstrengungen bei der Geschlechtsinszenierung reduzieren, denn die Person am anderen Ende der Leitung würde mit der erfolgten Geschlechtszuweisung eine tiefere Stimmlage nicht als „männlich", sondern als „rauhe" Frauenstimme interpretieren (vgl. ebd.: 128).

Der interaktive Vollzug der Zweigeschlechtlichkeit impliziert stets die (Re-)Produktion der dieser Differenz innewohnenden Hierarchie. Da das Verhältnis der Geschlechter als ein Verhältnis von (männlicher) Über- und (weiblicher) Unterordnung strukturiert ist[218], sind auch die Beziehungen und Arrangements, die Männer und Frauen im direkten Austausch miteinander eingehen, von dieser Ungleichheit geprägt (vgl. West/Zimmermann, 1991; West/Fenstermaker, 1993; Goffman, 1994). Eine besondere Relevanz besitzt das *doing gender* daher in Kontexten, in denen es zentral um gesellschaftliche Machtverteilungen und Statuszuweisungen geht. Ein solcher Bereich ist z.B. die Arbeit.[219] Erwerbsarbeit und Hausarbeit bzw. die in ihnen bestehenden Formen der Arbeitsteilung entpuppen sich unter dem konstruktivistischen „Mikroskop" nicht als geschlechts*spezifische*, sondern als geschlechts*konstituierende* Segregationen (vgl. Gottschall, 2000: 301), d.h. sie fungieren in der symbolischen Kommunikation der Geschlechterdifferenz als Mittel der Darstellung von „Weiblichkeit" und „Männlichkeit". Nicht, dass die Hausarbeit als „weibliche" Sphäre betrachtet werde, sei der springende Punkt, sondern dass die Glaubensvorstellungen über die je spezifische Natur der Geschlechter bestätigt und reproduziert werden, indem Frauen die entsprechenden Tätigkeiten verrichten und Männer dies nicht bzw. in sichtlich geringerem Umfang tun (vgl. West/Fenstermaker, 1993: 162f.). Insofern finde in der Hausarbeit eine doppelte Produktion statt: „the production of household goods and services and the production of gender" (Fenstermaker/West/Zimmermann, 1991: 301). Aus dieser Logik erklärt sich auch das – angesichts sich wandelnder Lebensformen sowie wachsender Bildungsvorsprünge und steigender Erwerbsquoten von Frauen eigentlich *unwahrscheinliche* – Fortleben der

---

218 Warum die Differenz der Geschlechter stets als Verhältnis von Dominanz und Subordination gefasst ist, kann aus der Perspektive der mikrosoziologischen Geschlechtertheorie nicht befriedigend beantwortet werden. Der konstruktivistische Ansatz sieht darin allerdings kein Defizit seiner Herangehensweise, sondern proklamiert gerade die Umstellung von Warum-Fragen auf Wie-Fragen (Mechanismen der Konstruktion) als eine seiner zentralen Leistungen. Und wenn von der Prämisse ausgegangen wird, dass sich Zweigeschlechtlichkeit immer nur unter dem Vorzeichen von Hierarchie realisiert, dann ist die Untersuchung der Konstruktionsmodi immer und zugleich auch eine Untersuchung der Geschlechterungleichheit (vgl. West/Fenstermaker, 1993).

219 Vgl. dazu auch die Überlegungen von Joan Acker (Acker, 1991), die Vergeschlechtlichungsprozesse als integralen (und nicht „hinzugefügten") Bestandteil von Strukturen der Arbeitsteilung begreift.

traditionellen häuslichen Arbeitsteilung in (post-)modernen Gesellschaften. Indem diese Arbeitsteilung in Interaktionen dazu dient, die „natürliche" Geschlechtlichkeit auszudrücken, erscheint die konstruierte Normalität den Beteiligten quasi als naturwüchsig und wird auch von den Frauen weitgehend als legitim akzeptiert, zumindest aber hingenommen (vgl. ebd.).[220]

Inwieweit die Arbeitsteilung als Ressource für die Konstruktion von Geschlecht und umgekehrt die Kategorie Geschlecht als Ressource für Prozesse der Arbeitsteilung dient[221], ist in den 1990er Jahren anschaulich von Angelika Wetterer nachgezeichnet worden (vgl. Wetterer, 1992; Wetterer, 1995a; Wetterer 1995b). Sie macht deutlich, dass die Aufteilung in „männliche" und „weibliche" Zuständigkeitsbereiche differenzkonstituierend wirkt, da die Geschlechter sich in dem Maße voneinander unterscheiden, in welchem sie Unterschiedliches tun und – vermittelt über „kollektive soziale Schließung[en]" (Wetterer, 1995b: 211) – damit (potenziell und faktisch) über unterschiedliche Chancen und (soziale, symbolische, ökonomische) Ressourcen bzw. Kapitalien verfügen. Das Entscheidende ist dabei die Differenz bzw. der Vorgang des Unterscheidens selbst und nicht die Inhalte, welche die Differenz im Einzelfall konkret ausmacht (vgl. Wetterer, 1995a: 131). Das bedeutet, dass es weniger um das „Geschlecht" als solches, sondern vornehmlich um seine Funktion in der Herstellung von Ungleichheit geht. Statt die Zweigeschlechtlichkeit als *Ursache* für Arbeitsteilungsprozesse anzusehen, wird von Wetterer der *differenzproduzierende* Charakter von segregierten Tätigkeitsbereichen herausgestrichen. In welch engem konstitutiven Wechselverhältnis die Herstellung von Arbeitsteilung und die Konstruktion von Geschlecht stehen, zeigt nicht zuletzt die Vergeschlechtlichung von Berufen. Wechselt ein Beruf im Laufe der Zeit sein „Geschlecht", so ergibt sich eine Verschiebung der sozialen Aufmerksamkeit im Hinblick auf die Aspekte, die für die jeweiligen Tätigkeiten als charakteristisch gelten. Im Fall der Schriftsetzerei, die sich von einem typischen Frauen- zu einem typischen Männerberuf wandelte, verlagerte sich z.B. die Interpretation der Verrichtungen – nicht die Verrichtungen selbst – von der („weiblich" konnotierten) Nähe zur Klavierspielerei hin zum („männlich" konnotierten) Umgang mit Maschinen. Beim umgekehrten „Geschlechtswechsel" der Röntgenassistenz, einem vormals typisch „männlichen" und heute überwiegend von Frauen ausgeübten Beruf, trat in der sozialen Wahrnehmung dagegen der Aspekt des Bedienens von Maschinen hinter den Aspekt des Umgangs mit Menschen und den assistierenden Charakter der Tätigkeit zurück (vgl. ebd.: 134).

---

220 Näheres in Kap. 3.3.1.

221 Damit ist gemeint, dass sich die Geschlechterdifferenz im Medium der Arbeitsteilung verwirklicht und umgekehrt die Arbeitsteilung (und die daraus resultierende Berufsstruktur) ihre spezifische Gestalt durch die Vergeschlechtlichung erhält.

Die Plausibilität der Zuordnungen speist sich hierbei – ebenso wie bei der Entstehung neuer Berufe, die stets entlang der Geschlechterachse strukturiert werden – aus Analogiebildungen: Die jeweils als signifikant bewerteten Tätigkeitsmerkmale werden in Analogie zu anderen „weiblichen" bzw. „männlichen" Verrichtungen gesetzt und in ein Verweisungssystem eingeschlossen, das dann den typischen Frauen- resp. Männerberuf hervorbringt. Als besonders eingängige Plausibilitätsressource erweist sich nach Wetterer das Argument der „Hausarbeitsnähe", das in verschiedenen Variationen zum Einsatz kommt.[222]

Mit der Feminisierung ehemals „männlicher" Berufe verbindet sich dabei in aller Regel eine Entwertung des Arbeitsbereiches, die sich in einem sinkenden Berufsprestige und geringeren Einkommen niederschlägt. Demgegenüber führt die Vermännlichung von Berufen entsprechend zumeist zu einem Statuszuwachs, der sich in einem Imagegewinn und besseren Verdienst- und Aufstiegsmöglichkeiten äußert. Da die Vergeschlechtlichung von Berufen auch Modernisierungsschüben unterliegt, gibt es (in entwickelten Industriegesellschaften) kaum noch Tätigkeitsfelder, in denen explizite Zugangsverweigerungen bestehen. Die sozialen Schließungsmechanismen funktionieren kaum (noch) über *de jure*-Regelungen, als vielmehr über die Marginalisierung von Frauen in (zumeist prestigeträchtigen) Teilbereichen von Berufsfeldern, wie beispielsweise an der Differenzierung von „weiblich" und „männlich" besetzten Facharzt- oder Rechtsgebieten zu erkennen ist (vgl. Wetterer, 1995b: 213).

Mit ihren Untersuchungen zu Prozessen der Arbeitsteilung und der Vergeschlechtlichung von Berufen verortet Wetterer die Herstellung der Geschlechterdifferenz nicht mehr nur auf der Ebene direkter Interaktionen, sondern legt ihr Augenmerk auf den intermediären Bereich institutioneller Arrangements. Sie betont wiederholt, dass die soziale Realität eine äußerst verbindliche Angelegenheit sei, die nicht situationsspezifisch von „frei flottierenden Konstrukteuren" (Lindemann, 1993a: 27) einmal so und dann wieder

222 Das reicht bis hin zu neueren Managementansätzen, die darauf abheben, dass die Familienarbeit Frauen angeblich in besonderer – eben „weiblicher" – Weise für Organisationsaufgaben und Führungsposten in der Wirtschaft befähige. Da bleibt einzig noch zu fragen, warum der Wunsch nach mehrjährigen Qualifikationsaufenthalten im Haushalt nicht schon ganze Führungsetagen entvölkert und die Herren Manager in Scharen an Herd und Wickeltisch getrieben hat. Die Aufteilung in „weibliche" und „männliche" *skills* kann trotz der gutgemeinten Aufwertung „weiblicher" Tätigkeiten bei der gesellschaftlichen Gleichstellung der Geschlechter nicht weiterhelfen. Frauenförderkonzepte scheitern vielfach auch deshalb, weil sie nicht nur an der Geschlechterdifferenz festhalten, sondern diese durch entsprechende Verweisungsstrukturen weiter zementieren. Wenn aber, wie Wetterer so trefflich formuliert, jede Konstruktion der Differenz zugleich die „Konstruktion eines trojanischen Pferdes ist, mit dem wir uns auch die Geschlechterhierarchie einhandeln" (Wetterer, 1995b: 132), dann kann die Konsequenz nur lauten, differenztheoretische Positionen aufzugeben und der Geschlechterhierarchie ihren aus Plausibilitäten und Naturalisierungen gewirkten Schleier zu entreißen, um sie entblößt dem Zwang der Legitimation auszusetzen.

anders erfunden werden könne. In ähnlicher Weise, wenngleich mit etwas schwächerer Prononcierung des Zwanges durch strukturelle Faktoren, hatte auch Goffman schon den institutionellen Charakter der Geschlechterdifferenz hervorgehoben.[223] Der ethnomethodologisch geprägten Auffassung vom *doing gender*, die allein die konkreten Interaktionen in ihrer situativen Kontingenz zum entscheidenden Moment der Geschlechterkonstruktionen erklärt, steht Goffmans Entwurf eines gesellschaftlichen *genderismus* gegenüber. In seiner einflussreichen Schrift über das „Arrangement der Geschlechter" greift Goffman das Problem auf, dass die Geschlechterdifferenz als immer schon vorfindliches Strukturmoment die je aktuellen Inszenierungen von Geschlechtlichkeit prägt (vgl. Goffman, 1994). Obwohl der Unterschied zwischen den Geschlechtern auf der Handlungsebene sozial erzeugt werde, sei dieser gleichzeitig durch überindividuelle und auf Dauer gestellte Beziehungsgefüge und Handlungsarrangements geregelt. Zu diesen Formen der *institutionellen Reflexivität*, die sich als Rahmenbedingung für Geschlechtsdarstellungen besonders eignen und zur weiteren Verfestigung der bestehenden Geschlechterordnung beitragen, gehören neben der schon erwähnten Arbeitsteilung und der geschlechtssegregierten Berufswelt Goffman zufolge auch das primär visuell und sprachlich basierte „Identifikationssystem" (vgl. ebd.: 137f.), nach welchem Menschen ohne Zwang, doch zwanghaft, in einer zweigeschlechtlichen *Erkennungspraxis* klassifiziert werden. Hinzu kommen Aspekte der Sozialisation und der räumlichen Trennung der Geschlechter. Die Segregation der Geschlechter in Bereichen, in denen Männer und Frauen das Gleiche an unterschiedlichen Orten tun, bezeichnet Goffman als *parallele Organisation*. Dieses Muster, das in vielfältigen Ausprägungen vorkommt – etwa in Gestalt sanitärer Anlagen oder getrennter „Herren"- und „Damen"-Abteilungen in Kaufhäusern – unterstützt die Herausbildung geschlechtsklassengebundener Verhaltensweisen, die in einen „geschlechtsspezifischen" Habitus münden.

Die *subjektive* Verankerung der geschlechtlichen Subkulturen sieht Goffman hierbei durch eine Selbstidentifikation mit der jeweiligen Geschlechtsklasse gewährleistet. In seiner Differenzierung von *sex class* (als soziologische Kategorie gedacht), *gender* (als soziale Folge der Funktions-

---

223 In der neueren Diskussion wird von Judith Lorber vorgeschlagen, *gender* konsequent als *soziale Institution* (mit einer spezifischen Geschichte, Struktur und sozialen Wirkung) zu konzeptualisieren, um die weitgehende gesellschaftstheoretische Abstinenz mikrosoziologischer Ansätze zu überwinden und die konstruktivistische Perspektive auf die Kategorie Geschlecht zu erweitern. Lorber betont den unauflöslichen Zusammenhang von vergeschlechtlichten Mikro- und Makrostrukturen und insistiert darauf, dass *gender* immer zugleich Struktur *und* Handlung ist (vgl. Lorber, 1999). Zu den Komponenten von *gender* als sozialer Institution zählt die amerikanische Soziologin unter anderem den *gender status*, die vergeschlechtlichte Arbeitsteilung, vergeschlechtlichte Verwandtschaftsverhältnisse, normative Muster im Bereich der Sexualität, eine vergeschlechtlichte soziale Kontrolle und kulturelle Repräsentationen (vgl. ebd.: 76f.).

weise der Gesellschaft gedacht) und *gender identity* konzipiert er letztere, also das „Gefühl", ein bestimmtes Geschlecht zu sein (vgl. ebd.: 110ff.), als eine Selbstbeurteilung vor dem Hintergrund gesellschaftlicher Leit- und Idealbilder von „Weiblichkeit" und „Männlichkeit". Die Glaubensvorstellungen, die hinsichtlich der Geschlechter und der Sexualität existieren – und durch entsprechendes Verhalten zu *selbsterfüllenden Prophezeiungen* werden –, betrachtet Goffman als die wichtigste Quelle der Selbstidentifikation, welche die Gesellschaft ihren Mitgliedern zur Verfügung stellt.

An Goffmans Überlegungen knüpft auch Stefan Hirschauer an, der (wiederum vor allem im Kontext der Transsexualitätsforschung) die Zweigeschlechtlichkeit als ein Darstellungs- und Klassifikationsphänomen untersucht, dabei aber gleichzeitig die Stabilität und Dauerhaftigkeit der Konstruktion zu erklären sucht (vgl. Hirschauer, 1989; Hirschauer, 1993a; Hirschauer, 1993b; Hirschauer, 1994). Im Kontext der interaktiven Herstellung von Geschlecht geht Hirschauer von einer *Geschlechtszuständigkeit* aus, die gleichermaßen Darstellungs- und Attribuierungsleistungen umfasst. Als zentrale Mechanismen der alltäglichen (Re-)Produktion der Geschlechterdifferenz fungieren hierbei *zirkulär verlaufende Sexuierungsprozesse*. Um die individuelle Geschlechtszugehörigkeit herzustellen, werden Objekte, soziale Räume, Körpermerkmale, Verhaltensweisen etc. vergeschlechtlicht, und indem diese Dinge oder Eigenschaften einem Geschlecht zugeschrieben werden, erhalten sie selbst ein „Geschlecht", das vergeschlechtlichend wirkt und damit als Ressource von Geschlechtsdarstellungen wirken kann. In dem Maße, in dem beispielsweise Obst ein Nahrungsmittel ist, das signifikant häufiger und in größeren Mengen von Frauen verzehrt wird als von Männern, wird es für „weiblich" gehalten, und das Essen von Obst erscheint somit als ein weiblich konnotiertes Ernährungsverhalten, das in der interaktiven Herstellung des Geschlechts von Personen entsprechend „eingesetzt" werden kann.[224]

Um der Stabilität und Strukturiertheit der Geschlechtskonstruktionen Rechnung zu tragen, verweist Hirschauer auf vier „elementare Trägheitsmomente" (vgl. Hirschauer, 1994: 680ff.; Hirschauer, 1993a: 60ff.), die den situativen Kontext übersteigen, diesen aber nicht determinieren. Zunächst führt er die *individualgeschichtliche Prägung* an, die eine auf Erfahrung beruhende Beständigkeit der Zweigeschlechtlichkeit garantiert. Dazu gehören

224 Noch deutlicher wird dieser Zusammenhang bei Objekten oder Tätigkeiten, die quasi geschlechtsexklusiv auftreten, z.B. die Verwendung von Lippenstift. Am Beispiel des Obstverzehrs kann zugleich einmal mehr auf den nicht nur (im Kontext einer Konstruktion der Alltagswelt) geschlechtskonstituierenden, sondern auch *klassenkonstituierenden* Charakter der Nahrung hingewiesen werden. Insbesondere exotische Früchte galten lange Zeit als demonstrativer Luxus der Oberschichten. Die Gleichzeitigkeit von sozialen Ungleichheiten, die sich nicht in einer bloßen Addierung von Benachteiligungen und Privilegien erschöpft, stellt bei der Analyse des Geschlechterverhältnisses eine große Herausforderung dar (vgl. West/Fenstermaker, 1995), die in dieser Arbeit aufgrund der ins Auge gefassten Fragestellungen jedoch nicht systematisch angenommen werden kann.

neben dem biographischen und dem korporalen Gedächtnis[225], die sich beide im wesentlichen aus Sozialisationserfahrungen zusammensetzen, auch die Gedächtnisse der anderen – der Bezugspersonen und anderer „Mitwissender" – sowie das Gedächtnis der Akten, die in institutionell geregelter Form die geschlechtliche Klassifikation nach der Geburt festhalten (vgl. Hirschauer, 1994: 683). Ein zweites Trägheitsmoment ergibt sich aus der Konstruktion von Naturhaftigkeit durch *Wissenssysteme*, die qua Universalisierung der Zweigeschlechtlichkeit eine vergeschlechtlichte Kosmologie zur Folge haben (vgl. auch Kap. 2.1.2). Die Naturalisierung wird außerdem unterstützt durch das dritte Trägheitsmoment, das in einer *semiotischen Stabilität* von Zeichen- und Symbolsystemen zu finden ist, die einen Verweisungszusammenhang generieren, in welchem die Sexuierungen (in Gestalt von Sprache, Legitimationssystemen, Ideologien und kulturellen Repräsentationen der Geschlechterdifferenz) vergleichsweise beständigen Regeln folgen. Nicht zuletzt stellen aber auch soziale Situationen selbst Ressourcen für die Produktion von Geschlecht bereit, und zwar in dem bereits von Goffman beschriebenen Sinne institutioneller Arrangements. Diese „geschlechtskatalysierenden Sozialarrangements" (ebd.: 684) bestehen auch für Hirschauer besonders in der Zuweisung unterschiedlicher Tätigkeitsbereiche und der Zuteilung ökonomischer wie politischer Partizipationschancen.

Dies macht einmal mehr deutlich, dass die soziale Konstruktion der Wirklichkeit nicht als kontingentes Spiel beliebiger Inszenierungen missverstanden werden darf, sondern an je spezifische, historisch sedimentierte gesellschaftliche Strukturen rückgekoppelt ist. Das bedeutet letztlich auch, dass die Konstruktionsmodi selbst von sozialen Asymmetrien geprägt sind, dass den Geschlechtern ungleiche Ressourcen der Darstellung zur Verfügung stehen und ebenso die Chancen, Relevanzen zu definieren und Verhaltenserwartungen durchzusetzen, ungleich verteilt sind. Diese Konzeption einer wechselseitigen Beeinflussung und Absicherung von Mikro- und Makrostrukturen überwindet die der ethnomethodologischen Nahsichtigkeit geschuldete Auffassung von Konstruktionsprozessen, die sich in sozialen Situationen quasi aus sich selbst heraus stabilisieren – wenn sie auch nicht so weit geht wie ihr Kritiker Bourdieu, der die *domination masculine* in alle sozialen Institutionen sowie in die Handelnden selbst eingeschrieben sieht und mahnt:

> „Wenn wir sagen, daß *gender*, *race* und *class* und andere soziale Unterscheidungsmerkmale »gesellschaftlich konstruiert« sind, so dürfen wir nicht vergessen, daß die Konstrukteure gesellschaftlichen Voraussetzungen und Mechanismen unterliegen, einschließlich des Staates, der über die Vermittlung legitimer Identitäten [...] zum verborgenen Großkonstrukteur der Handelnden geworden ist." (Bourdieu, 1997b: 7)

---

225 Das „korporale Gedächtnis" lässt sich mit Bourdieu auch als *Hexis* bezeichnen und stellt einen entscheidenden Knotenpunkt in der Verschränkung von Sozial- und Individualstrukturen sowie der Materialität der Körper dar, der in Kap. 4 eingehend behandelt wird.

Die Geschlechtsdarstellungen können in der erweiterten mikrosoziologischen Perspektive Hirschauers als alltagsweltliche Aktualisierungen (und damit gleichfalls als Transformation) einer sozialen Ordnung gelten, die im Medium des Verhaltens und Handelns, des Zeigens von Eigenschaften und Merkmalen etc. *sichtbar* wird. Diese Visualität des Sozialen, in der sich die soziale Wirklichkeit als wirklich konstituiert, ist vital an die Körper geknüpft. Normen und institutionelle Arrangements, die sich den Körpern auf- und einprägen, *bedürfen* der „handelnden Organismen" (Mead), da sie nur insofern existieren als sie durch diese praktiziert werden. Deshalb muss nicht nur die „Sozialität der Körper" ins Auge gefasst werden, die notwendig immer schon formierte Körper sind und deren soziale Verwendung und Erscheinungsweise von einer der sozialen Praxis vorgängigen Materialität faktisch nicht zu unterscheiden ist. Es ist außerdem die „Körperlichkeit des Sozialen" (vgl. ebd.: 674) zu gegenwärtigen, die in der Konstitution sozialer Strukturen durch körperliche AkteurInnen liegt und damit auf die sinnliche Dimension der Konstruktion von Wirklichkeit verweist. Die Geschlechter und ihre Unterschiedlichkeit realisieren sich primär in bildlichen Symbolisierungen, und die Sexuierung der Körper ist dabei – wie auch die Sexuierung der auf den Körper bezogenen Aktivitäten – von zentraler Bedeutung.

3.2 *Doing gender* beim Essen und Trinken

„Real men don't eat quiche."

(Bruce Feirstein)

3.2.1 Das Ernährungsverhalten als Darstellungsressource in der Inszenierung der Geschlechter

Bei der interaktiven Produktion der Geschlechterordnung spielen kulinarische Praktiken eine wichtige Rolle. Nahrungspräferenzen und -meidungen, Verzehrsmengen, restriktive oder freizügige Essstile, der Körpereinsatz beim Essen sowie Rituale der Nahrungsdistribution oder der Demonstration von Fürsorglichkeit und dergleichen mehr eröffnen ein weites Feld an Möglichkeiten zur sozialen Inszenierung der Geschlechterdifferenz. Besondere Bedeutung kommt dem Ernährungshandeln hierbei vor allem deshalb zu, weil ihm durch seine direkte Körperbezogenheit eine „natürliche" Qualität zugesprochen wird, die dazu geeignet ist, den Konstruktionscharakter der Herstellung von Geschlecht zu verschleiern: Die Unterschiede, die sich im Verzehrsverhalten der Geschlechter offenbaren, erscheinen vor dem Hintergrund der Naturhaftigkeit der Ernährung selbst als „natürlich". Eine weitere Besonderheit besteht darin, dass die Körper im Fall kulinarischer Interaktionen gleichzeitig Akteure und Objekte der sozialen Praxis sind, und zwar in dem durchaus wörtlich zu nehmenden Sinne, dass sich im Medium kulinarischen Handelns ihre Materialität produziert. Dies bedeutet zum einen, dass die Körper sich symbolisch reproduzieren, indem sie zu Verkörperungen sozialen Sinns werden und darin jene spezifische Gestalt erlangen, in der die soziale Ordnung materiell zur Anschauung kommt. Zum anderen reproduzieren sie sich mit der Nahrungsaufnahme jedoch auch in ihrer Eigenschaft als lebendige Organismen, deren Fleisch (und leibliche Befindlichkeit) durch die kulturelle Praxis geformt wird.

Wie für andere Formen des *doing gender* gilt auch für die Herstellung von Geschlecht im kulinarischen Kontext, dass diese in gesellschaftliche Ungleichheitsstrukturen eingebunden ist, d.h. dass Essstile nicht nur als Darstellungsressourcen fungieren, sondern zugleich mit einem normativen Anspruch verknüpft sind. Die Inszenierungen des Geschlechts beim Essen und Trinken sind nicht in das Belieben einzelner Handelnder gestellt, sondern vollziehen sich unter bestimmten Rahmenbedingungen und können sich in Ritualen und institutionellen Arrangements dauerhaft verfestigen. Die Geschlechtsdarstellungen können außerdem – unter der Voraussetzung einer *relativen Signifikanz* des Geschlechts (Hirschauer) – mit dem Kontext variieren.[226] Es ist davon auszugehen, dass die Relevanz der Geschlechtszugehörigkeit nicht in allen Verzehrssituationen gleich hoch ist. Beim kulinarischen *tête à tête*, das in ritualisierter Form häufig der Initiation von Liebesbeziehungen gilt, ist die Darstellung der eigenen „Weiblichkeit" oder „Männlichkeit" von größerer Bedeutung als z.B. bei einem Kantinenessen im KollegInnenkreis, wo dieser Aspekt eher zurücktreten mag. Dies belegt z.B. eine (mittels qualitativer und quantitativer Verfahren durchgeführte) Untersuchung von Lydia Martens, die vor dem Hintergrund des geschlechtskonstituierenden Charakters der Familienmahlzeit (vgl. Charles/Kerr, 1988) erforscht hat, inwieweit auch das aushäusige Essen durch Prozesse des *gendering* geprägt ist (vgl. Martens, 1997; Martens, 2000).

„[P]eople eating in couple-only company groups exhibited more distinct gender rituals than people eating out in the company of extended kinship groups and groups of friends. One

226 Die variierend betonte Inszenierung des Geschlechts unterliegt aber nicht nur situativen Erfordernissen und Relevanzen, sondern kann auch mit der Kategorie Alter in Verbindung gebracht werden. So ist davon auszugehen, dass die Darstellung der eigenen Geschlechtlichkeit für (pubertierende) Jugendliche eine herausragende Position einnimmt (vgl. dazu auch die Untersuchungen von Kolip, 1997a; Kolip, 1999), während im Alter eher eine Angleichung stattfinden mag (sog. *Altersandrogynität*).

explanation behind the more distinct gender differentiated pattern of decision taking among couples may be that eating out is one activity which provides the potential for the formation and shaping of relatively new relationships." (Martens, 1997: 25)

Bei Geschäftsessen kann es für Frauen in höheren Machtpositionen funktional sein, ihr Geschlecht durch Neutralisierung in den Hintergrund treten zu lassen und auf ein betont feminines Verhalten zu verzichten, wenn sie als Verhandlungspartnerin ernst genommen werden wollen.[227] Wie im Fall von Kleidungs- oder Kommunikationsstrategien, die erfolgreichen Frauen eine Orientierung an „männlichen" Standards nahelegen, wäre auch in kulinarischer Hinsicht von einer Angleichung auszugehen. Allerdings gestalten sich die Prozesse der Geschlechtsinszenierung und -neutralisierung für Frauen in diesem Zusammenhang prinzipiell prekär. Während „Männlichkeit" und Macht sich wechselseitig verstärken, gerät das rechte Maß an „Weiblichkeit" für Frauen in Machtpositionen zu einer Gratwanderung: Ein Zuviel an Femininität aktiviert Substereotypen von der „Verführerin" bis zum „Dummchen", die den Vorstellungen von geschäftlicher Kompetenz und Durchsetzungsvermögen zuwiderlaufen, und ein Zuwenig an „weiblichen" Attributen und Verhaltensweisen wird von den anderen ebenfalls als Defizit quittiert, anstatt eine Gleichheit mit männlichen Interaktionspartnern zu befördern.[228] Darüber hinaus sind auch die von Goffman beschriebenen Praktiken der Höflichkeit (und des damit verflochtenen Hofierens) zu bedenken, die indirekt – nämlich über eine *Idealisierung der Benachteiligung* – den untergeordneten Status von Frauen kommunizieren (vgl. Goffman, 1994: 120-127).

Nicht zuletzt ist bei der kulinarischen Konstruktion der Zweigeschlechtlichkeit neben den Darstellungsleistungen auch die Rolle der Wahrnehmung in Rechnung zu stellen. Wie eine essende Person gesehen wird, hängt auch davon ab, welche Vorstellungen das Denken über die Geschlechter und ihre Verschiedenheit prägen. Durch empirische Untersuchungen plausibilisierte

227 Für Männer indessen gilt, dass sie mit einem „männlichen" Essverhalten ihren Machtstatus positiv unterstreichen können, vgl. dazu auch die Ausführungen von Fiddes, der darauf hinweist, dass der Verzehr des *Macho-Steaks* in geschäftlichen Verhandlungen zur Demonstration von Überlegenheit, Souveränität und Unnachgiebigkeit eingesetzt werden kann (vgl. Fiddes, 1993: 115). In diesen Kontext gehören auch die während mehrtägiger Verhandlungen üblichen „informellen Abende", bei denen der Konsum von Alkoholika eine große Rolle spielt. Dabei besteht die Aufgabe (vor allem der „Neuzugänge") darin, Trinkfestigkeit zu zeigen, ohne die Kontrolle über den eigenen Körper zu verlieren: Sein Ansehen und damit möglicherweise seinen beruflichen Erfolg riskiert, wer sich am Trinken nicht beteiligt oder sich durch einen „Absturz" als Schwächling erweist. Trinkfeste Frauen sind bei derlei Männlichkeitsritualen allerdings wenig gefragt.

228 Zum Problem der Neutralisierung von Geschlecht vgl. auch Acker, 1991. Acker entlarvt am Beispiel sozialer Organisationen die – z.B. als eine Folge funktionaler Differenzierung – behauptete Geschlechtsneutralität von (Berufs-)Positionen als androzentrische Konstruktion. Sie macht überdies darauf aufmerksam, dass soziale Hierarchien (nicht nur im Erwerbsbereich) auf vergeschlechtlichten Strukturen basieren und zwischen Männlichkeit und Dominanz ein wechselseitiges Konstitutionsverhältnis besteht.

Befunde sind für diese Fragestellung nur in äußerst geringem Umfang zu finden, doch geben Studien in anderen Forschungsfeldern durchaus Hinweise darauf, dass Frauen und Männer in ihrem Handeln als unterschiedlich wahrgenommen werden, selbst wenn sie das Gleiche tun.[229] Die Wahrnehmung der anderen vollzieht sich eben im Medium kognitiver Schemata, die sozial erworben sind und die Welt im Einklang mit geltenden Sinnvorräten strukturieren. So beeinflussen etwa vorhandene Geschlechtsstereotype die Erwartungen, die eine Person an das Verhalten ihrer InteraktionspartnerInnen richtet, und ebenso die Deutung des tatsächlich gezeigten Verhaltens. Das bedeutet, dass in konkreten Situationen die faktischen Unterschiede zwischen den Geschlechtern sehr gering ausfallen können (z.B. ähnliche Speisen und gleich große Portionen verzehrt werden), während dennoch bezeichnende Perzeptionsunterschiede auszumachen wären.[230] Bei der sozialen Konstruktion von Geschlecht spielt es daher auch nicht zwangsläufig eine Rolle, was Männer und Frauen wirklich tun – die soziale Institution *gender* besteht aber darauf, dass das, was sie tun, als unterschiedlich wahrgenommen wird (vgl. Lorber, 1999: 71).

In der Sozialpsychologie hat es seit den späten 1980er Jahren vereinzelt einige Versuche gegeben, anhand verschiedener Experimente herauszufinden, inwieweit die Menge und/oder die Art der Nahrung, die eine Person zu sich nimmt, einen Einfluss darauf hat, wie diese Person von anderen wahrgenommen wird.[231] Insbesondere ging es hierbei um die Frage, ob die Zuschreibung von Attributen wie „männlich“, „weiblich“, „auf das Äußere bedacht“, „gut aussehend“, „unattraktiv“ o.ä. in Abhängigkeit vom Essverhalten variierten bzw. ob sich ein doppelter, geschlechtsdifferenter Standard im Hinblick auf Verzehrsnormen erkennen lasse. Festgestellt wurden bei den vorliegenden Erhebungen recht unterschiedliche Ergebnisse, doch können einige allgemeine Tendenzen herausgelesen werden, die sich an verschiedenem

---

229 Dies zeigen beispielsweise Meta-Analysen im Bereich der Linguistik, die herausarbeiten konnten, dass sich männliche und weibliche Personen in ihrem sprachlichen Verhalten weniger deutlich und systematisch voneinander unterscheiden als ältere Studien bislang nahelegten. Neuere Ansätze machen statt dessen in erster Linie *geschlechtsstereotype Wahrnehmungsmuster* für die Produktion von Unterschieden im Hinblick auf das Sprachverhalten der Geschlechter verantwortlich (vgl. etwa Gottburgsen, 2000). Ähnliche Untersuchungen böten sich auch im Kontext des Ernährungsverhaltens an.

230 In diesen Zusammenhang gehört auch das Problem einer Reifizierung der Zweigeschlechtlichkeit in der Forschung, da der Blick stets auf die Unterschiedlichkeit der Geschlechter gelenkt wird, die in allen Bereichen erst einmal vorausgesetzt wird. Je weiter man jedoch ins Konkrete vordringt (näher hinsieht), desto weniger wird man der Differenz dann noch habhaft. Dieser Problematik eingedenk jagt auch diese Arbeit primär den Unterschieden hinterher, wenngleich in der Absicht, einen Beitrag zur Erhellung ihres sozial und kulturell konstruierten Charakters zu leisten.

231 Vgl. Chaiken/Pliner, 1987; Mori/Chaiken/Pliner, 1987; Pliner/Chaiken, 1990; Basow/Kobrynowicz, 1993; Bock/Kanarek, 1995. In den Aufsätzen sind die jeweils verwendeten Erhebungsverfahren sowie die Durchführung der Untersuchungen ausführlich dokumentiert.

Material wiederholt bestätigt haben. So kann unter anderem festgehalten werden, dass die Menge der Nahrung, die eine Frau während einer Mahlzeit zu sich nimmt, die Einschätzung ihrer Attraktivität durch männliche wie weibliche Betrachter beeinflusst. Versuchspersonen, die per Videoband die Ausprägung verschiedener Merkmale bei einer essenden Frau beurteilen sollten, neigten dazu, der betreffenden Studentin mit steigender Portionsgröße eine abnehmende optische Anziehungskraft zu attestieren (vgl. Basow/Kobrynowicz, 1993: 342). Auch Studien, die mit fingierten Verzehrsprotokollen (*food diary*) arbeiteten, lieferten Hinweise darauf, dass eine geringe Nahrungsmenge assoziativ mit „weiblichen" Eigenschaften verknüpft wird. Eine Frau, die kleine Portionen zu sich nimmt, wird in höherem Maße als feminin, emotional expressiv, gutaussehend und um ihre äußere Erscheinung bemüht wahrgenommen, als dieselbe Frau, die eine mittlere oder große Mahlzeit verspeist. Zudem ergaben Experimente, mit denen das Essverhalten von Frauen in Gegenwart anderer untersucht wurde, dass diese dazu tendierten, weniger zu essen, wenn sie ihre Weiblichkeit (z.B. angesichts attraktiver männlicher Tischgenossen) betonen wollten. Auch in diesen Fällen ging die Rechnung auf, denn in *face-to-face settings* wirkten die Verzehrsmengen ebenso deutlich auf den Eindruck von Femininität und den mit ihr verbundenen Attributen ein (vgl. Chaiken/Pliner, 1987; Mori/Chaiken/Pliner, 1987; Pliner/Chaiken, 1990). Für Männer scheinen den vorliegenden Studien zufolge solche Unterschiede dagegen nicht oder in weitaus geringerem Umfang zu bestehen (vgl. Bock/Kanarek, 1995: 116ff.), doch ist zu bedenken, dass in bezug auf die Darstellung und Wahrnehmung von Geschlecht in kulinarischen Handlungen noch eine gewaltige Forschungslücke klafft.

Bock und Kanarek fanden überdies heraus, dass umgekehrt auch die Speisenmenge offenbar in Abhängigkeit vom Geschlecht der sie verzehrenden Person wahrgenommen wird.

> „SD [standard diet, d.Vf.] males were perceived as eating substantially less than SD females, indicating that a male who reported eating the same meal as a female, is perceived to be eating relatively less than she. This suggests that subjects may utilize a cognitive schema in which males require more food than females due to typically larger body size." (ebd.: 117)

Der Rekurs auf das „kognitive Schema", das einen geschlechtsdifferenten Bedarf an Nahrungsenergie aufgrund der Beschaffenheit der Körper unterstellt, ist allerdings in soziologischer Sichtweise um (mindestens) einen entscheidenden Punkt zu erweitern. Richtig ist, dass das Alltagswissen – das gleichermaßen von dem in wissenschaftlichen Disziplinen produzierten Wissen beeinflusst ist, wie es seinerseits die wissenschaftliche Produktion von Wissen beeinflusst – die Wahrnehmung anleitet, indem es die Aufmerksamkeit lenkt. Das, was wir über die Unterschiede zwischen Frauen und Männern „wissen", wie beispielsweise, dass Männer einen größeren Appetit haben, mehr Nahrungsenergie benötigen oder Frauen langsamer und gesundheitsbewusster essen und trinken, strukturiert aber nicht nur unsere Deutungsschemata, sondern wird zugleich zu einer normativen Erwartung an das Verhalten der anderen. Schon Charles und Kerr stießen bei ihren Studien über die Bedeutung des Essens in britischen Familien auf Vorstellungen, die in Gestalt von Erwartungen und Anforderungen daherkommen: Jungen müssen mehr essen als Mädchen, Männer haben naturgemäß einen größeren Fleischhunger als Frauen, Männer brauchen „starke" Nahrungsmittel etc. (vgl. Charles/Kerr, 1988). Die Rückbindung an das „Wissen" über die Körper und deren Größenverhältnisse, die die beiden Sozialpsychologinnen Bock und Kanarek in der Absicht einer Erklärung der Perzeptionsunterschiede vornehmen, erweist sich jedoch in dem Maße als Pferdefuß, in dem davon ausgegangen werden kann, dass dieses Wissen (und damit auch die dieses Wissen generierende Disziplin) selbst einem Mythos aufsitzt, der im Dienste der Verschiedenheit der Geschlechter operiert. Wie Goffman an der Konstitution des heterosexuellen Paares als einer Kombination aus großen Männern und kleinen Frauen gezeigt hat (vgl. Goffman, 1994: 142f.), wird auch im Hinblick auf die Setzung von Verzehrsnormen eine beobachtbare *Tendenz*, nämlich dass Frauen im Durchschnitt ein geringeres Körpergewicht und eine geringere Körpergröße aufweisen als Männer und deshalb weniger Nahrungsenergie benötigen[232], zu einer gesellschaftlichen *Regel* erhoben. Dass es jedoch auch umgekehrte Verhältnisse und vor allem einen erheblichen Bereich der Überschneidung gibt, in dem sich gleich große Männer und Frauen von ähnlicher Statur finden, wird zugunsten der markanten Differenz ausgeblendet, welche die „kulinarischen Geschlechterglaubensvorstellungen" beherrscht.

Wenn das Ernährungsverhalten als eine für Geschlechtsdarstellungen und -interpretationen relevante Ressource beschrieben werden soll, ist es zunächst nützlich, einiges Datenmaterial zusammenzutragen, das darüber Aufschluss gibt, welche Charakteristika in den Essstilen von Männern und Frauen überhaupt empirisch abgesichert ausgelotet werden können. Dazu eignen sich vornehmlich Blicke in größere Verzehrsstudien, die die Kategorie Geschlecht einbeziehen, sowie der Rückgriff auf Befunde aus der empirischen Ernährungspsychologie und der Gesundheitsforschung. Als allgemeine Tendenz kristallisiert sich aus einer Vielzahl unterschiedlichster Studien[233] das Ergebnis heraus, dass Frauen – in den entwickelten Wohlstandsgesellschaften – bei Umfang und Auswahl der Nahrung eine Haltung erkennen lassen, die gemeinhin als „gesundheitsbewusst" interpretiert wird. Dies bedeutet, dass

232 Allerdings müssten einer solchen Trivialfassung noch weitere Parameter hinzugefügt werden wie beispielsweise die Art der verrichteten Tätigkeiten oder der Gesundheitszustand. Die Annahme, dass Männer mehr und kräftigere Nahrung benötigen, speist sich auch aus der Vorstellung schwerer körperlicher Arbeit, die für die Mehrzahl der männlichen Erwerbstätigen jedoch nicht mehr zum Alltag gehört.

233 Für jüngere Arbeiten vgl. etwa Roos, 1998; Hupkens/Knibbe/Drop, 1997; Fagerli/Wandel, 1999; Saltonstall, 1993; Diehl, 1999a; Diehl, 1999b; Kolip, 1995; Perry-Hunnicat/Newman, 1993.

das Ernährungsverhalten der Frauen im Durchschnitt eine größere Nähe zu den propagierten Ernährungsidealen aufweist als das der Männer, was sich vornehmlich in vergleichsweise höheren Verzehrswerten von Obst und Gemüse, Milchprodukten und Vollwert- bzw. Diätwaren sowie einer deutlich geringeren Aufnahme von Fleisch und Alkoholika äußert. Insgesamt scheinen in westlichen Gesellschaften die Geschlechtsunterschiede beim Nahrungskonsum auffälliger zu sein als Unterschiede, die sich anhand einer Differenzierung nach der sozialen Lage bzw. der Schichtzugehörigkeit vornehmen lassen (vgl. Roos, 1998: 29), wobei es Hinweise darauf gibt, dass das Ernährungsverhalten von Frauen generell weniger mit sozioökonomischen Variablen korreliert als das der männlichen Bevölkerung (vgl. Fagerli/Wandel, 1999). Darüber hinaus sind auch das Ernährungswissen, die Einstellung zu „gesunder" Ernährung sowie die Orientierung an Körpernormen beim Essverhalten deutlich nach dem Geschlecht unterschieden (vgl. unter anderem Kolip, 1995; Kolip, 1997; Saltonstall, 1993). Exemplarisch können die in der *Nationalen Verzehrsstudie* (NVS)[234] dokumentierten Verzehrshäufigkeiten von Quark und Fleisch als ein Beleg für die in vielen Untersuchungen herausgearbeiteten geschlechtsdifferenten Essstile herangezogen werden.

Abb.3 Verzehrshäufigkeit von Quark nach Geschlecht und Alter („täglich")

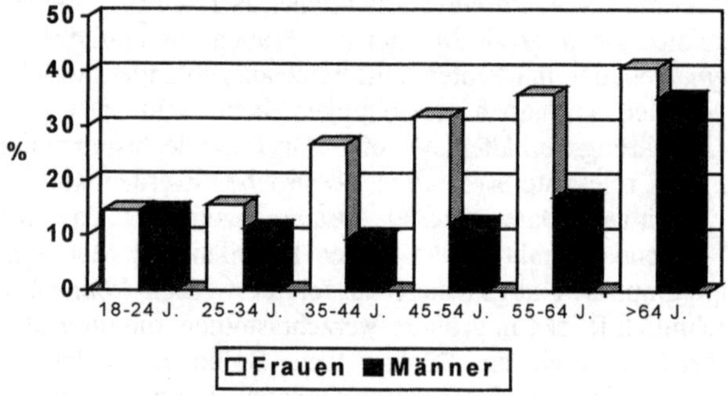

Quelle: nach Kübler et al. (Hg.), 1994b: 48

234 Bei der NVS handelt es sich um eine für die Bundesrepublik (West) repräsentative Ernährungserhebung, die in den Jahren 1985 bis 1989 durchgeführt wurde und auf den Ernährungsprotokollen von mehr als 23.000 Personen beruht. Ergänzt wurde die Untersuchung durch Befragungen ausgewählter Zielpersonen. Für eine detaillierte Methodenbeschreibung siehe Anders/Rosenbauer/Matiaske (Hg.), 1990. Auf der NVS basiert außerdem die *Verbundstudie Ernährungserhebung und Risikofaktoren Analytik* (VERA) (Kübler et al. (Hg.), 1994a; Kübler et al. (Hg.), 1994b), die auf einer Unterstichprobe von TeilnehmerInnen aus der Gruppe der NVS-Interviewzielpersonen aufbaut. Ziel von VERA ist es, anhand einer Analyse von Nährstoffversorgung, Schadstoffbelastung und Verbreitung von Risikofaktoren eine Charakterisierung von Risikogruppen innerhalb der Bevölkerung vorzunehmen, um zielgruppenspezifische Aufklärungs- und Beratungsangebote konzipieren zu können.

Abb.4 Verzehrshäufigkeit von Fleisch nach Geschlecht und Alter („täglich")

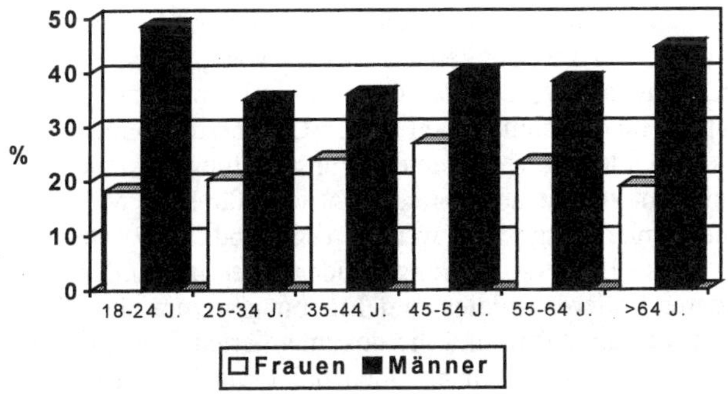

Quelle: nach Kübler et al. (Hg.), 1994b: 50

Beim Quarkverzehr zeigen sich vor allem für die Altersgruppen ab 25 Jahren eklatante Unterschiede zwischen den Geschlechtern, wobei insgesamt eine Zunahme des Verzehrs mit steigendem Alter beobachtet werden kann. So essen beispielsweise mehr als ein Viertel der weiblichen Befragten zwischen 35 und 44 Jahren täglich Quark, während dieser Anteil bei ihren männlichen Altersgenossen nicht einmal zehn Prozent ausmacht. In der nächsthöheren Altersgruppe (45 bis 54 Jahre) stehen knapp ein Drittel täglich Quark verzehrender Frauen wenig mehr als zwölf Prozent Quark verspeisender Männer gegenüber, und bei den 55- bis 64-Jährigen lässt sich das Verhältnis auf 36 Prozent Frauen zu 17,1 Prozent Männer, die täglich Quark zu sich nehmen, beziffern. Beim Fleischverzehr tritt die Altersspezifik gegenüber der geschlechtlichen Differenzierung deutlicher in den Hintergrund. Hier gaben zwischen knapp der Hälfte und gut einem Drittel der männlichen Personen aller Altersgruppen an, täglich Fleisch zu essen, wobei sich der höchste Wert mit 48,6 Prozent bei den 18- bis 24-Jährigen findet. Der Anteil der Frauen, die jeden Tag eine Fleischmahlzeit verspeisen, liegt hingegen lediglich zwischen etwas mehr als 18 Prozent (in der Gruppe der 18- bis 24-Jährigen) und 27 Prozent (bei den 45- bis 54-Jährigen). Das Gefälle zwischen den Geschlechtern ist dabei in der jüngsten und der ältesten Altersstufe am stärksten ausgeprägt, während die mittleren Lagen zwar immer noch sehr deutlich, aber vergleichsweise doch weniger dramatisch auseinanderdriften. Bei den jungen Erwachsenen im Alter von 18 bis 24 Jahren springt ins Auge, dass sich in dieser Gruppe der größte Anteil täglich fleischessender Männer überhaupt findet und zugleich der Anteil der fleischverzehrenden Frauen den niedrigsten Wert aller Altersgruppen aufweist.

Die männliche Vorliebe für Fleisch und auf der anderen Seite die Bevorzugung vegetabiler Kost durch Frauen konnte auch in Untersuchungen über *Nahrungspräferenzen* wiederholt bestätigt werden. So zeigt etwa Jörg Diehl in einer jüngeren Befragung 10- bis 14jähriger SchülerInnen zur Beliebtheit von 114 ausgewählten Speisen und 14 Getränkesorten (Diehl, 1999a), dass die Jungen eine signifikant höhere Vorliebe für die Speisengruppen Fast food, Fleisch, Wurst und Fisch erkennen lassen, wohingegen die Mädchen höhere Präferenzwerte für Obst, rohes Gemüse und Käse erzielen. Zudem fanden sich deutlich mehr Schülerinnen in der Gruppe derjenigen, die ganz auf den Genuss von Fleisch verzichteten. Für die Jungen konnte darüber hinaus eine signifikant stärker ausgeprägte Vorliebe für Eier, Milch, Snacks und Limonadengetränke festgestellt werden (vgl. ebd.: 157). Diehl weist darauf hin, dass diese Befunde in weitgehender Übereinstimmung mit den Ergebnissen anderer Präferenzstudien und Erhebungen zum aktuellen Speisen- und Getränkekonsum stehen und die dokumentierten Tendenzen sowohl bei Schulkindern und Jugendlichen als auch bei Erwachsenen beobachtbar seien (ebd.: 156).

In einer in den 1980er Jahren durchgeführten Studie hatte der Ernährungspsychologe Nahrungspräferenzen und -aversionen bei erwerbstätigen Erwachsenen auf ihren Zusammenhang mit soziodemographischen Merkmalen hin überprüft und ebenfalls Korrelationen zwischen der Beliebtheit bestimmter Speisen und Gewürze und dem Geschlecht ausmachen können (Diehl, 1983a). Zwar haben etwa ein Drittel der insgesamt 331 erhobenen Speise- und ca. die Hälfte der 64 Gewürzitems keine signifikante Beziehung zu den Faktoren Alter, Geschlecht, Schulabschluss und Relativgewicht gezeigt, doch ergaben sich für die Variable Geschlecht immerhin 81 Speisen, bei deren Beliebtheit ein signifikanter Unterschied zwischen Männern und Frauen zu konstatieren ist. Wie die nachfolgende Aufstellung dokumentiert, handelt es sich bei den von Männern bevorzugten Gerichten fast durchgängig um Fleisch oder fleischhaltige Speisen. Nur neun der insgesamt 40 von Männern stärker präferierten Nahrungsitems sind nicht durch einen überwiegenden Fleischanteil gekennzeichnet. Die Vorlieben der Frauen setzen sich dagegen aus unterschiedlichen Kategorien zusammen, wobei in erkennbarer Häufung Kartoffel-, Nudel-, Fisch- und Gemüsegerichte sowie zuckerhaltige Speisen vertreten sind.

Zu den im folgenden nicht aufgeführten Gewürzen, die Frauen in höherem Maße bevorzugen als Männer zählen unter anderem Zitrone, Vanille, Schnittlauch, Petersilie, Zimt und Nelken. Maggiwürze und eingelegte Peperoni entsprechen dagegen stärker dem „männlichen“ Geschmack. Die Abfolge der Items in der tabellarischen Übersicht ist absteigend nach der Höhe der Korrelation Geschlecht/Präferenz aufgebaut (siehe nächste Seite).

Tab.2 Speisepräferenzen berufstätiger Frauen und Männer (nach Diehl)

Speisen, die *Frauen* signifikant stärker präferieren	Speisen, die *Männer* signifikant stärker präferieren
Folienkartoffeln	Jägerschnitzel
Kartoffelbrei	Currywurst mit Brötchen
Gebackene Nudeln mit Zutaten	Rindswurst mit Pommes frites
Pellkartoffeln mit Quark	Currywurst mit Kartoffelsalat
Dampfnudeln mit Vanillesauce	Schweinesülze
Nudelauflauf	Schlachtplatte
Eierpfannkuchen mit Fleischfüllung	Currywurst mit Pommes frites
Italienischer Salat	Rebhuhn, gebraten
Zucchinis	Pfeffersteak
Spaghetti mit Hackfleisch-Tomaten-Sauce	Bauerngröstl
Bohnensalat	Zigeunerschnitzel
Heiße Apfeltasche	Hirschgoulasch
Überbackener Toast	Schweinshaxe
Reissalat	Ochsenschwanzsuppe (Tütensuppe)
Apfelstrudel	Porridge
Kabeljau/Schellfisch, gegrillt	Hirschfilet
Kohlrabi	Rehgoulasch
Zwetschgenknödel	Austern
Müsli	Hammelkotelett
Rotkraut, gekocht	Hirschbraten
Risotto	Wildschweinfilet
Fleischfondue in Öl	Bockwurst mit Brötchen
Chicorée, gekocht/gebraten	Hammelragout
Nudelsalat	Hasenbraten
Salzmandeln	Rumpsteak
Hühnerfrikassee	Leberkäse
Spinat	Wildschweingoulasch
Kartoffelsuppe	Wildschweinbraten
Kartoffelauflauf	Rindswurst mit Kartoffelsalat
Fischfilet, gedünstet	Erbsensuppe
Karpfen, gebacken	Erbseneintopf
Blumenkohl, überbacken	Bratwurst mit Pommes frites
Rote Beete	Lammkotelett
Rotkrautsalat	Eisbein
Gurkensalat	Kalbshaxe
Nudeln	Sellerie
Heilbutt, gebraten	Strammer Max
Grießbrei mit süßer Zutat	Rindersteak
Käsesalat	Bockwurst mit Pommes frites
Scholle, gebraten	Erdnüsse, gesalzen
Matjes nach Hausfrauenart	

Quelle: nach Diehl, 1983a: 305

Die Untersuchung des Ernährungsverhaltens bezieht sich zumeist auf das häusliche Essen. Nur wenige Studien nehmen explizit den *aushäusigen Verzehr* ins Visier. Martens fand heraus, dass die geschlechtstypischen Unterschiede in der Auswahl der Speisen in Restaurants insgesamt schwächer ausfielen als das Material zu Nahrungspräferenzen und -konsum vermuten ließe. Es zeigte sich, dass das Essengehen von den Befragten als besondere Situation gedeutet wurde, in der insbesondere der Aspekt der Restriktion hintangestellt wurde.[235] Männer wie Frauen betonten, außer Haus gern mehrere Gänge zu sich zu nehmen – wobei die tatsächlich verzehrten Mengen damit freilich noch nicht erfasst sind. So ergaben sich in den durchgeführten Interviews Hinweise darauf, dass Frauen eher kleine Gerichte auswählten, nicht aufaßen und die Reste ihrer Speisen häufig ihren männlichen Begleitern überließen. Obwohl sich in der Speisenauswahl wenig auffällige Geschlechtsdifferenzen feststellen ließen, bestätigen jedoch auch Martens' Daten der Tendenz nach die geschlechtliche Besetzung roter und weißer Fleischsorten: Die georderten Rindfleischgerichte gingen zu 58 Prozent an männliche Restaurantbesucher, während Speisen, die mit Hähnchenfleisch zubereitet wurden, zu 63 Prozent und Fischgerichte zu 58 Prozent von Frauen nachgefragt wurden (vgl. Martens, 1997: 22).

Neben den geschmacklichen Vorlieben und den tatsächlichen Verzehrsmengen und -häufigkeiten bestimmter Nahrungsmittel weisen auch die *Einstellungen* zum Essen und Trinken geschlechtstypische Charakteristika auf. Besondere Hervorhebung verdient hierbei der wiederholt herausgearbeitete Aspekt einen stärkeren „Gesundheitsorientierung" von Frauen. Bei einer im März 2000 durchgeführten Umfrage des Allensbacher Instituts für Demoskopie gaben beispielsweise knapp 45 Prozent aller weiblichen, aber nur gut ein Viertel der männlichen Personen an, auf ihre Ernährung „zu achten" (vgl. Noelle-Neumann/Köcher (Hg.), 2002: 267). Für die Männer errechnete sich in dieser Studie ein entgegengesetztes Ergebnis: 27 Prozent achteten auf ihre Ernährung und mehr als die Hälfte richtete sich in ihrem Essverhalten ausschließlich nach ihrem Geschmack. Zudem belegen verschiedene Untersuchungen, dass Frauen der Tendenz nach besser über eine gesunde Ernährung informiert sind, diese stärker positiv einschätzen als Männer und sich überdies auch eher bereit zeigen, das eigene Verzehrsverhalten gemäß den normativen Anforderungen einer gesunden Ernährungsweise zu ändern (vgl. Roos, 1998: 31).[236]

---

235 Im jüngsten Ernährungsbericht findet sich ein Hinweis darauf, dass Frauen beim Außer-Haus-Verzehr mehr Fleisch zu sich nehmen als gewöhnlich und damit den besonderen Status der Situation hervorheben (vgl. DGE (Hg.), 2000: 39).

236 Die stärkere Orientierung an körperlich erwünschten bzw. unerwünschten Wirkungen der Nahrung kann dabei zu einer ambivalenten Haltung gegenüber bestimmten Speisen führen. So zeigten die befragten Frauen in einer Untersuchung zum Verzehr von Süßigkeiten im Prinzip mehr Gefallen an süßen Zwischenmahlzeiten als die männlichen Probanden, doch schätzten sie diese gleichzeitig als weitaus gesundheitsunverträglicher ein. Während die

Im Bereich der Gesundheitsforschung wurde von Saltonstall (Saltonstall, 1993) anhand von Tiefeninterviews untersucht, inwieweit geschlechtsdifferente Gesundheitskonzepte und das erkennbar unterschiedliche Gesundheitshandeln von Frauen und Männern mit der sozialen Herstellung von Geschlechtlichkeit und Geschlechterverhältnissen im Zusammenhang steht. Sie fand heraus, dass die Auffassungen darüber, welche Verhaltensweisen gesundheitsförderlich seien, mit dem Geschlecht variierten – so z.B. dass Frauen besonders die Bedeutung der Ernährung hervorhoben, während die männlichen Befragten hauptsächlich Sport und Bewegung als relevant erachteten – und dass diese Auffassungen in hohem Maße mit den Vorstellungen über ein angemessenes „weibliches" bzw. „männliches" Verhalten allgemein korrespondierten. Letzteres zeigte sich wiederum mit Vorstellungen über die Körper verknüpft, die in ihrer geschlechtlichen Differenzierung zum Bezugspunkt für die Formulierung unterschiedlicher Bedürfnisse und Umgangsweisen genommen wurden. Saltonstall interpretiert die unterschiedliche Wahrnehmung des eigenen Körpers sowie die daraus abgeleiteten Unterschiede in den Gesundheitsauffassungen und im Gesundheitsverhalten von Frauen und Männern als eine Form des *doing gender*.

„The sense of self as healthy, as gendered, and as body, were intertwined, and were realized simultaneously in concrete habits and practices of daily life. Decisions about what actions to take to be healthy or »health doings« were colored by ideas about appropriate masculine and feminine behavior. From a theoretical point of view, this suggests that the doing of health is a form of doing gender." (ebd.: 12)

Dass es sich bei der Gesundheitsorientierung von Frauen in puncto Ernährung vielfach eher um eine „Attraktivitätsorientierung" handelt, ist verschiedentlich hervorgehoben worden (in der hier verwendeten Bezeichnung bei Williams/Germov, 1996). Der sich anschließende Befund, dass ein restriktiver Umgang mit dem Essen zugunsten einer „schlanken Linie"[237] als geschlechtssinnstiftendes Verfahren gelesen werden kann, wird insbesondere auch durch Ergebnisse der neueren Jugendgesundheitsforschung gestützt.[238] Bereits im Kindes- und Jugendalter offenbart sich die Zügelung der Esslust als eine Strategie, mit der Mädchen ihre „Weiblichkeit" sichtbar zum Ausdruck bringen können. Die kognitive Kontrolle der Nahrungsaufnahme, die

männlichen Teilnehmer der Studie Süßes eher aus einem positiven Gefühl heraus und mit Genuss verzehrten, konsumierten die Frauen Süßigkeiten häufiger in Situationen, in denen sie sozialem Druck ausgesetzt waren (vgl. Grogan/Bell/Conner, 1997).

237 Zur Frage geschlechtsdifferenter Körperpolitik und einer materiellen Formung der Körper (Körpernormen, Körpersozialisation, Körperstrategien) siehe Kap. 4, wo auch die damit im Zusammenhang stehende Problematik der Essstörungen thematisiert wird.

238 Vgl. zu diesem Forschungsbereich vor allem die Arbeiten von Petra Kolip und Cornelia Helfferich (Kolip (Hg.), 1994, Kolip, 1995; 1997a; 1997b und Helfferich, 1994a; Helfferich/ Walter/Franzkowiak, 1986).

nicht mehr an Appetit und Sättigung orientiert ist, äußert sich beispielsweise darin, dass Mädchen häufiger Mahlzeiten (vor allem das Frühstück oder das Mittagessen) ausfallen lassen als ihre männlichen Altersgenossen (vgl. Kolip, 1995: 104f.). In einer groß angelegten Jugendgesundheitsbefragung in den alten und neuen Bundesländern Deutschlands gab zudem fast ein Viertel der 12-jährigen Mädchen zu Protokoll, schon mindestens einmal eine Diät gemacht zu haben, bei den 16-Jährigen berichteten sogar mehr als 40 Prozent von Diäterfahrungen.[239] Der Anteil der Jungen, die sich schon einmal einer Diät unterzogen hatten, lag hingegen in allen Altersgruppen (12 bis 16 Jahre) jeweils bei etwa zehn Prozent, so dass die geschlechtsbezogenen Unterschiede im restriktiven Essverhalten mit zunehmenden Alter immer weiter auseinanderklafften (vgl. Kolip, 1997a: 193). Die Ausprägung und Verfestigung dieser markanten Geschlechterdifferenz im Essverhalten fällt also in einen Lebensabschnitt, in dem es für die Betreffenden zunehmend wichtiger wird, sich im sozialen Umfeld als „richtige" Frau und „richtiger" Mann zu verorten. In ihrer Arbeit über „Geschlecht und Gesundheit im Jugendalter" kommt Petra Kolip unter anderem zu dem Ergebnis, dass die geschlechtstypische Ausgestaltung von *somatischen Kulturen*[240] in erster Linie anhand dreier Merkmale akzentuiert wird: Neben der Einnahme von Medikamenten sind es vor allem das Ernährungsverhalten und die Zufriedenheit mit dem eigenen Körper, die zur Markierung der Geschlechterdifferenz taugen (vgl. ebd.: 198). Im restriktiven Essverhalten und im Wunsch nach einer Manipulation des Körpers vereinigen sich Körperstrategien, die für weibliche somatische Kulturen kennzeichnend sind und somit einen zentralen Faktor in der Konstruktion von „Weiblichkeit" darstellen.

Wie Diehl in seiner Befragung von Heranwachsenden im Alter von 11 bis 16 Jahren zeigt (Diehl, 1999b), sind die Erfahrungen, die Jungen mit der Ernährung machen, ganz anders gelagert. Für sie gelten gegenüber den Mädchen signifikant höhere Werte, wenn es um die *Lust* am Essen geht. So gaben die befragten Jungen deutlich häufiger an, sich oft hungrig zu fühlen und

---

239 Die Daten zum Diätverhalten variieren in unterschiedlichen Studien – auch abhängig vom Untersuchungsdesign – teils beträchtlich, doch das Gefälle, das zwischen den Geschlechtern besteht, bleibt von diesen Schwankungen nahezu unberührt. Exemplarisch sei auf eine amerikanische Studie zum Diätveralten bei Jugendlichen hingewiesen, die ein Verhältnis von 60,6 Prozent jungen Frauen zu 28,4 Prozent jungen Männern konstatiert, welche zum Zeitpunkt der Befragung gerade eine Diät durchführten (vgl. Perry-Hunnicat/Newman, 1993). Diäten, Mäßigung, kontrolliertes Essen, Appetitzügler etc. sind in ungleich größerem Ausmaß ein Bestandteil des Alltags von Frauen.

240 Dieser Begriff wurde im Anschluss an Bourdieu von Luc Boltanski geprägt und beschreibt den „Kodex der guten Sitten für den Umgang mit dem Körper, der tief verinnerlicht und allen Mitgliedern einer bestimmten sozialen Gruppe gemeinsam ist" (Boltanski, 1976: 154). Zur Untersuchung somatischer Kulturen vgl. Helfferich, 1994a; Kolip, 1997a; Rodenstein, 1982; Stein-Hilbers, 1995.

durch äußere Reize (z.B. dadurch, andere beim Essen zu sehen oder Nahrung angeboten zu bekommen) zum Essen animiert zu werden. Auch stimmten sie eher der Aussage zu, besonders schmackhafte Speisen auch dann noch zu verzehren, wenn sie eigentlich schon satt sind. Im Gegensatz zu ihren weiblichen Altersgenossen hoben die männlichen Jugendlichen außerdem die positive Bedeutung hervor, die sie dem Essen in ihrem Leben beimessen. Bei Items wie „Nach dem Essen fühle ich mich besonders wohl", „Essen gehört zu den schönsten Dingen im Leben", „Nach dem Essen fühle ich mich kräftig und fit" oder „Für ein gutes Essen lasse ich gern alles stehen und liegen" ergaben sich signifikante Geschlechtsunterschiede zugunsten der männlichen Teilnehmer. Diese Haltung zeigte sich darüber hinaus auch durch das elterliche Verhalten unterstützt. Die häusliche Ernährungserziehung zielt den Ergebnissen der Studie zufolge bei Jungen deutlich stärker darauf ab, diese zum Essen anzuhalten, während der Wunsch nach Mädchen, die sich „groß und stark" essen, erwartungsgemäß negativ ausgeprägt ist (für eine tabellarische Aufstellung der referierten Ergebnisse siehe ebd.: 165).

Zur Begründung der beschriebenen Unterschiede und Charakteristika im Ernährungsverhalten der Geschlechter werden in den zitierten und in anderen Untersuchungen verschiedene Erklärungsmuster bemüht. Während im Fall des kontrollierten Essens und kollektiven Diätverhaltens von Mädchen und Frauen Rückgriffe auf gesellschaftliche Faktoren, etwa geschlechtsdifferente Körperideale und Sozialisationsinhalte, zum gängigen Analyserepertoire gehören – vor allem vor dem Hintergrund der häufig durch dieses Verhalten induzierten Essstörungen –, verharren die Argumente angesichts geschlechtsdifferenter Appetite und Geschmäcke zumeist in Hinweisen auf eine größere Ernährungskompetenz von Frauen oder physiologisch begründbare unterschiedliche Bedarfe. Nicht selten jedoch herrscht Schweigen an jenen Stellen in Verzehrsstudien, wo es an eine Deutung der empirischen Befunde zu gehen hätte. Allzu oft erschöpft sich die „Interpretation" der Daten in einer Beschreibung der vorgefundenen Korrelationen. So können wir uns anhand vielfältiger Forschungsergebnisse zwar ein Bild davon machen, wie sich welche sozialen Aggregate innerhalb der Gesellschaft der Tendenz nach ernähren, und auf diese Weise lassen sich auch (wie vielfach intendiert) z.B. sogenannte „Risikogruppen" aufspüren, doch erfahren wir in aller Regel wenig oder gar nichts über die *gesellschaftliche Konstitution* unterschiedlicher „kulinarischer (Sub)-Kulturen". Die dokumentierten „Abhängigkeiten" des Ernährungsverhaltens von soziodemographischen Variablen sagen nicht allzu viel über das Zustandekommen und die sozialen Hintergründe dieser Zusammenhänge aus. So zeigt sich z.B., dass das Einkommen bei der Nahrungsauswahl zwar eine Rolle spielt (verkürzt: je höher das Haushaltsnettoeinkommen, desto eher entspricht der Nahrungskonsum den Empfehlungen für eine gesunde Ernährung, vgl. unter anderem die Daten in Kübler et al. (Hg.), 1994b sowie diverse Beiträge in Barlösius/Feichtinger/Köhler (Hg.),

1995), doch impliziert eine Gleichheit beim Einkommen noch längst keine Gleichheit beim Essen, wie Bourdieu am Beispiel sozial aufgestiegener Berufsgruppen belegt hat (vgl. Bourdieu, 1994)[241]. Nicht der Geldbeutel diktiert die Mahlzeiten[242], sondern es werden auf der Basis der sozialen Lage bestimmte Vorlieben und Abneigungen entwickelt, nach denen Menschen ihren Speiseplan ausrichten. Die – mittlerweile in die Jahre gekommene, aber gewiss bislang kaum übertroffene – Untersuchung Bourdieus weist dem Blick auf die Verhältnisse von sozialer Ungleichheit und Essverhalten dann auch eine andere Richtung. Es geht um die *Repräsentation* der „feinen" sozialen Unterschiede: Essend und trinkend verorten sich Menschen im sozialen Raum, und sie tun dies durch ihren *Geschmack*. Vermittelt über den Habitus manifestieren sich die unterschiedlichen Kapitalien und ihr Zusammenspiel in der sozialen Praxis als Geschmacksvarianten, die zur „Erzeugungsformel" (ebd.: 283) der *Lebensstile* werden.[243] Auf der Ebene der Lebensstile aber, in den Handlungen der routinisierten Alltagsorganisation, in der mehr oder weniger bewussten Stilisierung des Selbst, zeigt sich die (inter)aktive Herstellung sozialer Unterschiede.[244]

Doch während von ernährungssoziologischer Seite mit Blick auf Schichten und Milieus längst auf den „identitätsstiftenden" Charakter von Essgewohnheiten hingewiesen und die Resistenz des Geschmacks der unteren Sozialschichten gegenüber den Ernährungsempfehlungen gar als sozialer

---

241 So bleiben etwa die französischen Vorarbeiter den Erhebungen Bourdieus zufolge dem „populären" Geschmack verpflichtet, obgleich sich ihre sozioökonomische Lage verbessert hat und ihr durchschnittliches Einkommen über dem der unteren Angestellten liegt. Diese wiederum grenzen sich in ihrem Essverhalten von den ArbeiterInnen ab und nähern sich in ihren geschmacklichen Orientierungen den kulinarischen Vorlieben des höheren Lehrpersonals an (vgl. Bourdieu, 1994: 299ff.).

242 Dies gilt allerdings nur für jene Gesellschaften bzw. Teile von Gesellschaften, in denen keine *Ernährungsarmut* herrscht. Zur Problematik der Ernährungsarmut vgl. besonders Feichtinger, 1995. Bourdieu hebt hervor, dass sich die Geschmacksentscheidungen der unterprivilegierten Sozialschichten nicht wirklich auf Freiheit (sondern gesellschaftliche Zwänge) gründen, doch geht er davon aus, dass „sich Notwendigkeit und Zwang [..] in der Regel nur durchsetzen können, weil die Akteure einen *Hang haben* und *Geschmack* dafür, wozu sie ohnehin verdammt sind." (Bourdieu, 1994: 290; Herv. i. O.)

243 Vgl. hierzu auch Kap. 4.1.1.

244 Ein Versuch, Ernährungsweisen auf der Grundlage von Lebensstilen zu typisieren, findet sich bei Plasser, 1994. Indem die Autorin die Daten einer für Österreich repräsentativen Erhebung einer Clusteranalyse unterzieht, kommt sie zu einer Aufstellung von vier Ernährungstypen, die sich in der Einstellung zum Essen und der subjektiven Bedeutung von Genuss und Gesundheit unterscheiden. Dabei zeigen zwei „Typen" deutliche Unterschiede im Hinblick auf die Kategorie Geschlecht: Die von Plasser als „sorglose Esser" (undifferenzierte Einstellung zum Essen, keine Mäßigung des Konsums aus gesundheitlichen oder „rationalen" Motiven) klassifizierte Gruppe ist durch einen hohen Anteil jüngerer Männer gekennzeichnet, wohingegen die „Gesundheitsapostel" mit einem ausgeprägten Bewusstsein für Ernährung und Gesundheit überwiegend weibliche Personen sind (vgl. ebd.: 93ff.).

Protest, als „ein soziales Ringen um einen eigenen Lebensstil“ (Barlösius, 1995: 314) interpretiert wurde, scheint diese Sichtweise bezogen auf geschlechtstypische Ernährungsstile kaum durchgesetzt zu sein. Dies mag daran liegen, dass das Geschlecht im Gegensatz zu Kategorien wie Klasse oder Schicht weiterhin als eine „natürliche“, körperlich bestimmte Gegebenheit behandelt wird. Begreift man indes die geschlechtlich differenzierten Ernährungsstile – und zwar nicht allein reduziert auf den Aspekt weiblichen Fastens und männlicher Unbekümmertheit beim Essen – als eine Komponente der Stilisierung und Inszenierung von „Männlichkeit“ und „Weiblichkeit“, dann lässt sich der Umgang mit der Nahrung als eine aktive Leistung in der Konstruktion der zweigeschlechtlichen Wirklichkeit erkennen.

In dem zuvor beschriebenen zirkulären Verweisungszusammenhang von kulinarischer Taxonomie und Geschlechterordnung (vgl. Kap. 2.2.2) werden Nahrungsmittel zu Medien der symbolischen Kommunikation von Geschlecht gemacht. Entlang der Achse von „starker“ und „schwacher“ Nahrung finden sich zentrale geschlechtlich konnotierte Oppositionen in den Gegenüberstellungen von vegetabiler und carnivorer Kost, leichter und schwerer Küche, süßen und scharfen Speisen.[245] Entsprechende Vorlieben und Abneigungen dienen damit auch der Darstellung und Bestätigung der eigenen Geschlechtlichkeit – ähnlich wie Kleidung und Frisur oder die Präferenz für bestimmte Sportarten, Interessengebiete, Berufe etc. Einige Nahrungsmittel werden gar unter dem Label ihres „Geschlechts“ vermarktet.[246] So heben sich beispielsweise die „Herrentorte“ und die „Herrenschokolade“ explizit aus dem ansonsten eher weiblich konnotierten Sortiment von Kuchen und Süßwaren heraus. Ihre dunkle, bittere, herbe Beschaffenheit markiert den erhabenen, edlen Status dieser Produkte und grenzt sie zum „süßlichen“ Image der gewöhnlichen Näscherei ab. Das Naschen gilt – ungeachtet seines paradoxen Verhältnisses zur „Gesundheits“- bzw. Schlankheitsorientierung – gemeinhin als eine „weibliche“ Leidenschaft.[247] Gerade die Schokolade ist eine in hohem Maße feminin codierte Leckerei, was sich unter anderem darin äußert, dass sie (meist in Pralinenform) ein *typisches* Präsent für Frauen jeden Alters darstellt. Werden Männer dagegen überhaupt mit Schokolade bedacht, so noch am ehesten in ihrer durch Herbheit oder den Zusatz von Alkohol „ver-

245 Eine weitere bedeutsame Grenze zwischen den Geschlechtern wird außerdem durch die Opposition Rausch vs. Nüchternheit markiert (vgl. Eisenbach-Stangl, 1986). Dieser Aspekt wird in Kap. 5.3 unter dem Fokus leiblichen Erlebens aufgegriffen.

246 Nahrungsmittel können ihr „Geschlecht“ ebenso wie andere soziale Konnotationen im Verlauf der Zeit freilich auch ändern. Ein Beispiel hierfür wäre etwa der Zwieback, der einst als Feld- und Schiffszwieback eine Angelegenheit „starker Männer“ war und heute – bei allerdings geänderter Konsistenz – verbunden mit seiner Eigenschaft als Kinder- und Krankenkost sowie als Bestandteil mancher Abmagerungskur ein eher „weibliches“ Image hat.

247 Eine Leidenschaft im übrigen, die in dem Moment zum „weiblichen *Laster*“ wird, in dem die Spannung zwischen Versuchung und Versagung nicht mehr ausbalanciert werden kann.

männlichten“ Variante. Gleichzeitig liegt im Fall des kakaohaltigen Naschwerks wie auch bei anderen Süßigkeiten eine starke soziale Codierung als „kindlich“ vor. Beide Konnotationen, „Kindlichkeit“ und „Weiblichkeit“, fließen im Fall des *chocoholics* ineinander. Barthel konstatiert im Rahmen einer Abhandlung über Schokolade, dass sich deutlich mehr Frauen als Männer selbst als *chocoholics* bezeichnen, und betrachtet diese Sucht als die Manifestation eines regressiven Charakters, der die „weibliche Schwäche“ und die Kapitulation vor der Versuchung geradezu zelebriert (vgl. Barthel, 1989: 431ff.). In dem Maße, so das Argument, in dem sich die in Schokolade schwelgende Frau in ihrer Lust am Süßen gehen lasse, die Praline zum Seelentröster wähle und sich damit kulinarische Streicheleinheiten verschaffe, setze sie – gewollt oder ungewollt und dem um Süßigkeiten bettelnden Kind nicht unähnlich – ihre Schwäche und ihre Abhängigkeit von Zuwendung und Belohnung in Szene.

Die vielfach auszumachenden Überschneidungen von „weiblich“ und „kindlich“ konnotierter Nahrung und Ernährungsweise (z.B. im Fall leichtverdaulicher Kost, hinsichtlich des Verzehrs von Beilagen anstelle einer vollständigen Mahlzeit oder der in bezug auf den Fleischkonsum höheren Verzehrswerte bei „minderwertigen“ Fleischsorten wie Würstchen oder Gehacktem) verweisen einerseits auf die gedankliche Klammer, die Frauen und Kinder oft geradezu zwanghaft zu einer Einheit zusammenschließt, und dokumentieren eingedenk der Hierarchie der Kulinarien andererseits die kulturell attribuierte Nachrangigkeit, die Frauen und Kinder gegenüber Männern gemein haben. Dieses Merkmal teilen sie mit alten Menschen, deren Kost ebenfalls assoziativ mit vielen Attributen verknüpft ist, die für einen „weiblichen“ Essstil und Kinderspeisen charakteristisch sind: leicht, schonend, mild, kleine Portionen[248] und wenig Fleisch. Zum letzten Punkt merkt Nick Fiddes an, dass die im Alltag bemühten medizinischen Rationalisierungen, die eine ungleiche Verteilung der Nahrung begründen und legitimieren, den Blick dafür verstellen können, dass es hierbei auch um die Markierung hierarchischer Verhältnisse und die Behauptung männlicher Privilegien geht:

> „Beschränkungen werden zwar in Überlegungen gekleidet, die sich auf die Verdauung beziehen, aber der Fleischverbrauch wird in erster Linie für die Gruppen eingeschränkt, die am wenigsten dazu neigen, physische Macht über die natürliche Welt auszuüben.“ (Fiddes, 1993: 189)

Was hier im Vordergrund steht, ist eine Polarisierung von Stärke und Schwäche, die als Entsprechungsverhältnis konzipiert ist: einer schwachen/starken körperlichen Konstitution entspricht eine schwache/starke soziale Position und dieser wiederum eine schwache/starke Nahrung. Das *doing gender*, das

248 Zu den auf den Speisekarten vieler Restaurants lange etablierten „Kindertellern“ gesellen sich seit geraumer Zeit zunehmend „Seniorenteller“.

die (Re-)Produktion von Asymmetrie und Hierarchie einschließt, findet im kulinarischen Kontext (und nicht nur dort) in Korrespondenz mit gesellschaftlichen Vorstellungen über die Geschlechtskörper statt. Besonders augenfällig ist dies im Fall einer gewollten Modellierung des weiblichen Körpers durch kontrolliertes Essverhalten, doch nicht nur das Körpergewicht wird bei der Begründung geschlechtstypischer Ernährungsweisen und Geschmäcke in die Waagschale geworfen. Die Auswirkungen der Nahrung auf den Körper wie etwa Kraft, Völlegefühl, Körperhitze und -geruch sowie die spezifische physische Haltung, welche die Aufnahme einer Speise erfordert, spielen gleichfalls eine Rolle.

Bourdieu macht darauf aufmerksam, dass sich die gesellschaftliche Definition der jeweils angemessenen Ernährungsweise keinesfalls nur durch die bewusste Vorstellung von der entsprechenden verbindlichen äußeren Gestaltung der Körper als Norm durchsetze, sondern dass der Nahrungsauswahl das *gesamte* Körperschema zugrunde liege (Bourdieu, 1994: 307). Besieht man sich die aufgeführten Nahrungspräferenzen von Männern und Frauen unter diesem Blickwinkel, dann fällt auf, dass die „männliche" Kost im Gegensatz zu den „weiblichen" Vorlieben den Körper insgesamt stärker fordert: Die energiereichen, schweren, stark gewürzten (salzig/scharf) Mahlzeiten „mit Biss" haben ganz offenbar eine höhere Reizwirkung auf den Körper. Die Folgen sind unter anderem in einer größeren physischen Anstrengung beim Verzehr, einer stärkeren Reizung der Schleimhäute und z.B. vermehrtem Schwitzen beim Essen zu sehen. Der in dieser Weise schematisierte (und damit zwangsläufig der Vereinfachung und Reduktion unterworfene) „männliche" Essstil zeigt eine große Nähe zu der Ernährungsweise, die Bourdieu anhand seines empirischen Materials als typisch für die Angehörigen der unteren sozialen Klassen beschreibt (so wie „Männlichkeit" assoziativ überhaupt leicht mit „proletarischer Männlichkeit" in eins gesetzt wird), und eine gewissenhafte Analyse von „Ernährungstypen" hätte die Gleichzeitigkeit unterschiedlicher sozialer Ungleichheiten unbedingt in Rechnung zu stellen. Ruft man sich jedoch in der Absicht, differenzkonstituierende Merkmale geschlechtstypischen Essverhaltens herauszuarbeiten, in Erinnerung, dass (in den westlichen Gesellschaften) die Unterschiede zwischen Männern und Frauen auffälliger sind als die zwischen den sozialen Schichten (vgl. Roos, 1998: 29), entbehrt die schematische Polarisierung „weiblicher" und „männlicher" Geschmacksausprägungen und Umgangsweisen mit der Ernährung zumindest nicht jeglicher Berechtigung.[249] Auch Bourdieu sieht geschlechtstypische Gemeinsamkeiten, die quer zu den Klassenunterschieden liegen, und

249 Es wäre gewiss eine sehr reizvolle Aufgabe, die Klassifizierung unterschiedlicher Weiblichkeit*en* und Männlichkeit*en* im Kontext der Ernährung zu untersuchen und dabei einen Schwerpunkt auf die Korrespondenz von den jeweils dominierenden Körperbildern und kulinarischen Auffassungen/Verhaltensweisen zu legen. Dies machte allerdings ein größeres empirisches Projekt erforderlich und muss deshalb hier ausgespart bleiben.

zwar insbesondere in den Oppositionsbeziehungen von großen vs. kleinen Portionen und kräftigen vs. milden Speisen und Getränken (vgl. Bourdieu, 1994: 309).

Am Beispiel des Fischessens erklärt Bourdieu, warum diese Speise für Männer aus den unteren Schichten vielfach geradezu als Zumutung empfunden wird. Nicht nur, dass ein Fischgericht den Anspruch auf eine sättigende, länger vorhaltende Nahrung, die der Stärkung der Körperkraft dient, konterkariere, auch der *Körpereinsatz* bei seinem Verzehr lasse sich mit den gewohnten körperlichen Routinen nur schwer in Einklang bringen:

> „[...]; hinzukommt, daß Fisch wie Obst (ausgenommen Bananen) zu jenen delikaten Dingen gehört, mit denen Männerhände nicht umzugehen wissen, vor denen Männer gleichsam Kinder sind. [...] Nicht zuletzt aber will Fisch auf eine Weise gegessen sein, die in allem dem männlichen Essen zuwiderläuft; mit Zurückhaltung, maßvoll, in kleinen Happen, durch sachtes Kauen mit *Vordermund* und Zungenspitze (wegen der Gräten). In beiden Arten des Essens steht die gesamte männliche Identität – und das heißt: Virilität – auf dem Spiel." (ebd.: 308; Herv. i. O.)

Die Verweigerung solcher Speisen, die der Realisierung eines fest zupackenden Bisses und einem vollem Mund entgegenstehen, erscheint in diesem Licht also als die *Verteidigung männlicher Identität* – ähnlich den expliziten Nahrungstabus, die in der Gesellschaft der *Hua* die Männlichkeit der initiierten Stammesangehörigen sichern (siehe Kap. 2.3.2).

Im Gegensatz zu den von Männern bevorzugten Speisen ist die leichte, weiblich konnotierte Kost dadurch gekennzeichnet, weniger „Spuren" – im Sinne körperlicher Anstrengung, Hitze, Geruch etc. – am Körper zu hinterlassen, was einerseits an die attribuierte Passivität des weiblichen Geschlechts und andererseits an seine zivilisatorische Bereinigung von animalischen Anteilen („Reinheit") denken lässt. Der physische Widerstand, den die „schwache" Nahrung den Essenden entgegenbringt, ist vielfach, vor allem im Vergleich zur Fleischmahlzeit, relativ gering. Dies kann unter anderem einen dezenteren Gebrauch der Kaumuskulatur und einen insgesamt stärker zurückgenommenen Körpereinsatz beim Essen implizieren. Langsames, häppchenweises Essen mit „spitzem Mund" (ebd.), das Nippen am Rand eines Glases, maßvolles und durch Pausen unterbrochenes Essen ohne erkennbaren Appetit sind Verhaltensweisen, mit denen sich am Esstisch „Weiblichkeit" zum Ausdruck bringen lässt. Umgekehrt gilt als „männlicher" Stil, in großen Zügen zu trinken (z.B. Bier), den Mund voll zu nehmen, seinen Appetit zu zeigen und nachlegen zu lassen sowie wenig Empfindlichkeiten gegenüber der Nahrung zu offenbaren.

Es zeigt sich somit, dass zwischen den kulinarischen Präferenzen der Geschlechter und ihren Körpern nicht allein gedankliche oder symbolische Korrespondenzen bestehen, sondern dass die jeweiligen Vorlieben (und Abneigungen) sehr konkret mit der geschlechtlich geprägten Körperlichkeit in Verbindung stehen. In der kulinarischen Interaktion fungieren die essenden

Körper als Konstrukteure der Zweigeschlechtlichkeit, indem sie Vorstellungen von „Männlichkeit“ und „Weiblichkeit“ in je typischen Haltungen, Strategien, Verwendungsweisen etc. visuell realisieren. Dass es sich hierbei nicht um ein „Schau-Spiel“ handelt, in welchem die Geschlechtsdarstellungen bewusst kalkuliert sind und den Menschen inszenierte Oberfläche bleiben, lässt sich mit der identitätsstiftenden Kraft sozialer Praxen erklären, die den Individuen die gesellschaftlichen Strukturen unter die Haut, in die Glieder fahren lassen. Die in diesem Zusammenhang zentrale Dimension des *Geschmacks* erfährt im Fall des Essens und Trinkens dabei eine ganz besondere Zuspitzung: Hier fallen die *physischen* Schmeckempfindungen mit den *sozialen* Geschmacksurteilen zusammen.[250] Auf diese Weise wird eine intensive *leibliche* Verankerung geschlechtssinnstiftender Routinen hervorgebracht, die sich im Ernährungshandeln perpetuiert.

3.2.2 *Über die Vergeschlechtlichung von Zubereitungsarten und Verzehrssituationen*

Nicht nur bestimmte Nahrungsmittel, Geschmacksrichtungen oder Merkmale von Ernährungsstilen sind vergeschlechtlicht, auch einigen Zubereitungsarten und Verzehrssituationen haften geschlechtliche Konnotationen an. Beim Garen der Nahrung (in Privathaushalten) ist es beispielsweise vor allem die Gegenüberstellung von *kochen* und *grillen*, in der Vorstellungen über "weibliche“ und „männliche“ Zuständigkeiten mitschwingen. Claude Lévi-Strauss, der seinerzeit das Diktum von der Küche als einer *Sprache*, in der die Gesellschaft unbewusst ihre Struktur zum Ausdruck bringe (vgl. Lévi-Strauss, 1976: 532), prägte, interpretiert diesen Zusammenhang vor dem Hintergrund einer strukturellen Korrespondenz von kulinarischen, gesellschaftlichen und kosmologischen Oppositionen. Er entwirft in Analogie zu sprachwissenschaftlichen Modellen (Vokal- und Konsonantendreiecke) ein *kulinarisches Dreieck*, dessen Hauptkonstituenten durch die Nahrungszustände „roh“, „gekocht“ und „verfault“ markiert sind (vgl. Lévi-Strauss, 1966).

---

250 Bourdieu bemerkt, dass Frauen ihren reduzierten Fleischverzehr nicht als Entbehrung empfänden, da ihnen der „*Geschmack* »für Männerkost« [fehlt]“ (Bourdieu, 1994: 309; Herv. i. O.) und verweist damit gleichermaßen auf die symbolische wie die sinnliche Ebene – zumal er den *Ekel* als mögliche Abwehrreaktion ins Feld führt.

Abb. 5 Kulinarisches Dreieck nach Lévi-Strauss

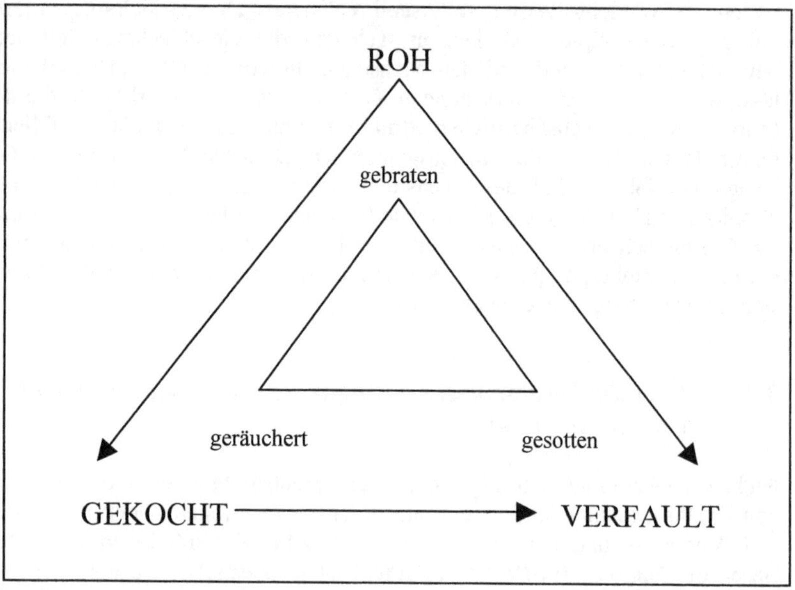

Quelle: nach Lévi-Strauss, 1966: 594

Wie die Sprache, so sei auch das Kochen eine universale Ausdrucksform menschlicher Tätigkeit, doch werde nirgends eine Nahrung einfach nur „gekocht“, sondern stets in bestimmter Weise zubereitet und gegart (backen, braten, schmoren etc.). Die beiden anderen Eckpunkte des Dreiecks, das Rohe und das Verfaulte, seien in völliger Reinheit in der menschlichen Küche nicht zu finden. Nur in Ausnahmefällen werde der Verzehr verfaulter Nahrung akzeptiert, und der puren Roheit stehe die Bearbeitung der ungekocht gegessenen Speisen durch Verlesen, Waschen, Putzen, Schneiden, Würzen etc. entgegen. Wie die Kategorien „roh“ und „verfault“ jedoch im Einzelnen ausgelegt werden, kann in verschiedenen Kulturen stark variieren. Dem elementaren Dreieck fügt Lévi-Strauss schließlich eine Differenzierung von Gartechniken hinzu, die sich in der Verwendung von Wasser und in der Menge der Luft, welche die Nahrung vom Feuer trennt, voneinander unterscheiden. Dabei gelangt er zunächst zu den Elementen „Gebratenes“ und „Gesottenes“[251], an denen er Parallelen zu anderen gesellschaftlichen Strukturen aufzeigt.[252]

251 Die dritte Gartechnik, das Räuchern, soll hier zurückgestellt bleiben, da Lévi-Strauss die Parallelen zu gesellschaftlichen Strukturen an der Gegenüberstellung von Braten und Sie-

Ein zentrales Merkmal des Gebratenen (und stärker noch des „Gerösteten“) sei seine räumliche Nähe zum Feuer. Während das Gesottene dem Feuer in doppelt vermittelter Form – nämlich in einem Kochgefäß und unter Hinzunahme von Wasser – gegenüberstehe, werde das Bratgut (und noch mehr die Grillade) dem Feuer direkter ausgesetzt. Aufgrund des unterschiedlichen Grades an (Un-)Mittelbarkeit, der die Verbindung von Nahrung und Feuer kennzeichnet, ordnet Lévi-Strauss das Gebratene der Sphäre der Natur, das Gesottene dagegen dem Bereich der Kultur zu. Eine Parallele zur sozialen Stratifikation sieht er darin gegeben, dass die beiden Zubereitungsarten in unterschiedlicher Weise mit den Nahrungsstoffen „haushalteten“. Da das Braten mit Zerstörung und Verlust von Substanz einhergehe, könne es unter dem Aspekt der Verschwendung betrachtet und deshalb dem „aristokratischen“ Prinzip zugeschlagen werden. Das Sieden jedoch bewahre in dem geschlossenen Kochgefäß die Nahrung in all ihren Bestandteilen, sei in dieser Hinsicht also Ausdruck von Sparsamkeit und repräsentiere somit das „Plebejische“. Da sich überdies beobachten lasse, dass vorzugsweise gebratene Speisen angeboten würden, wenn Gäste zu einem Mahl geladen seien, während das Gesottene typischerweise nur im engeren Kreis der Haushaltsgemeinschaft auf den Tisch komme, schließt Lévi-Strauss auf eine Opposition von *Endo-* und *Exo-Küche*, die mit der Geschlechterordnung in Verbindung gebracht werden könne.[253] Insofern die sozialen Orte des „männlichen“ und „weiblichen“ Lebens nach außen bzw. innen gerichtet seien, könne demnach das Gebratene mit dem „Männlichen“, das Gesottene auf der anderen Seite mit dem „Weiblichen“ assoziiert werden. Zwar sind derlei Zuordnungen in der wissenschaftlichen Diskussion als spekulativ kritisiert worden, und Lévi-Strauss selbst räumt ein, dass sich die gefundenen strukturellen Entsprechungen prinzipiell auch in andere Richtungen führen ließen, doch können die assoziativen Verbindungen, die zwischen kochen/privat/Frau und grillen/öffentlich/Mann bestehen, durchaus noch konkreter ausgeführt und besser plausibilisiert werden.

---

den herausarbeitet. In seinen Eigenschaften und Resultaten weist das Räuchern sowohl mit dem Braten als auch mit dem Sieden Überschneidungen auf, besitzt aber auch Spezifika, die es von den beiden anderen Techniken unterscheidet.

252 Die folgenden Ausführungen geben Lévi-Strauss‘ Aussagen lediglich verkürzt und pointiert wieder. Die auf diese Weise sehr grob erscheinenden Zuordnungen sind bei Lévi-Strauss selbst differenzierter dargelegt und mit vielfältigen Beispielen aus den von ihm untersuchten Gesellschaften untermauert.

253 Vgl. dazu auch die strukturale Analyse von Douglas (Douglas, 1972), die entlang der Achse von Nähe und Distanz zwischen dem Anbieten warmer Mahlzeiten (für Familienangehörige, enge Freunde, geehrte Gäste) und Getränken (für Fremde, flüchtige Bekannte, Kollegen) unterscheidet. Die Geschlechterzuordnung verläuft entsprechend der Differenzierung von privat und öffentlich. Die „öffentlichen“ Getränke sind in aller Regel – zumal wenn es sich um Alkoholika handelt – meistens eine Angelegenheit der Männer. Auswahl, Lagerung und Temperierung fallen dabei ebenso in ihren Kompetenz- und Tätigkeitsbereich wie das Mixen und Servieren der *drinks* (vgl. auch Tolksdorf, 1973: 121).

Alltagserfahrungen, Werbebotschaften und empirische Untersuchungen zur geschlechtlichen Arbeitsteilung im Haushalt geben zahlreiche Hinweise darauf, dass es sich beim Grillen – ganz im Gegensatz zum Kochen am Herd – augenscheinlich um eine „männliche" Domäne handelt. Grillabende gehören zu den eher seltenen Anlässen, bei denen Männer in Privathaushalten die Zubereitung des Essens bestreiten. Dabei gehören das Aufbauen und spätere Reinigen des Grills ebenso wie das Anfeuern, das Hüten der Glut (die Bändigung des Feuers) und das Wenden des Grillguts, mitunter auch das Würzen und Einkaufen des Fleisches, zu den Tätigkeiten, die sich Männer nur ungern nehmen lassen. Wie diese Aufzählung zu erkennen gibt, handelt es sich beim „männlichen" Grillen allerdings um eine ganz spezifische Form des Grillens, und zwar um das *Freiluftgrillen* (vgl. Tolksdorf, 1973). Andere Formen, etwa die Speisenzubereitung auf elektrischen Tischgrills, in Küchenherden mit Grillfunktion oder mit Hilfe von Grillplatten kommen hingegen als Orte für Männlichkeitsdarstellungen kaum in Betracht. Was das Freiluftgrillen gegenüber den anderen Grillarten vor allen Dingen auszeichnet, ist das Merkmal der *Öffentlichkeit*. Nicht nur, dass die Zubereitung der Mahlzeit in der Öffentlichkeit, also inmitten der Verzehrsgemeinschaft stattfindet, auch der Garungsprozess selbst ist „öffentlich", insofern er sich *sichtbar* vollzieht. Für das Kochen ist statt dessen charakteristisch, dass es im nicht-öffentlichen Raum der Küche vor sich geht, und auch der Prozess des Garens bleibt in dem Sinne verborgen, dass er in geschlossenen Geräten abläuft (vgl. ebd.: 117).

Der „öffentliche" Charakter des Freiluftgrillens geht zudem mit einer „offenen" Atmosphäre unter den Beteiligten einher. Im Gegensatz zu häuslichen Mahlzeiten, die am Tisch eingenommen werden, feste Regeln und bestimmte („enge") Kommunikationsformen implizieren, steht das Grillen unter freiem Himmel ganz unter dem Motto der Zwanglosigkeit. Beim Grillen deuten alle Zeichen auf „Natürlichkeit". Übliche Zwänge in Form von Sitzordnungen oder Tischsitten werden (in akzeptierten Maßen) abgestreift, die Einbeziehung von Kulturgegenständen wie Kochgeräten und Essgeschirr wird meist auf rustikale Einfachheit reduziert.[254] Die „natürliche" Lockerheit, die auf diese Weise als Atmosphäre produziert wird, ist in erster Linie eine *Gelöstheit der Körper*. Die Körper sind in Bewegung, können ihren Platz wechseln, halten sich im Freien auf. Auf Grillparties ist legere Kleidung angesagt, darf das Würstchen schon mal mit den Fingern gegessen und das Bier aus der Flasche getrunken werden. Während es bei Tisch üblich ist, mit dem Essen erst dann zu beginnen, wenn alle Anwesenden ihre Portion auf dem Teller haben, darf das Gegrillte sofort verzehrt werden, weil sich ohnehin nicht alle Gäste gleichzeitig bewirten lassen. Ebensowenig gilt es in der

254 Eine Ausnahme ist hierbei bisweilen der Grill selbst, der mit allerlei technischen Finessen ausgestattet sein darf.

Grillrunde als Fauxpas, zu rauchen oder umherzugehen, derweil andere gerade beim Essen sind. Die soziale Situation des Grillens lässt sich aber nicht nur als dosierte Freistellung der Körper von disziplinierenden Normen lesen, sondern kann geradezu als Phänomen der *Körperbetonung* verstanden werden.

„Das archetypische, die rauhen Gestalten vereinigende Lagerfeuer ist ein anderes Phänomen der Körperbetonung und ein Kristallisationspunkt für Gruppenbildung und Charaktererschließung. Auch zivilere Nachfolgeeinrichtungen, so der Grillabend unter Freunden und Nachbarn, zeigen, daß mit der Wärme auch die Gruppenatmosphäre den Weg in die Körper findet und die Perspektiven aufschließt, auch wenn statt Brandy nur Rotwein getrunken wird und Stiefel wie Affekte weniger martialisch sind. Bei Wärme und Rotwein schlüpfen die Versammelten allemal leichter aus ihren Rollen und geben sich sonst nicht gekannte Freiheiten. Charakteristisch ist im Gelingensfall des Grillabends ein neuer Wirklichkeitsbezug. Die freigegebene, in Graden gelockerte Körperlichkeit verdichtet die Wirklichkeit. Mit der Stimmung ist der Abend gelungen." (Rittner, 1983: 248)

Wo andernorts die „zünftigen" Verhaltensweisen Unmut erzeugen und den Betreffenden als blamables Ungehobeltsein ausgelegt werden könnten, geraten die Lockerungen der Körper beim Grillen zum sozial erwünschten Effekt. Mit der Körperbetonung – die hier in ihrer Ausrichtung auf das „Rauhe" der traditionellen Männerkultur entspricht – wird eine Gemeinschaft gestiftet, die sich auf die Ehrlichkeit der Körper beruft („Authentizität").[255] Der graduelle Verzicht auf körperlich einengende Konventionen lässt scheinbar den eigentlichen Charakter der Person, das „natürliche" Selbst, hervortreten. Obwohl die Rituale der Direktheit die Anwesenden quasi zwangsläufig zu „offenen" Personen machen[256] – oder wie Rittner formuliert, die Seele angesichts der körperlichen Teil-Enthemmung „nicht verängstigt hinter der Körperoberfläche sitzen [darf]" (ebd.: 249), wenn man am Geschehen teilhaben möchte –, bleiben die Beziehungen aber distanziert. Die schnelle Vertrautheit, die durch die gelösten Umgangsformen geschaffen wird, bleibt, wie z.B. auch im Sport oder bei der gemeinsamen körperlichen Arbeit, eine vordergründige Angelegenheit von eher punktueller Intimität.

Ein weiteres wesentliches Merkmal der kulturellen Technik des Freiluftgrillens ist sein Charakter als *Freizeitbeschäftigung* (vgl. Tolksdorf, 1973: 127). Wiederum in Opposition zur häuslichen Koch*arbeit*, gestaltet sich das Grillen als nicht-alltägliches, besonderes Ereignis mit hohem Freizeitwert. Seine „sozialen Zeiten" sind das Wochenende, der Ausflug, der (Camping-)Urlaub, und auch die „sozialen Orte", an denen es praktiziert wird,

255 In diesen Zusammenhang lassen sich auch die Survivaltrainings oder *Back to the Roots*-Veranstaltungen einordnen, die besonders von Männern frequentiert werden.

256 So verweist Goffman z.B. darauf, dass schon die Andeutung von körperlicher Aktivität, beispielsweise der Aufenthalt auf dem Sportplatz, zur Folge haben kann, dass Personen mit vertraulicher Anrede („Du") und kumpelhaftem Verhalten begegnet wird (vgl. Goffman, 1971: 131).

lassen die Nähe zur Freizeit deutlich hervortreten. Gegrillt wird in Gärten, auf Picknickplätzen in Erholungsgebieten oder Freizeitparks, im städtischen Umfeld auch auf Balkonen oder in Hinterhöfen. Mit Blick auf die geschlechtstypische Arbeitsteilung lässt sich vor diesem Hintergrund festhalten, dass die Zubereitungsarten Grillen und Kochen im häuslichen Kontext den Gegensatz von *männlichem Hobby* (öffentlicher Freizeitspaß) und *weiblicher Arbeit* (nicht-öffentliche Notwendigkeit) markieren. Dieses Muster erweist sich darüber hinaus auch jenseits der Differenzierung von Gartechniken als kennzeichnend für die Aktivitäten von Männern und Frauen bei der Zubereitung von Mahlzeiten.

Unter dem Fokus klassenspezifischer Unterschiede in der Form der geschlechtlichen Arbeitsteilung fanden Petra Frerichs und Margareta Steinrücke (Frerichs/Steinrücke, 1997) anhand sozio-biographischer Interviews mit Frauen und Männern in unterschiedlichen sozialen Positionen heraus, dass vor allem in den privilegierten Haushalten (hier: Beamten- und Managerpaare) das Kochen von den Männern als *Spiel* inszeniert wurde.[257] Während die Frauen hier für die täglichen Mahlzeiten Sorge tragen, diese vornehmlich auf der Grundlage von Erfahrungswissen und routinisierten Abläufen zubereiten, sich an Gesundheitsaspekten orientieren und insgesamt eher unspektakuläre, also möglichst wenig aufwändige Herstellungsprozeduren verwenden, ziehen es die befragten Männer vor, außeralltägliche Menüs zuzubereiten, die sich durch einen hohen Zeitaufwand, ein hohes Prestige (teure Speisen) und eine Art „künstlerischen" Anspruch auszeichnen (vgl. ebd.: 254). Ein solches Engagement bringen die Männer in der Küche allerdings nur dann auf, wenn sich der Einsatz auch lohnt, d.h. wenn ein Publikum vorhanden ist, das die Mühe zu schätzen weiß und dem gezeigten Können Respekt zollt. Auch hier fällt also dem Moment der Öffentlichkeit große Bedeutung zu. Männer nutzen das ansonsten weitgehend den Frauen überlassene Feld der Nahrungszubereitung als Forum öffentlicher Selbstdarstellung und Selbstbehauptung. Sie begeben sich mit ihrer kulinarischen Kreation in einen Wettbewerb, in dem sie sich beweisen können. Die Frauen fallen aus diesem konkurrenten Spiel in dem Maße heraus, in dem sie ihre Kochkompetenz in den Dienst pragmati-

257 In den untersuchten Arbeiterhaushalten, in denen sich die Frauen für die Nahrungszubereitung allein zuständig erklärten, unterstellen die Autorinnen eine *komplementäre* Arbeitsteilung, die keine hierarchischen Implikationen aufweise. Angesichts des Widerspruchs zwischen bezahlten und unbezahlten Tätigkeiten verwundert diese Einschätzung allerdings. Es steht außerdem zu vermuten, dass auch (und vielleicht sogar gerade) in Arbeiterfamilien das Grillen die kulinarischen Zuständigkeiten umkehrt. Das gilt ebenso für den Typus des Angestelltenpaares, der in der Untersuchung von Frerichs und Steinrücke als *egalitär* eingestuft wird, da beide Partner über Kochkompetenzen verfügen und abwechselnd führende und zuarbeitende Rollen einnehmen. Hier wäre es interessant zu erfahren, ob das ausgeglichene Verhältnis auch vor dem Grillrost bestehen bleibt.

scher Entscheidungen stellen und ihre Mühe unsichtbar bleibt.[258] Ein ähnliches Bild ergibt sich auch bei der Betrachtung der professionellen Zubereitung von Mahlzeiten. Bis heute gilt das Kochen für ein öffentliches „Publikum“ als Männerberuf, und je anspruchsvoller Aufgaben und Gäste werden, desto seltener ist eine Frau in der Restaurantküche anzutreffen. Von den bei der europäischen Vereinigung der Spitzenköche *Eurotoques* eingetragenen Chefköche sind in Deutschland gegenwärtig gerade einmal 3,4 Prozent weiblich.[259] Dieses Missverhältnis hat in der Geschichte der Professionalisierung des Kochens eine lange Tradition.[260] Bereits bevor im revolutionären Frankreich die ersten Restaurants entstanden, deren Küchen – und zunächst auch Gasträume – später zu einem „männlichen“ Ort werden sollten[261], dokumentieren Kochbücher aus mehreren Jahrhunderten, dass Köchinnen andere Aufgaben zugewiesen wurden als Köchen: Ihr Können sollte der Alltagsküche, das der männlichen Kollegen dem Gaumenkitzel dienen. Ab dem 17. Jahrhundert tritt dieser Unterschied besonders deutlich zu Tage, denn erst mit dem sozialen Aufstieg der bürgerlichen Schichten eröffnete sich den Köchinnen ein breiteres Tätigkeitsfeld. Während zuvor nur vereinzelt professionelle Köchinnen für die Versorgung von Haushalten zuständig waren, wurden ab dieser Zeit in den bürgerlichen Häusern ganz überwiegend Frauen zur Bewältigung der Kocharbeit eingestellt. Diese Nachfrage an Köchinnen, die sich auch an der wachsenden Zahl von speziellen Kochanleitungen für diese Berufsgruppe ablesen lässt, kann als Folge eines Abgrenzungsbedürfnisses des Bürgertums gewertet werden, das seinen eigenen Kochstil der höfischen und der bäuerlichen Küche entgegensetzte. Von den Köchinnen wurde erwartet, dass sie die Ernährung „natürlich“ und „gesund“ gestalten sollten – eine Anforderung, die sowohl im Kontrast zur luxuriösen, kunstvollen (nun: „gekünstelten“) Küche aristokratischer Kreise stand, als auch mit der durch Quantität und einer Vorliebe für schwere und grobe Speisen geprägten bäuerlichen Esskultur nicht viel gemein hatte. Mit dem Beruf der Köchin wurden Kompetenzen verknüpft, für die im Berufsbild des Koches wenig Raum war. Die erwartete Orientierung an gesundheitlichen Erfordernissen lief dem tradi-

258 Freilich greifen Männer nicht immer zu Kochbuch und Bratengabel, wenn in einem Haushalt Gäste bekocht werden. Insofern ist die Öffentlichkeit der Gäste auch für (Haus-)Frauen potenziell (und traditionell) eine Quelle der Anerkennung und Selbstdemonstration. Möglicherweise bewirkt aber der Minderheitenstatus kochender Männer eine positive Verstärkung der Resonanz auf das zur Schau gestellte Können. Überdies sind, wie ja auch Frerichs/ Steinrücke besonders hervorheben, Schichteffekte zu bedenken.

259 Insgesamt sind auf der Internetpräsenz der *Eurotoques* 379 Mitglieder in Deutschland als Chefköche mit eigenem Restaurant aufgeführt (vgl. www.eurotoques.de).

260 Der folgende Abschnitt ist an Barlösius, 1991 angelehnt.

261 Im Gegensatz zu den alten Garküchen des Volkes und den „galanten“ adeligen Banketten waren Frauen in den neuen bürgerlichen Speisewirtschaften keine gern gesehenen Gäste. Nur zu besonderen Gelegenheiten schmückten sich die revolutionären Herren mit repräsentativer weiblicher Begleitung (vgl. Meyer-Renschhausen, 1997: 140).

tionellen Selbstverständnis der Köche als *Kochkünstler*[262] dabei ebenso zuwider wie die Verquickung der Tätigkeit mit typisch bürgerlichen Tugenden. Während die Köchin in der Hauswirtschaft also einen Sinn für diätetische Fragen, Schlichtheit, Sparsamkeit, Reinlichkeit und Ordnung walten ließ, blieb der Koch weiterhin für die prestigeträchtigeren – und entsprechend höher honorierten – kulinarischen Fertigkeiten, nunmehr *außerhalb* der privaten Haushalte, zuständig.

Der Gegensatz von „öffentlich“ und „privat“ greift als Beschreibungskriterium aber nicht nur im Fall geschlechtstypischer Formen der Nahrungszubereitung oder der Vergeschlechtlichung kulinarischer Professionen, auch bei der Unterscheidung geschlechtlich konnotierter Verzehrssituationen erweist sich diese Opposition als tragendes Element der Konstruktion. Roland Barthes bemerkte einmal, dass die Ernährung in den gegenwärtigen Überflussgesellschaften unaufhörlich dazu neige, *„sich in Situationen zu verwandeln“* (Barthes, 1982: 73; Herv. i. O.) und verweist damit auf die Dimension des *sozialen Sinns*, welcher der Nahrung unterlegt wird. Verzehrssituationen können in ihren sozialen Funktionen der Kommunikation und Repräsentation als Goffmansche „Bühnen der Inszenierung“ von Geschlechtsdarstellungen betrachtet werden. Dazu eignen sich prinzipiell erst einmal alle möglichen kulinarischen Handlungsarrangements, doch gibt es auch Verzehrssituationen, die jeweils als typisch „männliche“ oder typisch „weibliche“ Felder angesehen werden.[263] Zu diesen, in Anlehnung an Hirschauer als „geschlechtskatalysierende“ – weil unterschiedliche Tätigkeiten zuweisende – Sozialarrangements verstandene Institutionen gehören z.B. der Stammtisch und der häusliche Kaffeeklatsch. Obwohl damit keine geschlechtsexklusiven Veranstaltungen benannt sind, es freilich (mittlerweile) auch Frauenstammtische gibt und Männer keinesfalls generell von Kaffeetafeln verbannt wer-

262 Dieses Selbstverständnis hat sich ab dem ausgehenden 16. Jahrhundert entwickelt. Gegenüber ihren Vorgängern verfügten die „neuen“ Köche über einen höheren Status und eine andere Ausbildung. Ihre Aufgabe sahen die vornehmlich in adeligen und großbürgerlichen Häusern engagierten Köche darin, den wachsenden Luxusgeschmack ihrer Klientel zu befriedigen. Die zünftig organisierte Professionalisierung war zur Erhaltung der privilegierten Stellung durch zahlreiche soziale Exklusionsstrategien gekennzeichnet (vgl. Barlösius, 1991).

263 Verzehrssituationen, die gedanklich nicht mit einem bestimmten Geschlecht verknüpft werden wie z.B. der Restaurantbesuch werden durch spezifische *Genderrituale* zu Bühnen der Geschlechtsinszenierung. Im Fall des Essengehens sind dies etwa das Bezahlen oder die Auswahl und Prüfung des Weins, die zum *doing male dominance* gehören. Dabei spielt allerdings die Zusammensetzung der jeweiligen Gruppe eine herausragende Rolle. Wie Martens zeigt, ist das Muster des zahlenden Mannes am stärksten ausgeprägt, wenn ausgehende Paare unter sich bleiben. Aus der Gruppe der von ihr befragten Personen bezahlten lediglich 11,3 Prozent der Frauen, die gemeinsam mit ihrem Partner ein Restaurant aufsuchten, die Rechnung. Fand der Restaurantbesuch dagegen im Freundeskreis statt, wurde die Rechnung von 73 Prozent geteilt (vgl. Martens, 1997: 25).

den[264], bezeichnen „Herrenabende“ und „Damenkränzchen“ doch Orte der symbolischen und praktischen Geschlechtertrennung. Was die beiden Arrangements augenfällig unterscheidet, ist vor allem die räumliche Anordnung der Aktivitäten, die sich als *inhäusig* vs. *aushäusig* klassifizieren lässt.[265] Das „ideale“ Kaffeekränzchen findet im eigenen Heim in gemütlicher und intimer Atmosphäre statt, wohingegen der Stammtisch für gewöhnlich in öffentlichen Lokalitäten zu finden ist.

Die so typische Kaffee-und-Kuchen-Mahlzeit war jedoch nicht immer eine „weibliche“ Angelegenheit, erst ab dem 19. Jahrhundert hat sie sich als solche etabliert. Zuvor galt der Kaffee, der im 16. Jahrhundert seinen Weg nach Europa fand, als *öffentliches* Getränk. Ab dem ersten Drittel des 17. Jahrhunderts entstanden als Vorform der bürgerlichen Öffentlichkeit die ersten Kaffeehäuser, zunächst in London und anderen englischen Städten. Im Zeitalter der Aufklärung galt der Kaffee als „großer Ernüchterer“ (Michelet), der die Geister erhellen und aus den Klauen der dumpfmachenden Saufkultur früherer Jahrhunderte befreien, ja sogar zur Revolution befähigen sollte (vgl. Meyer-Renschhausen, 1997: 136). Dass die Produktion des Zuckers, der dem bitteren Kaffee großzügig beigemischt wurde, dabei die Versklavung ganzer Völker einschloss (vgl. Mintz, 1987: 244), hat seine Wertschätzung als „Befreiungsgetränk“ kaum geschmälert. Der Kaffee avancierte zum Symbol eines neuen Selbstbewusstseins der bürgerlichen Kreise. Bekennende Kaffeetrinker fanden sich besonders häufig unter Kaufleuten, Technikern und Wissenschaftlern, also in der Avantgarde der sich entwickelnden modernen Industriegesellschaft (vgl. Becher, 1990: 78). Die Stätten des Kaffeegenusses, gleichfalls Zentren der Kommunikation, zeigten sich in sozialer Hinsicht als offen und geschlossen zugleich. Zum einen galten prinzipiell keine Standesgrenzen, wurde den Gästen ungeachtet ihrer Herkunft Einlass gewährt, solange ihr Geldbeutel es ihnen ermöglichte, die Rechnung zu zahlen. Zum anderen blieb jedoch den Frauen (ohne Ansehen ihrer Finanzkraft) der Zutritt zu den Orten männlichen Räsonierens und Genießens lange Zeit verwehrt

264 Allerdings kann hier insofern ein Unterschied zwischen den Geschlechtern konstatiert werden, als das Festhalten am *Gleichheitstabu* vor allem von den Männern betrieben wird. Während Frauen zunehmend in männlich dominierte Bereiche vordringen und sich männlich besetztes Terrain erobern, bestehen Männer auf einer deutlichen Abgrenzung zum „Weiblichen“. Ein Frauenstammtisch ist daher eher möglich als ein Kaffeekränzchen unter Männern – genauso wie Frauen selbstverständlich Hosen, Anzüge, Hemden und Boots tragen können, Männer sich dagegen nicht in Rock und Pumps auf die Straße wagen. Vor dem Hintergrund der hierarchisch verfassten Geschlechterdifferenz ist es für Männer (die etwas zu verlieren hätten) wichtiger, sich von den Frauen (die etwas zu gewinnen haben) und den als „weiblich“ definierten Verhaltensweisen abzugrenzen, als umgekehrt.

265 Diese Zuordnung bezieht sich auf die „Idealtypen“ häusliches Kaffeekränzchen und Kneipenbesuch. Eine Umkehrung der Opposition ergäbe sich z.B. jedoch in einer Gegenüberstellung von Frauentreffs in Konditoreien und Trinkgelagen in Privatwohnungen.

(vgl. Schivelbusch, 1983: 51ff.).[266] Der Einzug in die Privathaushalte ließ den Kaffee im Verlauf des 19. Jahrhunderts schließlich mehr und mehr zum Bestandteil der informellen, familiären Kultur werden, und um die Jahrhundertwende hatte sich das Kaffeetrinken, das nun mit dem Essen von Kuchen verbunden wurde, als „Kaffeeklatsch“ zu einer beliebten Beschäftigung vornehmlich der Frauen entwickelt. Aus den Runden der Kaffeetrinker, die vormals die von emanzipatorischen Idealen beflügelten Männer zu einer politischen Kraft zusammenschlossen[267], waren harmlos schwatzende Damenkränzchen geworden, die von männlicher Seite bespöttelt wurden (vgl. ebd.: 75). Obwohl das private Substitut des Kaffeehauses in Form der Konditorei mittlerweile ebenfalls Öffentlichkeit erlangt hat, bleibt es durch die Art der Kommunikation geschlechtlich geprägt. Klatsch, Tratsch und Persönliches, nicht aber politische oder wirtschaftliche Belange bestimmen – zumindest dem Stereotyp nach – die Gesprächskultur. Das typisch „männliche“ Café, das zum Kaffee mit Informationen, z.B. Zeitungen oder Internetanschluss, anstelle von Torten aufwartet, ist hingegen erst in jüngerer Zeit ein auch von den Frauen zunehmend frequentierter Raum geworden.

Mit den Vorstellungen über „männliche“ und „weibliche“ kulinarische Aktivitäten können sich neben der stereotypen Polarisierung von (relevanter) Öffentlichkeit und (eher belangloser) Privatheit überdies unterschiedliche Konzepte von Körperstrategien verbinden. Die Verortung der Körper im sozialen Raum, die geschlechtsdifferenziert entlang einer Achse von „offen“ und „geschlossen“ verläuft, impliziert typische Verwendungsweisen der Körper. So kann die Konzentration auf den häuslichen Bereich, für die das Kaffeekränzchen exemplarisch steht, auch als eine Begrenzung des Aktionsradius interpretiert werden, die den weiblichen Körper aus der potenziellen Gefahrenzone Gesellschaft „heraushält“. Mit einem „Verzicht auf Entwicklung“ (vgl. Sobiech, 1994: 83) reduzieren Frauen (in unterschiedlichen Kontexten) ihre körperlichen Ausdrucks- und Bewegungsmöglichkeiten, indem sie z.B. raumgreifende Erfahrungen in der öffentlichen Sphäre – zumal im

266 Das gleiche gilt für Kneipen, die Frauen lange Zeit den Zutritt verweigerten bzw. sich als Aufenthaltsorte für „anständige“ Frauen von selbst verboten. Noch im November 1999 wurden laut Presseberichten zwei Journalistinnen – weil ohne männliche Begleitung – aus der Bar eines französischen Nobelrestaurants herauskomplimentiert. Nach massiven Protesten engagierter Feministinnen erhielt das Schild, das „alleinstehenden“ Frauen den Barbesuch untersagte, schließlich den Zusatz „historische Erinnerung“.

267 Dass der Kaffee als politische Bedrohung wahrgenommen wurde, zeigt sich auch an den Versuchen, seinen Konsum im Deutschland des ausgehenden 18. Jahrhunderts durch Verbote, höhere Steuern und staatliche Verkaufsmonopole einzuschränken. Offiziell begründet wurde die Verpönung des Kaffeegenusses mit patriotischen Einwänden: Das anregende Getränk, für dessen Unbekömmlichkeit gleichfalls medizinische Beweise beigebracht wurden, habe das eigentliche Getränk der Deutschen, das Bier, verdrängt. Neben den politischen Intentionen einer „Austrocknung“ der Kaffeehäuser standen aber zugleich auch wirtschaftliche Interessen auf dem Plan. Als Importgut ließ der Kaffee zu große Geldmengen außer Landes fließen (vgl. Schivelbusch, 1983: 87).

Nachtleben, das wiederum der sozialen Zeit für „männliche" Kneipenbesuche entspricht – meist nur im (kontrollierenden) Schutz männlicher Begleitung machen. Dem Prinzip der Begrenzung und Reduktion steht auf der anderen Seite die *Entgrenzung* von Körpern gegenüber, die sich am Beispiel der Verzehrssituation „Stammtisch" nicht im Merkmal der Öffentlichkeit erschöpft, sondern auch im Alkoholkonsum ihren Ausdruck findet. Wenn auch die Berauschung nicht unbedingt explizit als Ziel der Zusammenkunft formuliert wird, sondern hauptsächlich in ihrer sozial akzeptierten Gestalt als Befindlichkeitsverbesserung (abschalten, Kummer runterspülen, lockerer werden etc.) auftritt, ist sie doch zentraler Bestandteil des gemeinschaftlichen Erlebens. Der Alkoholgenuss bewirkt in geselliger Runde üblicherweise eine ausgelassene Stimmung und gesteigerte Kommunikationsbereitschaft. Beschwipst wächst der Einzelne über sich hinaus, schüttelt ein wenig die Disziplin des (Arbeits-)Alltags aus seinen Gliedern, lockert die Körperhaltung, löst seine Zunge. Das Ergebnis lässt sich als „Öffnung" beschreiben, die lustvoll erlebt wird und eine spezifische Form der Vergemeinschaftung begründet (siehe dazu auch Kap. 5.3.2). Auch darin können sich die geschlechtlich konnotierten Verzehrssituationen unterscheiden, dass sie verschieden gestaltete Beziehungen zwischen den Anwesenden konstituieren. Schablonenhaft könnte dem betont lockeren, mit Ritualen der Rauheit (Witze, Sprüche, Trinkrituale, Schulterklopfen o.ä.) durchwirkten, gleichwohl flüchtig bleibenden Geflecht der Trinkkumpane in diesem Sinne die Intimität des Kaffeekränzchens gegenübergestellt werden, das eher auf Nähe, Vertrautheit und Empathie angelegt ist.

Die beigebrachten Beispiele führen vor Augen, wie die Vergeschlechtlichungen von Eigenschaften, Räumen, Körperstrategien, Kompetenzen, Symbolen etc. einander in zirkulären Verweisungszusammenhängen wechselseitig bestätigen und somit Arrangements für entsprechende Geschlechtsdarstellungen und -interpretationen bereitstellen. Das (individuelle und kollektive) *doing gender* am heimischen Herd oder offenen Feuer, beim Kaffeeklatsch oder in der Wirtsstube kann als solches plausibel nur funktionieren, insofern die jeweiligen Tätigkeiten und ihre Implikationen in (situations-)übergreifende Prozesse der Sexuierung eingebunden sind und an geltenden „Geschlechtersinn" anknüpfen.

3.3 Geschlechtskonstituierende Arbeitsteilung: *Genderismus* in der Küche

„Wenn die Frau »gewöhnlich«, »spießig« und lediglich am Nutzen interessiert ist, so, weil man sie zwingt, ihre Existenz der Essenszubereitung und Abfallbeseitigung zu widmen: einen Sinn für Größe kann sie daraus nicht beziehen."

(Simone de Beauvoir)

3.3.1 Die Versorgung der Familie als institutionalisiertes Geschlechterarrangement

Die interaktive Herstellung von Geschlecht besitzt in der Hausarbeit eine institutionalisierte Gestalt, die weit über situative Aspekte des *doing gender* hinausgreift. Die häusliche Arbeitsteilung ist, wie die Debatten der sozialwissenschaftlichen Frauenforschung zu dieser Problematik in den vergangenen 25 Jahren herausgearbeitet haben[268], integraler Bestandteil der Gesellschaftsstruktur. Eine besonders ergiebige und stabile Ressource in der Konstruktion von Geschlecht ist die Hausarbeit vor allem aufgrund ihrer argumentativen Rückkopplung an biologische Gegebenheiten (Gebärfähigkeit[269]) und den

268 Es wird an dieser Stelle darauf verzichtet, die Entwicklung und unterschiedlichen theoretischen Positionen der *Hausarbeitsdebatte* nachzuzeichnen. Die Auseinandersetzungen bewegen sich auf vielfältigen Ebenen: von der Verwerfung der Hausarbeit als Tätigkeit mit pathologischen Auswirkungen bis zur Formulierung eines „weiblichen Arbeitsvermögens" (Ostner), von der Anerkennung der Hausarbeit als Feld komplexer Anforderungen und hoher gesellschaftlicher Relevanz bis zur These einer „Hausfrauisierung" als unmittelbarer Voraussetzung für die Lohnarbeit (Bielefelder Ansatz). Gerade die marxistisch orientierten Ansätze haben die gesellschaftliche Bedeutung der Hausarbeit zum Thema gemacht und auf ihren Stellenwert in der politischen Ökonomie hingewiesen (gesellschaftlicher Reichtum resultiert nicht aus dem in der Lohnarbeit erwirtschafteten Mehrwert, sondern aus der unbezahlten Subsistenzarbeit der Frauen, die vom Kapital angeeignet wird). Einschlägige Werke der Hausarbeitsdebatte im deutschsprachigen Raum sind die „Klassikerinnen" Kontos/Walser, 1978; Ostner, 1978; Prokop, 1977; Pross, 1976, für die jüngere Diskussion stehen unter anderem Beck-Gernsheim, 1980; v. Werlhof/Mies/Bennholdt-Thomsen, 1988; Kettschau/Methfessel, 1991; Ostner, 1991; Thornieporth (Hg.), 1988. Für eine Einführung der Kategorie Geschlecht in die Haushaltswissenschaften siehe die Arbeiten von Barbara Methfessel.

269 Das Motiv der Gebärfähigkeit entlarvt allerdings selbst den Konstruktionscharakter der behaupteten Zusammenhänge, da weder unfruchtbare oder alte, noch kinderlose Frauen von der Hausarbeit freigestellt werden (wobei zugegebenermaßen das Vorhandensein von Kindern die Problematik der häuslichen Arbeitsteilung verschärft).

daraus freimütig abgeleiteten „Wesenseigenschaften“ der Geschlechter, beispielsweise im Hinblick auf soziale und emotionale Kompetenzen. Die Glaubensvorstellungen über die vermeintliche „Natur“ von Männern und Frauen finden sich in der institutionalisierten sozialen Praxis der häuslichen Arbeitsteilung stets aufs Neue bestätigt, indem Frauen in großem Umfang Tätigkeiten verrichten, die Männer nicht oder nur in auffällig eingeschränkten Maßen ausüben und umgekehrt. In diesem Sinne handelt es sich bei der Arbeit im Haushalt nicht allein um eine geschlechtssegregierende, sondern um eine *geschlechtskonstituierende* Praxis.

Dass diese Quelle der Geschlechtskonstruktion auch unter dem Eindruck gegenwärtiger gesellschaftlicher Veränderungen nicht versiegt, davon zeugen die Ergebnisse sporadisch neu aufgelegter empirischer Untersuchungen über die Aufgabenverteilung im Haushalt und dem mit Kochen, Putzen, Waschen, Einkaufen etc. verbundenen Zeitaufwand. Es ist eine Alltagserfahrung, dass Frauen den Löwenanteil der Hausarbeit erledigen, ggf. unterstützt durch *mithelfende* Partner oder Kinder, und dieser Gemeinplatz ist in zahlreichen Forschungen mittlerweile präzisiert worden. Für den kulinarischen Kontext lässt sich festhalten, dass die Beschaffung und Zubereitung der Nahrung ebenso wie das Entsorgen der Essensreste und die Reinigung des Geschirrs ganz überwiegend in weibliche Hände gelegt sind (vgl. etwa Sellach, 1996; Küster, 1996; Döcker, 1994; Statistisches Bundesamt (Hg.), 1995; Blanke/Ehling/Schwarz, 1996; Holz, 2000). Übereinstimmend wird festgestellt, dass die Beköstigung der Familie in die Zuständigkeit von Frauen fällt, und zwar sowohl der tatsächlich ausgeführten Arbeit nach, als auch in der von Männern und Frauen gleichermaßen formulierten Einschätzung der *Verantwortlichkeit* für diesen Bereich. In der Frankfurter Beköstigungsstudie von Brigitte Sellach[270] äußerten sieben von zehn Frauen, sich für das Wohlbefinden der Familie verantwortlich zu fühlen, und knapp ein Viertel sah sich zumindest „manchmal“ mit diesem Gefühl konfrontiert. Mehr als die Hälfte der Frauen betrachteten es dabei nicht als Ungerechtigkeit, allein für das Essen zuständig zu sein, während ein Drittel wenigstens gelegentlich diesen Eindruck gewann und nur 14 Prozent die Ungleichheit als Ungerechtigkeit erlebten (vgl. Sellach, 1996: 141). Die praktizierte Verantwortlichkeit schlägt sich in deutlichen Zahlen nieder: Fast drei Viertel der Frauen, die an der Studie teilgenommen haben, bereiten täglich die Mahlzeiten selbst zu und dies weitgehend unabhängig von miterfassten Merkmalen wie Alter, ethni-

270 Bei dieser Studie handelt es sich um die Ergebnisse einer Befragung von 466 Frauen aus verschiedenen Frankfurter Stadtteilen im Alter von 20 bis 65 Jahren, die in einem Haushalt mit Kindern (mit oder ohne männlichen Partner) zusammenleben. Es wurden explorative Interviews, eine schriftliche Befragung und Gruppendiskussionen durchgeführt. Auch wenn die Untersuchung keine Repräsentativität beanspruchen kann, spiegelt sie doch ein breites Spektrum von Erfahrungen wider, die Frauen im Zusammenhang mit Leistungen und Belastungen in der Ernährung ihrer Familien machen.

sche Herkunft, Größe des Haushalts, Familienstand, Alter der im Haushalt lebenden Kinder, formaler Bildungsabschluss oder Haushaltsnettoeinkommen. Der Anteil der Männer, die den Angaben ihrer Partnerinnen zufolge täglich die Aufgabe der Essenszubereitung übernehmen, liegt hingegen bei lediglich fünf Prozent. Selten oder nie machen sich 40 Prozent der Männer am heimischen Herd zu schaffen, die übrigen bereiten gelegentlich Mahlzeiten zu. Bemerkenswert ist auch das Ergebnis, dass sich die an der „Kocharbeit" beteiligten Männer überproportional für das – vom Aufwand her eher anspruchslose – Frühstückmachen zuständig erklären, während die Frauen besonderes Gewicht auf das Abendessen legen, das 90 Prozent von ihnen meist allein herstellen (vgl. ebd. 80ff.). Das Abendessen wird von der Mehrzahl der Befragten als „Hauptmahlzeit der Familie" bezeichnet, da es zu einem Zeitpunkt stattfindet, an dem am ehesten alle Haushaltsmitglieder zu Hause versammelt sind (vgl. ebd.: 181). Etwas häufiger als ihre übrigen Geschlechtsgenossen beteiligen sich die Partner vollzeiterwerbstätiger Frauen an der Beköstigung der Familie, doch ein Blick auf die Zeitbudgeterhebungen des Statistischen Bundesamtes zeigt, dass von einer wirklichen Entlastung der Frauen oder gar einer partnerschaftlichen Teilung der haushälterischen Aufgaben im Bereich der Ernährung (und auch sonst) mitnichten gesprochen werden kann.

Zwar verbringen Frauen, die vollzeiterwerbstätig sind, „nur" 3,5 Stunden am Tag mit Hausarbeit, teilzeitbeschäftigte Frauen dagegen 5,5 und nicht berufstätige „Hausfrauen" sogar 7,5 Stunden (vgl. Blanke/Ehling, Schwarz, 1996: 83). Doch die eingesparte Zeit geht nicht auf das Konto helfender Partner, bei denen sich die an die Erwerbsarbeit gebundene Zeit bei einer Vollzeitbeschäftigung der Ehefrau eher verlängert (vgl. Holz, 2000: 119f.).[271] Sellach geht anhand ihrer Forschungsergebnisse davon aus, dass die Frauen die zeitliche Belastung durch eine Erwerbstätigkeit eher dadurch kompensieren, dass sie selbst die Arbeit im Haushalt verdichten und den Zeitaufwand reduzieren, und dass es in nur sehr geringem Umfang die Partner sind, die durch eine Übernahme von entsprechenden Aufgaben die Belastung der Frauen abfedern. Mehr als ihre Väter sind es häufig die etwas älteren Kinder, die bei der Organisation der Hausarbeit mit herangezogen werden. Dabei

271 Auch unabhängig von der Ausübung eines Berufes, sinkt bei Frauen mit steigendem *Bildungsniveau* die für die Hausarbeit aufgewendete Zeit, ohne dass die männlichen Partner deutlich mehr ihrer zeitlichen Ressourcen in den Dienst des Haushalts stellten (vgl. Holz, 2000: 121). Nichteheliche Partnerschaften bringen den Frauen hierbei ebenfalls keine Vorteile gegenüber den Männern – wohl aber gegenüber Ehefrauen. Während in nichtehelichen Lebensgemeinschaften von den Frauen ca. 3,5 Stunden täglich mit Hausarbeit verbracht werden, wenn Kinder zu versorgen sind, beschäftigen sich Ehefrauen in Familien mit Kindern 5 Stunden mit dem Haushalt. Kinderlose Ehefrauen sind etwa 4,75, unverheiratet zusammenlebende Frauen ohne Kinder dagegen nur 3 Stunden in häusliche Pflichten eingespannt. Der zeitliche Aufwand der männlichen Partner liegt zwischen 1,5 und 2,5 Stunden pro Tag (vgl. ebd.: 115).

bezieht sich die Mithilfe zumeist auf die Bereiche der Müllentsorgung, des Einkaufens und des Geschirrspülens. Das Kochen selbst bleibt dagegen uneingeschränkt eine Domäne der Frauen. In Abgrenzung zu der These, dass sich die Tendenz einer wachsenden Beteiligung von Männern an der Hausarbeit mit steigender Erwerbstätigkeit der Frauen ausloten ließe, konstatiert Sellach, dass es zwar vor der Geburt des ersten Kindes vermehrt Aushandlungsprozesse zwischen den Partnern und Zugeständnisse von männlicher Seite gebe, sich mit der Familiengründung die Ansätze zu einer gerechten Teilung der häuslichen Arbeit jedoch fast durchweg gründlich zerschlügen.[272] Und wenn Männer Aufgaben im Zusammenhang der Beköstigung übernähmen, seien dies hauptsächlich Tätigkeiten, die auch ältere Kinder ausführen könnten, so dass sich beobachten lasse, wie Männer sich in dem Maße aus der Mitverantwortung zurückzögen, in welchem die Kinder mit zunehmenden Alter an die betreffenden Verrichtungen (vor allem Müllbeseitigung und Spülen) herangeführt würden (vgl. Sellach, 1996: 89).[273]

Zu ähnlichen Ergebnissen kommen auch Cornelia Koppetsch und Günter Burkart, die das Arrangement der Geschlechter bei zusammenlebenden Paaren in einem Milieuvergleich[274] untersucht haben (Koppetsch/Burkart, 1999). Ihre qualitative Studie brachte ans Licht, dass es durchaus gravierende milieutypische Unterschiede beispielsweise in der Bewertung der Hausarbeit, dem Rollenverständnis der „Hausfrau" und der Egalitätsorientierung der Partner gibt (*milieuspezifische Leitvorstellungen*), dass jenseits der differenten Ideologie und normativen Ansprüche letztlich aber die faktisch aufrechterhaltenen Ordnungssysteme, in denen die Hausarbeit vom Grundsatz her eine Sache der Frauen bleibt, auf ähnliche Muster zurückgreifen.

Die strikteste Trennung von „männlicher" Erwerbssphäre und „weiblicher" Hausarbeit findet sich den Forschungsergebnissen von Koppetsch und Burkart zufolge in dem so benannten *traditionalen Milieu*. In diesem auf Komplementarität angelegten Modell gilt es den Frauen als Pflicht und Ehre, den Haushalt zu führen. Obwohl ihr Walten im Hause gegenüber der Berufs-

---

272 Die gleichmäßigste Verteilung der Hausarbeit findet sich bei den unter 30-Jährigen und bei einer Beziehungsdauer von weniger als fünf Jahren. Mit steigendem Alter und zunehmender Dauer der Partnerschaft vergrößert sich die Differenz zwischen den Geschlechtern (vgl. Holz, 2000: 116).

273 Da es hier um die Hausarbeit geht, die zur Nahrungsversorgung der Familie erbracht wird, bleiben andere typisch „männliche" Aufgaben im Haushalt unberücksichtigt. Dies wären z.B. Reparaturen, die Autopflege oder das Rasenmähen (s.u.).

274 Die von der Autorin und dem Autor verwendete Milieustruktur folgt dabei nicht den herkömmlichen Milieumodellen, sondern schälte sich im Laufe der Untersuchung erst heraus. Die Entscheidung, nicht an bestehende Milieukonstellationen anzuschließen, begründen Koppetsch und Burkart mit der „Erkenntnis, daß das Geschlechterverhältnis keine abhängige Variable ist, sondern vielmehr für Lebensstil, Grundüberzeugungen und die soziale Lage eines Milieus konstitutiv ist" (ebd.: 327). Sie weisen zudem darauf hin, dass es sich hier um idealtypische Konstruktionen und keine konkreten sozialen Aggregate handelt, deren Abgrenzungen leicht messbar wären.

arbeit der Männer unterbewertet ist, ist diesen Frauen das Hausfrauendasein eine erstrebenswerte Existenzweise. Die Führung des Haushalts wird gleichsam als privilegierte Freistellung von repressiver und in den meisten Fällen wenig prestigeträchtiger Lohnarbeit empfunden. Daher können die Haushaltstätigkeit und ihr nach Außen repräsentatives Produkt – ein gepflegtes, ordentliches, sauberes Heim und eine ebensolche Familie – dann auch eher als die fremdbestimmte, aus ökonomischen Zwängen ausgeübte Berufstätigkeit als Quelle von Zufriedenheit und „Selbstverwirklichung" genutzt werden. Dieses Konzept impliziert eine Verteidigung des „weiblichen" Terrains gegenüber männlichen Einmischungen, so dass eine Einbeziehung der Männer in Arbeitsfelder wie Kochen, Putzen, Waschen gar nicht erwünscht ist – jeder soll seinen spezifischen Beitrag zur materiellen Erhaltung der Familie leisten (vgl. ebd.: 224ff.).

Etwas anders verhält es sich dagegen in dem als *familistisch* apostrophierten Milieu. Für den hier bevorzugten Lebensstil ist die Konzentration auf die Innenwelt zentral. Häuslichkeit und familiale Gemeinschaft werden kultiviert und der gesellschaftlichen Außenwelt (z.B. als Ort der Zuflucht und des Rückzugs) entgegengesetzt. Die private Gemütlichkeit ist auch in diesen Fällen eine Leistung weiblicher Arbeit bis hin zur Aufopferung, wobei der *emotionale* Aspekt des haushälterischen Tuns deutlich in den Vordergrund rückt. Als typisch für die familistisch orientierten Paarbeziehungen erweist sich aber auch eine punktuelle symbolische Unterwerfung der Männer unter die Ordnung der häuslichen Sphäre: Charakteristisch sind Hilfsdienste, die einen eigenständigen Beitrag der Männer zum Binnenklima der Familie markieren, vor allem jedoch eine Aufwertung und Honorierung der von den Frauen erbrachten häuslichen Dienstleistungen bedeuten. Die Erwerbstätigkeit der Männer kann hier ganz im Gegensatz zum traditionalen Milieu nicht als Argument gegen einen Einsatz für die Familie hergenommen werden, weil es die familiale Gemeinschaft ist, die den Ort ausmacht, an dem die eigentliche, „wichtige" Arbeit stattfindet (vgl. ebd.: 222). Der symbolische Wert der Hausarbeit wird daher von den Frauen sehr hoch angesetzt, höher sogar als der Wert eigener Erwerbstätigkeit, obwohl diese Frauen mehr Möglichkeiten haben, in weitaus weniger abgewerteten Berufen tätig zu sein als ihre Geschlechtsgenossinnen aus dem traditionalen Milieu. Die hohe Wertschätzung der Hausarbeit speist sich allerdings nicht aus einer positiven Haltung gegenüber den alltäglichen, mühevollen Verrichtungen wie Aufräumen, Geschirr spülen, Bügeln etc. an sich, sondern ist auf eine ganzheitlichere Vorstellung von Familienarbeit gegründet, die auch als „mütterliches Regiment" (ebd.: 224) übersetzt werden kann und als solches ein gewisses Prestige und einigen Respekt der übrigen Familienmitglieder mit sich bringt.

Im *individualisierten Milieu* besteht dagegen vor dem Hintergrund einer Orientierung am Ideal der egalitären Partnerschaft der Anspruch einer Gleichverteilung der häuslichen Pflichten zwischen den Geschlechtern. Insgesamt wird der Hausarbeit nicht allzu viel Wertschätzung entgegengebracht, sie gilt eher als lästiges Übel, als Zwang, dem in nicht enden wollender Wiederholung nachgekommen werden muss. Gleichwohl besitzt sie einen nicht zu unterschätzenden symbolischen Wert in der Paarbeziehung, da deren Gleichgewicht angesichts der Versorgung der Familie auf den Prüfstand gerät. Wenn auch die soziale Praxis bei den von Koppetsch und Burkart interviewten Paaren die Gleichheit in der Hausarbeit als bloße *Illusion* entlarvt, so zeigt sich doch auch, dass dies eine Illusion ist, die von Männern wie Frauen gleichermaßen gepflegt und aktiv aufrechterhalten wird. Die Mechanismen, die dies bewirken, sind teils subtiler und teils eher plumper Natur. In der Konkurrenz darum, am wenigsten Zeit und Kraft in die verachteten und zugleich unvermeidlichen Haushaltstätigkeiten zu investieren, gehen die Männer ungleich häufiger als Sieger hervor, indem sie beispielsweise „wichtigere" Betätigungsfelder (Beruf, Fortbildung, Selbstfindung) zeitlich ausdehnen oder ihre („unverschuldete") Hilflosigkeit gegenüber Kochtöpfen, Bügeleisen und Waschmaschinen durch fortwährendes Nachfragen und angerichtete Schäden ebenso eindrucksvoll wie nachhaltig unter Beweis stellen. Das Eingeständnis von Unfähigkeit und Dummheit in haushaltlichen Angelegenheiten scheint dem körperlichen Einsatz in einem abgewerteten Feld bei weitem vorzuziehen zu sein (vgl. ebd.: 217).

Hinzu kommt, dass im individualisierten Milieu die Standards für Sauberkeit und Ordnung prinzipiell aushandelbar und damit stets neu diskutier- und hintergehbar sind. Die „individualisierten" Männer und Frauen wollen sich keinen extern vorgegebenen Normen eines „richtig" geführten Haushalts unterwerfen und begeben sich daher in die Situation, eine Art persönlichen Konsens finden zu müssen, um ihre Partnerschaft nicht andauernden Konflikten über die unliebsamen Notwendigkeiten auszusetzen. Eine für dieses Milieu typische Strategie im Umgang mit den individualisierten Sauberkeitsvorstellungen und Schmutzgrenzen ist daher die Haltung: Wen der Schmutz (die ungepflegte Wäsche, die „ungesunde" Ernährung etc.) stört, muss sich selbst darum kümmern. Die Akzeptanz der persönlichen Freiheit des Partners schließt die Akzeptanz niedrigerer Ansprüche in bezug auf den Haushalt mit ein. Und dieses Prinzip scheinen sich die Männer in den individualisierten Paarbeziehungen besonders einträglich zunutze machen zu können (vgl. ebd.: 218). Statt von ihren Partnern eine egalitäre Aufteilung der Aufgaben auf der praktischen Ebene nachdrücklich einzufordern, lassen sich die Frauen darauf ein, bestimmte Tätigkeiten außerhalb der Gleichheitsnorm zu positionieren, da diese ja nur ihrem *persönlichen* Bedürfnis nach z.B. abwechslungsreichen und frisch zubereiteten Speisen, gebügelter Wäsche oder einem feucht aufgewischten Badezimmerboden entspringen. Die Früchte der Mehrarbeit kommen freilich auch den Männern zugute, doch weit entfernt davon, hinter den „persönlichen" Ansprüchen an die Haushaltsführung gesellschaftliche Zwänge, ein Machtgefälle in der Geschlechterhierarchie und die Folgen einer geschlechtstypischen Sozialisation zu vermuten, geben die „emanzipierten" jungen Frauen ihr Verhalten überdies noch als *egoistische* Entscheidung aus.[275] Auch dort, wo eine partnerschaftliche Teilung der häuslichen Aufgaben zum Selbstverständnis der betreffenden Personen gehört, fallen diese also mit beobachtbarer Regelmäßigkeit in hergebrachte Muster der geschlechtlichen Arbeitsteilung zurück, verstehen es jedoch, diesen Sachverhalt (vor sich selbst und den anderen) mehr oder weniger gründlich zu vertuschen.

Dieses Bild des geschlechtskonstituierenden Arrangements in der häuslichen Sphäre wird komplettiert durch den Befund, dass auch eine ansteigende Beteiligung der Männer an der Hausarbeit keinesfalls zu einem *undoing gender* in diesem Bereich führt (vgl. ebd.: 210). Vielmehr lässt sich beobachten, dass die symbolische Grenze zwischen den Geschlechtern in diesen Fällen entlang (re-)*sexuierter Tätigkeitsfelder* verläuft und sich auf diese Weise die soziale Herstellung von Männern und Frauen fortschreibt. Männer bringen sich als „Männer" in die häusliche Pflichterfüllung ein, indem geschlechtliche Zuweisungen teilweise revidiert und umgedeutet werden. Die „genuin weibliche" Hausarbeit zerfällt in geschlechtlich differenzierte Arbeitsfelder, zu deren Abgrenzung unterschiedliche semantische Bezugsrahmen verwendet werden. Zu den Leitdifferenzen gehören hierbei die Oppositionen außen/innen, schwer/leicht, grob/fein, trocken/nass, alltäglich/außeralltäglich (vgl. ebd.: 210ff.). Zusammenfassend zeigt sich, dass die Männer eher für „öffentliche" Aufgaben zuständig sind, d.h. für Tätigkeiten, die außerhalb des Hauses (Garten, Müll, Auto) stattfinden oder für Pflichten, die sich auf die Repräsentation nach Außen beziehen (Ordnung in den repräsentativen Räumen wie Esszimmer und Wohnstube im Gegensatz zur Säuberung der „intimen Bereichen" wie Bad und Toilette, die in die Verantwortung von Frauen fallen). Weiter sind es die „schweren" Arbeiten (z.B. das Tragen von Getränkekisten), die von der argumentativen Warte höherer Körperkraft aus gesehen, dem „starken" Geschlecht zufallen – auch wenn manche „weiblich" codierte Verrichtung freilich nicht weniger Kraftaufwand erfordert. Außerdem scheinen Männer eher für das Grobe zuständig zu sein, für eine oberflächliche Vorarbeit, die den fein und gründlich wirkenden Händen der Frauen nur als Vorbereitung für die „richtige" Ausführung dienen kann. Die Tätigkeiten, die Männer im Haushalt häufiger übernehmen, zeichnen sich überdies dadurch aus, dass sie meistens trocken, d.h. ohne die Hilfe feuchter Lappen und Putzwasser, vorgenommen werden können. Und nicht zuletzt ist

275 Koppetsch und Burkart verdeutlichen dies am Beispiel eines jungen Paares, in dem die Frau trotz des expliziten Anspruchs, eine egalitäre Beziehung zu führen, die gesamte Wäsche allein erledigt und dies damit begründet, dass ihr Partner durch falsches Sortieren der Kleidungsstücke einmal einen Teil ihrer Garderobe ruiniert habe und sie ihm ihre eigene Sorgfalt bei der Behandlung der Wäsche nun einmal nicht aufzwingen könne. Wenn sie die Wäsche nach ihren Maßstäben behandelt haben wolle, müsse sie eben selbst dafür Sorge tragen. Dass sie damit die traditionale Arbeitsteilung in ihr Leben einziehen lässt, weist die junge Frau mit dieser Argumentation entschieden von sich (vgl. ebd.: 219f.).

allgemein die Tendenz erkennbar, dass – wie im Fall des Kochens – die männlichen Aktivitäten im Haushalt zu außeralltäglichen *events* stilisiert werden bzw. durch die Seltenheit, mit der bestimmte Aufgaben von Männern wahrgenommen werden, diese dann als bemerkenswerte Leistung erscheinen. Selbst die langweiligsten Routineaufgaben erhalten so noch das Flair männlicher Heldentaten.

Statt also eine Verwischung der Geschlechtergrenze zu bewirken, bringt die Beteiligung der Männer an der Hausarbeit lediglich eine *Umstellung der Konstruktion* von Geschlecht hervor. Sie verlagert sich von der Differenzierung komplementärer Rollen hin zu einer Unterscheidung von „männlichen" und „weiblichen" Mustern haushälterischen Handelns, die nicht weniger vehement voneinander abgegrenzt und dauerhaft installiert werden. Das Kochen ist – ebenso (und aus den gleichen Gründen) wie das Waschen – in diesem Kontext in besonderem Maße für eine *naturalisierende* Konstruktion von Geschlecht geeignet, da es einen sehr engen Körperbezug aufweist. Im Gegensatz zu Haushaltstätigkeiten wie dem Putzen, das der Repräsentation des Heimes gilt, dient die Ernährung der Gesundheit und Repräsentation der Körper. Das Nähren und Kleiden der Körper[276] ist ein traditionell und kulturell übergreifend „weiblich" deklariertes Feld. Dies zeigt sich in ethnologischen Studien, aber auch in den zahlreichen Mythen, die eine Verbindung zwischen dem Bild der Frau als Lebensspenderin und ihren Aufgaben in der nach „innen" gerichteten Grundversorgung der Familie herstellen (vgl. ebd.: 232). Koppetsch und Burkart sprechen mit Blick auf das Wäschewaschen vom „harten Kern" der Geschlechtsrollen, deren „Naturbasis" durch den spezifischen Bezug zum Körper und zu seiner Intimität bei der Herstellung sauberer Wäsche stärker angesprochen werde als bei anderen Arbeiten in der häuslichen Sphäre (ebd.). Dies lässt sich in gleicher Weise auch für die Zubereitung von Mahlzeiten behaupten. In dem Maße, in dem das (Er-)Nähren der Familie (in seinem konkreten Sinne) historisch und kulturell sedimentiert als eine „urweibliche" Verrichtung empfunden wird, kann es mit der „Natur" des Mannes nicht anders denn *unvereinbar* sein. Männer scheinen als für diese Tätigkeiten schlicht nicht geschaffen, ein Eindruck, der durch die *erworbene Inkompetenz* noch unterstrichen wird, sich in der außerhäuslichen Sphäre (Spitzenkoch) allerdings wie von selbst und geradezu unbemerkt verflüchtigt.

Theoretische Ansätze zur Erklärung des Zustandekommens und der Stabilität der Ungleichverteilung der Hausarbeit zwischen den Geschlechtern sind unter anderem aus ökonomischer Perspektive beigesteuert worden. Vom

---

276 Wie beim Kochen, so ist auch in bezug auf die Kleidung die Einschränkung vorzunehmen, dass sich die Zuständigkeit der Frauen hier auf den privaten, alltäglichen Gebrauch bezieht. Dic prestigeträchtige Haute Couture ist wie die Haute Cuisine eher eine Domäne der Männer.

Blickpunkt ressourcentheoretischer Überlegungen[277] aus stellt sich die verbreitete Delegierung der Hausarbeit an Frauen als Konsequenz eines *Machtgefälles* zwischen den Geschlechtern dar. Unterstellt wird dabei grundsätzlich eine (nicht weiter hinterfragte) *rationale* Orientierung der Handelnden an einer Maximierung des Nutzens. Ist also das Einkommen des männlichen Partners höher als das der Frau – was eingedenk der Paarbildungsmuster nach Alter und beruflichem Status der betreffenden Personen die *Regel* sein dürfte – ist es für den Haushalt im Sinne eines Effizienzstrebens insgesamt funktional, die höhere Markteffizienz des Mannes zu nutzen, seine Spezialisierung auf den Erwerbsbereich zu forcieren und ihn dafür von den Haushaltstätigkeiten freizustellen. Inwieweit die Frauen ihre Kräfte dann auf die beiden Funktionsbereiche, den Erwerbs- und den Haushaltssektor, aufteilen, hängt in entscheidender Weise davon ab, welchen Wert die von ihnen investierte Zeit jeweils besitzt, und auch davon, ob ein „Dazuverdienen" für die finanzielle Absicherung der Familie notwendig ist. Das Machtgefälle in der Paarbeziehung ergibt sich in dieser Sichtweise daraus, dass Frauen und Männer über ungleiche (und ungleich bewertete) Ressourcen verfügen. Die ökonomische Abhängigkeit der Frauen von ihren besser verdienenden Partnern gilt als Basis für die innerfamiliäre Machtverteilung. Ihre bessere Ressourcenausstattung versetzt die Männer in die Lage, die abgewerteten Tätigkeiten im Haushalt als weibliche Aufgabe zu definieren, die als *Gegenleistung* für die materiellen Erträge aus der männlichen Lohnarbeit von den Frauen erfüllt werden muss.

Die Sicherstellung der haushaltlichen „Hintergrundserfüllung" (Gehlen) – und damit die (partielle oder vollständige) Bindung der Potenziale von Frauen an den Privatbereich – wird dabei von den Männern auch explizit als Anspruch formuliert und eingeklagt. Erinnert sei in diesem Zusammenhang zum einen an das Ehe- und Familienrecht, das es Männern noch im letzten Drittel des 20. Jahrhunderts (bis zur Reform des BGB 1976/77) ermöglichte, einen bestehenden Arbeitsvertrag ihrer Ehefrauen zu kündigen, wenn sie deren häusliche Pflichten vernachlässigt sahen, bzw. das vorschrieb, dass verheiratete Frauen überhaupt nur dann eine Erwerbstätigkeit aufnehmen konnten, wenn ihre Gatten diesem Vorhaben zustimmten. Zum anderen zeugen aber auch jüngere Entwicklungen von der beschriebenen Durchsetzung männlicher Interessen: 1998 betrug der Anteil westdeutscher „Nur-Hausfrauen" zwischen 18 und 45 Jahren, die angaben, auf eine Berufstätigkeit zu verzichten, weil ihr Mann dies so wünsche, 40 Prozent (gegenüber 23 Prozent im Jahr 1984). Von den über 45-Jährigen benannten sogar 61 Prozent die ablehnende Haltung ihrer Männer gegenüber einer Erwerbstätigkeit der Frauen als Grund dafür, selbst keinen Beruf auszuüben (gegenüber 29 Pro-

277 Zu ressourcentheoretischen und an diese anschließende Ansätze vgl. unter anderem Held, 1978; Becker, 1981; Ferree, 1988 sowie die Kurzdarstellungen in Berger-Schmitt, 1986; Hartmann, 1998; Höpflinger/Charles, 1990; Künzler, 1994.

zent im Jahr 1984) (vgl. Statistisches Bundesamt (Hg.), 2000b: 516). Der Vergleich mit den älteren Daten zeigt eine deutliche Zunahme von Frauen, die auf eine Erwerbstätigkeit und damit ihre ökonomische Unabhängigkeit auf Geheiß ihres Ehepartners verzichten – und das zu einem Zeitpunkt, an dem sich ein deutlich gestiegenes Qualifikationsniveau von Frauen und somit erweiterte Chancen im Erwerbsbereich konstatieren lassen. Koppetsch und Burkart weisen überdies darauf hin, dass bei einem vergleichbaren beruflichen Status beider Partner der Hausarbeit „eine kompensatorische Funktion bei der Restitution männlicher Überlegenheit" zukomme (Koppetsch/Burkart, 1999: 319). Die berufliche Angleichung von Männern und Frauen stellt tendenziell die Abgrenzung zwischen den Geschlechtern und somit auch die kulturell attribuierte Höherwertigkeit der Männer zur Disposition, so dass die (offene oder verdeckte) Delegierung der Hausarbeit an die Frauen einem Refugium männlicher Herrschaft und dem Erhalt männlicher Ehre gleichkommt.

Entgegen der herkömmlichen Argumentation einer generellen Ungleichverteilung der Ressourcen zugunsten der Männer aufgrund ihrer privilegierten Marktchancen kann jedoch auch von einer Tauschbeziehung zwischen den Ressourcen (z.B. ökonomische Sicherheit gegen emotionale Sicherheit) ausgegangen werden, deren Gestalt von der jeweiligen *Bewertung* der Ressourcen abhängt. Insofern kann die Haus- und Familienarbeit im Arrangement der Geschlechter durchaus auch als *positive* Ressource wirken. Unter dem Blickwinkel sozialer Konstruktionsprozesse ist deshalb unbedingt zu berücksichtigen,

> „[...] daß die sozioökonomischen Ressourcen des Mannes oder der Frau oder das häusliche Kapital an Handlungsweisen nicht direkt, sondern immer *vermittelt über milieuspezifische Normen und Leitvorstellungen (Kode) und eheliche Aushandlungsprozesse (Praxis)* in die Paarbeziehung eingreifen. Ob die Hausarbeit als Machtressource oder als Symbol weiblicher Ohnmacht in die Paarbeziehung eingeht, hängt nicht so sehr vom Berufsstatus des Mannes ab, sondern eher von in einem Milieu gültigen Vorstellungen über den Wert von Hausarbeit und Berufsarbeit, sowie von den Möglichkeiten der Einzelnen, in Bezugnahme auf diese Vorstellungen ihre Interessen zu verfolgen und das Beste aus ihrer Lage zu machen." (Koppetsch/Burkart, 1999: 204f.; Herv. d. Vf.)

Auf die Frage, warum Frauen die Last der Koch- und anderen Hausarbeit so großzügig auf ihre Schultern nehmen, und das sogar noch, wenn sie eine Vollzeitbeschäftigung ausüben, werden von ihnen selbst zumeist zwei Antworten hervorgeholt. Erstens: „weil es kein anderer tut" und zweitens: „alles aus Liebe". Nachdem für den ersten Umstand einige Erklärungen beigebracht werden konnten, verdient nun der zweitgenannte Aspekt etwas mehr Beachtung. Es stimmt: Trotz der Monotonie, Unsichtbarkeit und Endlosigkeit, die der Hausarbeit als wesentliche Charakterzüge immer wieder bescheinigt werden, und trotz der zeitlichen Belastungen und der nicht unerheblichen körperlichen Mühe, die die Verrichtungen mit sich bringen, werden die Tätigkeiten im Haushalt von den Frauen keinesfalls durchweg widerwillig erledigt. Die Hausarbeit scheint statt dessen in besonderer Weise durch das Phänomen der Ambivalenz gekennzeichnet zu sein, insofern sie gleichermaßen als Last und Lust, als Quelle von Mühsal und Zufriedenheit in Erscheinung tritt – wie nicht zuletzt ja auch die Untersuchung der unterschiedlichen Milieus gezeigt hat. In der Studie von Sellach bekannten überwältigende 80 Prozent der Frauen, den häuslichen Aufgaben immer (35 Prozent) oder manchmal (45 Prozent) „gerne" nachzukommen, obwohl sie ihnen „viel Arbeit" machten (Sellach, 1996: 141). Mehr als die Hälfte widersprach dabei der Auffassung, für ihre Leistungen zur Beköstigung der Familie eigentlich entlohnt werden zu müssen. Gleichwohl wünschten sich die Befragten in 43 Prozent der Fälle manchmal und in 32 Prozent der Fälle uneingeschränkt mehr Anerkennung für ihren Dienst an der Familie (vgl. ebd.). Die Daten des Wohlfahrtssurveys zeichnen ein ähnliches Bild. Insgesamt war 1998 mehr als ein Fünftel der westdeutschen Frauen im Alter von 18 bis 45 Jahren „Nur-Hausfrau"[278], bei den Älteren betrug dieser Anteil ein Drittel.

Als Gründe für die Nichterwerbstätigkeit wurden unterschiedliche Aspekte angeführt, wobei 44 Prozent der jüngeren und zwei Drittel der älteren Jahrgänge äußerten, einfach *lieber* Hausfrau zu sein, als einer Erwerbstätigkeit nachzugehen (vgl. Statistisches Bundesamt (Hg.), 2000b: 516).[279] Entsprechend hoch ist die Zufriedenheit mit der eigenen Rolle. Auf einer Skala von null bis zehn, bei der der höchste Wert die höchstmögliche Zufriedenheit repräsentiert, liegt der Durchschnitt für alle nicht erwerbstätigen westdeutschen Hausfrauen bei 7,5. Interessanterweise ergibt sich hier ein nur geringer Unterschied zu früheren Erhebungen (1978: 7,9; 1984: 7,8; 1988: 7,9; 1993: 7,7). Es ist jedoch zu sehen, dass das Zufriedenheitsniveau in den jüngeren Altersgruppen im Zeitverlauf zurückgegangen ist. Der Zusammenhang mit dem Alter zeigt sich auch in der aktuellen Umfrage. Dort bezeichnet sich insgesamt knapp ein Viertel der Betreffenden als „hochzufrieden" (Wert zehn) mit dem Hausfrauendasein, doch während in der Altersgruppe der über 60-Jährigen 41 Prozent diese Bestnote vergeben, sind es bei den 18- bis

---

278 In der Dokumentation der Daten wird darauf hingewiesen, dass es „keinen nennenswerten Anteil von ostdeutschen Frauen [gibt], die sich überhaupt als Hausfrauen bezeichnen würden" (Statistisches Bundesamt (Hg.), 2000b: 516). Das bedeutet jedoch nicht, dass die im Osten der Republik lebenden Frauen deshalb weniger Hausarbeit verrichten würden. Durch ihre signifikant stärkere Einbindung in das Erwerbsleben besitzen sie aber ein anderes Selbstverständnis.

279 Neben der bewussten Entscheidung für das Hausfrauendasein und das damit verbundene „Ausgelastetsein" (dies sagen 64 Prozent der jüngeren und 59 Prozent der älteren Frauen von sich) sind es in der jüngeren Altersgruppe vor allem fehlende Kinderbetreuungsmöglichkeiten (53 Prozent), die als Grund für die Nichterwerbstätigkeit in Betracht kommen. Erst danach rangieren ein geringes Qualifikationsniveau und fehlende Möglichkeiten, einen geeigneten Arbeitsplatz zu finden.

30-jährigen Frauen gerade einmal zehn Prozent. Dennoch ist auch hier der Grad der Zufriedenheit noch deutlich positiv ausgeprägt, da ebenfalls nur um die zehn Prozent der Befragten Skalenwerte zwischen null und vier („eher unzufrieden") zur Beurteilung ihrer Lage ausgewählt haben (vgl. ebd.: 517).

In den Gruppendiskussionen der Frankfurter Beköstigungsstudie kam daneben zum Ausdruck, dass gerade das Kochen einen Teilbereich der Hausarbeit darstellt, der im Vergleich zu anderen Verrichtungen besonders beliebt zu sein scheint, da hier neben die typischen Merkmale haushälterischen Handelns – die ständige Redundanz und Unsichtbarkeit der Tätigkeiten – ein Moment von Kreativität (z.B. durch neue Rezepte oder eigene Abwandlungen) tritt und ein zwar auf rasche Vergänglichkeit angelegtes, aber doch vorzeigbares und *hingebbares* Produkt hergestellt wird. Die Ernährungswissenschaftlerin Christine Brombach beschreibt vor dem Hintergrund der Ergebnisse des Forschungsprojektes „Everyday life eating in Europe: a four country qualitative study of urban households" die Familienmahlzeit explizit als einen „Ort von Zuwendung und Liebe" (vgl. Brombach, 2000: 11). Sie sieht die häusliche Tischgemeinschaft trotz vorhandener Auflösungstendenzen (z.B. als Folge der Individualisierung) weiter als zentralen „Hort der Familie", der in seiner Bedeutung von keiner anderen täglich wiederkehrenden familialen Aktivität eingeholt werden könne. Dass die Konstitution der Familie damit weitgehend der unbezahlten Arbeit von Frauen zu verdanken ist, konstatiert auch Brombach, und sie hält gleichfalls fest:

> „Für die befragten Frauen ist das gemeinsame Mahl halten, die Familienzeit, wesentlicher Bestandteil ihres Selbstverständnisses als berufstätige Frau und Mutter. Liebe geht also auch hier durch den Magen: Die Vorbereitungen zum täglichen Essen und die damit verbundene Mühe ist Teil der emotionalen Zuwendung, die die Frauen für ihre Familie erbringen." (ebd.: 13)

Worauf die Autorin bei ihrem Lob des „freiwilligen" Liebesdienstes allerdings (unverständlicherweise) verzichtet, ist eine Reflexion der dieser Praxis innewohnenden Diskriminierung der Frauen. Statt einen Blick auf die Zusammenhänge zwischen der häuslichen Arbeitsteilung und dem als Herrschaftsverhältnis gefassten gesellschaftlichen Geschlechterverhältnis zu wagen und die vielschichtigen, strukturell begründeten Barrieren, die einer egalitären Verteilung der häuslichen Pflichten entgegenstehen, zu berücksichtigen, wird hier die gängige Geschlechterideologie reproduziert und bekräftigt. Dabei zählt doch offenkundig auch das Konzept der *Liebe* zu jenen Mechanismen, die der Ungleichheit der Geschlechter (nicht nur) in der häuslichen Sphäre ihren hartnäckigen Bestand verleihen. Zum Wesenskern der Liebe gehört, zumindest nach heutigen Maßstäben, ihre Unbedingtheit, sie ist nicht erzwingbar, und die Opfer, die um ihretwillen und in ihrem Namen erbracht werden, sind freiwillige *Gaben*. Eine offene Aufrechnung im Tausch dieser Gaben würde (auch wenn sie insgeheim geschehen mag) die Liebe ihrer romantischen Grundlage berauben, ihr ein ökonomisches Antlitz geben und die wahrhaft Liebenden darin beschämen – sie wäre geradezu obszön. Es widerspricht den normativen Anforderungen an die *liebende* Mutter und Gattin, ihren Dienst an der Familie den Nutznießern explizit in Rechnung zu stellen, auch wenn dies im Sinne einer partnerschaftlichen Wechselseitigkeit rechtens und funktional wäre. Der Spieleinsatz der Hausfrau ist die Hoffnung, für ihre durch Arbeit bewiesene Zuneigung Anerkennung und Gegenliebe zu finden. Der mithelfende Mann unterstützt diese Strategie durch die dosierten freiwillig erbrachten Sonderleistungen dabei mehr als ein Partner, der kontinuierlich die Hälfte der Hausarbeit übernähme, denn das gelegentliche und dadurch auffälligere Engagement kann – vorausgesetzt es tritt unaufgefordert ein – eher als männlicher Liebesdienst interpretiert werden als die unter Gleichen geteilte Mühsal des Alltags.[280] Über die Freude an der männlichen Hilfe, die von den Betreffenden als dankbare Wertschätzung der eigenen Leistung gedeutet werden kann, gerät den Frauen die Ungerechtigkeit der ungleich verteilten Arbeit in Vergessenheit.

Das Phänomen einer Verquickung von Liebe und Hausarbeit ist – vor dem Hintergrund der beobachtbaren Stabilität der Verhältnisse – in der Frauenforschung vor allem als ein Zusammenfallen von materieller und psychischer Dimension diskutiert worden. Die Untrennbarkeit des instrumentellen Handelns im Haushalt von seiner emotionalen Qualität, d.h. die Schaffung einer heimeligen, gemütlichen, erholsamen und harmonischen *Atmosphäre*[281] etwa durch das Sauberhalten und Gestalten der Wohnung, das Bekochen der Familie und die Vermittlung zwischen den Interessen der Familienmitglieder, machen demnach den spezifischen Charakter der häuslichen Tätigkeiten aus. Insofern sind auch die physischen Erleichterungen, welche die Technisierung der Haushalte mit sich bringt, kaum ein Indiz für eine wirkliche Entlastung von Familienfrauen, denn die Ansprüche an die häusliche Atmosphäre und die emotionalen Funktionen der Familie (respektive Partnerschaft) mögen im Verlauf der Zeit gleichwohl gestiegen sein. Die Verzahnung von Liebe und Hausarbeit bedeutet im Kontext einer interaktiven Konstruktion von Geschlecht, dass die unentgeltlich erbrachten Dienstleistungen zum Ausdrucksmedium von „Weiblichkeit“ werden. Die *mit Liebe* gekochten Mahlzeiten geraten zu – physisch *schmeckbaren* – Repräsentanten weiblicher Fürsorglichkeit und fungieren damit zugleich als Gradmesser „gelungener“ Weiblichkeit, vor allem im Hinblick auf den Wert „Mütterlichkeit“. Nachlässig zubereitete oder achtlos zusammengekippte Speisen, gedankenlos ausgewähl-

---

280 Hier greift auch das *gendering* der Liebe in die Konstruktion der Geschlechter ein.

281 Mit „Atmosphäre“ ist hier im Anschluss an Hermann Schmitz eine Stimmung gemeint, die räumlich ausgedehnt ist und leiblich erfasst wird (vgl. Schmitz, 1993; Soentgen, 1998: 66-118). Atmosphären werden in Interaktionen unter anderem dazu verwendet, soziale Normen in Gefühle und subjektive Befindlichkeiten umzusetzen (vgl. eingehender dazu Kap. 5.2.2).

te Nahrung und lieblose Arrangements bei Tisch werden (ebenso wie die vernachlässigte Wäsche oder die schlampige Wohnung) gleichsam zu Statthaltern eines Versagens „als Frau“. Umgekehrt vervollkommnet die „Weiblichkeit“ sich dort, wo sie nicht nur ihre Kompetenzen perfektioniert, sondern das ihr angestammte Terrain gleichsam gegen männliche Übergriffe verteidigt – sei es als explizite Zurückweisung männlicher „Einmischung“ oder als stillschweigende Übernahme bestimmter Tätigkeiten, die sich im Dienste des Anspruchs auf Egalität sogar noch als emanzipierte Haltung verbrämen lässt.

Das Versagen im Haushalt hat auf der anderen Seite für Männer einen bestätigenden und verstärkenden Effekt im Hinblick auf die Inszenierung ihres Geschlechts. Die soziale Herstellung von „Männlichkeit“ über die Demonstration von Inkompetenz und Hilflosigkeit scheint dabei zunächst den üblichen Konstruktionswegen zuwiderzulaufen. Doch die Umkehrung der Asymmetrie erfolgt nur vordergründig, die spielerische Wendung der Machtverhältnisse hüllt die Geschlechterhierarchie lediglich in einen Schleier und wird von beiden Geschlechtern dazu genutzt, die traditionellen Zuständigkeiten – wenngleich womöglich augenzwinkernd – fortzuführen. Der Preis, den die Männer für ihre weitgehende Freistellung von den häuslichen Pflichten zahlen, ist eine symbolische Unterordnung unter das weibliche Regiment. Und dies ist deshalb für das männliche Selbst nicht allzu problematisch, weil sich die Befehlsgewalt der Frauen nur über ein Gebiet erstreckt, das verbreitet wenig Ansehen genießt, zumal in der ungleich relevanteren, nach wie vor männlich dominierten Sphäre der Öffentlichkeit.

Goffmans Hinweis, dass sich der *Genderismus* häufig ritueller Verhaltensmuster bediene, die aus anderen asymmetrischen Kontexten, etwa dem Eltern-Kind-Verhältnis oder militärischen Organisationsformen, abgleitet würden (vgl. Goffman, 1994; Goffman, 1981), führt auch im Bereich der häuslichen Arbeitsteilung auf eine heiße Spur. Anders als jedoch in Goffmans Beispielen, in denen sich das Geschlechterverhältnis unter anderem im Zusammenspiel von weiblicher *Infantizität*[282] (Schutzbedürftigkeit, Naivität, Hilflosigkeit, Emotionalität) und männlicher Beschützerrolle (Stärke, Abgeklärtheit, Kompetenz, Beherrschtheit) realisiert, sind es im Haushalt die Männer, die sich wie Kinder gebärden und von den Frauen auch als solche behandelt werden. Aus der Struktur dieses Arrangements ergeben sich nicht zuletzt sehr konkrete Barrieren für eine egalitäre Verteilung der Hausarbeit, wie z.B. der Umstand, dass Frauen sich angesichts ihres (strukturell unter-

282 Zur Infantilisierung von Frauen vgl. auch Willems/Kautt, 1999, die dies am Beispiel der Werbung veranschaulichen. Ortner, 1975 sieht eine Infantilisierung von Frauen durch die an diese delegierte Beschäftigung mit Kleinkindern gegeben. Zum einen würden Frauen damit assoziativ in die Nähe von Kindern gerückt, zum anderen habe aber auch die intensive Beschäftigung mit Kindern (und nicht zu vergessen: die damit häufig verbundene Isolation von anderen Erwachsenen über weite Strecken des Tages) einen infantilisierenden Effekt auf das eigene Verhalten.

stützen) Kompetenzvorsprungs dazu veranlasst sehen, viele haushälterische Tätigkeiten lieber selbst ausführen, weil ihre männlichen Partner mangels fehlender Routine für die gleichen Verrichtungen weitaus mehr Zeit aufwenden müssten, ohne dass jedoch die Qualität des Ergebnisses damit gesichert wäre.

Regressive Momente auf Seiten der Männer zeigen sich vor allem in der Konfrontation mit Kochtöpfen und der schmutzigen Wäsche. Obwohl es kaum einleuchtend ist, dass Männer zwar Autos reparieren, Videorekorder programmieren oder Computer zusammenschrauben können, vor der Programmauswahl einer Waschmaschine oder eines Elektroherdes jedoch nicht selten kapitulieren, kommen sie ohne größere Schwierigkeiten in den Genuss weiblicher Fürsorge. In der Küche sind sie die Hilflosen, Schutzbedürftigen, die ohne das „mütterliche" Eingreifen der Frauen womöglich verwahrlosen, mindestens aber ihre Gesundheit und die gelungene Repräsentation ihrer Körper nach außen aufs Spiel setzen würden.[283] Fehlgeschlagene Versuche auf dem für sie unzugänglich erscheinenden Feld streichen die männliche Bedürftigkeit noch hervor. Auf diese Weise ergibt sich für die (Teilzeit-)Hausfrauen die Möglichkeit, die eigene (ökonomische) Abhängigkeit mit der Abhängigkeit der Männer von ihren Versorgungsleistungen „auszugleichen". Die männliche Abhängigkeit wird nicht zuletzt auch durch *erzieherische Maßnahmen* von Seiten der Frauen dokumentiert und vertieft. So zeigen beispielsweise neuere Studien, dass Frauen zwar immer noch weitgehend nach dem Geschmack ihrer Partner kochen, bei der Auswahl der Zutaten und den Zubereitungsweisen aber verstärkt den Anspruch verfolgen, die Kost ihrer Männer insgesamt zu verbessern (vgl. Kremmer/Anderson/Marshall, 1998). Gleiches lässt sich auch im Hinblick auf die Kleidung beobachten, die nicht nur von den Frauen gepflegt, sondern vielfach auch ausgewählt, eingekauft oder sogar täglich zum Anziehen herausgelegt wird. Da es sich hierbei um Tätigkeiten handelt, die nach Außen Spuren hinterlassen – wie das brave Kind, das mit seinem Verhalten die Erziehungskompetenz seiner Eltern sichtbar macht – erweisen sie sich als eine Quelle öffentlicher Anerkennung (und Kontrolle). Die gesunde und adrette Familie ist der fassbare Beweis „weiblicher" Kompetenz.

Neben der symbolischen Transformation der Machtverhältnisse, mit der die faktische Ungleichverteilung der Arbeit und damit das Muster männlicher Dominanz und weiblicher Subordination überspielt wird, können im häusli-

283 Tatsächlich gibt es immer wieder einmal Hinweise auf Studien, die zeigen, dass sich Männer, die verwitwet oder von ihren Frauen verlassen worden sind, darin schwer tun, ihre Ernährung, Kleidung und Wohnung in Ordnung zu halten. Insbesondere ältere Männer zeigen Erscheinungen der Verwahrlosung, wenn ihnen die weibliche Fürsorge abhanden gekommen ist.

chen Kontext aber auch Ausdrucksformen gefunden werden, welche die Geschlechterhierarchie in wenig verschlüsselter Weise hervortreten lassen. Dazu gehört insbesondere die *Familienmahlzeit*, die ihre spezifische Struktur und Gestalt überhaupt erst aus dem Prinzip der Vergeschlechtlichung gewinnt. In den älteren, in vergleichbarer Weise jedoch noch nicht neu aufgelegten Untersuchungen von Nickie Charles und Marion Kerr offenbart sich die Familienmahlzeit in verschiedenen Hinsichten als Ausdruck patriarchaler Verhältnisse und als Ort, an dem sich diese innerhalb der Familie stets aufs Neue reproduzieren. Zunächst lässt sich – trotz der oben benannten erzieherischen Absichten – feststellen, dass die Auswahl der Nahrung für das gemeinsame Essen zumeist am Geschmack des männlichen „Familienoberhauptes" ausgerichtet wird (vgl. Charles/Kerr, 1988: 226; Murcott, 1993: 23). Im zweiten Rang stehen dann die kulinarischen Vorlieben der Kinder, welche die Frauen mit den Essenswünschen ihrer Partner entweder auszubalancieren suchen oder gelegentlich auch mit der sprichwörtlichen „Extrawurst" bedienen. Die eigenen geschmacklichen Präferenzen werden dagegen häufig hintangestellt. Dieses als Unterwerfung unter die männliche Autorität interpretierbare Muster wird durch weitere Strategien untermauert. Dazu zählen vor allem die Verteilung der Nahrung am Tisch und das Bedienen der Familie als „weibliche" Tätigkeit. Auch die Reihenfolge, in der die Essensvergabe erfolgt, gibt Aufschluss über den „sozialen Wert" der betreffenden Personen. An letzter Stelle rangiert hierbei für gewöhnlich die (Haus-)Frau, die erst dann zum Essen kommt, wenn alle anderen von ihr versorgt worden sind. [284]

Obwohl die Kost der Familie weitgehend am Geschmack der Männer ausgerichtet wird und alle Familienmitglieder (mit Ausnahme von Kleinkindern oder Kranken) prinzipiell an den gleichen Speisen partizipieren, sind die Essenden am Familientisch offenkundig nicht gleich. Die Rangunterschiede werden bevorzugt durch die Menge (das „größte Stück Fleisch") und die Qualität der Nahrung (das „beste Stück Fleisch") hervorgehoben. Hier schwingen Vorstellungen mit, die Männern einen größeren Appetit und höheren Energiebedarf zuschreiben. Der höhere Status des Mannes kann außerdem durch den zusätzlichen Konsum statushoher Lebensmittel und Getränke unterstrichen werden. Dies bezieht sich insbesondere auf den Genuss von Alkoholika und gebratenem Fleisch. So gehört es durchaus zu den vertrauten Erfahrungen, dass Männern ein Steak oder Schnitzel zubereitet wird, wenn einmal dem Wunsch der Kinder z.B. nach Spaghetti zum Abendessen entsprochen wird. Weniger leicht vorstellbar ist dagegen eine Situation, in welcher der Mann für sich und die Kinder vielleicht einen Salat zubereitet oder

284 Dies kann in sozial benachteiligten Schichten unter Umständen manifeste gesundheitliche Folgen für die Frauen mit sich bringen. Bekannt ist ja außerdem, dass in vielen armen Ländern der Welt der niedrige soziale Status von Frauen und Mädchen für diese mit einer Verschärfung der materiellen Ernährungsarmut einhergeht. Nicht selten beschränkt sich ihre Ernährung auf die Essensreste, die männliche Familienangehörige ihnen übrig lassen.

einen Kartoffelauflauf kocht, seiner Frau aber ein saftiges *T-Bone* und ein Feierabendbier serviert.[285]

Hinzu kommt, dass das Auftragen der Speisen ebenso wie die Zubereitung der Mahlzeiten und das Entsorgen der Reste ein Dienst ist, den gewöhnlich Frauen an ihren Familien erbringen. Das Servieren des Essens, das häufig stattfindet, während die übrigen Familienmitglieder bereits wartend am Tisch sitzen, rückt die Frauen damit sehr augenfällig in die Nähe von Servicepersonal und betont so ihren subordinierten Status.[286] Die *dienende* Rolle der Frau ist ein zentrales Element in der Aufführung der Familienmahlzeit, sie gehört zur Ordnung des „ordentlichen" Mahls.[287]

3.3.2 Zur visuellen Semantik des Körpers der „Hausfrau"

Mit dem (Ideal-)Bild der „Hausfrau" verbindet sich in unserer Gesellschaft vor allem eines: die Vorstellung niemals ruhender Körper. Die „züchtige Hausfrau" „reget ohn Ende die fleißigen Hände" schreibt Friedrich Schiller 1799 in seinen Versen über die *Glocke* und skizziert damit in wenigen Worten den noch immer verbreiteten Topos von der sich aufopfernden Gattin und Mutter, die treusorgend, arbeitsam und selbstlos um das Wohl ihrer Familie

285 Interessanterweise scheinen die männlichen Privilegien bei der Verteilung der Nahrung allerdings an ihrem Erwerbsstatus orientiert zu sein, denn in einer ebenfalls von Charles und Kerr durchgeführten Untersuchung über die Ernährung in staatlich unterstützten Familien stellte sich heraus, dass sich die Nahrungsmuster von Männer und Frauen tendenziell anglichen, wenn der männliche Partner arbeitslos war (vgl. Charles/Kerr, 1986a: 421).

286 Das asymmetrische Arrangement von dienenden Frauen und dominierenden Männern führt darüber hinaus auch auf den Aspekt häuslicher Gewalt. In einer Befragung von Frauen, die sich vor ihren prügelnden Ehemännern in Frauenhäuser geflüchtet hatten, trat das immer gleiche Muster hervor: Die Männer der überwiegend nicht-erwerbstätigen Hausfrauen forderten von diesen einen bedingungslosen Rund-um-die-Uhr-Service, eine ständige Verfügbarkeit, die sie durch Zeitvorgaben (z.B. in Bezug auf das Einkaufen) kontrollierten. Sie wurden vor allem dann gewalttätig, wenn sie die Dienstleistungen der Frauen nicht zufriedenstellten, wobei dem Essen in diesem Zusammenhang eine besondere Rolle zuzufallen scheint. So berichteten viele Befragte, dass sie von ihren Männern hauptsächlich dann geschlagen wurden, wenn sie die Mahlzeiten nicht zum rechten Zeitpunkt fertig gekocht hatten, die Speisen nicht dem Geschmack ihrer Gatten entsprachen oder sie für den Einkauf zuviel Geld ausgegeben hatten. Häufig übten die Männer auch dadurch Gewalt aus, dass sie nach nächtlichem Heimkommen ihre Frauen aus dem Bett holten und sie zwangen, etwas zu kochen (vgl. Ellis, 1983).

287 Das „richtige", „ordentliche", „anständige" Essen wird von Charles und Kerr als Symbol der *proper family* gewertet. Seine regelmäßige Bereitstellung durch die Frauen ist ein wichtiger Teil des Prozesses, der die Familie als kohärente soziale Einheit reproduziert. Der durch fehlende finanzielle Ressourcen aufgezwungene Verzicht auf das, was in einer Familie (einem Milieu) als „richtiges" Essen gilt, impliziert schwerwiegende soziale Folgen und wird von den Betreffenden als Unmöglichkeit, ein akzeptables Familienleben zu führen, erlebt (vgl. Charles/Kerr, 1986: 413ff.).

bemüht ist.[288] Eine „gute Hausfrau“[289] ist immer in Bewegung, hat stets etwas zu tun, weil das Erledigte sich unaufhörlich wieder in sein Gegenteil verkehrt. Das in vielen Arbeitsschritten hergestellte Mahl verwandelt sich binnen Minuten in unansehnliche Essensreste, die es zu entsorgen und Lücken im Kühlschrank, die es wieder aufzufüllen gilt. Das Geschirr wird gespült, nur um neuerlicher Verschmutzung zur Verfügung zu stehen, die Reinheit und Makellosigkeit der frischen Wäsche währt oft nur einen einzigen Tag, bevor die Prozesse des Sortierens, Waschens, Trocknens, Bügelns, Zusammenlegens, Einräumens unausweichlich von Neuem beginnen. Der perfekte Haushalt zeichnet sich keineswegs dadurch aus, dass die Ordnung zuständlich hergestellt ist, sondern die Ordnung besteht darin, dass sich die Dinge und Tätigkeiten in einem Fluss befinden, der sich reibungslos seinen Weg durch den Alltag bahnt und nicht ins Stocken gerät. Paradoxerweise bemisst sich die *Qualität* haushälterischen Handelns nicht daran, die Aufgaben (vielleicht in möglichst kurzer Zeit) erledigt zu haben und mit der Arbeit *fertig* zu sein, vielmehr gilt: Je besser eine Hausfrau in ihrem Fach ist, desto mehr hat sie zu tun – und umgekehrt. Die „fleißigen Hände“ werden nicht einfach in den Schoß gelegt, denn dies wäre kein Zeichen für eine besonders gelungene und kompetente Bewältigung der häuslichen Aufgaben, sondern ein untrügliches Indiz für die eigene Unfähigkeit und Nachlässigkeit. Hochgelegte Beine und ruhende Hände kommen meist nur in Befreiungsritualen zum Zuge, etwa zu besonderen Anlässen, bei denen die Küche einmal kalt bleibt oder am „Muttertag“, wenn Partner und Kinder die Familienfrau einige Stunden lang von den häuslichen Pflichten entbinden und selbst im Haushalt Hand anlegen.

Typisch für die „ideale“ Bewältigung der Hausarbeit ist daher ein *angespannter Arbeitsrhythmus* (Kaufmann), aus dessen schwungvollem Tempo heraus der nötige Elan sich immer wieder neu erschafft. Man muss im Gange bleiben, Schritt halten, der Arbeit ihren gleichförmigen Lauf lassen. Gelingt dies nicht, erschlafft der Rhythmus oder kommt man aus dem Tritt, werden die Aufgaben und Handgriffe eine Last, die sich schwer auf die Körper legt. Jean-Claude Kaufmann hat im Rahmen seiner als *grounded theory* verstandenen Arbeiten (Kaufmann, 1994; Kaufmann, 1999) die Haushaltstätigkeiten als Verrichtungen charakterisiert, die als gelungene Realisationen des Haus-

288 Dies sind Attribute, die sich auch in Todesanzeigen finden lassen, mit denen Angehörige verstorbene Frauen aus einem arbeitsreichen Leben verabschieden. Die Etablierung der sozialen Rolle „Mutter am Herd“ datiert auf das 19. Jahrhundert.

289 Dies bezieht sich vornehmlich auf jene Bevölkerungsschichten, in denen der Hausarbeit eine wichtige Rolle zuerkannt wird. In der Einteilung von Koppetsch und Burkart wären hier das traditionale und das familiale Milieu zu nennen. Allerdings handelt es sich bei dem „gut geführten Haushalt“ um ein Leitbild, das seine normative Kraft (z.B. qua Sozialisation und sozialer Kontrolle durch das Umfeld) auch dort entfalten kann, wo die Hausarbeit als lästiges Übel angesehen wird. Dic cmpfundene Lästigkeit der Verrichtungen steigt damit an.

frauenideals einem *inkorporierten Handlungsantrieb* entspringen. Die Empfindung, dass etwas getan werden muss, die einverleibte Selbstverständlichkeit der Gesten, die dazu notwendig ausgeführt werden müssen, setzen demnach die Körper wirkungsvoller und müheloser in Bewegung, als es ein Umweg über die Ratio je leisten könnte.

„Diese Verschiebung des inneren Handlungsantriebes hin zum Körper hat mehrere Konsequenzen für das Individuum. Sie stellt tendenziell seine Einheit wieder her, während eine Person, die selbst bei der kleinsten Geste verschiedenen, untereinander oft widersprüchlichen Instanzen unterworfen ist (den inkorporierten Automatismen, dem Denken, den äußeren Normen), eher gespalten ist. Dank dieser Einheit kommt es zu einer neuen Möglichkeit innerhalb der Ökonomie der Empfindungen: der Lust zu handeln." (Kaufmann, 1999: 170f.)

Was hier herausgebildet wird, ist also ein *Geschmack an der Hausarbeit*, und der physisch empfundene *Widerwille* gegenüber dem Kochen, Waschen, Putzen etc. wäre entsprechend ein zuverlässiger Anzeiger für den Grad der Inkorporierung der Motivation. Kaufmanns These besagt, dass die häuslichen Pflichten in dem Maße zur Freude oder zur Mühsal würden, in welchem die Selbstverständlichkeit dieses Handlungsantriebes zur Disposition stehe. Sobald Zweifel an der Evidenz der automatisierten Handlungsabläufe aufkeimten, würden die Körper widerspenstig und schwerfällig. Die Demobilisierung der Haushaltsgesten münde schließlich in körperliche Müdigkeit und Schmerzen, die wiederum das Gefühl mühseliger Schufterei aufkommen ließen. Dieses Gefühl, das die Hausarbeit als in jeder Hinsicht lästige Pflicht erscheinen lässt, könne, so Kaufmann, zugleich als Zeichen für das Schwächerwerden dieser Pflicht gewertet werden, denn die Widerständigkeit der Körper sei ein Ausdruck der zu Bewusstsein gekommenen (und somit der kritischen Nachfrage zugänglich gewordenen) sozialen Definition der „normalen" Selbstverständlichkeiten (vgl. Kaufmann, 1994: 29ff.).

Die (körperlich-leiblichen) Empfindungen, die auf der anderen Seite mit der Übereinstimmung von mentalen und physischen Handlungsmotivationen einhergehen, werden hingegen vor allem als Energie und Schaffenskraft erlebt. Hier wird die Hausarbeit zur Quelle von Lust und Zufriedenheit, wenn die Herausforderungen des Alltags schwungvoll bewältigt werden und alles gut „im Griff" ist.[290] Das unermüdliche Bewegtsein der Körper, ihre routini-

290 Kaufmann macht außerdem darauf aufmerksam, dass den häuslichen Tätigkeiten auch die Dimension einer *sinnlichen Freude* innewohnen kann. Damit ist gemeint, dass der Umgang mit haushaltlichen Dingen Empfindungen des Wohlgefühls hervorbringen kann. So beschrieben beispielsweise die von Kaufmann befragten (alten) Büglerinnen ihre Arbeit in geradezu poetischen Wendungen, wenn sie vom Duft der frischen Wäsche, der noch warmen, geglätteten Oberfläche von Hemden und Betttüchern oder vom heißen Wasserdampf schwärmten, der während des Bügelns um sie herum aufsteigt (vgl. Kaufmann, 1999: 253ff.). Der sinnliche Genuss ist auch beim Kochen als zentraler Punkt einzustufen. Die Wärme des Herdes, der Geruch, der aus den Töpfen aufwallt, das Abschmecken der Speisen, aber auch die Verarbeitung der Nahrungsmittel, Schälen und Schneiden, Kneten und

sierte Aufmerksamkeit und Dauerbereitschaft läuft schließlich auf eine Eigendynamik des Haushaltsaktivismus hinaus, die sich aus einem eigenem Antrieb der betreffenden Personen heraus nur noch schwer bremsen lässt.[291] So zeigt sich, dass die Gewöhnung an die Aktivität in hohem Maße auch eine körperliche Gewöhnung ist, und dass die so verankerten Gewohnheiten sich auch dann noch fortschreiben, wenn die äußeren Anlässe für das Handeln wegfallen. Dies trifft z.B. beim *empty-nest-Syndrom* zu, also der Familiensituation, in welcher die erwachsenen Kinder das „Nest" verlassen haben. Obwohl sich der Haushalt verkleinert hat, werden häufig die ausgebildeten Automatismen und Rhythmen beibehalten.[292]

Als ein in hohem Maße von Gewohnheiten und Empfindungen (und weniger von rationaler Reflexion) geprägtes Handeln bringt die Hausarbeit spezifische körperliche Bewegungsfiguren und Ausdrucksformen hervor, in die bestimmte Codierungen von sozialen Beziehungsmustern eingeschlossen sind. Körperroutinen, die zu rituellen Gesten werden können, besitzen eine *visuelle Semantik*, erzeugen in ihrer materiellen Gestalt jene Augenfälligkeit sozialer Bedeutungen, die uns von der *Verkörperung* von Normen, Rollen, Ordnungen etc. sprechen lässt. Der „Hausfrauenkörper" (als kulturelles Bild und soziales Klischee) zeichnet sich in diesem Sinne vor allem durch Merkmale aus, die (Beziehungs-)Attribute wie *Aufopferung, Fürsorglichkeit* und *Dienstbarkeit* kommunizieren. Dazu zählen unter anderem die häufig als „mütterlich" apostrophierten Gesten wie z.B. das Glattstreichen, Zurechtrücken oder Bezupfen der Kleidung am Körper von Kindern und Partnern, die Zubereitung und das Einpacken von belegten Broten als Tagesproviant oder das Herauslegen frischer Wäsche. Auch das am-Herd-Stehen, sich (nicht) in-die-Töpfe- gucken-Lassen bzw. das Bekochen der Familie allgemein gehört in den Kanon der Handlungen und körperlichen Ausdrucksformen, die für eine aufmerksame, liebevolle Zuwendung (in negativer Wendung: Glu-

---

Zermahlen etc. bieten sinnliche Eindrücke, die häufig als angenehm empfunden werden. Auf der anderen Seite wird die Unbeliebtheit bestimmter Tätigkeiten im Haushalt häufig mit einer als unangenehm erlebten körperlichen Involviertheit begründet. Dies kann z.B. auf das Spülen des schmutzigen Geschirrs zutreffen, das die Hände in fettiges Wasser zwingt. Die Interpretationen dessen, was als angenehm oder unangenehm erlebt wird, können freilich auseinandergehen, der Tendenz nach kann jedoch das Kochen insgesamt als eine eher positiv bewertete Tätigkeit im Spektrum des haushälterischen Handelns gelten, und es steht zu vermuten, dass dies auch mit den körperlich-sinnlichen Erfahrungen zusammenhängt, die das Kochen impliziert.

291 Gegenüber Störungen von außen ist das subtile Zusammenspiel von Gesten, Gedanken und Empfindungen jedoch recht empfindlich. Die Dynamik kann durch unplanmäßige Vorkommnisse gebremst und der Rhythmus aus dem Gleichgewicht gebracht werden.

292 Im Fall der Entberuflichung durch Verrentung lässt sich dagegen beobachten, dass eine Verlangsamung des Tempos als Strategie gegen Leerstellen im Tagesablauf eingesetzt wird. Die graduelle Entspannung des Rhythmus wirkt durch den Effekt der Ausdehnung Phasen unausgefüllter Zeit entgegen (vgl. Kaufmann, 1999: 94f.).

ckenhaftigkeit) stehen und eine Position im Gefüge der familialen Relationen markieren, an die sich Betreuungsverantwortung und die Zuständigkeit für emotionale Belange knüpfen.

Die Repräsentationen der Fürsorglichkeit implizieren auf der einen Seite zwar ein gewisses Maß an Überlegenheit („mütterliches Regiment"), das sich aus der Verfügbarkeit über spezifische Kompetenzen ableitet, sie gehen auf der anderen Seite aber zugleich mit Symbolisierungen der Unterlegenheit einher, indem sich die Ausdrucksformen von Fürsorge mit *dienenden Haltungen* überschneiden. Hierbei ist vor allem an all jene Tätigkeiten zu denken, die eine offenkundige Nähe zu Serviceleistungen besitzen wie etwa das Auftragen von Speisen und Getränken, das Beseitigen von Schmutz und Unordnung, die von anderen verursacht wurden (Hinterherputzen, Hinterherräumen), oder auch das Ausbessern von Kleidungsstücken, das Bettenmachen und das Reinigen der gemeinschaftlich genutzten, aber auch der jeweils nur einzelnen Familienmitgliedern (z.B. den Kindern) zugeordneten Wohnbereiche. Gesten der Subordination, die sich zu eingängigen und verbreiteten stereotypen Bildern von der „Hausfrau" verdichtet haben, finden sich zudem vornehmlich in den *niederen*, nach *unten* deutenden Verrichtungen wieder. Beispiele hierfür sind kniende und gebeugte Tätigkeiten, allem voran das Scheuern von Fußböden, die Treppenreinigung oder das Putzen der Toilette.

Der Körper der (idealen) „Hausfrau" ist ein bewegter, rastloser, sich im Namen der Liebe und im Dienste der Familie kaum Ruhe gönnender, ein sich aufopfernder Körper – doch er ist dies alles in einer unaufdringlichen, unspektakulären, ja fast schon unmerklichen Art: eben weil seine Bewegtheit eine nur wenig unterbrochene, also eine *fließende* ist. Das ständige Befasstsein mit einer Aufgabe, das die „gute" Hausfrau auszeichnet, gibt dem Familienleben gleichsam seinen *normalen* Hintergrund. Erst wenn ihr Körper einem „falschen" Rhythmus folgt, rückt seine Bewegtheit wieder stärker in den Bereich der Aufmerksamkeit. Dann nämlich werden ihm nachlässige Trägheit oder störende Hektik zur Last gelegt, die beide von haushälterischer Inkompetenz zeugen und den reibungslosen – also: eben gebahnten, hindernisfreien, unauffälligen – Ablauf der Dinge empfindlich beeinträchtigen können. Zur Aufopferung gehören entsprechend nicht nur der in (allerdings rasch vergänglichen) Taten und Produkten dokumentierte Aufwand und der Fleiß, mit dem die ebenso beschwerlichen wie vergeblichen Sisyphosarbeiten angegangen werden, sondern auch eine gewisse Verleugnung der körperlichen Mühen, welche die Hausarbeit verursacht.[293] In diesem Kontext ist allerdings nicht nur an den konkreten Körpereinsatz zu denken, der sich sichtbar niederschlägt, sondern auch an spezifische Formen der *Körperrepräsentation*

293 Dies bezieht sich einerseits auf eine *äußerliche* Unkenntlichmachung des Körpereinsatzes, schließt andererseits aber auch *innerliche* Abwehr- und Kompensationsprozesse ein, in denen z.B. positive Gefühle der Pflichterfüllung und des Gebrauchtwerdens die Empfindung des Geplagtsein überlagern.

bei der Hausarbeit. Damit sind insbesondere Kleidungsstücke wie Kittelschürzen (bei jüngeren Frauen: Haus- oder Jogginganzüge), Latexhandschuhe etc. angesprochen, die als Schutzkleidung den Arbeitscharakter der alltäglichen Verrichtungen hervorstreichen, ihn besonders markieren. Diese textilen Insignien des Hausfrauendaseins haben vor den Augen anderer, und zwar besonders vor Gästen und dem männlichen Partner, zumeist nichts zu suchen.

Die mit der Hausarbeit verbundene Anstrengung soll möglichst nicht sichtbar sein, kein Putzkittel sie in Erinnerung rufen. Spuren der Mühsal am Körper sollen bereinigt oder kaschiert, letztlich der Körper als „Hausfrauenkörper" versteckt, zum Verschwinden gebracht werden.[294] In Ingeborg Bachmanns berühmten Roman „Malina" gibt es eine anschauliche Szene, die diesen Zusammenhang gut illustriert. Nachdem die Ich-Erzählerin geschildert hat, mit welch großem Aufwand sie die Speisen für ein gemeinsames Abendessen mit ihrem Geliebten auswählt, unter welchen Strapazen und widrigen Umständen sie die Zutaten dafür zusammenbringt und wie mühevoll sich die Zubereitung des Mahls in der Küche gestaltet, beschreibt sie schließlich die Arbeit, die es sie kostet, sich des „Hausfrauenkörpers" zu entledigen und einen anderen, potenziell begehrten Körper herzustellen:

> „Ich hoffe, daß der Zwiebelgeruch nicht an meinen Händen bleibt, ich laufe immer wieder ins Bad, um mir die Hände zu waschen, um mir mit dem Parfüm die Geruchsspuren zu tilgen und um mich zu kämmen. Ivan darf nur ein Ergebnis sehen: daß der Tisch gedeckt ist und die Kerze brennt, und Malina würde sich wundern, daß ich es jetzt sogar fertigbringe, den Wein rechtzeitig kalt zu stellen, die Teller vorzuwärmen, und zwischen Aufgießen und Semmelschnittenbähen trage ich die Wimperntusche auf, schminke mir vor Malinas Rasierspiegel die Augen, zupfe mit der Pinzette die Augenbrauen zurecht, und diese Synchronarbeit, die niemand würdigt, ist anstrengender als alle Arbeiten, die ich früher getan habe." (Bachmann, 1987: 83f.)

Ebenso, wie die körperlichen Anstrengungen und die Spuren des Umgangs mit Töpfen, Pfannen, Nahrungsmitteln, Wischtüchern, Spülwasser etc. un-

294 Die These von der „Versteckung" des „Hausfrauenkörpers" greift freilich nur *einen* Aspekt aus dem angeschnittenen Themenfeld heraus, auf dem sich viele weitere Ideen entfalten ließen, und müsste entsprechend differenziert und relativiert werden. So wäre etwa gleichfalls an Situationen und Fälle zu denken, in denen der sich mühende Körper explizit hervorgehoben und im Sinne eines Ringens um Anerkennung und Zuwendung instrumentalisiert wird (z.B. Jammern über die schwere Hausarbeit, Vorzeigen der körperlichen Anstrengung). Zudem ist davon auszugehen, dass der Grad der „Unauffälligkeit" des hausarbeitenden Körpers, aber auch seine aktive Kaschierung, mit vielfältigen Einflussfaktoren im Zusammenhang stehen. So dürfte unter anderem die (ggf. kontrollierende, fordernde) Anwesenheit von Familienangehörigen (pflegebedürftige Angehörige, erwerbslose Partner etc.) während der Ausübung der Tätigkeiten hierbei ebenso eine Rolle spielen wie milieutypische Umgangsweisen mit dem Körper oder Vorstellungen über seine jeweils angemessene Repräsentation.

kenntlich gemacht werden, gehört auch die körperliche Investition in die Produktion dieser Unkenntlichkeit in den Bereich des Verborgenen. Die Lasten der „Synchronarbeit“, derer es bedarf, um in bestimmten Schrittfolgen des von Kaufmann so benannten *Haushaltstanzes* einen „schönen Anblick“ zu bieten, müssen verdeckt bleiben. Die aufgewendete Mühe darf allenfalls an den kurzlebigen Ergebnissen des haushälterischen Handelns sichtbar werden, am perfekten Tischarrangement und gelungenen kulinarischen Kreationen, für die sich dann auch punktuell Komplimente einfahren lassen – wenngleich sich die Hausarbeit zu einem nicht unerheblichen Teil gerade dadurch auszeichnet, gleichfalls *unsichtbar* zu sein, insofern sie ihr Werk unaufhörlich zum Zweck seiner eigenen Vernichtung errichtet.

Der Körper der „Hausfrau“, der sich einerseits in spezifischen Gesten des Dienens und Umsorgens realisiert, tritt also andererseits zugleich in zweierlei Hinsicht wieder in den Hintergrund: zum einen, indem er seine Leistungen eher „unauffällig“ erbringt und zum anderen, indem viele Verrichtungen meist in der Abwesenheit anderer Personen stattfinden und die entstandenen Spuren anschließend verwischt werden. Das aktive Ablegen des „Hausfrauenkörpers“ findet zugunsten der Inszenierung einer anderen Form von „Weiblichkeit“ statt. Der mit dem Schmutz des Alltags befasste, sich mütterlich mühende Körper steht hierbei insbesondere dem Anspruch sexueller Attraktivität entgegen. „Haushalt dürfte’s überhaupt nich (sic!) geben!“, lässt Arno Schmidt deshalb in seinem Roman „Das steinerne Herz“ die Liebesleute Walter Eggers und Frieda Thumann im Chor proklamieren – und fügt hinzu:

„[...] Schon damit der eheliche Haushalt von diesen vielen kleinen Streitgründen entlastet wird: Wie oft kommt der Mann an: <er möchte>. Und man s-teht [sic!] gerade im trübsten fettigsten Abwasch!“ (zit. nach Jauslin, 1998: 170)[295]

295 Angemerkt sei noch, dass in der Küche als sozialem Ort, der vornehmlich Frauen zugesprochen wird, und der Hausarbeit mit ihren spezifischen Gesten aber umgekehrt auch „Refugien“ gesehen werden könnten, in die sich Frauen vor unerwünschten sexuellen Ansprüchen zurückziehen können. In einem solchen Sinne wäre dann im Gegensatz zu seiner Versteckung die gezielte Inszenierung und Stilisierung des „Hausfrauenkörpers“ funktional.

4 Ernährung und die politische Anatomie der Geschlechter

4.1 Grundlegende Annahmen über die materielle Ebene der (Re-)Produktion der Geschlechterdifferenz: der Körper als Medium der Aneignung sozialer Strukturen

„Der gesellschaftlich geformte biologische Körper ist also ein politisierter Körper oder, wenn man das vorzieht, eine inkorporierte Politik."

(Pierre Bourdieu)

4.1.1 Habitus und Hexis: Zur Inkorporierung sozialer Ungleichheit

Als Träger und Produzenten von Zeichen sind die Körper maßgebliche Größen in der soziosymbolischen Konstruktion des Sozialen. Doch es ist nicht allein ihre präsentatorische Funktion in der Konstitution der „Vollzugswirklichkeit", die hierbei zu gewärtigen ist: Das *explizite Selbst* muss stets in Wechselbeziehung zu einer *körperlich/leiblich-habituellen Tiefenstruktur* gesehen werden, die als eingekörpertes Wissen und Gespür eine generierende Basis für das Ausdrucksverhalten im sozialen Raum abgibt, ihrerseits aber zugleich selbst seinen Ursprung in der sozialen Praxis hat. Bourdieu beschreibt den Habitus als ein die künstlich errichtete Opposition von Individuum und Gesellschaft überwindendes Prinzip, indem er ihn als Resultat einer dialektischen Beziehung zwischen „objektiven" und „subjektiven" Strukturen vorstellt. Jeder Mensch bildet demnach auf der Grundlage seiner sozialen Stellung spezifische Dispositionen aus, die sich in jeweils unterschiedlichen Weisen des Handelns und Wahrnehmens, aber auch des Denkens, Beurteilens und Fühlens äußern. Auf diese Weise entstehen Praxisformen wie z.B. das Ernährungsverhalten, Kleidungsstrategien, die Ausübung bestimmter Sportarten etc., welche an die gesellschaftlichen Ungleichheitsstrukturen angepasst sind.

Die Ungleichheiten sind im *Raum der sozialen Klassen* im Wesentlichen durch die Ungleichverteilung verschiedener Kapitalien gekennzeichnet, zu denen Bourdieu neben ökonomischen und sozialen Ressourcen auch das symbolisch wirksame Prestige und die Verfügung über „Kultur" zählt. Als kulturelles Kapital gelten dabei sowohl die verinnerlichten Kompetenzen, die für die Aneignung kultureller Leistungen erforderlich sind, also beispielsweise die Gewöhnung von Kindern an Museumsbesuche oder die Entfaltung spezifischer Informations- und Kommunikationsstrategien, als auch die Objektivationen der Kultur, etwa im Sinne des Besitzes von Büchern und Kunstwerken, sowie institutionalisierte Formen in Gestalt von Schulabschlüssen oder akademischen Titeln. Die Kapitalien stehen untereinander in engem Zusammenhang, bedingen einander und sind wechselseitig konvertierbar, d.h. kulturelles und soziales Kapital können z.B. in Geldwerte umgemünzt werden, und umgekehrt ist die Verfügung über finanzielle Mittel hilfreich beim Aufbau sozial nützlicher Beziehungen und kann zur Steigerung des Ansehens eingesetzt werden, das seinerseits ökonomisch einträglich sein kann.[296] Welchen Rang und Wert eine Kapitalsorte besitzt, und welches Kapital die anderen Ressourcen dominiert, ist jeweils abhängig von dem betreffenden *sozialen Feld.* Das Kräfteverhältnis zwischen den Kapitalien variiert in sozialen Feldern wie Kunst, Politik oder Wissenschaft, tendenziell fällt dem ökonomischen Kapital aber übergreifend eine Vorrangstellung zu, auch wenn sich mit ihm *allein* kaum noch Machtpositionen durchsetzen lassen.

Die Unterschiede, die sich auf der Ebene der Gesellschaftsstrukturen als klassenspezifische Differenzen in der Verfügung über die verschiedenen Kapitalformen beschreiben lassen, manifestieren sich in der repräsentierten sozialen Welt – also der durch Praxis „erhandelten“ Wirklichkeit – als unterschiedliche *Lebensstile.* Im Gegensatz zum sozio-ökonomisch determinierten Raum der sozialen Klassen ist mit dem Raum der Lebensstile eine Kategorie gekennzeichnet, die den aktiven Anteil der Menschen an ihrer Verortung im sozialen Gefüge in den Blick nimmt. In eigenständigen, nicht (unmittelbar) erzwungenen Handlungsmustern formieren sich (mehr oder weniger bewusste) Stilisierungsprozesse, die der Markierung von Unterschieden in der sozialen Hierarchie dienen. Als „Erzeugungsformel“ (Bourdieu, 1994: 283) liegen den Lebensstilen geschmackliche Urteile zugrunde, vor deren Hintergrund Menschen ihren Alltag und ihr Umfeld gestalten: durch Vorlieben und Abneigungen in Bezug auf Formen des Amüsements, Wohnungseinrichtungen, Freizeitbeschäftigungen, Modetrends, Ernährungsweisen, Höflichkeitsstandards etc. Die Geschmacksvarianten ergeben sich aus dem Zusammenspiel, den Konfigurationen der Kapitalien, besitzen aber gegenüber den materiellen, sozialen und symbolischen Ressourcen eine gewisse Eigenständigkeit und Eigendynamik. Damit lässt sich unter anderem das Phänomen erklären, dass

296 Die Umwandlung von ökonomischen Mitteln in symbolisches Kapital ist eine Aufgabe, die häufig Frauen zufällt. Dies zeigt sich etwa im häuslichen Kontext, wenn es um die Gestaltung und Pflege der Wohnräume oder die Zuständigkeit für das äußere Erscheinungsbild der Familienmitglieder geht. Außerdem treten Frauen vielfach selbst als Medien symbolischen Kapitals in Erscheinung, indem sie z.B. durch körperliche Attraktivität das soziale Prestige der Männer verstärken, an deren Seite sie repräsentative Funktionen erfüllen.

die Neigung etwa zu bestimmten Speisen oder ästhetischen Urteilen vielfach auch unter gewandelten ökonomischen Verhältnissen bestehen bleibt. Geschmacksunterschiede können demnach nicht einfach als Einkommens- oder Bildungseffekte interpretiert werden – so wenig, wie sie sich als individuelle Angelegenheiten behandeln lassen –, sondern sie sind sensible und komplexe Instrumente der sozialen Distinktion.[297]

Der Geschmack entspricht einem *sozialen Orientierungssinn*, der die Menschen in die Lage versetzt, mit den sozialen Differenzen umzugehen, indem sie wissen, spüren, ahnen, was für sie „passend" ist und was nicht, welche Praktiken und Güter den Inhabern welcher gesellschaftlichen Positionen entsprechen. Was gegen das inkorporierte Klassifikationssystem verstößt oder darüber hinausgeht, wird im Innern mit einem Gefühl der Abneigung, einem „tödlichen Horror", „absoluten Ekel" und „metaphysischen Zorn" quittiert (ebd.: 740). Die objektiven Strukturen werden mit subjektivem Sinn gefüllt, und auf der Basis dieses *sens pratique* entwickeln die AkteurInnen einen Sinn für soziale Grenzen (und Grenzziehungen), der zugleich das *Vergessen* dieser Grenzen einschließt: Die hierarchische Ordnung erscheint in gleicher Weise „natürlich" wie der Geschmack als zutiefst persönliche Eigenschaft erfahren wird, da sich die Prinzipien, nach denen die soziale Welt konstruiert ist, der alltäglichen Erkenntnis entziehen. Der Akt der sozialen Erkenntnis, dessen Voraussetzung und Grundlage der praktische Sinn ist, ist notwendig gleichzeitig ein *Akt des Verkennens*, insofern die Verstrickung in das Herrschaftsgefüge ungedachte Denkschemata als eingekörperte Machtbeziehungen zur Anwendung bringt.[298] Hierbei besteht mit dem Habitus als erworbenem System von Erzeugungsmustern eine Art *kontrollierte Freiheit* (vgl. Bourdieu, 1999: 103), da sich die spezifischen Dispositionen zwar gesellschaftlichen Zwängen verdanken, der Habitus *innerhalb der Grenzen* seiner eigenen Hervorbringung jedoch Gedanken, Wahrnehmungen, Handlungen, Äußerungen etc. *unbegrenzt* erzeugt. Auf diese Weise wirkt die strukturierte, an die Gesellschaftsstrukturen angepasste Praxis ihrerseits wieder strukturierend und reproduziert die sozialen Ungleichheitsverhältnisse,

---

297 Zwar spiegeln sich z.B. in der Opposition von *Notwendigkeits-* und *Luxusgeschmack* soziale Zwänge wider, doch Bourdieu meint, „[...] daß Notwendigkeit und Zwang sich in der Regel nur durchsetzen können, weil die Akteure dazu einen *Hang haben*, und *Geschmack* dafür, wozu sie ohnehin verdammt sind." (Bourdieu, 1994: 290; Herv. i. O.) Die sozialen Ordnungsbeziehungen werden als selbstverständlich hingenommen, da sie gleichermaßen die reale wie die gedachte Welt begründen. In einer wechselseitigen Abstimmung der Kategorien zur Wahrnehmung der sozialen Welt bescheiden sich die Beherrschten mit dem, was ihnen zugewiesen ist, mehr noch: finden sie *Gefallen* daran (vgl. ebd.: 735).

298 Körperliche Akte des Verkennens setzen sich insbesondere auf der Ebene von Emotionen (z.B. Scham, Stolz, Schüchternheit) durch. Bourdieu sieht darin eine „Komplizenschaft des sozialisierten Körpers", vermittels derer die Beherrschten an ihrer Beherrschung (unbewusst und unfreiwillig) selbst mitwirken. Durch den Akt des Verkennens würden die Beherrschten die Machtbeziehung vom Standpunkt der Herrschenden aus als „natürlich" konstruieren (vgl. Bourdieu, 1997b: 96).

ohne dass jedoch eine simple mechanische Determination und Reproduktion durch frühsozialisatorische Konditionierungen unterstellt werden müsste.

Eine Grunddimension des sozialen Orientierungssinnes und der Garant für die hohe Wirksamkeit und Stabilität des Habitus ist der Körper.[299] Gerade weil die generierenden Schemata körperlich-leiblich verankert sind und außerhalb bewusster Kontrolle agieren, treten habituell bedingte Handlungen im Vergleich zu kognitiv motivierten Strategien nicht nur häufiger auf, sondern besitzen überdies noch eine höhere Effektivität (vgl. Wayand, 1998: 225). Die Stabilität des Habitus, seine Beständigkeit und Konsequenz, verdankt sich den Funktionen, welche die Körper im Hinblick auf die gesellschaftliche Ordnung besitzen. Zum einen sind sie, wie bereits diskutiert, die Agenten der sozialen Welt (vgl. Kap. 3.1), die materiellen Mittler des sozialen Sinns, dem sie im Handeln Präsenz verleihen. Außerdem fungieren sie (darin dem Ritual nicht unähnlich) als bewahrender *Speicher*, als leibliche Behausungen inkorporierter Geschichte und somit auch als „Gedächtnisstütze" in Sozialisationsprozessen (Bourdieu, 1994: 739), die das Verhältnis zur sozialen Welt in ein dauerhaftes Verhältnis zum eigenen Körper, zu den Weisen seines Gebrauchs und seiner Be-Deutung, festschreiben. Die Körperpraxen, etwa das Ernährungsverhalten, haben über die konkreten Bedingungen, unter denen sie entstanden sind, hinaus Bestand, und das *Körpergedächtnis* erfüllt hinsichtlich der interaktiven Konstruktion von sozialen Unterschieden entsprechend die Funktion eines sozialen Trägheitsmomentes, das der Beliebigkeit und Flüchtigkeit der Darstellungen entgegensteht. Überhaupt dürfe, so Bourdieu, die Dialektik der Einverleibung sozialer Ungleichheitsbeziehungen keinesfalls allein auf die Ebene der Repräsentationen verlegt werden, denn erstens lasse sich gesellschaftliches Sein nicht auf ein „Wahrgenom-

---

299 Trotz der hohen Stabilität habitueller Dispositionen bestehen Möglichkeiten zu einer Transformation des Habitus. Diese kann zum einen mit dem Wandel objektiver gesellschaftlicher Strukturen erfolgen (vgl. Wayand, 1998: 227). Zum anderen ist aber auch denkbar, dass mittels einer Manipulation der Körper auf eine Veränderung des Habitus eingewirkt werden kann. In Bourdieus Werk markiert eine solche Fragestellung m. W. eine Leerstelle, doch wird in anderen Forschungskontexten die *aktive Konstruktion* des Habitus qua Körperpraxis (Sport, Tanz) untersucht (so z.B. von Thomas Alkemeyer). Die Umarbeitung des Habitus geschieht demnach unter anderem durch die Aneignung von Körpertechniken, welche eine Distanz zur „mitgebrachten" Hexis erfordern. In diesem Sinne wären etwa das Erlernen afrikanischer Tänze, ein entsprechendes Styling von Haaren und Kleidung, die Zubereitung und der Verzehr afrikanischer Speisen etc. die Möglichkeit zur Teilhabe an dieser Kultur, die damit zu einem erwerbbaren Merkmal würde. Gegenüber der These einer aktiven Transformation des Habitus durch Sportarten o.ä. muss allerdings ein einschränkender Einwand unternommen werden: Der Herkunftshabitus legt nicht zuletzt jene je spezifischen Geschmäcke, Motivationen und Strategien nahe, die für die Arbeit am Habitus handlungsweisend sind, d.h. es wäre an dieser Stelle von einem *Passungsverhältnis* auszugehen, in dem bestehende Dispositionen vertieft oder „in der Spur" erweitert werden.

men-Sein" verkürzen (ebd.: 755), und zweitens sei die (vor allem in der Sozialpsychologie präferierte) Vorstellung, dass ein normatives, von anderen erzeugtes und rückübertragenes *body image* das Selbstbild (*looking glass self*) und damit das Selbstwertgefühl (*self esteem*) bestimme, zu einseitig konzeptualisiert, da der Prozess des Erwerbs eines bestimmten Habitus nicht auf einer bewussten, intentionalen Nachahmung oder Anpassung beruhe[300], und das, was der Körper gelernt habe, nicht als „wieder betrachtbares Wissen" besessen werden könne, sondern die *Person selbst* ausmache (Bourdieu, 1999: 135).[301]

In einem engeren Sinne realisiert sich die körperliche Dimension des Habitus in einer jeweils spezifischen *Hexis*, einem stabilen gesellschaftlichen Profil des Körpers, das mit den Arten der Körperhaltung, den Weisen des Redens, Gehens, Lachens auch das Fühlen und Empfinden umgreift und einen entsprechenden Zugang zur „Welt" legt. Die Hexis ist auf sehr fundamentale, sinnlich-konkrete Weise Bestandteil der Orientierung im sozialen Raum, da sie die Erfahrung und Äußerung des eigenen gesellschaftlichen Stellenwertes *praktisch* ermöglicht. Elementare Körperbewegungen sind mit gesellschaftlichen Bedeutungen unterlegt und strukturieren als basale Metaphern das jeweilige Verhältnis zur sozialen Welt und ihrer (Herrschafts-)Ordnung (vgl. Kap. 2.1).[302] Dass das „Herrschaftsvokabular" voll von körperbezogenen Metaphern ist, liegt, so Bourdieu, daran, dass die Körper als Träger und Anker der „politischen Gymnastik der Herrschaft" fungieren

---

300 Bourdieu spricht statt dessen an verschiedenen Stellen von einer *praktischen Mimesis* (bzw. *Mimetismus*), die sich jenseits der reflexiven Distanz des Bewusstseins abspielt.

301 Interessant wäre indes die Frage, wie im Zusammenhang des handelnden Leibes, der *glaubt*, was er spielt (vgl. Bourdieu, 1999: 135), Inszenierungen als bewusste (Körper-)*Verstellungen* zu behandeln wären. Täuschte die Körperlichkeit der Darstellung – die einzige sinnlich-materielle Manifestation der Person – Authentizität vor, oder verriete der „eigentliche" Körper die Darstellung als Täuschung, weil er der Inszenierung als *Authentizitätsorgan* (vgl. Hahn, 1988) (ungewollt) einen entlarvenden Paratext hinzufügte?

302 Gleichfalls werden körperliche Merkmale stets unter Vermittlung von sozialen Klassifikationssystemen erfasst, z.B. im Sinne einer nicht mehr reflektierten „moralischen Physiognomie", die etwa bestimmte Körperproportionen als vulgär oder vornehm definiert. Die bei der Wahrnehmung des Körpers zum Einsatz gebrachten Taxonomien (dick/schlank; groß/klein; stark/schwach etc.) sind dabei immer zugleich willkürlich und notwendig, d.h. Körperideale können einerseits (z.B. mit dem sozio-ökonomischen Kontext) variieren, sind andererseits aber in der je spezifischen Rationalität einer bestimmten gesellschaftlichen Ordnung begründet (vgl. Bourdieu, 1994: 311). Die Vorstellung, dass sich aus dem Körperbau und besonders auch den Gesichtszügen eines Menschen – als „öffentlicher Teil des Körpers und damit Ort der Verdichtung sozialer Identität – die Qualität seines Wesens, seine innere Natur, herauslesen lasse, findet sich schon in der Antike und erreichte als *Physiognomik* im 18. Jahrhundert ihre Blütezeit. Besonderes Interesse galt in der physiognomischen Forschung den körperlichen Erkennungszeichen krimineller oder anderer „sozial schädlicher" Gemüter. In der jüngeren Vergangenheit instrumentalisierten die NationalsozialistInnen physiognomische Ansätze bzw. die Vorstellung einer Entsprechung körperlicher und „charakterlicher" Eigenschaften zur Unterstützung ihrer Rassenlehre und der Verbreitung des Antisemitismus.

(Bourdieu, 1993: 55). In körperlichen Schemata wie weit und eng, oben und unten finden hierarchische Beziehungen ihre sinnliche Realisierung: über den Raum, den ein Körper durch seine Positionierung und Gesten (ausgreifend vs. zurücknehmend) für sich beansprucht, die Richtung des Blicks, die Haltung des Kopfes, den (erhabenen vs. gebeugten) Gang etc.

Die sozialen Ungleichheiten und Herrschaftsverhältnisse halten auf vielfältige Weise Einzug in die Körper[303], die sich zu *Klassenkörpern* formieren, an deren direkter wie indirekter Formung wiederum der Geschmack entscheidenden Anteil hat.

> „Der Geschmack: als Natur gewordene, d.h. inkorporierte Kultur, Körper gewordene Klasse, trägt er bei zur Erstellung des »Klassenkörpers«; als inkorporiertes, jedwede Form der Inkorporation bestimmendes Klassifikationsprinzip wählt er aus und modifiziert er, was der Körper physiologisch wie psychologisch aufnimmt, verdaut und assimiliert, woraus folgt, daß der Körper die unwiderlegbarste Objektivierung des Klassengeschmacks darstellt, [...].“ (Bourdieu, 1994: 307)

Die Formung der Körper erfolgt durch die Art und Weise, in der eine Person ihren Körper wahrnimmt und beurteilt (z.B. als Instrument oder Kapital), mit ihm umgeht, ihn präsentiert und erlebt (z.B. im Hinblick auf Stärke oder Schwäche) – kurz gesagt: durch die Ausbildung spezifischer *somatischer Kulturen*, in denen nach außen sichtbare wie auch im Innern gefühlte Unterschiede produziert, verstärkt oder symbolisch akzentuiert werden.

Dies trifft in besonderer Weise auch auf die soziale Herstellung der Geschlechter zu, und es kann mit gleicher Berechtigung von einem „*Körper gewordenen Geschlecht*“ gesprochen werden, wie bei Bourdieu vom „*Klassenkörper*“ die Rede ist – auch wenn sich die Formen der Ungleichheit in einigen zentralen Merkmalen unterscheiden. So ist mit der Kategorie Geschlecht ein Klassifikationsmodell gegeben, das streng binär codiert ist und keine (bzw. nur äußerst eingeschränkte) Möglichkeiten der Mobilität vorsieht. Außerdem werden Frauen in mancher Hinsicht anders behandelt als die Angehörigen subordinierter Gruppen in anderen Ungleichheitsverhältnis-

303 Wie konkret dieser Vorgang gedacht werden kann, zeigt unter anderem Ruth Waldeck in ihren Überlegungen zur Produktion des „schwachen“ Geschlechts. Die Herstellung weiblicher Schwäche und Passivität beschreibt sie als einen Prozess der *Muskelschwächung*. So könne beispielsweise die Schwäche der Beckenbodenmuskulatur als Folge zivilisatorischer Zurichtung gesehen werden, in der die Bewegtheit und Beweglichkeit des weiblichen Beckens (z.B. vor dem Hintergrund moralischer (Anstands-)Diskurse) zunehmend eingeschränkt wurde. In diesem Kontext verweist die Autorin überdies auf den Wandel von Gebärtechniken, die Frauen in eine Lage – nämlich in die Horizontale – brächten, in der sie ihren Körper als schwach erleben müssten. Die moderne, männlich dominierte Medizin habe das Gebären von einer stehenden bzw. hockenden Eigentätigkeit der Frauen zu einer liegenden Angelegenheit gemacht, die den Geburtsvorgang erschwere und den Einsatz technischer Hilfsmittel notwendig werden ließ (vgl. Waldeck, 1993).

sen,[304] z.B. durch Formen kompensatorisch (und herrschaftsverschleiernd) wirkender Überhöhungen in Gestalt von Höflichkeitsritualen, Anbetung weiblicher Schönheit, Verehrung von Mütterlichkeit etc. Ein hervorstechendes, die Geschlechterungleichheit von anderen sozialen Ungleichheiten unterscheidendes Merkmal ist jedoch die spezifische „Nähe in der Distanz“ (Meuser, 1998: 106), welche die Beziehungen zwischen den Geschlechtern kennzeichnet und am deutlichsten im Konzept der *Liebe* zu Tage tritt.

Die leiblich-habituelle Tiefenstruktur bildet – gleichwohl selbst ein Kind der Praxis – die Basis für das interaktive d*oing gender*. Die Akte der Darstellung und Interpretation von Geschlechtszugehörigkeit vollziehen sich im Rahmen jener generierenden Prinzipien, die jeweils bestimmte Praxen hervorbringen und andere außen vor lassen. Dass die Vorstellung eines geschlechtlichen Habitus (bzw. zweier: eines „männlichen“ und eines „weiblichen“) dabei keinesfalls mit der Einsicht kollidieren muss, dass „Männlichkeit“ und „Weiblichkeit“ nur im Plural begriffen werden können, merkt Michael Meuser an, der sich in seiner Habilitationsschrift einer Soziologie der Männlichkeit(en) gewidmet hat. Meuser sieht hier unterschiedliche Dimensionen angesprochen: Die beiden geschlechtlichen Habitūs bilden jeweils die Erzeugungsschemata für verschiedene Ausdrucksformen (Maskulinitäten und Feminitäten), welche durch je besondere lebensweltliche Erfahrungshintergründe wie die Generationszugehörigkeit, Milieu, familiäre Situation etc. unterschiedlich (aus-)geprägt sind (vgl. ebd.: 115f.).[305] Im Habitus wurzelt ein eingekörpertes Wissen über die Formen der Geschlechtsdarstellungen, ein Gespür für die Angemessenheit von Verhaltensweisen wie auch ein Sinn für die Grenze, die zwischen den Geschlechtern verläuft. Die soziale Konstruktion des Geschlechts verfährt entsprechend als „Bildungsarbeit“ (Bourdieu, 1997a: 186), in deren Mittelpunkt die *Unterschiedsbildung* steht und alles, was eine Zugehörigkeit zum entgegengesetzten Geschlecht kennzeichnet, tendenziell aus dem Bereich des Denk- und Machbaren ausblendet.[306] Die

304 Freilich trifft dies nicht auf jede Gesellschaftsformation zu, und es lassen sich außerdem auch vielfache Parallelen zwischen Klassen- und Geschlechterherrschaft ausmachen.

305 In einer Kontrastierung mit dem Geschlechtsrollenmodell streicht Meuser einige Stärken der Konzeption vom geschlechtlichen Habitus heraus: 1. Das Habituskonzept behandelt die Kategorie Geschlecht analog zur Kategorie Klasse, was das Geschlecht in den Stand eines Problembereichs der Allgemeinen Soziologie aufrücken lässt. 2. Im Gegensatz zum Geschlechtsrollenmodell, das eine Komplementaritätsannahme unterstellt, kann mit dem Habitus das Geschlechterverhältnis systematisch als Ungleichheitsverhältnis gefasst werden. 3. Das Habituskonzept greift weiter und tiefer als die Geschlechtsrollentheorie, weil es eine inkorporierte Struktur beschreibt, die jedes Handeln – ganz gleich, welche Rolle jeweils aktualisiert ist – nach einem bestimmten Erzeugungsprinzip gestaltet, von dem sich der Mensch nicht (zumindest nicht in der gleichen Weise) distanzieren kann wie von Rollenerwartungen (vgl. Meuser, 1998: 116).

306 Für den männlichen Habitus konstatiert Bourdieu als zentrales Moment die gesellschaftlich konstituierte *libido dominandi*, der ein Spektrum unterschiedlicher Formen eignet, das von

unterschiedlichen Praxen bilden über die daran geknüpften Gebrauchsweisen der Körper und den darin eingeschlossenen Riten der Verweiblichung „weiblicher“ und der Vermännlichung „männlicher“ Körper strukturangepasste Geschlechterarchitekturen aus.

Die habituelle Sicherheit, die als doxische Erfahrung geschlechtliche Evidenz stiftet, ist gewöhnlich von so großer Stabilität, dass beobachtbare Wandlungsprozesse in den Sozialstrukturen nicht notwendig einen Wandel der grundlegenden Habitusformen nach sich ziehen. Dennoch können habituelle Verunsicherungen auftreten, die dann als nicht-authentische Selbstpräsentation erscheinen. In diesen Fällen versagt der Körper in seiner Funktion als Gedächtnis, und auf die körpergebundenen Mittel der Geschlechtsdarstellung kann nur noch unzureichend zugegriffen werden.[307]

4.1.2 Die Geschlechtskörper als Austragungsorte und produktive Wirkungen der Macht

Während mit den Konzepten von Habitus und Hexis eine „sanfte“ Form der Gewalt beschrieben ist[308] – ein implizites Wirken einverleibter Machtverhältnisse, über das sich auch der Mechanismus symbolischer Gewalt entfaltet – definiert sich das Verhältnis von Macht und Körpern in den Arbeiten Michel Foucaults hauptsächlich als gesellschaftlicher Zugriff, als Eindringen der Macht in die Körper durch Prozesse ihrer Zurichtung, Dressur und Kontrolle. Dabei werden die Körper zu *Austragungsorten* einer Macht, die jedoch nicht allein in repressiven Verhältnissen der Über- und Unterordnung aufgeht, denn entgegen traditioneller Machtbegriffe[309] konzeptualisiert Foucault die Macht als etwas Produktives, Dynamisches, Ubiquitäres und Omnipräsentes, das sich in einer Vielzahl von Techniken und Verfahrensweisen manifestiert. Macht ist demnach nicht an zentralen Punkten der gesellschaftlichen Makrostruktur zu verorten, sondern in allen Bereichen des Lebens in *Mikrostrukturen* auffindbar, und als ein „multidimensionales Kräfteverhältnis“ (Kneer, 1998: 241) schließt die Macht immer auch Widerstand und Gegenmacht mit ein, mehr noch: setzt diese für die eigene Wirksamkeit voraus. Macht ist kein Objekt, das von Individuen oder kollektiven Akteuren *besessen* werden kann,

---

physischer Gewalt und Machismo bis zum Modell des aufopfernden Beschützers reicht (vgl. Bourdieu, 1997b: 215f.).

307 Eine explizite Abgrenzung von bestimmten Ausdrucksformen des Habitus wäre hingegen als indirekte Bestätigung seiner strukturierenden Kraft zu werten.

308 Bourdieu benutzt diese Formulierung zur Abgrenzung von Foucault, dem er – m.E. allerdings nicht ganz zu Recht – vorwirft, die subtilen Formen von Herrschaft und Gewalt zugunsten einer einseitigen Betonung von äußerlichen Disziplinierungsprozessen unberücksichtigt zu lassen (vgl. Bourdieu, 1991: 90).

309 Einen vorzüglichen Überblick über sozialwissenschaftliche Konzeptionen und Theorien zu Macht und Herrschaft gibt Imbusch (Hg.), 1998.

sondern sie entspricht Netzen von dynamischen Beziehungen, die freilich zu Formen der *Herrschaft* erstarren können, sobald ihre Beweglichkeit blockiert ist (vgl. Foucault, 1987: 254ff.). Foucault betont ausdrücklich, dass die Macht „von unten“ komme und nicht auf einer globalen Zweiteilung in Herrschende und Beherrschte beruhe, die „von oben“ in die kleinsten Verästelungen des sozialen Lebens ausstrahle und dieses entsprechend strukturiere.

„Man muß eher davon ausgehen, daß die vielfältigen Kraftverhältnisse, die sich in den Produktionsapparaten, in den Familien, in den einzelnen Gruppen und Institutionen ausbilden und auswirken, als Basis für weitreichende und den gesamten Gesellschaftskörper durchlaufende Spaltungen dienen.“ (Foucault, 1983: 115)

Die Produktivität, durch die sich die Macht aus dem Kanon von Zwang, Gewalt und Unterdrückung heraushebt, erstreckt sich auf unterschiedliche Ebenen. Zunächst einmal erzeugt die Macht im Rahmen wechselseitiger Abhängigkeit *Wissen*. Zwischen Wissen und Macht besteht insofern ein interner Zusammenhang, als kein Wissen außerhalb von Machtbeziehungen existieren kann und auf der anderen Seite das Wissen einen zentralen Pfeiler der Macht abgibt. Macht und Wissen steigern gegenseitig ihren Erfolg, denn vorhandenes Wissen schafft stets die Legitimation für die weitere Erschließung neuer Wissensbereiche, mittels derer wiederum eine andauernde Ausweitung und Steigerung der Macht erzielt werden kann, die schließlich ihrerseits der Wissensproduktion dienlich ist: Mit Hilfe von Wissen lassen sich Menschen kontrollieren und disziplinieren, d.h. im Sinne der Macht nutzbar machen, und aus der Kontrolle der Menschen erwächst die Möglichkeit, das Wissen auszuweiten. Diese Verschränkung von Wissen und Macht findet sich insbesondere in Gestalt von *Disziplinen* verkörpert.

Disziplinen sind Macht-Wissen-Komplexe, die sich aus einem Geflecht von Machtbeziehungen zusammensetzen und jeweils spezifische Techniken und Strategien der Machtausübung implizieren (z.B. Untersuchungsinstrumente, Gegenstände, Definitionen, Methoden, Normierungen etc.). Medizin, Anthropologie oder auch die Ernährungswissenschaften besitzen demnach wie alle Disziplinen eine je eigene diskursive Praxis, die in einer ganz bestimmten Weise, eben: so und nicht anders, Wissen formiert. Die Diskurse, zu deren Erzeugung sich die Disziplin wie ein *Kontrollprinzip* verhält, können hierbei weder mit der interaktiven Aushandlung intersubjektiver Bedeutungen, noch mit festgefügten Interpretationsschemata gleichgesetzt werden, sondern sie bezeichnen „seriöse Sprechakte“, denen – im Gegensatz zum alltäglichen sprachlichen Handeln – ein allgemeingültiger *Wahrheitsanspruch* anhängt. Dieser ergibt sich zum einen aus der Autorisierung der Person, die den Sprechakt vollzieht und resultiert zum anderen aus der Stellung, welche der Sprechakt im Gefüge anderer autorisierter Aussagen einnimmt (vgl. Krasmann, 1995: 241). Es werden in der Verquickung von Wissen und Macht also *Wahrheiten* produziert, indem festgelegt wird, welche Aussage in welcher Form, an welchem Ort, von wem getätigt als „wahr“ zu behandeln ist, und welche Aussagen ungehört bleiben oder als „falsch“ verworfen werden.[310] Mit der Macht zur Definition der Wahrheit verbindet sich zugleich die Macht zur Schaffung einer Wirklichkeit, deren konstruierter Charakter verborgen bleibt. Die produktive Kraft von Diskursen beschränkt sich aber nicht auf ihren Beitrag zur kollektiven Sinnproduktion, sondern kann auch auf materielle Manifestationen ausgeweitet werden. So beschreibt etwa Judith Butler die Materialisierung der Geschlechtskörper (in ihren je historischen Formen) als Diskurseffekte.[311] Die Sprache selbst schaffe die Gegenstände, über die sie spreche, doch durch ein simultanes Voraussetzungsverhältnis entstehe die Illusion, dass das Bezeichnete der Bezeichnung vorgängig sei (vgl. ebd.: 253).

Nicht zuletzt jedoch produziert die Macht als unter die Haut gehende Körperpolitik neben Wissen und Wirklichkeit das *moderne Individuum*, das sich durch die Konstitution einer spezifischen innerlichen Gewissens- und Kontrollinstanz auszeichnet. Die „Seele“ wird im Zuge einer Transformation von Machtmechanismen, die über den Körper wirksam werden, zum „Effekt und Instrument einer politischen Anatomie“, zum „Gefängnis des Körpers“ (Foucault, 1977: 42), da sich in der zivilisatorischen Entwicklung subtilere Formen der Kontrolle und Disziplinierung ausprägen, die das äußere Disziplinarsystem des Überwachens und Strafens auf eine innerlich verankerte Selbstdisziplinierung umstellen. Im Übergang zur Moderne wandelt sich das „klassische“, repressive Machtprinzip – die *Todes-Macht* als souveräne Verfügungsgewalt über Tod und Leben von Untertanen – in die „moderne“, nun zunehmend produktive, auf (kapitalistische) Wertschöpfung statt (feudalistischer) Abschöpfung ausgerichtete Form einer *Bio-Macht*, die neue Weisen des gesellschaftlichen Körperumgangs hervorbringt. In der Bio-Macht, deren Etablierung Foucault auf das 19. Jahrhundert datiert, verketten sich die Mechanismen der älteren, im Laufe des 18. Jahrhunderts spezifisch modifizierten *Disziplinarmacht* mit den Strategien einer *Bio-Politik der Bevölkerung*, die in der zweiten Hälfte des 18. Jahrhunderts entscheidend an Bedeutung gewinnt.

Das Operationsfeld der Disziplinarmacht sind die Körper der *einzelnen* Menschen, die den gesellschaftlichen Anforderungen und Erfordernissen entsprechend zugerichtet, dressiert, manipuliert werden. Richtete sich die Disziplinierung der Körper in früheren Epochen vornehmlich auf eine Kontrolle und Formung des körperlichen Ausdrucksverhaltens, so verlagert sich ihr Ziel mit der Industrialisierung zu einer möglichst optimalen Ausnutzung der Körper und ihrer Kräfte im Interesse der Ökonomie. Zur Effizienzsteige-

310 Insofern kann Wissen sozial auch bewusst unberücksichtigt bleiben, wenn Minderheiten oder sozial ausgegrenzte Gruppen über es verfügen.

311 Vgl. dazu auch Kap.1.2.1. Auf den Ansatz von Butler soll im Rahmen dieser Arbeit nicht näher eingegangen werden. Zu einer Auseinandersetzung mit dem Dekonstruktivismus siehe exemplarisch den Sammelband von Haas (Hg.), 1995.

rung werden die Menschen nun spezifischen Techniken der Körperkontrolle unterworfen, welche die angestrebte Funktionalität bis zur Maschinenhaftigkeit steigern. Eine Voraussetzung für die erfolgreiche Etablierung der auf die Ausnutzung der körperlichen Ressourcen gerichteten Disziplinarmacht ist die Einbindung der Körper in ökonomische Kontrollsysteme. Diese sind insbesondere auf eine Politik des Raumes und der Zeit ausgelegt, wobei die Parzellierung des Disziplinarraumes und die Festsetzung rigider Zeitarrangements als Strategien der Macht im Vordergrund stehen.

Zunächst folgte die Politik des Raumes weitgehend dem Prinzip der Einschließung (*Klausur*), d.h. es wurden – z.B. im Fall totaler Institutionen wie Internate, Kasernen, Armenhäuser etc. – architektonisch und sozial abgeschlossene Räume geschaffen, in denen die Disziplinierung der Insassen planvoll und ungestört betrieben werden konnte. In der weiteren Entwicklung zeigte sich jedoch, dass die Effektivität dieses Prozesses dadurch noch zu steigern war, dass man die Menschen im Disziplinarraum vereinzelte. Nach klösterlichem Vorbild wurde der Raum parzelliert und jedem Individuum ein entsprechender Platz zugewiesen. Mit dieser Maßnahme konnte einem ungeordneten Umherschweifen begegnet und auch die Gefahr unerwünschter Gruppenbildung gemindert werden. Die räumliche Verteilung der Menschen wurde dabei zugleich mit einer Zuordnung auf bestimmte Positionen verbunden, an die sich je spezifische Aufgabenbereiche und Funktionen knüpften und die innerhalb des hierarchisch organisierten Gesamtgefüges den betreffenden Rang markierten. Als besonders vorteilhaft erwies sich die Verteilung der „Einzelkörper“ im Arbeitsbereich, wo sich in den Manufakturen und etwas später in den Fabriken „lebende Tableaus“ (ebd.: 190) formierten, die aus der ungeordneten Masse von Arbeitskräften übersichtliche, kontrollierund gezielt nutzbare Einheiten werden ließen. Anhand der Tableaus wurden Messungen, Analysen und Klassifizierungen möglich, die in den Dienst der Optimierung von Körperbewegungen und Arbeitsleistung gestellt werden konnten. Die Kontrolle und systematische Nutzbarmachung der Körperkräfte setzt zugleich auch eine Herrschaft über die Zeit voraus, die sich vor allem in einer Vertaktung und der Einsetzung von Wiederholungsrhythmen äußert. Keine Zeit zu verschwenden, keinen Augenblick ungenutzt verstreichen zu lassen, war das erklärte Plansoll einer präzisen Zeiteinteilung, die durch ständige Überprüfungen weiter differenziert und verbessert wurde. Die auf diese Weise optimierten Arbeitsabläufe implizieren ein Eindringen der Macht in die Körper, deren Disziplinierung bis zum Verschmelzen mit der ausgeübten Tätigkeit, dem Eins-Werden von Mensch und Maschine (oder auch im militärischen Kontext: von Mann und Waffe) hinaufreicht.

Der Erfolg der Disziplinarmacht gründet sich im Kern auf die Mittel des *hierarchischen Blicks* und der *normierenden Sanktion*, welche in Form der *Prüfung* miteinander verschränkt und überdies mit dem Anspruch auf Ermittlung der „Wahrheit“ verknüpft werden. Zu Kontrollzwecken und aus dem

Bestreben der herrschenden Klassen heraus, das Wissen über die Individuen auszuweiten, etablierte sich in den disziplinierenden Einrichtungen eine hierarchisierende Überwachung, deren ausführendes Organ ein spezialisiertes, institutionenspezifisches (Wach-)Personal darstellt. Die Aufgabe dieser „Wärter" (LehrerInnen, VorarbeiterInnen, Offiziere, ärztliches Personal etc.) ist es, Abweichungen von den erwarteten Verhaltensweisen oder erwünschten Konstitutionen zunächst zu registrieren und diese dann auf je definierte Weise zu sanktionieren. Verstöße gegen das festgesetzte Zeitraster wie Verspätungen, Abwesenheiten oder Unterbrechungen geraten dabei ebenso in das Visier der „Sub-Justiz(en)" (ebd.: 230) wie die Körper selbst, die von ineffizienten Formen der Bewegung (z.B. Trägheit), nicht akzeptierten Erscheinungsbildern (z.B. in bezug auf „Sauberkeit", Haarlänge, Kleidung, Körperumfang) und bestimmten Expressionen (Affekte, Schmerzäußerungen) sowie als unangemessen betrachteten Gesten und Haltungen bereinigt werden sollen. Auf Basis der Dokumentation von individuellen Verhaltensweisen und Fähigkeiten lassen sich Normen bestimmen, die als desiderates Verhalten (angestrebtes Ideal) oder als Durchschnittswerte Richtlinien für die Beurteilung und Klassifikation der einzelnen Menschen abgeben. Die Gelehrigkeit und Leistungsfähigkeit der Körper werden geprüft, gemessen, quantifiziert und vor dem Hintergrund der errichteten Erwartungskomplexe zum Einteilungsinstrument der hierarchischen Ordnung. Im Sinne einer Optimierung des Potenzials kommen zugleich Techniken zum Einsatz (z.B. der Drill), welche die herrschenden Normen so weit wie möglich an den einzelnen Körpern durchsetzen.

Der überwachende, hierarchisierende Blick entfaltet seine größte Effektivität, wenn er in der unerbittlichen Sichtbarkeit, der er die Individuen aussetzt, selbst unsichtbar, anonym, nicht greifbar bleibt. Foucault verdeutlicht dieses Prinzip am Modell des *Panoptikums*, das als Idealtyp totaler Überprüfung gelten kann.[312] Dieses in den letzten Jahren des 18. Jahrhunderts entworfene architektonische Muster basiert auf einem kreisförmigen Arrangement von Einzelzellen, in dessen Mitte ein Beobachtungsturm plaziert ist, von dem aus jede Zelle einsehbar ist. Während die Insassen auf diese Weise einer pausenlosen Überprüfbarkeit unterliegen, haben sie ihrerseits keine Möglichkeit, visuell auf andere zuzugreifen, da sowohl die Person(en) im Beobachtungsturm, als auch die anderen Zellengefährten für sie im Verborgenen bleiben. Statt als Subjekte einer kommunikativen Beziehung in Erscheinung treten zu können, verharren sie im Status von Objekten, die den Beobachtenden beständig Informationen über sich liefern. Die Schaffung des „permanenten Sichtbarkeitszustandes" (ebd.: 258), der den Insassen immer präsent ist, mündet in ein *automatisches* Funktionieren des Machtapparates, das die Ge-

312 Das Panoptikum wurde von Bentham entwickelt und war zunächst als Modell für den Bau von Gefängnissen vorgesehen. Später stand es aber auch bei der Konstruktion anderer Institutionen Pate.

genwart konkreter Aufsichtspersonen schließlich überflüssig macht. Indem die Menschen in ihren voneinander isolierten Zellen den anonymen hierarchischen Blick annehmen und in ihr Selbst integrieren, werden sie zu ihren *eigenen Wärtern*:

„Derjenige, welcher der Sichtbarkeit unterworfen ist und dies weiß, übernimmt die Zwangsmittel der Macht und spielt sie gegen sich selber aus; er internalisiert das Machtverhältnis, in welchem er gleichzeitig beide Rollen spielt; er wird zum Prinzip der eigenen Unterwerfung." (ebd.: 260)

Die Wirksamkeit des panoptischen Verfahrens gründet demnach auf einer *Entindividualisierung* der Macht, die zugleich die *Individualisierung* derer befördert, die es dem unentrinnbaren Gesehenwerden unterwirft. An die Stelle physischen Zwanges, dem Martern und Schinden der Körper, tritt im Disziplinarregime eine innerlich verankerte Selbstüberwachung und -kontrolle, die das personale Machtschema von Täter und Opfer auflöst. Die Produktion „überwachter Überwacher" (ebd.: 263) bleibt dabei keine Spezialität von Bestrafungs- oder Arretierungssystemen, sondern breitet sich diffus über das gesamte Alltagsleben der Menschen aus, indem Einrichtungen der Erziehung und Ausbildung, des Gesundheitswesens, der Vorsorge etc. den internalisierten Blick zu ihrem zentralen Prinzip machen.

Der zweite Pol der Bio-Macht konzentriert sich indes weniger auf eine Disziplinierung der Einzelnen, sondern fokussiert den Menschen in seiner Eigenschaft als *Gattungswesen*. Der Bio-Politik der Bevölkerung ist es um eine Kontrolle und Optimierung des Gesellschaftskörpers bestellt, auf den sie mittels statistischer Verfahren und institutioneller Zugriffe Einfluss nimmt. Vorrangiges Ziel der Bio-Politik ist es, Wissen über jene Bereiche zu erlangen und auszubauen, die nicht nur für den physischen Fortbestand der Gesellschaft, sondern für eine planvolle Qualitätssteigerung des „Menschenmaterials" zentral sind: Fortpflanzung, Sterblichkeit, Gesundheit, Regulierung des Verhältnisses von Ressourcen und Bevölkerung. Die „moderne Form der Machtergreifung" (Bublitz, 1998: 33), bei der die Wissenssysteme an die Körper angekoppelt werden, garantiert somit einerseits die Lebensvorsorge, eröffnet jedoch andererseits der Macht den Zugang in bislang verschlossene Bereiche. Das Wissen, das über die Körper und ihre Funktionen gewonnen wird, dringt in seinen Gegenstand zurück, verändert die Körper selbst und verhilft so der Macht zu höchstmöglicher Wirksamkeit.

Als zentrales Bindeglied zwischen den beiden Polen der modernen Macht kann Foucault zufolge das *Sexualitätsdispositiv*[313] gelten, denn die

313 Mit *Dispositiven* sind normalisierende Machtnetze gemeint, in denen sich diskursive und nicht-diskursive Praktiken (oder: das Sagbare und das Sichtbare, Aussageformationen und Inhaltsformationen) miteinander verspinnen. Eine klare Scheidung der Machtpraktiken ist nur schwerlich zu bewerkstelligen, da sich Diskursives und Nicht-Diskursives wechselseitig beeinflussen. So dienen etwa die kulturell erzeugten Bilder und Normen wie auch das systematisch produzierte Wissen der Alltagsorientierung in institutionalisierten Formen der

Disziplinen des Körpers sind ebenso wie die regulierenden Zugriffe auf den Gesellschaftskörper zu einem erheblichen Teil um Sexualität und Generativität gruppiert. Ausgehend von der Überzeugung, dass sich die Geschichte der Sexualität nicht auf das historisch unbestreitbare Faktum der Sexualunterdrückung beschränken lasse – sondern die subtilen Beziehungen zwischen Macht, Wissen und Sexualität angemessener erfasst werden können, wenn die Untersagungen und Verwerfungen in eine komplexere, umfassendere Strategie eingeordnet würden, deren Hauptziel nicht in der Verdrängung des Sexes liege –, entfaltet Foucault die These einer *wachsenden Diskursivierung* des Sexuellen, welche für die Genese der Normalisierungsgesellschaft von zentraler Bedeutung ist.[314] Im Mittelpunkt seiner Analysen steht daher nicht die (vermeintliche) Verbannung der Sexualität in die Tiefen des Schweigens, sondern die durch Einwirkungen der Macht induzierte Produktion des „Geständnistieres“ (Foucault, 1983: 77), das seine Lüste, sein Begehren, seine Träume, Gedanken, Taten an die Oberfläche zwingt, wo alles genauestens beleuchtet, seziert und beurteilt werden kann. Die gewonnenen (Be-)Kenntnisse dienen nicht zuletzt einer Verwissenschaftlichung der Lust, der Heraufkunft jener *scientia sexualis*, die sich zur *ars erotica* versunkener Zeitalter oder anderer Gesellschaften verhält wie die Lehre vom Kalorienzählen zur hohen Schule des Gaumenkitzel(n)s.[315]

Obwohl sich vor dem Hintergrund des Sexualitätsdispositivs die Problematik einer Konstitution der Geschlechter nachgerade aufdrängt, konstruiert Foucault den zentralen Austragungsort der modernen Machttechniken als ein eigenartig „geschlechtsloses Körper-Schlachtfeld“ (Lorenz, 2000: 94), wobei die „Geschlechtslosigkeit“ allerdings präziser in einer Gleichsetzung des Männlichen mit dem Allgemein-Menschlichen besteht.[316] Um diesem Manko beizukommen, haben sich in jüngerer Zeit einige Forscherinnen aus unter-

---

Arbeitsteilung, der Sozialisation etc., und umgekehrt können die nicht-diskursiven Praktiken bestimmte Aussagesysteme stabilisieren und forcieren.

314 Als wichtigste strategische Komplexe des Sexualitätsdispositivs benennt Foucault hierbei (a) die Pädagogisierung des kindlichen Sexes, (b) die Sozialisierung des Fortpflanzungsverhaltens, (c) die Hysterisierung des weiblichen Körpers und (d) die Psychiatrisierung der Perversionen (vgl. Foucault, 1983: 126ff.). Der „normal-männliche“ Sex bleibt weitgehend unproblematisiert.

315 Einen Ansatzpunkt für Widerstand gegen das Sexualitätsdispositiv sieht Foucault daher auch nicht in einer „sexuellen Revolution“, die im Sexualitätsdispositiv verhaftet bliebe, sondern in der Strategie einer Desexualisierung, die zu einer allgemeinen, nicht sexuell normierten Ökonomie der Lust führen könnte (vgl. Foucault, 1978: 115).

316 Es wäre unzutreffend, zu behaupten, Foucault übersehe die Geschlechterproblematik oder klammere sie (un-)beabsichtigt aus. Im Gegenteil weist auch er auf die Rigidität hin, mit der die Körper in zwei Klassen gezwungen werden (etwa in der Auseinandersetzung mit dem Hermaphroditismus), und thematisiert z.B. ausführlich die Hysterisierung von Frauen. Allerdings bleibt offen, auf welche Weise und warum die „natürliche“ Zweigeschlechtlichkeit in die Vielfalt der Körper eingeschrieben wurde und so erst das Fundament begründen konnte, von dem aus das Sprechen über eine „männliche“ oder „weibliche“ Sexualität überhaupt erst einen Sinn macht (vgl. Bührmann, 1995: 51).

schiedlichen geistes- und sozialwissenschaftlichen Fächern auf die Spur der Frauen gesetzt und versucht, deren (systematischen) Ort in den Machtnetzen der Disziplinar- und Normalisierungsgesellschaft ausfindig zu machen.[317] Der Reiz, die Foucaultsche Perspektive auf das Geschlechterverhältnis zu beziehen, liegt gleichwohl nicht in erster Linie darin, die dort vorhandenen blinden Flecken auszufüllen, vielmehr ermöglicht das Konzept einer Mikrophysik der Macht die Revision (Erweiterung, Verfeinerung) der traditionellen Patriarchatskritik. Dem Schema von männlichen Unterdrückern und weiblichen Unterdrückten kann mit der Analyse des Geschlechterverhältnisses als Gefüge komplexer strategischer Situationen eine stärker differenzierende Sichtweise entgegnet werden.[318] Statt beispielsweise Frauen als passive Opfer einer „patriarchalen Sozialisationsmaschinerie“ (Bührmann, 1995: 14), als ohnmächtige Gefangene eines „patriarchalen Gesamtakteurs“ (Honegger, 1991: 5) oder auch „Mit-Täterinnen“ (vgl. z.B. die Arbeiten von Thürmer-Rohr) zu betrachten, die die patriarchale Ordnung *zwangsläufig*, d.h. durch ein strukturell erzwungenes Mit-Agieren (qua eigener Verwobenheit) beständig reproduzieren, lässt sich nun der Status von Frauen als *tätige Subjekte* hervorkehren, die ihre Muster in die dezentralisierten Strukturen der Machtnetze einweben.

Zwei wichtige Ergebnisse der Bemühungen um eine Verortung von Frauen (respektive beider Geschlechter) in den Kreisläufen und Kämpfen der Macht bestehen in der Feststellung, dass erstens das Sexualitätsdispositiv in seiner vorfindlichen Ausprägung auf einem speziellen *Geschlechterdispositiv* aufruht, und dass zweitens geschlechtshierarchische Vergesellschaftungsmodi weibliche und männliche Körper in unterschiedlicher Weise den Zugriffen von Disziplinarmacht und Bio-Politik zuführen. Das Geschlechterdispositiv, das dem von Foucault untersuchten Sexualitätsdispositiv zugrunde liegt, kann, wie Andrea Bührmann ausführt (vgl. Bührmann, 1995: 51ff.), als wechselseitig aufeinander bezogenes Zusammenspiel diskursiver und nicht-diskursiver Praktiken interpretiert werden, das in die Produktion einer naturhaften Zweigeschlechtlichkeit mündet. Kulturelle Bilder, Wissensbestände und andere Aussagesysteme zum „Wesen“ der Geschlechter sind darin mit den konkreten Akten des *doing gender*, den Strategien in Sozialisationsprozessen, den institutionalisierten Handlungsarrangements etc. zusammengeschlossen. Die Kategorie Geschlecht erscheint vor diesem Hintergrund als eine *produktive Wirkung* der Macht, wie Bührmann am Übergang vom Ein-Geschlecht- zum Zwei-Geschlechter-Modell nachvollzieht.[319] Mit der

317 So z.B. Treusch-Dieter, 1985; Sawicki, 1991; Honegger, 1991; McNay, 1992; Sobiech, 1994; Bührmann, 1995; Ott, 1998.

318 Damit soll freilich nicht geleugnet werden, dass die dynamischen Machtbeziehungen zwischen den Geschlechtern vielfach in Herrschaft geronnen sind.

319 Zur Umstellung der Modelle vgl. insbesondere Laqueur, 1992 und siehe die Ausführungen in Kap. 1.2.1. Beide Modelle werden von Bührmann als „Konkretion des okzidentalen

Heraufkunft der Humanwissenschaften im 18. Jahrhundert verbindet sich ein grundlegender Perspektivenwechsel in der kulturellen Sichtweise der Geschlechtskörper: Repräsentierte die körperliche Ausstattung bis dato das soziale Geschlecht im Rahmen einer *prinzipiellen Strukturgleichheit* der Anatomie, d.h. wurde die unterschiedliche Anordnung der Fortpflanzungsorgane im Lichte der gesellschaftlichen Geschlechterhierarchie interpretiert – der weibliche Körper als unvollkommene Ausgabe des männlichen –, so definieren die modernen Humanwissenschaften die generativen Organe nun zu einem Indikator für die Existenz zweier inkommensurabler biologischer Geschlechter um.

„Damit wurden inmitten des sich formierenden Macht-Wissen-Komplexes nicht nur das Individuum und der Sex hervorgebracht, sondern auch die Vorstellung von sich eindeutig biologisch unterscheidenden Geschlechtern. [...] Diese die Gesellschaft durchlaufende Spaltung kann als Er-Zweiung der ursprünglich ungeordneten Vielgestaltigkeit der Körper interpretiert werden. In dieser Perspektive wird aus dem vorgeblichen humanwissenschaftlichen Erkenntnisfortschritt, biologische Differenzen zwischen den Geschlechtern zu erblicken, ein »Spalt«-Produkt des Macht-Wissen-Komplexes. Das bedeutet, daß die Körper nicht als etwas zu verstehen sind, auf das die Macht trifft und die sie unterwirft. Vielmehr kann das, was bewirkt, daß Körper als männlich oder weiblich klassifiziert werden, bereits als eine erste Wirkung der Macht verstanden werden.“ (ebd.: 52f.)

Die im Bestreben einer Legitimation bestehender sozialer Geschlechterverhältnisse diskursiv installierte „natürliche“ Zweigeschlechtlichkeit liest sich auf der Folie der Produktivität von Wissen-Macht-Verflechtungen als eine Folge unterschiedlicher Operationen und Strategien. Zunächst ist die „Entdeckung“ biologisch ungleicher Körper, die zur Rechtfertigung bestehender sozialer Ungleichheiten herangezogen werden können, in den Kontext der Entstehung der modernen Anthropologie einzuordnen (vgl. Honegger, 1991). Ausgehend von der Formierung einer Gegenposition zum kartesianischen Leib-Seele-Dualismus, die zu ergründen suchte, wie *physis* und *psyche* einander wechselseitig bedingen, konstituierte sich in der Mitte des 18. Jahrhunderts eine Wissenschaft vom Menschen, die neben der eher mechanischen Disziplinierung und Konditionierung der Körper auch die Seele und ihre Kräfte als Gegenstand der Erkenntnis ins Auge fasste. Die beabsichtigte Integration von Anatomie, Physiologie und Psychologie warf eine ganze Reihe neuer Fragen auf, wobei die Suche nach den „Grundkräften“ des Körpers – als das, was den Körper bewegt – zu einem zentralen Anliegen der anthropologischen Bemühungen avancierte. Aus den Debatten ging schließlich die Annahme zweier klar geschiedener Grundkräfte hervor, die für die Konstruktion der Geschlechter bedeutsam werden sollte: die Reizbarkeit der Muskelfaser und die Sensibilität der Nervenfaser (vgl. ebd.: 244).

Geschlechterdispositivs“ bezeichnet (Bührmann, 1998: 85), wobei die Umstellung den Wandel zur Moderne markiert.

Die in der Medizin betriebene Aufwertung des Nervensystems verlief hierbei nicht nur passend zum gesellschaftlichen Trend der *Empfindsamkeit*, der sich besonders in England, Frankreich und Deutschland zu einer literarischen Epoche verdichtete, sondern auch parallel zu einer „schulenübergreifenden Aufteilung der beiden Grundkräfte des lebenden Körpers auf die beiden Geschlechter, welche später weiter wissenschaftlich „ausgesponnen" (ebd.: 133), vertieft und verfestigt wurde. Im Zuge des wachsenden Interesses an der Sensibilität, ihrer Zuordnung zum weiblichen Geschlecht und der damit einhergehenden zunehmenden Diskursivierung der „Weiblichkeit", kam es zur Entfaltung einer *Sonderanthropologie* der Frau. Vorreiter und Begründer dieser Entwicklung war der Franzose Pierre Roussel, der sich als erster Theoretiker in diesem Zusammenhang ausschließlich auf Frauen konzentrierte und das Prinzip der Sensibilität als bestimmend für deren *Gesamtkonstitution* wertete. In seinem 1775 veröffentlichten Werk über die Frau und ihre körperliche wie moralische Konstitution dehnt er die zeitgenössische Vorstellung einer Abhängigkeit der psycho-physiologischen Gegebenheiten von der Beschaffenheit und Anordnung der Fortpflanzungsorgane auf die Annahme einer *Totaldifferenz* aus, welche die Geschlechtsunterschiede in der *gesamten* Leiblichkeit verortete. Statt die biologische Geschlechterdifferenz auf eine Verschiedenheit der Genitalien, ihrer Funktionen und den sich daran anschließenden Implikationen zu beschränken, wurden Muskeln und Knochen, Gefäße und Bänder, Organe und Körperteile zu Bezeugungen weiblicher „Weichheit" und Schwäche, aus der nicht nur eine erhöhte Bereitschaft zu nervlicher Erregung abzuleiten war, sondern eine spezifische, auf das weibliche Geschlecht beschränkte Art zu denken und zu fühlen. Damit war der Weg für die sich in der Folge etablierende vergleichende Anatomie bereitet, die ihre Zergliederungen, Messungen und Klassifizierungen vollständig in den Dienst der Geschlechtsunterscheidung stellte und ihre Befunde – vor dem Hintergrund eines Entsprechungsverhältnisses von Körpergestalt, Geschlechtscharakter und sozialer Position – mit normativen Ansprüchen verband. Das Wissen, das Anatomie und Physiologie über die Geschlechtskörper hervorbrachten, wurde als Erkenntnisfortschritt gewertet, der nicht nur einen kleinen Einblick in den großen Plan der Natur gewährte, sondern in einer „wahren" Ergründung des „natürlichen" Wesens der Geschlechter gipfelte. Aus den Körpern wurde ein (vernünftiger) „Wille der Natur" herausgelesen, der auch für das gesellschaftliche Schicksal von Männern und Frauen verantwortlich zeichnete, und dem nicht wirklich zu entrinnen war (außer als pathologische Abweichung), weil die Natur, zumindest in dieser Hinsicht[320] – quasi als Naturgesetz – nicht unterlaufen werden kann.[321]

320 Hierin zeigt sich auch ein Nebenaspekt der Ambivalenz im Mensch-Natur-Verhältnis, die für die Moderne kennzeichnend ist. Im Verlauf der Modernisierung hat ein doppelter Steigerungsprozess stattgefunden, der neben einem wachsenden instrumentellen Umgang mit der Natur auch ihre zunehmende Moralisierung umfasst: Auf der einen Seite gilt die Natur

Im Rahmen des Sexualitätsdispositivs vollzieht sich die Vergesellschaftung der männlichen und weiblichen Körper nach unterschiedlichen Prinzipien. Obwohl die Prozeduren der modernen Bio-Macht grundsätzlich beide Geschlechter in den Griff nehmen, kann festgestellt werden, dass der männliche Teil der Bevölkerung historisch stärker im Mittelpunkt einer Disziplinierung zum „Maschinenkörper" stand – was sich nicht zuletzt auch daran zeigt, dass die auf diesem Gebiet führenden Institutionen wie Militär oder höheres Schulwesen für eine entweder exklusiv oder zumindest vornehmlich männliche Klientel vorgesehen waren. Der weibliche Körper geriet hingegen zum Zentrum der Bio-Politik, die ihre Machttechniken vor allem um die Kontrolle von Schwangerschaft, Geburt, Kinderaufzucht und die damit verbundenen Bereiche gruppierte. Die an Foucault orientierte Geschlechter- und Frauenforschung kommt daher zu dem Schluss, dass Männer in den Netzen der Macht eher zu Individuen, Frauen aber in erster Linie zu Gattungswesen geformt werden. Die Disziplinierungen, denen die männlichen Körper unterworfen werden, bestehen zuvorderst in einer ökonomischen Nutzbarmachung ihrer Kräfte und Bewegungen, welche unter den institutionellen Bedingungen der zuvor beschriebenen Politik der Zeit und des Raumes stattfindet.[322] Die dadurch gewährleistete individuelle Überwachung schafft die Grundlage für einen Wettbewerb zwischen den Individuen, der zum einen der Erfolgssteigerung der jeweiligen Institution zuträglich ist, zum anderen aber auch die Qualifikation der Einzelnen vorantreibt und damit für diese einen Machtgewinn

der aufklärerischen Verwertungslogik als ausbeutbare Ressource, die sich der (männliche) Mensch unterwirft, während sie auf der anderen Seite als belebte (im romantischen Duktus: beseelte), authentische Sphäre in die Forderungen nach solidarischer Gleichheit einbezogen wurde (vgl. dazu Eder, 1988). Die skizzierte Berufung auf die Unhintergehbarkeit der Natur als Taktgeberin nicht nur des organischen, sondern auch des sozialen Lebens markiert eine besondere Stellung in diesem Spannungsverhältnis, die auf der Authentizitätsannahme fußt und zugleich die instrumentelle Erschließung der jeweiligen körperlichen Potenziale (z.B. Gebärfähigkeit, Anpassung an militärische Erfordernisse) einkalkuliert.

321 Der Widerstand kann dann nur in einer Methode bestehen, die Foucault als *genealogisch* bezeichnet und die zum Handwerk jeder kritischen Wissenschaft gehört. Ihr Prinzip ist es, die Entstehung von Aussagen nachzuvollziehen und sie aus den je vorherrschenden Machtpraktiken heraus zu erklären. Auf diese Weise kann ihr „Wahrheitsgehalt" destruiert (relativiert, transformiert etc.) werden.

322 Die instrumentelle Codierung der männlichen Körper schlägt sich im Bereich der Sexualität als Abspaltung einer umfassenden Sinnlichkeit und Einengung der Lust auf die Genitalzone nieder. Die Zurichtung auf eine genitale Sexualität, deren Hauptakteur ein maschinenhaft funktionierender Penis ist, steht dabei im Zusammenhang mit der ausschweifenden Diskursivierung der Onanie im 18. und 19. Jahrhundert (als Bezeichnung für eine sexuelle Abweichung wird der Begriff zu Beginn des 18. Jahrhunderts geprägt). Die medizinischen Aufrufe und pädagogischen Maßnahmen zur Eindämmung der Onanie rückten das Verbotene laut Foucault erst in den Brennpunkt des Begehrens, schufen erst die Konzentration auf das ansonsten eher weniger im Zentrum stehende Vergnügen und intensivierten die Aktivitäten. Spätestens in der Freudschen Ära wird die Onanie als sexuelle Pathologie moralisch vergeschlechtlicht und zum Problem männlicher Jugendlicher und Erwachsener erklärt.

verspricht. Während die Disziplinarmacht den männlichen Individuen also eine Selbstbeherrschung abnötigt, die auf eine Steigerung der Kräfte, auf Leistungsfähigkeit, Konkurrenzorientierung und Erfolgsstreben abzielt, werden die weiblichen Körper einem Disziplinarregime unterstellt, das stärker von ästhetischen und moralischen Imperativen aus operiert, d.h. die Zurichtung der Frauenkörper, insbesondere der bürgerlichen[323], erfolgt vorrangig nach Maßgabe von Schönheits- und Sittlichkeitsvorstellungen.

Gleichzeitig ist jedoch zu beobachten, dass der den Frauen zugeschriebene soziale Ort – das Haus – trotz seiner Stilisierung zum Gegenbild des feindlichen Arbeitslebens von der umgreifenden Ökonomisierung miterfasst wird. Zwar wird es als weibliche Aufgabe und „natürliche" weibliche Kompetenz definiert, den häuslichen Bereich mit emotionaler Wärme und einer heimeligen Atmosphäre zu erfüllen, doch im gleichen Atemzug wird der Anspruch formuliert, die Haushaltsführung möge nach den Prinzipien der Wirtschaftlichkeit gehalten werden. Effektivität, Zeitökonomie, Ordnung und Sauberkeit werden zu Leitkategorien der taylorisierten Hausarbeit[324], dokumentiert und kontrolliert in den Haushaltsbüchern, die im frühen 19. Jahrhundert verstärkt auf den Plan treten (vgl. Bührmann, 1995: 67). Insofern kann von einer mehrgleisigen und widersprüchlichen Disziplinierung von Frauen ausgegangen werden, die eine weitere Verschärfung darin erfährt, dass es primär die Frauen sind, an die die Erziehung des Nachwuchses delegiert wird. Auf der einen Seite fällt ihnen die – nun von medizinischen und pädagogischen Experten eingehend definierte und mit konkreten Handlungsanweisungen für die Mütter verbundene – Aufgabe zu, die Kinder zur Selbstkontrolle anzuleiten und sie im Sinne ihrer ökonomischen und gesellschaftlichen Verwertbarkeit zu Disziplin anzuhalten. Doch neben ihrer Funktion als disziplinierende Erzieherin wird der Frau auf der anderen Seite gleichzeitig die eigene Unterordnung unter die (als „natürlich" bestimmten) Bedürfnisse der Kinder abverlangt. Dieses vornehmlich in pädagogischen Diskursen formierte Konzept der *Mutterliebe* trägt im Rahmen der widersprüchlichen Disziplinierung des weiblichen Geschlechts dazu bei, dass sich eine spezifische weibliche Individualität konstituiert, die von Hilge Landweer als *Dividualität* bezeichnet wird. Diese Benennung soll anzeigen, dass sich die „Individualisierung" von Frauen durch den Zwang zu einer Verortung in Beziehungen (Mann, Kinder) vollzieht (vgl. Landweer, 1990).

Eine einschneidendere Bedeutung für die „verspätete" Individualisierung des weiblichen Geschlechts besitzt jedoch die im Zuge der Bio-Politik betrie-

---

323 Für die weiblichen Angehörigen des Proletariats gilt statt dessen (wie für berufstätige Frauen heute auch), dass sie einer *doppelten Disziplinierung* ausgesetzt waren, die sich zudem noch mit der Formierung zum Gattungswesen überlagerte.

324 Die genannten Tugenden verweisen außerdem auf eine soziale Abgrenzung gegenüber den verschwenderisch-protzenden Oberschichten und den mit Unordnung und Schmutz assoziierten unteren Schichten.

bene Vergesellschaftung von Frauen als Gattungskörper. Die Funktionalisierung der weiblichen Körper ist anders als die der Männer auf ihre reproduktiven Kompetenzen konzentriert. Ihre Gebärfähigkeit rückt die Frauen ins Fadenkreuz wissenschaftlicher Aussagesysteme und Praktiken, die an einer Kontrolle und Steuerung der Bevölkerungsentwicklung und besonders an der Herstellung einer „Volksgesundheit“ interessiert sind. Die Überwachung des generativen Verhaltens, die Kontrolle und Medizinisierung von Schwangerschaft und Geburtsvorgang, das Aufstellen von Normen für das „richtige“ Stillen und die Kinderaufzucht etc. sind Beispiele für institutionelle Eingriffe, mittels derer die weibliche Sexualität auf Fortpflanzung festgeschrieben und einem männlichen Expertentum unterstellt wird. Die Bio-Macht durchdringt die weiblichen Körper, indem sie diesen eine Sondernatur zuspricht, sie zum Negativbild des „normalen“ Mannes hindefiniert und sie – zusammen mit und analog zu anderen sexuell Abweichenden, den männlichen Homosexuellen und Onanisten etwa – zum Gegenstand eingehender Diskursivierungen macht. Während das „Normale“ und „Gesunde“ in das Schweigen des Selbstverständlichen gehüllt und seine Repräsentanten weitgehend unbehelligt bleiben, leuchtet die Normalisierungsmacht die von ihr produzierten „Abweichungen“ bis in intimste Details aus. Das unablässige Reden der Experten über die weibliche Sexualität, deren „natürliche“ Bestimmung und „normales“ Wesen, zeigt die Installierung von Normen, die den „normalen“ Mann, der in den Diskursen nicht vorkommt, als individuellen *Menschen*, die „normale“ Frau hingegen als *Sexualwesen*, als „Geschlecht“ formieren.

Parallel zur Dienstbarmachung der weiblichen Körper für die staatliche Bevölkerungspolitik und ihre Festlegung auf die Mutterschaft als „natürliche“ Aufgabe, konzipieren die Humanwissenschaften, allen voran die Medizin, die Frauen als von Sexualität vollständig durchdrungen und – darin den männlichen „Perversen“ gleich – als unfähig, ihre Triebe durch die Kraft des Geistes zu beherrschen. Diese Auffassung wird gestützt durch den Hinweis auf die unterschiedliche physische Organisation der generativen Organe, die sich beim männlichen Geschlecht auf einen Punkt konzentrieren lasse, während das weibliche Geschlecht aufgrund der diffusen Verteilung im Körperinnern den blinden Instinkten quasi willenlos ausgeliefert sei. Die so begründete „natürliche“ Mangelhaftigkeit lässt die auf ihre Sexualität reduzierten Frauen als bedrohliche Gefahrenquelle für Männer und Männerstaat erscheinen, so dass Maßnahmen zu ihrer Kontrolle und Disziplinierung ergriffen werden. In den Debatten taucht die „normale“ Frau nun als pathologisches Phänomen auf, das Korrekturtechniken notwendig macht. Claudia Honegger wertet die Projektion einer systemgefährdenden Sexualität auf das weibliche Geschlecht als einen Ausgangspunkt für die Vermischung und definitorische Unklarheit bezüglich „weiblicher“ Normalität und Abweichung, Gesundheit und Krankheit, die letztlich auch als Ursache für die zeitgenössischen physiologischen „Frauenleiden“ veranschlagt werden darf (vgl. Honegger, 1983:

206). Normalität und Krankheit werden in spezifischer Weise zusammengeschlossen, das Pathologische zum Naturzustand der Frau erklärt. Krankhaftes wird zuhauf an den Frauen(körpern) diagnostiziert: Neben ihrer konstitutionellen Schwäche, die sie für gesundheitliche Gefährdungen nach Meinung der Experten geradezu prädestiniert, sind es vor allem die mit der Reproduktion in Zusammenhang stehenden Erscheinungen, welche pathologische Effekte zeitigen. So wird die Menstruation als ein Vorgang aufgefasst, der zu einer ständigen Blutarmut führe und krankhafte Gemütsschwankungen befördere. Während analog dazu der Mann die Vergeudung seines Samens selbst in der Hand habe und willentlich zu seinen Gunsten beeinflussen könne, zwinge ihre Natur die Frauen unter das Joch periodischer Schwächungen, denen durch keine willentliche Anstrengung zu entrinnen sei. Dem allmählichen Verfall können die Frauen demnach allein durch Schwangerschaften und Geburten entgegenwirken. Doch auch diese Prozesse werden – obgleich als „natürliche" Bestimmung des weiblichen Geschlechts proklamiert – im Verlauf des 19. Jahrhunderts immer stärker mit dem Makel der „Krankheit" behaftet.

Die männlichen Experten finden ihre Thesen und Theorien über das „kranke Geschlecht" schließlich durch die reale Zunahme von Patientinnen bestätigt, die sich zunehmend dem Bild der *femme fragile* annähern und gesundheitlich immer hinfälliger werden. Bei dieser Entwicklung muss jedoch bedacht werden, dass es in wachsenden Maße die Ärzte selbst waren, die die von ihnen behandelten Leiden der Frauen durch ihr Handeln produzierten. Durch die Einführung neuer Instrumente in der Gynäkologie und besonders auch infolge der Durchführung von Operationen zur Behebung der pathologischen Effekte des weiblichen Reproduktionsapparates riefen die medizinischen Experten Infektionen und Verstümmelungen hervor, die bleibende Schäden an den Patientinnen hinterließen und nicht selten ein langes Siechtum nach sich zogen, das weitere Behandlungen erforderlich machte. Darüber hinaus ist allerdings auch zu berücksichtigen, dass die zeitgenössischen Konzepte der „Krankheit Frau" auch von den Frauen selbst auf- und angenommen wurden und sich als selbsterfüllende Prophezeiungen verwirklichten. Ein kranker Körper bot Frauen die Möglichkeit, dem Bild zu entsprechen, dass die Kultur von ihnen gezeichnet hatte und weiter auf die Spitze trieb: schmal, schwach, passiv, abhängig. Ihr Kranksein brachte Frauen also auch in den Genuss gesellschaftlicher Anerkennung (vgl. Rodenstein, 1982: 235f.).

In der weiteren Entwicklung verlagert sich schließlich der vermutete Sitz der weiblichen „Krankheit" von den Genitalien zum Gehirn und zum Nervensystem. Anatomen, Physiologen und Psychiater fahnden nun mit großzügig demonstrierten Erfolgen nach der fleischlich verankerten geistigen Geschlechterdifferenz. Neben Schädelgrößen und Hirnvolumen bestimmen Aussagen über die intellektuelle Minderwertigkeit und eine kongruent zur körperlichen Kraftlosigkeit konzipierte allgemeine *geistige Schwäche* des weiblichen Geschlechts die wissenschaftlichen Debatten. Der Pathologisierung der Frauenkörper wird damit eine Vergeschlechtlichung des Geistes hinzugefügt, die das Bild der medizinisch behandlungsbedürftigen Frau komplettiert. Das Bestreben, die als bedrohlich empfundene weibliche Sexualität in kontrollierte Bahnen zu bringen, führt im Verlauf des 19. Jahrhunderts immer mehr zu einem Feldzug gegen das Sexualwesen schlechthin (vgl. v. Braun, 1988: 15).[325] Die Bekämpfung der weiblichen Sexualität, in der sich projektiv auch die männlichen Ängste vor der eigenen Sinnlichkeit widerspiegeln, mündet schließlich in das Konstrukt der „normal" asexuellen Frau. Wurden Frauen zuvor als durch und durch triebhaft imaginiert, als ihrer Sexualität völlig unterworfene Wesen, so wird diese Vorstellung allmählich von der Annahme abgelöst, dass der „gesunden" Frau eine angeborene, natürliche *Triebschwäche* eigen sei. An die Stelle der einstigen sexuell fundierten moralischen Minderwertigkeit rückt jetzt die Stilisierung von Frauen zu geborenen Moralaposteln, die ihre Sittsamkeit dem Schweigen ihrer Körper verdanken: Die „natürliche" Frigidität der Frau begründet ihre „natürliche" Tugendhaftigkeit. Mit dieser Konstruktion gelingt es, die Frauen für die Zwecke der Bio-Politik zu instrumentalisieren und sie als „triebregulierende, hygienisierende und familieninterne Kontrollinstanz" (Sobiech, 1994: 39) zu vereinnahmen. Dieser Prozess wird nicht nur von männlichen Akteuren, sondern insbesondere auch von den bürgerlichen Frauen selbst vorangetrieben, die bei der sozialen Charakterisierung der Geschlechter, beim Transport der wissenschaftlich produzierten Geschlechterideologie, eine Schlüsselposition einnehmen. Bürgerliche Frauenvereine[326] instrumentalisieren die Fiktionen im Sinne einer moralischen Überhöhung des weiblichen Geschlechtscharakters und erreichen damit zweierlei: Erstens können sie auf diesem Wege die eigene gesellschaftliche Erfolglosigkeit, zu der sie als „Hausfrauen" verurteilt sind („neue Muße", steigendes Bildungsniveau bei sinkenden Möglichkeiten der Berufsausübung) teilweise kompensieren, und zweitens verschaffen sie sich durch die eigene angeborene „Reinheit" – die im sauberen Heim eine Entsprechung findet – eine moralische Dominanz gegenüber den Männern, die als potenzielle Sittenstrolche eine soziale Gefährdung darstellen (vgl. Bührmann, 1995: 56).

Ein übermäßiges sexuelles Verlangen von Frauen stellt sich vor diesem Hintergrund nun als Anomalie dar, deren Bearbeitung wiederum an männli-

---

325 Wie Modelmog aufzeigt, bestehen hierbei allerdings geschlechtsdifferente Strategien. Während für die männliche Enthaltsamkeit der Begriff der *Askese* zentral wird, an den sich Assoziationen von geistiger Erleuchtung anknüpfen, gilt für Mädchen und Frauen das Gesetz der *Keuschheit*. Dieses beinhaltet die paradoxe Anforderung, gleichzeitig enthaltsam und den sexuellen Bedürfnissen des Ehegatten – freilich ohne eigenes Begehren – zu Diensten zu sein (vgl. Modelmog, 1988: 74).

326 Betätigungsfelder dieser Vereine sind etwa der Kampf gegen die Prostitution und gegen vorehelichen Geschlechtsverkehr sowie die Propagierung einer im wesentlichen auf sexuelle Enthaltsamkeit gegründeten Geburtenkontrolle.

ches Expertentum delegiert wird. In diesem Zusammenhang wird die körperliche Symptomatik der *Hysterie* als eine psychische Disposition festgeschrieben, die auf eine sexuelle Abweichung hindeutet und als Indiz drohenden Sittenverfalls gewertet wird.[327] Als Störung der geregelten Bevölkerungspolitik gerät die Hysterie zum Brennpunkt medizinischer Forschungen, in deren Folge sie als typische – und das heißt: normale – Krankheit des weiblichen Geschlechts etabliert wird. Obwohl sich auch männliche Patienten mit hysterischen Symptomen in der klinischen Praxis einfinden, wird die Hysterie ihrem Wesen nach als weiblich und das Weibliche seinem Wesen nach als hysterisch konzeptualisiert. Dies bedeutet, dass einzelne Männer aufgrund ungünstiger Umstände schon mal hysterisch werden können, alle Frauen aber *prinzipiell* die Anlage zur Hysterikerin in sich tragen. Da weibliche Normalität mit Krankhaftigkeit assoziiert bleibt, avanciert der hysterische Frauenkörper auf diese Weise nicht nur zur Gegenfigur der Mutter (und des „gesunden" Mannes), sondern kann zur gleichen Zeit als *Extremform weiblicher Normalität* gelten (vgl. v. Braun, 1988: 28).[328]

In besonderer Weise zeichnet die Übersteigerung des weiblich Normalen in der Hysterie nicht zuletzt auch den Erfolg der gesellschaftlichen Körperpolitik nach, die sich im Rahmen des Sexualitätsdispositivs in einen physischen Bestandteil der materiellen Geschlechtskörper transformiert. Die Produktion eines weiblichen Gattungswesens auf der einen und eines männlichen Individuums auf der anderen Seite durch die je spezifischen Disziplinierungen und Normalisierungen der Körper findet bis heute ihren Niederschlag in geschlechtsdifferenten Körperstrategien und korporalen Vergesellschaftungsformen. Auch wenn die Anatomie (frei nach Freud) in mancher Hinsicht „Schicksal" bleiben mag – als nicht gänzlich (aber zunehmend) steuerbare Vererbung körperlicher Merkmale ebenso wie als Basis sozialer Klassifikationen, an die sich spezifische soziale „Schicksale" über Logiken der Über-

327 Dieser Deutung liegt ein Wandel in der Ätiologie der Hysterie zugrunde: Wurde traditionell (so etwa in der griechischen Antike oder im alten Ägypten) davon ausgegangen, dass eine unzufriedene Gebärmutter ihren angestammten Platz verlasse, im Körper (wie ein Tier, das es zu bändigen gilt) umherwandere und dadurch die beobachteten Symptome hervorrufe, so definierte das „aufgeklärte" Zeitalter die Hysterie als eine organisch bedingte Krankheit des Geistes, die sich in einem pathologisch gesteigerten, d.h. vom Fortpflanzungszweck entkoppelten, sexuellen Verlangen Bahn bricht (vgl. dazu unter anderem die entsprechenden Ausführungen von v. Braun, 1988; Bührmann, 1995; Sobiech, 1994).

328 Gabriele Sobiech macht im Rückgriff auf die Hysterieforschung darauf aufmerksam, dass die Hysterikerin auch als *Karikatur* der normalen Frau gesehen werden könne, insofern die Hysterie immer wieder als „große Lüge", „Krankheit ohne Ursache" oder „Täuschungsmanöver" beschrieben worden sei, und die Hysterikerin in ihrem „Spiel" der Umwelt die Unvereinbarkeiten der weiblichen Geschlechtsrolle aufzeige. Indem sie die Vorstellungen von der normalen Frau bis zur Perfektion und zum körperlichen Exzess (den Symptomen) nachvollziehe, führe die Hysterikerin diese ad absurdum und werde so zur Karikatur der weiblichen Normalität (vgl. Sobiech, 1994: 43).

und Unterordnung mit entsprechenden Zuweisungsstrukturen z.B. im Hinblick auf Entwicklungschancen anschließen – so ist doch auch unübersehbar, dass die Anatomie selbst zu einem guten Teil Politik ist: ein Zusammenspiel von Politiken der Diskursivierung und Kontrolle, der symbolischen Positionierung und materiellen Formung. Wie sich im Netz von Disziplinartechniken und Zugriffen der Bio-Politik, die auf den zentralen Bereich der Ernährung bezogen sind, männliche und weibliche Körper konstituieren, wie sich die gesellschaftlichen Ungleichheiten in die Gestalt der Geschlechter und ihr soziales Gespür einlassen, soll nun in den folgenden Abschnitten näher ausgeführt werden.

4.2. Nahrungsnormen und korporales Kapital

„La minceur [...] est l'object d'une véritable quête,
c'est un graal, peut-être en définitive
la forme moderne de la sainteté."

(Claude Fischler)

4.2.1 Zweierlei Maß: geschlechtsdifferente Körper- und Ernährungssozialisation

Über ihre Funktion als besondere – eingekörperte – Form des kulturellen Kapitals hinaus besitzen die Körper den Status einer eigenständigen Kapitalsorte. Im Sinne eines korporalen Kapitals fungieren Schönheit, Gepflegtheit, Kraft, Funktionstüchtigkeit, Gesundheit der Körper etc. vermittels der diesen Attributen innewohnenden Symbolwerte als Markierungen des sozialen Status.[329] Das korporale Kapital ist eng mit den anderen Kapitalien verknüpft und kann wie diese in wechselseitiger Beziehung konvertiert werden. So setzt beispielsweise die meist in exklusiven Clubs organisierte Ausübung von Elitesportarten, die über die Produktion spezifischer Fertigkeiten zur Herstellung des korporalen Kapitals genutzt werden kann[330], andere Ressourcen wie

329 Maren Lorenz interpretiert das korporale Kapital grundsätzlicher als „Filter", durch den die anderen Kapitalien überhaupt erst kommunizierbar (einsetzbar und deutbar) würden (Lorenz, 2000: 88). Neben der Voraussetzung einer körperlich-leiblichen Existenz als Basis jeglichen Handelns (und Denkens) kommt den Körpern jedoch ein eigener Wert im Zusammenspiel der Kapitalformen zu.

330 In diesem bei Shilling, 1991 angeführten Beispiel liegt eine Überschneidung von korporalem und kulturellem Kapital vor, da die erlernten Körpertechniken gleichfalls als kulturelle Fertigkeiten gelten können.

Geld (z.B. für Einstiegs- und Mitgliedsbeiträge) und ein gewisses Maß an kulturellem Kapital (z.B. die Beherrschung der Etikette) voraus. Gleichzeitig lässt sich die erworbene Kompetenz etwa des Golfens oder Segelns aber auch zur Mehrung des sozialen Ansehens und zum Anknüpfen bzw. Festigen sozial nützlicher Beziehungen einsetzen und bietet nicht zuletzt einen geeigneten Ausgangspunkt zur Schaffung von Situationen, die indirekt den Zugang zu begehrten beruflichen Positionen eröffnen (vgl. Shilling, 1991: 656). Die Chancen zur Herstellung des jeweils am höchsten bewerteten korporalen Kapitals und seiner gewinnbringenden, d.h. Kapital akkumulierenden Transformation sind in der Gesellschaft ebenso ungleich verteilt wie die Chancen auf Besitz, Wissen oder Prestige.[331]

Die Vorstellungen vom „idealen" korporalen Kapital in Gestalt von Körperbildern variieren im kulturellen, sozialen und historischen Kontext.[332] So gilt die in unserem Kulturkreis weithin verabscheute, medizinisch zum pathologischen Phänomen erklärte Dickleibigkeit („Übergewicht", „Adipositas") in vielen afrikanischen und arabischen Gesellschaften ausdrücklich als Schönheitsideal. Und auch in unseren Breiten wurde der füllige Leib für einen Zeitraum von etwa 400 Jahren als erstrebenswerte Erscheinungsform betrachtet, bevor der schlanke Körper zu der bis heute gültigen und in ihrer Radikalität wie Rigidität zunehmend gesteigerten Leitkategorie avancierte. Nachdem im Mittelalter schon einmal die schlanke Linie propagiert wurde – wenngleich nicht im Namen von Jugendlichkeit und Fitness, sondern als Ausdruck einer gelungenen Beherrschung der von fleischlichen Versuchungen bedrohten inneren Natur – gelangten die materiellen Körper mit dem Humanismus zu größerer gesellschaftlicher Wertschätzung, welche sich auch in einer positiven Bewertung leiblicher Fülle niederschlug. Während der Renaissance, einer von großen Schwankungen in der Nahrungsversorgung, dem Oszillieren zwischen Mangel und Überfluss, geprägten Zeit, wurde ein untersetzter Körper mit sozialem Prestige und dem Gefühl von (auch gesellschaftlicher) Stabilität assoziiert. Erst ab dem 18. Jahrhundert bildete sich vor dem Hintergrund einer wachsenden Kontinuität in der Nahrungsversorgung

331 Chris Shilling sieht in der Produktion und Konversion korporalen Kapitals gleichfalls Möglichkeiten zur Durchbrechung der tendenziell zirkulär gedachten Reproduktion sozialer Ungleichheiten angelegt (vgl. Shilling, 1991: 667).

332 Den *Bildern* vom Körper attestiert Dietmar Kamper eine zunehmende Bedeutung. Im Prozess der Zivilisation habe die Abstraktion vom konkreten körperlichen Leben, die „potenzierte Unkörperlichkeit" (Kamper, 1997: 408) ein Maß erreicht, das der zum Schweigen gebrachte Körper nun mit einer Vielfalt an Symptom- und Symbolbildungen beantworte. Die Produktion neuer Körperzustände unter repressiven Bedingungen sei gekreuzt mit einer Wiederkehr der Körper, die sich als eine Entfesselung ins Bild vollziehe. Nicht die Körper würden im gegenwärtigen Körperboom befreit, sondern Körperbilder, *Körperphantome*, welche durch die erweiterten Möglichkeiten der Kulturindustrie Macht und Gewalt ausüben.

neuerlich ein Gebot der Mäßigung aus, das nun immer stärker mit Fragen der Gesundheit und Urteilsfähigkeit verknüpft wurde. Im Zuge dieser Entwicklungen wandelte sich die soziale Codierung des korporalen Kapitals, und es entstand – zunächst in den Oberschichten – eine Furcht vor der Fettleibigkeit, die nach und nach in die unteren Gesellschaftsschichten diffundierte (vgl. Mennell, 1986). Als nunmehr bürgerliches Idealbild haftet dem Schlankheitspostulat neben der lipophoben Einstellung auch das strategische Moment der Neidvermeidung an (vgl. Klotter, 1993: 69f.), da die Körperfülle jetzt als Indiz luxuriöser Verschwendung angesehen und als soziales Parasitentum stigmatisiert wurde.[333] Der französische Soziologe Claude Fischler formuliert diese Umstellung in einer ökonomischen Metapher:

„Il y avait dans une certain mesure adéquation symbolique entre la graisse et le capital: la graisse était assimilée à un capital-santé et en ce sens celui qui en possédait une pétite réserve n'était pas moins méritant que celui qui [...] avait accumulé un pécule en prévision des jours difficiles. Les connotations commencent à changer progressivement à l'approche de ce siècle: l'obésité est de plus en plus souvent montrée comme manifestation de l'accaparement égoiste, dans un contexte souvent clairment politique. De plus en plus, la graisse apparaît, non comme une réserve de sécurité, signe d'une gestion économe raisonnée, mais comme une envahissement parasitaire, une accumulation déraisonnable et profiteuse, une rétention nuisible [...]." (Fischler, 1993: 317)

Im Verlauf des 19. Jahrhunderts verfestigt sich die schlanke Körpermode zunehmend und wird durch wissenschaftliche Rationalisierungen schließlich zum herrschenden Leitbild aufgebaut. Diese Entwicklung erreicht um die Jahrhundertwende eine neue Qualität, indem standardisierte Gewichtsnormen – etwa das Idealgewicht[334] – eingeführt werden und eine weitreichende Quantifizierung den Bereich der Ernährung zu dominieren beginnt. Der Prozess einer Verwissenschaftlichung und Metrisierung des Essens hält ebenso wie die fortschreitende Zuspitzung des Schlankheitsideals bis in die Gegenwart an. Feministisch motivierte Gegenkampagnen, die fülligere Models auf die Laufstege schicken, ändern daran wenig.

Obwohl sich das bürgerliche Leitbild des schlanken Körpers, der für alle Gesellschaftsschichten zur erwünschten Erscheinung, zum Soll, erklärt wird, auf beide Geschlechter bezieht, ist der Rahmen der sozial akzeptierten Körperformen für Männer deutlich weiter gesteckt als für Frauen. Dieser doppelte Standard spiegelt sich nicht nur in den Forschungsergebnissen zur Körper-

333 Zur Lipophobie und den mit ihr verbundenen Aspekten des Sozialneids und der Angst vor der Unersättlichkeit siehe Kap. 4.2.2.

334 Die Ideal- bzw. Normalgewichtsnormen gehen ursprünglich auf Tabellen amerikanischer Lebensversicherer zurück. Deren Medizinische Direktoren publizierten 1912 eine Studie, die einen Zusammenhang von Übergewicht und durchschnittlicher Mortalitätsrate aufzeigt, und verwendeten die Ergebnisse zur – gegenwärtig auch bei uns diskutierten – Legitimation erhöhter Versicherungsprämien für Übergewichtige.

zufriedenheit und Frequenz von Diäten wider[335], nicht zuletzt geben auch die kulturellen Bilder, die sich an männliche und weibliche Korpulenz knüpfen, Hinweise auf eine ungleiche Wahrnehmung und Bewertung der Geschlechter hinsichtlich ihrer Körperfülle. Weibliche Beleibtheit ist traditionell mit Fruchtbarkeit assoziiert und daher in modernen Gesellschaften wenig geeignet, positive Urteile zu evozieren. Längst dem Zentrum von „Weiblichkeit" entrückt und dem herrschenden Postulat von Individualisierung, Selbstfindung und Autonomie entgegengesetzt, erfährt die Fruchtbarkeit und Mütterlichkeit signalisierende „Rubensfigur" soziale Wertschätzung nurmehr noch in Nischen. Überwiegend haften dem „kräftigen" weiblichen Körper negative Vorstellungen an, die sich zu Stereotypen wie etwa der behäbigen Matrone oder dem unbeholfenen (Bauern-)Trampel zusammenballen. Die Figur des männlichen Dicken ist dagegen deutlicher durch eine Aufteilung in negativ und positiv bewertete Stereotype gekennzeichnet. Auf der einen Seite findet sich das Bild des „Übergewichtigen", der als selbstverantwortlich krank eingestuft wird, als Person, der es an Selbstdisziplin mangelt und die daher eine parasitäre Bedrohung für die Gesellschaft darstellt. Auf der anderen Seite tummeln sich jedoch zugleich Bilder von geselligen, heiteren, zufriedenen und gemütlichen Dicken, die im Gegensatz zum asozialen Gefräßigen, welcher das Gebot der Teilung missachtet, eine dionysische Kommensalität repräsentieren (vgl. ebd.: 344). Als bonvivant, als Feinschmecker, der es sich gutgehen lässt, als Mensch, der ohne Reue zu genießen weiß, ist der „gute Dicke" eine sozialverträgliche Gestalt. Auffällig ist, dass Frauen in derartigen Rollen eher selten, um nicht zu sagen: untypischerweise, anzutreffen sind. Dies gilt auch für die positiv bewertete Körperfülle in Kontexten politischer oder religiöser Macht: Hier gibt es den Mann – nicht aber die Frau – „von Gewicht", dessen körperliche Erscheinung und besondere Position eine har-

335 Zum Zusammenhang von Körperzufriedenheit und Ernährungsverhalten siehe exemplarisch Kolip, 1995. Immer wieder gern zitiert werden auch Studien, in denen mit Schattenrissfiguren gearbeitet wird, die unterschiedliche Körperfiguren repräsentieren. Interessant ist dabei, welche Attribute welchen Körpertypen zugeschrieben werden, z.B. werden dünne Figuren weitaus häufiger für kommunikativ, sexuell aktiv und beruflich erfolgreich gehalten, wohingegen den dickeren Figuren eher Gemütlichkeit oder Trägheit unterstellt wird (zu Veränderungen im Image von „Dicken" und „Dünnen" seit 1970 siehe Pudel/Westenhöfer, 1998: 195). Auffällig ist außerdem der Befund, dass weibliche Personen in der Regel den Wunsch äußern, körperlich am liebsten jenen Konturen entsprechen zu wollen, die Untergewichtigkeit repräsentieren, während männliche Personen das Ideal für den eigene Körper in den normalgewichtigen Umrissen ansiedeln (entsprechende Ergebnisse sind unter anderem zitiert bei Kolip, 1997: 98). Ferner ist gemeinhin bekannt, dass Frauen – obwohl im statistischen Durchschnitt weniger von Übergewicht betroffen als Männer – häufiger unzufrieden mit der eigenen Figur sind und ihren Körper als „Problemzone" auffassen. Männliche Personen zeigen diesbezüglich eine größere Toleranz gegenüber den eigenen Proportionen.

monische Einheit bilden.[336] Die Mächtigkeit der Person wird durch einen „mächtigen", d.h. einen Raum beanspruchenden, Stabilität markierenden Körper wirkungsvoll unterstrichen – der „große" Körper dient hier der Inszenierung von sozialem Rang. Eine weitere positive Besetzung männlicher Körperfülle findet sich außerdem in beruflichen und sportlichen Zusammenhängen: Catcher, Schwergewichtsboxer, Gewichtheber oder Kugelstoßer besitzen ebenso wie etwa viele Möbelpacker oder Stahlbauer eine professionelle Stämmigkeit, die mit Kraft und Stärke gleichgesetzt wird. Das ansonsten verabscheute Körperfett verwandelt sich hierbei in der Vorstellung in wertgeschätzte Muskelmasse.[337]

Dass Männern in der Regel mehr Spielraum bei den Körperproportionen zugestanden wird als Frauen, und männliche Körperfülle in bestimmten Bereichen sogar positiv bewertet sein kann, hängt unter anderem damit zusammen, dass die männliche Attraktivität ganz im Gegensatz zur weiblichen Attraktivität nicht ausschließlich und nicht primär über die Schönheit des Körpers konstruiert ist. Während männlicherseits beruflicher Erfolg, Geld, Statussymbole, Machtpositionen etc. äußerliche Mängel wie Bauch und Halbglatze mehr als wett machen können, gründet sich bei den Frauen umgekehrt nicht allein die sexuelle Anziehungskraft, sondern ein Gutteil der gesamten sozialen Anerkennung auf ihr körperliches Erscheinungsbild. Mädchen lernen sehr früh, spätestens mit dem Einsetzen der Pubertät, dass ihr sozialer Wert von ihrem Aussehen, von den Proportionen ihrer Köperteile abhängig gemacht wird. In der Vergangenheit hat das Konstrukt der Schönheit den weiblichen Körper überhaupt gesellschaftsfähig gemacht und den Frauen auf dieses Weise die Teilhabe an sozialer Kommunikation ermöglicht.[338] Schönheit diente als Mittel der Absicherung des sozialen und materiellen Status, indem sie die Chancen auf dem Heiratsmarkt verbesserte. Der schöne Körper war und ist auch heute, wo ihm in der modernen Arbeitswelt stellenweise nach wie vor die Funktion eines Berufseignungskriteriums zufällt (vgl. Stein-

336 Allerdings macht Fischler darauf aufmerksam, dass der „Mann von Gewicht" nur solange eine positive Figur bleibt, wie er sich von Zeit zu Zeit einer Prozedur der Erleichterung unterzieht, damit sein Bild nicht in die mythische Gestalt des Vielfraßes oder des schlaffen Potentaten umschlägt. Zur Abwendung des kannibalistischen oder parasitären Motivs eignen sich dabei Fastenkuren ebenso wie Akte des Teilens. Ein schönes Beispiel hierfür ist das einst von Aga Khan in Pakistan praktizierte Ritual, sich in Gold aufwiegen zu lassen und dieses an das Volk zu verteilen (vgl. Fischler, 1993: 353).

337 Andere Formen der sozialen Integration beleibter Personen bietet daneben die Komik, man denke beispielsweise an Figuren wie „Roseanne" oder „Dick" (und „Doof"). In Gruppen nehmen – weibliche wie männliche – Dicke sehr häufig Positionen ein, die sie auf eine Funktion als Possenreißer, Maskottchen oder Trottel festlegen.

338 Die gesellschaftliche Idealisierung der Schönheit kann als eine Strategie aufgefasst werden, deren Ziel die Herstellung eines Gegengewichts zur allgemeinen Abwertung der – für den Erhalt der Gesellschaft unverzichtbaren – Frauen ist, und die somit kompensatorische Funktion besitzt.

Hilbers/Becker, 1996: 11)[339] das Kapital der Frauen – ein Kapital, dessen Aneignung durch Männer im übrigen deren symbolisches Kapital erheblich mehrt. Weibliche Selbstbestätigung und soziale Anerkennung speist sich hingegen kaum aus der Aneignung dekorativer Männerkörper und auch weniger aus eigenen Leistungen und Erfolgen. Eine wichtige Quelle des Selbstwertes besteht für Frauen statt dessen im Begehrtwerden. An dieser Stelle zeigt sich in Foucaultscher Terminologie der Erfolg des hierarchischen Blickes: Der überwachende, Anerkennung zubilligende oder versagende männliche Blick wird als externer Zwang von den Frauen verinnerlicht und im alltäglichen Blick in den Spiegel ritualisiert. Auf diese Weise erfährt die männliche Macht eine Entindividualisierung und Automatisierung. Die Stilisierung ihrer Körper[340] vollziehen Frauen, ohne dass ihnen dies unbedingt bewusst wäre, unter einem männlichen Blickwinkel und leisten mit diesem Tun eine „aktive Form der Einarbeitung in eine Dominanzbeziehung“ (Focks, 1994: 67). Der Panoptismus ist, wie Nancy Henley in ihrem bekannten Werk über nonverbale Kommunikation etwas zugespitzt hervorstreicht, für Frauen eine zur Normalität gehörende Erfahrung[341]:

„In einer Gesellschaft, in der Kleidung bewußt so entworfen wird, daß sie den Körper und seine Konturen enthüllt, in der Frauen mit glotzenden Blicken und Pfiffen bedacht und gekniffen werden (während sie selbst nichts anderes im Sinn haben, als ihren Geschäften nachzugehen), in der sie von Illustrierten, Reklamewänden und in den eigenen vier Wänden vom Fernseher mit Anzeigen bombardiert werden, die kaum bedeckte Frauenkörper zeigen – in einer Welt, in der Frauen jederzeit berührt werden können, so als wären ihre Körper öffentliches Gelände, in der ihr Status verheiratet/ledig die Hauptinformation ist, anhand der Fremde sie identifizieren – in einer solchen Gesellschaft ist es kaum verwunderlich, daß Frauen sich ‚beobachtet‘ fühlen. Sie sind es.“ (Henley, 1989: 238).

Die Sichtbarkeit und Öffentlichkeit weiblicher Körper[342] ist Bestandteil der Vergesellschaftung von Frauen und gehört zur sozialen Konstruktion ge-

---

339 Umgekehrt kann sich ein anziehendes Äußeres für Frauen allerdings auch als karrieremäßiger Hemmschuh erweisen.

340 Zur *Produktion des schönen Körpers* vgl. den sehr anregenden Beitrag von Ulrike Thoms, die sich mit dem Schönheitsideal und dem Wandel der Körpersilhouette in der Konsumwerbung von 1850 bis 1950 auseinandersetzt. Neben den vielfältigen Hilfsmitteln für eine schlankere Figur, einen glatteren Teint, schöneres Haar, angenehmeren Körpergeruch etc., die an eine weibliche Klientel adressiert sind, greift Thoms auch auf Männer zugeschnittene Produkte auf und verweist in diesem Zusammenhang darauf, dass das zum Inbegriff weiblicher Unterdrückung stilisierte Korsett in der Werbung um die Jahrhundertwende durchaus auch Männern anempfohlen wurde, um die Haltung des Körpers zu verbessern. Allerdings galt dies wohl nur als äußerste Maßnahme, denn zur Vervollkommnung ihrer Figur wurden Männern in erster Linie Trainingsgeräte zum Muskelaufbau wie beispielsweise Expander oder Rudergeräte nahegelegt (vgl. Thoms, 1995: 255).

341 Zur Relevanz des männlichen Blicks vgl. auch die Studie von Kaufmann, 1996.

342 Die „Öffentlichkeit“ von Körpern lässt sich unter anderem an *Berührungsstrategien* festmachen. Henley fand heraus, dass die Berührungen zwischen statusungleichen Personen fast durchgängig nach einem Muster verliefen, in dem die Übergeordneten die Untergeord-

schlechtsdifferenter *Körperkarrieren*[343], die sich in der oben beschriebenen Wechselbeziehung von Geschlecht, Klasse, Habitus und Geschmack vollzieht und in die Produktion „weiblicher" und „männlicher" Formen korporalen Kapitals mündet.

Die geschlechtstypische Sozialisation der Körper verläuft als lebenslanger Prozess in verschiedenen Phasen und in Auseinandersetzung mit unterschiedlichen Sozialisationsagenten. Es dauert Jahre, bis Kinder intuitiv wissen, wie sie ihr soziales Geschlecht zu verkörpern haben, welche körperlichen Darstellungen, Ausdrucksweisen, Zeichen („Indizien") sie zu Mädchen oder Jungen machen, wobei die Symbolisierungen mit verschiedenen Lebensaltern differieren. Schon im Säuglingsalter, mitunter bereits in der pränatalen Phase, werden die Fundamente für die geschlechtstypischen Körperkarrieren gegossen, indem Männlichkeits- und Weiblichkeitsstereotype die elterliche Wahrnehmung lenken und die Interaktion mit dem Kind beeinflussen. Diverse „Baby X-Studien" haben gezeigt, dass jeweils dieselben Säuglinge in ihren Lebensäußerungen von Erwachsenen höchst unterschiedlich bewertet werden – je nachdem, ob man die ProbandInnen glauben lässt, sie hätten einen Jungen oder ein Mädchen vor sich.[344] Unterschiede im Verhalten bestehen unter anderem darin, dass männliche Säuglinge von Betreuungspersonen eher taktil und motorisch, weibliche dagegen stärker verbal stimuliert zu werden scheinen. Es sind allerdings vielfach auch widersprüchliche Befunde, z.B. im Hinblick auf das Stillverhalten und auf Körperkontakte zwischen Müttern und Säuglingen, produziert worden, so dass diese Ergebnisse jeweils mit Vorsicht zu rezipieren sind und nicht zuletzt mit den von Geschlechterstereotypen geprägten Erwartungshaltungen der ForscherInnen im Zusammenhang gesehen werden müssen (vgl. Sobiech, 1994: 111f.). Trotz der berechtigten Kritik an den Konzepten und Untersuchungen der „geschlechts-

neten anfassten, z.B. ihre Hand auf Arm, Schulter oder Rücken legten. So kann der Chef seinen Angestellten durch ein Anstoßen zum Aufbruch in eine Besprechung drängen und der Professor seinen Studierenden auf die Schulter klopfen – keineswegs aber umgekehrt (gleichfalls dürfte sich im übrigen auch die Chefin oder die Professorin mit diesem Verhalten schwerer tun). Ebenso besitzen Ältere gegenüber Jüngeren und Männer gegenüber Frauen *Berührungsprivilegien*. Frauen werden – in alltäglichen, nicht-intimen Situationen – sowohl von fremden als auch von befreundeten Männern deutlich häufiger berührt als sie selbst männliche Personen berühren. Henley wertet dieses sich-berühren-Lassen als bedeutendes Element der weiblichen Sozialisation, das zur Produktion des „passiven Charakters" beitrage (vgl. Henley, 1991: 141-182).

343 Mit Körperkarrieren sind nach Sobiech jene Handlungszusammenhänge bezeichnet, in denen sich die einzelnen Menschen ihre Körper aneignen und „in Abstimmung mit anderen biographischen Linien" weiterentwickeln (Sobiech, 1994: 107). Jürgen Baur spricht in diesem Zusammenhang von der „Verkörperung von Lebensläufen" (Baur, 1988: 152).

344 Ein solches Wahrnehmungsphänomen muss als mögliche Fehlerquelle auch bei anderen Untersuchungen zu „geschlechtsspezifischen" Sozialisationsprozessen in Rechnung gestellt werden, in denen stets unterstellt wird, dass sich Mädchen und Jungen, Männer und Frauen tatsächlich unterschiedlich verhalten. Oft genug ist aber gar nicht das Verhalten, sondern die Interpretation des Verhaltens nach dem Kriterium „Geschlecht" differenziert.

spezifischen Sozialisation" (siehe dazu auch Bilden, 1991: 279ff.) zeichnen sich jedoch studienübergreifend und plausibel einige typische Unterschiede in der gesellschaftlichen Zurichtung und Entfaltung von männlichen und weiblichen Körpern ab, die zumindest als *Tendenzen* festgehalten werden können.[345]

Die frühkindliche Körpersozialisation in der Herkunftsfamilie ist geprägt durch den Erwerb vielfältiger motorischer Fähigkeiten und Bewegungsformen sowie die Aneignung grundlegender kultureller Formen des Körperumgangs wie Ankleiden, Waschen, Essen etc. und eine Erweiterung der Kontrollfähigkeit im Hinblick auf die Umwelt, welche die Gestaltbarkeit von Nähe und Distanz zu den Bezugspersonen einschließt. Geschlechtsdifferente Standards greifen im Kleinkindalter z.B. bei der Sauberkeitserziehung und bei der Förderung unterschiedlicher Bewegungskulturen. Letztere werden vor allem durch die Spieltätigkeiten bestimmt, in denen sich Kinder ihren Zugang zur „Welt" verschaffen. Im Rückgriff auf Untersuchungen der 1960er und 1970er Jahre wird auch in jüngeren wissenschaftlichen Arbeiten (etwa Baur, 1988; Kolip, 1997; Rose, 1992; Sobiech, 1994) davon ausgegangen, dass das von den Bezugspersonen unterstütze Spielverhalten von Jungen und Mädchen geschlechtsdifferente Verhaltensmodi hervorbringt, die für den Gebrauch der Körper auch im Erwachsenenalter kennzeichnend sind. Demnach verstärkt sich im Spiel der Mädchen ein *proximaler*, in dem der Jungen hingegen ein *distaler Verhaltensmodus*. Das bedeutet, dass Mädchen stärker im sozialen Nahbereich gehalten und Jungen eher zu material- und raumexplorierenden Aktivitäten ermuntert werden. Während männliche Kleinkinder zu einer grobmotorischen selbständigen Erkundung ihrer sozialen und dinglichen Umwelt angehalten werden und somit eine gewisse spielerische Risikobereitschaft entwickeln, wird den kleinen Mädchen im Spielverhalten häufiger eine raum- und risikobegrenzende, auf Nähe ausgerichtete Interaktion mit den (elterlichen) Sozialpartnern nahegelegt, welche z.B. beim Umgang mit den Spielmaterialien helfen.[346] Für die motorische Entwicklung der Kinder

345 Die im folgenden beschriebenen Phänomene geben nicht die real existierende Vielfalt der Verhaltensweisen und -bedingungen von Mädchen und Jungen wieder, sondern verweisen eher auf Pole, von denen aus Mädchen und Jungen wahrgenommen werden und von denen aus sie sich selbst als „männlich" bzw. „weiblich" sozial verorten. Die Entstehung und Entwicklung der Geschlechtsidentität orientiert sich trotz erweiterter Spannbreiten und Spielräume vorwiegend an stereotypen Geschlechtsrollenvorstellungen. Die Beschreibung der zentralen Tendenzen berücksichtigt überdies keine weiteren Faktoren sozialer Ungleichheit wie Schicht/Milieu, Ethnizität oder Alter. Für *generationstypische* auf den Körper bezogene Sozialisationserfahrungen vgl. die Ausführungen von Preuß-Lausitz, 1983, die aber leider einer „männlichen" Perspektive verhaftet bleiben und den Geschlechteraspekt ausblenden.

346 Hagemann-White macht darauf aufmerksam, dass durch die von Geschlechterstereotypen geprägte Spielzeugwerbung und durch die Reaktionen von Erwachsenen auf das Spielverhalten der Kinder *geschlechtstypische Spielinteressen* geweckt werden können. In Übereinstimmung mit der proximalen und der distalen Orientierung hänge der Spielwert vieler

legen solche Befunde die Vermutung nahe, dass Jungen größere Chancen haben, ihre motorischen Fähigkeiten in der Auseinandersetzung mit den materiellen und räumlichen Gegebenheiten weiterzuentwickeln (vgl. Baur, 1988: 155). Dieses Muster setzt sich in den folgenden Altersstufen fort. So zeigt sich schon im Vorschulalter, dass Jungen stärker dazu tendieren, sich öffentliche Räume wie Straßen oder Bolzplätze zu erschließen, wohingegen die Mädchen eher in der Nähe des Elternhauses gehalten werden. Hierbei spielt das elterliche Kontrollverhalten eine entscheidende Rolle: Mädchen werden in ihrem Bewegungsdrang weniger Freiräume zugestanden, ihnen wird schon sehr früh vermittelt, dass das „Draußen" für sie von diffuser Gefährlichkeit ist und die elterliche Obhut einen Schutz dagegen bietet. Die Mädchen werden somit in ihren Möglichkeiten beschnitten, spielerisch körperliche Grenzerfahrungen zu machen, ihre Kräfte mit anderen zu messen und Zutrauen zum eigenen Körper und seinen Fähigkeiten zu fassen. Dies schürt die Angst um den eigenen Körper, die durch elterliche Erziehungsstrategien noch forciert wird. Mädchen wird früh ein Sinn für „Schönheit" nahegelegt, sie werden mit Kleidern, Schmuck und Haarbändern „hübsch gemacht" und daran gewöhnt, beim Spielen auf die Sauberkeit und Unversehrtheit ihrer Körper zu achten. Aktivitäten, bei denen sie sich verletzen, schmutzig machen oder die Kleidung zerreißen könnten, werden von Mädchen häufiger gemieden. Sie entwickeln vor dem Hintergrund einer Sorge um den potenziell stets gefährdeten Körper eher ein *emphatisches* Körperverhältnis.

Während viele typische „Jungenspiele" mobilitätsfördernd und kampforientiert sind (z.B. Fußball, Basketball, Ritter- bzw. Cowboyspiele) oder den Erwerb handwerklicher Fähigkeiten einschließen (Werken, insbesondere Holzarbeiten, Reparatur- und Bauarbeiten), zeichnen sich die Spielaktivitäten der Mädchen dadurch aus, dass weniger um Machtpositionen konkurriert wird, sondern das gesellige Miteinander im Vordergrund steht. Die handwerklichen Tätigkeiten von Mädchen konzentrieren sich häufiger auf Bastelarbeiten mit Ton, Papier, Pappe und textilen Materialien (vgl. Sobiech, 1994: 114), und der Körpereinsatz beim Spielen ist in erkennbar geringerem Maße auf Krafteinsatz und Wettkampf ausgelegt. Bereits im Grundschulalter neigen Jungen stärker als Mädchen dazu, sich in Banden zusammenzuschließen und ihren Bewegungsradius außerhalb der sozialen Kontrolle des Elternhauses zu erweitern.[347] In Mutproben, Verbotsübertretungen und Rangeleien ler-

---

Mädchenspielsachen von der Anerkennung und Bestätigung anderer ab, etwa, wenn es darum geht, Dinge „hübsch" zu machen. Typisches Jungenspielzeug beziehe seinen Spielwert im Gegensatz dazu häufig schon allein aus der gelungenen Konstruktion (Hagemann-White, 1984: 61). Der zentrale Unterschied zwischen Mädchen- und Jungenspielen liege dabei aber nicht unbedingt in der materiellen Ausstattung, entscheidend seien vielmehr die Spielanregungen und -phantasien selbst.

347 Hierbei spielt das Wohnumfeld eine wichtige Rolle, da in ländlichen Gemeinden die elterliche Kontrolle hinsichtlich der Bewegungsspielräume weniger streng gehandhabt wird als

nen die Jungen, ihre Körperkräfte einzuschätzen und einzusetzen. Dies gilt auch für typische Aktivitäten wie weiträumige Geländespiele, Skateboardfahren oder Schanzenspringen mit dem Fahrrad. Unter dem Einfluss der auf körperlichen Einsatz und Konkurrenz ausgerichteten Spiele und vor dem Hintergrund vergleichsweise weniger Näheerfahrungen entwickeln Jungen eher ein *instrumentelles* Verhältnis zum eigenen Körper, bei dem sensiblere Formen des Körperumgangs abgespalten werden können. Für Mädchen im Grundschulalter (und darüber hinaus) sind die Beziehungen zu Gleichaltrigen weniger durch Bandenbildungen geprägt. Statt dessen gibt es in der Regel dyadische Konstellationen, in denen Mädchen ihre Aktivitäten mit der „besten Freundin" gestalten. Solche Kleinstgruppen bieten keine vergleichbare Ablösung vom beschützten Kleinkindstatus wie die Einbindung in größere *peer groups* (vgl. Hagemann-White, 1984: 54) und implizieren andere Spielformen. Im Gegensatz zu den Jungen, die ihren Bewegungsradius ausdehnen, organisieren die Mädchen ihre Spiele – auch als Konsequenz des Beaufsichtigungsverhaltens der Erwachsenen – eher in Hausnähe oder in der Wohnung selbst. Typische standortgebundene Bewegungsspiele der Mädchen sind z.B. Gummitwist, Seilspringen, Figurenhüpfen, Schreitspiele und Ballspiele an der Wand. Die Körper werden dabei nicht in vielfältigen Bewegungsumwelten mit wechselnden Bewegungsaufgaben trainiert, sondern durch die Anpassung an die Standortgebundenheit stärker in der Ausbildung von *Geschicklichkeit* gefördert, was wiederum mit der Ästhetisierung weiblicher Körper harmoniert.

Für die weitere Entwicklung geschlechtsdifferenter Bewegungs- und Körperkarrieren sind vor allem *sportliche Aktivitäten* von Bedeutung. Die Mitgliedschaft in Sportvereinen[348] wird stark durch die Gleichaltrigengruppe beeinflusst und bietet insbesondere den Jungen eine Möglichkeit, innerhalb ihrer Gruppe einen höheren Status zu erlangen. Dies gilt für Mädchen nur eingeschränkt, denn mit Einsetzen der Pubertät erhält für sie die Präsentation eines nach Maßgabe des weiblichen Schönheitsideals geformten Körpers eine größere Relevanz für die soziale Attraktivität als sportmotorische Fähigkeiten. Während in den Sportvereinen eine Spezialisierung in bestimmten Sparten stattfindet, setzt sich der *Schulsport* möglichst vielfältige Bewegungserfahrungen zum Ziel. Er erhält vor allem für die Mädchen eine besondere Bedeutung, die ihre Körper im öffentlichen Raum vielfach nur in vergleichsweise eingeschränkter Weise zu bewegen gewohnt sind. Der Schulsport bietet ihnen die Gelegenheit, das Bewegungsrepertoire losgelöst vom Elternhaus zu erweitern und stellt die wichtigste Instanz dar, über die Mädchen ihre

im innerstädtischen Bereich, wo auch Jungen dieser Altersgruppe noch stärker beaufsichtigt werden.

348 Vgl. hierzu Sobiech, 1994: 125-129, die Ergebnisse verschiedener Studien zusammenträgt und diskutiert.

Motivation für ein Sporttreiben in der Freizeit beziehen (vgl. Sobiech, 1994: 84).

Gleichwohl orientieren sich die Lerninhalte und -ziele des seit den ausgehenden 1960er Jahren in aller Regel koedukativ angelegten Sportunterrichts[349] an den herrschenden Geschlechterstereotypen. Der *heimliche Lehrplan*, der sich aus den Erwartungshaltungen der LehrerInnen und dem getrennten Ansprechen von Jungen und Mädchen durch unterschiedliche Unterrichtsinhalte ergibt, verfestigt die entsprechenden Rollenzuweisungen. So wird den Mädchen stärker eine qualitative Leistungsverbesserung nahegelegt, etwa durch die Koppelung von ästhetischer Körperpräsentation und sportlicher Betätigung in den Bereichen Gymnastik, Tanz, Geräteturnen, während die Sporterziehung der Jungen in höherem Maße auf eine quantitative Leistungssteigerung ausgerichtet ist wie dies z.B. für Ballspiele, Ausdauerübungen und Leichtathletik typisch ist.[350] Petra Kolip verweist auf empirische Befunde, die zudem belegen, dass die Mädchen und Jungen selbst unterschiedliche Einstellungen zu sportlichen Aktivitäten entwickeln. Zwar sind

---

349 Eine Zielsetzung bei der Einführung des koedukativen Sportunterrichts bestand darin, die einseitigen Rollenzuschreibungen abzubauen und es auf der einen Seite den Mädchen zu ermöglichen, ihre Bewegungskultur auf vielfältige Weise zu erweitern, während den Jungen auf der anderen Seite die Gelegenheit gegeben werden sollte, Erfahrungen im Feld des Rhythmischen und Kreativen nachzuholen. Diese Versuche gelten mittlerweile als weitgehend gescheitert, da die erwünschten Wirkungen ausgeblieben sind. Seit Beginn der 1980er Jahre mehren sich daher die Stimmen, die sich für eine Geschlechtertrennung im Sportunterricht stark machen, nicht, um wie einstmals stereotype Körperverwendungen zu fördern, sondern um die jeweiligen Defizite gezielt zu kompensieren.

350 Scheffel und Sobiech weisen überdies darauf hin, dass beim Sport – dem einzigen Unterrichtsfach, in dem der Körper im Mittelpunkt bewegungsorientierter Handlungen steht – die Jungen sich in koedukativen Unterrichtssituationen besonders unter Druck gesetzt sehen, ihr „männliches“ Verhalten gegenüber den Gleichaltrigen unter Beweis zu stellen. Dies führe nicht selten zu offenem oder verdecktem Sexismus gegenüber den Mädchen, dem die Lehrpersonen nicht konsequent begegneten (vgl. Scheffel/Sobiech, 1991: 39f.). In der Folge avanciere der Sportunterricht schließlich für viele Mädchen zu einem Feld unerwünschter Körpererfahrungen, vor allem, wenn es sich um Sportspiele mit Körperkontakt handele. Während die Jungen in Wettkampf und Leistungssteigerung überwiegend eine positive Verstärkung ihres Körperverhältnisses erlangen, erleben die meisten Mädchen sich und ihren Körper im Schulsport als leistungsmäßig schlechter, als unfähig und unzulänglich. Diejenigen Mädchen, die hingegen die „männlichen“ Leistungsorientierungen für sich übernehmen, stehen vor der schwierigen Aufgabe, ein Körpermanagement betreiben zu müssen, das ihnen einen kompetenten Umgang mit der „männlichen“ Rolle und *gleichzeitig* den ständigen Beweis ihrer „Weiblichkeit“ abverlangt (vgl. Sobiech, 1994: 125). Die viel beschriebene „Unsportlichkeit“ von Mädchen und Frauen kann darüber hinaus im Zusammenhang mit sexuellen Gewalterfahrungen gesehen werden, von denen Mädchen deutlich häufiger als Jungen betroffen sind. Birgit Palzkill macht darauf aufmerksam, dass die Normen des üblichen Sportunterrichts traumatische Missbrauchserfahrungen weiter verschärfen können, indem den Mädchen Körperkontakte und Bewegungen aufgezwungen würden. Der als Folge solcher Erfahrungen betäubte, stillgelegte Körper werde zu Aktivitäten gezwungen, die ihn mit bedrohlichen Impulsen konfrontierten: mit Berührungen, Schmerzen, Erschöpfung, Kraftlosigkeit etc. (vgl. Palzkill, 1991: 71; Rose, 1992: 53).

sich die Geschlechter darin einig, beim Sporttreiben Spaß haben und etwas für die Gesundheit tun zu wollen, doch stehen für Mädchen und Jungen hierbei jeweils andere Aspekte im Mittelpunkt. Während männliche Jugendliche betonen, ihre körperliche Leistungsfähigkeit verbessern zu wollen, legen die Mädchen deutlich mehr Wert auf die Herstellung und Erhaltung eines attraktiven Körpers sowie auf die gesellige Komponente des Sports. Demgemäß ist ihnen der Wettkampfaspekt weniger wichtig. Mehr als doppelt so viele Jungen wie Mädchen äußerten in einer entsprechenden Befragung daher die Auffassung, dass Wettkämpfe unbedingt zum Sport dazu gehörten, und dreimal soviel Jungen wie Mädchen meinten, dass es beim Sport darum ginge, stets zu versuchen, besser zu sein als andere (vgl. Kolip, 1997: 113).

Die Aneignung des sich verändernden Körpers in der puberalen Phase ist eine zentrale Entwicklungsaufgabe im Jugendalter, die für Mädchen und Jungen durch jeweils unterschiedliche Rahmenbedingungen gekennzeichnet ist. Die Akzeptanz des eigenen Körpers gerät dabei für Mädchen vielfach zu einem problematischeren Unterfangen als für Jungen, weil dieser sich mit dem Erwachsenwerden für sie mehr und mehr als potenzielle Gefahrenzone darstellt. Körperängste und eine ambivalente Haltung zur Körperlichkeit werden unter anderem durch die stärkere Sexualisierung des weiblichen Körpers hervorgerufen bzw. vertieft. Nicht allein der Umstand, dass die herrschenden Schönheitsnormen für weibliche Jugendliche ungleich relevanter sind, da für sie weniger sozial akzeptierte Formen der Statusbehauptung bestehen, sondern vor allem der sexualisierte Blick, mit dem die pubertierenden Mädchenkörper wahrgenommen und nach Maßgabe von Attraktivitätskriterien beurteilt werden, prägen die „gemischten Gefühle", welche die weibliche Körperaneignung begleiten. Einerseits lässt sich über den Körper, wenn begehrende Blicke auf ihn treffen, eine gewisse Selbstbestätigung herstellen[351], andererseits bedeutet der Abschied vom Kinderkörper für viele Mädchen einen zunehmenden Zwang zur Körpermanipulation und das von der sozialen Umwelt vermittelte Bewusstsein einer (noch einmal) erhöhten Schutzbedürftigkeit. Während daher von Jungen ein frühzeitiger Eintritt der Pubertät begrüßt wird, indem Attribute (wie z.B. Größe und Kraft) erworben werden, die kulturell hoch bewertet sind, erfahren frühentwickelte Mädchen die stattfindenden Veränderungen eher negativ. Bei ihnen finden sich häufiger eine Unzufriedenheit mit der körperlichen Erscheinung, ein niedriges

351 Methfessel weist darauf hin, dass die gängige Formel vom Verlust des weiblichen Selbstvertrauen in der Pubertät zwar einen wichtigen Interpretationsrahmen für die Aneignung des Körpers im Jugendalter abgebe, als *alleinige* Erklärung jedoch zu kurz greife und eindimensional bleibe. Es würden widerständige Momente und Diskontinuitäten missachtet und überdies nicht berücksichtigt, dass die Mädchen selbst ihren Körper durchaus auch als Potenzial und das „Zurechtmachen", die weibliche Inszenierung, als einen „Vorteil" ihres Geschlechts empfänden (vgl. Methfessel, 1999a: 58).

Selbstwertgefühl und emotionale Probleme. Frühentwickelte Jungen zeigen statt dessen sowohl gegenüber den Mädchen als auch gegenüber ihren männlichen Altersgenossen eine hohe Körperzufriedenheit und werden als selbstsicherer und ausgeglichener wahrgenommen (vgl. Kolip, 1999: 296f.).

Neben der Sexualisierung ihrer Körper verstärken auch die Pathologisierung und Medikalisierung, welche in stetig wachsendem Umfang die Umbruchphasen vorzugsweise weiblicher Körper in Besitz nehmen, jene Unsicherheit, mit der weibliche Jugendliche ihrem Körper gegenüberstehen. Nach Schwangerschaft, Geburt und Wechseljahren ist nun auch die Pubertät in das Visier von GynäkologInnen geraten,.die „Teenagersprechstunden“ anbieten, in denen Mädchen sich die *Normalität* ihrer Körper professionell bestätigen lassen können. Obwohl freilich „die Kompetenz dieser selbsternannten BeraterInnen durchaus angezweifelt werden [darf]“, da „in der medizinischen Ausbildung [..] die Psychologie und Soziologie des Jugendalters einen geringen Raum ein[nimmt]“ und zu fragen ist, ob „die MedizinerInnen in der Lage sind, ihren pathologischen Blick abzulegen“ (ebd.: 298), wird eine Beurteilungsinstanz geschaffen, die eine weitere Verschiebung von der Eigenkompetenz hin zur Expertenabhängigkeit bewirkt. Den heranwachsenden Mädchen wird in groß angelegten (und in Teilen von der Pharmaindustrie gesponserten) Werbefeldzügen signalisiert, dass ihre Körper in die Hände von ÄrztInnen gehören. Auch dies verstärkt Körperängste und behindert einen Umgang mit dem eigenen Körper, der durch Akzeptanz und Selbstvertrauen geprägt ist. Befördert wird das Empfinden, der Körper sei etwas prinzipiell Prekäres, das kontrolliert werden müsse.[352]

Zusammenfassend lässt sich also festhalten, dass die – hier nur ausschnittweise vorgestellte – Körpersozialisation der Geschlechter an zentralen Oppositionen wie Stärke vs. Schönheit, Raumerweiterung vs. Raumbegrenzung, Funktionalität vs. Emphase, Risikofreude vs. Schutzbedürftigkeit, Härte vs. Vulnerabilität, ausgerichtet ist und geschlechtlich differenzierte somatische Kulturen begründet, die im Sinne der Geschlechterhierarchie operieren.

„[..] die Tatsache, daß für Mädchen und Frauen offensichtlich die ästhetische Körper-Stilisierung faszinierender ist als die aggressive Körper-Expansion, daß Frauen Konfrontationen – ob mit Menschen oder mit Material – meiden, daß sie öffentliche Räume eilig als Durchgangswege, nicht aber als selbstverständliche Orte lustvoller Körpererfahrung nutzen, daß der weibliche Bewegungsradius geringer ist als der männliche, verweist die weibliche Bewegungskultur nur zu deutlich auf einen beengten und

352 Als weitere „Rahmenbedingung“, die die Körperaneignung geschlechtsdifferent beeinflusst, führt Kolip sexuelle Missbrauchserfahrungen an. Obwohl es hierzu keine exakten Daten gibt (und geben kann), lassen die vorliegenden Studien den Schluss zu, dass deutlich mehr Mädchen als Jungen – je nach Schätzung kommen drei bis neun weibliche Opfer auf ein männliches – betroffen sind und damit einen erschwerten Zugang zu einem positiven Körperverhältnis haben (vgl. Kolip, 1999: 298).

selbstbezogenen Körperraum und damit an das untere Ende der gesellschaftlichen Machthierarchie." (Rose, 1992: 51)

Die (Körper-)Sozialisation entspricht demnach einer fortschreitenden Somatisierung der Geschlechterhierarchie, die die Entwicklung von Herrschaftswillen und -fähigkeit ebenso einschließt wie die Sozialisierung der Fähigkeit und Bereitschaft zur Unterwerfung (vgl. Bourdieu, 1997a: 172). Hierbei sind auf beiden Seiten verinnerlichte Formen von Zwang und Kontrolle von einschneidender Bedeutung, doch zeigt sich gerade auch in der Konstruktion geschlechtsunterscheidender Körper- und Bewegungskarrieren – in der Herstellung „männlichen" und „weiblichen" korporalen Kapitals – dass die archaisch anmutende und in der Folge des Zivilisationsprozesses historisch sich überholende Korrespondenz von physischer und sozialer Macht in der Konstitution des Geschlechterverhältnisses eine nicht zu unterschätzende Relevanz behält. Dies veranschaulicht sich nicht zuletzt in der Sozialisierung der *Körpersprache*. Analog zum Modell von Sozio- und Dialekten können *Genderlekte* festgestellt werden, die auf einer ungleichen Verteilung körpersprachlicher Mittel und der wechselseitigen Legitimierung bzw. Tabuierung machtrelevanter Verhaltensweisen basieren (vgl. Mühlen Achs, 1993: 53). Durch die Vergeschlechtlichung und darin eingeschlossen die geschlechtsdifferente (auch: moralische) Bewertung von Körperposen, Blickrichtungen, Formen der Selbst- und Fremdberührung, gestischen und mimischen Ausdrucksweisen wird die das Geschlechterverhältnis kennzeichnende Dominanz-Subordination-Struktur sicht- und fühlbar kommuniziert.

Die oben für die habituell verankerten geschlechtstypischen Weisen des Körpergebrauchs beschriebenen Oppositionen finden sich als Leitkategorien auch in bezug auf die Ernährungssozialisation wieder.[353] Die alimentäre Praxis ist Teil der Körpersozialisation; sie bringt die Körper in Übereinstimmung mit den ideologischen Konstruktionen. Bereits beim kindlichen Ernährungsverhalten reagiert die soziale Umwelt mit einem geschlechterdifferenzierenden Blick. Charles und Kerr zeigen in ihrer Pionierstudie auf, dass Jungen eher zugestanden wird, ihrem Appetit freien Lauf zu lassen, und dass wohlgenährten Jungen mit größerer Toleranz begegnet wird als essfreudigen Mädchen. Während die Jungen von erwachsenen Bezugspersonen vielfach in ihrer Lust am Essen bestärkt werden, unterliegt das Essverhalten der Mädchen häufiger kritischen Blicken und reglementierenden Interventionen (vgl. Charles/Kerr, 1988: 161). Gleiches Verhalten wird also geschlechtsunterscheidend bewertet: Jungen, die gern und viel essen, werden als „gesund"

353 Die Ernährungssozialisation stellt einen Bereich dar, für den es noch viel Forschungsbedarf anzumelden gibt. *Ernährungskarrieren* von Männern und Frauen sind bislang kaum untersucht worden und wären ein lohnender Gegenstand künftiger *essbiographischer* Studien. Zum historischen Aspekt der Medizinisierung und Pädagogisierung des Essens vgl. Kleinspehn, 1987b.

wahrgenommen, ebenso sich verhaltende Mädchen gelten hingegen als sanktionsbedürftig.

Zu ähnlichen Ergebnissen kommen auch aktuelle Untersuchungen. Diehl stellt in einer Befragung von 11- bis 16-jährigen SchülerInnen fest, dass nicht nur deutlich mehr Jungen als Mädchen ihr Verhältnis zum Essen als lustbetont und befriedigend erleben, sondern dass auch die elterlichen Verhaltensweisen diese positive Einstellung zur Nahrungsaufnahme befördern. Aufforderungen von Seiten der Eltern, bei den Mahlzeiten kräftig zuzulangen bzw. den Teller leer zu essen werden gegenüber Jungen in größerem Ausmaß geäußert als gegenüber Mädchen. Ihre Söhne wünschen sich die Eltern im Allgemeinen „groß und stark", ihre Töchter dagegen „schlank und schön" (vgl. Diehl, 1999b: 168). Entsprechend machen Jungen (und später: Männer), die beim Essen und Trinken schnell schwächeln, eine ebenso schlechte Figur wie Mädchen bzw. Frauen, die sich allzu unbekümmert den Bauch voll schlagen (vgl. auch Kap. 3.2.1).

Insgesamt ist der Umgang mit der Ernährung bei Mädchen vor allem durch Ängste und Kontrollwünsche gekennzeichnet, die sich auf den Körper beziehen. Die mit dem Körpergewicht und der Figur verbundenen Sorgen stellen für Mädchen ein wesentlich größeres Problem dar, als dies für Jungen der Fall ist.[354] Resultierend aus der Unzufriedenheit mit dem eigenen Körper, der Angst vor Gewichtszunahme und den Kommentaren der Umwelt werden Mahlzeiten ausgelassen, die Nahrungsaufnahme gezügelt oder gezielt gewichtsreduzierende Diäten eingesetzt. Die geschlechtstypischen somatischen Kulturen differenzieren sich in der Pubertät gerade anhand dieser Merkmale aus: Neben der Einnahme von Medikamenten[355] akzentuieren vor allem die Körperzufriedenheit und der Ess-Stil „männliche" bzw. „weibliche" Weisen des Körperumgangs und -erlebens.

Parallel zur steigenden Diätfrequenz bei weiblichen Jugendlichen und ebenfalls zur Darstellung der eigenen Geschlechtlichkeit eingesetzt, zeigen Jungen in der puberalen Phase eine erhöhte Neigung zu gesundheitlichem *Risikoverhalten*. Dies äußert sich auf dem alimentären Sektor vor allem im

---

354 Dabei sind diese Unterschiede nicht etwa dadurch zu erklären, dass die befragten Mädchen ein höheres (Relativ)Gewicht aufweisen. Vielmehr zeigen sich die Geschlechterdifferenzen beim Umgang mit der Ernährung bei gleichem Gewichtsstatus von Jungen und Mädchen.

355 Der Medikamentenkonsum ist stärker ein Spezifikum der somatischen Kultur(en) erwachsener Frauen, doch zeichnen sich bereits in der Altersgruppe der 12- bis 16-Jährigen Unterschiede ab, die später entscheidend werden. Mädchen nehmen durchschnittlich mehr Arzneimittel zu sich und machen auch in der Gruppe derjenigen, die mehr als ein Präparat einnehmen, den größeren Anteil aus. Bemerkenswert ist zudem die relativ hohe Einnahmequote von Kreislaufmitteln, die darauf schließen lässt, dass niedriger Blutdruck bei Mädchen und jungen Frauen in Deutschland einen Krankheitswert besitzt (im Gegensatz zu anderen Ländern; britische MedizinerInnen bezeichnen die Hypotonie beispielsweise als *german disease*). Dies korrespondiert mit der Beobachtung einer fortschreitenden Medikalisierung weiblicher Umbruchphasen (vgl. Kolip, 1997: 255f.).

Konsum von Alkohol und Tabak. Obwohl sich die allgemeinen Erfahrungen von Jungen und Mädchen mit Alkohol und Nikotin empirisch kaum unterscheiden – beide Geschlechter besitzen ähnliche Probiererfahrungen und gleichen sich im Experimentierkonsum –, zeigen sich bei genauerer Betrachtung deutliche geschlechtstypische Differenzen in bezug auf die Qualität und die Intensität des Konsums. Jungen rauchen regelmäßiger als Mädchen und bevorzugen häufiger filterlose und selbstgedrehte Zigaretten sowie Tabakwaren mit einem hohen Teergehalt. Ähnlich verhält es sich mit dem Konsum von Alkoholika. Hier unterscheiden sich die Geschlechter sowohl in den Präferenzen, als auch in der Regelmäßigkeit und dem Ausmaß des Trinkens. Während Mädchen tendenziell eher zu Wein und Sekt greifen, dominiert bei den Jungen die Vorliebe für Bier und Hochprozentiges. Bei den von Kolip befragten 12- bis 16-jährigen Heranwachsenden lag der Anteil der Jungen, die regelmäßig Bier konsumierten dreimal so hoch wie in der Gruppe der Mädchen. Der am stärksten hervorstechende Unterschied findet sich jedoch bei der Kategorie „rauschhaftes Trinken“: Alkohol zu konsumieren, bis ein Rausch eintritt, ist offenkundig eine männliche Angelegenheit, für weibliche Jugendliche ist dies ein eher ungewöhnliches Verhalten.[356] Entsprechend tragen männliche Jugendliche ein höheres Risiko, alkoholabhängig zu werden – Jungen sind hierbei dreimal so stark gefährdet wie Mädchen (vgl. Kolip, 1999: 294). Diverse Studien belegen das Bild, nach welchem der Mädchenanteil umso geringer ist, je härter sich das Konsummuster gestaltet (vgl. Helfferich, 1994a: 60).[357] Die stereotypen Besetzungen von „starken“ Rauchern, „harten“ Trinkern – und ebenso: „kräftigen“ Essern – schafft eine symbolische Barriere, die Mädchen von diesen Verhaltensweisen ausschließt. Zwar können sich auch Mädchen in ritualisierten Situationen, etwa Bewährungsproben, durch entsprechende Handlungen beweisen und ihre Überlegenheit demonstrieren, doch stellt bei den Jungen das Motiv der körperlichen Abhärtung und Unempfindlichkeit ein allgemeines, situationsübergreifendes Moment dar. Umgekehrt markiert die „weibliche“ Codierung eines gesundheits- und figurbewussten Umgangs mit dem Essen ebenso wie z.B. die Stilisierung der äußerlichen Erscheinung durch dekorative Kosmetik eine symbolische Geschlechtergrenze. Diese stützt sich auf das *Gespür* der Betreffenden, auf „männliche“ und „weibliche“ Geschmäcke, und geht in die fleischliche Gestalt der Geschlechtskörper über.

---

356 Gleichfalls haben volltrunkene Frauen mit deutlich weniger Nachsicht und gesellschaftlicher Akzeptanz zu rechnen als berauschte Männer.

357 Riskante Verhaltensweisen, in denen die Körpergrenzen ausgelotet werden, sind Kristallisationspunkte der somatischen Kultur vorzugsweise statusniedriger Jungen und Männer. Die für den weiblichen Körperbezug charakteristische „Weichheit“ korreliert hingegen weniger mit der sozialen Herkunft.

Während sich heranwachsende Jungen also ihre Körper und ihre Geschlechtlichkeit vielfach durch alimentäre Verhaltensweisen aneignen, die von hoher Risikobereitschaft, Lustbetontheit und Präferenzen für statushohe Nahrungsgüter (in großen Mengen) geprägt sind, entwickeln Mädchen im Verlauf ihrer Körpersozialisation eher eine höhere Sensibilität gegenüber der Ernährung, die in einen kontrollierten Umgang mit dem Essen mündet. Die potenziell gefährdeten Körper werden geschützt – bis hin zu gesundheitsriskanten Verhaltensweisen und der Ausbildung von manifesten Essstörungen. Auch junge Mädchen und Frauen lernen, ihre Körper zu riskieren, aber sie riskieren sie seltener im Namen von Grenzüberschreitungen, dem Erproben von Körperkräften oder der Inszenierung von Rang, sondern aus dem Bestreben heraus, den sozialen Anforderungen an eine attraktive Gestalt zu genügen. Und sie riskieren ihre Körper *anders*: Während typisch „männliche" Strategien das riskante Verhalten (wie z.B. das Rauchen und Trinken in der Clique, Extremsportarten oder Aktivitäten wie U-Bahnsurfen) zur außenwirksamen Selbstdarstellung nutzen, tritt das Risiko – ganz im Sinne der geschlechtshierarchischen Vergesellschaftung des korporalen Kapitals von Frauen und Männern – bei den „weiblichen" Strategien eher ins Unsichtbare, ins individuelle Innere zurück.

4.2.2 Strategien der Bio-Macht: wiegen, messen, zählen, rechnen

Um die Ernährung gruppieren sich vielschichtige Mechanismen der Bio-Macht. Techniken der Disziplinarmacht greifen in diesem Zusammenhang auf die *individuellen* Körper zu und bedienen sich hierfür etwa der medizinischen Überwachung und Prüfung. Daneben nehmen sich Strategien der Bio-Politik der Bevölkerung den *Gesellschaftskörper* zum Gegenstand, dessen sie beispielsweise mit Mitteln der Statistik habhaft werden. Beide Formen der institutionellen Eingriffe in die Nahrungsaufnahme stützen sich auf die Produktion von *Wissen.* Wissen und Macht bilden eine Liaison, in der sie einander wechselseitig voraussetzen und im Zusammenspiel ihren Erfolg steigern. Vorhandenes Wissen schafft stets die Rechtfertigung zur weiteren Erschließung von Wissensbereichen, womit eine fortwährende Machtsteigerung erzielt werden kann. Mit Hilfe des Wissens lassen sich die Menschen als Einzelne, als Gruppen und Populationen kontrollieren und im Sinne der Macht dienstbar machen, und mit der kontrollierenden Erfassung der Menschen kann wiederum das Wissen ausgeweitet werden. Die Bindung von Wissenssystemen an den Körper vermag in diesem Zusammenhang die Effektivität der Macht noch zu erhöhen. Die Macht dringt in die Körper vor, nimmt Besitz von ihnen und transformiert sie, denn das Wissen über die Körper verändert auch die Körper selbst. Das sozial erzeugte Wissen schafft schließlich, vermittelt über Legitimations- und Popularisierungsprozesse, eine eigene Wirklichkeit, die handlungsanweisend wirkt, deren konstruierter und konstruierender Charakter jedoch im Verborgenen bleibt.[358]

Bezogen auf die menschliche Ernährung findet die Wissensproduktion in unterschiedlichen Disziplinen statt, doch sind es vorrangig naturwissenschaftlich ausgerichtete Deutungsmuster, die das Reden über das Essen bestimmen. Allen voran beherrschen die Ernährungswissenschaften und die Medizin das kulinarische Terrain, das sie mit ihrer Benennungsmacht besetzt halten. Die Diskursivierung der Ernährung ist in diesem Kontext vorwiegend an gesundheitliche Aspekte geknüpft. Epidemiologie und Ernährungsstatistik erfinden neue Wissenskategorien, dramatisieren bestimmte Ernährungsweisen zu einer Gefahr für Leib und Leben, filtern gesundheitliche „Risikogruppen" aus der Masse der Gesellschaftsmitglieder heraus, um diese einer regulierenden Kontrolle zu unterwerfen, und sie produzieren rechnerische Korrelationen, die nur allzu leicht mit Kausalitäten verwechselt werden. Der Zugriff erfolgt im Namen eines staatlichen Interesses an einer ökonomischen und effizienten Ernährung der Bevölkerung. Gesundheitskosten sollen gesenkt, das produktive und reproduktive Leistungsvermögen soll gesteigert werden. Den Verfahren der *amtlichen Statistik* fällt hierbei eine besondere Rolle zu, insofern sie gleichermaßen durch ihre Wissenschaftlichkeit und ihren rechtlichen Status legitimiert sind. Sie gelten als (nahezu) nicht anfechtbar[359] und generieren Begriffe, Kategorien und rechnerische Vorgehensweisen, an denen sich andere wissenschaftliche Studien ebenso wie die Debatten in den Medien orientieren. Damit sind sie in der Lage, Deutungsmuster und Denkmodelle durchzusetzen, die ihre Macht reproduzieren.

Diese Strategien der Bio-Macht werden wirksam vor dem Hintergrund einer beständig wachsenden *Moralisierung des Essens*. Nicht zuletzt befördert durch die sich in immer hastigerer Folge ablösenden Lebensmittelskan-

---

358 Auf welche Weise die Konstruktion von Wissen über den Körper mit der Konstruktion von Körperverhältnissen verbunden sein kann, zeigt Cornelia Helfferich exemplarisch anhand einer Studie über Sexualität und Schwangerschaftsverhütung auf (Helfferich, 1994b). Aus biographischen Interviews mit Frauen rekonstruiert sie unterschiedliche Wissenstypen. Das Verhütungsverhalten, das jeweils mit diesen Typen verbunden ist, verweist auf eine grundlegende Differenz: Während Frauen des „instrumentellen" Typus Verhütungsmittel wie die „Pille" als gesellschaftlich verantwortetes Freiheitsmoment erleben und sich damit dem *Zwang der Natur* zu entziehen meinen, begreifen die Vertreterinnen des „sensiblen" Typus die medikamentöse Manipulation als funktionalisierend, als einen *gesellschaftlichen Zwang*, der auf der normativen Erwartung heterosexueller Freizügigkeit beruht, eine Abhängigkeit vom professionellen medizinischen Versorgungssystem schafft und dem Freiheitsmoment der „natürlichen" Verhütungsmethoden gegenübersteht (vgl. ebd.: 23f.).

359 Im Gegenteil werden amtliche Statistiken immer dann herangezogen, wenn Zweifel ausgeräumt werden sollen. Dies ist auch dem Monopol geschuldet, das Staaten im Hinblick auf die Erfassung und Auswertung großer Datenmengen rechtmäßig besitzen. Nur sie verfügen über die Machtmittel, die ihnen weitreichende Zugriffsrechte sichern und mit denen sich eine Teilnahme an Befragungen auch *erzwingen* lässt (vgl. hierzu Barlösius, 2001: 193f.; Barlösius diskutiert diesen Aspekt im Kontext der Macht von sozialwissenschaftlichen Repräsentationsformen).

dale avancieren „gesunde“, „nachhaltige“, „umweltbewusste“ und „sozial verträgliche“ Formen der Ernährung[360] zu einer moralischen Verpflichtung für die „informierten BürgerInnen“. Beim Essen und Trinken muss darauf geachtet werden, dass man sich weder an seinem eigenen Körper noch am ökologischen Gleichgewicht und an den Nutztieren, weder an der Gesundheit künftiger Generationen noch an den Menschen in den Dritte-Welt-Ländern versündigt. Die Diskrepanz, die freilich zwischen dem öffentlichen Anspruch und dem privaten Handeln in den Haushalten besteht, wird hierbei durchaus auch industriell genutzt. Der Lebensmittelmarkt wird überschwemmt mit Produkten, die, wie z.B. im Fall des *functional food*, den KonsumentInnen suggerieren, der Forderung nach „gesunder“ Ernährung mit geringem Aufwand nachkommen zu können. Angereicherte oder entfettete *food products* versprechen einen Ausgleich für die unumgängliche Unzulänglichkeit des eigenen Ernährungshandelns. Die Moralisierung des Essens, die Ängste und Schuldgefühle produziert, bürdet den einzelnen Menschen eine Verantwortung auf, die kaum zu bewältigen ist. Sie schürt damit das Verlangen nach Entlastung, die in Ernährungsideologien (Makrobiotik, Trennkost, Veganismus etc.) und Expertentum gefunden werden kann.

Die Entscheidung, was „gut“ und was „schlecht“ zu essen ist, wird als Folge der *Verwissenschaftlichung* des Essens, die sich im 19. Jahrhundert in Gestalt der sich etablierenden naturwissenschaftlichen Ernährungslehre durchsetzte, zunehmend an (selbsternannte wie staatlich zertifizierte) SpezialistInnen delegiert.[361] Durch die Generierung legitimierten Fachwissens hat eine Verschiebung von Kompetenzen stattgefunden. Nicht mehr das Angebot bestimmt, was auf den Tisch kommt, weder Erfahrung und Tradition, noch Geschmack und Appetit gelten als verlässliche Ratgeber bei der Nahrungsauswahl. Allein die Empfehlungen von Expertenseite garantieren das „richtige“ Ernährungsverhalten. Dem modernen Menschen kommen damit Fähigkeiten und Fertigkeiten abhanden, die zunehmend durch einen wissenschaftlichen Apparat und die Verheißungen neuer Technologien ersetzt werden. Die Expertisierung kolonisiert immer mehr Felder des alltäglichen Lebens, so dass kaum noch Bereiche bleiben, die ohne das überindividuelle, spezialisier-

---

360 Welcher Aspekt hierbei jeweils im Vordergrund steht, ist abhängig von Lebenslagen und Lebensstilen. Dem Wert „Gesundheit“ kann aber eine übergreifende Bedeutung unterstellt werden.

361 Die Medizinisierung des Essens setzt schon früher ein. Anders als in den antiken oder mittelalterlichen Diätetiken wird die Ernährung mit der Aufklärung allerdings zunehmend rationalen Größen unterworfen. Im Verbund mit dem Körper als Maschinenmodell tritt die funktionale Seite des Essens verstärkt in den Vordergrund. In diesem Zusammenhang ändert sich auch die Einstellung gegenüber dem Kochen. Unter Einbeziehung der naturwissenschaftlichen Kenntnisse über Nahrungsaufnahme und -verwertung wird das Kochen im ausgehenden 18. Jahrhundert zu einer Lerneinheit, die einen kognitiven Prozess erfordert, der nicht mehr durch Überlieferung zu vermitteln ist, sondern der schriftlichen Verallgemeinerung bedarf (vgl. Kleinspehn, 1987b: 254ff.).

te Wissen zu bewältigen sind. Das Fachwissen macht sich selbst unentbehrlich, doch mehr noch: Es konzentriert sich nicht bloß auf die Lösung bestehender Probleme, sondern es schafft unablässig *neue* Probleme, zu deren Lösung es sich dann anbietet. Die sich beständig ausweitende Problematisierung des Essens, die nachhaltig Verunsicherung stiftet und den Menschen nahezu eine Dauerbeschäftigung mit dem Thema aufdrängt, operiert im Dienste der Disziplinarmacht.

Mittlerweile kann von einer regelrechten *Tyrannei der Gesundheit* gesprochen werden, die ihren Herrschaftsbereich auf alle Bevölkerungsteile ausdehnt. Ob Kind oder Greis, Frau oder Mann, arm oder reich, die medizinische Überwachung und Prüfung greift auf alle zu – wenn auch freilich keineswegs in gleichem Maße.[362] Auf der einen Seite gerät die Gesundheit damit für viele Menschen zur *Ersatzreligion*. Sie tragen den Wunsch nach ewigem Leben und Glückseligkeit nicht mehr an Gott, sondern an die „Halbgötter in Weiß" oder andere Gesundheitsgurus mit ihren Heilsversprechen heran. Chirurgen und Therapeuten, Akupunkteure und Fitnesstrainer sollen es richten, und oftmals nimmt die Gesundheitsklientel ebenso langwierige wie kostspielige Wallfahrten zu SpezialistInnen auf sich, um ihrem Ziel näher zu rücken. Auf der anderen Seite wird die *Pflicht zur Gesundheit* zu einer persönlichen Verpflichtung jedes Einzelnen und zur moralischen Messlatte individuellen Handelns. In der wissenschaftlich aufgeklärten Welt gelten viele Leiden als vermeidbar und Gesundheit als „machbar". Indem das (unter spezifischen Bedingungen und Zielvorgaben) produzierte Wissen den Menschen zugänglich gemacht wird, knüpft sich daran zugleich der Anspruch einer Befolgung der daraus abgeleiteten Ratschläge – im eigenen wie im Interesse der Gemeinschaft. Vorbeugung ist Trumpf, und wer die wissenschaftlichen Risikoabschätzungen und Erkenntnisse über statistische Wahrscheinlichkeiten ignoriert oder „falsch" umsetzt, ist nicht nur selbst schuld, wenn er/sie erkrankt, sondern gerät überdies in den Verdacht des Schmarotzertums. Über die *Distinktionsfunktion* von Gesundheit, Fitness und Schönheit hinaus tun sich hier nicht zu unterschätzende soziale Konfliktlinien auf, wenn die Bereitschaft derer, die einen „gesunden" Lebensstil führen, sinkt, die direkten und indirekten Kosten zu tragen, die jene verursachen, die immer noch essen, was sie wollen, rauchen, keinen Sport treiben etc.[363]

Die Gesundheitssucht pervertiert sich allerdings ab einem gewissen Grade selbst. Dann mündet die Arbeit am eigenen Körper in krankmachende Muster, werden Fitnesstrainings zu steroidgestützten Extremveranstaltungen und kalorienreduzierte Diäten zu auszehrender Selbstterrorisierung. Die Jagd nach Gesundheit – und mehr noch: nach der schönen Oberfläche – macht die

---

362 Zur Wirksamkeit stereotyper Weiblichkeits- und Männlichkeitsvorstellungen in der ärztlichen Praxis siehe etwa Brähler/Felder (Hg.), 1999; Hurrelmann/Kolip (Hg.), 2002.

363 Sichtbar wird die beispielsweise in den Diskussionen um die Krankenkassenbeiträge: Dicke und RaucherInnen könnten künftig höhere Beiträge berappen müssen.

Körper zur Beute von Manipulationen, die an sozialen und weniger an körperlichen Bedürfnissen ausgerichtet sind. Die *Normalisierungsinstanz*[364] Medizin verfolgt hierbei widersprüchliche Strategien. Einerseits schlagen ihre Meinungstechnologen angesichts kollektiven weiblichen Fastens Alarm und entdecken im *Adoniskomplex*[365] das ebenso gesundheitsgefährdende männliche Pendant zur weiblichen Magersucht. Andererseits werden sie nicht müde, der Bevölkerung Abmagerungskuren zu verordnen und ein Körperideal zu propagieren, in dem Gesundheit und Schönheit mediengerecht miteinander verbandelt sind. Die Normalisierung der Individuen vollzieht sich hierbei nicht in erster Linie über Mechanismen der Repression und Ausgrenzung. Zwar verfehlen Pathologisierungen und soziale Stigmatisierungsprozesse ihre Wirkung nicht, doch die Normalisierung setzt sich besonders eindringlich über die Produktion neuen Wissens durch, an das sich neue Praktiken und Identitätskonzepte anschließen. So ist beispielsweise mit der Aufstellung von Normgewichten ein Klassifikationsinstrument gegeben, dessen sich nicht nur die Fachdisziplinen, sondern auch die einzelnen Menschen bedienen. Die stetige niedrigere Ansetzung der Gewichtsnormen macht es zunehmend schwieriger, eine „ideale" Körpermasse zu besitzen oder sich wenigstens „normal" schätzen zu dürfen. Die Kategorien „ideal", „normal" und „abweichend" bleiben den Menschen und ihren Körpern dabei keineswegs äußerlich. Die Individuen machen die wissenschaftlichen Benennungen zu ihrem *Empfinden.*

Zwar ist das herrschende Schlankheitsideal keine Erfindung des bürgerlichen Zeitalters oder gar des 20. Jahrhunderts, wie manchmal fälschlich behauptet wird. Wohl aber zeigt sich in der jüngeren Geschichte unserer Gesellschaft eine Radikalisierung dieses Ideals, die auch der Entwicklung der quantitativen Gewichtsnormen im ausgehenden 19. Jahrhundert geschuldet ist. Mit dem Einsetzen der Quantifizierung wird Essen nun *messbar*. Anhand standardisierter Tabellen kann der Kaloriengehalt jedes Lebensmittels auch von Laien bestimmt werden, womit die Erfahrung des Essens in nicht unerheblicher Weise rigidisiert wird. Die Folge ist eine *„metrisierte Nahrungsaufnahme"* (Klotter, 1993: 72), die die fortwährende Beschäftigung mit dem Essen forciert und vor dem Hintergrund einer stetig sinkenden Idealgewichtsnorm immer neue diätetische Moden hervorbringt.

Im Laufe der Zeit hat sich nicht nur die für „ideal" oder „normal" gehaltene Gewichtsspanne (nach unten) verschoben, sondern es haben sich auch die Berechnungsmethoden gewandelt. Während es noch vor zwei Jahrzehn-

---

364 Bei Normalisierungsinstanzen handelt es sich um Instanzen, durch die Individuen über die Optimierung der Wissensproduktion klassifiziert und kontrolliert werden.

365 Der Adoniskomplex beschreibt eine Art umgekehrter Magersucht. Die betreffenden Männer betreiben einen übersteigerten Muskelaufbau und sind, wie die Magersüchtigen, durch eine körperdysmorphe Störung unablässig dazu angetrieben, ihre Körper weiter zu manipulieren. Sie werden von der Vorstellung verfolgt, zu wenig Muskeln zu haben.

ten durchaus üblich war, das Normalgewicht zu bestimmen, indem von der Körpergröße in Zentimetern der Wert 100 subtrahiert wurde und für das Idealgewicht noch einmal zehn (bei Männern) bis 20 Prozent (bei Frauen) abzuziehen waren, gilt heute der *Body-Maß-Index*, kurz BMI, als Maß aller Dinge. Er errechnet sich als Quotient aus dem Körpergewicht in Kilogramm und der quadrierten Körpergröße in Metern.[366] Welche Bestimmungsmethode aber auch herangezogen wird, stets liegen die geforderten Werte für Frauen niedriger als für Männer. Analog zu den Normal- und Idealgewichtsvorgaben wird auch der durchschnittliche *Energiebedarf* für Männer und Frauen in unterschiedlicher Höhe festgesetzt. Selbst in Modellen, in denen mehrere Faktoren zur Bestimmung des Kalorienbedarfes herangezogen werden, bleibt das Geschlecht für die Richtwerte von prominenter Bedeutung. Im Frühjahr 2000 verkündete die DGE (Deutsche Gesellschaft für Ernährung) neue, diesmal nach oben korrigierte Richtlinien für die Energiezufuhr und hob hierbei besonders die Relevanz körperlicher Aktivität in Beruf und Freizeit hervor – quantifiziert als sogenannter PAL-Wert (*physical activity level*). Der tägliche Energiebedarf errechnet sich demnach aus der Multiplikation des Grundumsatzwertes (angenommener Basis-Energieverbrauch) mit einem entsprechenden PAL-Wert, der sich aus den über 24 Stunden verteilten PAL-Werten ergibt, die Zeitabschnitte mit unterschiedlich hohem Energieaufwand repräsentieren.[367] Trotz dieser neuen Berechnungsgrundlage, die eine differenziertere und mit der Berücksichtigung von Variablen wie Körpergewicht, Größe, Alter etc. eigentlich eine geschlechtsunabhängige (mindestens aber eine das Geschlecht nicht zur *Grundlage* nehmende) Betrachtung zuließe, werden wiederum „männliche" und „weibliche" Referenzwerte angesetzt: Junge Frauen im Alter von 19 bis 25 Jahren sollten demnach nicht mehr als 2400kcal pro Tag aufnehmen, für die gleichaltrigen Männer liegt diese Grenze hingegen bei 3000kcal. In den anderen Altersgruppen gestaltet sich die Differenz in ähnlicher Höhe.

Zu den wichtigsten Normalisierungstechniken gehören neben der Aufstellung von Normgewichten und Referenzwerten für den Nahrungsbedarf die Praktiken der *Standardisierung* und des *Wiegens*. Standardisierungsprozesse greifen hierbei vor allem im Hinblick auf Konfektionsgrößen. Bei gewichtsreduzierenden Diäten werden die Erfolge nicht nur in verlorenen Kilos, sondern auch in Kleidergrößen gemessen. Nicht selten ist das Erreichen einer bestimmten Konfektionsgröße das erklärte Ziel einer gezügelten Nahrungs-

---

366 Frauen gelten ab einem BMI unter $19kg/m^2$, Männer mit weniger als $20kg/m^2$ als untergewichtig.

367 Um ein Beispiel zu geben, das von der DGE selbst zur Illustration der Rechenmethode angeführt wird: Der mittlere tägliche Energiebedarf einer 40-jährigen Hausfrau mit Normalgewicht und Referenzgröße ergibt sich wie folgt: 2,4 PAL x 8 Stunden (Arbeit mit hohem Energieaufwand) + 1,6 PAL x 8 Stunden (Tätigkeiten mit mittlerem Energieaufwand) + 0,95 PAL x 8 Stunden (Schlaf, niedriger Energieaufwand) / 24 Stunden x Grundumsatz = 1,65 x 1340 = 2211 Kilokalorien/Tag.

aufnahme. Kleidergrößen machen Leute, und dies nicht nur, weil die neueste Mode oft nur in kleinen Größen erhältlich ist oder der Rückgriff auf eine „Übergröße" ihre Trägerin (mehr als ihren Träger) negativ etikettiert. Die Kleidergröße transportiert Vorstellungen über das Maß an Attraktivität[368], Jugendlichkeit, Erfolg, Modernität und über charakterliche Eigenschaften wie Selbstdisziplin oder Selbstbewusstsein. Nur vor diesem Hintergrund ist es zu verstehen, dass sichtbar angebrachte Größenaufnäher ein Kleidungsstück noch veredeln können, wie die jungen japanischen Frauen zeigen, die vor einigen Jahren auf ihren Jeans der Öffentlichkeit stolz Bundweite und Beinlänge präsentierten. Doch auch andere Standardisierungen spielen eine wichtige Rolle im Rahmen von Normalisierungstechniken. So ist etwa an öffentliche Sitzanordnungen zu denken, die bestimmte Körpermaße voraussetzen bzw. die realen Körper in „ideale" Sitzmaße zwängen. Wer z.B. in einer Passagiermaschine nicht auf einen der genormten Sitze passt, muss bei der Fluggesellschaft zwei Plätze buchen – und auch bezahlen.

Das *Wiegen* gehört zu den bedeutendsten Routinepraktiken, durch deren ständige Wiederholung die Körper normalisiert werden. Als Maßnahme zur Gewichtskontrolle steht der Gang auf die Waage bei den bundesdeutschen Frauen auf Platz eins. Fast zwei Drittel wiegen sich mindestens einmal in der Woche. Von den Männern lassen sich dagegen „nur" 42 Prozent im wöchentlichen Rhythmus das Körpergewicht anzeigen (vgl. Pudel/Westenhöfer, 1998: 192f.). Der Zeiger auf der Waage entscheidet darüber, ob die Kost reduziert wird, er markiert Erfolge von Diäten noch bevor diese an den Körpern sichtbar werden – und ebenso deren Scheitern. Das *öffentliche* Wiegen ist ein wichtiger Bestandteil von Interventionsprogrammen zur Gewichtsreduktion. Rituelle *Weigh-Ins* am Beginn von Weight-Watching-Maßnahmen gleichen einem Offenbarungseid, einem Eintritt in die Sichtbarkeit. Hier kann niemand mehr etwas kaschieren, da steht die nackte Zahl, auf das Gramm genau, und entblößt den Einzelnen vor der Diätgemeinde. Regelmäßige Wiegeszenarien verstärken den sozialen Druck, die Verkündigung persönlicher Abnehmrekorde motiviert dazu, den Zeiger der Waage noch ein Stück weiter nach links zu drücken. Wie das Wiegen basieren auch das Zählen von Kalorien und das Berechnen „erlaubter" Nahrungsmengen auf dem Prinzip der *Visibilisierung*.[369] Mensch und Nahrung werden der Sichtbarkeit unterworfen, indem ausgewählte Aspekte in messbare – und somit vergleich- und wissenschaftlich beurteilbare – „objektive" Größen transformiert werden.[370]

---

368 Die Angabe der Kleidergröße findet sich auch oft in Bekanntschaftsanzeigen, jedoch nur in solchen, die sich auf die Selbst- oder Wunschbeschreibung von Frauen beziehen.

369 Auch in der Ernährungsberatung wird auf dieses Prinzip gesetzt, wenn versucht wird, das Ernährungsverhalten der KlientInnen dadurch zu beeinflussen, dass diese angehalten werden, die täglich verzehrte Nahrung detailliert zu notieren.

370 Zugleich gestalten sich die Zugriffe der Macht zunehmend entindividualisiert, so dass neben der Visibilisierung der „Objekte" auch die *Invisibilisierung* der Macht eine entscheidende Rolle spielt. Gerade die Inkorporierung des anonymisierten hierarchischen Blickes,

Mittlerweile reichen einfache Wiegerituale dabei aber kaum mehr aus. Denn nicht allein die Anzahl der Kilos entscheidet darüber, ob der oder die Betreffende von den ErnährungsmedizinerInnen als Risikoperson eingestuft wird. Ausschlaggebend ist vielmehr, welche *Fettmasse* jemand mit sich herumträgt. Um den Fettanteil eines Körpers zu bestimmen, wurde ein *Densitometer*, der sogenannte *Bod-Pod*, entwickelt. Dieses Gerät, das im wesentlichen aus einer engen, luftdichten Kammer besteht, in der die ProbandInnen durch einen Schlauch atmen müssen, ermittelt die Körperdichte, indem es die vom Körper verdrängte Luft misst. Das staatlich finanzierte Projekt verfolgt explizit das Ziel, „Risikogruppen“ aufzuspüren und diese zu einer Umstellung ihrer Ernährungsweise zu bewegen bzw. spezielle Lebensmittel zu designen, mit denen sich entsprechende Marktsegmente etablieren lassen. Im Namen einer Optimierung des Gesellschaftskörpers werden mit diesem Verfahren aber nicht mehr nur die längst identifizierten, sichtbar klassifizierten Übergewichtigen als AbweichlerInnen erfasst, sondern auch die nach außen Normalgewichtigen, die *versteckten* RisikoträgerInnen aufgespürt, deren Körper im Griff der Maschinerie ihr Geheimnis preisgeben: zu viel Fett.

Der französische Ernährungssoziologe Claude Fischler rief angesichts solcher Entwicklungen unlängst die *lipophobe Gesellschaft* aus, eine Gesellschaft, die neben den fetten Körpern ebenso die *fette Küche* und die *Blutfette* zu ihren Feinden erklärt. Eine schlanke Silhouette ist als Kriterium des „schönen“ Körpers zwar nach wie vor ein unentbehrliches Merkmal, zunehmend tritt an die Stelle eines bloß im Rahmen gehaltenen Körpergewichts jedoch der Wunsch nach einem *festen*, von weichen (Fett-)Anteilen befreiten Körper. Schlaffe Schlankheit mag immer noch besser sein als pralle Fülle, wahre Wertschätzung aber erfährt allein der Muskel, der den „gut gebauten“ Körper formt. Mediale Durchschlagskraft erweisen in diesem Zusammenhang Massen-Fitness-Programme, die neben Joggen, Walken oder gezielter „Problemzonengymnastik“ auf Anti-Fett- oder *Fatburner*-Diäten setzen.[371] Doch auch ganz allgemein ist das Kochen ohne handlungsleitendes Fettbewusstsein in Misskredit geraten. Die „leichte“ Küche hat sich als *ideale* Ernährungsform ihren Platz in den Köpfen der Menschen erobert – auch wenn

---

die nicht mehr reflektierte Integration externer Standards in das eigene Denken, Fühlen und Handeln garantieren der Disziplinarmacht ihren Erfolg. Sie zwingt zur Offenlegung, während sie sich selbst bedeckt hält.

371 Ein bislang nicht erreichtes Ziel der Lebensmittelindustrie ist es, ähnlich dem Süßstoff, ein Fettersatzprodukt zu kreieren, das allen möglichen Esswaren zugesetzt werden kann. Zwar gibt es Kunstfette, doch vertragen diese zumeist keine hohen Temperaturen, was sie für den Einsatz beim Braten und Fritieren ungeeignet macht. Der US-Firma Procter & Gamble gelang es Anfang der 1990er Jahre, aus Saccharose-Polyester das Kunstfett *Olestra* herzustellen, das zwar das Kriterium der Hitzebeständigkeit erfüllte, sich auf der Kehrseite aber als unverdaulich erwies. Damit wirkte *Olestra* nicht nur abführend, sondern verwandelte die menschlichen Exkremente überdies in Sondermüll, da es auch von den im Boden lebenden Mirkoorganismen nicht abgebaut werden kann.

ihr Siegeszug in die heimischen Töpfe noch ausstehen mag. Befördert wurde dieser Prozess nicht zuletzt durch die Diskursivierung des *Cholesterins*.[372] Nachdem in medizinischen Fachkreisen seit längerem über den Zusammenhang zwischen hohen Blutfettwerten und dem Auftreten von Herzinfarkten diskutiert worden war, geriet ab den 1960er Jahren das Cholesterin zunehmend auch öffentlich ins Gerede. Die Meinung der Wissenschaft zur Frage einer Umsetzung der gewonnenen Erkenntnisse in Programme der staatlichen Gesundheitsfürsorge war gespalten. Einige ExpertInnen riefen zu breit angelegten Interventionen auf, forderten Maßnahmen der Massenaufklärung und empfahlen den systematischen Einsatz von cholesterinsenkenden Medikamenten. Die Gegenseite sah derlei Aufwand nur im Fall von definierten Risikogruppen gerechtfertigt und verlangte nach differenzierten Fall-zu-Fall-Analysen, in denen unter Einbeziehung mehrerer Faktoren das je individuelle Risiko bestimmt und entsprechend gegengelenkt werden sollte.

Ein ganz entscheidender Streitpunkt war jedoch die Frage nach einer Festlegung der Grenze, die den *erhöhten* vom *normalen* Cholesterinspiegel im Blut scheidet. Im Jahr 1987 setzte das *National Institute of Heart, Lungs and Blood* solche Grenzbereiche fest und legte sie staatlichen Initiativen zugrunde. Das wünschenswerte Maß an Cholesterin wurde mit unter 200mg/dl angegeben, Personen mit Werten zwischen 200mg/dl und 239mg/dl wurden als grenzwertig eingestuft und bei Hinzutreten von weiteren Risikofaktoren wie beispielsweise Übergewicht als behandlungsbedürftig betrachtet. Bei einem Cholesterinspiegel von 240mg/dl und mehr galt die Gefahrenzone als erreicht, was eine medizinische Kontrolle bzw. Behandlung erforderlich machte. Bemerkenswert ist, dass – ähnlich wie bei der Bestimmung des Idealgewichts, das stets unter dem durchschnittlich zu beobachtenden Gewicht innerhalb der Bevölkerung angesetzt wird – der riskante Bereich mit dem durchschnittlich vorzufindenden Cholesterinwerten in der Bevölkerung deckungsgleich ist. Mit einem Schlag geriet auf diese Weise ein Viertel der erwachsenen US-BürgerInnen in den Bereich des Pathologischen.[373] Dieser medizinische Eingriff in die Kultur verschafft denn auch dem immer wieder bemühten Begriff von der „Zivilisationskrankheit" seinen angemessenen Hintersinn. Das medizinische Wissen kapriziert sich nicht auf die Erklärung eines von sich aus offenkundigen Zustandes von „Krankheit", sondern es produziert die „Krankheit" selbst. Dabei bleibt es aber nicht allein bei der Benennung einer biologisch begründeten Abweichung. Statt dessen produ-

372 Die folgenden Ausführungen orientieren sich an Fischler, 1993: 323-331.

373 Dies schafft einen enormen Markt für entsprechende Medikamente und *Nutriceuticals*, und es verwundert nicht, dass die wissenschaftlichen Fraktionen, die für Masseninterventionsprogramme plädieren, von der pharmazeutischen Industrie massiv unterstützt werden – und dies alles bei nicht abschließend geklärter Gültigkeit der vermuteten Zusammenhänge. Im Gegenteil werden mittlerweile auch die Risiken von Cholesterinsenkern diskutiert, wird „gutes" vom „bösen" Cholesterin unterschieden, wird auf die Nachteile einer extrem fettreduzierten Kost hingewiesen etc.

ziert die Setzung der biologischen Norm gleichzeitig die *soziale Abweichung* mit. Das medizinische Wissen geht somit nicht nur aus sozialen Zusammenhängen hervor, es konstruiert seinerseits soziale Wirklichkeit.

Die Produktion abweichender Individuen, die sich selbst auch als solche erleben und unter entsprechendem sozialen Druck stehen, lässt sich gut an der sozialen Konstruktion von Übergewicht nachvollziehen. Christoph Klotter fasst die Adipositas in Anlehnung an Foucault als ein historiographisch rekonstruierbares Dispositiv der Macht, dessen strategische Funktion darin besteht, durch massenpädagogische Interventionen den Gesellschaftskörper zu strukturieren und die Bevölkerung gemäß bestimmter Vorstellungen zu beeinflussen (vgl. Klotter, 1990; Klotter, 1994). Diese Vorstellungen sind seit Beginn der Neuzeit vor allem durch staatliche Interessen geprägt, die sich unter den Schlagworten Pflichterfüllung, Leistungsfähigkeit und Sittlichkeit zusammenfassen lassen. Die Geschichte des Übergewichts ist eine Geschichte seiner fortschreitenden Pathologisierung – und die Geschichte gescheiterter Austreibungsversuche seitens der Medizin. In der Welt des antiken Griechenlands wurde der Dickleibigkeit im Allgemeinen keine besondere Aufmerksamkeit geschenkt. Zwar wurde unter dem Begriff *polysarkia*, der sich als „Fleischesüberschuss" übersetzen lässt, der dicke Körper als unerwünschter Zustand definiert, ein bedeutsames Gesundheitsproblem mochte man darin jedoch nicht erkennen. Adipositas galt nicht als organische Krankheit, sondern als Folge eines verfehlten rechten Maßes. Übermäßiges Essen, Trägheit und Faulheit wurden den Dicken angelastet, und ihr Äußeres beleidigte den Schönheitssinn mancher prominenter Zeitgenossen wie Platon oder Xenophon, doch sie waren nicht „krank".[374] Im ersten nachchristlichen Jahrhundert wandelte sich das ätiologische Konzept der Adipositas. Wurden zuvor lediglich *exogene* Größen für die Entstehung des Übergewichts verantwortlich gemacht, führte Celsus nun den *konstitutionellen Faktor* ins Feld. Eine „natürliche" Anlage zum Fettansatz, bedingt durch eine Art angeborener Schlaffheit der Haut, entlastete die Wohlbeleibten von der persönlichen Verantwortung für ihren körperlichen Zustand. Bis heute werden – mit wechselnder Betonung und entsprechend abgeleiteten ideologischen Konzepten und Interventionsmaßnahmen – exogene und endogene Faktorengruppen zur Erklärung und Therapie der Fettleibigkeit herangezogen. Je nach Lage gilt das Übergewicht somit einmal als eher individuell unverschuldetes, das andere Mal hingegen als selbstverschuldetes Leiden.

Auch im Mittelalter besitzt die Adipositas nicht den Status einer Krankheit. Statt dessen wird sie in der christlichen Lehre als *Sünde* gegen Gott

374 Bestraft wurden übergewichtige Männer dennoch, und zwar weil ihre körperliche Tüchtigkeit und damit die militärische Wehrfähigkeit der Gemeinschaft beeinträchtigt schien. Neben Geldstrafen galten etwa in Sparta auch öffentliche Auspeitschungen als probates Mittel der Disziplinierung (vgl. Klotter, 1994: 137).

begriffen. Eingebunden in das Paradigma von der Bedeutungslosigkeit des Fleisches gilt der schlanke Körper als Ausdruck einer gelungenen Beherrschung der inneren Natur, wohingegen pralle Rundungen vom Vergehen der Maßlosigkeit künden. Das Körperideal wandelt sich mit dem Aufkommen des Humanismus, der dem materiellen Leib neue Wertschätzung schenkt. In der Renaissance, einer Zeit, die durch große Schwankungen in der Nahrungsversorgung gekennzeichnet ist, wird der füllige Körper schließlich mit hohem sozialen Prestige und dem Gefühl gesellschaftlicher Ordnung und Stabilität assoziiert. Dennoch erheben sich gleichzeitig, im Einklang mit den neuzeitlichen Veränderungen des Mäßigungspostulates, mahnende Stimmen gegenüber der Dickleibigkeit, der nun ein lebenszeitverkürzender Effekt bescheinigt wird. Während in der frühen Neuzeit die Adipositas noch nicht als pathologische Erscheinung eingestuft wird, setzt im 17. Jahrhundert mit den staatlichen Bemühungen zur allgemeinen Durchsetzung von Gesundheits- und Sittlichkeitsvorstellungen eine Entwicklung ein, die schließlich dazu führt, dass im 18. Jahrhundert erste medizinische Abhandlungen zum Thema Übergewicht in Umlauf kommen. Wachsende Relevanz erhält das nun zur Krankheit definierte Phänomen nicht zuletzt vor dem Hintergrund der staatlichen Erfordernisse einer ausreichend leistungsfähigen, „gesunden" Bevölkerung, die als Basis für die neuen militärischen und ökonomischen Strukturen, wie das Massenheer und die Fabriken, unabdingbar wurde (vgl. Klotter, 1994: 138).

Es kann gar nicht oft genug hervorgehoben werden, dass der Wandel von Körper- und Gesundheitsvorstellungen mitnichten ein Resultat medizinischer Entdeckungen und vernünftiger Einsichten ist. Im Gegenteil: Erst als die Schlankheit sich als gesellschaftliches Körperideal bereits durchgesetzt hatte, begann die Medizin, sich der „Krankheit" Übergewicht verstärkt zuzuwenden und die herrschende Körpermode rational zu untermauern.[375] Dass Normen ihrer Rationalisierung häufig vorausgehen und sich, wie in diesem Fall, die medizinische Ideologie der sozialen anschließt, ist ein bekanntes Phänomen, das Norbert Elias seinerzeit als *Prinzip der nachgereichten Rationalisierung* beschrieb. So findet er bei seiner Untersuchung des Zivilisationsprozesses keine Anhaltspunkte dafür, dass die Entwicklung neuer Verhaltensstandards wie etwa die Durchsetzung des individuellen Essbestecks unbedingt rationalen Einsichten geschuldet sind. Vielmehr macht er das Vorrücken von Scham- und Peinlichkeitsschwellen für derartige Veränderungen verantwortlich. Jedem Mitglied der Tischgemeinschaft einen eigenen Löffel in die Hand

375 Das Interesse an den Dicken wuchs im Verlauf des 19. Jahrhunderts auch durch die Art und Weise, wie die Medizin den Körper betrachtete, nämlich mit einer steigenden Betonung einzelner Organe und deren Zusammenspiel. Namentlich das Verdauungssystem wurde ein bevorzugter Forschungsgegenstand. Der dicke Körper avancierte schließlich zum Zeichen des Pathologischen, galt als biologische Deformation, der ein ganzes System von „krankhaften" Symptomen anhaftete (vgl. Davies, 1996: 18).

zu geben, war mehr Konsequenz und Mittel einer zunehmenden Distanzierung vom eigenen und von den Körpern der anderen, als eine Reaktion auf hygienische Erfordernisse. Die (spätere) Einsicht in bestimmte Kausalverknüpfungen, hier zwischen Essbesteck und Hygiene, diente hernach zur Legitimierung und Verfestigung der bereits entstandenen Normen (vgl. Elias, 1993: 154f.; siehe auch Kap. 1.1.2).

Die Kategorisierung von „normalen" und „abweichenden" Individuen mittels der Unterwerfung der einzelnen Körper unter normalisierende Standards ermöglicht auch heute die Überstellung der für übergewichtig befundenen Subjekte in die Vormundschaft wissenschaftlicher und staatlicher Instanzen. Ganz unverhohlen prangert etwa ein Einführungswerk in die psychologische Ernährungsberatung die „Irrationalität" der Essenden an, die sich um die wissenschaftlichen Argumente, die sie zu einer „gesunden" Ernährungsweise bewegen sollen, nicht scheren. Zwar plädiert der Autor nun nicht für äußerlich verhängte Zwangsmaßnahmen gegenüber „ignorante[n] Adipöse[n], die nach dem Motto »Dicker ist schicker« leben [und] den Normalitätsbegriff aus psychologischen Gründen um[kehren]" (Diederichsen, 1993: 85), doch soll die „Normalität" mittels einer Transformation der medizinischen und ernährungswissenschaftlichen Meinung in einen *Selbstzwang* zurückbeschworen werden. Selbstkontrolle und Autonomie sind die Zauberworte der professionellen Beratungsarbeit, deren erklärtes Ziel es ist, ihre Klientel zu einem eigenverantwortlichen, kontrollierten Ernährungshandeln zu befähigen. Diese „Autonomie" gilt freilich nur, solange der ernährungswissenschaftlich abgesteckte Rahmen nicht verlassen wird. Andernfalls mutieren Selbstentscheidung und Eigenverantwortung in der Beurteilung des Experten zu „Irrationalität"[376].

> „Menschen halten sich aus ganz unterschiedlichen psychologischen Motiven wider besseres Wissen nicht an die Empfehlungen der Gesundheits- und Ernährungsberater. [...] *Irrationalität* führt dazu, daß der Mensch gesundheitlich gegen seine ureigenen Interessen verstößt und uneinsichtig handelt [...]." (ebd.: 23; Herv. i. O.)

Wäre es mit rationaler Einsicht, oder sagen wir besser noch: mit folgsamer Einsicht in die naturwissenschaftlichen Rationalisierungen getan, hätte die Ernährungsberatung leichtes Spiel bei der Erfüllung ihres Auftrages. Ihre ernährungsphysiologischen Informationen und Argumente müssten genügen, um Verhaltensänderungen herbeizuführen. Dass dem in der Praxis ganz und gar nicht so ist, braucht wohl kaum der Erwähnung.[377]

---

376 Diederichsen verwendet den Begriff der Irrationalität in diesem Zusammenhang nicht nur unzutreffenderweise, sondern übersieht dazu die enge Verflechtung, die zwischen „rationalem" und „irrationalem" Verhalten besteht: Rationalität und Rationalisierung führen nicht selten zu irrationalen Effekten. Anschaulich beschrieben wird dieser Vorgang von George Ritzer am Beispiel der *McDonaldisierung* der Welt (siehe Ritzer, 1995).

377 Dieser verkürzte, instrumentelle Zugang zur Ernährungsthematik tritt mit bedrückender Regelmäßigkeit in Erscheinung. Immer wieder werden wissenschaftliche Konzepte aufge-

Wo Macht ist, findet sich auch Gegenmacht. Widerständige Praktiken reichen hierbei von *non-compliance*, also dem Ignorieren oder Unterlaufen des Rates der ExpertInnen, über das Zurückweisen herrschender Praktiken wie Diäthalten und Gewichtskontrolle[378] bis zum Gebrauch alternativer Definitionen im Umgang mit dem Körper, die in *Gegendiskurse* zu den dominierenden Auffassungen münden können. Mittlerweile formieren sich auch Ansätze einer sozialen Bewegung, die sich für die Interessen von Übergewichtigen einsetzt (*fat activists*). Im Gegensatz zu anderen Bewegungen, etwa Initiativen von Homosexuellen, wird der Körpernorm hier jedoch nicht bewusst getrotzt. Dicksein gilt als Schicksal, nicht als bewusste Entscheidung. Schwulsein hingegen mag auch Schicksal sein – man wird vielleicht *gay* geboren –, doch es ist im Rahmen der sozialen Bewegung vor allem ein *politischer Akt*: Man hat sich entschieden, *queer* zu sein. Die FettaktivistInnen fordern unterdessen nur mehr Toleranz, während sich die Schlankheit selbst begehrenswert hält.

Die massive Abwertung des „fetten" Körpers[379] in der lipophoben Gesellschaft mag an der Oberfläche das Ergebnis medizinisch rationalisierter Diskurse sein. Die Rigidität und die Aggressivität, mit welcher dem Übergewicht der Kampf angesagt wird, lassen sich aber nicht nur damit erklären, dass Dicksein „krank" macht und Ausdruck einer „unvernünftigen" Ernährungsweise ist.[380] Hier sind vielmehr tiefere Verbindungen zu psychologisch und sozial motivierten Ängsten in Anschlag zu bringen. In erster Linie steht ein aus der Form geratener Körper für einen aus der *Kontrolle* geratenen Körper.

---

legt, die eine Optimierung der Ernährung besonders der benachteiligten gesellschaftlichen Aggregate anstreben – und dies durchaus mit dem guten Willen, zum Wohle der Betreffenden zu handeln. Dabei wird mit ebenso bedrückender Regelmäßigkeit übersehen, dass das Essen (wie die meisten anderen Lebensbereiche im übrigen auch) nur begrenzt dem rationalen Handeln untersteht. Gleichfalls wird kaum reflektiert, dass beispielsweise Untersuchungen über die Möglichkeit einer „gesunden" Ernährung unter den Bedingungen der Sozialhilfe weniger eine Hilfestellung für die betreffenden Bevölkerungsteile sind, sondern Standards setzen, die ein Repressionspotenzial besitzen und an denen sich staatliche Zuwendungen und Zugriffe auf diese Gruppen ausrichten können.

378 Deidre Davies berichtet aus den von ihr durchgeführten Interviews auch davon, dass einige Personen das Wiegeritual in ärztlichen Untersuchungen oder beim Einstieg in Diätprogramme zwar über sich ergehen lassen, dabei jedoch die Augen schließen, um auf diese Weise dem Zugriff der Macht zu entgehen (vgl. Davies, 1996: 19).

379 Diese Abwertung geht mit offenen und verdeckten sozialen Sanktionen einher, die von Hohn, Spott und Verachtung über tätliche Angriffe bis hin zur Benachteiligung auf dem Arbeitsmarkt reichen (vgl. hierzu Kipnis, 1995).

380 Ein ähnlich „unvernünftiges", gesundheitsschädigendes Verhalten wäre etwa das Rauchen. Im Vergleich zu den Übergewichtigen fällt die allgemeine Missbilligung, auf die die RaucherInnen treffen, jedoch deutlich gemäßigter aus. Es findet keine vergleichbare Stigmatisierung statt.

Dicken Menschen wird neben Trägheit und Faulheit vor allem eines unterstellt: ein Mangel an Selbstbeherrschung. Dieser Mangel an Disziplin aber wird mit dem Risiko in Verbindung gebracht, geradewegs in den sozialen Abstieg zu führen. Tatsächlich sind übergewichtige Personen im statistischen Mittel deutlich häufiger in den unterprivilegierten Schichten zu finden[381], und in der Tat werden Dicken weniger berufliche Karrierechancen und Entwicklungsmöglichkeiten eingeräumt – und dies nachweislich nicht nur in Berufen, die explizit auf Äußerlichkeiten setzen (z.B. Steward/Stewardess). Überdies sprengen dicke Körper Grenzen. In ihrer Massigkeit übertreten sie Territorialgrenzen und beanspruchen mehr Raum – und nicht zuletzt auch Mittel – für sich als die Anderen. Die Leibesfülle gemahnt an eine bedrohliche *Unersättlichkeit*, an eine überschwappende Woge, die alles überrollt, was sich ihr in den Weg stellt. Im Verlauf der Zivilisation haben wir gelernt, Gier und Unersättlichkeit im Zaun zu halten. Der Anblick von Fett beschwört jedoch „den furchterregenden Geist der Unersättlichkeit“ wieder herauf und erinnert unverblümt an „Bedürfnisse, die größer sind als die zu ihrer Befriedigung vorhandenen Ressourcen“ (Kipnis, 1995: 122). In der Assoziation verschmilzt möglicherweise die Furcht vor den undisziplinierten Körpern mit der Furcht vor nicht mehr disziplinierbaren Massen, die gierig materielle Forderungen stellen und die Stabilität des gesellschaftlichen Gefüges zum Wanken bringen.

Der Lipophobie hängt überdies die Dimension des *Futterneides* an. Wenngleich der dicke Körper stigmatisiert sein mag, so repräsentiert die Wohlbeleibtheit in anderer Hinsicht doch auch ein Gesättigtsein, das unterschwellig Neid bei denjenigen hervorrufen kann, die meinen, „zu wenig abbekommen“ zu haben (vgl. Klotter, 1993: 68).[382] Diesen Aspekt hebt Klotter im Zusammenhang mit der Etablierung des modernen Schlankheitspostulates hervor. Seine These dazu ist, dass dem vom Bürgertum nachgeeiferten Ideal des schlanken Körpers historisch vor allem die Funktion einer *Neidvermeidungsstrategie* zugefallen ist. Einerseits bot die schlanke Linie eine Möglichkeit zur Distinktion gegenüber adeliger Protz- und Genusssucht, andererseits wollte man die eigene Wohlgenährtheit nicht über Gebühr zur Schau tragen, um Neid und Übergriffe durch sozial benachteiligte Gruppen abzuwenden.

> „Ist nicht das besonders für die oberen Schichten der modernen westlichen Welt typisch gewordene Postulat der Zurückhaltung bei Tische bzw. die drastische Diät die (vorweggenommene) kleine, permanente Sühne für die soziale Ungleichheit. Auf daß die wahre Bestrafung (die Revolution) niemals erfolge?“ (ebd.: 70; Herv. i. O.)

---

381 Hierfür sind freilich unterschiedliche Faktoren wie z.B. spezifische Kulturen des Essens und des Körperumgangs oder auch die Kompensation des deprivierten Status durch gesundheitliches Risikoverhalten verantwortlich zu machen.

382 Der Neid auf die Wohlbeleibtheit bleibt trotz (und vielleicht gerade wegen) ihrer gesellschaftlichen Diabolisierung im Verborgenen bestehen. Das zeigt nicht zuletzt die unerbittliche Schlacht, die gegen sie gefochten wird.

Mit der Standardisierung von Gewichtsnormen setzt schließlich eine *Modifikation* der Neiderfahrung ein, die in zweifacher Hinsicht eine Abschwächung mit sich bringt. Während einmal der Neid auf die Fülle durch die zunehmende negative Sanktionierung des Übermaßes in Grenzen gehalten wird, wird sein Niveau außerdem dadurch gesenkt, dass die quantifizierten Werte nun für *alle* gelten. Die Unterwerfung unter das abstrakte Modell „Idealgewicht" gilt ungeachtet des sozialen Status. Damit entsteht eine vordergründige Egalität – doch nicht alle schaffen es, die an sie gerichtete Erwartung zu erfüllen. Die Dickleibigkeit bleibt vorrangig ein Problem unterprivilegierter Schichten, und die Richtung des Neides kehrt sich um: Beneidet werden nun die Dünnen. Vor allem trifft der Neid diejenigen, die es fertig bringen, mühelos und ohne Verzicht der Schlankheitsnorm zu entsprechen. Vor dem Hintergrund, dass die gleiche Kalorienmenge bei verschiedenen Personen unterschiedliche Effekte zeitigen kann, stehen gute und schlechte „Futterverwerter" einander konkurrierend gegenüber.

4.3 Abweichendes Essverhalten als Ausdruck von Genderkonflikten

> Die Magersüchtige „weigert sich, ihren Körper zur Beleibung der Metapher, zur Inkarnation männlicher Weiblichkeit herzugeben."
>
> (Christina von Braun)

4.3.1 Von Fremdzwängen zu Selbstzwängen: zur Psychologisierung institutioneller Eingriffe in die Nahrungsaufnahme

Die soziale Konstruktion von Übergewicht und die unter dem Einfluss von Normalisierungstechniken *metrisierte Ernährung* haben als institutionelle Eingriffe in die Nahrungsaufnahme dazu geführt, dass das Diäthalten zu einer zentralen Erfahrung von Frauen – und zunehmend auch Männern – in westlichen Wohlstandsgesellschaften geworden ist, und sie haben damit auch der Verbreitung sogenannter Essstörungen[383] Vorschub geleistet. Die Wirksam-

383 Dieses Unterkapitel behandelt das Thema Essstörungen nur ausschnitthaft. Es ist nicht beabsichtigt, den zahlreichen Publikationen zu diesem komplexen Problemfeld eine weitere Abhandlung hinzuzufügen. Statt dessen werden einige Aspekte aufgegriffen, die für eine

keit ihrer Macht beruht hierbei auch auf einer *Psychologisierung sozialer Konflikte*, in der Fremdzwänge zu Selbstzwängen transformiert werden. Dieses Prinzip hat Norbert Elias im Rahmen seiner Zivilisationstheorie herausgearbeitet und beschrieben. Kurz gefasst geht Elias davon aus, dass in der gesellschaftlichen Entwicklung sozio- und psychogenetische Prozesse ineinandergreifen. Die gesellschaftlichen Strukturwandlungen bewegen sich seinen Analysen zufolge in Richtung einer zunehmenden sozialen Differenzierung und Integration. Diese Verdichtungen menschlicher Beziehungen aber erfordern eine erhöhte gegenseitige Wahrnehmung und Rücksichtnahme, die nur durch eine Zurückdrängung der Affekte erreicht werden kann. Je dichter die Interdependenzgeflechte werden, und je größer die Räume sind, über die sie sich erstrecken, desto stärker sind die Menschen im Sinne ihrer Eignung als Gesellschaftsmitglieder gefordert, ihre Affekte zu kontrollieren und zu dämpfen (vgl. Elias, 1994: 322). Die dazu zunächst von außen auferlegten zwischenmenschlichen Fremdzwänge, die auf eine Unterdrückung der Triebe und Affekte zielen, werden im Laufe der Zeit allmählich zu einzelmenschlichen Selbstzwängen, die zuletzt als ein von der sozialen Umwelt unabhängiger, quasi „natürlicher" Teil der Persönlichkeit wahrgenommen werden.[384]

Die psychische Instanz, die in Elias' Modell den Selbstzwang repräsentiert, ist das *Über-Ich*, das er auch als „Abdruck der Gesellschaft im Innern"

---

soziologische Perspektive relevant sind und sich für Überlegungen zum Zusammenhang von Ernährung, Macht und (Geschlechts-)körper fruchtbar machen lassen.

384 Der historische Hintergrund dieser Überlegungen besteht in den Veränderungen, die sich im Verhalten der abendländischen Oberschichten vom Frühmittelalter bis zu den absolutistischen Monarchien des 18. Jahrhunderts beobachten lassen. Mit der Herausbildung der Höfe setzt zunächst eine wachsende Orientierung am Verhalten Anderer ein, die schließlich in die Etablierung einer differenzierten und detaillierten Etikette mündet. Elias illustriert diesen Vorgang am Beispiel der „Verhöflichung" der Krieger, d.h. der sich über fünf Jahrhunderte erstreckenden Umwandlung des Kriegeradels in den höfischen Adel. Als Folge fortschreitender Monopolbildung und zunehmender Geldverflechtung verlor der freie Krieger seine gesellschaftliche Funktion und die ökonomische Stellung, die es ihm erlaubte, sich von den bürgerlichen Schichten zu distinguieren. Ein angemessenes ständisches Prestige konnte der Adel nurmehr an den Höfen erreichen, die einen besonders günstigen Ort für die Modellierung von Verhaltensweisen darstellten, da die „höflichen" Menschen zwar eine Funktion, jedoch keinen Beruf ausübten. Die an den königlichen Höfen lebenden Adligen, die um die Gunst des Herrschers buhlten, verstrickten sich in Konkurrenzkämpfe, Intrigen und Komplotte, um ihre Position zu behaupten oder zu verbessern. Dazu war es nötig, taktisch und strategisch vorzugehen, und dieses Erfordernis macht Elias schließlich für die Zurückdrängung der Affekte (mit)verantwortlich. Vorausschauendes Planen und das Beobachten der KonkurrentInnen lassen sich mit spontanen Affektäußerungen schlecht vereinbaren. Zudem schafft die Betrachtung der Mitmenschen im Netz ihrer sozialen Beziehungen ein Menschenbild, das an Schattierungen reicher wird und sich stärker von momentanen Emotionen ablöst. Insgesamt orientiert sich das Bild, das sich die Gesellschaftsmitglieder von der Welt machen zuschends, weniger unmittelbar an ihren Ängsten und Wünschen, sondern immer mehr an den tatsächlichen Erfahrungen (vgl. Elias, 1994: 351-369).

(Elias, 1993: 173) bezeichnet.[385] Seine Entwicklung im einzelnen Menschen entspricht dem gesellschaftlichen Zivilisierungsprozess im Zeitraffer: Aus dem noch triebgeleiteten und spontanen Impulsen folgenden Kind erwächst eine selbst-beherrschte Person. Der kindliche Bewusstseins- und Triebhaushalt gestaltet und verändert sich hierbei jeweils nach der Art der Beziehungen, die zwischen Erwachsenen und Kindern bestehen, und diese Beziehungen sind wiederum abhängig von den sich wandelnden gesellschaftlichen Konstellationen. Durch Sozialisations- und Erziehungsprozesse werden Ängste und Unlustempfindungen gezüchtet, die sich als Kernstück der Zivilisierung erweisen. Das als Motor des sozialen Wandels fungierende Vorrücken der Scham- und Peinlichkeitsschwellen basiert letztlich auf der Angst vor sozialer Degradierung. Die *Selbstzwangapparatur* wird aufgerufen und setzt ihren Automatismus in Gang, sobald sich ein Mensch Gesten der Überlegenheit ausgesetzt sieht. Dieser Mechanismus geht auf die physische Unterlegenheit des Kindes gegenüber seinen frühen „Modelleuren" (ebd.: 397) zurück, so, wie alle Ängste im Erwachsenenalter mit den in der Kindheit erlittenen Ängsten gegenüber Autoritäten und Zugriffen der Macht im Zusammenhang stehen.[386] Je erfolgreicher die Sozialisation durch die Nutzbarmachung von Angst die Triebe und Affekte des Kindes einzudämmen und zu betäuben versteht, desto differenzierter und ausgeprägter gestalten sich die Selbstzwänge in der Psyche des Erwachsenen, dessen Schamhaftigkeit und Angst vor der Übertretung sozialer Normen ein entsprechendes Niveau erreicht.

Die Extrapolierung negativer Affekte wie Scham, Ekel und Peinlichkeit als „gesellschaftsübliche Empfindungen" (ebd.: 194) sowie die gleichzeitige Zurückdrängung der Lustkomponente gebiert den gesellschaftlich funktionalen Menschen. Auf der Schattenseite dieser Modellierung sind indes psychische Störungen zu verzeichnen, die sich individuell z.B. in der Umlenkung von Triebenergien zu Zwangshandlungen, in der Abtötung einzelner Triebbereiche oder auch in Befindlichkeitsstörungen wie ständiger innerer Unruhe niederschlagen können.

Die Ausbildung solcher innerpsychischen Konflikte wird ferner befördert durch die *Pazifizierung* von Gesellschaften. Durch die Befriedung im Innern (staatliches Gewaltmonopol) und als Folge der durch Funktionsteilung verdichteten Interdependenzen gestaltet sich das Leben für die einzelnen Menschen gefahrloser – aber auch affektloser. Während eine größere Triebungebundenheit ein höheres Maß an Ausagierungsmöglichkeiten in sozialen Be-

385 Für Bourdieu wäre das Über-Ich hingegen eine vermittelnde Zwischeninstanz, während sich das produzierte Wissen und die an dieses gebundenen Kontrollmechanismen über den ganzen Körper ausbreiten.

386 Diesen Zusammenhang systematisch im Hinblick auf die Ernährungssozialisation zu untersuchen, wäre ein vielversprechendes wissenschaftliches Unterfangen.

ziehungen einschließt, mündet die Zurückweisung der Affekte in einen Kampf mit sich selbst.

„Aber die Triebe, die leidenschaftlichen Affekte, die jetzt nicht mehr unmittelbar in den Beziehungen *zwischen* den Menschen zum Vorschein kommen, kämpfen nun oft genug nicht weniger heftig in dem Einzelnen gegen diesen überwachenden Teil seines Selbst." (Elias, 1994/1939: 330f.; Herv. i. O.)

Die Zurückdrängung der Affekte und die Herausbildung von Selbstzwängen können beim Essen und Trinken an zwei Entwicklungslinien beobachtet werden. Zum einen lässt sich am Wandel der *Tischsitten* nachzeichnen, wie den sich verändernden Interdependenzgeflechten in Form von Anstandsgeboten und Verpönungen bisheriger Verhaltensweisen Rechnung getragen wurde. Der Affekthaushalt der Menschen wurde und wird stets nach den jeweiligen gesellschaftlichen Bedürfnissen und der Art der Beziehungen der Gesellschaftsmitglieder zueinander ausgerichtet. Zum anderen unterliegt neben den Manieren bei Tisch auch die *Esslust* selbst der Zivilisierung.

Während des Mittelalters und der frühen Neuzeit findet die schwankende, unsichere und nicht planbare Nahrungsversorgung (wie die Unsicherheit der menschlichen Existenz überhaupt) ihren Niederschlag in einer relativ hohen Ungebundenheit der Affekte, die extreme Pendelschläge in den Trieb- und Gefühlsäußerungen der Menschen zuließen. Entsprechend gestaltete sich auch die Nahrungsaufnahme als ein Wechselspiel der Extreme, wenn dem erzwungenen Fasten die hemmungslose Völlerei, der freie Lauf der Gier, folgte. Die Modellierung der Esslust in Richtung auf eine zunehmende Selbstkontrolle wurde im mittelalterlichen und frühneuzeitlichen Europa vor allem durch kirchliche, staatliche und medizinische Fremdzwänge in Angriff genommen (vgl. Mennell, 1988)[387]. Fastengebote und Luxusgesetze verfehlten ihre Etablierung als Selbstkontrolle in breiten Schichten der Bevölkerung jedoch, da sie sich entweder aufgrund des Lebensalltags oder infolge gesellschaftlicher Dynamiken kaum durchsetzen konnten.[388] Dennoch lassen kirch-

387 Aufgrund der fluktuierenden Versorgungslage war die Ausbildung von Selbstzwängen bei der Esslust allerdings zunächst nicht von vordringlicher Bedeutung. Sie vollzieht sich vielmehr in einem langwierigen Prozess, der sich erst ab der Mitte der 18. Jahrhunderts beschleunigt.

388 Für die Fastengebote gilt, dass ihre Einhaltung nicht nur schwer zu überprüfen war und es viele Ausnahmeregelungen gab. Vielmehr waren die Regeln für viele Menschen schlicht ohne Bedeutung, da z.B. die Erlaubnis, an vier Tagen in der Woche Fleisch zu verzehren, ohnehin außerhalb ihres fleischlosen Alltags lag. Wer zudem sein Dasein aus der Not heraus fastend fristet, wird sich in den seltenen Zeiten ausreichender Versorgung kaum durch kirchliche Interventionen vom Essen abhalten lassen. Auch in den wohlhabenden Schichten mag die Selbstdisziplinierung durch die Fastengebote nur mäßig befördert worden sein, denn es war zwar die Art der Speisen reglementiert, nicht aber die Menge. Daher konnten auch an Fastentagen opulente Mahle mit den „erlaubten" Fischgerichten, Beilagen und Soßen abgehalten werden. Eine Verinnerlichung der kirchlichen Kontrolle wurde offenbar nur in kleineren Bevölkerungskreisen erzielt, in denen das Brechen der Fastengebote mit Empfindungen wie Scham und Schuld verknüpft war. Für die im späten 16. und im 17. Jahrhun-

liche wie staatliche Bemühungen erkennen, dass der Zwang zum Selbstzwang an Bedeutung gewann. Die ärztliche Meinung sattelte indes auf bereits ins Rollen gekommene Entwicklungen auf, welche die Menschen zur Kontrolle und Mäßigung ihrer kulinarischen Gelüste anhielten.

Mit der zunehmenden Sicherung der Nahrungsversorgung ist ab der Mitte des 18. Jahrhunderts, zunächst in den Oberschichten, ein Schwinden der Völlerei, eine Verlangsamung des Esstempos und eine wachsende Beachtung der *Art* der Nahrungsaufnahme zu verzeichnen. Neben der Fremdkontrolle durch Staat und Kirche hatte ein Zwang zur Selbstdisziplinierung eingesetzt, der gesellschaftlichen Strukturwandlungen aufruhte: Aufgrund einer Verlängerung von Interdependenzketten infolge von Arbeitsteilung und Staatenbildung verschob sich die Machtbalance zugunsten der niederen Schichten und verursachte auf diese Weise einen wachsenden sozialen Konkurrenzdruck. Gleichzeitig versetzte die relative Nahrungssicherung die aufstrebenden Schichten in die Lage, das Essverhalten des Adels nachzuahmen. Um den eigenen überlegenen gesellschaftlichen Status zu markieren und sich dem niederen Volk gegenüber abgrenzen zu können, reichte es daher nun nicht mehr aus, die Quantität der Nahrung zur Schau zu stellen – mittlerweile war die physische Grenze dessen, was verzehrt werden konnte, ohnehin erreicht. Statt dessen entdeckten die privilegierten Schichten die *Qualität* der Speisen als ebenso wirkungsvolles wie (im Gegensatz zum mengenbetonten Konsum) unerschöpfliches Instrument der Distinktion. Die sich verschärfende soziale Konkurrenz kann somit als eine Quelle der Verfeinerung von Speisen gesehen werden, zu der sich parallel ein Mäßigungsgebot entwickelte, das immer stärker mit Fragen der Gesundheit und Urteilsfähigkeit verknüpft wurde. Der kultivierte Esser und die kultivierte Esserin ragten mittels einer differenzierten *Geschmacksbildung*, die mit der Kunst der Köche korrespondierte, aus der Masse der Bevölkerung heraus. Zugleich begann sich das Bild vom schlanken Körper als wünschenswerte äußere Erscheinungsweise durchzusetzen und in die unteren Schichten zu diffundieren. Im Sinne eines Umschwungs zu einer wertrationalen Orientierung schuf die verbesserte Versorgungslage die Basis für eine Definition alternativer Ernährungsziele. Essen und Trinken wurden mehr und mehr einer rationalen Kontrolle unterstellt, die

---

dert staatlicherseits erlassenen Luxusgesetze gilt Ähnliches. Auch sie stellen einen Fremdzwang dar, der sich nur sehr verhalten in einen Selbstzwang transformierte. Die ihnen zugedachte Aufgabe war es, kulinarische Ausschweifungen zu unterbinden, wobei den Herrschenden jedoch weniger der Appetit selbst als vielmehr die sozialen Repräsentationsfunktionen der bürgerlichen Bankette ein Dorn im Auge waren. Die wenig wirksamen und häufig wiederholt in Kraft gesetzten Bestimmungen stellen einen Versuch dar, die Quantität der Nahrungsmittel gemäß der sozialen Rangordnung festzuschreiben. Ein Grund dafür, dass nicht auch die feudalen Gelage unter die Luxusgesetze fielen, liegt in ihrer sozialen Funktion der „Armenspeisung". Die riesigen Nahrungsmengen wurden – neidmindernd und revoltenvorbeugend – traditionell mit dem Gefolge geteilt und die Reste der armen Bevölkerung zum Verzehr überlassen.

bestimmten Intentionen verpflichtet war und bis heute ist: Sicherung der Teilhabe an statusspezifischen Sozialbeziehungen, Modellierung des Körpers nach Maßgabe gesellschaftlicher Idealvorstellungen, Herstellung von Gesundheit und Wohlbefinden (vgl. v. Ferber, 1980).[389]

Im historischen Prozess der zunehmenden Körper- und Affektkontrolle beim Essen etablierten sich also über einen langen Zeitraum hinweg soziale Normen, die an die Selbstdisziplin und -kontrolle der einzelnen Menschen immer härtere Anforderungen stellten. Und nur vor diesem Hintergrund ist zu erklären, dass abweichendes Essverhalten in Gestalt von *Kontrollüberschüssen* (Anorexie) und *Kontrollverlusten* (Bulimie, Ess-Sucht) zu geeigneten Instrumenten der intrapsychischen Konfliktentlastung werden konnten (vgl. Mennell/Simons, 1989). Die Übertreibung der Selbstdisziplinierung durch eine Unterdrückung von Trieben und Bedürfnissen kann ebenso wie der temporäre Verlust der Selbstdisziplin als Ausdruck eines Kampfes gedeutet werden, den das Individuum mit der Umwelt um seinen Körper in und gegen sich ficht. Dass dieser Konflikt in erster Linie von Frauen und Mädchen ausgetragen wird, ergibt sich zum einen daraus, dass ihnen ein deutlich höheres Maß an „Zivilisiertheit" abverlangt wird. Zum anderen stellen Essstörungen für sie *geschlechtskonforme*, „weibliche" Lösungsstrategien dar, die mit den oben beschriebenen Sozialisationsprozessen korrespondieren.

Dem männlichen Habitus laufen die Muster essgestörten Verhaltens hingegen eher zuwider. Magersüchtige oder bulimische Männer, die einen Anteil von ca. fünf bis zehn Prozent an der Gesamtsumme der Essgestörten ausmachen, scheinen häufiger *habituell verunsicherte* Männer zu sein.[390] Dazu passen auch Befunde, nach denen Essstörungen häufiger bei Männern auftreten, die keine exklusiv heterosexuell orientierte männliche Geschlechtsidentität aufweisen (vgl. Habermas, 1990: 15).

Jede Kultur stellt ihren Mitgliedern sozial akzeptierte (geschlechtsdifferente und geschlechtsdifferenzierende) Mechanismen der Triebabfuhr und Bewältigung von innerpsychischen Konflikten zur Verfügung, die zwar bestehende Normen verletzen und Verhaltensanforderungen zurückweisen, sich jedoch im Rahmen dessen bewegen, was als „kulturelle Modelle des Fehlverhaltens" (ebd.: 113) gelten kann. In diesem Sinne sind Anorexie und Bulimie als *ethnische Störungen* (Devereux) zu begreifen, als kulturgebundene Syndrome, die nur in einem spezifischen Kulturraum auftreten und dort *etablierte Abweichungen* darstellen. Sowohl magersüchtiges als auch bulimisches

---

389 Die *wertrationale Ernährung* ist damit sowohl den unreflektierten, traditionellen Ernährungsgewohnheiten als auch den zweckrationalen, d.h. den an äußere Gegebenheiten wie das Marktangebot angepasste Ernährungsweisen gegenübergestellt. Ihr fällt eine *Eigenrationalität* zu, insofern sie mit spezifischen Werten verknüpft wird und mit ihr selbstgewählte, besser: selbsterzwungene, Maßstäbe verwirklicht werden.

390 Habituelle Verunsicherung tritt bei Männern dann auf, wenn das eigene Handeln als ein geschlechtlich codiertes wahrgenommen wird, d.h. die unhinterfragte Selbstverständlichkeit der eigenen „Männlichkeit" brüchig geworden ist (vgl. Meuser, 1998: 295ff.).

Verhalten knüpft hierbei an „normale“ Kulturtechniken an, die allerdings übertrieben bzw. dekulturiert werden.

„Sie [die bulimischen Praktiken, M.S.] stellen Normen des gesitteten Essens auf den Kopf. Als »Freßanfälle« bewegen sie sich außerhalb des als spezifisch menschlich, zivilisiert angesehenen Umgangs mit Nahrung. Sie verletzen das Gebot der Kommensalität und die normative Erwartung, dass jede Person normkonträre Wünsche und Handlungen zu kontrollieren weiß. Bulimikerinnen verletzen die guten Sitten, indem sie sich absichtlich erbrechen, ihr Innerstes nach außen kehren, Ekel erregen. Im »Freß- und Kotzanfall« dramatisiert die Bulimikerin den Bruch von Normen und bestätigt sie zugleich durch ihre Scham und das Verheimlichen des Anfalls.“ (ebd.: 114f.)

Obwohl die Symptome, die bulimisches und magersüchtiges Essverhalten kennzeichnen, auch aus historischen Quellen bekannt sind, ist ihre Funktion als sozial akzeptierte Störung im Sinne einer psychischen Entlastungsfunktion recht jungen Datums. Sofern es sich nicht um alltagsübliche Praktiken handelte, waren diese Verhaltensweisen in der Vergangenheit anderen Diskursen zugeordnet. Die Aufnahme großer Nahrungsmengen mit anschließendem selbstinduzierten Erbrechen, heute als wesentliches Merkmal der Ess-Brech-Sucht identifiziert, war im antiken Rom als *Vomitorium* institutionalisiert, das seine Funktion vor dem Hintergrund extremer Unterschiede zwischen Fest- und Alltagsessen gewann. Auch die Selbstauszehrung durch Reduzierung der Nahrung auf ein lebensbedrohliches Minimum wurde historisch nicht durchgängig als pathologisches Phänomen (z.B. Besessenheit) bewertet, sondern war sinnhaft in Kontexte religiöser, asketischer und mystischer Praktiken eingebunden. Extremes Fasten war und ist in vielen Kulturen eine verbreitete Ekstasetechnik, die dazu genutzt wird, einen Kontakt zu übersinnlichen Instanzen herzustellen. Die erlebten Halluzinationen gelten hierbei als zukunftsweisende *Visionen.* Dies trifft auf viele visionäre Ereignisse, die aus dem Mittelalter berichtet werden, ebenso zu, wie auf das dem indianischen Schamanenkult entlehnte *vision quest*, das Führungskräfte und Studierende, Angestellte und LebenskünstlerInnen unserer Tage ohne Speis und Trank in entlegene Winkel der Alpen treibt. Jahrhundertelang wurde die übersteigerte Askese außerdem als *Kunstfertigkeit* gedeutet. Hungerkünstler stellten ihre ausgemergelten Körper dem staunenden Publikum der Jahrmärkte zur Schau. Ab der Mitte des 19. Jahrhunderts wurde die dauerhafte Nahrungsverweigerung schließlich als Krankheit behandelt, die therapiert werden musste. Das bulimische Essverhalten geriet dagegen erst zu Beginn der 1980er Jahre nachhaltig in das Interesse der Öffentlichkeit und wird seitdem in wachsendem Umfang thematisiert.

Ergänzend zu den von Elias formulierten Einsichten über die Eindämmung von Trieben und Affekten durch die Transformation von Fremd- in Selbstzwänge und die Psychologisierung sozialer Konflikte lässt sich am Beispiel der Bulimie aufzeigen, wie Praktiken und Diskurse subversiven Machttechniken zum Erfolg verhelfen. Ein Vergleich der historischen Entstehungsbedingungen der *bulimia nervosa* mit jenen der *Onanie* fördert zutage, dass zwischen beiden Strukturähnlichkeiten bestehen, die auf ähnliche gesellschaftliche Produktionsbedingungen dieser „Abweichungen“ schließen lassen (Klotter, 1993: 85f.). Wie die Onanie kann auch die Bulimie als „Störung“ und Normabweichung gelesen werden, die aus dem Eingriff der *Pastoralmacht* entstanden ist. Die aus dem Christentum übernommene Machttechnik setzt die Schaffung von Wissen über Einstellungen und Vorstellungen der Gesellschaftsmitglieder voraus und basiert auf einer „lautlosen“ Integration unter der Bedingung, „daß die Individualität in eine neue Form gebracht und einer Reihe spezifischer Modelle unterworfen werde“ (Foucault, 1978: 249). So, wie die in der Mitte des 18. Jahrhunderts einsetzende massive Diskursivierung der Onanie das „Problem“ in den Köpfen der Menschen erst entstehen ließ, und so, wie sie aus einem harmlosen und eher peripheren Vergnügen jenes Begehren entfachte, das pathologisiert und dämonisiert wurde, bringt auch die expandierende Diskursivierung der Ess-Brech-Sucht seit den 1980er Jahren vermehrt bulimisches Verhalten hervor. Zwischen den Wissenschaften als Teil der Pastoralmacht und den Betroffenen besteht in diesem Zusammenhang ein Interessenpakt: Die Wissenschaffenden begehren und erhalten Einlass ins Innere der Individuen, während die Betroffenen ihrerseits den wissenschaftlichen Diskurs als Resonanzfläche nutzen, die es ihnen ermöglicht, über ihr bulimisches Verhalten Identität herzustellen. Die grundsätzliche Problematisierung der Ernährung durch die Aufstellung von Normgewichten und die Mehrung immer unübersichtlicherer „Empfehlungen“ seitens der ExpertInnen spielen der Ausbreitung des bulimischen Anfallsgeschehens hierbei in die Hände. Die Nahrungsaufnahme wird prinzipiell zu einer Gefährdung der „Normalität“, die nur durch Vermeidung abgewendet werden kann. Da sich das Essen aber nun einmal nicht gänzlich vermeiden lässt, gewinnt der unausweichlich erfolgende Verzehr die Dimension persönlichen Versagens. Der sich damit als disziplinlos erlebenden Person kann die Menge der vertilgten Nahrung schließlich gleich sein, denn ein Stück Brot macht sie nicht weniger schuldig als ein ganzer Laib (vgl. Klotter, 1993: 92).

Die Definitionen der körperlichen Ästhetik (und darin eingeschlossen der Normgewichte) sind aus männlicher Sicht gesetzte Standards, die von den Frauen zu ihren eigenen gemacht werden.[391] Hinter der Internalisierung des hierarchischen Blickes, die die männliche Macht entindividualisiert und der Sichtbarkeit entrückt, steckt eine politische Strategie, die das Machtgefüge zwischen den Geschlechtern zugunsten der Männer stabilisiert und deren Herrschaftsinteressen wahrt. Die Attraktivität der weiblichen Magerkeit liegt nur zweitrangig in ihrem körperlichen Aspekt. Höher bewertet wird die Di-

391 Dem ist hinzuzufügen, dass die Einhaltung der Standards wesentlich – auch als Folge von Konkurrenzverhalten – von den Frauen untereinander kontrolliert und sanktioniert wird.

mension des Hungerns selbst, denn „Hunger reduziert das, worauf sich ein Verstand konzentrieren kann“ (Wolf, 1993: 283). Die Fixierung auf das Erreichen „idealer“ Körperformen bindet in hohem Maße Energie und hindert Frauen an der Entfaltung ihrer Macht. Nicht zufällig setzte sich das Schlankheitsgebot unserer Tage verstärkt in den Jahren zwischen 1918 und 1925 durch – einer Zeit, in der sich Frauen in einigen Nationen das Wahlrecht erstritten hatten. Der Kult um die magere Frau wurde somit zur Waffe im Kampf der Geschlechter.

„Die massive Reduzierung des Normalgewichts bürdete den Frauen, genau zu diesem Zeitpunkt, als sie genügend Freiheit erlangt hatten, das alles hinter sich zu lassen, neue Spielarten eines reduzierten Selbstbewußtseins, Kontrollverlust und sexuelle Scham auf. Auf elegante Weise wurde ein allgemeiner Wunsch erfüllt: Indem man das Normalgewicht einfach zehn bis fünfzehn Pfund unter dem Durchschnittsgewicht der meisten Frauen ansetzte und weibliche Formen mit der neuen Definition »zu dick« versah, erreichte man, daß eine Welle von Selbsthaß die Frauen der Ersten Welt erfaßte, daß eine reaktionäre Psychologie perfektioniert wurde und ein neuer bedeutender Industriezweig sich etablieren konnte. Aalglatt konterte man den über Jahre anhaltenden Anstieg erfolgreicher Frauen damit, daß man sie mit der Überzeugung versah, sie seien Versager auf einem Gebiet, das implizit als weiblich galt.“ (Wolf, 1993: 262)

Psychologische Erklärungen abweichenden Essverhaltens[392] reichen daher nur zu privaten Zwecken. Wenn Frauen aber im Rahmen einer öffentlichen Gesellschaftsordnung hungern, geht es dabei auch um eine Positionierung in den Netzen der Macht, die das Verhältnis der Geschlechter durchziehen.[393] Mit der Einverleibung des männlichen hierarchischen Blickes werden Genderkonflikte psychologisiert und ein kollektives Phänomen wie der Diätenwahn zu einem ganz individuellen Problem gemacht, bei dem sich jede Frau zu ihrer eigenen Wärterin instrumentalisieren lässt. In Zeiten, in denen sich die Konkurrenz zwischen den Geschlechtern verschärft und zunehmend sichtbarer eine *Krise der Männlichkeit* heraufzieht[394], ist zweierlei zu erwarten. Zum

---

392 Die Mehrzahl der theoretischen Analysen zur Entstehung von Essstörungen basieren auf psychoanalytischen Objektbeziehungstheorien und konzentrieren sich besonders auf die frühkindliche Sozialisation. Für eine zusammenfassende Darstellung vgl. Stein-Hilbers/Bekker, 1996.

393 Betrachtet man Nahrung als Ursymbol dessen, welchen gesellschaftlichen Wert, welchen Status eine Person besitzt, so zeigt sich historisch und interkulturell, dass die untergeordnete Position von Frauen immer auch durch die ihnen zugewiesene/zugestandene Nahrung markiert ist. Häufig waren und sind Frauen bei knappen Ressourcen gezwungen, weniger oder qualitativ schlechter zu essen als ihre männlichen Familienangehörigen. Und wo Hunger herrscht, trifft er überwiegend zuerst Mädchen und Frauen. Das „freiwillige“ Hungern junger Frauen in den westlichen Wohlstandsgesellschaften ist das Ergebnis einer politischen Strategie und ein Handeln, mit dem sich Frauen in das kulturelle System der Zweigeschlechtlichkeit und das soziale Arrangement der Geschlechterungleichheit einarbeiten.

394 Diese „Krise“, die in der Fachöffentlichkeit immer häufiger diagnostiziert wird (vgl. etwa Bründel/Hurrelmann, 1999; Connell, 1999; Faludi, 2001; Hollstein, 2001), bezieht sich darauf, dass die traditionelle Männerrolle aufgrund sozialer Wandlungsprozesse als überholt und nicht mehr zukunftsfähig gilt. Zudem treten Männer immer häufiger als Verursa-

einen kann ein Anstieg abweichenden Essverhaltens bei jungen Männern vermutet werden[395], zum anderen wird sich aber auch die Situation für Frauen und Mädchen weiter zuspitzen. Neben den *roll backs*, welche das weibliche Emanzipationsniveau deutlich zurückzuschrauben versuchen, sorgen tiefgreifende Veränderungen der biographischen Dimension dafür, dass viele Frauen einem wachsendem Druck ausgesetzt sein werden. Durch die Differenzierung weiblicher Rollenmuster hat sich die Bandbreite möglicher Lebensformen für Frauen vergrößert. Doch mit den neuen Optionen verknüpfen sich zugleich auch neue Anforderungen, d.h. neben den hohen Ansprüchen an das äußere Erscheinungsbild erwächst ein steigender Leistungsdruck im Hinblick auf die Bewältigung beruflicher Anforderungen und familiärer Erwartungen.[396]

4.3.2 Essstörungen: Verlust oder Aneignung des Körpers?

Essstörungen, die nach allem, was bisher gesagt wurde, präziser eigentlich als *Esskonflikte* oder *Essprotest* zu bezeichnen wären, werden im psychologischen Diskurs zumeist mit der *Abwehr* sexueller Impulse in Verbindung gebracht. Sowohl das Aushungern des Körpers, als auch die Zulegung eines Fettpanzers werden als Negierungen der (erwachenden) weiblichen Körperlichkeit aufgefasst.[397] Adoleszente Magersüchtige schieben die sexuelle Reifung ihrer Körper hinaus und wehren sich mit einem „undifferenzierten" Körper gegen weibliche Rollenzumutungen.[398] Sie behandeln ihren Appetit,

---

cher sozialer Probleme und Kosten in Erscheinung. Gleichzeitig rückt die Vulnerabilität des „starken" Geschlechts verstärkt in den Vordergrund, wenn es etwa um Fragen der Gesundheit und Mortalität geht. Besonders, wenn der protektive Faktor einer Partnerschaft wegfällt, Männer also auf sich allein gestellt sind, führen die kulturellen Männlichkeitskonzepte in gesundheitliche Krisen.

395 Es ist aufgrund der geschlechtlich differenzierten somatischen Kulturen (Diäthalten als konstitutives Element der Herstellung von Weiblichkeit und körperliche Leistungsfähigkeit als Vehikel gelungener Männlichkeit) jedoch nicht davon auszugehen, dass die Zahl der essgestörten Männer die der Frauen je erreichen wird (vgl. Kolip, 1997: 101).

396 Ein weiterer Aspekt ist die zunehmende Individualisierung des Essens. Claude Fischler macht die *Gastro-Anomie* für die Ausbreitung der Bulimie (mit)verantwortlich. Der Verlust kulinarischer Rituale und Reglements sowie die Vereinzelung der Essenden befördere Störungen der Nahrungsaufnahme. Dies erkläre auch die immer wieder gefundene hohe Prävalenz bulimischer und anorektischer Praktiken bei amerikanischen Studentinnen, die von der familialen Tischgemeinschaft abgeschnitten seien und soziale Bindungen (zu ihrer Geschlechtsgruppe) eher durch gemeinsames Fasten, denn durch gemeinsames Essen herstellten (vgl. Fischler, 1993: 386). Zum Aspekt der kulinarischen Anomie vgl. auch den Beitrag von Margot Berghaus, die die Durkheimschen Befunde auf die Ernährung rekonstruiert (Berghaus, 1984).

397 Im folgenden konzentriere ich mich auf anorektische Praktiken und blende andere Formen des Essprotestes aus.

398 Die Verflüchtigung der Körper durch Hungerpraktiken muss ebenso wie ihre Verfettung durch übermäßiges Essen auch vor dem Hintergrund von Gewalterfahrungen gesehen wer-

pars pro toto, als Lust schlechthin und organisieren sämtliche andere asketische Handlungen um die Ernährung herum. Dabei gilt es nicht nur, den Trieben standzuhalten, der Lust nicht nachzugeben, sondern das Bestreben geht dahin, die Lust zu annullieren (vgl. Habermas, 1990: 45). Darin liegt zugleich eine Möglichkeit der Befriedigung von Allmachtswünschen und der Selbstbestimmung. Indem die Anorektikerin mittels extremer Selbstdisziplinierung ihren Körper und seine Bedürfnisse unter ihre willentliche Kontrolle zwingt und bis zu einem hohen Grad Hunger, Müdigkeit und Schwäche besiegt, erlangt sie, zumindest vordergründig, eine gewisse Autonomie.[399]

Diese Entfleischlichungsstrategie zur Abwehr sexueller Regungen bzw. Ansprüche und zur Zurückweisung männlich okkupierter Weiblichkeit lässt sich aber nicht nur mit dem gängigen psychoanalytischem Instrumentarium erhellen[400], sondern kann auch aus der Geschichte des *christlichen Fastens* heraus erklärt werden.[401] Auch wenn es nicht ratsam ist, den *fasting girls* des Mittelalters die Diagnose Anorexia zu stellen – ebenso wenig wie es im übrigen angemessen wäre, bei mittelalterlichen Menschen Hysterie oder Depressionen diagnostizieren zu wollen, weil es sich bei all diesen Syndromen um kulturgebundene Phänomene handelt – sind doch Parallelen zwischen den Hungerstrategien mittelalterlicher und moderner Frauen unverkennbar (vgl. Bynum, 1996: 127). Als psychosozialer Grund für das Fasten von Frauen im Mittelalter kommt neben der Dimension willentlicher und unwillentlicher Selbst-Bestrafungsaktionen in krisenhaften Lebensabschnitten (z.B. Pubertät, frühe Verheiratung) auch der Umstand in Betracht, dass das Essen für die meisten Frauen das einzige Vergnügen darstellt, dem überhaupt zu entsagen war. Da sie meist über keinen eigenen Besitz verfügten, als Verantwortliche für das leibliche Wohl ihrer Angehörigen jedoch die alleinige Verfügung

---

den. Mehr als die Hälfte der essgestörten Frauen berichten, in ihrer Kindheit sexuell missbraucht worden zu sein (Helfferich, 1994: 100). Die Manipulation der Körper erscheint dann als verzweifelter Versuch, nicht mehr „attraktiv" zu sein, um so den identitätszerstörenden Übergriffen, die sich in mehr als 90 Prozent aller Fälle im sozialen Nahbereich der Kinder ereignen, zu entgehen.

399 Dass diese Autonomie sehr fragil ist und die Magersucht letztlich nicht nur psychische, sondern auch soziale Abhängigkeiten (Familie, Pflegepersonal) produziert, steht freilich auf einem anderen Blatt.

400 Als „Klassikerinnen" wären hier Hilde Bruch und Maria Selvini Palazzoli zu nennen, denen auch die bis heute gültige diagnostische Klärung der Anorexie zu verdanken ist (siehe Bruch, 1982; Selvini Palazzoli, 1982). Von 1916 bis in die 1950er Jahre hinein wurde Magersucht primär als endokrinologische Störung, als somatisch bedingte Appetitlosigkeit, behandelt. Im ausgehenden 19. Jahrhundert wurde als ätiologisches Konzept immer wieder eine Anästhesie der Magennerven in Vorschlag gebracht (vgl. Habermas, 1990: 24).

401 Diese Interpretation rechtfertigt sich nicht zuletzt durch die Beobachtung, dass die Anorexie sich verbreitet in Gesellschaften findet, die aus dem Christentum hervorgegangen sind und nur selten in Gesellschaften auftaucht, die nicht unter christlichem Einfluss stehen (vgl. v. Braun, 1997: 179).

über die Nahrung innehatten, bot sich (und bietet sich noch heute) die Ernährung als weibliches Schlachtfeld geradezu an.

Als Konsequenz der Verschmelzung des christlichen Askese-Ideals mit dem platonischen Denken, das Kategorien wie das „Ich“ oder den „Willen“ mit Männlichkeit assoziiert, vollzieht sich um das fünfte nachchristliche Jahrhundert herum eine (neuerliche) Festschreibung der Geschlechterideologie, die Frauen auf den Bereich der Materie, Männer hingegen auf die Sphäre des Geistes festlegt. Obwohl das christliche Fasten für beide Geschlechter als „Entziehungskur vom weltlichen Leben“ (v. Braun, 1997: 182) begriffen werden kann, richtet sich die Überwindung der Körperlichkeit, die *Festigung* der Körper, für Frauen und Männer vor diesem Hintergrund doch auf Unterschiedliches. Während nämlich der Mann und sein Körper gegen *Versuchungen von außen* zu festigen war, um der Sünde zu entrinnen, galt der weibliche Körper an sich schon als sündhaft. Das Unheil ließ sich demnach von Frauen prinzipiell nicht abwenden, wohl aber in dem Maße mindern, indem ihre Körper dahinschwanden. Die mittelalterlichen Frauen hungerten – jenseits einfacher Weltentsagung und dem Ersetzen der gegenüber den gesellschaftlichen Verhältnissen empfundenen Ohnmacht durch extreme Selbstkontrolle – vor allem gegen ihre Körper an, um sich die ihnen per männlicher Definitionsmacht verschlossene Ebene der Reinheit und Spiritualität zu öffnen. Durch die ideologische Fesselung von Frauen an Materialität musste die weibliche Askese daher als Affront, als unbotmäßige Freiheit des Willens ausgelegt werden und kann deshalb auch als widerständige Praxis begriffen werden, als ein Handeln, das sich den Geschlechtszuschreibungen entgegenstemmte. Gleichzeitig konnte das Fasten aber auch zu einer „Rettung“ weiblicher Körper werden, und zwar in dem Moment, in welchem die Körperlichkeit mit dem Göttlichen zusammentraf. Dies war etwa bei der *holy anorexia* (vgl. Bell, 1985) der Fall, wenn Frauen nichts anderes zu sich nehmen konnten als die Abendmahlhostien und sich damit am Leben erhielten.[402]

Die *Selbst-Aneignung des weiblichen Körpers durch seinen Verlust*, ist ein Muster, das sich gleichfalls in der modernen Welt findet. Das Aufkommen von Magersucht und Bulimie ist dann nicht allein als Zeichen für die Machtausübung an den Körpern und durch Körperbilder, sondern es ist – als pathologisiertes Phänomen – auch als Reaktion auf den *Widerstand* seitens weiblicher Körper zu werten, welche sich die propagierte „natürliche“ Weiblichkeit nicht wie erwartet zu eigen gemacht haben (vgl. Lorenz, 2000: 98). Wie die Hysterie, so betritt auch die Anorexie die medizinischen und medialen Bühnen zu einer Zeit, in der komplexe gesellschaftliche Wandlungen das Geschlechterverhältnis erschüttern.[403] Und wie die Hysterie ist auch die Ano-

---

402 In diesen Kontext gehören außerdem die sogenannten *Unterscheidungswunder*, bei denen es Frauen gelang, geweihte und nicht-geweihte Hostien geschmacklich zu differenzieren.

403 Für die Hysterie sind dies in der zweiten Hälfte des 19. Jahrhunderts die Anfänge der deutschen Frauenbewegung, die symptomatisch für den Umbruch in den weiblichen Le-

rexie eine Form der Somatisierung weiblicher Lebensbedingungen. Die historische Ablösung des *hysterischen Auf-Begehrens* von Frauen durch ihre *anorektische Selbst-Verzehrung* ist hierbei mit einem veränderten gesellschaftlichen Zugriff auf Sexualität zu erklären. Während der Kampf der Hysterikerin auf eine Entkoppelung von Sexualität und Fortpflanzung zuläuft und der Körper gegen die gesellschaftliche Disziplinierung des Sexualwesens verteidigt wird – die eigene Undiszipliniertheit macht das Begehren ja sichtbar –, ficht die Anorektikerin ihre Schlacht gegen die Verkörperung eines Kunstproduktes „Frau", das auf den Märkten der Lust feilgeboten wird. In einer Zeit, in der sexuelle Freizügigkeit zum Dogma und Sex zum Konsumgut degeneriert sind, besteht die Wahrung der Autonomie darin, den eigenen Körper den Sexualisierungsprozessen durch Techniken des Schwindens zu entziehen. Wo die Hysterikerin in ihren Symptomen ein „Mehr" an Körper produziert, in Krämpfen, Anfällen, Ohnmachten ihren Körper den rigiden Reglements durch Übertretung von Grenzen entreißt, ist der Magersüchtigen an einem „Weniger" an Körper gelegen.[404] Indem sie sich quasi entkörpert, entzieht sie ihr Fleisch der Macht der anderen (vgl. Sobiech, 1994: 45ff.). Und im Abstreifen ihrer gesellschaftlich enteigneten Körper realisiert sich für die anorektischen Frauen die narzisstische Aneignung der eigenen Körperlichkeit, wird das Fasten gleichsam zum Schöpfungsakt.

---

bensbedingungen stehen. Für die Anorexie sind als gesellschaftliche Hintergründe in den 1960er Jahren etwa die sexuelle „Revolution", die doppelte Vergesellschaftung von Frauen und die wachsende Kritik an tradierten Rollenmustern und Geschlechterarrangements zu nennen.

404 Die Suche nach dem weiblichen Begehren realisiert sich hierbei nicht nur von weiblicher Seite in der Phantasie des Verzehrens (im anorektischen Fall: Selbst-Verzehrens), sondern auch männlicherseits. Verwiesen sei auf die Verschlingungsphantasien, die Frauen zwischen Lustobjekt (regressiver Symbiosewunsch) und Angstquelle (projektive Angstphantasie) ansiedeln (vgl. Kap. 2.2; vgl. Kleber, 1993).

5 Leiblichkeit, Geschlechtlichkeit und Ernährung

5.1 Grundlegende Annahmen über die gefühlte Ebene der (Re)Produktion der Geschlechterdifferenz: der Leib als Medium des Erlebens

„Gibt es eine gefährlichere Verirrung als die Verachtung des Leibes?“

„*Ich* sagst du und bist stolz auf dies Wort. Aber das Größere ist – woran du nicht glauben willst – dein Leib und seine große Vernunft: die sagt nicht Ich, aber tut Ich.“

(Friedrich Nietzsche)

5.1.1 Zum Verhältnis von Körper, Leib und Identität

Wenn im Vorangegangenen von den Körpern als Voraussetzungen und Effekten symbolischer Ordnungen und Machtgefüge die Rede war, wenn die Relevanz der Körper als Medien sozialer Repräsentationen diskutiert wurde und gezeigt werden konnte, wie sich soziale Strukturen in ihnen verfleischlichen, so wurde bis hierher eine Dimension aus den Augen gelassen, die alltagsweltlich und auch analytisch von fundamentaler Bedeutung ist. Gemeint ist die Ebene des subjektiven *Fühlens* und *Empfindens*, des *Spürens* und *Erlebens*, welche der leibhaftigen Existenz des Menschen eignet – und welcher im soziologischen Diskurs auffällig wenig Aufmerksamkeit zukommt. Dabei liegt doch auf der Hand, dass das menschliche Dasein und mit ihm jede Individuation und Vergesellschaftung an Erfahrungen gebunden ist, in denen sozial konstituierte Bedeutungen mit Gefühlen und Befindlichkeiten synthetisiert werden. Es ist offenbar, dass eine Inkorporierung sozialer Strukturen und symbolischer Ordnungssysteme nur angehen kann, wenn auch das Empfinden involviert ist, dass „objektive“ Gegebenheiten nur insofern zu subjektiven Realitäten werden können, als diese spürbar sind und ein emotionaler Zugang zu ihnen besteht. Zugriffe der Macht und Manipulationen der Körper, Darstellungspraktiken in Interaktionen, körperbezogene Einschluss- und Ausschlussverfahren etc. verharren nicht an Körperoberflächen, an Formen des Fleisches, am *Körperding* (Plessner). Die äußerlichen Stilisierungsverfahren und Umgangsweisen mit dem Körper sind mit innerlichen Prozessen verhakt, die über kognitive Leistungen wie Denken, Sprechen, Urteilen hinaus auch den „innerlichen Sinn", mithin also das Fühlen umgreifen.[405]

Damit gesellt sich zum bisher thematisierten Körper nun der *Leib*. Der Leib ist, anders als der Körper, der im Prozess der Sozialisation erst angeeignet werden muss, immer schon da, vorgegeben und darin eine Art „natürliches Ich", dass er das Subjekt jeder Wahrnehmung ist. Der Leib, das ist kein Ding, sondern ein Zustand, *eigenleibliches Spüren* (Schmitz), das unabhängig ist von den äußeren Sinnen (und damit auch vom perzeptiven Körperschema). [406] Leibliche Regungen sind unmittelbar und unwillkürlich, sie „passieren" einfach. Der Hunger kommt, und wer satt ist, kann nicht willentlich wieder hungrig werden. Statt dessen muss gewartet werden, bis der Hunger sich von selbst wieder einstellt. Zwar kann auf den Hunger manipulativ zugegriffen werden – er lässt sich zügeln und anregen (wenngleich nur als *Appetit*) –, doch bleibt er als Form des *leiblichen Befindens* autonom (vgl. Soentgen, 1998: 17).[407]

Der Leib ist nicht wie der Körper in Teile aufspaltbar. Hunger, Angst oder Freude lassen sich nicht in gleicher Weise zerlegen wie etwa Gliedmaßen. Gleichwohl können eigenleibliche Regungen, die zuständlich gespürt werden, eindeutig lokalisierbar sein. Sofern es sich nicht um ganzheitliche Regungen wie z.B. Frische oder Müdigkeit handelt, die einen „leiblichen

---

405 Dieser Gedanke findet sich auch bei Bourdieu, der in seinem Habituskonzept neben der kognitiven und körperlichen Ebene gleichfalls den Aspekt des Fühlens berücksichtigt, ohne diesen jedoch systematisch zu entfalten. Im Folgenden wird allerdings eine phänomenologische Zuspitzung und Konkretisierung der Thematik angestrebt, die über die bei Bourdieu verhandelten Gesichtspunkte hinausgeht und eine Erweiterung dessen darstellt, was in sozialwissenschaftlichen Zusammenhängen gemeinhin mit dem „Körper" gemeint ist. Dazu wird insbesondere auf die Arbeiten des Philosophen Hermann Schmitz zurückgegriffen.

406 Das soll nicht heißen, dass „äußerliche" Sinneseindrücke (etwa Gerüche oder Geräusche) nicht leibliche Regungen hervorrufen (oder verschwinden lassen) können. An dieser Stelle geht es mehr um die Gegenüberstellung des sicht- und tastbaren Körpers mit dem „innerlichen Sinn" des spürenden Leibes. Leibliche Erfahrungen sind durch einen ganzheitlichen Charakter gekennzeichnet, der nicht notwendig von einzelnen Sinnesorganen abhängt.

407 Um die Vielfalt der leiblichen Regungen erfassen zu können, entwirft Schmitz ein Kategoriensystem, das er *Alphabet der Leiblichkeit* nennt. Seine Bauteile werden den Buchstaben des Alphabets vergleichbar so kombiniert, dass sich eindeutig beschreibbare leibliche Regungen ergeben. Die Elemente der Struktur des Leiblichen sind demnach im Wesentlichen Enge, Weite, Richtung, Spannung, Schwellung, Intensität, Rhythmus, protopathische (der Ortsfindung entgegengesetzte, ortsauflösende) und epikritische (ortsfindende, auf einen Punkt sich zuspitzende)Tendenz. Mit diesem Instrumentarium (ausführlich entwickelt in Schmitz, 1965: 73-172; diskutiert unter anderem in Soentgen, 1998: 20-25 und Gugutzer, 2002: 93ff.) gelingt es, das Feld des leiblichen Befindens analytisch zu erschließen. Die Struktur der Leiblichkeit besitzt bei Schmitz im übrigen einen *geschlechtsneutralen* Charakter (womit er der drohenden Fußangel ontologisierender Aussagen über Männer und Frauen entgeht). Doch schließt der Umstand, dass Schmitz sich nicht veranlasst gesehen hat, das Geschlecht in sein Kategoriensystem explizit einzubeziehen, keineswegs aus, dass damit nicht auch (konstruierte) geschlechtsdifferente Weisen des leiblichen Befindens beschrieben werden könnten.

Ganzort“ (Schmitz, 1998: 14) besetzen, sind die Regungen teilheitlich auf *Leibesinseln* bezogen. Das leibliche Befinden selbst ist nichts anderes als ein *Gewoge von Leibesinseln*[408], welche im Gegensatz zu der habituellen Vorstellung vom eigenen Körper über keinerlei fest umrissene Kontur verfügen. An die Stelle eines stetigen räumlichen Zusammenhangs tritt im eigenleiblichen Spüren eine unstetige Abfolge von

„[...] strahlenden Herden, die oft durch Hervortreten einiger betonter Stellen oder Schwerpunkte in sich körnig sind, gelegentlich auch einen einzigen Schwerpunkt, aber niemals scharfen Umriss besitzen.“ (Schmitz, 1965: 27)

Sowohl die ganzheitlichen Regungen wie auch das Spüren der Leibesinseln markieren *absolute Orte*. Das bedeutet, dass sie unabhängig von Lage- und Abstandsbeziehungen bestimmbar sind.[409] Die absolute Örtlichkeit des Leibes korrespondiert mit dem, was Plessner als *zentrische Positionalität* bezeichnet hat. In der Auseinandersetzung mit dem Doppelaspekt von Innen und Außen, welcher den belebten Körper kennzeichnet, fasst Plessner das Verhältnis desselben zu seiner Grenze kategorial als *Positionalität des lebendigen Seins*. Zentrisch ist diese Positionalität, insofern das leibliche Selbst einer positionalen Mitte entspricht. Es ist das Zentrum jeder Wahrnehmung und im nicht relativierbaren Hier und Jetzt verankert. Zur Umwelt steht das Selbst in konzentrischer Beziehung. Diese „geschlossene“ Organisationsform ist für Tiere typisch, die zwar über Bewusstsein, nicht jedoch über Selbstbewusstsein verfügen. Auch der Mensch besitzt diese Form der Positionalität, doch hat er sie in voller *Reflexivität*. Während das Tier sein Körper *ist* und seinen Körper als seinen Leib *hat* (sofern ihm ein zentrales Repräsentationsorgan eignet und

408 Dies ist am eigenen Leibe leicht nachvollziehbar, wenn man die Augen schließt und nach einiger Zeit gewahr wird, wie einzelne Zonen im Spüren hervortreten, sich ausdehnen, zusammenziehen oder auch wieder verschwinden können. Im Bereich der bildenden Kunst ist auf die Arbeiten der österreichischen Malerin Maria Lassnig hinzuweisen, die bereits Ende der 1940er Jahre leibliche Porträts von sich anfertigte. Statt körperliche Umrisse und Ausdrücke abzubilden, brachte Lassnig das zur Anschauung, was sie von sich selbst spürte. Auf diese Weise entstanden Werke, die das künstlerische Korrelat zu Schmitzens Auffassung von den Leibesinseln darstellen – ohne dass beide voneinander Notiz genommen hätten (vgl. Soentgen, 1998: 19).

409 Dies schließt freilich nicht aus, dass sie zusätzlich relativ bestimmt sind. Zur Verdeutlichung des Konzeptes vom „absoluten Ort“ schlägt Schmitz das Beispiel eines Insektenstiches vor. Wenn irgendwo plötzlich ein Brennen oder Jucken auftauche, mache sich, so Schmitz, die verfügbare dominante Hand unverzüglich daran, das störende Insekt zu vertreiben bzw. der unangenehmen Regung mit Kratzen oder Reiben zu begegnen. Die Hand brauche hierbei nicht im perzeptiven Körperschema aufgesucht und in ein entsprechendes Lage- und Abstandsverhältnis zu ihrem Einsatzort gebracht werden – was im übrigen schlechterdings möglich sei, handelt es sich doch um eine „frisch aufzuckende“, im Körperschema noch gar nicht repräsentierte Leibesinsel –, weil beide Leibesinseln schon durch absolute Orte bestimmt und (durch ein motorisches Körperschema) aufeinander abgestimmt seien. Blitzschnell ziehe die gereizte Stelle die Hand zielsicher auf sich (vgl. Schmitz, 1998: 16).

der Organismus nicht mehr unmittelbar der Einheit der Organe entspricht)[410], kehrt sich das Verhältnis für den Menschen nun um: Er *ist* sein Leib und *hat* diesen als seinen Körper (vgl. Plessner, 1970: 43). Das Körperhaben ist dem Menschen hierbei nicht per se, sondern als eine Aufgabe gegeben, die bewältigt werden muss. Erst durch die erlernte Beherrschung und Kontrolle des Körpers *hat* sich der Mensch auch.

Als Leib geht der Mensch in der Umweltbeziehung auf, d.h. er bildet ein absolutes Hier-und-Jetzt. Insofern er aber aus dieser Umweltbeziehung herausgesetzt ist, realisiert er, dass er einen räumlich und zeitlich verorteten Körper hat. Durch die Fähigkeit zur Distanzierung vom zentrischen Selbst erfährt sich das leibliche Selbst als *relativ* zur Umwelt. Die Wahrnehmung des eigenen Umweltbezuges ist hierbei eine reflexive. Der Mensch erfährt und erlebt sich als ein die Umwelt erfahrender und erlebender Mensch. Diese *vermittelte Unmittelbarkeit* seiner *exzentrischen Position* bildet entsprechend die Grundstruktur, in der sich das Sein des Menschen nach seinen Möglichkeiten konfiguriert, das Apriori der *conditio humana* (vgl. Plessner, 1981, besonders 360-382; erhellend dazu auch Asemissen, 1991). In der Positionalität der exzentrischen Form ist der Mensch gleichermaßen und zugleich beides: „als Leib in der Mitte einer Sphäre“ und als „Körperding an einer beliebigen Stelle eines richtungsrelativen Kontinuums“ (Plessner, 1981: 367). Ihre Exzentrizität zwingt die Menschen nicht zuletzt dazu, sich zu dem zu *machen*, was sie schon *sind*, da sie nicht wie die Tiere aus ihrer Mitte heraus leben und auf diese hin alles beziehen können. „Der Mensch lebt nur, indem er ein Leben führt“ (ebd.: 384), und dies verlangt ihm die Herstellung einer Balance zwischen Körperhaben und Leibsein ab. Ihr Sein und ihr Selbstsein schaffen sich die Menschen mit Hilfe der Kultur, die ihre „konstitutive Heimatlosigkeit“ überwinden hilft.[411]

Körper(haben) und Leib(sein) sind unauflöslich ineinander verschränkt. Es besteht keine Wahlmöglichkeit zwischen beiden „Existenzweisen“, vielmehr markieren sie den grundlegenden Doppelaspekt menschlichen Daseins überhaupt. In der alltäglichen Erfahrung gehen Leib und Körper beständig ineinander über, werden sie im Gleichgewicht gehalten, sind sie zu einer Einheit verbunden. Das Spannungsverhältnis zwischen beiden tritt explizit erst hervor, wenn die exzentrische Positionalität gestört wird. Während sich

---

410 Das (mit Bewusstsein bzw. Trennung von Sensorik und Motorik ausgestattete) Tier deckt sich nicht mit dem Körper, der es ist, sondern es hat ihn als empfindenden Leib mit Trieben und Bedürfnissen, mithin als Mittel seines Umweltbezuges. In seinem Selbst hat das Tier Distanz zu seinem Körper als seinem Leib, doch es hat nicht noch einmal Abstand zu seinem Selbst (vgl. Asemissen, 1991: 160).

411 An dieser Stelle ergibt sich eine Verbindung zur Vorstellung der *natürlichen Künstlichkeit* des Menschen (vgl. Kap. 1.1.1). Plessner betont, dass die Kompensation der „Ergänzungsbedürftigkeit“ nur gelingen kann, wenn die Ergebnisse menschlichen Schaffens ein „eigenes Gewicht“ erhalten und sich vom Prozess ihrer Entstehung ablösen (vgl. Plessner, 1981: 385f.).

in „normalen", bewältigbaren Situationen der Mensch bewusst oder unbewusst seines Körpers bedient und in Form von Gesten, Handlungen oder Sprache das Verhältnis zu seinem Körper aufrecht erhält, entgleitet ihm dieses Verhältnis in Situationen, die innerlich betroffen machen, erschüttern oder rühren, und die ihn handlungsunfähig und sprachlos zurücklassen. Plessner beschreibt diesen Vorgang, der die Fragilität der Balance von Körperhaben und Leibsein vor Augen führt, am Beispiel des Lachens und Weinens (vgl. Plessner, 1982). In nicht beantwortbaren Situationen (welche allerdings nicht *bedrohlich* sein dürfen) verfalle der Mensch ins Lachen oder Weinen. Beide Körperäußerungen stellten – als spontane, nicht-inszenierte Reaktionen – passende Verhaltensweisen, körperliche „Antworten" dar, wo auf einen *instrumentellen* Gebrauch des Körpers nicht zurückgegriffen werden könne. Im unwillkürlichen Lachen und Weinen emanzipiert sich der Körper von der Person. Der Mensch regrediert (im Schmitz'schen Sinne) auf seine leibliche Basis, *ist* sein Leib, aber *hat* ihn nun nicht mehr als seinen Körper.[412] Statt dessen hat der Körper den Menschen.

Das Ineinander-verschränkt-Sein von Körper und Leib als „Normalfall" des alltäglichen Lebensvollzugs besitzt darüber hinaus eine kulturelle und gesellschaftliche Dimension. Das sozial erzeugte Wissen über die Körper und die Bedeutungen, die ihnen zugeschrieben werden, beeinflussen maßgeblich auch das, was die Leiber empfinden. So kann etwa das Wissen um hormonelle Vorgänge das subjektive Erleben körperlicher (und gleichfalls seelischer) Symptome (wie z.B. im Fall des „prämenstruellen Syndroms") entscheidend prägen, möglicherweise auch erst hervorbringen. Wie Nelly Oudshoorn zeigt, zieht die medizinische „Entdeckung" der Hormone zu Beginn des 20. Jahrhunderts gravierende Wandlungen im sozialen Körperwissen nach sich. Neben dem Paradigmenwechsel von der anatomischen zur hormonellen Bestimmung der biologischen Geschlechterdifferenz gehen damit Änderungen einher, die, wie etwa die Entwicklung hormoneller Verhütungsmittel, die Definition hormoneller Funktionsstörungen oder auch die zunehmende Pathologisierung und Medikalisierung der Menopause, sehr konkret in das Selbsterleben von Frauen und Männern eingreifen (vgl. Oudshoorn, 1994).[413] Mit der sozialen Normierung und Codierung der Körper wird auch das leibliche Empfinden vergesellschaftet: Der Leib fühlt, was der Körper bedeutet. Nicht zuletzt wird die Leiberfahrung erst über soziale Praktiken des Körpergebrauchs und der Interaktion überhaupt *erfahrbar* gemacht. So, wie der Leib auf der einen Seite als präsoziale Gegebenheit „total natürlich" ist, ist er auf

---

412 Ebenso gut könnte hier anstelle der Regression ein Verschmelzungsprozess angenommen werden.

413 Wie die medizinisch und naturwissenschaftlich erzeugten Bilder vom Körper und die damit in Verbindung stehenden Deutungsmuster das leibliche Empfinden beeinflussen können, zeigt auch Barbara Duden auf (vgl. Duden, 1997). Sie greift hierbei auf das Beispiel des Immunsystems zurück.

der anderen Seite also *zugleich* „total relativ auf die jeweilige Kultur, denn seine Form ist eine je historische, an der kein Substrat feststellbar ist, das sich diesseits von ihr befände" (Lindemann, 1996: 175). Die unmittelbare Leiberfahrung ist dem Bewusstsein zwar vorgängig, doch sie ist nur insofern möglich, als sie gesellschaftlich und kulturell konfiguriert ist, denn die Einbettung der Menschen in die Sozial- und Kulturwelt ist ursprünglich und geht allen Erfahrungen zwangsläufig voraus. Jede Wahrnehmung erfolgt vor dem Hintergrund tradierten Wissens, bestehender Strukturen und je spezifischer biographischer Erfahrungen. Zugespitzt könnte gesagt werden: Gesellschaftliche Kontexte sind die Bedingung der Möglichkeit körperlich-leiblicher Realitäten (vgl. Villa, 2000: 231).

Als Medium zur Welt und als Verankerung in ihr ist der Leib aber nicht nur selbst „sozial", sondern ebenso auch ein *Konstituens* des Sozialen.[414] Die leibliche Verfasstheit des Menschen ist die apriorische Struktur, die das Ich und die Welt zusammenhält. Dies meint Merleau-Ponty, wenn er vom leiblichen *Zur-Welt-Sein* (*être-au-monde*) des Menschen spricht (vgl. Merleau-Ponty, 1966: 413). Der Mensch ist demnach nicht *in* die Welt geworfen, wie in existenzialistischer Perspektive formuliert würde, sondern er ist *zur* Welt, weil er in je bestimmten Milieus und konkreten sozialen Situationen verankert ist, die spezifische Anforderungen an das Ich stellen, und auf die der Leib „instinktiv" reagiert. Der Leib fungiert als Mittler zwischen Ich und Welt, indem er dem Ich die Welt sinnlich wahrnehmend erschließt. Der Leib ist die Voraussetzung dafür, überhaupt eine „Welt" zu haben. In der Leiberfahrung verschränken sich Ich und Welt ineinander, denn alle Handlungen, Wünsche, Verhaltensweisen etc. werden durch den Leib hindurch zur Welt vollzogen. Die „eigene" („meine") Welt ist dann keine dem Ich gegenüberstehende Welt, vielmehr ist sie aus der Sicht des Leibes das Feld all seiner Erfahrungen – und das Ich ist entsprechend nichts anderes als „eine Sicht der Welt" (ebd.: 462).[415]

Leibliche Existenz ist von ihrem Anbeginn leibliche *Koexistenz*. Die Verwurzelung in der Welt bildet gleichermaßen, wie Waldenfels formuliert, das „*vinculum* zur Mitwelt" (Waldenfels, 1985: 163). Diese Mitwelt, das ist nicht nur die physische Umgebung wie Erde, Luft, Wasser, Städte, Gegenstände etc., die allesamt von einer „menschlichen Atmosphäre" (Merleau-Ponty, 1966: 399) umgeben sind, sondern das sind zuallererst die Anderen. Eine mit anderen *intersubjektiv* geteilte Welt kann es wiederum mit Merleau-Ponty nur aufgrund der Ambiguität der Leiblichkeit (hier im Sinne einer

414 Zum Zusammenhang von Leiblichkeit und Sozialität als Grundproblem der phänomenologischen Soziologie siehe den Beitrag von Herman Coenen (Coenen, 1985).

415 Die Vermittlungsfunktion des Leibes wird im alltäglichen Lebensvollzug nicht wahrgenommen, da Ich und Leib eine der Welt zugewandte *Einheit* bilden. Bei einem ausgelassenen Tanz ist es mein Leib, der sich den pulsierenden Rhythmen anschließt, dennoch spreche ich davon, dass *ich* es bin, die da tanzt.

Einheit von Körper und Leib) geben. Diese besteht in der Gleichzeitigkeit seiner wahrnehmenden (sehenden, fühlenden, hörenden ...) und wahrnehmbaren (sichtbaren, fühlbaren, hörbaren ...) Qualitäten. Menschen existieren für einander daher nur, weil sie einen Leib haben, mit dem sie einander wechselseitig als körperliches Ausdrucksverhalten wahrnehmen können.[416] Die körperlich-leibliche Verfasstheit des Menschen erscheint somit als Bedingung der Möglichkeit von Intersubjektivität, die Merleau-Ponty deshalb auch als *Zwischenleiblichkeit* (*intercorporéité*) bezeichnet.[417]

„Um den wahrgenommenen Leib herum bildet sich ein Wirbel, von dem meine Welt angezogen und gleichsam angesaugt wird: und insofern ist sie nicht mehr nur meine, ist sie nicht mehr nur mir gegenwärtig, sondern für X gegenwärtig, für jenes andere Verhalten, das sich in ihr abzuzeichnen beginnt. [...] eben mein Leib ist es, der den Leib des Anderen wahrnimmt, und er findet in ihm so etwas wie eine wunderbare Fortsetzung seiner eigenen Intentionalität, eine vertraute Weise des Umgangs mit der Welt; und wie die Teile meines Leibes ein zusammenhängendes System bilden, bilden somit auch der fremde Leib und der meinige ein einziges Ganzes, zwei Seiten eines einzigen Phänomens [...].“ (ebd.: 405)

In der Zwischenleiblichkeit vollzieht sich das menschliche Vermögen (welches der Mensch eigentlich *ist*), den eigenen Leib auf den Anderen hin zu „transzendieren“. Über das subjektive Empfinden hinaus – etwa im Schmerz, der „meiner“ ist, den nur ich erfahre und mit niemandem teilen kann – eignet dem Menschen die Fähigkeit (welcher sich schwerlich entzogen werden kann), aus sich selbst herauszugehen, andere wahrzunehmen und darin ein mit anderen geteiltes Feld zu eröffnen. Dies impliziert ferner, dass sich die Identität einer Person immer nur in der leiblichen Auseinandersetzung mit anderen entwickeln kann, dass Leib, Körper (im Sinne eines Trägers von sozialen und kulturellen „Identitätsmarkern“), Intersubjektivität und Identität mithin ein Ganzes bilden, dessen Teile sich parallel und miteinander entwickeln. Entsprechend ist

„[d]ie wechselseitige Vorgegebenheit und Wirkrelation von Subjekt und Gesellschaft [..] primordial im Leibhaben und Leibwerden jedes menschlichen Individuums realisiert. Die Ontogenese eines Menschen in einer konkreten Gesellschaft und in einer konkreten historischen Epoche ist von Anfang an und in ihren elementarsten Ausprägungen ein intersubjektiver Konstitutionsprozess sozialer Erlebens-, Erfahrungs- und Handlungs-

---

416 Dies gilt selbst bei tendenziell „entkörperlichten“ Formen der Kommunikation, z.B. beim Telefonieren. Interessant ist außerdem, dass auch in *virtual communities* häufig auf die körperliche Präsenz von Atavaren zurückgegriffen wird, oder *emoticons* zum Einsatz kommen, die mimische Ausdrucksweisen repräsentieren (z.B. :-) :-(:-O ;-))).

417 Damit liegt der Ansatz von Merleau-Ponty geradezu diametral zur Auffassung der Intersubjektivität bei Alfred Schütz. Nach Schütz stehen sich *ego* und *alter ego* einander als sich selbst verhaftete, selbständige, quasi „geschlossene“ Einheiten gegenüber, was das intersubjektive Verhältnis von Anfang an zu einem gebrochenen macht. Dabei stellt gerade der Leib eine *Barriere* dar, da er das Innere des anderen einem Vorhang gleich verbirgt. Das in der Verstehenden Soziologie breit diskutierte Problem der Intersubjektivität soll hier aber nicht näher ausgeführt werden.

kompetenzen, der das soziale Selbst als soziale Leiblichkeit in einem lebenslangen biographischen Prozeß aufbaut." (Fischer-Rosenthal, 1990: 30)

Für Hermann Schmitz präsentiert sich der Gedanke der Zwischenleiblichkeit, wie er bei Merleau-Ponty angelegt ist, als handlungstheoretisch verengt. Schmitz legt sein Augenmerk nicht auf die intersubjektive Prägung des eigenleiblichen Spürens, sondern verfolgt umgekehrt das Ziel, die soziale Kommunikation aus der dialogischen Struktur des Leibes abzuleiten.[418] Er entwirft ein Modell der leiblichen Kommunikation, das als *Einleibung* verstanden werden will. Ausgangspunkt ist hierbei die Beobachtung, dass die Anwesenheit eines anderen Menschen (oder auch Gegenstandes, Geräusches etc.) einen Effekt auf das eigene leibliche Empfinden hat.[419] Die Kanäle, über welche die leibliche Kommunikation zustande kommt, können verschiedener Art sein. Von besonderer Bedeutung ist jedoch der Blick. Obwohl beim Blickkontakt körperliche Organe aktiv sind, die vergleichsweise klein und nur wenig beweglich sind, und obwohl dabei meist eine nicht unerhebliche körperliche Distanz besteht, können einschneidende Wirkungen auf das leibliche Befinden die Folge sein. Blicke können bekanntlich bannen, fesseln, entwaffnen, bestricken, sie können durchdringend sein, kalt oder herzerweichend, angsteinflößend oder entflammend. Nur nichtssagend sind sie wohl in den seltensten Fällen. Am Blick meines Gegenübers kann ich spüren, wie der betreffenden Person zumute ist, wie sie sich fühlt, und ohne Worte zu bemühen, können allein mit Blicken Schlachten gewonnen und Liebschaften beendet werden. Der Blick ist „eine heimsuchende Macht", die „über Selbständigkeit und Knechtschaft" entscheidet (Schmitz, 1969: 381), da sich die einander Anblickenden in einem Wechselspiel von Widerstand und Hingabe befinden, in welchem es um die Aneignung der anderen Person geht. Die Macht der Blicke offenbart sich aber auch in flüchtigen, beiläufigen und ganz und gar nicht eindringlichen Blicken, nämlich dann, wenn es um das „raffinierte Ballet" geht, dass täglich auf den Gehsteigen unserer Städte beobachtet werden kann. Die Aufgabe, den eigenen Kurs zu halten und dabei weder mit den Entgegenkommenden zu kollidieren, noch sich den Folgenden in den Weg zu stellen, meistern die eilenden PassantInnen in aller Regel mühelos durch flüchtige Einleibung in flügelschlagkurzen Kreuzungen ihrer Blicke (vgl. Schmitz, 1998: 43). Weitere Stifter leiblicher Kommunikation können die Stimme und der Händedruck, aber auch der Atem sein. Man nimmt wahr, in welcher Weise der andere atmet, ob tief und entspannt oder zugeschnürt,

418 Das leibliche Befinden ist insofern in sich dialogisch, als es durch eine intensive und rhythmische Konkurrenz von Schwellung und Spannung gekennzeichnet ist. Angst und Schmerz sind z.B. Auseinandersetzungen zwischen Drang und Hemmung, die sich wie Dialogpartner zueinander verhalten. Zur leiblichen Kommunikation kommt es durch eine Exteriorisierung des innerleiblichen Dialogs (vgl. Schmitz, 1985: 84ff.).

419 Dies ist eingängig nachvollziehbar am Beispiel des „ansteckenden" Lachens oder der sich übertragenden Angst.

hektisch, stockend etc., und das Kommen und Gehen seines Atems kann auch die eigenen Atembewegungen auf sich einstimmen, wenn etwa unruhiges Atmen Unruhe beim Anderen erzeugt (vgl. Soentgen, 1998: 38).

Einleibung[420] bedeutet also nichts anderes, als dass „Dinge“, die nicht zum Leib gehören, in sein Befinden eingreifen und das leibliche Befinden den eigenen Leib überschreitet. Dabei ist jedoch wichtig, dass es sich nicht um Phänomene wie Projektionen oder Einfühlung handelt, sondern um das bloße Geschehen einer *Einbettung*. Der Leib wird „eingebettet und aufgenommen in meist flüchtige, stets leiblich-dialogische Einheiten, die die Struktur leiblichen Empfindens haben und ihn mit Partnern und Gegenständen dynamisch-kommunikativ zusammenfassen“ (Schmitz, 1985: 86). Bei der leiblichen Kommunikation geht der spürbare eigene Leib demnach in einen *überindividuellen Leib* – von Schmitz als *Ad hoc-Leib* oder *Quasi-Leib* bezeichnet – über, der gar die Form eines *Massenleibes* annehmen kann.[421] Wie auch Elias Canetti beschreibt (vgl. Canetti, 1980), können sich bei Massenveranstaltungen (so im Sport oder in politischen Zusammenhängen) „dichte“ Massen entwickeln, in denen Berührungsscheu und soziale Körpergrenzen aufgelöst werden. Im gemeinsamen Rhythmus, hergestellt durch Klatschen, Singen oder bestimmte Körperbewegungen, synchronisiert sich das leibliche Empfinden.[422] Auch eine gemeinsame leibliche Richtung kann sich so formieren, wenn sich die Masse geschlossen auf ein Ziel zu bewegt.

---

420 Schmitz unterscheidet *wechselseitige* und *einseitige* Einleibung. Bei letzterer wird die Zuwendung nicht oder nicht abgestimmt erwidert. Das kann der Fall sein, wenn man von etwas „gefesselt“ ist, von einem Hochseilakt beispielsweise. Die Spannung äußert sich dann in einem unwillkürlichen Mitbewegen. Kennzeichnend für die einseitige Einleibung ist, dass keine „Du-Evidenz“ entsteht, die Gewissheit also, dass da ein (bewusster) Anderer ist, dem ich ein Gegenüber bin. Die wechselseitige Einleibung dagegen schafft diese Gewissheit und beruht auf einem Sich-zugewandt-Sein, in welchem die Betreffenden auf einander eingehen. Charakteristisch für die wechselseitige Einleibung ist entsprechend „das kurzfristige Fluktuieren der Dominanzrolle, verträglich mit insgesamt sich durchhaltender Dominanz einer Seite im Gesamtverlauf“ (Schmitz, 1998: 44). Wenn eine Einleibung den Beteiligten ein Verhältnis von Über- und Unterlegenheit bzw. Rivalität aufzwingt, nennt Schmitz diese *antagonistisch*. Ist dies hingegen nicht der Fall, spricht er von *solidarischer* Einleibung. Dabei müssen die Beteiligten keinesfalls Personen sein, auch ein faszinierender Gegenstand oder ein Thema (z.B. ein Kriminalroman) kann der dominierende Partner in einer antagonistischen Einleibung sein (vgl. Schmitz, 1985: 87f.). Darüber hinaus lassen sich bestimmte Phänomene auch als *Ausleibung* begreifen. In Ausleibungen ergießt sich der Leib in die Weite. Dies kann z.B. während Reisen mit der Bahn auftreten, wenn man in entspannter Haltung die Landschaft an sich vorüberziehen lässt und in eine Art Trance fällt.

421 Schmitz weitet diesen Gedanken auf ein *sympathetisches Verstehen* aus. Durch die wechselseitige Einleibung kann demnach das Erleben des Anderen an der Resonanz des eigenleiblichen Spürens abgelesen und in einer „primären Weise“ verstanden werden (vgl. dazu auch Haneberg, 1995).

422 Der von Soentgen in diesem Zusammenhang gebrauchte Terminus des „gleichgeschalteten“ leiblichen Befindens (Soentgen, 1998: 39) macht darauf aufmerksam, dass „Massenleiber“ auch instrumentell hergestellt und für ökonomische, politische oder gesellschaftliche Zwecke dienlich gemacht werden können.

Die wechselseitige Einleibung ist, wie das auch von Goffman analysierte Beispiel des Ausweichens auf stark bevölkerten Gehwegen zeigt, in sozialen Zusammenhängen von größter Bedeutung. Durch sie stimmen Menschen ihr Verhalten aufeinander ab. Der Leib ist der Sensor und das praktische Vermögen, das eine Orientierung und jeweils „angemessenes" Verhalten im sozialen Raum ermöglicht. So ist etwa der (je nach Kontakt, Situation und Person variierende) Abstand, den man „automatisch" von anderen Körpern hält, nicht eine kognitive oder sonstwie (primär) bewusste Leistung, sondern das Ergebnis leiblichen Spürens. Die kommunikative Kompetenz, die der Leib mit sich bringt, in sich trägt, reicht hinauf bis zur Fähigkeit leiblichen *role-takings*. Was in interaktionistischen Theorien als Rolleneinnahme verhandelt wird, betrachtet Schmitz als einen leiblichen Prozess. Die Übernahme der Verhaltenserwartungen anderer ruht demnach vor allem dem Empfinden auf, und dies um so mehr, je vertrauter das Verhältnis zwischen Personen ist. Doch auch in „anonymen" Situationen ist das vorgreifende Abstimmen des eigenen Verhaltens auf das erwartbare Verhalten der Anderen (zumindest auch) das Ergebnis wechselseitiger Einleibung.

In ähnlicher Weise hat Merleau-Ponty den Leib als *Situationsräumlichkeit* ausgelegt. Er verwendet dabei einen Begriff des „Körperschemas", der den Auffassungen sowohl der Physiologie als auch denen der Psychologie entgegensteht. Statt das Körperschema als positionsbezogen zu definieren, d.h. es als Ganzheit oder Gestalt anzusehen, die den bewusstseinsmäßigen Hintergrund für die Wahrnehmung des Körpers und seiner Teile abgibt, stellt Merleau-Ponty das Körperschema als Räumlichkeit vor, die auf *situative* Anforderungen hin orientiert ist. „Körperschema" und leibliches „Zur-Welt-Sein" fallen hierbei zusammen, insofern der Leib Mittel der Welthabe und der (auch räumlichen) Welteröffnung ist und auf Anforderungen reagiert, die in konkreten Situationen auftauchen. Das praktische Vermögen, sich die Welt zu erschließen und sich beispielsweise ohne überlegen zu müssen und (meistens) frei von Zusammenstößen durch Türrahmen, niedrige Kellergänge oder schmale Sitzreihen zu bewegen, kann hierbei räumlich immer neu ausgedehnt werden. Durch die Tür komme ich auch, wenn ich einen Hut auf dem Kopf trage, und zum unfallfreien Einparken muss ich nicht zuvor die Breite der Parklücke mit den Abmessungen meines Autos „verrechnet" haben. Dass dies funktioniert, liegt an der Fähigkeit, das räumliche Empfinden des Leibes auszudehnen. Auto und Hut werden „einverleibt" und darin der Leib über die Grenzen des sicht- und tastbaren Körpers hinausgebracht (vgl. Merleau-Ponty, 1966: 172ff.).

Der Gedanke leiblichen „Wissens" und des Gespürs, das in konkreten Anforderungssituationen handlungsorientierend und -generierend wirkt, erfährt bei Bourdieu in der Formulierung des *sens pratique* eine soziologische Wendung (vgl. Kap. 4.1.1). Der praktische Sinn, der sich treffend auch als *Spürsinn* bezeichnen lässt (vgl. Gugutzer, 2002: 116), fungiert in diesem

Zusammenhang nicht allein als Messfühler in sozialen Beziehungen, sondern – indem er *gefühlsmäßig* und sehr deutlich das zu einer Person Passende vom Unpassenden trennt – auch als Instanz der *Selbstvergewisserung*. Als solche aber liegt seine identitätsstiftende Kraft auf der Hand.[423] Die Gewissheit der Existenz ist ebenso wie die Gewissheit einer spezifischen sozialen und personalen Existenz die Gewissheit des Leibes, die durch keinen intellektuellen Vorgang ersetzt werden kann. Nicht erst Wilhelm Dilthey polemisierte, dass „[i]n den Adern des erkennenden Subjekts, das Locke, Hume, Kant konstruierten, [..] nicht wirkliches Blut [rinnt], sondern der verdünnte Saft von Vernunft als bloßer Denktätigkeit" (zit. nach Asemissen, 1991: 151). Diese Kritik trifft zu einem großen Teil – mit Ausnahme von z.B. Mead – auch auf die gängigen sozialwissenschaftlichen Identitätstheorien zu.[424] Sowohl entwicklungs- und sozialpsychologische Ansätze, als auch Theorien in der Tradition des Symbolischen Interaktionismus und postmoderne Dekonstruktionskonzepte haben die Körper und vor allem das spürende, empfindende leibliche „Innenleben" nicht systematisch in ihre Überlegungen einbezogen. In der Folge ihres kartesianischen Erbes haben sich die entsprechenden Ansätze vornehmlich auf kognitive Aspekte kapriziert und Identität als eine primär auf Denken, Sprache und Vernunft basierende Leistung vorgestellt.[425] Dass ich *ich* bin, ist jedoch zuerst einmal eine Angelegenheit des Empfindens, eine *spürbare* Selbstgewissheit.[426] Diese kann nach Schmitz weiter von der *leiblichen Disposition* beeinflusst sein, welche habituell verankert ist und den Umgangsweisen mit Situationen und Erfahrungen ihr Gepräge gibt. Mit leiblichen Dispositionen sind Grundstimmungen gemeint, basale leiblich-affektive Anlagen, die am ehesten noch mit dem umgangssprachlich gebrauchten „Temperament" zu vergleichen sind. Als „Stile leiblicher Resonanz" (Schmitz, 1980: 296) sind leibliche Dispositionen für die Identitätsentwicklung insofern von entscheidender Bedeutung, als sie die Grundlage dafür abgeben, wie individuelle Erfahrungen gemacht und biographische

---

423 Unter Identität wird hier das innere Sich-selbst-Gleichsein verstanden, das trotz biographischer Brüche, innerer Widersprüche und verschiedener sozialer Rollen aufrecht erhalten wird. Sie ist die Konstruktion eines kohärenten Ganzen, einer (wandelbaren) Einheit in der Vielheit.

424 An dieser Stelle bietet sich die Gelegenheit, an die Arbeiten eines soziologischen Klassikers zu erinnern: Charles Horton Cooley betrachtete schon zu Beginn des 20. Jahrhunderts das Selbst in erster Linie als *Selbstgefühl* (für eine Darstellung siehe Flam, 2002: 90-98).

425 Für eine eingehende Kritik vgl. Gugutzer, 2002: 19-58. Der Autor selbst entwirft ein Identitätsmodell, das vom Konzept einer *reflexiven Leiblichkeit* ausgeht. Identität erscheint hier als Einheit von Denken, Empfinden und Körper. Die spürende Gewissheit bedarf demnach der sprachlichen Stützung und umgekehrt, und der Körper fungiert identitätsstiftend als Stilisierungsmittel bzw. Kapital.

426 Da die Leiberfahrung erst über die soziale Praxis zugänglich gemacht wird und die soziale Welt eine „zwischenleibliche" ist, kann die Identitätsbildung folglich nur im Verbund mit Anderen bzw. um noch einmal Mead zu bemühen, mit signifikanten und generalisierten Anderen, stattfinden.

Ereignisse erlebt und „verarbeitet" werden. Umgekehrt können auch lebensgeschichtliche Vorkommnisse in die leibliche Disposition eingreifen und mit ihr einen Wandel im Selbstempfinden und Selbstverständnis bewirken.[427]

5.1.2 Die leiblich-affektive Dimension des Geschlechts

Zur leiblich-spürbaren Selbstgewissheit gehört immer auch die Dimension der Geschlechtlichkeit.[428] Mann-Sein und Frau-Sein sind Kategorien sinnlicher Qualität, sie sind eine Angelegenheit des Gefühls, insofern Menschen sich als Männer und Frauen *erleben*. Die Evidenz des eigenen Geschlechts ist eine affektive Erfahrung, die eine Eigenlogik und autonome Faktizität besitzt (vgl. Maihofer, 1995; Lindemann, 1993a) – und die die prinzipielle Kontingenz der sozialen Konstruktionen in Interaktionsprozessen (neben den Verfestigungen durch soziale Trägheitsmomente, vgl. Kap. 3.1.2) *faktisch* einschränkt. Weil die Geschlechterdifferenz eine leiblich verfasste ist, und weil die alltagsweltliche Sicherheit des Geschlechts grundsätzlich auch eine empfundene ist, lässt sich die Analyse der Geschlechterdifferenz nicht auf den Bereich des Symbolischen beschränken (vgl. List, 1997b: 297).[429] Soziale Strukturen sind nicht nur insofern real, als sie von Menschen gemacht werden, sondern insofern sie gleichzeitig als affektive Wirklichkeit empfunden werden. Das *doing gender* allein (und sei es auch in der Form institutionalisierter Arrangements) macht die Konstruktion des Geschlechts nicht „perfekt", erklärt nicht hinreichend die situationsübergreifende Stabilität und Kontinuität sowie die *Naturhaftigkeit* des kulturellen Systems der Zweigeschlechtlichkeit. Erst die subjektive Verinnerlichung, die „Emotisierung" der

---

427 Dies ist etwa bei schwerer Krankheit oder dem Verlust eines geliebten Menschen der Fall. Außerdem setzen einige Konzepte der Körpertherapie (die in diesem Sinne eher eine *Leibtherapie* zu nennen wäre) bei der leiblichen Disposition mit dem Ziel an, diese absichtsvoll zu verändern und damit ihr Identitätspotenzial zu nutzen.

428 Dies impliziert aber keineswegs eine Gleichsetzung von (personaler) Identität und Geschlechtsidentität. Die Problematik der Geschlechtsidentität soll an dieser Stelle nicht vertieft werden. Für eine neuere soziologische Auseinandersetzung vgl. den Band von Birgit Wartenpfuhl (Wartenpfuhl, 2000).

429 Kritisiert wird gleichfalls, dass ein Subjektbegriff, der Identität auf Darstellung begrenzt, für eine Analyse des Geschlechterverhältnisses nicht ausreichend sein kann (Thorne, 1995: 499). Die an Leib und Körper festgemachte Materialität des Geschlechts wird innerhalb der Geschlechterforschung vor allem gegen diskurstheoretische Positionen ins Feld geführt. Der produktiven Macht diskursiver Praxen wird hier die sinnliche Authentizität des Geschlechts vorgehalten (siehe hierzu exemplarisch Duden, 1993 und Landweer, 1993 sowie die übersichtliche Darstellung verschiedener Standpunkte in Villa, 2000). Lindemann hält überdies die sozialkonstruktivistische These, dass Beteiligte die Welt in ihren Handlungen und Lebensäußerungen hervorbringen, überhaupt für problematisch. Sie sieht darin eine soziologisierte Variante der *creatio ex nihilo*, mit der das Sosein, nicht aber das Dasein von „Welt" erklärt werden könne (vgl. Lindemann, 1993a: 27). Dennoch zeigt sie, dass und wie sozialkonstruktivistische und phänomenologische Perspektiven miteinander vereinbar sind.

Geschlechtskonstruktionen sorgt für die Verwirklichung des Geschlechts als subjektiv gespürte Realität und somit dafür, dass Menschen *nicht* als geschlechtslose Akteure in Interaktionen eintreten, in denen sie sich dann erst zu „weiblichen“ und „männlichen“ Wesen formieren. Gesa Lindemann spricht in diesem Zusammenhang von der *leiblich-affektiven Betroffenheit* des Geschlechts und bezieht sich damit auf die Leib- und Gefühlstheorie von Schmitz. Affektive Betroffenheit meint demnach ein Gefühl, das, im Gegensatz zu Gefühlen, die bloß wahrgenommen werden, in das leibliche Empfinden eingreift, besser noch: die betreffende Person *ergreift.* [430] Die affektive Betroffenheit entspricht also dem emotionalen Selbstempfinden und zeigt unmissverständlich an, dass es um „einen selbst“ geht.[431]

Durch die affektive Betroffenheit sind Menschen auf unmittelbar spürbare Weise mit dem Geschlecht – und genauer: aufgrund der Verschränkung von Körper und Leib mit den *Konstruktionen* des Geschlechts – verknüpft. Das Wissen über die Geschlechtskörper und die Geschlechterdifferenz sowie die vor diesem Hintergrund stattfindenden Reflexionen über eigene Leiberfahrungen schlagen sich im leiblichen Empfinden nieder, das mit sozialen und kulturellen Codes abgeglichen wird. Darüber hinaus wirken sich auch gesellschaftlich erzeugte Raum- und Zeitordnungen, in denen die Geschlechterhierarchie (symbolisch und praktisch) eingelassen ist, auf die leibliche Erfahrung des Geschlechts aus. So kann etwa das Durchqueren einer Parkanlage in den Nachtstunden das Geschlecht „weiblich“ im Erleben aktualisieren.[432] Durch das Unbehagen oder die Angst, die gespürt wird – um so mehr, wenn plötzlich Schritte im Rücken wahrnehmbar werden – kriecht das abstrakte Wissen um sexualisierte männliche Gewalt unter die Haut, werden Bedeutungszusammenhänge, die jenseits des individuellen Erlebens liegen, zu einer gespürten Wirklichkeit. Vergeschlechtlichend wirkt dies, insofern das eigene Frau-Sein an einem Ort, der für Frauen als gefährlich gilt, leiblich in Erinnerung gebracht wird. Erst in der leiblichen Erfahrung der Angst oder

---

430 Schmitz verdeutlicht dies unter anderem am Beispiel einer Karnevalsveranstaltung, deren „alberne Lustigkeit“ nicht auf einen ernsthaften Besucher überzugreifen vermag. Die Lustigkeit wird dann zwar wahrgenommen, aber nicht empfunden. Statt dessen können Befremden, peinliches Berührtsein oder Traurigkeit die Folge sein (vgl. Schmitz, 1985: 98f.).

431 Was Lindemann in diesem Kontext jedoch nicht zu berücksichtigen scheint, ist Schmitzens Auffassung von Gefühlen als *Atmosphären*. Schmitz entwirft eine (im besten Sinne des Wortes) *exzentrische Gefühlstheorie*, nach welcher Gefühle nicht im Innern des Menschen angelegt sind, sondern sich als Stimmungen, Atmosphären, Klimata etc. außerhalb desselben befinden. Der Leib stellt demgemäß einen Resonanzboden für diese dar. Zur affektiven Betroffenheit von Gefühlen siehe auch Kap. 5.2.1, zur Auffassung von Gefühlen als Atmosphären siehe vertiefend Kap. 5.2.2.

432 Freilich streifen auch nicht alle Männer angstfrei durch nächtliche Grünanlagen, aber das unsichere Gefühl, das den einen oder anderen beschleichen mag, ist qualitativ von der Angst zu unterscheiden, die viele Frauen als *Frauen* in solchen Situationen erleben – oder z.B. Männer als *Ausländer*, wenn sie sich an einem von rechtsextremen Jugendlichen dominierten Ort aufhalten.

des Erschreckens vor den sich nähernden Schritten werden die normativen Bedeutungen und, wie Lindemann formuliert, „metaphorischen Beschreibungen“ zu einer *geschlechtlich relevanten Realität* (Lindemann, 1994: 138). Lindemann begründet die verweiblichende Wirkung der Angst vor sexuellen Übergriffen mit der *Verletzungsoffenheit*, die das Frau-Sein ihrer Ansicht nach kennzeichnet. Die Vagina birgt demnach (auf der Grundlage sozialen Körperwissens) eine potenzielle geschlechtliche Verletzbarkeit: „Das Faktum der Offenheit des weiblichen körperlichen Leibes wird dabei zum Ausgeliefertsein gegenüber der ‚Verletzungsmacht‘ eines anderen gesteigert“ (Lindemann, 1993a: 249).[433]

Das leibliche Empfinden ist nicht nur durch das Körperwissen und gesellschaftliche Arrangements, sondern außerdem durch die *Formen* des Körpers strukturiert.[434] Für die subjektive geschlechtliche Realität spielen hierbei *spezifische* Körperformen eine herausragende Rolle. Weiblicher Busen, flache Männerbrust, Penis und Vagina sind solche Körperformen, die das „sozial verfasste objektivierte Geschlecht“ (Lindemann, 1993a: 39) repräsentieren. Sie gelten als sichtbare „natürliche“ Beweise des Körpergeschlechts und machen den Körper somit zu einem Zeichen. Dass diese Zeichen als natürliche und unumstößliche Tatsachen wahrgenommen werden, lässt sich mit der lebensweltlichen Generalisierung von Standpunkten (Schütz) erklären. Der Logik des *common sense* folgend, nach der andere etwas genauso sehen wie ich auch, steht die Körperform ‚Penis‘ für Mann, die Körperform ‚Busen‘ für Frau. Dergestalt objektiviert, wird die kulturelle Zeichenrealität selbst zum „Ding“. Die Körperformen, die das Geschlecht *bedeuten*, nehmen auf das subjektive Gefühl, ein Geschlecht zu *sein*, Einfluss, indem sie Leibesinseln konfigurieren, die als geschlechtlich relevant empfunden werden. Zwar können auch Leibesinseln, die sich körperlich z.B. als Handflächen oder Schulterblätter beschreiben lassen, als geschlechtlich wahrgenommen werden, nämlich dann, wenn dies im Dienste einer Vereinheitlichung der Gesamterscheinung steht. Doch sind sie keine primär geschlechtsbestimmenden Leibregionen wie der Penis oder die weiblichen Brüste.

---

433 Angesichts der Tatsache, dass auch der männliche Körper (sexuell relevante) Öffnungen hat, bleibt offen, warum gerade die Körperform „Vagina“ Verletzungsoffenheit produzieren soll. Woher die Deutungen stammen, die das Leiberleben strukturieren, bleibt bei Lindemann unbeantwortet. Ich schließe mich hier der Kritik von Paula Villa an und stimme ihr darin zu, dass „[...] der Hinweis auf Körperöffnungen keine hinreichende Erklärung und die spezifische Kodierung von Körperöffnungen [..] nur unter Berücksichtigung der symbolischen Ordnung des Geschlechterverhältnis (sic!) angemessen erfaßt werden [kann].“ (Villa, 2000: 211) Dies gilt gleichfalls für die von Lindemann hinsichtlich des Mann-Seins konstitutionsbestimmend in Anschlag gebrachte „offensive Selbstbehauptung“, die auch die Bereitschaft zu Gewalttätigkeit einschließt.

434 Dem historischen *Wandel* von Leiberfahrungen, der die Verknüpfung des Leibes mit dem sozialen Körperwissen besonders gut hervortreten lässt, widmet sich Duden, 1991b.

Lindemann unterscheidet bei den geschlechtlich relevanten Körperformen, die das Leiberleben prägen, *signifikante* von *insignifikanten* Formen. Die insignifikanten Körperformen sind solche, die gleichermaßen als „männlich" oder „weiblich" empfunden werden können, die signifikanten Formen hingegen lassen sich nur als *ein* Geschlecht empfinden (für eine Aufstellung vgl. ebd.: 197f.). Signifikante Körperformen, die das Geschlecht „weiblich" bedeuten, sind nach Lindemann der Busen und die Vagina, ihre männlichen Entsprechungen Penis und Hoden. Die Männerbrust, die Klitoris oder der Innenraum des männlichen Körpers formieren hingegen Leibesinseln, die flexibler gehandhabt werden können. Dies lässt sich am Beispiel eines transsexuellen Mannes verdeutlichen, der im Rahmen von Lindemanns Studie davon berichtet, sich in der sexuellen Interaktion mit seiner Partnerin auch ohne Operation als „vollständiger" Mann zu *fühlen* (und gleichfalls von der Partnerin auch als solcher empfunden zu werden). Dies geschieht durch eine Umdeutung der (vergrößerten) Klitoris zum Penis, die sich im individuellen Erleben realisiert. Umgekehrt kann aus einem Penis jedoch keine als „weiblich" empfundene Leibesinsel werden[435], ebenso wenig wie die Vagina zu einem „männlichen" leiblichen Ort werden kann. Eine insignifikante Körperform wie die Männerbrust birgt hingegen wiederum einen Spielraum, der es ermöglicht, dass transsexuelle Frauen ihre Brust als weiblichen Busen empfinden.

Auch wenn das Gefühl, eine Frau oder ein Mann zu sein, mit der Konfiguration geschlechtlich relevanter Leibesinseln durch signifikante Körperformen in Verbindung steht – was sich im übrigen vorzugsweise im erotischen Begehren und in der sexuellen Praxis realisiert –, sind es doch vor allem die sozial vermittelten und alltäglich vollzogenen Körperpraxen, das zeit- und kulturabhängige Wissen über die (Geschlechts-)Körper sowie die damit einhergehenden Codierungen, Normierungen und Disziplinierungen, die jenes leibliche Empfinden strukturieren, auf dem die Evidenz des Ge-

435 Dem Penis räumt Lindemann in ihren Arbeiten einen herausragenden Stellenwert ein. Sie geht davon aus, dass er Männer stärker leiblich mit ihrem Geschlecht verankert, als es die signifikanten Körperformen Busen und Vagina in bezug auf das Frau-Sein tun. Seine besonders ausgeprägte leibliche Wirkung und die damit einhergehende besondere Fähigkeit zur Stabilisierung der männlichen Körperidentität, bezieht der Penis Lindemann zufolge aus seiner visuell-taktilen Beschaffenheit (vgl. Lindemann, 1993a: 220). Wenngleich Lindemann vom Standpunkt der Zeichenhaftigkeit von Körperformen aus argumentiert und wiederholt darauf hinweist, keine essentialistischen Aussagen treffen zu wollen, hinterlassen ihre Ausführungen über die geschlechtlich signifikanten Körperformen doch den faden Nachgeschmack einer Reifizierung konstruierter Körpernormen. Gleichwohl leistet ihre Analyse eine Präzisierung der ethnomethodologischen Annahme, dass Sexuierungs- und Desexuierungsprozesse kontingent seien. Bestimmte Körperformen lassen sich eben nicht beliebig vergeschlechtlichen (bzw. geschlechtlich umdeuten), weil sie eine besonders starke leiblich-affektive Wirkung haben. Sie sind kulturell so konstruiert, dass sie als „natürliche" Statthalter der Geschlechtlichkeit wahrgenommen und empfunden werden. Es handelt sich um „*kulturell gezogene natürliche Grenzen*" (ebd.: 51).

schlechts basiert.[436] Die Körper fungieren in diesem Sinne als *Empfindungsprogramme* für den Leib, was auch die soziale Herstellung (und Institutionalisierung) von Gefühlswelten und entsprechend geschlechtsdifferenten *emotionalen Kulturen* einschließt. Gleichwohl lässt sich der Leib als Gegebenheit eigener Art nicht zum passiven Empfänger körperlicher Erfahrungen herunterbrechen, der diese in „Innerlichkeit" transformiert. Der Leib geht in der Verleiblichung der Körper und der darin eingelassenen sozialen Strukturen nicht auf. Für die –noch in den Anfängen steckende – Erforschung der Verwirklichung von Geschlecht als subjektiv gespürte, empfundene Realität, mithin also der leiblichen Dimension des Geschlechts, bietet die Verschränkung von Körper und Leib zunächst aber einen aussichtsreichen Anknüpfungspunkt.

5.2 Essen und Emotionen

> „Wie wenig wisst ihr von der Magie der Speise, und wie wenig wusste ich selbst davon bis zu dem Augenblick, von dem ich hier spreche. Dies zu schmecken war gar nichts, war nur der entscheidende, geringfügige Übergang zwischen jenen beiden: erst, es zu riechen, dann aber davon gepackt, gewalkt zu werden, ganz und gar, von Kopf zu Fuß von dieser Speise durchgeknetet, von ihr wie von den Händen dieser alten Hure ergriffen, gepresst und mit ihrem Safte [...] eingerieben zu werden."
>
> (Walter Benjamin)

436 Robert Connell weist darauf hin, dass nicht nur die sozialen Strukturen die Körper formen, sondern es eine eigene Realität der Körper gibt, die ihrerseits Strukturen hervorbringt. *Körperreflexive Praxen* konstituieren demnach eine (nicht biologisch determinierte) „körperliche Welt". Sie sind „Teilnehmer am sozialen Geschehen (agency) [...], die den Verlauf des sozialen Verhaltens mitbestimmen" (Connell, 1999: 80). Demnach kann eine körperlich gemachte Erfahrung (in Connells Beispiel ist dies die manuelle anale Penetration eines Mannes im heterosexuellen Liebesspiel) eine sozial strukturierte körperbezogene Phantasie evozieren (nämlich die imaginierte homoerotische Beziehung zu einem Mann), die ihrerseits den Anstoß gibt für eine (neue) körperliche Interaktion (hier der Analverkehr mit einem männlichen Partner). Ähnliches ist auch im Bereich der Ernährung vorstellbar, zu denken wäre etwa an Erfahrungen des Ekels oder des Rausches.

5.2.1 Sinne, Leib, Gefühl: Essen als „sinnliches" Geschehen

Wenngleich sich der Mensch im Akt der Nahrungsaufnahme als biologisch verfasster, lebendiger Organismus reproduziert, sind Essen und Trinken doch auch in ihrer grundlegenden materiell-sinnlichen Dimension nicht auf die Ebene des Körpers, auf seine Erhaltung, Funktionstüchtigkeit, Gestalt und Formung beschränkt. Das Nahrungsgeschehen ist in besonderem Maße eine Erfahrung des Leibes, es besitzt Qualitäten eigenleiblichen Spürens und betrifft das leibliche Befinden. Dies wird besonders deutlich, wenn man den Zusammenhang von Essen und Emotionen[437] etwas ausleuchtet. Diesem Themenfeld hat sich in der Vergangenheit vornehmlich die Ernährungspsychologie zugewandt[438], gelten Gefühle doch gemeinhin als eine Angelegenheit der Psyche bzw. der Seele. Dass dies so angenommen wird, ist allerdings keinesfalls selbstverständlich, sondern die Folge einer antiken Erfindung. Die Rede ist von der platonischen Denkfigur eines *Seeleninnenraumes*, die nicht nur zu dem bis in die Jetztzeit nachwirkenden Leib-Seele-Dualismus geführt hat, sondern auch eine *Privatisierung* von Emotionen nach sich zog, die uns heute im abendländischen Denken als Selbstverständlichkeit begegnet. Das, was wir heute mit „Gefühlen" meinen, nämlich persönliche, ichhafte Seelenzustände, wurde vor der demokritisch-platonischen Wende mit äußerlichen, atmosphärisch-numinosen Mächten identifiziert, welche die Menschen in ihren Bann schlagen und buchstäblich *ergreifen*. Beginnend im Zeitalter der

---

437 Da die Begrifflichkeiten in den mit der Gefühlswelt befassten wissenschaftlichen Feldern unübersichtlich und weit davon entfernt sind, einheitlich oder systematisch verwendet zu werden, ziehe ich mich für allgemeine Aussagen auf die Bezeichnung „Emotion" (oder den umgangssprachlichen Gebrauch von „Gefühl") zurück. Dieser Begriff erscheint trotz leichter behavioristischer Anklänge aus der Emotionspsychologie noch vergleichsweise neutral zu sein, zumal wenn von der Grundbedeutung *motio*, d.h. Bewegung, ausgegangen wird. In diesem Sinne eignet sich „Emotion" als Arbeitsbegriff, der verschiedene Ebenen umfasst. Für eine einführende Diskussion der Terminologie siehe auch Benthien/Fleig/Kasten (Hg.), 2000 und Tritt, 1992. So facettenreich die sprachlichen Bestimmungsversuche ausfallen, so vielfältig erweisen sich auch die theoretischen Zugriffe auf Emotionen, die von der Behauptung eines Universalismus von Gefühlen im Sinne anthropologischer Konstanten bis zu dessen Gegenteil, nämlich einem radikalen Gefühlsrelativismus reichen, nach welchem – ganz im Sinne Wittgensteins, der in einem berühmten Diktum befand, dass man über das, wovon man nicht sprechen könne, zu schweigen habe – eine intersubjektive Kommunikation über Gefühle schlicht nicht möglich ist. Strittig ist auch das Verhältnis von Emotionen und Körpern, das im Folgenden zumindest ansatzweise erörtert werden soll. Zur *Soziologie der Emotionen* siehe Barbalet, 1998; Bendelow/Williams (Eds.), 1998; Denzin, 1984; Flam, 2002; Gerhards, 1988; Hochschild, 1990; Kemper (Ed.), 1990; Tritt, 1992; Vester, 1991. Von den europäischen Klassikern haben sich vor allem Emile Durkheim, Georg Simmel und Max Weber mit der Rolle von Emotionen im sozialen Kontext beschäftigt (für eine übersichtlich Darstellung siehe Gerhards, 1988 und Flam, 2002).

438 Einschlägiges hierzu findet sich bei Gniech, 2002; Grunert, 1993b; Logue, 1995; Pudel/Westenhöfer, 1998. Teuteberg, 1993 ist stärker kulturwissenschaftlich orientiert, geht aber gleichfalls von der These aus, dass die physiologischen Reize bei der Nahrungsaufnahme psychische Reaktionen auslösen.

griechischen Tragiker wurden diese Mächte nach und nach entmythologisiert und in das Innere der Menschen verlegt.

Schmitz nennt diesen Vorgang „psychologistisch-reduktionistisch-introjektionistische Vergegenständlichung“ (in verschiedenen Publikationen, z.B. Schmitz, 2000: 44).[439] Mit dieser sperrigen Formulierung ist erstens gemeint, dass das Erleben der Menschen, welches vormals auf verschiedene Regungsherde sich verteilte und offen war für ergreifende atmosphärische Mächte der Wut, Scham, Freude, Trauer etc., nun in eine private Innenwelt eingeschlossen und dort einer zentralen Instanz (z.B. der Vernunft) unterworfen wird. Damit ist das Individuum der Macht der Gefühle nicht länger ausgeliefert, sondern schwingt sich zu ihrem (Be-)Herrscher auf, oder wie Schmitz sagt: Mit der Innenwelt der Seele erhält „die Person gleichsam ein Haus [..], in dem sie Herr sein kann“ (ebd.: 43).[440] Zweitens hebt die Polemik Schmitzens darauf ab, dass die empirisch zugängliche Außenwelt „abgeschliffen“ wird, bis hauptsächlich nur noch Merkmale übrig bleiben, die den primären Sinnesqualitäten, also etwa Größe, Gestalt, Anordnung, Zahl entsprechen, und die intersubjektiv und intermomentan identifizierbar, messbar und selektiv variierbar sind. Die äußere Welt wird demnach am Leitbild des festen Körpers ausgerichtet. Schließlich, und dies ist der dritte Teil der These, wird das, was nach dieser „Abschleifung“ übrig bleibt, quasi als Abfall in den Innenwelten abgeladen und als „nicht ganz verlässlich bestimmbarer und unübersichtlicher Restposten der Vergegenständlichung“ (ebd.: 44) behandelt. Die psychologistisch-reduktionistisch-introjektionistische Vergegenständlichung hat zur Folge, dass der spürende Leib aus dem Blick verschwindet und die Gefühle sich nunmehr mit einem „kümmerlichen Eckplatz in der Intellektualkultur“ (ebd.) bescheiden müssen – was nicht zuletzt auch die fehlende begriffliche Präzision in diesem Feld erklärt.[441]

Mit der zunehmenden Introjektion der Gefühle im Prozess der abendländischen Zivilisation[442] entstand zunächst die Auffassung, dass Gefühle *insze-*

---

439 Mit Dieter Claessens ließe sich dieser Aspekt der Subjektwerdung aber auch als Abstraktionsprozess fassen (siehe Claessens, 1980).

440 Insofern kann von einem „Bemächtigungswillen“ oder einer „Selbstermächtigung“ die Rede sein, wie Schmitz an unterschiedlicher Stelle formuliert. Den Prozess der Introjektion veranschaulicht er am Beispiel des Selbstgespräches. Während Homers Helden noch mit ihrem θυμός, einem in der Brust lokalisierten leiblichen Regungsherd, Zwiesprache halten, wenn sie etwas überlegen, bestimmt Platon das Selbstgespräch als stilles Denken innerhalb der Seele (vgl. Schmitz, 1969).

441 Dies gilt für den philosophischen Diskurs und andere wissenschaftliche Disziplinen, nicht jedoch für die Dichtkunst, wie ein kurzer Hinweis etwa auf die Werke der *Empfindsamkeit*, des *Sturm und Dranges* oder der *Romantik* leicht in Erinnerung bringen mag.

442 Ein Vergleich mit dem chinesischen Denken, dem eine stärkere (und „ganzheitliche“) Beachtung des Leibes nachgesagt werden kann, zeigt, dass auch hier eine Introjektion der Gefühle stattgefunden hat, wenngleich in weniger konsequentem Ausmaß als in der europäischen Kultur. Während sich in der abendländischen Tradition mit der Seele eine im Kopfbereich (Gehirn) verortete innere Instanz zum Sitz der Emotionen aufschwingt – dies im

nierbar seien. In dem Maße, in welchem Emotionen als etwas betrachtet werden, das sich (im Lichte der Trennung von Leib und Seele) zwar innerlich vollzieht, nach Außen jedoch am körperlichen Ausdruck sichtbar wird, wuchs die Vorstellung, dass Emotionen darstellbar, die entsprechenden körperlichen Ausdrucksformen mithin erlernbar sein müssen. Erst mit dem 18. Jahrhundert etablierte sich dann in Europa eine Gefühlskultur, die der Theatralisierung von Emotionen eine neue „Natürlichkeit" entgegnete. Jenseits aller Maskenhaftigkeit wird nun der *individuelle Gefühlsausdruck*, in dem sich die „natürliche" Empfindung zu realisieren hat, zum Maßstab aller Dinge. Die Gefühle gelten seitdem als authentischer Ausdruck des Eigentlichen und als das subjektivst-Menschliche überhaupt. Und sie tun dies, obwohl ganz offenbar ist, dass Ausdruck und Umgang mit Emotionen gesellschaftlich kanalisiert sind, dass sie kulturellen und sozialen Regeln folgen, und dass Emotionen auch intentional produziert und strategisch eingesetzt werden, auf den Warenmärkten ebenso wie in intimen Beziehungsgeflechten.[443] Nicht zuletzt sind Emotionen immer auch soziale Ressourcen, die getauscht werden können, mehr noch: getauscht werden *müssen*.[444]

übrigen wohl auch deshalb, weil sich vier der in der offiziellen Philosophie anerkannten fünf Sinne am Kopf befinden (vgl. Linck, 2001: 114, Fn. 80) – gilt in der chinesischen Kultur das *Herz* als Behausung derselben. Indem die frühen chinesischen Philosophen den Sinnesöffnungen zugunsten des leiblichen Spürens misstrauten, wählten sie mit dem Herzen einen leiblichen Regungsherd, an dem sich das Spüren und Empfinden sehr intensiv ereignet. Unter den leiblichen Regungsherden nimmt das Herz eine herausragende Stellung ein – zunächst noch als *primus inter pares*, dann aber als Herrscher (vgl. ebd.: 225), und es wird gleichermaßen zum Sitz des Bewusstseins und des Willens, der Geisteskraft und der Moral. Durch das Festhalten am Herzen als Instanz der Gefühlsregulierung fand keine dem europäischen Denken vergleichbare Abkoppelung von der unmittelbaren Leiberfahrung statt, so dass sich in der chinesischen Kultur der (theoretisch wie praktisch) höhere Stellenwert des leiblichen „Spürsinns" erhalten hat. Eine Folge daraus ist, dass dem Atmosphärischen eine größere Bedeutung zufällt und demgemäß stärker die *Relationen* zwischen Menschen (oder auch Menschen und Dingen) betont werden als etwa die Eigenschaften einzelner Objekte.

443 Zur Kommerzialisierung von Gefühlen vgl. Hochschild, 1990. Arlie Russell Hochschild beschreibt in ihrer viel beachteten Studie die *Gefühlsarbeit*, die in immer stärker wachsendem Ausmaß von den Beschäftigten (insbesondere den weiblichen Beschäftigten) im Dienstleistungssektor geleistet wird, behandelt aber auch das Problem des *Gefühlsmanagements* im Privatleben von Männern und Frauen.

444 Zur Reziprozität von Emotionen, dargestellt an interkulturellen Beispielen, siehe Vester, 1991: 111-119. In diesem Kontext können Emotionen auch als kulturelles *Kapital* aufgefasst werden. *Emotionales Kapital* wäre demnach die Kompetenz zur Modulation der eigenen Gefühle. Die Akkumulation dieser Kapitalform setzt voraus, das „Investitionsklima für Gefühlsinvestitionen auszuloten" (Gerhards, 1988: 121) und die eigenen Emotionen entsprechend zu regulieren und einzusetzen. Die Fähigkeit zum flexiblen Umgang mit dem eigenen Gefühlshaushalt variiert schichtspezifisch, und die ungleich verteilten Chancen zur Akkumulation von emotionalem Kapital restabilisieren wiederum die „feinen Unterschiede".

Es existieren normative Emotionscodes, die auf der Basis intersubjektiv geteilter Deutungen vorzeichnen, was und wie in welchen Situationen angemessenerweise zu fühlen ist, wann etwa Schuldgefühle am Platz sind, wann wir das Recht haben, uns zu ärgern, wann wir dankbar sein sollen oder voller Freude, und wann es angezeigt ist, eifersüchtig zu werden. Abgesichert durch Formen der sozialen Kontrolle bestimmen die *Gefühlsregeln* – die freilich in verschiedenen Milieus, zwischen den Geschlechtern und Generationen, im privaten und öffentlichen Raum unterschiedliche Ausprägungen und Nuancen besitzen – aber nicht nur die *Qualität* der Emotionen, also das, *was* wann von wem zu empfinden ist, sondern auch deren *Dauer* und *Intensität*. Es bestehen jeweils spezifische Erwartungen an die zeitliche Ausdehnung von Emotionen, die auch an soziale Rollen geknüpft sein können. So gilt die (ideale) Liebe von Eltern zu ihren Kindern als ein über Situationen hinausgehendes, dauerhaftes, dem Wesen nach lebenslanges Gefühl. Der Trauer wird ebenfalls eine etwas längere Zeitspanne (institutionalisiert im „Trauerjahr") eingeräumt, wohingegen Zorn oder Rührung an Situationen gebunden sind und nur kurzfristig zum Ausdruck gebracht werden dürfen. Auch, wie stark welche Emotionen jeweils zu fühlen sind, ist durch kulturelle und soziale Übereinkünfte geregelt. Sich in einer Situation zu wenig oder zu viel (oder womöglich zu früh) zu freuen, nicht wütend genug oder zu wütend geworden zu sein, sind Umstände, die die eigene innere Kontrolle und/oder korrigierende Eingriffe Dritter auf den Plan rufen. Entsprechend wird *Emotionsarbeit* geleistet, die zum einen auf die Präsentation eines „besten emotionalen Selbst" zielt, also z.B. die Modulation von Mimik und Gestik einschließt, um den eigenen Gefühlsausdruck mit den Erwartungen der Umwelt in Einklang zu bringen. Neben diesem *surface-acting* (Goffman) beinhaltet die Emotionsarbeit aber auch Strategien, die zum anderen auf die innere Befindlichkeit selbst zugreifen. In diesen alltäglich sich vollziehenden Prozessen geht es darum, eine (sozial oder individuell) erwünschte Empfindung herzustellen bzw. nicht gewollte Emotionen abzuwehren. Dieses *deep-acting* (Hochschild) kann in unterschiedlicher Weise erfolgen, beispielsweise durch Manipulationen auf physischer Ebene (vom tiefen Durchatmen bis zum Gebrauch von Psychopharmaka) oder auch durch kognitive Interventionen, indem anhand von Bildern, Erinnerungen, positiven oder negativen Gedanken versucht wird, bestimmte Gefühle hervorzurufen oder abzuwehren.

Doch die Beziehungen zwischen Emotionen und sozialen und kulturellen Kontexten sind nicht nur als einseitiger Prozess zu verstehen, sondern sie bilden einen wechselseitigen Wirkungszusammenhang. Einerseits können Gefühle aus bestimmten sozialstrukturellen Bedingungen hervorgehen und das Resultat kultureller Deutungsmuster, z.B. spezifischer Weltbilder, sein.[445]

445 Als Beispiele für Gefühlslagen, die aufgrund spezifischer sozialstruktureller Gegebenheiten entstehen, lässt sich unter anderem der Zusammenhang zwischen dem Auftreten von Depressionen bzw. Melancholie und der Versagung von sozialer Anerkennung anführen, wie

Andererseits formen aber auch die Gefühle ihrerseits die soziale Realität, indem sie Sozialzusammenhänge auf spezifische Weise strukturieren. Schon Durkheim wies in seinen Studien über „Die elementaren Formen des religiösen Lebens" darauf hin, dass Emotionen eine fundamentale Konstruktionsform sozialer Wirklichkeit darstellen. Vor jeder kognitiven Unterscheidung ordnen emotional hergestellte Differenzen (z.B. eigen/fremd, profan/heilig) die „Welt".[446] Die Produktion von Sinn ist demnach keine exklusive Domäne kognitiver Abläufe: Emotionen schaffen Sinn.

„Sinn [...] wird auch in emotionalen Prozessen konstruiert und dekonstruiert. Emotionen beinhalten und transportieren Sinn, und zwar auf fundamentalere und meist effektivere Weise der Informationsverarbeitung, als dies elaborierte, auf Reflexivität und Intentionalität beruhende ‚Sinnträger' vermögen. Einmal geschaffene und kulturell tradierte Sinnsysteme fungieren auch als *Modelle* für emotionale Erfahrungen." (Vester, 1991: 18)

Emotionen sind somit keineswegs auf den Status privater Erlebnisse reduzierbar. Vielmehr sind ihr individuelles Auftreten und ihre Ausdrucksweisen von sozialen Situationen abhängig, sind sie stets in kollektive Bedeutungshorizonte eingebettet, deren Voraussetzungen und Effekte sie gleichermaßen sind. Eine ausschließlich am Individuum orientierte Erforschung der Gefühle kann daher nicht anders als zu verkürzten Ergebnissen führen.

Dass Gefühle dennoch als zutiefst individuelle Angelegenheit angesehen und erlebt werden, hängt nicht zuletzt mit ihrer *Körpergebundenheit* zusammen, welche sie gleichfalls als naturhafte Phänomene erscheinen lässt. Obwohl Gefühle überwiegend als psychische Größen verbucht werden, ist unstrittig, dass sie von körperlichen Prozessen nicht loszulösen sind. Im Alltagsverständnis wird den Emotionen zugeschrieben, jeweils spezifische körperliche Haltungen und Ausdrucksweisen hervorzubringen, die geweiteten Augen im Schreck etwa oder den vor Scham zum Boden gesenkten Kopf.[447]

---

er z.B. für bürgerliche Intellektuelle des 18. Jahrhunderts (Melancholie) oder für die „Nur-Hausfrauen" unserer Tage (Depression) belegt ist. Die Etablierung von Gefühlskulturen mit entsprechenden emotionalen Befindlichkeiten durch kulturelle Deutungshorizonte lässt sich exemplarisch an der *Protestantischen Ethik* nachvollziehen. Die Emotionen ergeben sich hierbei freilich nicht „automatisch" oder reflexartig aus den Bedingungen, sondern aus der jeweiligen *Interpretation* der Bedingungen, die in sozialen Interaktionen vollzogen wird. Theodore Kemper, einer der Pioniere der modernen Emotionsforschung, betont gegenüber der konstruktivistischen Variante der *feeling rules* (Hochschild), dass die vorfindlichen Normen, die das Gefühlsleben (sozial und individuell) regulieren, nicht ursächlich für das Auftreten von Emotionen sind. Vielmehr sind es nach Kemper Beziehungsstrukturen von Status, Macht und Herrschaft, die bestimmte Gefühle in bestimmten Situationen hervorrufen. Wie diese dann „gemanagt" werden, ist eine weitere, andere Sache.

446 Dabei verläuft die Strukturierung nicht nur horizontal (innen/außen), sondern auch vertikal (oben/unten). Durch die immer auch emotionale Verankerung sozialer Hierarchien wird die Ungleichverteilung von Ressourcen wirkungsvoll stabilisiert.

447 Inwieweit die körperlichen Ausdrucksformen von Emotionen universelle Gestalt besitzen bzw. historisch, kulturell und sozial variieren, ist eine breit diskutierte Frage, die hier nicht aufgegriffen und weiter verfolgt werden soll. Es lassen sich durchaus Anhaltspunkte dafür

Doch auch der umgekehrte Fall kann eintreten, wenn nämlich durch bestimmte Körpertechniken Gefühle intentional produziert werden.[448] Von naturwissenschaftlicher Warte aus werden Emotionen anhand körperlicher Parameter wie z.B. Hautwiderstand, Blutdruck oder Transpiration gemessen und ihrer Entstehung mit der Untersuchung hormoneller und neurophysiologischer Vorgänge nachgegangen. Emotionen werden hier auf die Ebene physiologischer Erregungszustände heruntergebrochen – als *was* ein solcher Erregungszustand jedoch empfunden wird, ist sowohl abhängig vom sozialen Körperwissen, als auch von der Einbettung in je konkrete soziale Situationen und Kontexte.[449] So kann ein flaues Gefühl in der Magengegend gleichermaßen mit der Angst vor einer Prüfung, mit Anflügen von Verliebtheit oder dem Hungergefühl assoziiert sein, welches sich einstellt, wenn Mahlzeiten in der Hektik des Alltags vergessen wurden.

Gerade in der Anfangsphase eines Gefühls, im Augenblick des Entstehens (oder: Ergriffenwerdens), herrscht häufig eine diffuse Verwirrung vor. Dann regt sich etwas, doch zu welchem Gefühl die empfundene Regung sich ausformt (oder ausgeformt wird), ist noch nicht entschieden. Die Liebe ist beispielsweise ein Gefühl, dem man gemeinhin eine längere Anlaufzeit und Entwicklungsphase attestiert, es sei denn, sie schlägt ein wie ein Blitz und dies schon „auf den ersten Blick". Aber auch das anfängliche Verliebtsein ist als solches nicht immer problemlos und kaum *ad hoc* identifizierbar. Es dauert eine Weile, bis sich das Wirrwarr an leiblichen Regungen, Ängsten, Zweifeln, Hoffnungen sortieren lässt. Und statt inniger Zuneigung kann schließlich auch eine ebenso innige Abneigung aus der (eben auch leiblichen) Konfusion hervorgehen. Dass eine Person etwas fühlt, wenn sie z.B. eifersüchtig ist, ist evident, dass sie aber Eifersucht fühlt, ist hingegen gar nicht evident, wie Robert Musil im „Mann ohne Eigenschaften" scharfsinnig feststellt (vgl. Musil, 1965: 20).

Das Verhältnis von körperlich-leiblichen Empfindungen und Gefühlen ist nicht leicht zu fassen, und die Frage nach der jeweiligen Vorgängigkeit und Abhängigkeit des einen vom anderen kann durchaus unterschiedlich beant-

---

finden, dass es übergreifende Ausdruckselemente von Gefühlsregungen gibt (vgl. etwa Ekman, 1982), doch sind Affektäußerungen und andere Repräsentationen von Emotionen stets in spezifische Kontexte eingebunden, aus denen sie nicht sinnvoll herauszulösen sind. Dies betrifft unter anderem die Frage, wie Gefühlen – in verschiedenen, z.B. geschlechtlich definierten emotionalen Kulturen – jeweils *angemessen* Ausdruck zu verleihen ist (und respektive: was dann als abweichendes emotionales Verhalten und entsprechend *gestörtes Gemüt* zu gelten hat) oder auch, wie differenziert die Gefühlshaushalte der Mitglieder einer Gesellschaft (bzw. sozialer Aggregate) überhaupt sind.

448 Dies zeigt beispielsweise die Studie von Stepper, 1992 über die Emotion Stolz. Diese Wirkung macht sich auch die körpertherapeutische Arbeit (z.B. Bioenergetik) zunutze, wenn mit gezielten Körperübungen emotionale Spannungen gelöst oder emotionale Haltungen eingeübt werden.

449 Siehe hierzu auch Dorschel, 1999.

wortet werden. Ebenso wie es zutreffend sein mag, dass Emotionen als Folge der Bewertung von sozialen Situationen und externen Stimuli entstehen und dann mit entsprechenden Erregungszuständen einhergehen, wie etwa Gerhards definiert (vgl. Gerhards, 1988: 16)[450], ist es plausibel, dass (wie auch immer) ausgelöste körperlich-leibliche Regungen durch eine sinnvolle Strukturierung, d.h. durch die Attribuierung von Bedeutungen zu Emotionen „gemacht" werden. Diese Debatte, die weit in unterschiedliche disziplinäre Zusammenhänge von der antiken Philosophie bis zur gegenwärtigen Hirnforschung hinübergreift, kann und soll an dieser Stelle nicht entschieden werden. Gleichwohl bleibt doch zweierlei festzuhalten: Emotionen sind mitnichten exklusiv in der menschlichen Psyche zu verorten, und sie sind ebenso wenig mit körperlichen Erregungszuständen und leiblichen Regungen einfach gleichzusetzen. Letzteres meint Schmitz, wenn er vom „affektiven Betroffensein vom Gefühl" spricht.

> „Nicht die Gefühle selbst sind leibliche Regungen, aber das Fühlen im Sinne der Ergriffenheit, des affektiven Betroffenseins vom Gefühl gehört allerdings zum spürbaren leiblichen Empfinden." (Schmitz, 1989: 127)

Emotionen widerfahren Menschen leiblich. Ein Gefühl wird dadurch zu meinem, dass es sich mir spürbar auf die Brust legt, mir das Herz wärmt, den Atem stocken lässt oder den Magen umdreht, mich niederdrückt oder aufrichtet etc.[451] Damit Gefühle nachhaltig „treffen" können, ist es zugleich aber unabdingbar, dass sie als ein jeweils zu bestimmendes Etwas gedeutet werden, denn „heftiges Getroffenwerden fordert zur Symbolisierung durch Darstellung, Versprachlichung, Mythisierung und Dramatisierung heraus" (Landweer, 1995: 84). Viele Gefühlstheorien beachten den Unterschied zwischen der subjektiven Betroffenheit von Emotionen und den Formen ihrer symbolischen Repräsentation, kognitiven Reflexion und sozialen Verwendung allerdings nicht oder nicht konsequent genug.[452] Das Fühlen eines Ge-

---

450 Gerhards geht davon aus, dass Emotionen, die er als „positive oder negative Erlebnisart des Subjektes" beschreibt (Gerhards, 1988: 16), von einer physiologischen Erregung begleitet sein *können*, aber nicht müssen. Ich vertrete hier hingegen die Auffassung, dass Emotionen, wenn sie von Menschen *empfunden* (und nicht z.B. in Sprache gefasst) werden, grundsätzlich die körperlich-leibliche Dimension einschließen.

451 Darüber hinaus sind auch die Gefühle anderer leiblich spürbar, sofern sie „betreffen". So kann beispielsweise die Freude oder Trauer einer Person bei einer anderen Mitfreude oder Mitleid bewirken, und auch zornige oder verärgerte Gefühlslagen werden in der leiblichen Kommunikation spürbar. Schmitz bezeichnet in diesen Fällen die Betroffenheit als eine *mittelbare*. Die Fähigkeit zur unmittelbaren und mittelbaren Betroffenheit von Gefühlen ist nach Schmitz zugleich die Voraussetzung dafür, dass ein intersubjektiver Austausch über Emotionen (im Medium leiblicher Kommunikation) möglich ist.

452 Dies ist sicher auch dem Umstand geschuldet, dass es keinen „unmittelbaren" wissenschaftlichen Zugriff auf Emotionen geben kann und eine Annäherung an das Thema immer auf Ausdrucksformen angewiesen ist. Hilge Landweer diskutiert diesen Aspekt am Beispiel von kognitivistischen Emotionstheorien, die implizit oder explizit davon ausgehen, dass die Verwendung von Gefühlsausdrücken Aufschluss über die Gefühle selbst geben kann (vgl.

fühls ist aber etwas qualitativ anderes als etwa seine sozialstrukturellen Voraussetzungen, seine Verbalisierung oder symbolische Darstellung in Gestalt von Gesten oder Gaben. Techniken der Reflexion, welche retrospektiv und prospektiv ausgerichtet sein können, dienen im Gegenteil ja häufig gerade der *Distanzierung* vom „gefühlten Gefühl", das einen im Hier-und-Jetzt umklammert hält.

Die Beziehungen zwischen Essen und Emotionen sind in der bisherigen, psychologisch dominierten Forschung zumeist auf den Aspekt der Regulierung von Gefühlen durch das Essverhalten reduziert worden, wobei sich das Interesse – noch enger eingekreist – nach wie vor überwiegend auf abweichende Ernährungsweisen konzentriert.[453] Ein Motor für die psychologischen Untersuchungen über „emotionsbedingtes Essverhalten" war zunächst die Adipositasforschung, die nach Erklärungen für die „undisziplinierte" Nahrungsaufnahme von Übergewichtigen suchte. Später, insbesondere im Zuge der psychoanalytisch orientierten Arbeiten von Hilde Bruch, die herausfand, dass viele ihrer essgestörten Patientinnen nicht in der Lage waren, ihre Gefühle – und eben auch das Hungergefühl – differenziert wahrzunehmen, weitete sich die an Emotionen orientierte Forschungstätigkeit auf Bulimie und Magersucht aus. Während das Hungergefühl in physiologischer Perspektive nacheinander als durch Magenkontraktionen, den Zellstoffwechsel (z.B. Glukosemenge im Blut) oder bestimmte Hirnregionen (Hungerzentrum/Sättigungszentrum im Hypothalamus) ausgelöst betrachtet wurde, zeigte sich zunehmend, dass die Wahrnehmung von Hunger und Sättigung ein durch Lernprozesse erworbenes, d.h. kulturell und sozial vermitteltes Wissen ist.[454] Jenseits der Extreme existenziell bedrohlicher Aushungerung und organisch nicht mehr verkraftbaren Überessens wird daher eine „biologische Indifferenz" angenommen (vgl. Grunert, 1993: 30), in der Appetit und Sättigung, Esslust und Abscheu anderen Parametern folgen als physiologischen.

Experimente und klinische Studien, die im Zusammenhang mit emotional motiviertem Essen unternommen wurden, haben gezeigt, dass insbeson-

---

Landweer, 1995). Nicht zuletzt ist eine analysierende Explikation von Emotionen schon deshalb problematisch, weil sie die Situation selbst verändert.

453 Für eine (nicht mehr aktuelle und bisweilen ziemlich ermüdende, gleichwohl bislang noch nicht durch neuere Arbeiten ersetzte) Darstellung und Diskussion einschlägiger sozialpsychologischer Studien und Experimente siehe Grunert, 1993b. Der Autorin selbst ist mit ihrer Abhandlung an der Entwicklung eines „interdisziplinären" Theorierahmens gelegen. Ihr Konzept der kognitiven Repräsentanz von Emotionen, das sie aus einer Kombination von kognitionspsychologischen Elementen und schematheoretischen Erkenntnissen aus der Gedächtnispsychologie gewinnt, bleibt aber überdeutlich dem psychologischen Disziplinzusammenhang verhaftet. Immerhin behandelt sie jedoch das Thema Essen und Emotionen als ubiquitäres Phänomen und ordnet es nicht dem Interesse an „pathologischen" Ernährungsweisen unter.

454 Die angesprochenen physiologischen Parameter stellen relevante Faktoren für die Entstehung von „Hunger" dar, ihre (alleinige oder dominante) Wirksamkeit konnte aber in (Tier-)Versuchen jeweils widerlegt, mindestens aber relativiert werden.

dere negativen Gefühlslagen und Stimmungen wie Angst, Langeweile oder Einsamkeit mit dem Verzehr möglichst schnell und unkompliziert verfügbarer Nahrungsmittel, vorzugsweise also *snacks*, begegnet wird (exemplarisch und aktuell dazu Macht/Simons, 2000). Dies ist ein Verhalten, das in gesteigerter Form vor allem bei übergewichtigen Personen beobachtet wurde. Essen wird hier (bewusst oder unbewusst) zur Abwehr negativer Gefühle eingesetzt und erfüllt diese Funktion, indem es von der misslichen Stimmung ablenkt und/oder durch seine sensorischen und symbolischen Qualitäten angenehme Empfindungen hervorruft.[455] Gerade in Situationen emotionalen Stresses besteht der Wunsch nach Entlastung, indem man sich etwas Gutes tut. Um sich selbst zu verwöhnen[456], greifen einer repräsentativen Umfrage zufolge jeweils mehr als die Hälfte der Frauen zu Schokolade und Pralinen sowie zu Kuchen, Torte und Gebäck. Auch Männer gönnen sich gerne Süßigkeiten: 47 Prozent bedienen sich bei Schokoriegel und Co. (allerdings nur ein gutes Drittel an der Kuchentheke), wenn sie sich etwas Gutes tun wollen (Noelle-Neumann/Köcher (Hg.), 2002: 282). Trotz der geteilten Vorliebe für süße Snacks unterscheiden sich die Geschlechter allerdings darin, dass Frauen eine eher ambivalente Haltung gegenüber dem Verzehr von Süßigkeiten haben, mithin das „schlechte Gewissen" auf dem Fuße folgt. Und das weibliche Naschen scheint einigen Untersuchungen zufolge in deutlich höherem Maße von sozialem Druck und den damit einhergehenden negativen Emotionen beeinflusst zu sein als das der Männer (vgl. Grogan/Bell/Conner, 1997). Ebenso hoch wie die Schokolade steht das Bier in der männlichen Gunst, wenn es darum geht, es sich selbst gut gehen zu lassen. Am Bier können sich 46 Prozent der Männer erfreuen, doch nur für gerade einmal knapp jede achte Frau kommt der Gerstensaft als Mittel der Verwöhnung infrage. Frauen präferieren der statistischen Tendenz nach dagegen eher Sekt und Champagner (Noelle-Neumann/Köcher (Hg.), 2002: 282).

Während also Essen und Trinken als Mittel des Emotionsmanagements angesichts belastender Gefühlslagen in tröstender, belohnender, ablenkender, ausgleichender oder beruhigender Weise zum Einsatz kommen, ist über die Effekte angenehmer Emotionen auf das Essverhalten vergleichsweise wenig bekannt[457] – was auch dem Umstand geschuldet sein mag, dass sich die Emo-

455 Umgekehrt können als unangenehm empfundene Erregungszustände wie Furcht oder Ärger aber auch das Hungergefühl vermindern, wie dies auch in der Redewendung „das hat mir den Appetit verschlagen" zum Ausdruck kommt. Auf Unlustgefühle mit Essen zu reagieren, ist ein erlerntes Verhalten, das in der Kindheit regelrecht trainiert wird, da es üblich ist, Kindern, die sich verletzt haben, die quengelig, müde oder unruhig sind, Nahrung anzubieten (vgl. Stein-Hilbers/Becker, 1996: 17).

456 Der Aspekt des Verwöhnens ist selbstredend nicht nur auf die Regulierung negativer Emotionen bezogen, sondern kann auch als Ausdruck und Verstärkung positiver Empfindungen wie Stolz und Freude gesehen werden.

457 Es gibt empirische Hinweise darauf, dass auch positive Gefühlslagen den Appetit anregen können. Sowohl in negativer als auch in positiver (nicht jedoch in einer emotional eher

tionsforschung allgemein stärker auf negative Gefühle (mit Ausnahme der Liebe vielleicht) kapriziert hat. Neben der Abwehr negativer Gefühle durch angenehme oder in anderer Weise kompensierende Esserlebnisse, können Mahlzeiten und Snacks, Tischgelage und Kaffeekränzchen aber auch positive emotionale Stimmungen verstärken. Essen und Trinken bereiten Gefühle der Lust und Freude, und nicht selten werden sie als „Freudeverstärker" eingesetzt, wenn es beispielsweise einen gelungenen Geschäftsabschluss zu feiern gibt oder ein harmonisches Treffen mit Freunden seine kulinarische Abrundung findet.[458] Essen und Trinken lassen Zugehörigkeitsgefühle aufkommen. Die Tischgemeinschaft ist ja nicht nur eine „irgendwie" funktionale Einheit, sondern erfüllt ihre sozialen Funktionen gerade dadurch, dass die an ihr Beteiligten eine emotionale Bindung erfahren, die Integration (ebenso wie die Abgrenzung nach „Außen") als Gefühl der Sicherheit, Behaglichkeit oder auch Überlegenheit *erleben* und *empfinden*. Ebenso befriedigen Essgewohnheiten fundamentale Bedürfnisse nach sozialer Anerkennung und Status, die ebenfalls letztlich auch „gefühlte" Größen sind.

Im Zusammenspiel von *Nährwert*, *Genusswert* und *Symbolwert* von Nahrungsmitteln sind die beiden letztgenannten die zentralen Pfeiler des Ernährungsverhaltens.[459] Zumindest unter den Bedingungen des Nahrungsüberflusses entscheiden Bedürfnisse und Bedeutungen mehr als der physiologische Bedarf über die Auswahl von Speisen und Getränken – wie nicht nur absatzorientierte MarketingexpertInnen wissen.[460] Anschaulich verdeutlichen lässt

---

„neutralen") Stimmung tendierten die (übergewichtigen) Teilnehmerinnen einer sozialpsychologischen Studie dazu, mehr zu essen als gewöhnlich. Zudem stieg die Portionsgröße auch unter spezifischen sozialen Bedingungen an, nämlich wenn in Gemeinschaft gegessen wurde. Das an einer Bekämpfung der Adipositas interessierte US-Forschungsteam versteigt sich in diesem Kontext übrigens zu der (wenn auch nicht wörtlichen) Feststellung, dass es sich bei geselligen Tafelrunden um gesundheitliche Risikosituationen handelt (vgl. Patel/Schlundt, 2001; für die entgegengesetzte Behauptung siehe Kap. 5.2.2). Noch einmal sei an dieser Stelle auf die generelle Problematik sozial- (und anderer) psychologischer Experimente, die nur allzu oft Menschen zu „Reflexamöben" (Borg-Laufs/Duda, 1991: 65) deformieren, hingewiesen – und auch auf das Fehlen anderer, brauchbarer Untersuchungen.

458 Häufig sind Essen und Trinken zentrale Bestandteile des *institutionalisierten* Ausdrucks von Gefühlen, wie Siegesfeiern, Freudenfeste und Trauerfeiern gleichermaßen zeigen.

459 Symbol- und Genusswert stehen hierbei in enger Beziehung zueinander, aber auch der Nährwert kann einen entscheidenden Einfluss auf den Symbolwert oder Genusswert einer Nahrung haben. Im Bereich der Lustspeisen und Liebestrünke gehen z.B. viele symbolische Besetzungen mit spezifischen Nähr- bzw. Wirkstoffkombinationen einher (vgl. Kap. 2.2.2), und Gourmets werden nicht müde, der neuen lipophoben Küche eine gewisse Genussfeindlichkeit zu attestieren, da die meisten Aromen fettlöslich sind und eben nur in angemessen „fetter" Umgebung ihre Wirkung entfalten können..

460 Aber auch unter Bedingungen knapper Ressourcen oder sogar in Hungersituationen sind die symbolischen Eigenschaften von Nahrung höchst relevant, wie Beispiele aus der Entwicklungshilfe zeigen, wenn etwa trotz existenzieller Bedrohung an Nahrungstabus festgehalten wird oder Hilfsgüter wie (aus Blut gewonnenes) Eiweißpulver aus kulturellen Gründen zurückgewiesen werden.

sich dieser Zusammenhang am Beispiel einer Tasse Kaffee: Als aromatisches Heißgetränk unter ernährungsphysiologischen Gesichtspunkten bestenfalls uninteressant, gewinnt die Tasse Kaffee als höfliche Geste gegenüber wartenden Prüflingen, als eingeschworener Code einer sexuellen Anmache oder genüsslich-entspannende Arbeitspause hingegen beachtenswerte soziale und emotionale Relevanz.

Abb. 6: Nährwert, Genusswert, Symbolwert und emotionaler Wert von Nahrung

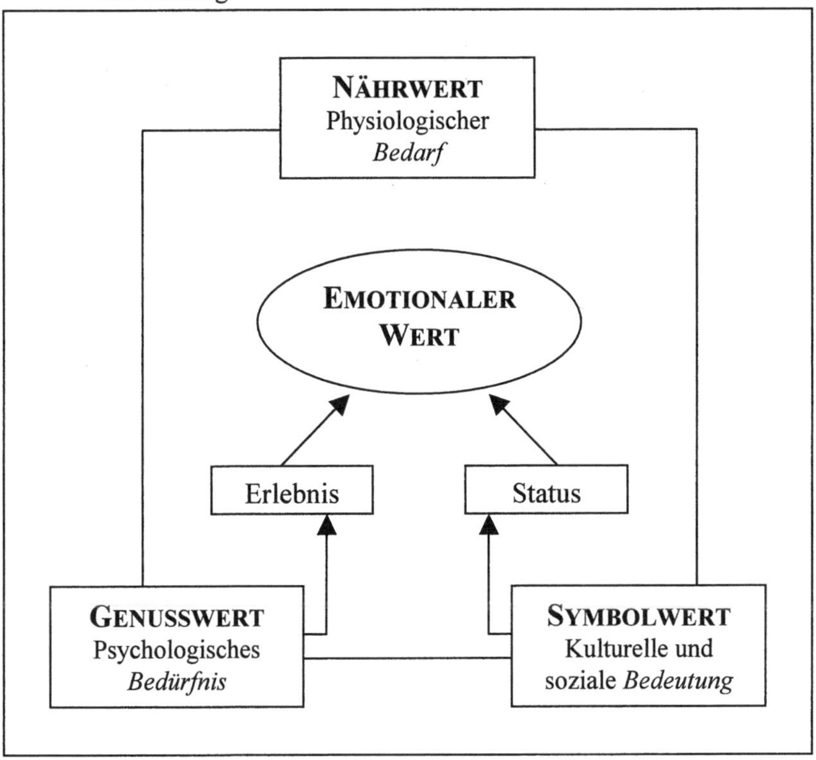

Der *emotionale Wert* einer Nahrung ist eng mit der symbolischen Dimension kollektiv geteilter Bedeutungen verknüpft. Ob eine Speise als verwöhnend, luststeigernd, luxuriös, jugendlich, gesundheitsfördernd oder langweilig gilt, ist nicht primär eine Angelegenheit individueller Entscheidungen, sondern abhängig von kulturellen Codierungen und sozial differenzierten Einstellungen und Verhaltenserwartungen.[461] Als Medium der Kommunikation bezieht die Nahrung ihren emotionalen Gehalt nicht unwesentlich aus ihrer Eigenschaft, den sozialen Status zu markieren – und umgekehrt besorgen gruppenspezifische oder milieutypische Essstile eine emotionale Verankerung der sozialen Ordnungsmuster.

Der emotionale Wert von Speisen und Getränken besitzt darüber hinaus aber auch einen *sinnlichen* Aspekt, der, wenngleich von der kulturellen Zeichenwelt keinesfalls losgelöst, nicht einfach nur in dieser aufgeht. Das *Esserlebnis* speist sich nicht allein aus den emotional besetzten symbolischen Eigenschaften der verzehrten Nahrung und dem, was kulturell und sozial als „Genuss", „Genießen", „Genussfähigkeit" etc. definiert ist. Das Esserlebnis ist eben auch und vor allem ein Geschehen, das sich körperlich-leiblich ereignet und entsprechend durch *sensorische Wahrnehmungen und innerliches Empfinden* gekennzeichnet ist.

Beim Essen und Trinken spielen in sensorischer Hinsicht nicht nur die (naheliegenden) gustatorischen und olfaktorischen Reize eine Rolle, sondern auch taktile, optische und akustische Eigenschaften der Nahrung. Erst die komplexe Sinneswahrnehmung, die Kombination aus Sinneseindrücken auf der Zunge, aus Aromen, die retronasal aufgenommen werden und Reizen, die trigeminal wirken, also z.B. Temperatur- und Schmerzempfindungen, machen etwa das *Flavour* einer Nahrung aus. Das charakteristische *Mundgefühl* von Speisen und Getränken verdankt sich einem Zusammenspiel verschiedener sinnlicher Wahrnehmungen, das neben Geschmack und Geruch auch die Konsistenz, Textur und die Temperatur der Nahrung einschließt.

Die *Konsistenz* von Lebensmitteln erschließt sich im Munde[462] über geometrische und mechanische Charakteristika. Zum einen werden Größe und Form wahrgenommen, d.h. gefühlt, ob eine Nahrung rund oder eckig, hohl oder massiv ist, eine glatte oder erhabene Oberfläche besitzt. Zum anderen werden Eigenschaften durch die mechanische Bearbeitung des Kauens gespürt, die sich nach Härte (hart, weich), Kohäsion (mürbe, spröde, bröckelig, knusprig, gummiartig, puderig etc.), Viskosität (glatt, zäh, fließend etc.), Elastizität (fest, nachgebend etc.), Adhäsion (klebrig, haftend) und Verteilung im Mund (schaumig, cremig, wässrig, saftig, schmelzend etc.) klassifizieren lassen (vgl. Gniech, 2002: 64).[463] Die *Temperatur* spielt beim Essen und Trin-

461 Gleichwohl kann die Beantwortung der Frage, welcher emotionale Gehalt einer bestimmten Nahrung eignet, individuell (und auch situationsspezifisch) variieren und z.B. insbesondere mit biographischen Faktoren in Verbindung stehen.

462 Konsistenzprüfungen können auch außerhalb des Mundraumes vorgenommen werden, z.B. beim Zerschneiden von Fleischstücken, beim Aufstreichen von Frischkäse, beim Daumendruck auf Obst und Gemüse etc.

463 In der *Nahrungspsychorheologie* wird davon ausgegangen, dass die Konsistenz von Nahrungsmitteln psychologische Wirkungen bei den EsserInnen hervorrufen. Feste, knusprige und knackige Speisen werden demnach ebenso gern gemocht wie zarte, musige, cremige und saftige Speisen. Auf Ablehnung stoßen dagegen Nahrungsmittel, die schleimig, kleb-

ken insofern eine Rolle, als bestimmte Nahrungsmittel entweder heiß, warm, kühl oder eiskalt verzehrt werden und sich entsprechende Erwartungen an die thermalen Eigenschaften von Speisen und Getränken knüpfen. Je nach Wärme- bzw. Kältegrad variieren das Aroma, die Konsistenz und auch der Geschmack von Nahrungsprodukten. So werden etwa kalter (nicht eiskalter!) Kaffee oder lauwarme Pizza, heißes Mineralwasser oder gefrorener Pudding gemeinhin wenig geschätzt.

Auch *Sehen* und *Hören* sind wichtige Sinnesempfindungen bei der Nahrungsaufnahme. Während bestimmte akustische Äußerungen auf Seiten der Essenden im Umgang mit der Nahrung allgemein vermieden werden sollen (z.B. Schmatzen, Schlürfen, Schlabbern), zeichnen sich bestimmte Nahrungsprodukte durch ganz spezifische Geräusche aus, die bei ihrem Verzehr entstehen und nicht fehlen dürfen. Frisches, nicht gegartes „knackiges" Obst und Gemüse erzeugt bei seinem Verzehr Knacklaute. Auch Zwieback und Knäckebrot mit ihren variantenreichen „Ablegern" bedienen die Lust am Knuspern, die eben nicht nur eine orale ist. Besonders relevant sind die akustischen Qualitäten im Sortiment der Knabbereien. Kartoffelchips und Takkos, Salzstangen und Cracker sollen es in je spezifischer Weise „krachen" lassen. Zu schwache lautliche Reize gelten hier als Anzeichen für Qualitätsmängel. Aber auch die Sprudelgeräusche kohlensäurehaltiger Getränke, die zischenden Laute, die von einem heißen Steak ausgehen oder das Knistern eines soeben aus dem Backofen genommenen Auflaufs gehören zum kulinarischen Erleben dazu. Umgekehrt können einige „Lautgebungen" auch dazu führen, dass eine Nahrung abgelehnt wird. Viele EuropäerInnen können sich für den Verzehr rohen Fisches möglicherweise auch deshalb nicht so recht erwärmen, weil er zwischen den Zähnen „quietscht" (vgl. Borg-Laufs/Duda, 1991: 34).

Das *Aussehen* einer Nahrung ist bei der Speisenauswahl und für den Essgenuss von großer Bedeutung. Dabei ist aber nicht nur an appetitliche Arrangements zu denken, bei denen „das Auge mit isst", sondern durch die visuelle Wahrnehmung werden spezifische Eigenschaften von Speisen und Getränken antizipiert. Frische, Garzustand, Bekömmlichkeit, Güte etc. lassen sich (anhand von Erfahrungswerten) über die Optik erfassen. Aber auch geschmackliche Erwartungen knüpfen sich an das äußere Erscheinungsbild. Dies zeigt sich besonders am Beispiel der Farbe von Nahrungsmitteln. Rote und vor allem rosafarbene Nahrungsprodukte werden mit Süße und Milde assoziiert, eine gelbe oder grüne Färbung lässt am ehesten an Saures denken, weckt aber auch Vorstellungen von Frische und Herbheit, während Braunes häufig mit Attributen wie aromatisch, bitter oder auch verdorben in Verbindung gebracht wird. Die Zusammenhänge zwischen Farb- und Geschmackswahr-

---

rig, klumpig, zäh und sehnig wirken (vgl. Gniech, 2002: 64f.). Ohne eine Reflexion der kulturellen Bedeutungsebene bleiben derlei Aussagen allerdings nutzlos.

nehmungen beim Essen und Trinken sind ernährungswissenschaftlich vielfach untersucht worden. Unter anderem haben Experimente mit Gummibärchen gezeigt, dass diese im Blindtest von den Versuchspersonen nicht eindeutig über den Geschmack identifiziert werden konnten, dass den verschiedenfarbigen Bärchen jedoch spezifische Geschmacksnuancen zugeschrieben wurden. Gelbe und orangefarbige wurden hierbei zu fast 95 Prozent mit Zitrusfruchtgeschmack assoziiert. Bei den anderen Farben waren die Verknüpfungen weniger einheitlich, doch bewerteten z.B. 44 Prozent die grünen Gummibärchen geschmacklich als „Waldmeister". Studien mit unterschiedlich eingefärbten Säften, Kuchen, Puddings, Streichfetten, Schmelzkäsezubereitungen etc. bestätigen den Zusammenhang zwischen Aussehen und Geschmackserleben. So wurde beispielsweise der Orangengeschmack eines Fruchtsaftgetränkes zu 80 Prozent richtig erkannt, wenn die Flüssigkeit orangefarben war. Färbte man hingegen das Getränk anders ein oder servierte man es in farbloser Gestalt, sank die Trefferquote auf 30 Prozent ab (vgl. Gniech, 2002: 60).

Trotz des Zusammenwirkens vielfältiger sinnlicher Eindrücke bei der Nahrungsaufnahme – vergleichbar einer Melodie anstelle isolierter Töne – bleiben im Diskurs über das Essen und Trinken der *Geschmack* und der *Geruch* die zentral behandelten Gegenstände. Geschmack und Geruch sind wie das Tasten als Nahsinne in der zivilisatorischen Entwicklung, namentlich im Zeitalter der Aufklärung, zu „niederen Sinnen" degradiert worden, da mit dem Hören und insbesondere dem Sehen höhere Erkenntniswerte verbunden wurden (und noch immer werden).[464] Gehör und Gesicht wurden dem intellektuellem Erschließen der Welt verwandter und zuträglicher betrachtet, da sie nicht wie Riechen und Schmecken an einen unmittelbaren Kontakt mit physisch präsenten Objekten gebunden sind. Stärker als visuelle oder akustische Reize, denen man sich durch das Schließen von Augen und Ohren auch leichter entziehen kann, provozieren Gerüche und Geschmäcke zudem unmittelbare Empfindungen der Lust oder Unlust.[465] Der Geruchssinn ist in seiner Art zu urteilen kompromisslos.

„Nun scheint aber der Sinn des Geruchs darauf gerichtet zu sein, Gegenstände und Verhältnisse *schonungslos*, *radikal* und *emotional* wahrzunehmen und zu bewerten. Gestank und Wohlgeruch sind Wahrnehmungen, die unmittelbar dazu auffordern, sich zu entfernen oder anzunähern, weshalb die Reaktionen auf Gerüche nicht intellektuell oder »objektiv« begründet werden müssen. Wer seine Handlungsweise mit einem unerträglichen Geruch begründet, entzieht sich mit diesem Argument der Kommunikation – der Versprachlichung – und damit auch einer Verständigung über die Richtigkeit und Ange-

464 Zu einer Geschichte der Sinne siehe Jütte, 2000.

465 Menschheitsgeschichtlich liegt hier vermutlich eine Schutzfunktion zugrunde. Widerwärtiger Geschmack (z.B. bitter, faulig) kann ein Hinweis auf Ungenießbarkeit oder Giftigkeit einer Nahrung sein und provoziert ein spontanes Ausspeien. Ebenso werden unangenehme Gerüche (z.B. brenzlig, gasig, fäkalisch) gemieden, die gleichfalls Indikatoren für Gefahren sein können.

messenheit seiner Empfindungen. Er will und braucht nicht sachlich zu argumentieren, denn Geruchsurteile sind als endgültig, eindeutig und gnadenlos akzeptiert." (Barlösius, 1999: 73; Herv. i. O.)[466]

Ihr Ausschluss von den Bühnen der Intellektualität und der Ästhetik bedeutet jedoch keineswegs, dass die „niederen" Sinne deshalb weniger den Prozessen zivilisatorischer „Zurichtungen", also der Distanzierung, Disziplinierung und Instrumentalisierung ausgesetzt waren.[467] Im Gegenteil unterliegen Geschmack und Geruch andauernden Normierungsprozessen, wie nicht zuletzt die Debatten um den nivellierenden „Euro-Geschmack", die industrielle Fertigung von *food products* und hier besonders die Erzeugnisse der Aromaindustrie, aber auch pädagogische Gegenbestrebungen zeigen, die auf eine (Wieder-)Erlangung der Schmeck- und Genussfähigkeit ausgerichtet sind. Dabei ist der These von einem generellen „Verlust der Sinne" allerdings mit einer gewissen Skepsis zu begegnen. Ein historischer Vergleich der (als Indikatoren dienenden) Wortfelder für Geruch und Geschmack etwa zeigt, dass im Laufe der Jahrhunderte viele Begriffe, die Riechendes und Schmeckendes bezeichnen, zwar verschwunden sind – so waren im frühen 19. Jahrhundert nur noch 23 von vormals 62 alt- und mittelhochdeutschen Grundbegriffen erhalten –, doch wurde dieser Schwund im 20. Jahrhundert durch eine größere Zahl neuerer, aus anderen Lebenszusammenhängen entlehnten Bezeichnungen kompensiert (vgl. Spiekermann, 2000: 34). Viele der in der Gegenwartssprache gebräuchlichen Wörter zur Beschreibung von Geschmacks- und Geruchseindrücken wie „fruchtig", „blumig" oder „harzig" gehen hierbei auf die zunehmend naturwissenschaftliche Betrachtung von Riechen und Schmecken zurück. In diesem Zusammenhang fällt der *Sensorik* eine bedeutende Rolle zu. Die Bestimmung der Lebensmittelqualität mit Hilfe professionell geschulter Sinne, nach der Lebensmittelprofile gemäß qualitativer (Merkmale) und quantitativer Aspekte (Intensität) erstellt werden, fand in Deutschland schon während des Ersten Weltkrieges wachsende Beachtung, wurde in den 1930er Jahren forciert und erlebte mit der immens voranschreitenden Entwicklung von Analysegeräten und -verfahren in den 1950er Nachkriegsjahren einen beachtlichen Aufschwung. Die Versuche, Geruch und Geschmack von

---

466 Zu ergänzen wäre an dieser Stelle, dass dies besonders auf unangenehme Gerüche zutrifft, nicht aber so sehr auf Wohlriechendes, denn über angenehme Duftnuancen lässt sich sehr wohl und auch recht differenziert debattieren, wie am Beispiel des Parfums deutlich wird.

467 Eva Barlösius macht darauf aufmerksam, dass sich die Diskriminierung der Nahsinne in der Sinnesphysiologie, Wahrnehmungspsychologie und auch in der Soziologie bis in die Gegenwart hinein fortsetzt und kritisiert in diesem Zusammenhang die von Kamper und Wulf vertretene These, dass die Missachtung von Geschmacks- und Geruchssinn diese vor einer Normierung und Instrumentalisierung bewahrt habe. Barlösius zeigt am Beispiel der *Grande Cuisine* in Frankreich und der modernen Aromaindustrie auf, wie auch Schmecken und Riechen Rationalisierungsprozessen unterworfen werden (vgl. Barlösius, 1987).

Speisen und Getränken anhand „objektiver“ Maßstäbe zu erfassen und auf dieser Basis die Qualität von Lebensmitteln zu sichern sowie neue Produkte zu erproben, zeigen, dass Geruchs- und Geschmackssinn starken Rationalisierungs- und Normierungsanliegen unterstellt werden, doch diese Prozesse dürfen nicht mit einem Verlust von Sinnen und Sinnlichkeit verwechselt werden. Statt dessen bieten sich in dieser Hinsicht heute historisch einmalige Differenzierungsmöglichkeiten (vgl. ebd.: 37f.).

Dass die naturwissenschaftliche und technische Normierung von Riechen und Schmecken ihrerseits als *normierend* wahrgenommen wird (und auch so wirkt), liegt mit an der Etablierung der Feinschmeckerei als einer bürgerlichen Luxusbeschäftigung, die in Frankreich ihren Anfang nahm. Mit dem ausgehenden 18. Jahrhundert avancierte die Kunst der Speisengestaltung zu einem Teil der bürgerlichen Öffentlichkeit. Die ersten Restaurants öffneten ihre Pforten, was die formalen aristokratischen Schranken zur Teilnahme an der „Esskultur“ (durch den Tausch von Speise gegen Geld) sprengte und eine Professionalisierung des Kochens beförderte. Aber auch auf Seiten der Essenden wandelten sich die Ansprüche und Anforderungen. Die Fähigkeiten der FeinschmeckerInnen sollten der Kunst der Köche entsprechen, die gezielte Ausbildung von Geschmacks- und Geruchssinn wurde so zur ehrenvollen Pflicht. Wenn sich auch Feinschmeckerei und Sensorik in ihren Intentionen voneinander unterscheiden, so bestehen doch strukturelle Gemeinsamkeiten zwischen ihnen, die sich auch im gemeinsam genutzten Vokabular niederschlagen.[468]

Geschmacks- und Geruchsempfindungen beim Essen und Trinken lassen sich in der gängigen Wissenschaftssprache nur unzureichend beschreiben.[469]

---

468 Dies ist anschaulich nachvollziehbar etwa bei Gesprächen zwischen „Weinkennern“. Der gegenwärtig von verschiedener Seite immer lauter vorgetragenen Forderung nach einer Sinnesschulung (vor allem für Kinder) erteilt Spiekermann in diesem Zusammenhang insofern eine Absage, als die Vorarbeiten von wissenschaftlicher Sensorik und bürgerlicher Kulinarik, auf welche zwangsläufig in der einen oder anderen Art zurückgegriffen werden muss, Extremformen darstellen, die nicht mehrheitsfähig und also für eine Schulung breiter Bevölkerungsschichten nur ansatzweise geeignet sind. Die weit verbreitete Vorstellung, dass eine (physiologische) Schulung des Geschmacks quasi automatisch dazu führt, dass sich „Geschmack“ im stilbildenden Sinne einstellt, greift zu kurz. Dennoch, so das Fazit von Spiekermann, könne eine Schulung der Sinne im Dienste einer gesunden Ernährung hilfreich sein, da sie die Differenzierungsfähigkeit steigere. Die Sinnesschulung müsse aber als Teil einer umfassenden Ausbildung in der Kulturtechnik des Essens verstanden werden (vgl. Spiekermann, 2000: 39).

469 Als Grundkategorien des Schmeckens werden allgemein *süß*, *bitter*, *salzig* und *sauer* angenommen. Im Japanischen ist ein weiterer Grundgeschmack vorhanden, der sich als „glutamatartig“ übersetzen lässt. In einigen Kulturen werden manche Kategorien weiter differenziert („süß wie X“, „süß wie Y“) oder auch zusammengefasst, so dass z.B. in einigen afrikanischen Dialekten jeweils nur ein Begriff für salzig und sauer verwendet wird. Die Grundgeschmacksrichtungen werden jeweils an unterschiedlichen Orten des Mundraumes wahrgenommen und sind mit verschiedenen Graden der Annehmlichkeit assoziiert sind. Der *süße* Geschmack wird am häufigsten als angenehm erlebt, die Sensoren liegen an der

Das liegt vor allem an der vorherrschenden Konzentration auf die biologische Funktionsweise der Sinne, bei welcher die soziale Verwendung der „natürlichen“ Wahrnehmungsmöglichkeiten ausgeblendet wird. Die sinnliche Wahrnehmung wird auf isolierte Empfindungsqualitäten beschränkt und theoretisch der Vorstellung chemischer oder physikalischer Reaktionen nachgebildet. Doch das Vermögen der Sinne speist sich nicht einfach aus einer funktionierenden Wahrnehmungsapparatur. Was wahrgenommen wird, ist abhängig von den Reizen, die auf die Sinne treffen, und diese Reize sind im wesentlichen Hervorbringungen der Kultur. Es sind demnach nicht primär die biologischen Vorrichtungen, die das sinnliche Vermögen strukturieren, sondern es ist, wie schon Plessner gezeigt hat, die Kultur, die den Sinnen das Verwertbare abringt (vgl. Barlösius, 1999: 74). Riechen und Schmecken sind (wie Sehen, Hören, Tasten auch) *Kulturtechniken*, die unter je spezifischen Bedingungen erlernt, entwickelt, verfeinert werden. Deshalb lässt sich auch die Art und Weise, in der Menschen wahrnehmen, nicht von der Art und Weise, in der sie leben, trennen.[470] Oder wie Ludwik Fleck seinerzeit – auf alle Sinne übertragbar – formulierte: „Wir *schauen* mit den eigenen Augen, aber wir *sehen* mit den Augen des Kollektivs.“ (Fleck, 1980: 157; Herv. d. Vf.)

Dass sich die Ernährung so gut für die sozialen Funktionen der Vergemeinschaftung und der Distinktion eignet, liegt auch und gerade an ihrer sinnlichen Qualität. Das „Schmecken“ mit Zunge und Gaumen und die Ein-

---

Zungenspitze, und die wohlige Empfindung wird durch hochkalorische Kohlenhydrate ausgelöst. Am anderen Ende der Zunge sind Rezeptoren angesiedelt, die *bittere* Geschmacksnuancen besonders intensiv wahrnehmen. Bittere Geschmacksnoten stoßen spontan meist auf Ablehnung, die Empfindung wird als unangenehm beschrieben und bittere Stoffe werden vielfach mit Giftigkeit in Verbindung gebracht. Gleichwohl sind viele besonders geschätzte Nahrungs- und Genussmittel wie etwa Kaffee, Bier, Oliven, bestimmte Spirituosen oder dunkle Schokolade durch ihren bitteren Geschmack gekennzeichnet. Die Lust am bitteren Geschmack wird erlernt und auch der Distinktionsfunktion dienstbar gemacht. Bittere Speisen und Getränke sind vornehmlich etwas für Erwachsene, werden eher von Männern als von Frauen bevorzugt und sind in größerem Ausmaß Bestandteil der Küche bessergestellter Haushalte. *Salziges* und *Saures* verschaffen – ebenso wie das *Scharfe*, das eine Sonderstellung in der geschmacklichen Klassifikation einnimmt, da es weder eine reine gustatorische noch eine reine olfaktorische Sensation, sondern eine Reizung der Haut darstellt – jeweils nur in maßvoller Konzentration angenehme Schmeckerlebnisse. Ein „Zuviel“ dieser Geschmacksnuancen, die mit den seitlichen Arealen der Zunge (salzig im vorderen, sauer im hinteren Bereich) aufgenommen werden, führt zu deutlichen Unlustreaktionen. Die Gerüche werden gemeinhin in sechs Kategorien gefasst: *blumig*, *fruchtig*, *würzig*, *harzig*, *brenzlig* und *faulig*. Angesichts der Vielfalt an Kulinarien und Zubereitungsarten wirkt das gängige Sextett allerdings äußerst sparsam. Wo wäre der Duft von Bratkartoffeln und Grünkohl, von gegrilltem Lachs oder geschmortem Rinderbraten, wo der Geruch von Müsli und grünem Salat einzuordnen? Wie die Geschmacksrichtungen sind auch die Duftnoten jeweils mit positiven oder negativen Empfindungen assoziiert, wobei die dem Pflanzenreich entlehnten Bezeichnungen auf angenehme Regungen verweisen, faulige und brenzlige Gerüche dagegen in aller Regel abstoßend wirken (vgl. Gniech, 2002).

470 Und deshalb müsste der Geschmacksforschung auch mehr daran gelegen sein, zu fragen, wie *wer* schmeckt und weniger wie *was* schmeckt.

drücke der anderen am Esserlebnis beteiligten Sinne fallen hier mit den geschmacklichen Urteilen, welche soziale Verortungen vornehmen, zusammen.[471]

„Soziale Beziehungen, Machtverhältnisse, Reichtum, Prestige und allerlei Phantasien werden »geschmeckt«. Das Schmecken wird sozialer und kultureller Geschmack. Im Schmecken soziale und kulturelle Verhältnisse wahrzunehmen, das ist inzwischen eine selbstverständliche, fast ins Unbewusste übergegangene Fähigkeit geworden. Man denke nur an die Bedeutung, die heute die süßen und die herben Weine haben; eine ganze soziale Geschmackshierarchie steht dahinter." (Schivelbusch, 1983: 11)

Im Geschmack verknüpfen sich sensorische, emotionale, soziale und kulturelle Dimensionen miteinander. Wie Geschmackswahrnehmungen in Abhängigkeit von sozialen und symbolischen Kontexten konstruiert werden, zeigen z.B. die Konversionsgeschichten von Menschen, die ihre Ernährungsweise nach bestimmten Prinzipien umgestellt haben.[472] Michael Borg-Laufs und Lothar Duda haben im Rahmen ihrer Untersuchung über VegetarierInnen herausgefunden, dass die (kommunizierten) Geschmackswahrnehmungen nicht nur mit der Zugehörigkeit zu verschiedenen Subkulturen divergieren, sondern sich das Geschmackserleben auch kohärent zur Entwicklung der subkulturell geprägten kulinarischen Einstellungen und Handlungen wandelt (vgl. Borg-Laufs/Duda, 1991). Unter anderem war zu beobachten, dass die Einbindung in ein soziales Umfeld, welches die Umorientierung zu einer vegetarischen Lebensweise aktiv unterstützte und entsprechendes Ernährungswissen förderte (z.B. Eltern, Öko-AG), einen Zuwachs an Geschmackseindrücken zur Folge hatte. In diesen Fällen wurde etwa der *Eigengeschmack* von Gemüsesorten und anderen, vormals lediglich als „Beilagen" verwendeter Nahrungsmittel hervorgehoben. Zudem entwickelte sich bei den betreffenden Personen im Austausch mit Gleichgesinnten eine deutlich höhere Geschmacksdifferenzierung, d.h. die Fähigkeit, feine geschmackliche Nuancen und Unterschiede wahrzunehmen. Fand die Konversion zum Vegetaris-

471 Dies lässt sich auch darauf zurückführen, dass das Schmecken eine sinnliche Empfindung ist, die *Gleiches* von *Ungleichem* trennt. Der Geschmack richtet sich beim Essen meist auf eine Identifizierung dessen, was verzehrt wird, und zwar im Sinne einer Abgleichung mit bisherigen Esserfahrungen und einer Prüfung der geschmacklichen „Echtheit" der Nahrungsmittel nach Maßgabe ihres Aussehens, Geruchs, Composition etc. Die Geschmackseindrücke werden weniger in genauen Qualifizierungen wiedergegeben, als vielmehr in Vergleichen (z.B. schmeckt wie XY, schmeckt anders als sonst). Die kulturellen Regelwerke der Küche sind immer auch darauf ausgerichtet, geschmackliche Identität herzustellen. Das Instrument der Kochrezepte dient eben diesem Zweck: einer jeweils aufs Neue zubereiteten Speise ihren typischen, erwarteten Geschmack zu garantieren (vgl. Barlösius, 1999: 81f.).

472 Allerdings muss dem keinesfalls notwendig eine *bewusste* Entscheidung zugrunde liegen. Die Geschmackspräferenzen und die Differenziertheit geschmacklicher Wahrnehmungen wandeln sich beispielsweise auch mit der Akkumulation kulturellen Kapitals.

mus dagegen in einem Umfeld statt, das hierfür keinerlei Verständnis aufbrachte, und wurde auch kein Anschluss an entsprechende Gruppen gesucht, blieb eine Veränderung des Geschmackserlebens im Großen und Ganzen aus. Bemühungen, eine neue „Geschmackskultur" zu etablieren, scheiterten. Statt dessen ergaben sich häufig Rückfälle in alte Gewohnheiten. Auffällig ist hier besonders, dass die Einstellung gegenüber dem *Fleischgeschmack* ambivalent blieb. Einerseits wurde auf die Zubereitung von Fleisch verzichtet und sein Verzehr abgelehnt, andererseits wurden die geschmacklichen Qualitäten bestimmter Fleischwaren als „Versuchungen" charakterisiert. Entgegengesetzt verhielt es sich bei Personen, die in vegetarische Lebensbezüge eingebunden waren und ihre moralischen Überzeugungen konsequent verfolgten. Sie beschrieben den Geschmack von Fleisch durchgängig als widerwärtig und berichteten von teilweise starken Ekelempfindungen. Bei vegetarisch lebenden VertreterInnen der „alternativen Szene" konnten zudem geschmackliche Wahrnehmungen ausgemacht werden, die aus Speisen ihren „industriellen" Anteil herausfilterten und etwa Zuckerzusätze, Konservierungsmittel, Weißmehlanteile oder den Wassergehalt in Gemüse geschmacklich negativ identifizierten. Ökologisch (und „politisch korrekt") produzierten Waren wurden hingegen hohe geschmackliche Qualitäten attestiert, die differenziert beschrieben werden konnten und mit „Authentizität" und der Eigengeschmackkategorie in Verbindung gebracht wurden.

In der sensorischen Wahrnehmung der kulturellen und sozialen Qualitäten von Nahrungsmitteln[473] verschmelzen Bedeutungen mit Sinneseindrücken und Empfindungen. Hierbei fällt dem emotionalen Wert der Nahrung eine besondere Rolle zu, denn er beinhaltet beide Dimensionen und schlägt gleichsam eine Brücke zum leiblichen Erleben. Als sinnliche Geschehen besitzen Essen und Trinken nicht allein gustatorische, olfaktorische, taktile, optische und akustische Dimensionen, sondern sie greifen in das Leiberleben und leibliche Befinden ein. Nahrungsmittel können Menschen in *Stimmungen* versetzen.[474] In der sinnlichen Auseinandersetzung mit Speisen – der Aufnahme ihres Duftes, dem Hören der Geräusche, die von ihnen ausgehen, z.B. wenn man sie berührt oder in sie hineinbeißt, der Ansicht ihrer Form und

473 Siehe hierzu auch die Ausführungen von Kalka, 2000. Die Autorin skizziert die Ergebnisse einer Studie, die mit Hilfe einer Kombination von sensorischen und semiologischen Analysen der Frage nachgeht, wie sich Molkereiquark und Quark aus hofeigener Herstellung in der geschmacklichen Wahrnehmung voneinander unterscheiden. Sie kommt zu dem Fazit, dass es nicht nur die Bedeutungszuweisungen sind, die den Unterschied machen, sondern dass die „kulturelle Qualität" des hofeigenen Quarks sensorisch (anhand des spezifischen Mundgefühls) identifiziert werden kann.

474 Hier soll nicht auf die physiologischen Wirkungen (z.B. euphorisierend, stimulierend) bestimmter Inhaltsstoffe von Speisen und Getränken abgehoben werden, die ebenfalls eine Rolle spielen können, aber nicht müssen. Auch hier gilt, dass z.B. durch Gaben von Koffein (in experimentellen Versuchen) zwar körperliche Erregungszustände provoziert werden konnten, deren Interpretation als bestimmte Gefühlslagen aber kontextabhängig variierte.

Farbe, dem Fühlen ihrer Wärme oder Kälte, ihrer Oberfläche und Konsistenz sowie dem Schmecken ihres je eigenen Geschmacks – können Eindrücke entstehen und Empfindungen sich verdichten, die der affektiven Betroffenheit von emotionalen Atmosphären entsprechen. Wird die Betroffenheit zugelassen und angenommen, gelingt also die Einstimmung auf das (hier positiv gefärbte) Gefühl, ist *Genuss* die Folge.[475]

„*Genuß* überhaupt ist: lustvolles Sich-Einlassen auf ein Betroffensein, ein Verhalten zum eigenen Betroffensein, das dieses auskostend wiederholt oder (besser) spiegelt, nicht notwendig in zeitlicher Folge, sondern so, daß der Genuß dem bloßen Betroffensein eine nuancierte Aneignung hinzufügt.“ (Schmitz, 1998: 103; Herv. i. O.)

Essgenuss bedeutet in diesem Sinne die (im Interesse von Wiederholung und Steigerung der Erlebnisqualitäten durchaus zielgerichtete) *Hingabe* an ein leibliches Spüren, das eine die sensorischen Wahrnehmungen und symbolischen Codierungen in sich *aufhebende*, d.h. diese bewahrende und sie zugleich übersteigende Erfahrung ist.[476] Und in diesem Sinne ist der Essgenuss als besondere Form der sinnlichen Empfindung dem *ästhetischen* Genuss nicht unähnlich. Trotz ihrer Zweckgebundenheit, die sie nach dem traditionellem Kanon der Ästhetik (von Kant bis Adorno) von der Sphäre der Kunst ausnimmt, besitzen Essen und Trinken die Qualität ästhetischer Erfahrungen. Man muss dazu gar nicht wie Filippo Marinetti und seine futuristische Gefolgschaft eine „künstlerische“ Küche schaffen, die, rein nach ästhetischen Kriterien gestaltet, den biologischen Zwecken der Ernährung vollständig zuwiderläuft und sich der menschlichen Einverleibung versagt.[477] Das „Ästhetische“ liegt weder in den Lebensmitteln selbst, noch lässt es sich auf gestaltete Arrangements beschränken, es entsteht vor allem in der „Interaktion“ mit der Nahrung, denn „[das] primäre Thema von Sinnlichkeit sind nicht die Dinge, die man wahrnimmt, sondern das, was man *empfindet*: die Atmosphären.“ (Böhme, 1995: 15; Herv. d. Vf.). Da sie von den Nahsinnen getragen werden, sind kulinarische Eindrücke und die mit ihnen verwobenen Empfindungen ein bevorzugtes Medium der *leiblichen Erinnerung*. Nicht zufällig spürt Marcel Proust der eigenen Vergangenheit, seiner „verlorenen Zeit“, am geschmacklichen und geruchlichen Eindruck eines in Zitronentee getauchten Gebäcks nach. Geruchs- und Geschmacksempfindungen können

475 Der gegenüberliegende negative Pol wäre die Abscheu.

476 Für das Esserlebnis sind die sinnlichen Attribute von Speisen und Getränken kaum mehr als „Rohstoffe“. Genuss entsteht erst in Verbindung mit kognitiven Vernetzungen, in denen auch entsprechende Bewertungen vorgenommen werden.

477 Im Vorwort bezeichnet Marinetti die kulinarischen Entwürfe gerade aufgrund ihrer Gleichgültigkeit gegenüber den Kategorien „essbar“ und „nicht-essbar“ als „erste menschliche Küche“ (vgl. Marinetti et al., 1983). Zu einer neuen, von der Ökologie her gedachten Ästhetik siehe den Band von Böhme, 1995.

auf intensivste und unnachahmliche Weise vergangene Glücksgefühle und Trauer, Hass und Scham aufsteigen lassen und im Erleben aktualisieren.[478]

5.2.2 *Kulinarische Atmosphären: eine Annäherung*

„Atmosphäre zu schaffen" spielt beim Essen und Trinken eine wichtige Rolle. Im alltäglichen, besonders augenfällig aber im festlichen Umgang mit der Nahrung wird viel Wert auf das „Drumherum" gelegt, darauf, dass sich eine bestimmte *Stimmung* ausbreitet und die Anwesenden erfasst. Speisen und Getränke, Tischdekorationen, Beleuchtung, Essgeschirr, Musik, Essplatz etc. werden so gewählt, dass je nach Situation und *gusto* heimelige Gemütlichkeit oder erotische Spannung, fröhliche Ausgelassenheit oder ein exklusiv-luxuriöses Flair Raum greifen können. Jede Mahlzeit ist – ob sie nun in der auf *Ambiente* spezialisierten Gastronomie, in der heimischen Küche, im Freien, in der Werkskantine oder im Schnellimbiss stattfindet – von einem eigenen (nicht notwendig absichtsvoll beeinflussten), spürbaren „Fluidum" umgeben, das in Wechselwirkung mit der Gestimmtheit und dem leiblichen Befinden der beteiligten Menschen steht.[479] Sich den alltagsweltlich höchst relevanten und umgangssprachlich häufig zur Charakterisierung sozialer Situationen verwendeten Phänomenen von „Atmosphäre" und „Stimmung" in *theoretischer* Absicht zu nähern, ist – auch aufgrund ihres unsicheren Status im Spannungsfeld von Objekt und Subjekt – indes nicht ganz einfach, zumal ohne einseitig Anleihen bei psychologischen Konzepten machen zu wollen. Im Rückgriff auf die exzentrische Gefühlstheorie von Hermann Schmitz soll deshalb versucht werden, anhand einiger „quer (zum *mainstream* und manchem ebenso im Magen) liegender" theoretischer Impulse die Fährte *kulinarischer Atmosphären* aufzunehmen.[480]

Selbst wenn man es wohlmeinend als Privileg der PhilosophInnen auslegen mag, die Welt von Zeit zu Zeit auf den Kopf (oder die Füße) zu stellen, kommt Schmitzens Auffassung von den Gefühlen in unserer Zeit so gegen den Strich gedacht, im besten Sinne abwegig und geradezu unverdaulich daher, dass sie einem Einiges an Einstimmungsbereitschaft abverlangt.[481]

---

478 Siehe hierzu auch den Beitrag von Carlsen, 2000, in dem es um sensorische Formsymbole geht, die als eine Grundlage ästhetischer Kommunikation vorgestellt werden.

479 Ihrer etymologischen Herkunft nach leitet sich die „Atmosphäre" aus dem griechischen *atmos* (Dunst) und *sphaira* (Kugel) her und bezeichnete zunächst den die Himmelkörper umgebenden „Dunst". Die übertragene Bedeutung im Sinne von Stimmung oder Ausstrahlung ist seit dem 18. Jahrhundert gebräuchlich.

480 Es geht, wie gesagt, darum, *Impulse* aus Schmitzens Werk zu verarbeiten. Eine umfängliche „Exegese", die eine detaillierte Diskussion und Kritik seiner Thesen einschließt, ist daher nicht intendiert.

481 Die „Normalwissenschaft" (Kuhn) schlägt um das Werk von Schmitz noch immer einen Bogen. Erst ganz allmählich wird seinem *System der Philosophie* die Aufmerksamkeit ent-

Routiniert provozierend behauptet Schmitz etwa, die menschlichen Gefühle seien nicht subjektiver als Landstraßen, höchstens weniger leicht fixierbar (vgl. Schmitz, 1964: 144). In dieser Aussage stecken gleich zwei zentrale Thesen seiner Theorie, die zusammengenommen auf die Annahme von Gefühlen als Atmosphären führen: Erstens sind demnach Gefühle, wie oben bereits ausgeführt, nicht als ichhafte Seelenzustände zu verbuchen (Stichwort „Introjektion"), und zweitens handelt es sich bei Gefühlen offenbar um *räumliche* Phänomene. Mit einer Wiederbelebung archaischer Denkweisen, die er in der frühgriechischen Dichtkunst und Philosophie sowie in den ersten christlichen Jahrhunderten bezeugt findet, fasst Schmitz die Gefühle als *ergreifende Mächte*. Umgangssprachlich ist dies durchaus präsent, wenn wir z.B. äußern, dass uns kürzlich ein gehöriger Schreck *in die Knochen fuhr*, uns haltlose Traurigkeit *ergriff* oder ein Gefühl der Einsamkeit uns *überkam*. Auch kann uns große Freude *widerfahren*, die Wollust uns *überfallen*, die Liebe *einschlagen* wie ein Blitz und Schuldgefühle uns *heimsuchen*. Mühelos ließe sich die Liste der sprachlichen Wendungen, in denen Menschen sich als den Emotionen Ausgelieferte beschreiben, fortsetzen.

Für Schmitz ist das Gefühl gleichsam ein *Dämon*[482], etwas, das plötzlich und mit voller Wucht zuschlagen oder sich langsam einschleichen kann, etwas, das jemanden überwältigt, hinreißt, in seinen Bann zieht, mindestens aber in etwas verwickelt. Um der naiven Hypostasierung einer solchen Macht zur geisterhaften Person zu entgehen (vgl. Baier, 1994: 258), präzisiert Schmitz das Gemeinte als räumliche Erscheinung, als *randlos ergossene*, d.h. geometrisch nicht fassbare Atmosphären, in welche die Betreffenden als leibliche Subjekte eingebettet sind und von welchen sie zugleich durchdrungen werden.[483]

---

gegengebracht, die ihm – als umfangreichste Philosophie der Leiblichkeit und akribischste Phänomenologie des Gefühls, welche ihresgleichen suchen – gebührt. Am Aufbrechen der „Mauer des Schweigens" (Schmitz, 1980: 8) waren vor allem die Gebrüder Böhme beteiligt, die schon 1985 befanden, es werde „langsam unerträglich, in welcher Weise die neuerdings entstehende, zumeist poststrukturalistisch tingierte Diskussion über die »Wiederkehr des Körpers« an der wohl einzigen konsistenten Theorie des Leibes, nämlich der von Schmitz, vorbeigehen zu können glaubt." (Böhme/Böhme, 1985: 499) Schmitz selbst formuliert seinen Anspruch unter anderem so: „Was ich zu sagen habe, kann nur zur Geltung kommen, wenn zähe, jahrtausendealte Dogmen der klassischen Erkenntnistheorie und Anthropologie mit den zugehörigen Scheinproblemen ausgerottet werden." (Schmitz, 1985: 71)

482 Schmitz zitiert in diesem Zusammenhang zustimmend den Philosophen Ludwig Klages, der Gefühle als Dämonen bezeichnet und sich dabei auf vorzeitliche griechische Gepflogenheiten beruft. In Ergänzung dazu vertritt Schmitz die These, dass die Götter der alten Religion als personifizierte Atmosphären verstanden werden können (überblickverschaffend in Schmitz, 2000). Zusammenfassend dazu (und zu Schmitzens Entlarvung des Monotheismus als Ideologie, die das Göttliche vereinheitlicht, um es verfügbar zu machen) siehe Soentgen, 1998: 88-92.

483 In ähnlicher Weise ist in der ästhetischen Theorie Walter Benjamins ursprünglich der Begriff der *Aura* angelegt. Benjamin bezieht den Begriff der Aura aus einer Erfahrung der Na-

Die Wirkung von Atmosphären lässt sich zunächst einfach am Beispiel von optisch-klimatischen Erscheinungen nachvollziehen, die mit jahres- und tageszeitlichen Rhythmen in Verbindung stehen. Wie ein klarer, sonniger Frühlingsmorgen frisch und heiter stimmen kann, versetzt die feuchte Kälte eines grauen Novembertages so manchen in eine trübsinnige oder lähmende Gefühlslage. Die drückende Mittagshitze im Hochsommer, das heraufziehende Gewitter, die angenehme Kühle, mit der die hereinbrechende Nacht sich ankündigt, die friedvolle Stille im Hochgebirge, wenn der Tag erwacht, all dies sind Erscheinungen, die problemlos als räumlich in eine „voluminös und unteilbar ausgedehnt[e] Weite“ (Schmitz, 1990: 293) ergossen charakterisiert werden können, und deren je besondere Ausstrahlung die Menschen in eigener Weise zu „packen“ vermag.[484] Doch klimatische Eindrücke lassen sich nicht nur für derartige „Naturphänomene“ oder binnenräumliche Gegebenheiten („Raumklima“, im engeren Sinne z.B. Temperatur, Luftfeuchtigkeit, Schadstoffgehalt in der Raumluft, Größe, Helligkeit, daneben weitergefasst aber auch Einrichtungsgegenstände, Farbgebung der Wände, Bodenbelag, Beleuchtung etc.), sondern auch für soziale Situationen veranschlagen. Wenn in einer Gesprächsrunde „dicke Luft“ herrscht oder „die Luft brennt“, ist dies für jemanden, der in den betreffenden Raum eintritt, meist schnell spürbar. Innerhalb weniger Augenblicke wird (zumindest in aller Regel) jeder gut gelaunten, zu Späßen aufgelegten Person die eigene Fröhlichkeit im Halse stecken bleiben und peinliche Verlegenheit sie beschleichen, wenn ihr etwa

---

tur – in der Sonne liegend einen Gebirgszug oder einen Zweig betrachtend – und bringt die optisch-klimatische Stimmung mit der eigenen Gestimmtheit (hier: Muße, Entspannung), also dem Leiberleben, zusammen. In diesem Sinne skizziert er die Aura als räumlich ergossenes Phänomen, das leiblich zu erfassen vermag, als eine unbestimmt nebulös ausgebreitete Gefühlsqualität, die in die eigene Befindlichkeit aufgenommen wird. Im weiteren theoretischen Gebrauch des Aurabegriffs, der Benjamin zur Unterscheidung des originalen Kunstwerks von seinen Reproduktionen und zur Charakterisierung der künstlerischen Entwicklung (als fortschreitender Verlust ebendieser) dient, verschwindet das Moment der Leiblichkeit der Auraerfahrung allerdings wieder (vgl. Benjamin, 1974).

484 Als Ausdruck leiblich spürbarer (Gefühls-)Atmosphären erweist sich nach Gudula Linck auch die prominente philosophische Denkfigur von *yin* und *yang*, an die sich bekanntermaßen im Zuge ihrer theoretischen Systematisierung in den Jahrhunderten unmittelbar vor und nach Chr. alle erdenklichen Gegensatzpaare anlagerten. Der ursprünglichen Wortbedeutung nach bezeichnet *yin* die Nord- und Schattenseite eines Berges, *yang* dagegen dessen Süd- und Lichtseite. Zugeordnete Oppositionen sind z.B. Erde/Himmel, Mond/Sonne, Nacht/Tag, Winter/Sommer, Kälte/Hitze, Feuchtigkeit/Trockenheit (jeweils in der Ordnung *yin/yang*). Es ist nicht schwer zu erkennen, dass es sich bei diesen Phänomenen um klimatische, tages- und jahreszeitliche Atmosphären handelt, die mit grundlegenden, unwillkürlichen Gefühlen des Wohlbefindens und des Unbehagens, der Lebensfreude und der Lebensangst verknüpft sind (vgl. Linck, 2001: 104). Darüber hinaus können aber auch andere Zuordnungen wie etwa Stille und Bewegung, Schwere und Leichtigkeit, Härte und Weichheit atmosphärisch empfunden werden. Und nicht zuletzt sind *yin* und *yang* gleichfalls mit den geruchlich-geschmacklichen Atmosphären assoziiert, die aus bestimmten Speisen aufsteigen. Die Süße, das Scharfe und das Salzige sind hierbei der Wirkung des *yin*, Saures und Bitteres der Gegenseite *yang* zugeschlagen (vgl. ebd.: 105).

die „Grabesstimmung“, die niederdrückende Betretenheit der Anwesenden, zu denen sie sich gesellt hat, entgegenschlägt.

Zwar lässt sich die räumliche Ergossenheit von Atmosphären am eingängigsten an den überpersönlichen Stimmungen und Gefühlen aufzeigen, in die jemand quasi „von außen“ und „zusätzlich“ eintaucht oder hineingerät, doch Schmitzens Anliegen ist es, den Atmosphärenbegriff dergestalt zu generalisieren, dass auch das intime, höchstpersönliche Befinden einer Person, welches sie als ihren eigenen Zustand erfährt, darin eingeschlossen werden kann. Damit wären schlechterdings *alle* Gefühle außerhalb der Menschen „verortet“. Doch wo wäre dann ihr Ort? Genau genommen *befinden* sich die Gefühle nirgends, an keinem bestimmbaren Ort. Sie besitzen keine spezifische, im physikalischen Verständnis räumliche Ausdehnung. Es wäre auch allzu grotesk zu fragen, welches Volumen die Angst vor einer Prüfung ausmacht oder welche Fläche der durchschnittliche Stolz über erbrachte Leistungen bedeckt. Die Gefühle *walten* vielmehr in der ihnen eigenen Sphäre des *Gefühlsraumes*, dessen Weite sie durchziehen – und dies unabhängig davon, ob jemand sie empfindet oder nicht (vgl. Soentgen, 1998: 87). Der Gefühlsraum ist etwas gänzlich anderes als der uns vertraute Ortsraum. Während der Ortsraum über Lage- und Abstandsbeziehungen, über Koordinaten und Landkarten definiert ist, handelt es sich beim Gefühlsraum um eine ganzheitlich vereinfachte Schicht der Räumlichkeit, die wenig gegliedert ist.

Schmitzens Räumlichkeitskonzept basiert auf einer Unterscheidung dreier Weisen der menschlichen Raumerfahrung. Neben dem Ortsraum sind dies der *Weiteraum* und der *Richtungsraum*. Die elementarste Form stellt hierbei der Weiteraum dar, in welchem es nichts gibt außer Weite, und welcher „in höhere Schichten der Räumlichkeit durchscheinen“ (Schmitz, 1985: 94) kann. Von der Weite hebt sich einzig der Leib als von dieser Weite betroffener absoluter Ort ab. Am eigenen Leib spürt man die vage ergossene Weite, die einen umhüllt, etwa im Sinne von Klima und Wetterlage oder auch im Fall von „Ganzfeldern“, zu denen beispielsweise der strahlend blaue Himmel gehört, in den man lange liegend hinaufblickt (vgl. ebd.). Anders als der Weiteraum, der sich durch keine weitere Gliederung auszeichnet, treten im leiblichen Richtungsraum zwischen der Enge des Leibes und der Weite vermittelnde Richtungen strukturierend hinzu. Präziser handelt es sich um die vom Menschen ausgehenden Richtungen in Form von Blicken oder Bewegungen des Greifens, Schreitens, Fallens etc., die von der Enge des Leibes in die Weite führen. Der leibliche Richtungsraum markiert entsprechend die Domäne der Motorik, doch die nach oben und unten, vorn und hinten, links und rechts gerichteten Bewegungen sind nicht mit den relativen Bestimmungspunkten des Ortsraumes zu verwechseln. Zwar können die Gebärden ein Ziel (z.B. „Greifziel“) haben, sie

„verlaufen aber aktuell oder potentiell darüber hinaus und bilden insbesondere keine Verbindungsbahnen, die nach zwei Richtungen (zum Ziel hin und von diesem zum absoluten Ort zurück) abgelesen werden könnten. Daher gibt es im reinen Richtungsraum auch keine relativen Orte; denn Lagen und Abstände setzen Netze paarender Verbindungen mit reversibler Ablesbarkeit voraus.“ (ebd.: 95)

Das motorische Verhalten orientiert sich nur z.B. in Phasen des willkürlichen Lernens an Lagen und Abständen, alles Flüssige und Anmutige unserer Bewegungen ist hingegen unabhängig davon. Die reine Richtungsräumlichkeit lässt sich nach Schmitz besonders eingängig an der kompensierenden Motorik einer Person beobachten, die versucht, ihre Balance wiederzuerlangen, um einen Sturz abzufangen. Der Ortsraum entsteht schließlich auf der Grundlage des Richtungsraumes, wenn über die Lage- und Abstandsbeziehungen zwischen den Zielen leiblicher Richtungen relative Orte eingeführt werden.

Die Gefühle sind Schmitzens Verständnis nach räumlich in der Art des Weiteraumes. Ihre Erstreckung ist durch keine einschließenden Flächen, durchquerenden Ebenen oder andere Gliederungsformen begrenzt. Gleichwohl können sie durch eine *Gerichtetheit* gekennzeichnet sein, anhand derer sich verschiedene Arten von Gefühlen klassifizieren lassen. Als Grundtypen können demnach *reine Stimmungen* und *Erregungen* benannt werden. Während die reinen Stimmungen durch eine Weite ohne Gerichtetheit charakterisiert sind wie im Fall der leeren Öde der Verzweiflung oder der umfassenden Erfülltheit tiefer Zufriedenheit, besitzen die Erregungen eine räumliche Gerichtetheit. Sind diese Gefühle ohne ein bestimmtes Ziel gerichtet, spricht Schmitz von *reinen Erregungen.* Als Beispiele gelten ihm hier die nach oben sich richtende Freude, die hinunterziehende Schwermut, die von allen Seiten her (zentripetal) zufassende Bangnis und die nach allen Seiten hin (zentrifugal) sich verströmende diffuse Sehnsucht. *Zentrierte Erregungen* besitzen dagegen einen *Verdichtungsbereich* und/oder *Verankerungspunkt*, d.h. einen Raum, in dem sich ein Gefühl sammelt (z.B. Zorn auf jemanden, Furcht vor einer Person) bzw. einen bestimmten Sachverhalt, an dem das betreffende Gefühl hängt (z.B. Zorn über etwas). Die Einteilung der Gefühle in reine Stimmungen und Erregungen ist nicht allein als äußerliches Kategoriensystem gemeint. Die Unterscheidungen eignen sich vielmehr auch dazu, die Metamorphosen von Gefühlen nachzuvollziehen, also deren Entwicklung und Wandlung in den Blick zu bekommen. Aus Stimmungen oder ungerichteten Erregungen können zentrierte Gefühle hervorgehen, beispielsweise bei der Umwandlung einer diffusen Reizbarkeit und Unzufriedenheit in einen kanalisierten Zorn, der seinen Anlass sucht und findet, oder im Fall der vagen Sehnsucht, die zur Verliebtheit werden kann und sich schließlich um einen konkreten Menschen, in welchem sie ihre Verankerung und ihren Verdichtungsbereich findet, zusammenzieht.

Zwar sind die Menschen Schmitz zufolge ständig von den im Gefühlsraum waltenden, diesen ohne Ziel und Ursprung durchquerenden Emotionen umweht, sind wir alle in die räumlich ausgebreiteten Gefühlsatmosphären eingehüllt und von ihnen durchdrungen. Doch dies besagt, wie oben bereits gezeigt, keineswegs, dass die Gefühle damit auch schon gefühlt wären. Es ist durchaus möglich (und ein nicht gerade außeralltägliches Geschehen), Atmosphären wahrzunehmen, ohne von ihnen ergriffen zu werden, und ebenso ist es möglich, von Gefühlen nur mittelbar in den Bann geschlagen zu sein, wie Schmitzens Beispiel der kindlichen Weihnachtsfreude, an der man sich als Erwachsener „mitfreuen" kann, veranschaulicht. Die Art des affektiven Betroffenseins von Gefühlen bemisst sich hierbei an einer Skala von Hingabe und Widerstand, die zugleich das Quäntchen Freiheit markiert, welche den Menschen gegenüber der Macht der Emotionen verbleibt (vgl. Schmitz, 1969: XIV). Insofern sich im Betroffenwerden von einem Gefühl, in das man prozessual schon verstrickt ist, ein Spielraum für annehmendes oder abwehrendes Verhalten eröffnet, kann nicht mehr nur von einem passiven Geschehenlassen die Rede sein, sondern das affektive Betroffensein fordert ebenso „Stellungnahme, eigene[n] Einsatz und Eingehen auf etwas" (Schmitz, 1990: 357) heraus.

Ob und wie welche Gefühle eine bestimmte Person zu treffen vermögen, ist indes nicht allein vom Maß der eigenen Hingabe oder Verweigerung abhängig. Ausschlaggebend hierfür ist vielmehr die jeweilige *leibliche Verfassung*. Da Gefühle eben nicht primär psychische Heimsuchungen sind, sondern in unser leibliches Befinden (z.B. engend oder weitend) eingreifen, setzt ihr Wirken, setzt die Möglichkeit des verschmelzenden Mitvollzugs, die Fähigkeit zu entsprechender *leiblicher Bewegtheit* voraus. Die Empfänglichkeit des Leibes und mithin die Empfänglichkeit für das Fühlen von Gefühlen steht und fällt mit dem Vermögen des Leibes, durch Engung und Weitung „mitschwingen" zu können. Ein Mensch, dem die Bewegtheit des Leibes fehlt, „liegt wie ein Fels oder Stein in der Brandung der Gefühle" (Schmitz, 1993: 56).[485] Insofern gleicht das leibliche Selbst einem Resonanzkörper oder „Empfangsapparat" (Schmitz, 1989: 132) für Gefühle, denn

> „[...] ob und welche Atmosphäre jemanden ergreift, hängt dann von seinem jeweiligen leiblichen Befinden als dem Boden seiner spezifischen Resonanz für Atmosphären ab, und dieses Befinden wiederum von seiner persönlichen Situation, deren augenblicklicher Zustand ebenso vom Leiblichen her mitbestimmt wird wie auf diese zurückwirkt." (Schmitz, 1993: 41)

Die Resonanzqualität des Leibes ist demnach also nicht nur eine Frage der grundlegenden leiblichen Disposition, die jedem Menschen als (auch biographisch, mithin also sozial erworbenem) „Temperament" eignet, sondern ist zugleich durch soziale Situationen bestimmt, die das leibliche Befinden beeinflussen.

---

485 Schmitz verdeutlicht dies am Beispiel endogener Depressionen, die er als „quälendes Gefühl der Gefühllosigkeit" beschreibt und entsprechend als *emotionale Resonanzstörung* fasst. Für die Diagnose und Behandlung von Depressionen lässt diese Sichtweise neue Impulse vermuten (vgl. Schmitz, 1993: 56).

So inspirierend Schmitzens Gedanken von der Seite der Leiblichkeit her sind, so wenig mag der Eigensinn auf Seiten der Gefühle (mich) zu überzeugen. Was an der Konzeption der Gefühle als Atmosphären vielleicht am heftigsten stört, ist deren prinzipielle Losgelöstheit von den Dingen und den Menschen. Das ist in mancherlei Hinsicht problematisch. Die Vorstellung des Menschen als eher passives Objekt, als nur mitschwingendes Medium von Gefühlsatmosphären, unterschlägt nicht nur den „Eigenanteil", den wir (z.B. im Zusammenspiel mit kognitiven Prozessen) an unseren eigenen Stimmungen und Emotionen sowie an denen der anderen haben. Hartnäckig und unabweisbar drängt sich zudem die noch grundlegendere Frage auf, *woher* die Atmosphären denn nun eigentlich kommen, welchen Umständen, Ereignissen oder Handlungen sie ihre Entstehung und Existenz im Gefühlsraum zu verdanken haben.[486] Schmitz bleibt seinen LeserInnen hier – soweit ich dies überblicken kann – eine befriedigende Antwort schuldig. Die Gefühle wehen und walten vor sich hin, kommen und gehen, ergreifen, erschüttern, erheben und verschwinden wieder wie „Wegelagerer im Raum" (Soentgen, 1998: 178). Sie scheinen der Zeit und allem Irdischen enthoben – allenfalls spricht Schmitz davon, dass Atmosphären durch Situationen oder Qualitäten von Erscheinungen, z.B. einer Abenddämmerung, *provoziert* würden (vgl. Schmitz, 1993: 40) oder Objekte sie quasi einfingen und die Atmosphären dann diesen anhafteten wie ein Nimbus oder eine Aura.

Diese Auffassung der Gefühle als windgleiche, völlig freischwebende Phänomene widerstreitet jeder Erkenntnis über die zeitliche, kulturelle und soziale Gebundenheit von Emotionen. Birgt denn der Gefühlsraum in seiner Weite eine Art unveränderliches „Reservoir" an „Dämonen" (die möglicherweise in verschiedenen Epochen und Kulturen dann nur unterschiedlich benannt und gedeutet würden)? Oder ist es nicht vielmehr so, dass historische und kulturelle Bestimmungsgrößen nicht allein die Bewertung von Emotionen besorgen und den Umgang mit den Gefühlen wie z.B. die Weisen ihres angemessenen Ausdrucks regulieren, sondern stellt eine Gesellschaft nicht ihren Mitgliedern ein *spezifisches Repertoire* an Emotionen (Emotionskon-

486 In der philosophischen Auseinandersetzung wird Schmitz an dieser Stelle unter anderem vorgeworfen, die Atmosphären als eigenständig-objektiv Seiendes zu konzipieren. Im Anschluss an Heidegger verweist Karl Baier darauf, dass der Bezug zwischen Gefühl und Leiblichkeit nicht als Kausalverhältnis (seiende Atmosphäre wirkt auf Leib und verursacht affektives Betroffensein) gefasst werden müsse, sondern mit dem *daseinsanalytischen Ansatz* als „Weisen des Offenständigsein" verstanden werden könne (Baier, 1994: 269). Das bedeutet, dass Stimmungen und Gefühle eigene Wesensmöglichkeiten der Menschen sind und nicht erst von außen zugefügt werden. Gefühle sind demnach den Menschen ebenso wenig extern wie sie psychische Vorgänge sind. Das Geschehen, von einem Gefühl überwältigt zu werden, wäre entsprechend nicht durch die Einwirkung einer Atmosphäre verursacht, sondern steigt nach einem Zitat Heideggers „als Weise des In-der-Welt-seins aus diesem selbst auf" (zit. nach ebd.: 270).

strukten), die *überhaupt* gefühlt werden können, erst zur Verfügung? Soziologisch gewendet wäre der Raum der Gefühle demnach weniger ein (positive wie negative Mächte einschließendes) Pandämonium, sondern eher eine Angelegenheit der *objektiven Kultur* (Simmel) einer Gesellschaft, wäre also die Frage danach, welche Gefühle jemanden ergreifen können, eine Frage nach der zeit- und kulturabhängigen Verfügbarkeit von Emotionen, die aus der Sozialität selbst resultiert.

Mit der Herauslösung der Atmosphären aus ihrem „weltlichen" Kontext fällt ein weiterer wesentlicher Aspekt heraus, und zwar die Möglichkeit einer *Produktion von Atmosphären.* Diese aber ist alltäglich zu beobachten und leiblich zu spüren. Der gesamte Bereich der Ästhetisierung des gesellschaftlichen und ökonomischen Lebens gehört hierzu. Ob Gartenbau oder literarisches Schaffen, Architektur oder Kosmetik, Konsumwerbung, Kunst, Industriedesign oder Gastronomie: Die in diesen Sparten unternommenen Anstrengungen zielen darauf ab, Stimmungen herzustellen, Gefühle zu evozieren und zu manipulieren. Und sie tun dies erfolgreich. Gerhard Schulzes groß angelegte Untersuchung der *Erlebnisgesellschaft* machte vor gut einem Jahrzehnt genau dies zu ihrem Gegenstand (siehe Schulze, 1992). Ausgehend von der Beobachtung einer wachsenden Erlebnisorientierung und eines boomenden Erlebnismarktes in entwickelten Wohlstandsgesellschaften gelang es Schulze, aus der Fülle des gesammelten Datenmaterials drei *alltagsästhetische Schemata* („Hochkulturschema", „Trivialschema", „Spannungsschema") herauszufiltern, denen kollektiv eingeschliffene Muster des Genusses („Kontemplation", „Gemütlichkeit", „Action") zugeordnet sind. Die alltagsästhetischen Schemata stellen überindividuelle Codierungen des Erlebens dar und fungieren als *ästhetische Programme*, welche die nahezu unendlichen Möglichkeiten, die Welt zum Gegenstand des Erlebens zu machen, auf eine überschaubare Anzahl von Routinen begrenzt und damit handhabbar macht (vgl. ebd.: 128). Die Erlebnisorientierung ist nach Schulze ein habitualisiertes *Streben nach Genuss*, dem auf der Anbieterseite Erfüllungsversprechen durch standardisierte Erlebnisangebote gegenüberstehen.[487] In einem neu gefassten,

487 Dass Enttäuschungen damit vorprogrammiert sind, soll hier nur am Rande angemerkt werden. Da Erlebnisse als solche nicht selbst käuflich sind, sondern nur die Zutaten, aus denen sich eine Person ihr Erlebnis selbst produzieren muss, besteht permanent ein Enttäuschungsrisiko. Zwar wird z.B. bei einem Restaurantbesuch die Stimulierung bestimmter Gefühle (Entspannung, Wohlsein, Fröhlichkeit, Ausgelassenheit) zur Zielvorgabe, aber eine Absicherung des Erlebniswertes ist letztlich nicht möglich, auch weil es nach Schulze einen Eigenanteil an der Entstehung von Erlebnissen gibt, der in der Fähigkeit zum Aufbau von Bedeutungen besteht. Schulzes Auffassung vom „Eigenanteil" der Menschen am Erleben und an den Gefühlen steht damit Schmitzens Konzeption diametral gegenüber. Während Schmitz die leibliche Resonanzfähigkeit in den Mittelpunkt rückt, ist das Erleben für Schulze primär eine kognitive Leistung. Ihm gilt das Reich der Sinne als „Resonanzraum für Geistiges" (Schulze, 1992: 107) – auch wenn er den *Genuss* als psychophysischen Zustand definiert, bei dem kognitive Repräsentationen und körperliche Reaktionen (sic!) in Einklang gebracht sind (vgl. ebd.: 105).

erweiterten Verständnis von Ästhetik sind die Angebote des Erlebnismarktes als Formen *ästhetischer Arbeit* zu veranschlagen – und *ästhetische Arbeit* ist letztlich nichts anderes als die Erschaffung von Atmosphären (vgl. Böhme, 1995). Atmosphären wären demnach also *nicht* per se vorhanden, sondern etwas, das von den „Dingen" ausgeht, aus diesen heraustritt.[488] Sie sind entsprechend *Sphären der Anwesenheit* von etwas, von Objekten, Menschen oder Umgebungskonstellationen.[489] Zugleich sind die Atmosphären aber immer auch subjekthaft, da sie leiblich gespürt werden und dieses Spüren ein leibliches Sich-Befinden der Subjekte im Raum ist.

Auf diese Weise ergänzt und modifiziert, bietet der Atmosphärenbegriff nun auch in ernährungssoziologischer Hinsicht einige aussichtsreiche Anknüpfungspunkte. Statt stereotyp der immer gleichen Frage nachzugehen, wie sich die Emotionen auf das Essverhalten auswirken (bzw. genauer: dieses „stören"), gerät mit einer Zuwegung in das Reich *kulinarischer Atmosphären* jetzt endlich auch die umgekehrte Frage in den Blick: Inwieweit produzieren Mahlzeiten Gefühlsatmosphären, die Menschen leiblich-affektiv betreffen? Kulinarische Atmosphären werden in diesem Zusammenhang als räumlich ausgebreitete und leiblich spürbare Qualitäten im Kontext von Verzehrssituationen gefasst.[490] Darunter fallen dann sowohl die Atmosphären, die aus den Speisen selbst aufsteigen, als auch diejenigen, in welche die Essenden vermittels der Präsenz anderer Personen und eines spezifischen Ambientes eintauchen. Bei beiden Formen kulinarischer Atmosphären kommen sinnliche Eindrücke, die mit symbolischen Codierungen und entsprechend kognitiven Prozessen der Bedeutungsgenerierung gekoppelt sind, zum Tragen. Doch im ersten Fall stellen sich die Empfindungen in der unmittelbaren sinnlichen Auseinandersetzung mit der Nahrung selbst ein – man könnte hier in Anlehnung an Schmitz auch von *kulinarischer Einleibung* sprechen –, während im zweiten Fall ein ganzes Bündel von Faktoren einen dichten, in seiner Struktur sehr komplexen atmosphärischen Nebel erzeugt. Wo einerseits die sensorische Beschaffenheit der Nahrung, ihre Temperatur, das Aroma oder Mundgefühl (in Verbindung mit deren kulturellen Bewertungen) sehr direkt körperliche Vorgänge stimuliert, die auf das leibliche Befinden einwirken, drängt sich dem Leib andererseits eine vielschichtig produzierte Stimmung auf,

488 Gernot Böhme spricht in diesem Zusammenhang von den *Ekstasen der Dinge*. Gemeint sind damit die Weisen, in denen ein Objekt aus sich heraustritt, also etwa Farbe, Geruch, Klang etc. (Böhme, 1995: 33).

489 Böhme geht hier auf die ursprüngliche Bedeutung der *Aisthesis* als sinnliche Wahrnehmung zurück und definiert Wahrnehmung als die leibliche Erfahrung der Präsenz von Menschen, Gegenständen und Umgebungen (Böhme, 1995: 25).

490 Besinnt man sich auf die im ersten Kapitel niedergelegte Definition von *kulinarisch* als „alles das Essen als Kulturphänomen betreffend" (vgl. Kap. 1.1.2, Fn. 15), ließe sich der Begriff der kulinarischen Atmosphären freilich weiter ausdehnen, beispielsweise auf den Bereich der Herstellung von Mahlzeiten. Für die hier ins Auge gefassten Zusammenhänge ist dies aber verzichtbar.

welche die Empfänglichkeit gegenüber bestimmten Gefühlslagen steigern oder hemmen kann.[491]

Die leibliche Resonanz (und damit auch die Qualität der leiblichen Kommunikation) ist hierbei nicht nur jeweils abhängig von der grundsätzlichen leiblichen Disposition einer Person, sondern auch von deren situativen leiblichen Befindlichkeit. So kann eine Speise noch so appetitlich angerichtet und wohlduftend sein – jemanden, der sich vollkommen satt fühlt, wird ihr „Fluidum" kaum in den Bann schlagen können. Im Gegenteil lassen Empfindungen wie Magendruck oder Müdigkeit ansonsten geschätzte sinnliche Reize durchaus zu negativ bewerteten Eindrücken werden. Zwischen dem situativen leiblichen Befinden und dem Erleben einer Atmosphäre im Sinne eines leiblichen Einlassens auf sie besteht ein Wechselwirkungszusammenhang. So, wie das momentane leibliche Befinden einen Einfluss darauf hat, wie empfänglich eine Person für das Fühlen eines Gefühls ist und nach welchen sinnlichen Genüssen ihr zumute ist, so greift die Atmosphäre in das momentane leibliche Empfinden ein.

Wie oder als *was* eine Atmosphäre jedoch leiblich gespürt wird, ist nur im Kontext kultureller und sozialer Bedingungen zu beantworten. Ob und in welcher Weise eine Atmosphäre jemanden in sich zu verwickeln vermag, ist nicht allein eine Frage der allgemeinen leiblichen Resonanzfähigkeit dieser Person, sondern es ist wesentlich eine Angelegenheit ihres *Geschmacks*, und das heißt in diesem Zusammenhang: *der sozialen Konfiguration ihres leiblichen Befindens und Erlebens*. Für den einen mag das formvollendete Sechs-Gänge-Menü im Spiegelsaal eines alten Adelsitzes ein erlesener Genuss sein, bei dem ihm warm ums Herz wird, wohingegen einen anderen das kalte Grausen packt, weil er die Atmosphäre dort nicht als angenehm kultiviert, sondern vielleicht als kalt, steif und gezwungen erlebt und die präsentierten Speisen ihm einer sensorischen Attacke gleichkommen. Beide Personen werden von Gefühlen erfasst, auf die sie sich einlassen und entsprechend Genuss oder Widerwillen empfinden können, ohne dass von einer in ihrer spezifischen Ausprägung „objektiven" Atmosphäre die Rede sein könnte. Statt dessen ist von einer *Konstruktion* von Atmosphären auszugehen, die stets mit sozialen Urteilen verknüpft ist und an kollektive Denk-, Wahrnehmungs- und Empfindungsprogramme anschließt. Demgemäss wohnen auch den Objekten keine spezifischen Atmosphären inne, die aus ihnen heraustre-

491 Idealerweise fallen die qualitativen Ausprägungen der beiden Atmosphären in einem rundum gelungenen kulinarischen Erlebnis zusammen. Ein Auseinanderdriften schlägt gewöhnlich negativ zu Buche, etwa wenn der äußere Rahmen ein Gefühl erhabener Exklusivität vermittelt, der sinnlichen Qualität der Speisen hingegen das Flair kleinbürgerlicher Hausmannskost anhaftet. Umgekehrt kann eine Speise wie die Currywurst ihren typischen Charme nur an der Imbissbude, kaum aber auf einer stilvollendet festlich gedeckten Tafel entfalten.

ten könnten.[492] Vielmehr machen kulturelle und soziale Codierungen (und das *Wissen* darum) bestimmte Objekte zu Repräsentationen von Genuss- und Erlebnismustern. Entsprechend attribuierte Gegenstände, Umgebungen, Personenkonstellationen etc. werden zur Erzeugung spezifisch ausgeprägter Atmosphären eingesetzt. Das gezielte Aufsuchen bestimmter Atmosphären dient in der Regel dem Zweck, das eigene leibliche Befinden so zu beeinflussen, dass es sich positiv stimmt oder verstärkt und *„leibliche Dissonanzen"* – analog zur Reduktion kognitiver Dissonanzen – vermieden werden.

Längst schon hat die kommerzielle kulinarische Praxis die ernährungswissenschaftliche Theorie in diesem Punkt überholt, wird in der Gastronomie mit Begriffen wie *emotional food* geworben, und zwar ohne damit naturwissenschaftlich begründete Zusammenhänge zwischen bestimmten Nährstoffen und Gemütslagen zu meinen. Vielmehr geht es um Formen ganzheitlichen Genießens beim Essen und Trinken, die ein entsprechend umfassendes seelisches und leibliches Wohlbefinden verheißen. Die gezielte Produktion kulinarischer Atmosphären im Sinne einer der Genusssteigerung dienstbar gemachten ästhetischen Arbeit ist das Alltagsgeschäft gastronomischer Betriebe.

Die werbliche Selbstdarstellung von Restaurants, Kneipen und Cafés beinhaltet nahezu immer auch eine Beschreibung der zu erwartenden (bzw. intendierten) „Stimmung". Meist werden nur ein oder zwei Adjektive gewählt, um die Atmosphäre, in die sich die Gäste mit ihrem Besuch begeben und die sich auf ihr leibliches Befinden übertragen soll, zu kennzeichnen. Die ausgesuchten *label* stammen vielfach aus einem standardisierten Repertoire, besonders häufig tauchen z.B. die Bezeichnungen „angenehm", „freundlich" und „gemütlich" auf. Es lassen sich verschiedene semantische Klassen bilden, die auch mit den kollektiv eingeschliffenen Genussschemata nach Schulze in Einklang gebracht werden können. Neben Beschreibungen, die auf geographische („ländlich", „friesisch", „maritim", „asiatisch", „italienisch") und historische Besonderheiten („mittelalterlich", „geschichtsträchtig") oder aber spezifische Anlässe („weihnachtlich", „festlich") und bestimmte Personengruppen („studentisch") verweisen, können sieben Klassen festgestellt werden, wie die umseitig abgedruckte Tabelle zeigt.[493]

---

492 Allerdings weist Schulze darauf hin, dass Eigenschaften eines Erlebnisgegenstandes, welche unabhängig vom Erlebenden selbst sind, bestimmte Erlebnisinhalte begünstigen (bzw. erschweren) können. Diese „objektiven Erlebnisreize" (Schulze, 1992: 135) sind hierbei freilich durch Tradition und die Definition der Zugehörigkeit von Zeichen kognitiv überformt.

493 Die im Folgenden vorgenommene Klassifizierung von Beschreibungen basiert auf einer explorativen Auswertung der deutschsprachigen Selbstdarstellungen von 200 gastronomischen Betrieben aller Art im Internet (Dezember 2002). Es wurden jeweils diejenigen Begriffe notiert, die explizit zur Kennzeichnung der *Atmosphäre* benutzt wurden. Eine statistische Aufbereitung des Materials war nicht intendiert.

Die kulinarischen Erlebnisse, die hier jeweils vermarktet werden sollen, sind von recht unterschiedlicher Qualität. Zwar geht es in jedem Fall darum, Genuss zu verschaffen, doch variiert die leiblich-affektive Betroffenheit, die zu diesem Zweck hervorgerufen werden soll, vom Eintauchen in eine freundlich-gemütlich-heimelige Atmosphäre bis zum Zurücksinken in wohlige Entspannung, von dem erhebenden Gefühl der Exklusivität und Kultiviertheit bis zum Empfinden der (zumindest graduellen) Befreitheit von gesellschaftlichen Zwängen, vom Einlassen auf eine erregende Verführung bis zu einem leiblichen „Mitgehen“ bei Spaß und Spannung.

Tab. 3 Atmosphärenbeschreibungen in der werblichen Selbstdarstellung gastronomischer Betriebe

A	*B*	*C*	*D*	*E*	*F*	*G*
angenehm	familiär	lässig	elegant	behaglich	anziehend	abwechslungsreich
ansprechend	gemütlich	leger	exklusiv	besinnlich	aufregend	animierend
einladend	heimelig	locker	gediegen	entspannt	betörend	anregend
freundlich	persönlich	offen	gepflegt	erholsam	bezaubernd	ausgelassen
freundschaftlich	urgemütlich	rustikal	klassisch	gelöst	erotisierend	erfrischend
gastfreundlich	vertraut	ungezwungen	konventionell	genussvoll	erregend	fröhlich
gastlich		unverkrampft	kultiviert	ruhig	geheimnisvoll	gesellig
harmonisch		urig	luxuriös	„Wohlfühl-Atmosphäre“	lustvoll	inspirierend
herzlich		zünftig	traditionell	wohlig	prickelnd	kommunikativ
sympathisch		zwanglos	stilvoll	wohltuend	romantisch	lebendig
					zauberhaft	lebhaft
						spannend
						unterhaltsam

Legt man die Genussschemata an, die Schulze in seiner „Erlebnisgesellschaft“ entwickelt hat, so wären die Kategorien A, B und C am ehesten dem Muster „Gemütlichkeit“ (alltagsästhetisches „Trivialschema“), F und G dem Muster „Action“ („Spannungsschema“) und D und E dem als „Kontemplation" bezeichneten Genussschema („Hochkulturschema") zuzuordnen.[494] Die Techniken und Strategien, die zur Erzeugung der erwünschten Atmosphäre zum Einsatz gebracht werden, sind vielfältig. Dennoch lassen sich exemplarisch einige Objekte, Umgebungskonstellationen und auch Eigenschaften von Speisen benennen, die jeweils als (ideal-)typisch für bestimmte kulinarische Atmosphären gelten können. In der Kategorie C wären etwa ein schnörkelloses und rustikales Mobiliar, Unterhaltungsmusik im Hintergrund, ein Mix aus Stehtischen mit Barhockern und größeren Esstischen sowie eine gedämpfte Beleuchtung zu erwarten. Die Speisen dürften eher unkompliziert, deftig und reichhaltig sein. Der Schaffung einer bezaubernden Atmosphäre (F) sind ausgefallene Blumenarrangements, Kerzenlicht und Kaminfeuer, Düfte, kleine Tische, verspielte Details und raffinierte, leichte Menüs sicher zuträglicher als der Charme eines neonhellen Dönerlokals mit laufendem Fernseher, grell lackierten, ungepolsterten Sitzbänken und aus Teigtaschen hervorquellendem Krautsalat. Und für das „gepflegte" Esserlebnis (D) ist beispielsweise eine stilvoll gedeckte Tafel mit Tischtuch, edlem Porzellan, exakt ausgerichtetem Besteck, Stoffservietten etc. unentbehrlich. Klassische (oder andere als „anspruchsvoll" codierte) Musikuntermalung, eine nicht zu helle und nicht zu schummrige Beleuchtung und echte Kunst an den Wänden harmonieren mit sparsam portionierten, außeralltäglichen bis eigenwilligen Speisenkreationen, die mit maßvoller Zurückhaltung zu genießen sind. Freilich handelt es sich hierbei um nicht mehr als Erlebnis*angebote*. Ob sich die erwünschte emotionale Befindlichkeit tatsächlich einstellt, liegt dann auch am Zutun des Einzelnen und der Emotionsarbeit der anderen anwesenden Personen.

Auch wenn das Streben nach Genuss beim Essen und Trinken eine wichtige Rolle spielt, gibt es gerade im Alltag eine Vielzahl von Verzehrssituationen, die deutlichen Unlustcharakter besitzen. Dass das Essen in Mensen und Großkantinen einfach nicht recht schmecken will, hat nur bedingt etwas mit der Qualität von Zutaten und Zubereitung zu tun. Hektik, Lärm und ein auf bloße Funktionalität reduziertes Interieur können die Lust am Essen ebenso vergällen wie der Anblick sich stapelnder schmutziger Teller oder die sich ungehemmt ausbreitenden und vermischenden Gerüche aus der Großküche.[495]

---

494 Bei Schulze selbst spielt der Bereich der Ernährung leider nur am Rande eine Rolle. Auf der Basis seiner Klassifizierungen ist aber unter anderem eine lebensstilanalytische Studie zum Ernährungsverhalten Jugendlicher durchgeführt worden, in deren Rahmen die alltagsästhetischen Schemata erweitert wurden (vgl. Gerhards/Rössel, 2002).

495 Fast-food-Ketten gestalten ihre Räumlichkeiten ebenfalls in einer Weise, die zu schnellem Verzehr auffordert, um einen hohen Umsatz zu fördern. Zu diesem Zweck wurden z.B. eigens Stühle entworfen, die so unbequem sind, dass sie nach einer gewissen Sitzdauer quasi „automatisch" zum Gehen auffordern (vgl. Ritzer, 1995). Die Kombination mit Spielgeräten, das unkomplizierte *Fingerfood,* die graduelle Befreiung von Tischsitten etc. machen den Besuch im Schnellrestaurant dennoch zu einem Erlebnis, das vor allem von Kindern und Jugendlichen goutiert wird. Gegenwärtig macht allerdings ein französisches Fast-Food-

Aber auch die rasch erwärmte und hinuntergeschlungene Mahlzeit zuhause, die vielleicht synchron zu anderen Tätigkeiten wie Fernsehen oder Telefonieren eingenommen wird, besitzt nicht unbedingt das Potenzial, leibliches Wohlbefinden zu befördern. Gleichfalls wird beispielsweise auch die Kost im Krankenhaus kaum mit Genusserlebnissen in Verbindung gebracht werden können, weil das triste, sterile und anonyme Ambiente dem Appetit abträglich sein kann – auch wenn die Speise selbst, im Restaurant serviert und mit Freunden genossen, möglicherweise als ausgezeichnet bewertet würde. Inwiefern sensorische Umgebungsfaktoren das Essverhalten (und dieses wiederum das leibliche Befinden, welches seinerseits auf das Essverhalten rückwirkt) beeinflussen können, zeigen einige psychologisch ausgerichtete Studien. So gibt es etwa Erkenntnisse darüber, dass sich die Menge der aufgenommenen Nahrung steigern lässt – was z.B. in den geriatrischen Abteilungen von Kliniken und in Altenheimen ein erwünschter Effekt sein kann –, wenn gemeinsam mit anderen gegessen wird und die Räumlichkeiten durch gestalterische Elemente wie Einrichtung und Farbgebung zum Verweilen einladen. Auch hat sich gezeigt, dass – ganz im Sinne Schmitzens *leiblicher Kommunikation* – eine Tendenz dazu besteht, den Essrhythmus, also z.B. die Geschwindigkeit des Kauens, mit den Rhythmen der im Hintergrund abgespielten Musik zu synchronisieren (vgl. zusammenfassend Meinert/Schönberger/Ströbele, 2001). Der „Spannungscharakter" (analog zum „Spannungsschema") einer Speise kann somit entsprechend erhöht oder gesenkt werden.[496]

Außerhalb der ernährungswissenschaftlichen Wirkungsstätten und auch jenseits ausschließlich kommerzieller Interessen gibt es bereits seit längerem Bestrebungen, den Genuss beim Essen und Trinken, vor allem angesichts seiner Funktionen für Wohlbefinden und Gesundheit, zu fördern.[497] Die öffentlich zunehmend drängende Frage nach einer „gesunden" (aber auch z.B. „nachhaltigen") Ernährung wird immer und immer wieder nur naturwissenschaftlich gestellt (und beantwortet), sie kann und muss nach dem Gesagten aber auch *ästhetisch* gestellt werden. Denn für die Frage, wie wir uns ernäh-

---

Unternehmen von sich reden, das *McDonalds* und *Burger King* Konkurrenz angekündigt hat, indem es in die Schaffung einer behaglicheren Atmosphäre investieren will.

496 Soll etwa eine „spannende" kulinarische Atmosphäre produziert werden, sind die sensorischen Reize sowohl der Speisen und Getränke als auch der Umgebung, in welche die Verzehrssituation eingebettet ist, entsprechend stark zu gestalten. Das bedeutet unter anderem, farb- und geschmacksintensive Zutaten mit einem etwas fremdartigen Einschlag auszuwählen, die überdies im Mundraum einen gewissen physikalischen Widerstand bieten und beim Kauen ggf. „krachende" Laute von sich geben.

497 Siehe hierzu etwa die Aktivitäten von *slow food*. Die *slow food*-Bewegung ist heute in 35 Ländern vertreten und zählt ca. 75.000 Mitglieder. Eines der Hauptanliegen von *slow food* ist die Bewahrung regionaler kulinarischer Kulturen. Auch in der psychosomatisch orientierten Medizin wird die Bedeutung von Freude und Genuss in der Prävention und Therapie von Krankheiten schon länger bedacht.

ren, ist nicht zuletzt entscheidend, wie wir unsere kulinarische Umwelt (Mitwelt) sinnlich erfahren, und wie es dabei um unser leibliches Befinden und die Gefühle bestellt ist.[498] Im wissenschaftlichen, psychologisch dominierten Diskurs werden Essen und Emotionen ganz überwiegend in ein negatives Verhältnis zueinander gesetzt. Die Betonung pathogener Effekte „emotionsbedingten Essverhaltens" steigert sich gar bis zu der Empfehlung, Essen und Emotionen systematisch zu entkoppeln. Als leiblich-sinnliches Geschehen sind Essen und Trinken (ganz abgesehen von ihrer kulturellen und sozialen Verfasstheit) aber nicht zu separaten biologisch-funktionalen Abläufen der Nährstoffaufnahme degenerierbar. Das funktioniert nicht einmal in experimentellen Anordnungen, sondern allenfalls in Form der künstlichen Ernährung von Komapatienten.

Essen, sinnliche Wahrnehmung, leibliche Befindlichkeit und Gefühle gehören zusammen. Dass dabei die Emotionen nicht immer nur als „Risikofaktoren" und „Störgrößen" untersucht werden müssten, liegt eigentlich auf der Hand. Rückt man die Beziehungen zwischen Essen und Emotionen in das Licht eines *ästhetischen Erkenntnisinteresses*, und zwar im Sinne eines Interesses an den Zusammenhängen zwischen den Qualitäten von Umgebungen und den Befindlichkeiten (vgl. Böhme, 1995: 16), dann können umgekehrt beispielsweise die *salutogenen* Effekte[499] von kulinarischen Atmosphären ins Auge gefasst werden. Die spezifischen Eigenschaften kulinarischer Akte und der sozialen wie dinglichen Umwelten, in welche sie eingebettet werden, lassen sich somit vor dem Hintergrund protektiver, das Wohlbefinden för-

498 Der Entfaltung einer *ästhetischen Theorie der Ernährung* wären freilich eigenständige wissenschaftliche Anstrengungen zu widmen, deshalb kann es an dieser Stelle nur bei einem Hinweis bleiben. Dieser verbindet sich gleichwohl mit der Überzeugung, dass die ästhetische Erkenntnis Zugänge in Schichten des Nahrungsgeschehens zu eröffnen vermag, die anderen Erkenntnisweisen verborgen bleiben.

499 Neuere sozialmedizinische Modelle untersuchen unter der salutogenetischen Fragestellung, wie und warum es Menschen gelingt, trotz massiver Gefährdungen und Belastungen ein „gesundes" und zufriedenes Leben führen zu können. Während manche angesichts äußerer psychischer und physischer Stressoren Krankheiten entwickeln, schaffen es andere offenbar, Widerstandsressourcen dagegen zu mobilisieren. Diese Ressourcen können ebenso körperlichen Resistenzpotenzialen als auch psychologischen (z.B. Bewältigungskompetenzen, stabile Ich-Identität) sowie kulturellen und sozialen Umständen (z.B. Unterstützungsnetzwerke, Glaubenssysteme) geschuldet sein. Gesundheit und Krankheit werden hierbei nicht als binäre Opposition aufgefasst, sondern als Pole eines Kontinuums. Für die Verortung auf diesem Kontinuum ist entscheidend, wie eine Person ihren Zustand *subjektiv* empfindet. Es konnte beobachtet werden, dass Menschen sich eher als „gesund" definieren, wenn sie ihre Lebenswelt als etwas erfahren, das für sie verstehbar, sinnvoll und handhabbar ist. Aaron Antonovsky, der das Konzept der Salutogenese entscheidend prägte, spricht hier von einem *sense of coherence* und beschreibt damit eine Lebenseinstellung, die Bedrohungen nicht als unabwendbar definiert oder verleugnet, sondern sich darauf richtet, diese aktiv zu bewältigen (vgl. Antonovsky, 1981, zusammenfassend siehe auch Faltermeier, 1994).

dernder Ressourcen betrachten.[500] Nicht mehr die Frage, was „krank" macht und wie sich nach naturwissenschaftlichem Verständnis „riskantes" Ernährungsverhalten unterbinden lässt, sondern Hinweise darauf, was Menschen „gesund" erhält, könnten so den Diskurs über eine „gesunde" Ernährung anleiten.[501] Die gegenwärtige Praxis der Ernährungsempfehlungen, die moralischen Druck ausübt und wenig an den realen Bedingungen des Alltags ausgerichtet ist, erscheint vor diesem Hintergrund geradezu als *kontraproduktiver Stressor.* Im Sinne einer salutogenetischen Ernährungsbildung und -beratung müsste vielmehr – um bei Antonovskys Terminologie zu bleiben – das *kohärente Erleben* der eigenen Ernährung in den Mittelpunkt gerückt werden, um die Handlungskompetenz in diesem Bereich zu stärken. Dies bedeutet nicht nur, die eigene Ernährung zu einem subjektiv verstehbaren, sinnhaften und handhabbaren Geschehen zu machen, sondern insgesamt eine positive, lust- und genussbetonte Einstellung zum Essen zu befördern – und hierbei anstelle standardisierter Normwerte immer das subjektiv Realisierbare im Blick zu behalten. Für die Freude am Essen und damit der Stärkung von Wohlbefinden und Gesundheit ist der Bereich des Atmosphärischen offenkundig ein entscheidender Faktor. Mehr als die Hälfte der vom Allensbacher Institut im Juni 1999 (repräsentativ) Befragten war der Auffassung, dass alleine essen keinen Spaß mache und daher nicht gesund sei (vgl. Noelle-Neumann/Köcher (Hg.), 2002: 267), außerdem gaben drei Jahre später 54 Prozent an, dass es ihnen im Zusammenhang ihrer Ernährung wichtig sei, „in

500 Die These, dass Lust und Genuss gesund sind und protektives Potenzial besitzen, wird zwar (je nach akademischer Disziplin) in unterschiedliche Begründungszusammenhänge gestellt, bestreiten mag ihr Zutreffen aber wohl kaum jemand. Zu den fast nicht mehr überschaubaren Ratschlägen in Sachen „gesunde Ernährung" gesellen sich daher zunehmend auch Plädoyers für den *Spaß* am Essen. Dieser scheint vielen offenbar (oder vermeintlich?) bereits so weit abhanden gekommen zu sein, dass spezielle Angebote, die zum Genießen befähigen und anleiten wollen, Raum greifen können. Unter dem Stichwort *euthymen* Erlebens und Handelns wird hierbei besonders der Anteil, den jede einzelne Person am Prozess des Genießens hat, fokussiert. Es geht um das gezielte Aufsuchen oder Schaffen *hedonistischer Nischen* (räumlich wie metaphorisch) und vor allem um einen „geschulten" Umgang mit den gewählten Positiva, z.B. bestimmten kulinarischen Ereignissen. Für eine Darstellung des euthymen Konzepts, das gegenwärtig hauptsächlich in der psychotherapeutischen Arbeit z.B. mit Depressiven, Alkoholabhängigen, Herzkranken und SchmerzpatientInnen zum Einsatz kommt, siehe Lutz/Sundheim, 2002 sowie die dort verzeichnete Literatur.

501 Hieraus können auch für die Ernährungserziehung, z.B. in der Schule, wertvolle Erkenntnisse abgeleitet werden. An die Stelle traditioneller Leitziele wie die Unterscheidung „falscher" und „richtiger" Ernährungsweisen, die an quantifizierten, durchschnittlichen Bedarfen gemessen werden, können Ansätze rücken, die auf ein bewusstes, selbstentscheidendes Ernährungsverhalten setzen, das situationsabhängig (und nicht normativ) „günstige" und „ungünstige" Verhaltensweisen an subjektiven Bedürfnissen ausrichtet. Statt systematischer Wissensvermittlung im Sinne der Ernährungslehre (Kalorien, Nährstoffe, Tageskostpläne etc.) und naturwissenschaftlich begründeter Ratschläge, die im Alltag oft kaum anwendbar sind, wären exemplarische, handlungsorientierte Lehr- und Lernformen denkbar, die wissenschaftliche Erkenntnisse als Orientierungshilfen aufgreifen, ihren Schwerpunkt aber im konkreten, alltagbezogenen Ausprobieren haben (vgl. Methfessel, 1999b: 103).

Ruhe“ essen zu können. Doch was dem Erfahrungswissen sicher ist, harrt weiterer wissenschaftlicher Bestätigung und Begründung. Die Untersuchung kulinarischer Atmosphären birgt daher viel Potenzial, und dies nicht nur für künftige Anstrengungen im Dienst einer „gesunden“ Ernährung.

Die Produktion kulinarischer Atmosphären kann aber nicht nur unter dem Aspekt leiblichen Befindens und des damit verbundenen Gesundheitsbezuges betrachtet werden. Sie dient überdies auch *sozialen* Zwecken. Als Medien der Kommunikation und Wirklichkeitskonstruktion wirken Atmosphären auf Menschen wie *Aufforderungen*, die eigene emotionale Lage mit der jeweiligen sozialen Situation in Übereinstimmung zu bringen. Auf diese Weise werden Regeln für je angemessenes Fühlen und Verhalten vermittelt, fungieren Atmosphären quasi als *räumlich ausgedehnte Gefühlsnormen* und Instrumente der Normkontrolle. Die atmosphärische Gestaltung von Arbeits- und Wohnräumen oder eben auch Mahlzeiten verlangt den Beteiligten weit mehr als eine vordergründige Konformität mit sozialen Übereinkünften ab. Es reicht z.B. nicht, sich formal korrekt an kollektiv geteilte kulinarische Gepflogenheiten zu halten, um in angemessener Weise an einem Festessen im Kreise der Verwandtschaft zu partizipieren. Vielmehr drängen Atmosphären den Anwesenden die *gefühlsmäßige Realisierung* von Normen auf, indem sie auf deren Integration in die eigene Befindlichkeit – und somit in das eigene Selbst – abzielen. Der Grad der Feierlichkeit einer Mahlzeit lässt spürbar erfahren, was gefühlt werden soll und welche Verhaltensweisen sich daraus zu entfalten haben. Durch die soziale Instrumentalisierung von Atmosphären kann das Handeln über Gefühle gesteuert werden, und wird mehr noch der Anspruch erhoben, dass „authentisches“ Handeln einem inneren Gefühl zu entsprechen hat und nicht etwa „nur“ an Argumenten oder Sanktionen ausgerichtet sein kann. Das Unwohlsein und Unbehagen, das manchem beispielsweise angesichts ausgedehnter Familienfeiern unter die Haut kriechen mag, zeigt sehr deutlich, dass es hier offenbar nicht um eine intellektuell aushandelbare Sache geht, sondern es sich um leibliche An- und Zumutungen handelt.

Die soziale Verwendung kulinarischer Atmosphären dient den unterschiedlichsten sozialen Zwecken. Kulinarische Atmosphären werden im Dienste der Reproduktion sozialer Einheiten („Familie“) ebenso wie zur Minderung von Neid und Konkurrenzen hergestellt, sie nützen der Besänftigung, der Versöhnung und Verführung, und vor allem in rituellen Kontexten fungieren sie als Erzeugerinnen und Verstärkerinnen kollektiv geteilter Gefühle, die eine Bindung zwischen den Beteiligten erwirken. Die gemeinsam erlebten Gefühle sind hierbei zwar von vergleichsweise kurzer Dauer, können aber, zumal wenn regelmäßige Wiederholungen praktiziert werden, langfristige emotionale Effekte haben. Rituale versorgen die Menschen mit *emotionaler Energie* (Collins), die sich als Gefühl der Gruppensolidarität, als Selbstvertrauen, Gemeinschaftsgefühl oder auch Zuversicht niederschlagen kann.[502] Zugleich dienen kulinarische Atmosphären aber auch der Machtausübung, Disziplinierung und Kontrolle.[503] Besonders anschaulich wird dies mit Blick auf die Ernährung in *totalen Institutionen*. Um nur ein Beispiel herauszugreifen, sei an die Speisung im Kloster erinnert. Hier wird eine kulinarische Atmosphäre hergestellt, die eine asketische und demütige Haltung der Ordensbrüder und -schwestern befördert. Da sich Essen und Trinken nicht wie andere „fleischliche" Lüste und Bedürfnisse mit einem grundsätzlichen Verbot belegen lassen, soll den Mahlzeiten zumindest die Genusskomponente geraubt werden. Dazu bedient sich die klösterliche Küche nicht nur der Zubereitung möglichst einfacher, schlichter (in früheren Zeiten häufig auch anaphrodisierender) Gerichte in maßvollen Portionen, sondern vor allem der Unterbindung der geselligen Funktion des gemeinsamen Essens. Die Atmosphäre der Mahlzeiten ist auf diese Weise häufig bestimmt durch ein angeordnetes Schweigen unter den Essenden, das nur im gemeinsamen Gebet durchbrochen wird. Mitunter gibt auch die öffentliche Lesung religiöser Texte den klimatischen Hintergrund für das ansonsten wortlose Beisammensein in den Speisesälen ab.

„Der Spaß am Essen wird systematisch unterhöhlt. Das irdische Miteinander, das im Gespräch beim gemeinsamen Essen entstehen könnte, wird durch das gemeinsame Schweigen zugunsten der heiligen Gemeinschaft, die auf Gott hin ausgerichtet ist, boykottiert. Der Prozeß der Vergeistigung greift im Alltag vor allem bei den Mahlzeiten tiefgreifend ein, die im Kloster eine eigene Gesetzlichkeit entwickeln." (Kleber, 1994: 240f.)

Um eine stille, in sich gekehrte Haltung beim Essen zu erzielen, wäre auch eine isolierte Nahrungsaufnahme der Klosterangehörigen denkbar, doch gerade durch die kollektive Unterwerfung entfaltet das kulinarische Ritual seine emotionale Wirkung. Nicht zuletzt gewährleistet die Gemeinschaft aber auch die Kontrolle der Einzelnen. In der Absicht, ein Höchstmaß an Kontrolle über die Ordensmitglieder zu erlangen und sicher zu stellen, dass niemand den Versuchungen der Naschhaftigkeit und Völlerei nachgab, erließ Augustinus seinerzeit eine Ordensregel, die vorsah, die Nahrungsaufnahme auf nur eine Mahlzeit pro Tag zu beschränken und diese in der Gemeinschaft stattfinden zu lassen. Jeder Einzelne war hierbei aufgefordert, die anderen zu beobachten und ungeziemes Essverhalten zu denunzieren.

502 Dieser Aufbau von positiven emotionalen Ressourcen findet nicht statt, wenn eine Entfremdung von der Gruppenmoral und den Gruppensymbolen eintritt. Allerdings muss sich der Ausschluss aus sozialen Zusammenhängen nicht zwangsläufig mit dem Aufbau negativer „emotionaler Energie" verbinden. Eine bewusste Herauslösung aus der Gruppe kann ebenso Gefühle der Selbstbehauptung, Autonomie oder Überlegenheit zur Folge haben.

503 Zu den Beziehungen zwischen Ernährung und Macht siehe Prahl/Setzwein, 1999: 161-177.

5.3 Geschlechtlich relevante Beziehungen zwischen Ernährung und leiblichen Erfahrungen – eine Spurensuche

"In place of a hermeneutics
we need an erotics of food."

(frei nach Susan Sontag)

5.3.1 Geschlechtsdifferente „emotionale Kulturen" und Ernährung

Um der geschlechtlichen Dimension leiblicher Erfahrungen im kulinarischen Kontext auf die Spur zu kommen[504], bietet sich zunächst ein weiteres Mal die Zuwegung über das Feld der Emotionen an. Denn die Zusammenschau von geschlechtsdifferenten Gefühlsnormen und ernährungsbezogenen Verhaltensweisen gibt den Blick auf leibliche „Empfindungsprogramme" frei, die das kulinarische Erleben geschlechtlich strukturieren und ihrerseits durch die Ernährungspraxis bestätigt und verstärkt werden.

Emotionen werden ebenso wie Handlungen, Objekte, körperliche Stilisierungen und Ausdrucksweisen etc. zur sozialen (und subjektiven) Konstruktion von Geschlecht verwendet. Das *doing gender by doing emotion* findet hierbei auf unterschiedlichen Ebenen statt. Kollektive Stile der Auseinandersetzung mit der Umwelt münden in geschlechtlich (und nach weiteren sozialen Größen) differenzierte *emotionale Kulturen*, die in verschiedenen Arten der Präsentation von Gefühlen, des Umgangs mit ihnen und in verschiedenen Weisen ihres Erlebens zum Ausdruck kommen. Das bedeutet, dass geschlechtsdifferente Emotionskonstrukte nicht nur auf der symbolischen und auf der Handlungsebene relevant werden, sondern auch für das subjektive Fühlen und Befinden konstitutiv sind. Durch Gefühle werden Geschlechternormen verleiblicht und in die Identität von Männern und Frauen integriert.

„In their role of defining cultural representations of masculinity/femininity, gendered emotion standards mediate the individual's acquisition and maintenance of a gendered identity via the practice of gender coded emotional values and behavior. This proposal

504 Da es sich hier um wenig mehr als einen Versuch handelt, überhaupt erst einmal Hinweise und Anknüpfungspunkte innerhalb dieses Themenspektrums ausfindig zu machen, verstehen sich die folgenden Überlegungen als vorläufige Sondierungen, denen viele systematische Probebohrungen und großflächige Freilegungen an anderer Stelle noch zu folgen haben.

suggests that gender-coded emotional beliefs can actually shape individual's interpretation of their own emotional experience […]." (Shields, 2000: 9).

Die populäre Geschlechterideologie ist durchtränkt von „weiblichen" und „männlichen" Gefühlsstereotypen, angefangen bei der grundsätzlichen Polarisierung „weiblicher" Emotionalität und „männlicher" Sachlichkeit. Auch wenn die hergebrachten Ideale stoischer, selbstbeherrschter Männer und einfühlsamer, den Affekten erlegener Frauen vielschichtigeren Konzepten Platz gemacht haben mögen, bleibt ihre prägende Kraft in den Vorstellungen über die Geschlechterdifferenz weiter wirksam.[505] Gefühle gelten weiterhin primär als „Frauensache". Sowohl in privaten wie in beruflichen (oder anderen öffentlichen) Kontexten wird die Gefühlsarbeit ganz überwiegend an Frauen delegiert und deren emotionale Kompetenz zur Akkumulation verschiedener Kapitalien genutzt – sei es in der Zuständigkeit für das Wohlbefinden der Familie und die Pflege sozialer Kontakte oder in der professionellen Funktion personalisierter Freundlichkeit, Fürsorge, Herzlichkeit. Trotz ihrer enormen gesellschaftlichen und wirtschaftlichen Bedeutung erfahren diese emotionalen Leistungen allerdings eine vergleichsweise geringe soziale Wertschätzung. Daher geraten den Männern der westlichen Hemisphäre ihre weniger ausgeprägten Kompetenzen in diesem Bereich auch keineswegs zu einem schmerzlichen Manko. Im Gegenteil repräsentieren Affektgedämpftheit und emotionale Unzugänglichkeit ja gerade die *Autonomie* und damit die Überlegenheit des männlichen Subjekts (vgl. Jansz, 2000). Gleichwohl wird der restriktive Umgang mit den Emotionen heute von wissenschaftlicher Seite aus zunehmend als gesundheitlicher Risikofaktor angeprangert. Vor dem Hintergrund einer schon länger diagnostizierten „Krise der Männlichkeit" geraten in wachsendem Maße die sozialen und insbesondere die ökonomischen Kosten in den Blick, die durch hergebrachte Männlichkeitsvorstellungen verursacht werden. Es wird mehr und mehr deutlich, dass die traditionelle Männerrolle nicht mehr zukunftsfähig ist, dass sich mit klassisch „männlichen" Tugenden und *skills* kein drittes Jahrtausend machen lässt.

Entsprechend (und gleichfalls als Folge gewandelter Geschlechterbeziehungen) sind in der jüngeren Vergangenheit die gefühlsbezogenen Anforderungen an Männer durchaus gestiegen. In den mehrheitlich männlich domi-

---

505 Dies lässt sich nicht nur mit Alltagserfahrungen belegen, sondern wird auch in öffentlichen Debatten deutlich. Ohne die geringste Anstrengung zu unternehmen, ihre Geschlechterglaubensvorstellungen wenigstens etwas gefällig zu verpacken, argumentierte z.B. vor einigen Jahren die Führungsriege des *Virginia Military Institutes* – ein öffentliches und staatlich gefördertes College –, dass sie eine Aufnahme weiblicher Personen ablehnen, weil diese „emotionaler" seien als Männer. Gegen die Einführung der Koedukation wurde weiter ins Feld geführt, dass Mädchen und Frauen aufgrund ihrer emotionalen Konstitution stärker unter Versagensängsten litten, weniger durchsetzungsfähig und allgemein psychisch weniger belastbar seien (vgl. Shields, 2000: 3f.).

nierten Führungsetagen großer Wirtschaftskonzerne wird beispielsweise emotionale Kompetenz (oder „emotionale Intelligenz“) an Stellen eingefordert, an denen sie im Dienste eines erfolgreichen Managements funktional ist. Eine solch instrumentell dosierte Verwendung von Einfühlungsvermögen und Gefühlsstrategien lässt sich mit dem männlichen Stereotyp der überlegenen Sachlichkeit und kontrollierten Selbstbestimmung nahezu problemlos vereinbaren. Zu einem riskanten Balanceakt kommt es aber, wenn eine umfassendere Emotionalität in das „männliche“ Selbst integriert werden soll. Sich den eigenen Gefühlen gegenüber zu öffnen und dabei die „männliche“ Autonomie zu wahren, gerät für viele Männer zu einem Problem, wie nicht zuletzt die wachsende Ratgeberkultur in diesem Bereich verrät. Dass männerbewegte und für die Geschlechterfrage sensibilisierte Männer den Zugang zu ihren Gefühlen hierbei häufig als ein Wiederentdecken und Zulassen ihrer (verschütteten oder verleugneten) „weiblichen“ Anteile beschreiben, bestätigt wiederum die stereotypen Zuweisungen. Angestrebt wird zumeist ein Gefühlshaushalt, der männlichkeitsverträglich ist, eine Empfindsamkeit in Maßen, die sich von der vermeintlichen Gefühllastigkeit des weiblichen Geschlechts und der als weniger „männlich“ klassifizierten Männer (Homosexuelle, „Softies“, Muttersöhnchen etc.) erkennbar unterscheidet.

Man braucht den Blick versuchsweise nur einmal durch die Medien, besonders durch die werblichen Frauen- und Männerdarstellungen, wandern zu lassen, um Unmengen an Material zu begegnen, das diese Gefühlsklischees bedient (zusammengefasst z.B. bei Willems/Kautt, 1999: 138ff.). Gehäuft tauchen Weiblichkeitsinszenierungen auf, die in symbolischen Impressionen der Empfindlichkeit, Zartheit, Zärtlichkeit und Fürsorge ihre Grundlage haben. Auch unbeschwertes und übermütiges Herumtollen, Tanzen, Springen und eine *diffuse Vergnügtheit* kennzeichnen weibliche Werbetypen, die damit in die Nähe kindlicher Gemüter gerückt werden. Dem Ernst des Lebens sind die infantoiden Interessen und Ausdrucksweisen der so dargestellten Frauen fern. Ihr Leben ist ein Tanz, wie der Slogan einer bekannten Natreen-Kampagne treffend auf den Punkt bringt. Während Frauen in der Werbung oft und leicht in Verzückung geraten, und dies schon bei banalsten Erlebnisanlässen wie blankgeputzten Küchen oder langen Schokoriegeln, geben sich die Werbemänner verhaltener. Hier sind eher *coole* Typen gefragt, Männer, die alles im Griff haben und immer schön locker bleiben. Sie lächeln nicht nur seltener als die für Werbezwecke eingesetzten Frauen, sondern auch qualitativ gemäßigter. Darüber hinaus sind die Gefühle, die von Männern in der Werbung inszeniert werden, in deutlich höherem Maße auf *Ernstkontexte* bezogen. Wo sich Frauen an weißer Wäsche oder der Wirkung eines neuen Shampoos lustvoll berauschen können, zeigen Männer ihre Freude eher bei Erfolgen, die ihnen im beruflichen, finanziellen oder sportlichen Bereich gelungen sind. Reklamedramaturgisch werden aber nicht nur Männlichkeitstypen privilegiert, die generell affektgedämpft sind, vielmehr besteht die populäre Geschlechterideologie, die in den medialen Inszenierungen kommuniziert wird, darauf, dass Männer nicht nur weniger und schwächere Gefühle haben als Frauen, sondern vor allem *andere*. Männlichkeitskonstituierend sind hierbei besonders Gefühle des Stolzes, der Unabhängigkeit, des Triumphs, der Verantwortung und Überlegenheit (vgl. ebd.: 140).[506]

Gefühle sind geschlechtlich codiert. Viele negativ besetzte Emotionen wie Trauer und Schmerz, allen voran aber Angst und Scham sind überwiegend mit dem weiblichen Geschlecht assoziiert. Seit der Antike gelten das Leid und der Ausdruck von Trauer als „weibliche" Domäne. Die dem Kollektiv als Katharsis dienende Kulturtätigkeit des Klagens wird den Frauen übertragen. Als „männliches" Pendant hierzu kann die der Trauer verwandte Melancholie angeführt werden. Spätestens seit der Renaissance hat sich die Melancholie als eher „männliche" emotionale Befindlichkeit etabliert. Im Gegensatz zu der „weiblichen" Trauer, die sich in Tränen und Wehgeschrei Bahn bricht, findet das Gefühl der Melancholie seinen individuellen Ausdruck in Selbststilisierungen und kreativem Schaffen (vgl. Benthien/ Fleig/Kasten, 2000: 10). Zu den negativ bewerteten Emotionen, die eher für Männer charakteristisch und charakterisierend sind, zählen außerdem Zorn, Ärger und Wut, die mit dem Stereotyp des aggressiven und durchsetzungsfähigen Mannes korrespondieren. Wenn Männer ihre Aggressionen zum Ausdruck bringen, wird ihnen dies – sofern ihr Gebaren in sozial akzeptierten Bahnen verläuft – vielfach als soziale Kompetenz ausgelegt. Sie lassen sich nicht „die Butter vom Brot nehmen", sondern verstehen es, für ihre Interessen zu kämpfen und die Konkurrenz aus dem Feld zu schlagen. Gebärden

---

506 Neben den werblichen Geschlechtsdarstellungen, in denen die Kontinuität der Stereotype gewahrt bleibt, haben freilich Entwicklungen stattgefunden, in denen Weiblichkeits- und Männlichkeitsimages transformiert worden sind. Auffällig wird dies etwa an der (gleichwohl zögerlichen) Erotisierung des männlichen Körpers, der immer häufiger als *eye catcher* zum Einsatz kommt, oder am Bild der Karrierefrau, die es schafft, beruflichen Erfolg, erotische Ausstrahlung und Alltagsmanagement unter einen Hut zu bekommen. Dass es sich aber auch bei den sogenannten *reversed sex ads*, also der werbestrategischen Umkehrung der als „normal" unterstellten Rollenverteilung zwischen den Geschlechtern, keineswegs um eine grundlegende Revision der stereotypen Deutungsmuster handelt, zeigen Willems und Kautt. Sie machen den Wandel des Geschlechterverhältnisses in der Werbung vorrangig als einen Wandel an der *Oberfläche* aus, der einem zweiten Blick nicht standhält. Statt substanziell in Frage gestellt und allmählich abgetragen zu werden, verbleibt die hergebrachte symbolische Geschlechterordnung als Zentrum eines Kernbestandes an stereotypen Images, die durch Abwandlungen und Ergänzungen lediglich immer facettenreicher gestaltet werden. So mag z.B. die zunehmende werbliche Darstellung von Männern im Haushalt zunächst als eine „Lockerungsübung" in bezug auf das Geschlechterarrangement ausgelegt werden. Besieht man sich die Werbebotschaften und die Art der Darstellungen jedoch etwas genauer, wird schnell deutlich, dass es vielfach die *Simplizität* der Produkte ist, die eine männliche Werbefigur begünstigen. Gerade weil die Hausarbeit „weibliches" Terrain bleibt und Männern in Haushaltsangelegenheiten ein Kompetenzdefizit unterstellt wird, eignen sie sich so gut als Vorführer von Tütensuppen und Staubsaugern, bei deren Handhabung nicht einmal sie etwas falsch machen können.

sich hingegen Mädchen und Frauen aggressiv, werden ihnen damit kaum soziale Führungsqualitäten zugeschrieben. Zornige Mädchen und wütende Frauen disqualifizieren sich geradezu für ihre Geschlechtsrolle und haben mit negativen Sanktionen ihres Umfeldes zu rechnen.[507] So haben etwa weibliche Jugendliche, die ihren Aggressionen öfter einmal freien Lauf lassen, weitaus größere Probleme mit *peer*-Kontakten als ihre männlichen Altersgenossen, deren aggressives Verhalten eher die Anerkennung der anderen nach sich zieht (vgl. Brody, 2000: 25). Das Verhältnis von „Weiblichkeit" und Aggression ist in einer Weise gestaltet, die keine positive Koppelung zulässt: Tragen Frauen ihre aggressiven Gefühle unkontrolliert aus, gelten sie schnell als „neurotisch" oder „hysterisch", doch zugleich wird ihnen (von psychologischer und medizinischer Seite) auch das Unterdrücken von Aggressionen zum Verhängnis. Das Etikett, das ihnen in diesem Fall angeheftet wird, lautet dann „depressiv" (vgl. Crawford et al., 1992).

Allgemein scheint der Ausdruck von Gefühlen, die sozialen Beziehungen abträglich sind, ihnen schaden oder gar ihren Abbruch herbeiführen könnten, in westlichen Gesellschaften für Frauen deutlich weniger akzeptabel zu sein als für Männer. Von Frauen wird auch in höherem Maße erwartet, dass sie Reue und Scham zeigen, wenn sie im mitmenschlichen Bereich etwas „falsch" gemacht haben. Als „weiblich" gilt, fürsorglich gegenüber anderen zu sein, warmherzig und mitfühlend zu empfinden und dies auch zu zeigen.[508] Als Verantwortliche für soziale Bindungen fällt Frauen überdies die Aufgabe zu, eine unterstützende Atmosphäre zu erzeugen und z.B. durch den Einsatz von Fröhlichkeit andere aufzuheitern und zu motivieren. Dies impliziert nicht nur, das eigene Befinden ggf. in den Hintergrund zu stellen, sondern häufig wird auch erwartet, dass Frauen Gefühle des Stolzes und der Freude zum Ausdruck bringen, wenn nicht sie selbst, sondern andere Personen Erfolge und Siege davongetragen haben.

Die Alltagsannahmen über die Verschiedenheit der Geschlechter in Gefühlsangelegenheiten reicht hinauf bis zur Konstruktion *geschlechtsexklusiver Emotionen* wie die Beispiele der „Mutterliebe" oder der „Mannesehre"

---

507 Häufige Sanktionen sind z.B. das Anzweifeln der Ernsthaftigkeit des zum Ausdruck gebrachten Zorns oder die Etikettierung als „Furie", „Drachen", „Kneifzange" etc. Im ersten Fall findet vielfach auch eine Umdeutung in ein erotisches Signal statt („Wenn du wütend bist, bist du besonders sexy.") (vgl. Mühlen Achs, 1993: 89)

508 Agneta Fischer weist überdies darauf hin, dass die geschlechtliche Codierung von Gefühlen mit der Hierarchisierung des Geschlechterverhältnisses korrespondiert. Die als „weiblich" gedeuteten Gefühle sind demnach häufiger mit Machtlosigkeit, Unterlegenheit, Friedfertigkeit, Passivität etc. assoziiert, wohingegen die eher für „männlich" gehaltenen Emotionen stärker mit der Ausübung von Macht, mit Aktivität und offensiven Haltungen in Verbindung stehen (vgl. Fischer, 1993).

zeigen.[509] Die „emotionalen Geschlechtscharaktere“ werden in geschlechtsdifferenten Sozialisationsprozessen kultiviert und in sozialen Interaktionen reproduziert. Auch wenn kein prinzipiell unterschiedliches Gefühlsrepertoire der Geschlechter zu unterstellen ist, so werden in einigen Situationen und Zusammenhängen bestimmte Gefühle von Frauen und Männern doch unterschiedlich zum Ausdruck gebracht, so dass diese ihre Geschlechtszugehörigkeit im Wechselspiel von Darstellung und Wahrnehmung markieren (vgl. Landweer, 1997: 268). Die normativen, geschlechtsstereotypen Erwartungen hinsichtlich des Empfindens und Zeigens von Emotionen gelten jedoch nicht generell, sondern sind vielfach vom jeweiligen Kontext abhängig. In leistungs- und wettbewerbsbezogenen Situationen, also etwa in beruflichen oder sportlichen Arrangements, gelten (auch überzogene) Gefühlsausbrüche, die sich an Erfolge und Misserfolge knüpfen, eher als „männlich“. Überschwängliche Freude oder Trauer, die sich auf der „Beziehungsebene“ des Zwischenmenschlichen ereignen, werden dagegen stärker stereotyp für das weibliche Geschlecht eingeschätzt. Gleichzeitig werden emotionale Unterreaktionen in diesem Bereich für typisch „männlich“ gehalten (vgl. Kelly/Hutson-Comeaux, 1999).

Die Relevanz von Gefühlen bei der sozialen Konstruktion von Geschlecht beschränkt sich aber nicht allein auf die Konstitution geschlechtsdifferenter emotionaler Kulturen, also den „Kodex der guten Sitten“ (Boltanski) im Umgang mit den Gefühlen. Neben dem kosmologischen Deutungshorizont, der das Gefühlsuniversum wie alle anderen Lebensbereiche (und kongruent dazu) geschlechtlich strukturiert, spielt auch die *Deutungs- und Benennungsmacht* in konkreten Situationen eine wichtige Rolle. So konstituierend der emotionale Austausch für soziale Interaktionen ist, so selten werden Gefühle in alltäglichen Begegnungen explizit *verbalisiert*. Die Kommunikation von Stimmungen und Erregungen erfolgt meist durch paralinguistische Kanäle, durch gestische und mimische Darstellungstechniken, durch Intonation, Phonation etc. Die Benennung von Emotionen ist stets ein *wertender* Akt, welcher Fragen nach der Intensität und Legitimität von Gefühlen ebenso einschließt wie das Urteil über die Fähigkeit zur Selbstkontrolle. Unabhängig davon, ob es um die Etikettierung einer Person oder deren Verhaltensweise als generell „emotional“ geht, oder ob bestimmte Gefühlsausdrücke zum Gegenstand genommen werden – mit der Benennung von Emotionen werden Urteile gefällt. Wer wen in welchem Kontext als verärgert oder zickig, traurig oder sich selbst bemitleidend, als gerührt oder „zu nah am Wasser ge-

509 In diesem Zusammenhang wäre auch nach geschlechtlich differenzierten *Emotionstabus* zu fragen und danach, wie viel gegengeschlechtlich codiertes Gefühlsgebaren ein Mensch haben/zeigen darf, ohne als pathologischer Fall, als *gestörtes Gemüt*, zu gelten.

baut“, als sachlich oder herzenskalt etc. bezeichnen darf, ist hierbei eine Frage der Macht.[510]

Das *gendering* von Emotionen bewirkt, dass Gefühlshaushalte von Menschen geschlechtlich organisiert und reguliert werden. Über bestimmte Gefühle und Gefühlsregeln werden Geschlechternormen installiert und subjektiv verankert. Inwieweit geschlechtsdifferente Gefühlsnormen und Emotionsstereotype im Bereich der Ernährung zur Geltung kommen, ist eine spannende, forschungstechnisch jedoch völlig offene Frage.[511] Während etwa der Einfluss von Körperbildern auf das Ernährungsverhalten vielfach diskutiert und dokumentiert ist, finden sich hinsichtlich der Einwirkung unterschiedlicher Erwartungen an das emotionale Empfinden und Verhalten keinerlei systematische Zugänge. Wenn aber Gefühle für die Darstellung, Wahrnehmung und Evidenz der eigenen Geschlechtlichkeit relevant sind, dann sind sie dies auch (und aufgrund der besonderen Qualitäten des Nahrungsgeschehens *besonders*) bei der Konstruktion von Geschlecht im kulinarischen Kontext.

Zu denken wäre hierbei etwa zunächst an die Inszenierung von „Weiblichkeit“ im Rahmen der Hausarbeit. Die *Beköstigung* der Familie eignet sich in hervorragender Weise zum Ausdruck „weiblich“ codierter Gefühle. Vermittels der sorgsamen Zubereitung schmackhafter und gesunder Speisen können „weibliche“ Fürsorge und Liebe wirkungsvoll in Szene gesetzt werden. Umgekehrt kann eine nachlässige, uninteressierte Haltung bei der kulinarischen Versorgung von Partnern und Kindern leicht als Manko an Zuneigung und als Indiz mangelnder „weiblicher“ Qualitäten ausgelegt werden. Die Verantwortung, die Frauen hinsichtlich der Ernährung ihrer Familie in hohem Maße zeigen und empfinden (vgl. Sellach, 1996: 141), steht im Einklang mit den geschlechtsstereotypen Erwartungen an die generelle emotionale Verfasstheit des weiblichen Geschlechts. Insofern die mit der Zubereitung der (alltäglichen) Mahlzeiten verbundenen Arbeiten als weiblicher „Liebesdienst“ aufgefasst werden, sind Frauen aufgefordert, diese nicht nur als lästige Pflicht anzusehen, sondern sie *gerne* auszuführen (ausführlicher dazu siehe Kap. 3.3). Um die weibliche Fürsorge angemessen zum Ausdruck zu

---

510 Dies ist ein Aspekt, der in der Forschung über die Zusammenhänge zwischen Emotionen und Geschlecht sehr häufig übersehen wird. Konstrukte wie Emotionalität oder Affektgedämpftheit werden als solche selten problematisiert, sondern eher als Grundkategorien angenommen. Bringt man hingegen das Konzept „Emotion“ selbst auf den Prüfstand, lassen sich weiterführende Fragen formulieren: Was bedeutet es, in bestimmten Situationen und Kontexten eine Person als „emotional“ zu bezeichnen? Wer entscheidet, wann ein Verhalten „emotional“ ist oder nicht? Wer hat wann und wem gegenüber die Macht, ein entsprechendes *label* auszuteilen und dafür zu sorgen, dass es haften bleibt? Vgl. hierzu Shields, 2000: 16.

511 Davon ausgenommen sind (meist psychoanalytisch inspirierte) Arbeiten aus dem Bereich der Essstörungen, die an dieser Stelle jedoch nicht berücksichtigt werden sollen. Auch für dieses Gebiet ist allerdings zu konstatieren, dass die Frage *so* eher nicht gestellt wird, sondern andere Zugänge vorliegen. Zudem bleibt die Kategorie Geschlecht hier ganz überwiegend auf das weibliche Geschlecht beschränkt.

bringen, reicht eine emotional unbeteiligte, auf Funktionalität reduzierte Versorgung nicht aus. Zur Authentizität der symbolisch kommunizierten Qualitäten gehört die Übereinstimmung mit den eigenen Emotionen. Dies impliziert eine Gefühlsstrategie, die das subjektive Empfinden mit den Vorstellungen über den „weiblichen“ Geschlechtscharakter und den Anforderungen an „weibliches“ Fühlen in Einklang bringt.

Die Emotionsarbeit, die bei der überwiegend von Frauen ausgeführten Beköstigung in Privathaushalten geleistet wird, erstreckt sich aber nicht nur auf das Management der eigenen Gefühle. Mit der Zubereitung von Mahlzeiten und der Schaffung bestimmter kulinarischer Atmosphären sorgen Frauen auch für das Gefühlsleben ihrer Angehörigen. Die typischerweise an Frauen adressierten Zuständigkeiten für die Ernährung und für die Gefühle anderer fallen in der Verantwortung für die gemeinsamen Mahlzeiten zusammen. Mit der Kultivierung von „Familienmahlzeiten“[512] werden Gefühlsatmosphären produziert, die gleichfalls als Instrumente sozialer Kontrolle fungieren und dazu beitragen, das familiäre Gefüge zu stabilisieren. Durch das erzeugte Klima werden Erwartungen nach Integration und Konformität *leiblich* an die Anwesenden herangetragen. Zwar kann das sich-Einlassen auf diese Ansprüche verweigert werden und die affektive Betroffenheit ausbleiben, in ihrer Eigenschaft als räumlich ausgedehnte Gefühlsnormen sind Atmosphären dennoch wirksamer als rationale Appelle an Gemeinsinn und Eingliederungsbereitschaft. Mit der Forderung nach einer gefühlsmäßigen Realisierung bestimmter Normen verbindet sich eine subtile Manipulation der Befindlichkeit. Wie Koppetsch und Burkart gezeigt haben, entspricht die Schaffung einer „heimeligen“ Atmosphäre insbesondere im familistischen Milieu einem Gefühlsmanagement, das äußere Einflüsse aus dem familiären Binnenklima heraushält und die Grenzen zwischen den Individuen zugunsten der Gemeinschaft verwischt. Diese Strategie stabilisiert nicht nur die Familie als Einheit, sondern festigt zugleich die Machtposition der „Hausfrau“ als Hüterin der Gemeinschaft (vgl. Koppetsch/Burkart, 1999: 237-283).

Spürbare Zugehörigkeiten entstehen auch durch das gendering von *Verzehrssituationen*. Geschlechtlich codierte kulinarische Atmosphären wie sie z.B. für Stammtische und Kaffeekränzchen charakteristisch sind, dienen in ihren meist geschlechtshomogenen Arrangements auch als Instrumente einer gefühlsmäßigen Bestätigung der eigenen „Männlichkeit“ oder „Weiblichkeit“. Die emotionalen Erlebniswerte der eher „weiblich“ oder eher „männlich“ bestimmten kulinarischen Anlässe korrespondieren mit den geschlechtlich differenzierten Emotionsstereotypen. So fordert und privilegiert der typische „Kaffeeklatsch“ ein Verhalten und Empfinden, das durch Intimität, Vertrautheit und Empathie gekennzeichnet ist. Für den klassischen „Herren-

512 Für eine empirische Beschreibung von Familienmahlzeiten siehe Brombach, 2000.

abend" werden im Einklang mit den vielfach praktizierten Ritualen der Lockerheit, Härte oder Rauheit hingegen eher Befindlichkeiten und Expressionen erwartet und befördert, die beispielsweise mit dem Komplex „Aggression" (Dominanzgebaren) assoziiert sind. Kommerziell wird solchen Zusammenhängen durch eine spezielle *Politik von Atmosphären* Rechnung getragen, wie die zielgruppenspezifische – und dies kann eben auch heißen: auf das Geschlecht bezogene – Gestaltung von Verkaufsräumen, Fitnessstudios und dergleichen zeigt. Dass Frauen und Männer in manchen Kontexten tendenziell unterschiedliche Atmosphären präferieren, erklärt sich somit möglicherweise auch aus der Passung von jeweils erzeugtem Klima und den kulturell und sozial konfigurierten geschlechtstypischen Empfindungsprogrammen.

Doch die Relevanz geschlechtsdifferenter emotionaler Kulturen hinsichtlich der Ernährung erschöpft sich nicht in der Inszenierung „weiblicher" Fürsorge bei der Beköstigung oder im *gendering* bestimmter kulinarischer Atmosphären. Die geschlechtlich differenzierten Emotionsregeln und Gefühlsstrategien wirken im Verbund mit den herrschenden Körper- und Ernährungsdiskursen auf die *Gefühle im Umgang mit der Ernährung* ein. Da die Datenlage zu der Frage, welche Gefühle Männer eher als Frauen und umgekehrt Frauen häufiger als Männer mit dem Essen und Trinken (in unterschiedlichen Kontexten) verbinden, mehr als prekär ist, muss sich die Spurensuche hier an dem Wissen orientieren, das aus der primär an abweichenden Formen des Ernährungsverhaltens interessierten Forschung verfügbar ist. Überschlägt man noch einmal die dazu bereits vorgestellten Ergebnisse (vgl. Kap. 3.2.1 und Kap. 4.2, Kap. 4.3), tritt vor allem eines hervor: eine die Geschlechter scheidende Kluft in bezug auf die *Lust* am Essen.[513]

Vor dem Hintergrund geschlechtsdifferenter Körpernormen kann die Kontrolle bzw. Unterdrückung dieser Lust als eine vorzugsweise „weibliche" Gefühlsstrategie, das affektive Einlassen auf sie – das Genießen – hingegen tendenziell als eher „männliches" Empfinden eingestuft werden. „Männlich" konnotierte Umgangsweisen mit der Ernährung implizieren in höherem Maße positive Emotionen als „weiblich" codierte Essstile. Die Hingabe an den kulinarischen Genuss befördert Gefühle der Zufriedenheit und Freude. Die relative Unbekümmertheit, mit der viele Männer sich dem Essen zuwenden (dürfen), schließt zudem – wie auch der häufigere Verzehr statushoher Speisen – potenziell Überlegenheitsgefühle ein, insofern sie die Autonomie ge-

513 Außerdem scheint die Ernährung ein *Medium der Kommunikation von Gefühlen* zu sein, das insgesamt in stärkerem Maße dem weiblichen Geschlecht assoziiert ist. Dies trifft nicht nur auf die Darstellung von „weiblich" codierten emotionalen Qualitäten durch die kulinarische Umsorgung anderer zu, sondern gilt z.B. auch für die Rolle des Essens bei der Bewältigung emotionaler Belastungen. Soziale und psychische Konflikte scheinen besonders von Frauen über das Essen ausgetragen zu werden. Inwieweit und unter welchen Bedingungen der Umgang mit der Nahrung als typisch „weibliches" Gefühlsmanagement und *Coping* gelten kann, muss indes empirisch noch näher untersucht werden.

genüber Anforderungen dokumentiert, denen sich viele Frauen unterwerfen (müssen). In Korrespondenz zu der geschlechtlichen Codierung von Gefühlen ist es auch im kulinarischen Kontext „männlich“, sich keiner Macht zu beugen und nicht allzu ängstlich zu sein. Wenig kontrollierte, „riskante“ Ernährungsweisen passen daher gut in das dominante Männlichkeitskonzept hinein. Das „weibliche“ Verhältnis zur Ernährung ist dagegen in höherem Maße durch Kontrollwünsche und Ängste geprägt. Die Lust am Essen ist potenziell getrübt durch die Erwartungen, die an die äußerliche Erscheinung gestellt werden, aber auch durch den gedanklichen Zusammenschluss von Attraktivität und Appetitlosigkeit.[514] Ein Einlassen auf die Lust, das leibliche „Mitgehen“, kann von Frauen deshalb leichter als Versagen empfunden und entsprechend mit Scham- und Schuldgefühlen quittiert werden, die wiederum ebenso wie das Empfinden von Angst generell als eher „weibliche“ Gemütszustände und somit (anders als etwa nach außen gerichtete Aggressionen) als *geschlechtsadäquate* „Bewältigung“ der Situation gelten.

Die Diskurse über die Körper und über die Ernährung provozieren also bei Männern und Frauen der Tendenz nach unterschiedliche Gefühle im Umgang mit dem Essen, welche jeweils mit der geschlechtlichen Codierung emotionaler Verhaltens- und Empfindungsweisen korrespondieren. Der Ausdruck (bis hin zur Stilisierung) von Befindlichkeiten kann entsprechend als Ressource für Geschlechtsdarstellungen eingesetzt werden. Das Empfinden und Zeigen von kulinarischer Lustlosigkeit, von Figurängsten und Schuldbewusstsein bei „Verfehlungen“ konstruiert demnach „Weiblichkeit“. Demonstrativer Genuss (vor allem „starker“ und „gefährlicher“ Speisen) sowie eine gewisse kulinarische Unempfindlichkeit (z.B. gegenüber größeren Mengen und stärkeren sensorischen Reizen) verweisen umgekehrt eher auf „männliche“ Qualitäten. Die Markierung des Geschlechts durch Gefühle ist hierbei nicht nur in kulinarischen Interaktionen effektiv, sondern bewirkt durch die affektive Betroffenheit eine tiefgreifende *Vergeschlechtlichung der Leiber*. Doch die Leiberfahrung ist in diesem Zusammenhang auch noch in einer weiteren Hinsicht tangiert: Insofern im Umgang mit der Nahrung auf der einen Seite potenziell niederdrückende Befindlichkeiten wie Angst, Schuld und Scham, auf der anderen Seite hingegen eher erhebende Gefühle der Freude, Macht und Überlegenheit kennzeichnend sind, kann von der Herstellung einer *spürbaren Hierarchie* durch die kulinarische Praxis gesprochen werden.[515] Denn die Gefühle, die als Ressourcen der Darstellung und Wahrnehmung von Geschlecht zum Einsatz kommen, strukturieren gleich-

514 Dieser Zusammenschluss zeigt sich unter anderem in der bürgerlichen Ästhetik des Schwindens (vgl. Kap. 2.2.2) und in den sozialpsychologischen Studien zur Wahrnehmung essender Personen (vgl. Kap. 3.2.1).

515 Eine spürbare Hierarchie wird auch in anderer Hinsicht errichtet, und zwar im Entsprechungsverhältnis von symbolischer Geschlechterordnung und kulinarischer Taxonomie (siehe hierzu Kap. 2.2.2 und Setzwein, 2002).

falls das *kulinarische Erleben* und somit die leiblichen Erfahrungen beim Essen und Trinken. Zur Veranschaulichung dieser Zusammenhänge mag die folgende Skizze dienen, die sich als vorläufiger Versuch versteht, die Rolle der Gefühle in den für die Konstruktion von Geschlecht bedeutsamen Beziehungen zwischen Ernährung und leiblichen Erfahrungen herauszuarbeiten.

Abb. 7 Zur Relevanz von Gefühlen bei der Konstruktion von Geschlecht im kulinarischen Kontext

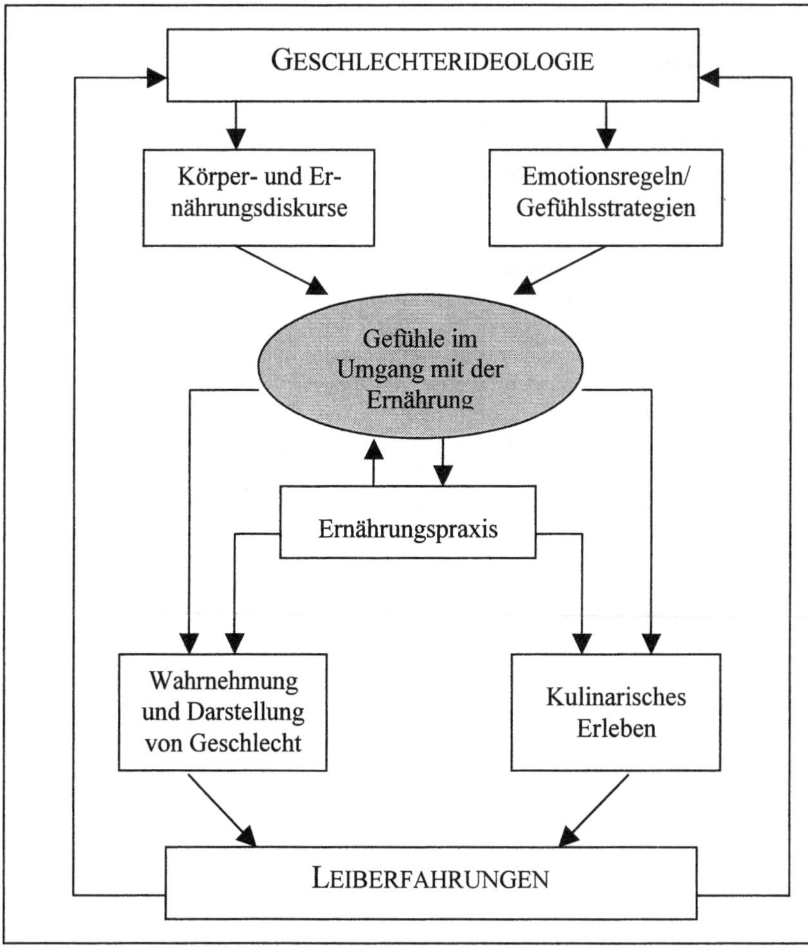

Die *Vergeschlechtlichung der Leiber* erfolgt demnach auf zweierlei Weise: Zum einen findet sie im Kontext eines emotionsbezogenen *doing gender* statt, indem den Leibern die Markierung von Geschlecht über Gefühle eingeschrieben wird.[516] Zum anderen implizieren die mit der Ernährung assoziierten Gefühle und auch die Ernährungspraxis selbst verschiedene Weisen kulinarischen Erlebens, die jeweils mit unterschiedlichen Leiberfahrungen einhergehen. Die Vergeschlechtlichung der leiblichen Erfahrungen bewirkt ihrerseits wiederum eine Rückkoppelung an die Geschlechterideologie, indem sie eine subjektive Übereinstimmung der eigenen Empfindungen mit den Geschlechterglaubensvorstellungen herstellt.

5.3.2 Zum gendering von Leiberfahrungen beim Essen und Trinken

Die Unterschiede, die sich im Ernährungsverhalten von Männern und Frauen ausmachen lassen, schließen je spezifische Empfindungen und leibliche Erfahrungen ein. Dies lässt sich besonders gut an der Gegenüberstellung zweier Körperstrategien nachvollziehen, die ab dem frühen Jugendalter zu Repräsentanten „weiblicher" bzw. „männlicher" Ernährungsstile werden: das restriktive Essverhalten und der Konsum von Alkohol. Die kulinarische Entsagung, die entweder dauerhaft in Form ständigen „Auf-Diät-Seins" betrieben wird oder sich mit Phasen weniger kontrollierten Essens abwechselt, induziert körperliche Zustände, die – in Passung mit stereotypen Weiblichkeitsvorstellungen und „weiblichen" somatischen Kulturen – häufig mit Reizbarkeit, Schwächegefühlen und Nervosität einhergehen. Statt sich durch genussvolle Mahlzeiten gestärkt und wohl zu fühlen, trimmen sich viele Mädchen und Frauen darauf, mit einem möglichst leeren Magen über den Tag zu kommen, und erleben in der Folge eher diffuses Unwohlsein und Unzufriedenheit. Die leiblichen Erfahrungen, die mit dem restriktiven Essverhalten einhergehen, können typischerweise als *engend* oder *zusammenziehend* charakterisiert werden. *Raumbegrenzend* und konzentrierend wirkt die Einschränkung der Nahrung aber nicht nur im Hinblick auf das Leibgefühl. Vielmehr zieht die Unterdrückung der Esslust oftmals eine Dauerbeschäftigung mit dem Thema Essen nach sich, die ebenso wie die unangenehmen körperlich-leiblichen Empfindungen Energiepotenziale bindet. In der suchthaften Steigerung der Restriktion avanciert die Ernährung schließlich vollends zum Mittelpunkt, um den alles kreist und der nahezu jeden Gedanken gefangen nimmt.

Entgegengesetzt verhält es sich mit den Leiberfahrungen, die durch den bei Männern signifikant häufigeren und höheren Alkoholkonsum provoziert werden.[517] Die Berauschung ist (in Maßen) ein Mittel der Transzendierung

---

516 An dieser Stelle kommt neben der spezifischen Leiblichkeit der Gefühle zudem die leiblich-habituelle Tiefenstruktur der Geschlechtsdarstellungen zum Tragen.

517 Einige Thesen zu „berauschten Männern" und „nüchternen Frauen" entwickelt Eisenbach-Stangl, 1986. Die Autorin untersucht insbesondere den Zusammenhang von geschlechtsspezifischen Drogenkonsumgewohnheiten und der zunehmenden Emanzipation von Frauen.

körperlicher und psychischer Grenzen. Sie befördert die geselligen Fähigkeiten, macht „offen" und damit in besonderer Weise sozial anschlussfähig. In dieser Hinsicht dehnt der Rausch die Menschen (freilich in einem nicht-physikalischen Sinne) räumlich aus. Analog dazu bewirken der Alkohol und viele andere Drogen, bei denen der Anteil männlicher Konsumenten ebenfalls deutlich überwiegt, vielfach eine *Entgrenzung der Körper*, die leiblich als fließende oder ausstrahlende *Weitung* erlebt wird. Es ist nicht schwer zu erkennen, dass diese kulinarischen Erlebnisweisen und leiblichen Erfahrungen mit den körperbezogenen Raumkonzepten korrespondieren, die Frauen in ihrem Bewegungsradius und ihren körperlichen Ausdrucksweisen eher begrenzen, Männern hingegen raumgreifende Verhaltensweisen und Gesten nahe legen (vgl. dazu die Ausführungen in Kap. 4.2.1). Die Esspraxis strukturiert das Empfinden in Übereinstimmung mit der symbolischen Ordnung der Geschlechter und trägt auf diese Weise zur Reproduktion der Geschlechterhierarchie im subjektiven Erleben bei.

Insofern sich, wie oben ausgeführt, „weibliche" und „männliche" Essstile zudem auffallend in der *Genussorientierung* unterscheiden, tritt zu der Gegenüberstellung leiblich engender und leiblich weitender Erfahrungen eine kulinarische Opposition hinzu, die sich als Widerstreit zwischen *Erfüllung* und *Entmündigung* fassen lässt. Sich satt zu essen, dies mit Freude und ohne schlechtes Gewissen zu tun und sich nach dem Mahl rundherum wohl und gestärkt zu fühlen, ist ein Erlebnis, das bereits im Schulkindalter als ein eher männliches Vorrecht betrachtet werden kann (vgl. Diehl, 1999b: 165). Auf der anderen Seite bedeuten eingeübter Verzicht und antrainierte Appetitlosigkeit eine ebenso wörtlich wie übertragen zu nehmende Entmündigung, die sich auch leiblich als Einschränkung niederschlägt. Weitergehende symbolische Verweisungen tun sich in diesem Zusammenhang überdies auf, wenn mit einbezogen wird, dass der gefüllte Magen als *Urbild der Lust* gelten kann (vgl. Schipperges, 1993: 30), und die Lust am Essen – nicht nur im Falle von Essstörungen – *pars pro toto* für die Lust schlechthin stehen mag (vgl. Habermas, 1990: 45). Die enge Beziehung zwischen kulinarischem und erotischem Genuss legt nahe, dass das geschlechtlich codierte leibliche Erleben von Erfüllung und Entmündigung gleichfalls moralisch strukturiert ist. Der Nachhall bürgerlicher Sexualmoral privilegiert bis heute das männliche Geschlecht, wenn es um die unverbindliche, reuelose und nur um ihrer selbst willen praktizierte Hingabe an sexuelle Vergnügungen geht.

Die Frage, inwieweit der Umgang mit der Ernährung geschlechtlich differenzierte Leiberfahrungen hervorbringt oder befördert, führt die Spurensuche gleichfalls auf die Ebene des Symbolgehalts von Nahrungsmitteln zurück. So sind etwa den planvoll auf eine Manipulation der leiblichen Befindlichkeit ausgerichteten Aphrodisiaka in Übereinstimmung mit der sexuellen Ideologie (vgl. Kap. 2.2.2) explizit geschlechtsdifferente Wirkungen zugeordnet. Während die Stimulation von Frauen durch Speisen und Trünke meist als ein Lösen innerer Widerstände, mithin als eine Erhöhung der allgemeinen *leiblichen Resonanzfähigkeit* für die an sie herangetragene Lust imaginiert wird, steht männlicherseits der Penis als geschlechtlich signifikante Leibesinsel im Zentrum der intendierten Wirkung. Die „gespürte Männlichkeit" realisiert sich hier im gezielten, aktivierenden und verstärkenden Zugriff auf diese Leibesinsel. Doch auch das *gendering* der alltäglichen Nahrungsmittel steht mit einer entsprechenden Strukturierung leiblichen Erlebens in Verbindung. Männer und Frauen präferieren tendenziell Nahrungsmittel mit spezifischen emotionalen Symbolgehalten. Die von Männern (im Rahmen dominanter Männlichkeitsvorstellungen) vielfach bevorzugten „starken" Speisen und Getränke, die sich sowohl durch einen höheren Status als auch durch eine gewisse sensorische „Stärke" (z.B. Bissfestigkeit, Schärfe) auszeichnen, können im Hinblick auf ihre spezifische Leiblichkeit am ehesten als anregend, spannungsreich und spürbar kräftigend charakterisiert werden.[518] In der Synthetisierung von symbolischer Bedeutung – zu nennen sind hier vor allem „Gesundheit" und „Schönheit", aber auch „Kindlichkeit" – und sinnlicher Qualität (z.B. mild, lau, weich, cremig) sind die „weiblich" codierten Nahrungsmittel hingegen in höherem Maße geeignet, Empfindungen zu befördern, die auf eine eher „sanft" gestimmte Gemütslage hinauslaufen. Entsprechend kann die den Frauen des bürgerlichen Zeitalters anempfohlene – und heute den „weiblichen" Essstil identifizierende – fleischarme, alkoholmeidende, dem Vegetabilen und Süßen zugewandte Kost nicht etwa nur als kulinarische Entsprechung ihres sozialen Status' als „schwaches" Geschlecht und als Äquivalent ihres körperlichen, geistigen und emotionalen Wesens gewertet werden. Vielmehr fungiert die geschlechtsadäquate Ernährung gleichsam als leiblich wirksame *Hüterin* geschlechtsstereotyper Merkmale, in diesem Falle z.B. der Sanftmut.

Dass der Genuss gewisser Nahrungsmittel bestimmte Gefühlslagen und leibliche Dispositionen begünstigt, ist eine alltagsweltliche und auch wissenschaftlich immer wieder einmal diskutierte Annahme. Dies trifft in besonderem Maße auf den Verzehr von Fleisch zu. Ob nun als drohende sittliche und emotionale Verrohung angeprangert oder als Mobilisierung von Kampfeskräften euphorisch begrüßt, die der Fleischnahrung zugerechnete Wirkung bezieht sich ganz überwiegend auf ihr *aggressionssteigerndes Potenzial.* Exemplarisch soll hierzu kurz der Autor eines im ausgehenden 18. Jahrhundert verfassten Werkes für die „Hausmutter" zu Wort kommen:

„Inzwischen ist das richtig, daß das viele Fleischessen den Menschen in denjenigen Zustand versetzt, den man an den Personen eines *cholerischen Temperaments* wahrnimmt.

518 Die empfundenen Qualitäten wandeln sich hierbei freilich mit der jeweiligen Bewertung der Speisen. So kann die „kräftige Kost" bei Ablehnung gleichfalls unangenehme Regungen bis hin zu Krankheitsempfindungen hervorrufen.

Das Blut wird nämlich mit zuviel salziger Schärfe verunreinigt, die Nerven und Fasern werden zu sehr geprickelt, und der sinnliche Mensch bekömmt dadurch mehr *Disposition zum Zorn.*“ (zit. nach Kleinspehn, 1987b: 271; Herv. i. O.)

Der vermännlichende Charakter des Fleisches liegt somit auch in der ihm nachgesagten Manipulation des Gefühlshaushaltes und des leiblichen Befindens in Richtung auf „männlich“ codierte Aggression. In modernen Zeiten ist dies allerdings weniger mit cholerischen Temperamenten oder Gewaltbereitschaft als vielmehr mit Durchsetzungskraft, Siegeswillen und allgemeiner *power* assoziiert.

Setzt man die während der Spurensuche aufgelesenen Mosaiksteinchen nun aneinander, kann trotz vieler weiß bleibender Flächen zumindest eines festgehalten werden: Es spricht vieles dafür, dass die Vergeschlechtlichung von Leiberfahrungen dazu beiträgt, die normativen Bedeutungen und symbolischen Verweisungszusammenhänge im kulinarischen Kontext zu geschlechtlich relevanten, gespürten Realitäten werden zu lassen.

Resümee und Ausblick

„Je mehr man schon weiß,
je mehr hat man noch zu lernen.
Mit dem Wissen nimmt das Nichtwissen
im gleichen Grade zu, oder vielmehr
das Wissen des Nichtwissens."

(Friedrich Schlegel)

Das Vorhaben, der Konstruktion von Geschlecht im kulinarischen Kontext auf den Grund zu gehen, führte zu unterschiedlichen theoretischen Stationen. Jeder Halt auf der eingeschlagenen Route bot somit seine eigenen, ganz besonderen Aussichtspunkte, die den Blick auf je spezifische Facetten des Zusammenhangs von Ernährung und Geschlecht freigaben. Der Weg folgte dabei einer Linie vom Abstrakt-Symbolischen zum Konkret-Leiblichen, ohne jedoch deren Verwobenheit miteinander aus den Augen zu verlieren. Es zeigte sich, dass ernährungsbezogene Akte und Diskurse in vierfacher Hinsicht bei der Konstitution sozialer und subjektiver geschlechtlicher Realitäten Relevanz besitzen: auf der Ebene symbolischer Ordnungen, in Interaktionen und ihren verobjektivierten Strukturen, bei der Somatisierung und habituellen Verankerung der Geschlechterhierarchie sowie im subjektiven Erleben und Empfinden.

Auf der, nach Klärung der theoretischen Voraussetzungen einer Zusammenschau von Ernährung und Geschlecht, zuerst untersuchten Ebene symbolischer Verweisungszusammenhänge erwies sich besonders die Hierarchisierung von Nahrungsmitteln als bedeutsam. Es wurden Parallelen und Entsprechungen zwischen den Mythen von „starker" und „schwacher" Nahrung und ebensolchen Geschlechtern ausgemacht. In einer Konfrontation der kulinarischen Taxonomie mit der dominanten sexuellen Ideologie offenbarten sich tiefgreifende Bezüge, die unter anderem an den bürgerlichen Konstruktionen der *femme fragile* – als einer Entsprechung von Appetitlosigkeit und sexueller Passivität – und der *femme fatale* – als einer Entsprechung von kulinarischer und sexueller Unersättlichkeit – veranschaulicht werden konnten. In diesem Kontext wurde auch der „männliche" Charakter der Fleischnahrung diskutiert, die als „natürliches Symbol" (Douglas) der Macht nicht zuletzt aufgrund der mit ihr verbundenen Unvermeidlichkeit des Tötens Vorstellungen von Dominanz, Stärke und Potenz transportiert. Schon hier trat die emotionale Tiefendimension von kulinarischen Symbolisierungen hervor, die eine Einbindung der Geschlechterideologie in Gefühle bewirkt und im letzten Kapitel eingehender wieder aufgegriffen wurde. Die „weibliche" und „männliche" Codierung von Nahrungsmitteln und Umgangsweisen mit der Ernährung vollzieht sich über zirkulär verlaufende Sexuierungsprozesse und dient der Markierung von Geschlechtergrenzen. Dabei ist nicht nur an die kulinarische Trennung der Geschlechter durch Nahrungstabus und -meidungen zu denken. Die Vergeschlechtlichung von Nahrungsmitteln, Essensvorlieben und -abneigungen, körperlichen Ausdrucksweisen beim Essen, Einstellungen zur Ernährung etc. fungiert allgemein als Ressource für die Kommunikation von Geschlecht in sozialen Interaktionen.

Die Herstellung von „Männlichkeit" und „Weiblichkeit" durch die Repräsentation sozialer Beziehungen in Handlungsvollzügen und institutionell verfestigten Arrangements wurde in einem weiteren Schritt ausgeleuchtet. Unter Einbeziehung umfangreicher empirischer Materialien konnte an zahlreichen Beispielen belegt werden, wie die Art und Menge der verzehrten Nahrung, wie Präferenzen, Distributionsregeln, Zubereitungsarten und bestimmte Verzehrssituationen selbst zum Gegenstand des *doing gender* werden. Bei der Darstellung und Wahrnehmung von Geschlecht in kulinarischen Akten ließen sich zugleich Bezüge zu „männlichen" und „weiblichen" Körperkonzepten erkennen, die nicht nur eine symbolische, sondern auch eine somatische Rückbindung der geschlechtsdifferenten Essstile an die Körper implizieren. Auch die Arbeit, die mit der Vor-, Zu- und Nachbereitung von Mahlzeiten anfällt, wurde unter dem Blickwinkel der sozialen Herstellung von Geschlecht ins Visier genommen. Hierbei wurde nicht nur deutlich, dass die Konstruktionsmodi von „Männlichkeit" und „Weiblichkeit" bei den im Haushalt verrichteten Tätigkeiten mit milieutypischen Partnerschaftscodes variieren, es konnte überdies herausgearbeitet werden, inwiefern die Hausarbeit inkorporierten Handlungsantrieben folgt und sich in bestimmten Fällen ein „Geschmack" am haushälterischen Handeln ausbildet. Der Vorstoß in die körperliche Dimension der Hausarbeit förderte außerdem die *visuelle Semantik* zu Tage, die den Körperroutinen und rituellen Gesten unterlegt ist: Fürsorge, Aufopferung, Dienstbarkeit.

Die agierenden Körper schaffen in ihrer Materialität eine Visualität des Sozialen, die nicht allein auf die Ebene symbolischer Kommunikationen beschränkt bleibt. Vermittels *somatischer Kulturen* vollziehen sich Formungsprozesse, die konkret auch auf die Formen des Fleisches zugreifen. Die Inkorporierung sozialer Strukturen, mithin der Geschlechterhierarchie, schlägt sich in differenten Arten der Bewegung, der Körpermanipulation, der Gestik und Mimik, der Haltung etc. nieder. Das gesellschaftliche Profil der Körper gibt zusammen mit der Ausbildung geschlechtstypischer Formen des

Habitus eine tiefere Schicht und die Grundlage des *doing gender* auf der Interaktionsebene ab. In diesem Zusammenhang erweist sich der Geschmack in bezug auf Kleidung, Wohnung, Freizeitgestaltung, Essen etc. als *sozialer Orientierungssinn*, mit dessen Hilfe sich die Menschen im sozialen Raum verorten. Obwohl durch die ungleiche Verteilung von Kapitalien sozial präfiguriert, wird der Geschmack als zutiefst individuelle Eigenart empfunden und entsprechend auch „geschlechtsangemessene" Verhaltensweisen, Vorlieben und Einstellungen subjektiv als Teil der Persönlichkeit gewertet. Die Frage, welche Rolle dem kulinarischen Geschmack auf der „gefühlten" Ebene der Reproduktion der Geschlechterdifferenz zufällt, wurde im letzten Kapitel wieder aufgenommen.

Im Mittelpunkt der vierten theoretischen Station stand dagegen das Bestreben, die Einflüsse und Zugriffe der Macht bei der Konstitution geschlechtlicher Realitäten durch kulinarische Praktiken und Diskurse freizulegen. Die Ernährung erwies sich als ein Feld, um das sich vielschichtige Mechanismen der Disziplinarmacht und der Bio-Macht gruppieren. Es wurden in diesem Kontext Schlaglichter sowohl auf die zunehmende Verwissenschaftlichung des Essens als auch auf die wachsende Moralisierung in kulinarischen Angelegenheiten geworfen. Während im ersten Fall eine um sich greifende Expertisierung und eine metrisierte Nahrungsaufnahme die Folgen sind, zieht die Moralisierung in Zeiten der Lipophobie unter anderem eine Tyrannei der Gesundheit nach sich, bei der die Medizin als *Normalisierungsinstanz* von prominenter Bedeutung ist. Die Normalisierung von Menschen vollzieht sich dabei über Strategien der Stigmatisierung, über die Inkorporierung des hierarchischen Blickes und über die Produktion abweichender Individuen, wie dies etwa mit der sozialen Konstruktion von Übergewicht geschieht. Anhand der Skizzierung geschlechtsdifferenter Körperkarrieren und auf die Ernährung bezogener Sozialisationsprozesse wurde die Herstellung von „männlichem" und „weiblichem" *korporalen Kapital* nachvollzogen. Es zeigte sich, dass die geschlechtstypischen Unterschiede in den kulinarischen Haltungen, die sich z.B. als Polarität von Lust vs. Angst und Risiko vs. Gesundheitsorientierung umschreiben lassen, mit entsprechenden Unterschieden in den Bewegungskulturen und den Körperverhältnissen von Männern und Frauen korrespondieren. Geschlechtshierarchische Vergesellschaftungsmodi lassen die Geschlechtskörper in unterschiedlicher Weise zu Austragungsorten der Macht werden. Vor diesem Hintergrund wurde ebenso das abweichende Essverhalten aus dem vorrangig psychologisch ausgerichteten Deutungshorizont in einen soziologischen Gegenstandsbereich überführt. Nur vor dem Hintergrund der im Prozess der Zivilisation zunehmenden Körper- und Affektkontrolle konnten Essstörungen wie Anorexie und Bulimie überhaupt zu einem geeigneten Instrument der intrapsychischen Konfliktentlastung werden. Es wurde herausgestellt, dass Essstörungen für die von ihnen ganz überwiegend betroffenen jungen Frauen geschlechtskonforme, d.h. mit den Geschlechterglaubensvorstellungen und den körperbezogenen Sozialisationsverläufen im Einklang stehende Bewältigungsstrategien gegenüber sozialen Rollenanforderungen und Genderkonflikten darstellen. Die Überlegungen liefen schließlich auf die These hinaus, dass die anorektische Praxis die Auszehrung und damit den Verlust des Körpers zu einer Form seiner *Selbstaneignung* werden lässt.

Nachdem mit der Untersuchung von symbolischen Verweisungszusammenhängen, interaktiven Mustern der Darstellung und Wahrnehmung von Geschlecht sowie der Inkorporierung sozialer Strukturen in den Netzen der Macht vor allem die Ebene der Körper angesprochen war, wurde der Blick im letzten Arbeitsschritt auf die Leiblichkeit gelenkt. Damit konnte der Einsicht Rechnung getragen werden, dass die Selbstverortung von Menschen innerhalb der Gesellschaft in hohem Maße eine Frage des Spürens, Fühlens und Empfindens ist. Der *sens pratique* (Bourdieu), mit dem Individuen das für sie Passende vom Unpassenden trennen, ist als *leiblicher Spürsinn* eine Instanz der Selbstvergewisserung – wie auch das Geschlecht für jeden Menschen in erster Linie eine gefühlte Größe, eine *gespürte Selbstgewissheit* ist. Es wurde in Hinsicht auf kulinarische Zusammenhänge argumentiert, dass die Ernährungspraxis an der Konstitution geschlechtlicher Realitäten und Identitäten auch vermittels der Strukturierung des leiblichen Empfindens Anteil hat, welche in Übereinstimmung mit der symbolischen Geschlechterordnung erfolgt. Der Zugriff auf die spürenden Leiber findet hierbei unter anderem über das sozial erzeugte Körperwissen statt, das quasi differente „Empfindungsprogramme“ für die Leiber bereitstellt.

Unter Rückgriff auf den Bereich der Emotionen wurde herausgearbeitet, auf welche Weisen eine Vergeschlechtlichung von Leibern beim Essen und Trinken denkbar ist. Zu diesem Zweck ging es zunächst um den Zusammenhang von Ernährung und Emotionen. Dabei wurde nicht nur das kulinarische Gefühlsmanagement angesprochen, bei welchem Speisen und Getränke zur Abwehr negativer und zur Verstärkung positiver Gefühle eingesetzt werden, sondern allgemeiner auf die „sinnlichen“ Qualitäten der Ernährung abgehoben. Das Esserlebnis wurde als ein Geschehen charakterisiert, das durch ein Ineinandergreifen von sensorischen Wahrnehmungen und innerlichem Empfinden gekennzeichnet ist. Vor diesem Hintergrund ließ sich der Geschmack näher bestimmen als eine Kategorie, in der sich sensorische, emotionale, soziale und kulturelle Dimensionen amalgamieren. Dies konnte an der sozialen Konstruktion von Geschmackswahrnehmungen ebenso nachvollzogen werden wie am Beispiel der sensorischen Wahrnehmbarkeit der kulturellen Qualitäten von Nahrung. Letztere stellte sich als konstitutiv für den *Genuss* am Essen heraus, der aus der Hingabe an ein leibliches Spüren resultiert, welches Sinnesempfindungen und symbolische Codierungen in sich aufhebt. In Anlehnung an die Gefühlstheorie von Hermann Schmitz wurde in dem Versuch, der leiblichen Dimension der Ernährung näher zu kommen, zudem das Konzept *kulinarischer Atmosphären* entworfen, mit dem verdeutlicht werden konnte, wie Mahlzeiten und Verzehrssituationen auf der Grundlage einer sozialen Konfiguration der leiblichen Resonanzfähigkeit und des Erlebens auf die leibliche Befindlichkeit von Menschen einwirken und dabei zugleich soziale Funktionen der Normdurchsetzung erfüllen. Das *Gendering* von Emotionen erwies sich abschließend als ein auch im Bereich der Ernährung relevanter Mechanismus, über den eine geschlechtsdifferente Organisation und Regulierung der Gefühlshaushalte von Menschen erreicht wird. Die Emotionen, die den „männlichen" und „weiblichen" Umgang mit dem Essen prägen, stellen hierbei nicht nur eine Ressource für das *doing gender* dar, sondern strukturieren das kulinarische Erleben und befördern damit je spezifische leibliche Erfahrungen, in denen sich normative Bedeutungen und symbolische Ordnungen zu geschlechtlich relevanten Wirklichkeiten transformieren.

Die vermittels körper- und leibtheoretischer Anschlussstellen in Vorschlag gebrachte Zusammenführung von Ernährungs- und Geschlechterforschung schafft ein erweitertes und vertieftes Verständnis der Beziehungen zwischen Ernährung und Geschlecht. Sowohl in theoretischer als auch in forschungspraktischer und anwendungsbezogener Hinsicht sind damit Gewinne zu verzeichnen, und zwar in beiden Arbeitsfeldern. Eine als Geschlechterforschung betriebene Ernährungsforschung profitiert vor allem im Hinblick auf die *Theoriebildung*. Der naturwissenschaftlich orientierten Ernährungswissenschaft bieten sich völlig neue Perspektiven, die auch eine wissenschaftstheoretische Reflexion des Natur-Kultur-Verhältnisses einschließen und Anknüpfungspunkte schaffen für eine interdisziplinäre Zusammenarbeit, die sich nicht wie verbreitet nur auf einander verwandte Fachrichtungen beschränkt. Für die sozialwissenschaftliche Ernährungsforschung, die – vor allem in ihrer empirischen Gestalt – oft genug nur in einer Verlängerung letztlich naturwissenschaftlicher Argumentationen verhaftet bleibt, liegen die Möglichkeiten ebenfalls in einer weiterführenden Theoretisierung ihres Gegenstandes. Will sich die Ernährungssoziologie dauerhaft in der Wissenschaftslandschaft etablieren, wird es künftig von besonderer Bedeutung sein, Denkachsen zu benennen, an denen die Theoriebildung sich ausrichten kann und die sowohl eine disziplinäre Weiterentwicklung als auch die Anschlussfähigkeit an transdisziplinäre Konzepte sicherstellen. Die Soziologie hätte in einer kulturwissenschaftlichen Kooperation Fragen für sich zu reklamieren, die auf Ursachen, Formen und Funktionen von gesellschaftlichen Bestimmungsgrößen der Ernährung abzielen. Dazu gehören die Bereiche Produktion, Verteilung, Konsum und gesellschaftliche Bedeutung von Nahrungsmitteln ebenso wie etwa die kulturelle und soziale Formung aller Vorgänge des Essens und Trinkens vor dem Hintergrund gesellschaftlicher Wandlungsprozesse. Dabei ist das Augenmerk unter anderem auf die Formen der Arbeit und ökonomischen Verhältnisse, auf Ungleichheits- und Herrschaftszustände innerhalb von Gesellschaften und zwischen Gesellschaften sowie auf die Vermittlung von Individual- und Sozialstrukturen zu richten und auch die Reflexion politischer, religiöser oder wissenschaftlicher Diskurse über die Ernährung einzuschließen (vgl. auch Prahl/Setzwein, 1999: 23f.). Dieses Panorama ernährungssoziologischer Fragestellungen beansprucht eine Vielfalt an theoretischen und methodologischen Zugängen, und die Fokussierung des Geschlechterverhältnisses verspricht hierbei einen interessanten Querschnitt durch zentrale Fragestellungen.

Praktische Implikationen ergeben sich für die Ernährungsforschung ebenfalls in mehrfacher Hinsicht. Neben einer grundlegenden Erweiterung potenzieller Untersuchungsfelder und der Aufforderung zu disziplinübergreifenden und -integrierenden Kooperationen sind mit dem Perspektivenwechsel – d.h. der Umstellung von einer Thematisierung der Kategorie Geschlecht in der Ernährungsforschung hin zur Einführung der Kategorie Ernährung in der Geschlechterforschung – für den anwendungsbezogenen Bereich z.B. Umorientierungen vor allem in der Ernährungsberatung sowie der Ernährungsbildung und -erziehung angelegt. Auch in der Prävention und Rehabilitation von ernährungsbezogenen Süchten und Krankheiten lassen sich, insbesondere unter Einbeziehung der leiblich-sinnlichen Dimension, Neuorientierungen erwarten. Hier versprechen nicht zuletzt Konzepte, die eine „gesunde Ernährung“ nach salutogenen Gesichtspunkten bewerten und einer Stärkung der individuellen Handlungskompetenz sowie der Freude am Essen gegenüber moralischen Appellen den Vorzug geben, ganz beachtliches Innovationspotenzial.

Die Gewinne für die Geschlechterforschung liegen zum einen in der systematischen Erschließung der Ernährung als einem Untersuchungsbereich, der aus den aktuellen Debatten um die Geschlechtskörper eigentlich gar nicht weg zu denken ist, dort bislang jedoch weitestgehend ausgeblendet blieb. Zum anderen bieten die vorgelegten Analysen einen vertieften Einblick in die Vorgänge der sozialen Konstruktion von Geschlecht in einem höchst alltagsrelevanten Feld. Zahlreiche Beispiele und gedankliche Verknüpfungen ermöglichen ein Nachvollziehen der Konstruktionsprozesse, und durch die breite theoretische Auffächerung konnte gezeigt werden, auf welchen unterschiedlichen, ineinander verhakten Ebenen sich die Konstitution geschlechtlicher Realitäten vollzieht. Während Studien zur sozialen Konstruktion von Geschlecht meist auf der Handlungsebene angesiedelt bleiben (bzw. jeweils nur einen Aspekt angehen) und die symbolische Reproduktion der Geschlechterdifferenz deutlich im Vordergrund steht, ist es das Anliegen dieser Arbeit, die „Ganzheitlichkeit“ der Konstruktion ins Auge zu fassen und damit Impulse für weitere Forschungsarbeiten zu geben.

Die in den einzelnen Kapiteln ausgewählten Perspektiven lassen sich nun zwar zu einem Gesamtbild zusammensetzen, das tiefere Einsichten gewährt als jeder Teil für sich und auch das bloße Nebeneinander dieser Teile, doch bleiben notwendig blinde Flecken bestehen. Trotz der Weite der im Vorangehenden umspannten Bereiche bleiben Gebiete unerschlossen, konnten nicht alle Spuren aufgenommen oder weiterverfolgt werden. Abschließend seien daher einige Lücken benannt, die Anknüpfungspunkte für weitere Untersuchungen bieten.

Nachdem aufgezeigt werden konnte, welchen Stellenwert die Ernährung bei der Herstellung von Geschlecht überhaupt besitzt und wie sich die Konstruktionsprozesse im kulinarischen Kontext auf den unterschiedlichen Ebenen gestalten, scheint es vor allem ratsam, weitere *Differenzierungen* vorzunehmen. Dies betrifft zum einen die Spezifizierung der Konstruktion verschiedener, mit anderen sozialen Variablen in Beziehung stehender „Männlichkeit*en*" und „Weiblichkeit*en*". Milieu- und lebensstilanalytische Zugänge versprechen in diese Richtung wichtige Erkenntnisgewinne. Es ist aber zugleich ebenso wichtig, zunächst der regelmäßig anzutreffenden Verkürzung der Genderperspektive auf das weibliche Geschlecht entgegenzutreten, und zwar mit einer expliziten Thematisierung der Beziehungen zwischen Ernährung und Männlichkeit. Gerade im Feld der Ernährung ist die Ausblendung des männlichen Geschlechts (bzw. die Gleichsetzung des Männlichen mit dem Allgemein-Menschlichen) unverständlich. Denn angesichts der Zunahme ernährungsabhängiger Krankheiten und vor dem Hintergrund der gegenwärtig geführten gesundheitspolitischen Debatten müsste ganz besonders die – im Sinne höherer Krankheitsrisiken und niedrigerer Lebenserwartung vulnerable – männliche Bevölkerung ins Fadenkreuz groß angelegter Forschungsvorhaben geraten (siehe auch Setzwein, 2001; Setzwein, 2002; Setzwein, 2004a). Mittlerweile wird nicht mehr nur in der wissenschaftlichen Diskussion eine *Krise der Männlichkeit* diagnostiziert, sondern auch im politischen und medialen Diskurs auf die mit traditionalen Männlichkeitskonzepten verbundenen sozialen Probleme und volkswirtschaftlichen Kosten hingewiesen.

Zum anderen haben künftige Forschungen zum Zusammenhang von Ernährung und Geschlecht aber auch Fragen aufzugreifen, die sich den gegenläufigen Prozessen, den Vorgängen einer Unterbrechung und Auflösung geschlechtssinnstiftender Interdependenzen – einer Neutralisierung von Geschlecht oder eines *undoing gender* – im kulinarischen Bereich zuwenden. Außerdem ist eine stärkere Einbeziehung der Variable *Kontext* zu bedenken. Unter welchen Bedingungen die Geschlechtlichkeit welchen Grad an Relevanz besitzt, aber auch, wie sich die soziale Konstruktion von Geschlecht in verschiedenen kulinarischen Kontexten gestaltet, sind interessante Fragestellungen. Nicht zuletzt kann dann auch das Augenmerk auf die *Gemeinsamkeiten* zwischen den Geschlechtern gelegt werden, um nicht mit der ständigen Betonung der konstruierten Unterschiede die Geschlechterglaubensvorstellungen in der eigenen Forschung zu reifizieren. Wer auf einer kulturellen und sozialen Konstruiertheit der Geschlechterdifferenz besteht, wird irgendwann den Rahmen der binären Codierungen verlassen müssen, um nicht unfreiwillig jene Argumentationen zu bedienen, die die Unterschiedenheit der Geschlechter zu einer anthropologischen Naturkonstante erklären. Gleichwohl ist mit der Offenlegung der Konstruktionsmechanismen ein erster Schritt in diese Richtung getan.

Für die sozial- und kulturwissenschaftliche Ernährungsforschung eröffnen sich auf der Grundlage der hier dargelegten Vorarbeiten viele Vertiefungsmöglichkeiten. Jeder Arbeitsschritt enthält Hinweise auf mögliche Weiterführungen, von denen an dieser Stelle nur einige herausgegriffen werden sollen. Unter anderem wäre es lohnend, die Integration des Machtaspektes voranzutreiben, der bislang insgesamt wenig und schon gar keine zentrale Beachtung erfahren hat. Die Soziologie der Körper erweist sich hier – ebenso wie das Konstrukt der „gesunden Ernährung" – wiederum als geeignete theoretische Andockstelle. Es wäre sicher sehr aufschlussreich, der Politik der Zeichenproduktion in den öffentlichen Diskursen über „gute" und „schlechte" Nahrungsmittel und Ernährungsweisen auf den Grund zu gehen und zu sehen, wer mit welchem Interesse an der Definition, Verfügung und Durchsetzung von Normen und Symbolwelten beteiligt ist. In diesen Rahmen ließe sich aber auch eine nähere Untersuchung ernährungsbezogener Sozialisationsprozesse einbinden und etwa die Rolle von Angst bei der Ausbildung der Selbstzwangapparatur thematisieren. Wünschenswert wären mit Blick auf die Ernährungssozialisation überdies Studien, die sich mit *Essbiographien*, z.B. mit der Ausbildung geschlechtsdifferenter, generations- oder milieutypischer *Ernährungskarrieren*, befassten, und dies nicht allein mit Mitteln der empirischen Sozialforschung.

Von besonderem Reiz wäre gewiss der Ausbau einer *ästhetischen Theorie der Ernährung*, wie sie im fünften Kapitel leise angeklungen ist. Das Konzept der kulinarischen Atmosphären musste in seiner Skizzierung vorläufig bleiben und verdiente eine Weiterführung. Überhaupt sind mit dem Zusammenspiel von Ernährung und Emotionen, mit den Kategorien des Genusses und des Esserlebnisses, mit der Idee einer leiblichen Kommunikation in kulinarischen Akten etc. Tore aufgeschlagen, hinter denen sich weite, abwechslungsreiche Forschungslandschaften auftun. Beste Aussichten also, um sich hier erneut auf den Weg zu machen.

Abbildungs- und Tabellenverzeichnis

Literaturverzeichnis

Acker, Joan (1991): Hierarchies, Jobs, Bodies: A Theory of Gendered Organizations, in: Lorber, Judith/Farrell, Susan (Eds.): The Social Construction of Gender, Newbury Park, 162-179

Adams, Carol J. (1990): The Sexual Politics of Meat: a Feminist-Vegetarian Critical Theory, Cambridge

Adams, Carol J. (Ed.) (1995): Animals and Women: Feminist Theoretical Explorations, Durham

Akashé-Böhme, Farideh (Hg.) (1995): Von der Auffälligkeit des Leibes, Frankfurt/M.

Althoff, Gerd (1987): Der friedens-, bündnis- und gemeinschaftsstiftende Charakter des Mahles im frühen Mittelalter, in: Bitsch, Irmgard/Ehlert, Trude/Ertzdorff, Xenia von (Hg.): Essen und Trinken in Mittelalter und Neuzeit, Sigmaringen, 13-25

Anders, Hans Jürgen/Rosenbauer, J./Matiaske, Bärbel (1990): Repräsentative Verzehrsstudie in der Bundesrepublik Deutschland inkl. West-Berlin. Schriftenreihe der AGEV Bd. 8, Frankfurt/M.

Anderson, G. Harvey (Ed.) (1990): Diet and Behavior: Multidisciplinary Approaches, London; Berlin; Heidelberg

Andree, Richard (1887): Die Anthropophagie. Eine ethnographische Studie, Leipzig

Andritzky, Hansjürgen (Hg.) (1992): Oikos. Haushalt und Wohnen im Wandel, Gießen

Angerer, Marie-Luise (1994a): Das Unbehagen der Geschlechter in der Kultur. Über Differenz, Andersheit und Identität. Feministische Perspektiven, in: Luger, Kurt/ Renger, Rudi (Hg.): Dialog der Kulturen. Die multikulturelle Gesellschaft und die Medien, Wien; St. Johann i.P., 110-128

Angerer, Marie-Luise (1994b): Zwischen Ekstase und Melancholie: Der Körper in der neueren feministischen Diskussion, in: L'Homme. Zeitschrift für feministische Geschichtswissenschaft, 5, 1, 28-44

Angerer, Marie-Luise (1997a): Medienkörper/Körper-Medien: Erinnerungsspuren im Zeitalter der >digitalen Evolution< , in: Öhlschläger, Claudia/Wiens, Birgit (Hg.): Körper – Gedächtnis – Schrift. Der Körper als Medium kultureller Erinnerung, Berlin, 277-290

Angerer, Marie-Luise (1997b): Screening the Body: Zur medialen Materialität des Körpers, in: Österreichische Zeitschrift für Geschichtswissenschaften, 8, 2, 131-148

Angerer, Marie-Luise (Hg.) (1995): The Body of Gender. Körper. Geschlechter. Identitäten, Wien

Antonovsky, Aaron (1981): Helath, Stress and Coping, San Francisco

Anthus, Antonius (1838): Vorlesungen über Eßkunst. Darin zum ersten Male die Weltanschauung des Eßkünstlers, die Prinzipien der Eßkunst und ihre Beziehungen zur Geschichte, den anderen schönen Künsten, der Moral und vieles mehr umfassend dargestellt wird, Leipzig

Apte, Mahadev/Apte, Judit (1986): Diet and Social Movements in American Society: The last two Decades, in: Fenton, Alexander/Kisban, Eszter (Eds.): Food in Change. Eating Habits from the Middle Ages to the Present Day, Edinburgh, 26-33

Arbuthnot, John (1744): Entwurf von den Eigenschaften der Speisen und Getränke und die geschickte Wahl derselben nach den unterschiedenen Beschaffenheiten der menschlichen Leiber, worinnen die verschiedenen Wirkungen, Nutzen und Schaden der Kost von Thieren und Pflanzen ..., Hamburg

Arens, William (1979): The Man-Eating Myth: Anthropology and Anthropophagie, Oxford

Arens-Azêvedo, Ulrike/Ham, Michael (1992): Fast food – Slow food: Plädoyer für eine neue Eßkultur, Reinbek b. Hamburg

Ariès, Philippe/Béjin, André/Foucault, Michel (1986): Die Masken des Begehrens und die Metamorphosen der Sinnlichkeit. Zur Geschichte der Sinnlichkeit im Abendland, Frankfurt/M.

Armbruster, Christof (1993): Eine "Soziologie der Männlichkeit", Bielefeld

Armbruster, Christof/Müller, Ursula/Stein-Hilbers, Marlene (Hg.) (1995): Neue Horizonte? Sozialwissenschaftliche Forschung über Geschlechter und Geschlechterverhältnisse, Opladen

Armstrong, David (1987): Bodies of Knowledge. Foucault and the Problem of the Human Anatomy, in: Scambler, Graham (Ed.): Sociological Theory and Medical Sociology, London; New York, 59-76

Arnott, Margaret L. (1975): Gastronomy. The Anthropology of Food and Food Habits, Paris

Asemissen, Hermann Ulrich (1991): Helmuth Plessner: Die exzentrische Position des Menschen, in: Speck, Josef (Hg.): Grundprobleme der großen Philosophen (Philosophie der Gegenwart III), Göttingen, 146-180

Axeli-Knapp, Gudrun/Wetterer, Angelika (Hg.) (1992): Traditionen – Brüche. Entwicklungen feministischer Theorie, Freiburg

Bachmann, Ingeborg (1987): Malina, Frankfurt/M. (zuerst 1971)

Baier, Karl (1994): Gefühl und Leiblichkeit bei Hermann Schmitz, in: Daseinsanalyse: Zeitschrift für phänomenologische Anthropologie und Psychotherapie, 11, 4, 254-272

Ball, Daniela (Hg.) (1991): Kaffee im Spiegel europäischer Trinksitten, Zürich

Balsamo, Anne (1996): Technologies of the Gendered Body: Reading Cyborg Women, Durham

Baranzke, Heike/Gottwald, Franz-Theo/Ingensiep, Hans Werner (Hg.) (2000): Leben. Töten. Essen. Anthropologische Dimensionen, Leipzig

Barbalet, Jack M. (1998): Emotion. Social Theory and Social Structure, Cambridge

Barclay, Harold Barton (1989): Professor Harris, Horses and Hippophagists, in: Anthropos, 84, 1-3, 213-219

Barkhaus, Annette/Mayer, Matthias/Roughley, Neil (Hg.) (1996): Identität, Leiblichkeit, Normativität, Frankfurt/M.

Barlösius, Eva (1987): Riechen und Schmecken – Riechendes und Schmeckendes, in: Kölner Zeitschrift für Soziologie und Sozialpsychologie, 39, 2, 367-375

Barlösius, Eva (1991): Köchin und Koch: Familial häusliche Essenszubereitung und berufliches Kochen, in: Ehlert, Trude (Hg.): Familie und Haushalt in Mittelalter und früher Neuzeit, Sigmaringen, 207-218

Barlösius, Eva (1992): Naturthema Ernährung und Kulturthema Essen, in: Medizin Mensch Gesellschaft, 17, 2, 91-98

Barlösius, Eva (1993): Anthropologische Perspektiven einer Kultursoziologie des Essens und Trinkens, in: Wierlacher, Alois/Neumann, Gerhard/Teuteberg, Hans Jürgen (Hg.): Kulturthema Essen: Ansichten und Problemfelder, Berlin, 85-101

Barlösius, Eva (1995): Lebensstilanalyse und arme Lebenssituationen, in: Barlösius, Eva /Feichtinger, Elfriede/Köhler, Barbara M. (Hg.): Ernährung in der Armut: gesundheitliche, soziale und kulturelle Folgen in der Bundesrepublik Deutschland, 306-327

Barlösius, Eva (1997): Naturgemäße Lebensführung: Zur Geschichte der Lebensreform um die Jahrhundertwende, Frankfurt/M.

Barlösius, Eva (1999): Soziologie des Essens. Eine sozial- und kulturwissenschaftliche Einführung in die Ernährungsforschung, Weinheim; München

Barlösius, Eva (2001): Die Macht der Repräsentationen, in: Barlösius, Eva /Müller, Hans-Peter/Steffen, Sigmund (Hg.): Gesellschaftsbilder im Umbruch, Opladen, 179-202

Barlösius, Eva/Feichtinger, Elfriede/Köhler, Barbara M. (Hg.) (1995): Ernährung in der Armut: gesundheitliche, soziale und kulturelle Folgen in der Bundesrepublik Deutschland, Berlin

Barlösius, Eva/Manz, Wolfgang (1988): Der Wandel der Kochkunst als genußorientierte Speisengestaltung. Webers Theorie der Ausdifferenzierung und Rationalisierung als Grundlage einer Ernährungssoziologie, in: Kölner Zeitschrift für Soziologie und Sozialpsychologie, 40, 728-746

Barta, Ilsebill (1987): Der disziplinierte Körper: Bürgerliche Körpersprache und ihre geschlechtstypische Differenzierung am Ende des 18. Jahrhunderts, in: Barta, Ilsebill et al. (Hg.): Frauen – Bilder – Männer – Mythen, Berlin, 84-106

Barthel, Diane (1989): Modernism and Marketing: The Chocolate Box Revisted, in: Theory, Culture, and Society, 6, 429ff.

Barthes, Roland (1970): Mythen des Alltags, Frankfurt/M.

Barthes, Roland (1982): Für eine Psycho-Soziologie der zeitgenössischen Ernährung, in: Freiburger Universitätsblätter, 75, 65-73 (zuerst 1961)

Barthes, Roland (1999): Brillat-Savarin: Eine Lektüre, in: Mitteilungen des Internationalen Arbeitskreises für Kulturforschung des Essens, 4, 31-45 (übersetzt von Julia Encke) (zuerst 1975)

Basow, Susan A./ Kobronywicz, Diane (1993): What is She Eating? The Effects of Meal Size on Impressions of a Female Eater, in: Sex Roles, 28, 335-344

Baudrillard, Jean (1981): Der schönste Konsumgegenstand: Der Körper, in: Gehrke, Claudia (Hg.): Ich habe einen Körper, München, 93-128

Baudy, Gerhard J. (1983): Hierarchie oder: Die Verteilung des Fleisches, in: Neue Ansätze in der Religionswissenschaft, München, 131-174

Baumgartner, Judith (1989): Vegetarismus im Kaiserreich: 1871-1914 – Gesellschaftsveränderung durch Lebensreform, München

Baumgartner, Judith (1992): Ernährungsreform – Antwort auf Industrialisierung und Ernährungswandel, Frankfurt/M.; Berlin et al.

Baur, Jürgen (1988): Über die geschlechtsspezifische Sozialisation des Körpers. Ein Literaturüberblick, in: Zeitschrift für Sozialisationsforschung und Erziehungssoziologie, 8, 152-160

Baur, Jürgen (1989): Körper- und Bewegungskarriere: dialektische Analysen zur Entwicklung von Körper und Bewegung im Kindes- und Jugendalter, Schorndorf

Baur, Jürgen/Miethling, Wolf-Dietrich (1991): Die Körperkarriere im Lebenslauf. Zur Entwicklung des Körperverhältnisses im Jugendalter, in: Zeitschrift für Sozialisationsforschung und Erziehungssoziologie, 11, 163-188

Bayer, Otto/Kutsch, Thomas, Ohly, H. Peter (1999): Ernährung und Gesellschaft. Forschungsstand und Problembereiche, Opladen

Beardworth, Alan/Keil, Teresa (1997): Sociology on the Menu: An Invitation to the Study of Food and Society, London

Beauvoir, Simone de (1992): Das andere Geschlecht. Sitte und Sexus der Frau, Reinbek b. Hamburg (zuerst 1968)

Becher, Ursula A. (1990): Geschichte des modernen Lebensstils, München

Beck-Gernsheim, Elisabeth (1980): Das halbierte Leben. Männerwelt Beruf – Frauenwelt Familie, Frankfurt/M.

Becker, Gary Stanley (1981): A Treatise on the Family, Cambridge; London

Becker-Schmidt, Regina (1987): Frauen und Deklassierung. Geschlecht und Klasse, in: Beer, Ursula (Hg.): Klasse Geschlecht. Feministische Gesellschaftsanalyse und Wissenschaftskritik, Bielefeld, 187-235

Becker-Schmidt, Regina (1998): Trennung, Verknüpfung, Vermittlung. Zum feministischen Umgang mit Dichotomien, in Knapp, Gudrun-Axeli (Hg.): Kurskorrekturen. Feminismus zwischen Kritischer Theorie und Postmoderne, Frankfurt/M; New York, 84-126

Becker-Schmidt, Regina/ Knapp, Gudrun-Axeli (2000): Feministische Theorien zur Einführung, Hamburg

Becker-Schmidt, Regina/ Knapp, Gudrun-Axeli (Hg.) (1995): Das Geschlechterverhältnis als Gegenstand der Sozialwissenschaften, Frankfurt/M.; New York

Beer, Ursula (1984): Theorien geschlechtlicher Arbeitsteilung, Frankfurt/M.

Beer, Ursula (1990): Geschlecht, Struktur, Geschichte. Soziale Konstituierung des Geschlechterverhältnisses, Frankfurt/M.

Beier, Rosemarie (1990): Leibesvisitation: Blicke auf den Körper in fünf Jahrhunderten, Berlin

Beier, Stefan/Fröhler, Norbert/Kahmann, Marcus et al. (Hg.) (1996): Kritische Männerforschung. Neue Ansätze in der Geschlechtertheorie, Berlin

Bell, David/Valentine, Gill (1997): Consuming Geographies. We Are What We Eat, London

Bell, Rudolph (1985): Holy Anorexia, Chicago; London

Bendelow, Gillian/Williams, Simon J. (Eds.) (1998): Emotions in Social Life. Critical Themes and Contemporary Issues, London

Benhabib, Seyla/Butler, Judith/Cornell, Drucilla/Fraser, Nancy (Hg.) (1993): Der Streit um Differenz. Feminismus und Postmoderne in der Gegenwart, Frankfurt/M.

Benjamin, Walter (1974): Das Kunstwerk im Zeitalter seiner technischen Reproduzierbarkeit, Frankfurt/M. (zuerst 1935/36)

Benjamin, Walter (1972): Essen, in: Denkbilder. Gesammelte Schriften, Bd. IV, 1, Frankfurt/M., 374-381

Bennett, Gerald A. (1988): Eating Matters: Why We Eat What We Eat, London
Benthien, Claudia/Fleig, Anne/Kasten, Ingrid (Hg.) (2000): Emotionalität. Zur Geschichte der Gefühle, Köln; Weimar; Wien
Berger, Peter L./Luckmann, Thomas (1969): Die gesellschaftliche Konstruktion der Wirklichkeit. Eine Theorie der Wissenssoziologie, Frankfurt/M.
Berger-Schmitt, Regina (1986): Innerfamiliale Arbeitsteilung und ihre Determinanten, in: Glatzer, Wolfgang/ Berger-Schmitt, Regina (Hg.): Haushaltsproduktion und Netzwerkhilfe, Frankfurt/M.; New York, 105-140
Berghaus, Margot (1984): Von der Tischgemeinschaft zur Konsumgesellschaft. Gemeinschaftsbildung durch Essen und Wandlungen in der sozialen Bedeutung des Essens, in: Matreier Gespräche, Wien; Heidelberg, 243-259
Bernard, Michel (1980): Der menschliche Körper und seine gesellschaftliche Bedeutung, Bad Homburg
Berthelot, Jean-Michel (1991): Sociological Discourse and the Body, in: Featherstone, Mike/Hepworth, Mike/Turner, Bryan S. (Eds.) (1991): The Body. Social Process and Cultural Theory, London; Thousand Oaks; New Delhi, 390-404
Bette, Karl-Heinrich (1987): Wo ist der Körper?, in: Baecker, Dirk/Markowitz, Jürgen/Stichweh, Rudolf/Tyrell, Hartmann/Willke, Helmut (Hg.): Theorie als Passion. Festschrift zum 60. Geburtstag von Niklas Luhmann, Frankfurt/M., 600-628
Bette, Karl-Heinrich (1989): Körperspuren. Zur Semantik und Paradoxie moderner Körperlichkeit, Berlin; New York
Bigwood, Carol (1991): Renaturalizing the Body (With a little Help from Merleau-Ponty), in: Hypatia. A Journal of Feminist Philosophy, 6, 54-73
Bilden, Helga (1977): Das unhistorische Subjekt. Zur Kritik sozialisationstheoretischer Grundkonzepte, Weinheim; Basel
Bilden, Helga (1991): Geschlechtsspezifische Sozialisation, in: Hurrelmann, Klaus/ Ulich, Dieter (Hg.): Neues Handbuch der Sozialisationsforschung, Weinheim, 279-301
Bingen, von Hildegard (1989): Metaphysik der Seele, München (zuerst: m. W. nicht exakt datiert)
Bitsch, Irmgard/Ehlert, Trude/Ertzdorff, Xenia von (Hg.) (1987): Essen und Trinken in Mittelalter und Neuzeit, Sigmaringen
Blackwood, Evelyn (1984): Sexuality and Gender in Certain Native American Tribes: The Case of Cross-Gender-Females , in: Signs, 10, 27-43
Blanke, Karen/Ehling, Manfred/Schwarz, Norbert (1996): Zeit im Blickfeld. Ergebnisse einer repräsentativen Zeitbudgeterhebung, Stuttgart; Bern; Köln
Blasius, Jörg/Dengschat, Jens (Hg.) (1994): Lebensstile in den Städten, Opladen
Blasius, Jörg/Winkler, Joachim (1989): Gibt es die „feinen Unterschiede“? Eine empirische Überprüfung der Bourdieuschen Theorie, in: Kölner Zeitschrift für Soziologie und Sozialpsychologie, 41, 72-94
Bloom, Carol (1989): Bulimie aus feministischpsychoanalytischer Sicht, in: Lawrence, Marilyn (Hg.): Satt aber hungrig. Frauen und Eßstörungen, Reinbek b. Hamburg, 99-116
Blumenberg, Hans (1979): Arbeit am Mythos, Frankfurt/M.
Blundell, John E. (1990): How Culture Undermines the Biopsychological System of Appetite Control, in: Appetite, 14, 113-115
BMG (Bundesministerium für Gesundheit) (1993): Ernährungsabhängige Krankheiten und ihre Kosten, Baden-Baden

Bock, Beth C./Kanarek, Robin B. (1995): Women and Men Are What They Eat: The Effects of Gender and Reported Meal Size on Perceived Characteristics, in: Sex Roles, 33, 109-119

Bodenstedt, Adolf Andreas (1997): Materialien zur Ermittlung von Ernährungsverhalten, Karlsruhe

Böhle, Fritz (1989): Körper und Wissen. Veränderungen in der soziokulturellen Bedeutung körperlicher Arbeit, in: Soziale Welt, 4, 497-512

Böhme, Gernot (1995): Atmosphäre, Frankfurt/M.

Böhme, Hartmut (1988): Natur und Subjekt, Frankfurt/M.

Böhme, Hartmut (1996): Vom Cultus zur Kultur(wissenschaft). Zur historischen Semantik des Kulturbegriffs, in: Glaser, Renate/Luserke, Matthias (Hg.): Kulturwissenschaft – Literaturwissenschaft. Positionen, Themen, Perspektiven, Wiesbaden, 48-68

Böhme, Hartmut/Böhme, Gernot (1985): Das Andere der Vernunft: zur Entwicklung von Rationalitätsstrukturen am Beispiel Kants, Frankfurt/M.

Böhmer-Bauer, Kunigunde (1990): Nahrung, Weltbild und Gesellschaft. Ernährung und Nahrungsregeln der Maasai als Spiegel der gesellschaftlichen Ordnung, Saarbrücken

Böhnisch, Lothar/Winter, Reinhard (1997): Männliche Sozialisation. Bewältigungsprobleme männlicher Geschlechtsidentität im Lebenslauf, Weinheim; München

Boltanski, Luc (1976): Die soziale Verwendung des Körpers, in: Kamper, Dietmar/Rittner, Volker (Hg.): Zur Geschichte des Körpers, München, 138-177

Bonner, Frances et al. (Eds.) (1992): Imagining Women: Cultural Representations of Gender, Cambridge

Borg-Laufs, Michael/Duda, Lothar (1991): Zur sozialen Konstruktion von Geschmackswahrnehmung, Braunschweig

Bosse, Hans/Knauss, Werner (1994): Der fremde Mann. Jugend, Männlichkeit, Macht. Eine Ethnoanalyse, Frankfurt/M.

Bourdieu, Pierre (1974): Zur Soziologie der symbolischen Formen, Frankfurt/M. (zuerst: 1970)

Bourdieu, Pierre (1991): Die Intellektuellen und die Macht, Hamburg

Bourdieu, Pierre (1992): Die verborgenen Mechanismen der Macht, Hamburg

Bourdieu, Pierre (1993): Satz und Gegensatz. Über die Verantwortung des Intellektuellen, Frankfurt/M.

Bourdieu, Pierre (1994): Die feinen Unterschiede. Kritik der gesellschaftlichen Urteilskraft, Frankfurt/M. (zuerst 1979)

Bourdieu, Pierre (1997a): Die männliche Herrschaft, in: Dölling, Irene/Krais, Beate (Hg.): Ein alltägliches Spiel. Geschlechterkonstruktion in der sozialen Praxis, Frankfurt/M., 153-217 (zuerst 1990)

Bourdieu, Pierre (1997b): Männliche Herrschaft revisted, in: Feministische Studien, 15, 2, 88-99

Bourdieu, Pierre (1999): Sozialer Sinn. Kritik der theoretischen Vernunft, Frankfurt/M. (zuerst 1980)

Brähler, Elmar/Felder, Hildegard (Hg.) (1999): Weiblichkeit, Männlichkeit und Gesundheit: Medizinpsychologische und psychosomatische Untersuchungen, Opladen

Braidotti, Rosi (1994a): Gender und Postgender. Die Zukunft einer Illusion?, in: Verein Sozialwissenschaftliche Forschung und Bildung für Frauen/Frankfurter

Frauenschule (Hg.): Krise der Kategorien Frau – Lesbe – Geschlecht, Materialienband 4, Frankfurt/M., 7-30

Braidotti, Rosi (1994b): Nomadic Subjects. Embodiment and Sexual Difference in Contemporary Feminist Theory, New York

Braun, Christina von (1988): Nicht Ich. Logik, Lüge, Libido, Frankfurt/M.

Braun, Christina von (1992): Gott-Essen, Frau-Essen. Christliche Fleischeslust und weibliche Sexualverweigerung, Paris

Braun, Christina von (1997): Weibliches Fasten und christliche Traditionen, in: Völger, Gisela (Hg.): Sie und Er. Frauenmacht und Männerherrschaft im Kulturvergleich, Köln, Bd.1, 179-186

Braun, Hans-Jürgen/Holzhey, Helmut/Orth, Ernst Wolfgang (Hg.) (1988): Über Ernst Cassirers Philosophie der symbolischen Formen, Frankfurt/M.

Brillat-Savarin, Jean Anthèlme (1979): Physiologie des Geschmacks oder Gedanken zur transzendenten Gastronomie, Frankfurt/M. (zuerst 1825)

Brittnacher, Hans Richard (1994): Verzehrende Leidenschaft. Über Metaphern der Einverleibung, in: Schuller, Alexander/Kleber, Jutta Anna (Hg.): Verschlemmte Welt, Göttingen, 64-88

Brod, Harry (Hg.) (1987): The Making of Masculinities: The New Men's Studies, Boston

Brody, Leslie R. (2000): The Socialization of Gender Differences in Emotional Expression: Display Rules, Infant Temperament, and Differentiation, in: Fischer, Agneta H. (Ed.): Gender and Emotion. Social Psychological Perspectives, Cambridge, 24-47

Brombach, Christine (2000): Mahlzeit – (H)Ort der Familie?!, in: Mitteilungen des Internationalen Arbeitskreises für Kulturforschung des Essens, 7, 2-13

Bronfen, Elisabeth (1994): Nur über ihre Leiche. Tod, Weiblichkeit und Ästhetik, Darmstadt

Bronfen, Elisabeth (1995): Weiblichkeit und Repräsentation – aus der Perspektive von Semiotik, Ästhetik und Psychoanalyse, in: Bußmann, Hadumod/Hof, Renate (Hg.): Genus. Zur Geschlechterdifferenz in den Kulturwissenschaften, Stuttgart, 408-445

Brown, Paula et al. (Eds.) (1983): The Ethnography of Cannibalism, Washington, D.C.

Bruch, Hilde (1982): Der goldene Käfig. Das Rätsel der Magersucht, Frankfurt/M.

Bründel, Heidrun/Hurrelmann, Klaus (1999): Konkurrenz, Karriere, Kollaps. Männerforschung und der Abschied vom Mythos Mann, Stuttgart

Brumberg, Joan Jacoks (1994): Todeshunger. Die Geschichte der Anorexia nervosa vom Mittelalter bis heute, Frankfurt/M.

Bublitz, Hannelore (1993): Macht – Diskurs – Körper – Leben, in: metis, 2, 171-80

Bublitz, Hannelore (1998): Das Geschlecht der Moderne. Zur Genealogie und Archäologie der Geschlechterdifferenz, in: Bublitz, Hannelore (Hg.): Das Geschlecht der Moderne. Zur Genealogie und Archäologie der Geschlechterdifferenz, Frankfurt/M., 26-48

Bührmann, Andrea (1995): Das authentische Geschlecht. Die Sexualitätsdebatte der Neuen Frauenbewegung und die Foucaultsche Machtanalyse, Münster

Bührmann, Andrea (1998): Die Normalisierung der Geschlechter in Geschlechterdispositiven, in: Bublitz, Hannelore (Hg.): Das Geschlecht der Moderne. Zur Genealogie und Archäologie der Geschlechterdifferenz, Frankfurt/M., 71-94

Burdach, Konrad J. (1988): Geschmack und Geruch. Gustatorische, olfaktorische und trigeminale Wahrnehmungen, Berlin; Stuttgart
Butler, Judith (1991): Das Unbehagen der Geschlechter, Frankfurt/M. (zuerst 1990)
Butler, Judith (1993a): Bodies that Matter. On the Discursive Limits of Sex, London; New York
Butler, Judith (1993b): Kontingente Grundlagen. Der Feminismus und die Frage der "Postmoderne", in: Benhabib, Seyla/Butler, Judith/Cornell, Drucilla/Fraser, Nancy (Hg.): Der Streit um Differenz. Feminismus und Postmoderne in der Gegenwart, Frankfurt/M., 31-58
Butler, Judith (1994): Phantasmatische Identifizierung und die Annahme des Geschlechts, in: Institut für Sozialforschung (Hg.): Geschlechterverhältnisse und Politik, Frankfurt/M., 101-138
Butler, Judith (1997): Das Ende der Geschlechterdifferenz?, in: Museum für Gestaltung Zürich (Hg.): Konturen des Unentschiedenen, Basel, 25-43
Bynum, Caroline (1996): Fragmentierung und Erlösung: Geschlecht und Körper im Glauben des Mittelalters, Frankfurt/M.
Camporesi, Piero (1990): Das Brot der Träume. Hunger und Halluzinationen im vorindustriellen Europa, Frankfurt/M.
Camporesi, Piero (1991): Geheimnisse der Venus. Aphrodisiaka vergangener Zeiten, Frankfurt/M.
Camporesi, Piero (1992): Der feine Geschmack. Luxus und Moden im 18. Jahrhundert, Frankfurt/M.
Camporesi, Piero (1993): The Magic Harvest: Food, Folklore and Society, Cambridge
Canetti, Elias (1980): Masse und Macht, Frankfurt/M. (zuerst 1960)
Caplan, Patricia (1994): Feasts, Fasts, Famine: Food for Thought, Goldsmith' College
Caplan, Patricia (Ed.) (1997): Food, Health and Identity, London
Carlsen, Helle Brønnum (2000): Ästhetische Lernprozesse mit besonderer Berücksichtigung des Faches Hauswirtschaft, in: Mitteilungen des Internationalen Arbeitskreises für Kulturforschung des Essens, 6, 19-29
Cassirer, Ernst (1960): Was ist der Mensch? Versuch einer Philosophie der menschlichen Kultur, Stuttgart (zuerst 1944)
Cassirer, Ernst (1929): Philosophie der symbolische Formen, Teil 3: Phänomenologie der Erkenntnis, Berlin
Chaiken, Shelly/Pliner, Patricia (1987): Women, But Not Men Are What They Eat: The Effect of Meal Size and Gender on Perceived Femininity and Masculinity, in: Personality and Social Psychology Bulletin, 13, 166-176
Charles, Nickie/Kerr, Marion (1986a): Eating Properly, the Family and State Benefit, in: Sociology, 20, 3, 412-429
Charles, Nickie/Kerr, Marion (1986b): Food and Feminist Thought, in: The Sociological Review, 34, 537-572
Charles, Nickie/Kerr, Marion (1988): Women, Food and Families, Manchester
Chiva, Matty (1979): Comment la personne se construit en mangeant, in: Communications 31, 107-119
Christians, Ingo (1998) : Hermann Schmitz und die Grundlegung einer neuen Phänomenologie, in : Philosophisches Jahrbuch, 105, 162-177
Christiansen, Kerrin (1995): Biologische Grundlagen der Geschlechterdifferenz, in: Pasero, Ursula/Braun, Friederike (Hg.) (1995): Konstruktion von Geschlecht, Pfaffenweiler, 13-28

Chodorow, Nancy (1990): Das Erbe der Mütter. Psychoanalyse und Soziologie der Geschlechter, München (zuerst 1975)
Claessens, Dieter (1980): Das Konkrete und das Abstrakte: soziologische Skizzen zur Anthropologie, Frankfurt/M.
Coenen, Herman (1985): Leiblichkeit und Sozialität. Ein Grundproblem der phänomenologischen Soziologie, in: Petzold, Hilarion (Hg.): Leiblichkeit. Philosophische, gesellschaftliche und therapeutische Perspektiven, Paderborn, 197-228
Collier, Jane F. /Rosaldo, Michelle Zimbalist (1992): Politics and Gender in Simple Societies, in: Ortner, Sherry B./Whitehead, Harriet (Eds.): Sexual Meanings. The Cultural Construction of Gender and Sexuality, Cambridge, 275-329
Collmer, Sabine (1995): Dekonstruktion und Alltagsbewußtsein: Eine theoretische Annäherung, in: Haas, Erika (Hg.): Verwirrung der Geschlechter: Dekonstruktion und Feminismus, München, 255-267
Connell, Robert W. (1987): Gender and Power. Society, the Person and Sexual Politics, Cambridge
Connell, Robert W. (1999): Der gemachte Mann. Konstruktion und Krise von Männlichkeiten, Opladen (zuerst 1995)
Corbin, Alain (1984): Pesthauch und Blütenduft. Eine Geschichte des Geruchs, Berlin
Corbin, Alain (1993): Wunde Sinne. Über die Begierde, den Schrecken und die Ordnung der Zeit im 19. Jahrhundert, Stuttgart
Counihan, Carole M. (1988): Female Identity, Food, and Power in Contemporary Florence, in: Anthropological Quarterly, 61, 2, 51-62
Counihan, Carole M./van Esterik, Penny (Eds.) (1997): Food and Culture: A Reader, New York/London
Crawford, June et al. (1992): Emotion and Gender: Constructing Meaning from Memory, London
Crossley, Nick (1993): The Politics of the Gaze: Between Foucault and Merleau-Ponty, in: Human Studies, 16, 4, 399-419
Crossley, Nick (1995a): Body Techniques, Agency and Intercorporeality. On Goffman's Relations in Public, in: Sociology, 29, 1, 133-149
Crossley, Nick (1995b): Merleau-Ponty, the Elusive Body and Carnal Sociology, in: Body and Society, 1, 1, 43-63
Crossley, Nick (1996): Body-Subject/Body-Power: Agency, Inscritption and Control in Foucault and Merleau-Ponty , in: Body and Society, 2, 2, 99-116
Crossley, Nick (1997): Corporeality and Communicative Action: Embodying the Renewal of Critical Theory, in: Body and Society, 3, 1, 1-7
Curtin, Deane W./Heldke, Lisa M. (Eds.) (1992): Cooking, Eating, Thinking. Transformative Philosophies of Food, Bloomington/Indianapolis
Dausien, Bettina (1999): Geschlechterkonstruktionen und Körpergeschichten. Überlegungen zur Rekonstruktion leiblicher Aspekte des „doing gender" in biographischen Erzählungen, in: Alheit, Peter/Dausien, Bettina/Fischer-Rosenthal, Wolfram et al. (Hg.): Biographie und Leib, Gießen, 177-200
Davies, Deidre (1996): A Weighty Subject, in: Germov, John/Williams, Lauren (Eds.): The Sociology of Food and Nutrition: Australian Perspectives, Newcastle, 15-21
Davies, Nigel (1987): Liebe, Lust und Leidenschaft. Kulturgeschichte der Sexualität, Reinbek b. Hamburg

Davis, Kathy (Hg.) (1997): Embodied Practices: Feminist Perspectives on the Body, London et al.
Dederichs, Andrea (1995): Zur Distinguierung des sinnlichen Geschmacks. Von der Lust zur Krise der Gourmets, Duisburg
Denzin, Norman K. (1984): On Understanding Emotion, San Francisco
Derrida, Jacques (1998): „Man muß wohl essen" oder die Berechnung des Subjekts. Gespräch mit Jean-Luc Nancy, in: Derrida, Jacques: Auslassungspunkte: Gespräche, Wien, 267-298
DeVault, Marjorie L. (1991): Feeding the Family. The Social Organization of Caring as Gendered Work, Chicago
DGE (Deutsche Gesellschaft für Ernährung e.V.) (Hg.) (2000): Ernährungsbericht 2000, Frankfurt/M.
Diederichsen, Iwer (1991): Gesellschaftliche Entstehungsbedingungen bei psychogenen Eßstörungen, in: Medizin Mensch Gesellschaft, 16, 4, 229-237
Diederichsen, Iwer (1993): Ernährungsberatung. Psychologische Basiskonzepte, Göttingen
Diehl, Joerg M. (1983a): Speisen- und Gewürzpräferenzen von berufstätigen Erwachsenen, Teil II: Abhängigkeit der Präferenzen von Geschlecht, Alter, Schulbildung und Relativgewicht, in: Ernährungs-Umschau, 30, 9, 304-309
Diehl, Joerg M. (1983b): Speisen- und Gewürzpräferenzen von berufstätigen Erwachsenen, Teil III: Nahrungsaversionen und ihre Beziehung zu soziodemographischen Variablen, in: Ernährungs-Umschau, 30, 10, 340-345
Diehl, Joerg M. (1999a): Nahrungspräferenzen 10- bis 14jähriger Jungen und Mädchen, in: Schweizerische Medizinische Wochenschrift, 129, 151-161
Diehl, Joerg M. (1999b): Einstellungen zu Essen und Gewicht bei 11- bis 16jährigen Adoleszenten, in: Schweizerische Medizinische Wochenschrift, 129, 162-175
Dienstag, Matthias (1977): Gier und Ekel. Notate auf dem Rand einer Speisekarte, in: Kursbuch 49, Berlin, 91-111
Dietl, Barbara/Jacobi, Pe (2000): Warme Mahlzeiten. Kochbuch für Frauen, die Frauen und gutes Essen lieben, Königstein
Diprose, Rosalyn (1994): The Bodies of Women: Ethics, Embodiment and Sexual Difference, London et al.
Döcker, Ulrike (1994): Fetter, schwerer, schneller, mehr: Mythen und Fakten vom Essen und Trinken, Wien
Dölling, Irene (1991): Der Mensch und sein Weib. Frauen- und Männerbilder. Geschichtliche Ursprünge und Perspektiven, Berlin
Dölling, Irene/Krais, Beate (Hg.) (1997): Ein alltägliches Spiel. Geschlechterkonstruktion in der sozialen Praxis, Frankfurt/M.
Dorschel, Andreas (1999): Emotion und Leib, in: Philosophia naturalis, 36, 1, 35-52
Douglas, Mary (1972): Deciphering a Meal, in: Daedalus. Journal of the American Academy of Arts and Sciences, 61-81
Douglas, Mary (1984): Food in the Social Order. Studies of Food and Festivities in three American Communities, New York
Douglas, Mary (1988): Reinheit und Gefährdung. Eine Studie zu Verunreinigung und Tabu, Frankfurt/M. (zuerst 1966)
Douglas, Mary (1998): Ritual, Tabu und Körpersymbolik. Sozialanthropologische Studien in Industriegesellschaft und Stammeskultur, Frankfurt/M. (zuerst 1970)

Dreitzel, Hans Peter (1980): Die gesellschaftlichen Leiden und das Leiden an der Gesellschaft. Eine Pathologie des Alltagslebens, Stuttgart
Dreitzel, Hans Peter (1992): Reflexive Sinnlichkeit: Mensch – Umwelt – Gestalttherapie, Köln
Dreitzel, Hans Peter (1998): Emotionales Gewahrsein: psychologische und gesellschaftliche Perspektiven der Gestalttherapie, München
Dreyfus, Hubert L./Rabinov, Paul (1987): Michel Foucault: Jenseits von Strukturalismus und Hermeneutik, Frankfurt/M.
Dröge, Franz/Krämer-Badoni, Thomas (1987): Die Kneipe. Zur Soziologie einer Kulturform, Frankfurt/M.
Duden, Barbara (1990): Body history: a repertory, Wolfenbüttel
Duden, Barbara (1991a): Der Frauenleib als öffentlicher Ort, Hamburg; Zürich
Duden, Barbara (1991b): Geschichte unter der Haut. Ein Eisenacher Arzt und seine Patientinnen um 1730, Stuttgart
Duden, Barbara (1991c): Geschlecht, Biologie, Körpergeschichte. Bemerkungen zu neuer Literatur in der Körpergeschichte, in: Feministische Studien, 9, 2, 105-122
Duden, Barbara (1992): Die männliche und die weibliche Rute. Bemerkungen zur Geschichte der Verkörperung des Geschlechtsunterschiedes, in: Böhm, Winfried/Lindauer, Martin (Hg.): Mann und Frau. Frau und Mann. Hintergründe, Ursachen und Problematik der Geschlechterrollen, Stuttgart, 143-150
Duden, Barbara (1993): Die Frau ohne Unterleib: Zu Judith Butlers Entkörperung. Ein Zeitdokument, in: Feministische Studien, 11, 2, 24-33
Duden, Barbara (1997): Das "System" unter der Haut. Anmerkungen zum körpergeschichtlichen Bruch der 1990er Jahre, in: Österreichische Zeitschrift für Geschichtswissenschaften, 8, 2, 260-273
Duerr, Hans Peter (1988): Nacktheit und Scham. Der Mythos vom Zivilisationsprozeß, Frankfurt/M.
Dülmen, Richard von (1996): Körper-Geschichten, Frankfurt/M.
Durkheim, Emile (1977): Über die Teilung der sozialen Arbeit, Frankfurt/M. (zuerst 1893)
Durkheim, Emile (1981): Die elementaren Formen des religiösen Lebens, Frankfurt/M. (zuerst 1912)
Eco, Umberto (1981): Zeichen. Einführung in einen Begriff und seine Geschichte, Frankfurt/M.
Eder, Klaus (1988): Die Vergesellschaftung der Natur. Studien zur sozialen Evolution der praktischen Vernunft, Frankfurt/M.
Ehlert, Trude (1990): Ein neuer Forschungsschwerpunkt: Kulturwissenschaft des Essens, in: Jahrbuch Deutsch als Fremdsprache, 15, 464-468
Ehrenreich, Barbara (1997): Blutrituale. Ursprung und Geschichte der Lust am Krieg, München
Eiblmayr, Silvia (1993): Die Frau als Bild: der weibliche Körper in der Kunst des 20. Jahrhunderts, Berlin
Eisenbach-Stangl, Irmgard (1986): Nüchterne Frauen – berauschte Männer, in: Österreichische Zeitschrift für Soziologie, 11, 452-467
Eisenbach-Stangl, Irmgard (1991): Eine Gesellschaftsgeschichte des Alkohols. Produktion, Konsum und soziale Kontrolle alkoholischer Rausch- und Genußmittel in Österreich 1918-1984, Frankfurt/M.
Eisler, Robert (1914): Der Fisch als Sexualsymbol, in: Imago, 3, 165-193

Ekman, Paul (Ed.) (1982): Emotion in the Human Face, Cambridge
Ekström, Marianne (1991): Class and Gender in the Kitchen, in: Fürst, Elisabeth et al. (Eds.): Palatable Worlds: Sociocultural Food Studies, Oslo, 145-158
Elias, Norbert (1986): Was ist Soziologie?, München (zuerst 1970)
Elias, Norbert (1987): On Human Beings and their Emotions: a Process-Sociological Essay, in: Featherstone, Mike/Hepworth, Mike/Turner, Bryan S. (Eds.) (1991): The Body. Social Process and Cultural Theory, London; Thousand Oaks; New Delhi, 103-125
Elias, Norbert (1991): The Symbol Theory, London
Elias, Norbert (1993): Über den Prozeß der Zivilisation. Soziogenetische und psychogenetische Untersuchungen, Bd.I: Wandlungen des Verhaltens in den weltlichen Oberschichten des Abendlandes, Frankfurt/M. (zuerst 1939)
Elias, Norbert (1994): Über den Prozeß der Zivilisation. Soziogenetische und psychogenetische Untersuchungen, Bd. II: Wandlungen der Gesellschaft. Entwurf zu einer Theorie der Zivilisation, Frankfurt/M. (zuerst 1939)
Ellis, Rhian (1983): The Way to a Man's Heart: Food in the Violent Home, in: Murcott, Anne (Ed.): The Sociology of Food and Eating , Aldershot, 164-171
Ellmann, Maud (1994): Die Hungerkünstler. Hungern, Schreiben, Gefangenschaft, Stuttgart
Engelhardt, Dietrich von (1993): Hunger und Appetit. Essen und Trinken im System der Diätetik – Kulturhistorische Perspektiven, in: Wierlacher, Alois/Neumann, Gerhard/Teuteberg, Hans Jürgen (Hg.): Kulturthema Essen: Ansichten und Problemfelder, Berlin, 137-150
Enninger, Werner (1982a): Auf der Suche nach einer Semiotik der Kulinarien. Ein Überblick über zeichenorientierte Studien kulinarischen Handelns, in: Zeitschrift für Semiotik, 4, 4, 319-336
Enninger, Werner (1982b): Kulinarisches Verhalten als zeichenhaftes Handeln. Eine sozialsemiotische Fallstudie der Amischen, in: Zeitschrift für Semiotik, 4, 4, 385-422
Erdle, Birgit R. (1991): Der phantasmatische und der decouvrierte weibliche Körper. Zwei Paradigmen der Kulturation, in: Feministische Studien, 9, 2, 65-78
Fagerli, Roennaug Aa./Wandel, Margareta (1999): Gender Differences in Opinions and Practices with Regard to „Healthy Diet“, in: Appetite, 23, 171-190
Falk, Pasi (1991): "Homo culinarius": Towards an Historical Anthropology of Taste, in: Information sur les sciences sociales, 30, 4, 757-790
Falk, Pasi (1994): The Consuming Body, London
Faltermeier, Toni (1994): Subjektive Konzepte von Gesundheit in einer salutogenetischen Perspektive, in: Kolip, Petra (Hg.): Lebenslust und Wohlbefinden. Beiträge zur geschlechtsspezifischen Jugendgesundheitsforschung, Weinheim, 103-120
Faludi, Susan (2001): Männer – das betrogene Geschlecht, Reinbek b. Hamburg
Farb, Peter/Armelagos, George (1980): Consuming Passions: The Anthropology of Eating, Boston
Fausto-Sterling, Anne (1992): Myths of Gender. Biological Theories about Women and Men, New York
Featherstone, Mike/Hepworth, Mike/Turner, Bryan S. (Eds.) (1991): The Body. Social Process and Cultural Theory, London; Thousand Oaks; New Delhi
Feichtinger, Elfriede (1995): Armut und Ernährung im Wohlstand: Topographie eines Problems, in: Barlösius, Eva/Feichtinger, Elfriede/Köhler Barbara M. (Hg.): Er-

nährung in der Armut. Gesundheitliche, soziale und kulturelle Folgen in der Bundesrepublik Deutschland, Berlin, 291-305
Feichtinger, Wilfried/Reiger, Gertrud (1991): Die Wunschkind-Diät, Wien
Fenstermaker, Sarah/West, Candace/Zimmermann, Don (1991): Gender Inequality: New Conceptual Terrain, in: Blumberg, Rae Lasser (Ed.): Gender, Family, and Economy. The Triple Overlap, Newbury Park; London, 289-307
Fenton, Alexander/Kisbàn, Eszter (Eds.) (1986): Food in Change – Eating Habits from the Middle Ages to the Present Day, Edinburgh
Ferber, Christian von (1980): Ernährungsgewohnheiten: Zur Soziologie der Ernährung, in: Zeitschrift für Soziologie, 9, 221-235
Ferree, Myra Marx (1988): Frauen zwischen Hausarbeit und Erwerbsarbeit, in: Rapin, Hildegard (Hg.): Frauenforschung und Hausarbeit, Frankfurt/M., 91-104
Feuerbach, Ludwig von (2000): Die Naturwissenschaft und die Revolution, gekürzt wiedergegeben in: Baranzke, Heike/Gottwald, Franz-Theo/Ingensiep, Hans Werner (Hg.) (2000): Leben. Töten. Essen. Anthropologische Dimensionen, Leipzig, 69-73 (zuerst 1850)
Fiala, Erwin (1997): Symbolische Welten und Abstraktion , in: List, Elisabeth/Fiala, Erwin (Hg.): Leib Maschine Bild. Körperdiskurse der Postmoderne, Wien, 139-155
Fiddes, Nick (1993): Fleisch. Symbol der Macht, Frankfurt/M. 1993
Fink-Eitel, Hinrich/Lohmann, Georg (Hg.) (1993): Zur Philosophie der Gefühle, Frankfurt/M.
Finkelstein, Joanne (1989): Dining out: a Sociology of Modern Manners, Cambridge 1989
Firth, Raymond W. (1973): Food-Symbolism in a Pre-Industrial Society, in: Firth, Raymond W. (Ed.): Symbols: Public and Private, New York 1973, 243-261
Fischer, Agneta H. (1993): Sex Differences in Emotionality. Fact or Stereotype, in: Feminism and Psychology, 3, 303-318
Fischer, Agneta H. (Ed.) (2000): Gender and Emotion. Social Psychological Perspectives, Cambridge
Fischer, Ute Luise et al. (Hg.) (1996): Kategorie Geschlecht. Empirische Analysen und feministische Theorien, Opladen
Fischer-Homberger, Esther (1988): ‚Krankheit Frau', in: Imhof, Arthur E. (Hg.): Leib und Leben in der Geschichte der Neuzeit, Berlin, 215-229
Fischer-Homberger, Esther (1997): Hunger – Herz – Schmerz – Geschlecht: Brüche und Fugen im Bild von Leib und Seele, Bern
Fischer-Rosenthal, Wolfram (1990): Diesseits von Mikro und Makro. Phänomenologische Soziologie im Vorfeld einer forschungspolitischen Differenz, in: Österreichische Zeitschrift für Soziologie, 15, 3, 21-34
Fischler, Claude (1979): Gastro-nomie et gastro-anomie, in: Communications, 31, 189-210
Fischler, Claude (1980): Food-habits, Social Change and the Nature/Culture Dilemma, in: Informations sur les Sciences Sociales, 19, 2, 953-987
Fischler, Claude (1981): Food Preferences, Nutritional Wisdom and Sociocultural Preferences, in: Walcher, Dwain N./Kretchmer, Norman (Eds.): Food, Nutrition and Evolution: Food as an Environmental Factor in the Genesis of Human Variability, New York, 59-67

Fischler, Claude (1986): Food Likes, Dislikes and some of their Correlates in a Sample of French Childrens and Young Adults, in: Diehl, Joerg M./Leitzmann, Claus (Hg.): Measurement and Determinantes of Food Habits and Food Preferences, Gießen, 137-156
Fischler, Claude (1993): L'Homnivore: Le Goût, la Cuisine et le Corps, Paris
Fischler, Claude (1995): Sociological Aspects of Light Food Consumption, Washington
Fischler, Claude (Ed.) (1994): Manger magique. Aliments Sorciers, Croyances Comestibles, Paris
Flaake, Karin (1996): Weibliche Adoleszenz, Körperlichkeit und Sexualität, in: Zeitschrift für Sozialisationsforschung und Erziehungssoziologie, 9, 4, 303-314
Flam, Helena (2002): Soziologie der Emotionen, Konstanz
Fleck, Ludwik (1980): Entstehung und Entwicklung einer wissenschaftlichen Tatsache, Frankfurt/M. (zuerst 1935)
Fleck, Ludwik (1980): Schauen, sehen, wissen, in: Schäfer, Lothar/Schnelle, Thomas (Hg.): Ludwik Fleck – Erfahrung und Tatsache, Frankfurt/M., 147-174 (zuerst 1947)
Focks, Petra (1994): Das andere Gesicht: Bulimie als Konfliktlösungsstrategie von Frauen, Frankfurt/M.
Foucault, Michel (1976): Mikrophysik der Macht. Michel Foucault über Strafjustiz, Psychiatrie und Medizin, Berlin
Foucault, Michel (1977): Überwachen und Strafen. Die Geburt des Gefängnisses, Frankfurt/M.
Foucault, Michel (1978): Dispositive der Macht, Berlin
Foucault, Michel (1983): Sexualität und Wahrheit, Bd. I: Der Wille zum Wissen, Frankfurt/M. (zuerst 1976)
Foucault, Michel (1986): Sexualität und Wahrheit, Bd. II: Der Gebrauch der Lüste, Frankfurt/M. (zuerst 1984)
Foucault, Michel (1987): Das Subjekt und die Macht, in: Dreyfus, Hubert L./Rabinov, Paul: Michel Foucault: Jenseits von Strukturalismus und Hermeneutik, Frankfurt/M, 243-261
Foucault, Michel (1992): Mein Körper, dies Papier, dies Feuer, in: KultuRRevolution, 27, 31-41
Foucault, Michel (1995): Sexualität und Wahrheit, Bd. III: Die Sorge um sich, Frankfurt/M. (zuerst 1984)
Frackowiak, Ute (1994): Der gute Geschmack. Studien zur Entwicklung des Geschmacksbegriffs, München
Frank, Arthur W. (1991): For a Sociology of the Body: an Analytical Review, in: Featherstone, Mike/Hepworth, Mike/Turner, Bryan S. (Eds.): The Body. Social Process and Cultural Theory, London; Thousand Oaks; New Delhi, 36-102
Frank, Erwin (1987): "Sie fressen Menschen, wie ihr scheußliches Aussehen beweist". Kritische Überlegungen zu Zeugen und Quellen der Menschenfresserei, in: Dürr, Hans Peter (Hg.): Authentizität und Betrug in der Ethnologie, Frankfurt/M., 199-224
Fraser, Nancy (1994): Widerspenstige Praktiken. Macht, Diskurs, Geschlecht, Frankfurt/M.
Freeman, Derek (1983): Margaret Mead on Samoa. The Making and Unmaking of an Anthropological Myth, Cambridge

Freeman, Derek (1999): The Fateful Hoaxing of Margaret Mead: A Historical Analysis of her Samoan Research, Boulder/Colo.
Freeman, Derek (2000): Was Margaret Mead Misled or Did She Mislead on Samoa?, in: Current Anthropology, 41, 609-614
Freitag, Ortrud (1996): Bulimie und weiblicher Lebenszusammenhang in erziehungswissenschaftlicher Perspektive, Hamburg
Frerichs, Petra/Steinrücke, Margareta (1997): Kochen – ein männliches Spiel? Die Küche als geschlechts- und klassenstrukturierter Raum, in: Dölling, Irene/Krais, Beate (Hg.): Ein alltägliches Spiel. Geschlechterkonstruktion in der sozialen Praxis, Frankfurt/M., 231-255
Freud, Sigmund (1940): Die Weiblichkeit, in: Gesammelte Werke, Bd. 15: Neue Folge der Vorlesungen zur Einführung in die Psychoanalyse, Frankfurt/M., 119-145
Freud, Sigmund (1990): Vorlesungen zur Einführung in die Psychoanalyse, Frankfurt/M. 1990, (gehalten 1915-17)
Frevert, Ute (1995): "Mann und Weib, und Weib und Mann". Geschlechter-Differenzen in der Moderne, München
Fröhlich, Gerhard/Mörth, Ingo (Hg.) (1998): Symbolische Anthropologie der Moderne. Kulturanalysen nach Clifford Geertz, Frankfurt/M.; New York
Früchtel, Frank (1994): Modernisierung männlicher Sexualität. Eine historisch-rekonstruktive und interpretative Untersuchung zu Männlichkeitskonzepten, Frauenbildern, erotischen Standards und Partnerschaftsmodellen von Männern, Tübingen
Fründ, Annegret (1997): Zur Konstruktion der Kategorien "Geschlecht" und "Sexualität" und deren Auswirkungen auf Frauenbeziehungen, in: Beiträge zur feministischen Theorie und Praxis, 20, 45, 43-52
Furthmayr-Schuh, Annelies (1993): Postmoderne Ernährung, Stuttgart
Gallagher, Catherine/Laqueur, Thomas (Eds.) (1987): The Making of the Modern Body, Berkeley
Garber, Marjorie (1993): Verhüllte Interessen. Transvestismus und kulturelle Angst, Frankfurt/M.
Garfinkel, Harold (1967): Studies in Ethnomethodology, Englewoods Cliffs
Garfinkel, Harold (1973): Studien über die Routinegrundlagen von Alltagshandeln, in: Steinert, Heinz (Hg.): Symbolische Interaktion. Arbeiten zu einer reflexiven Soziologie, Stuttgart, 280-293
Garner, David M./Garfinkel, Paul E. et al. (1980): Cultural Expectations of Thinness in Women, in: Psychological Reports, 47, 483-491
Gast, Lilli (1985): Magersucht: der Gang durch den Spiegel: zur Dialektik der individuellen Magersuchtproblematik und patriarchalgesellschaftlicher Strukturzusammenhänge, Pfaffenweiler
Gatens, Moira (1991): Representation in/and the Body Politic, in: Diprose, Rosalyn/Ferrel, Robyn (Eds.): Cartographies: The Mapping of Bodies and Spaces, Sidney, 79-87
Gatens, Moira (1992): Power, Bodies and Difference, in: Barret, Michèle/Phillips, Anne (Eds.): Destabilizing Theory: Contemporary Feminist Debates, Cambridge, 120-137

Gatens, Moira (1995): Ethologische Körper: Geschlecht als Macht und Affekt, in: Angerer, Marie-Luise (Hg.) (1995): The body of gender. Körper. Geschlechter. Identitäten, Wien, 35-52
Gebauer, Gunter (1982): Ausdruck und Einbildung. Zur symbolischen Funktion des Körpers, in: Kamper, Dietmar/Wulf, Christoph (Hg.): Die Wiederkehr des Körpers, Frankfurt/M., 313-329
Gebauer, Gunter et al. (Hg.) (1989): Historische Anthropologie, Reinbek b. Hamburg
Geertz, Clifford (1987): Dichte Beschreibung. Beiträge zum Verstehen kultureller Systeme, Frankfurt/M. (zuerst 1959-1977)
Gehlen, Arnold (1974): Der Mensch. Seine Natur und seine Stellung in der Welt, Frankfurt/M. (zuerst 1940)
Gerhards, Jürgen (1988): Soziologie der Emotionen. Fragestellungen, Systematik und Perspektiven, München
Gerhards, Jürgen/Rössel, Jörg (2002): Lebensstile und ihr Einfluss auf das Ernährungsverhalten von Jugendlichen, in: Soziale Welt, 53, 3, 261-284
George, Kathryn (1994): Should Feminists be Vegetarians?, in: Signs. Journal of Women in Culture and Society, 19, 2, 405-434
Gerlinghoff, Monika/Backmund, Herbert/Mai, Norbert (1988): Magersucht. Auseinandersetzung mit einer Krankheit, Weinheim
Germov, John/Williams, Lauren (Eds.) (1996): The Sociology of Food and Nutrition: Australian Perspectives, Newcastle
Gildemeister, Regine (1992): Die soziale Konstruktion von Geschlechtlichkeit, in: Ostner, Ilona/Lichtblau, Klaus (Hg.): Feministische Vernunftkritik. Ansätze und Traditionen, Frankfurt/M.; New York, 220-239
Gildemeister, Regine/List, Elisabeth/Wetterer, Angelika (1992): Wie Geschlechter gemacht werden. Die soziale Konstruktion der Zweigeschlechtlichkeit und ihre Reifizierung in der Frauenforschung, in: Axeli-Knapp, Gudrun/Wetterer, Angelika (Hg.): Traditionen – Brüche. Entwicklungen feministischer Theorie, Freiburg, 201-254
Gilmore, David (1991): Mythos Mann. Rollen, Rituale, Leitbilder, München
Giuliani, Regula (1997): Körpergeschichten zwischen Modellbildung und haptischer Hexis. Thomas Laqueur und Barbara Duden, in: Stoller, Silvia/Vetter, Helmuth (Hg.): Phänomenologie und Geschlechterdifferenz, Wien, 148-165
Gleichmann, Peter/Goudsblom, Johan/Korte, Hermann (Hg.) (1982): Materialien zu Norbert Elias' Zivilisationstheorie, Frankfurt/M.
Gleichmann, Peter/Goudsblom, Johan/Korte, Hermann (Hg.) (1984): Macht und Zivilisation, Frankfurt/M.
Gniech, Gisla (2002): Essen und Psyche. Über Gesundheit, Hunger und Sattheit und Kultur, Berlin
Gniech, Gisla/Brohl, Martin/Oetting, Tim (1992): Essensvorlieben, Sensationssuche und frühkindliche Oralität, Bremen
Gniech, Gisla/Schepers, Eva-Maria (1987): Nahrungspräferenzen und -aversionen als Indikator einer somato-psychosozialen Ganzheit, Bremen
Göckenjan, Gerd (1984): Medizin und Ärzte als Faktoren sozialer Disziplinierung der Unterschichten, Berlin
Gölz, Claudia (1997): Gesundheitspsychologische Aspekte des Ernährungsverhaltens: neue Ansätze für die Ernährungsberatung, Lage

Göttsch, Silke (1996): "Motto: Bleibt natürlich!". Zur Vermittlung geschlechtsspezifischer Körpersprache in Anstandsbüchern um 1900, in: Schweizerisches Archiv für Volkskunde, 63-78
Götz, Frank (1994): Das Denken des Körpers im Zustand der Sprache. Zur Leiblichkeit der ästhetischen Erfahrung bei Roland Barthes, in: Ästhetische Kommunikation, 39, 1, 19-44
Goffman, Erving (1969): Wir alle spielen Theater. Selbstdarstellungen im Alltag, München (zuerst 1959)
Goffman, Erving (1971): Verhalten in sozialen Situationen. Strukturen und Regeln der Interaktion im öffentlichen Raum, Gütersloh (zuerst 1964)
Goffman, Erving (1981): Geschlecht und Werbung, Frankfurt/M. (zuerst 1976)
Goffman, Erving (1986): Interaktionsrituale. Über Verhalten in direkter Kommunikation, Frankfurt/M. (zuerst 1967)
Goffman, Erving (1992): Asyle. Über die soziale Situation psychiatrischer Patienten und anderer Insassen, Frankfurt/M. (zuerst 1961)
Goffman, Erving (1994): Interaktion und Geschlecht, Frankfurt/M. (zuerst 1977)
Gofton, Leslie (1990): Food Fears and Time Famines: Some Social Aspects of Choosing and Using Food, in: The British Nutrition Foundation Bulletin, 15, 179-195
Goodman, David/Redclift, Michael (1992): Refashioning Nature: Food, Ecology, and Culture, London
Goody, Jack (1982): Cooking, Cuisine and Class. A Study in Comparative Sociology, Cambridge
Gottburgsen, Anja (2000): Stereotype Muster des sprachlichen „doing gender": eine empirische Untersuchung, Wiesbaden
Gottschall, Karin (2000): Soziale Ungleichheit und Geschlecht. Kontinuitäten und Brüche, Sackgassen und Erkenntnispotentiale im deutschen soziologischen Diskurs, Opladen
Gratenhoff, Richard (1989): Milieu und Lebenswelt. Einführung in die phänomenologische Soziologie und die sozialphänomenologische Forschung, Frankfurt/M.
Grémaux, René (1994): Woman Becomes Man in the Balkans, in: Herdt, Gilbert H. (Ed.): Third Sex, Third Gender: Beyond Sexual Dimorphism in Culture and History, New York, 241-281
Grignon, Claude/Grignon, Christiane (1986): Pratiques Alimentaires et Classes Sociales: Des Différences Importantes, in: Problèmes Politiques et Sociaux, 544, 22-27
Grignon, Claude (1981): Alimentation et Stratification Sociale, in: Cahiers du Nutrition et de Diététique, 16, 4, 207-217
Grignon, Claude (1989): Hierarchical Cuisine or Standard Cooking?, in: Food and Foodways, 3, 3, 177-183
Grimm, Hans Ulrich (1997): Die Suppe lügt: die schöne neue Welt des Essens, Stuttgart
Grimm, Hans Ulrich (1998): Der Bio-Bluff: der schöne Traum vom natürlichen Essen, Stuttgart; Leipzig
Groddeck, Georg (1979): Das Buch vom Es: Psychoanalytische Briefe an eine Freundin, Frankfurt/M. (zuerst 1923)

Groeneveld, Maike/Hoffmann, Ingrid et al. (1993): Die Gießener Vollwert-Ernährungsstudie. Erste Ergebnisse einer Fragebogenerhebung, in: Aktuelle Ernährungsmedizin, 18, 143-148
Grogan, Sarah/Bell, Russell/Conner, Mark (1997): Eating Sweet Snacks: Gender Differences in Attitudes and Behaviour, in: Appetite, 28, 1, 19-31
Grohn, Andrea/Delille, Angela (1986): Illustrierte Geschichte der Reinlichkeit, Frankfurt/M.
Gronow, Jukka (1993): Moden des Speisens und "Geschmack an der Gesundheit", in: Österreichische Zeitschrift für Soziologie, 18, 44-18
Großheim, Michael (Hg.) (1995): Leib und Gefühl. Beiträge zur Anthropologie, Berlin
Grosz, Elisabeth (1994): Volatile Bodies. Toward a Corporeal Feminism, Bloomington, Indianapolis
Grosz, Elisabeth (1995): Space, Time and Perversion: Essays on the Politics of Bodies, New York et al.
Grunert, Suzanne C. (1989): Ein Inventar zur Erfassung von Selbstaussagen zum Ernährungsverhalten, in: Diagnostica, 35, 167-179
Grunert, Suzanne C. (1993a): Wenn der Hunger im Herzen sitzt, in: Psychologie heute, 20, 27-29
Grunert, Suzanne C. (1993b): Essen und Emotionen, Weinheim 1993
Guckelsberger, Marianne (1982): Soul Food. Die Ernährung von Schwarzen in den USA als Ausdruck ihrer Kultur, Hohenschäftlarn
Guggenbühl, Allan (1994): Männer, Mythen, Mächte – Was ist männliche Identität?, Stuttgart
Gugutzer, Robert (2002): Leib, Körper und Identität. Eine phänomenologisch-soziologische Untersuchung zur personalen Identität, Wiesbaden
Gunzenhäuser, Randi (1995): Gibt es eine Position außerhalb des Diskurses? Zu Michel Foucault und Donna Haraway, in: Haas, Erika (Hg.): Verwirrung der Geschlechter: Dekonstruktion und Feminismus, München, 73-95
Haas, Erika (1995): Einleitung: Let's talk about sex, in: Haas, Erika (Hg.) (1995): Verwirrung der Geschlechter: Dekonstruktion und Feminismus, München, 7-18
Haas, Erika (Hg.) (1995): Verwirrung der Geschlechter: Dekonstruktion und Feminismus, München
Haberlandt, M. (1887): Über Gebräuche und Aberglaube beim Essen, in: Zeitschrift für Völkerpsychologie und Sprachwissenschaft, Bd. XVII, 378ff.
Habermas, Tilmann (1990): Heißhunger. Historische Bedingungen der Bulimia nervosa, Frankfurt/M.
Habermas, Tilmann (1994): Zur Geschichte der Magersucht. Eine medizinpsychologische Rekonstruktion, Frankfurt/M.
Habermas, Tilmann (1996): Geliebte Objekte. Symbole und Instrumente der Identitätsbildung, Berlin; New York
Hagemann-White, Carol (1984): Sozialisation: Weiblich – männlich?, Opladen
Hagemann-White, Carol (1988): Wir werden nicht zweigeschlechtlich geboren, in: Hagemann-White, Carol/Rerrich, Maria S. (Hg.): Frauen Männer Bilder, Berlin, 224-235
Hagemann-White, Carol (1993): Die Konstrukteure des Geschlechts auf frischer Tat ertappen? Methodische Konsequenzen einer theoretischen Einsicht, in: Feministische Studien, 11, 68-78

Hagemann-White, Carol/Rerrich, Maria S. (Hg.) (1988): Frauen Männer Bilder, Berlin
Hagner, Michael (Hg.) (1995): Der falsche Körper. Beiträge zu einer Geschichte der Monstrositäten, Göttingen
Hahn, Alois (1988): Kann der Körper ehrlich sein?, in: Gumbrecht, Hans Ulrich/Pfeiffer, Ludwig (Hg.): Materialität der Kommunikation, Frankfurt/M., 666-680
Hammer, Carmen/ Stieß, Immanuel (1995): Einleitung, in: Haraway, Donna: Die Neuerfindung der Natur. Primaten, Cyborgs und Frauen, Frankfurt/M., 9-31
Haneberg, Björn (1994): Leib und Identität: die Bedeutung der Leiblichkeit für die Bildung der sozialen Identität, Kiel (unv. Magisterarbeit)
Hanisch, Horst (1997): Kulinarischer Knigge: Umgangsformen rund um Essen und Trinken, Niedernhausen i.Ts.
Haraway, Donna (1984): Lieber Cyborg als Göttin: für eine feministisch-sozialistische Unterwanderung der Gentechnologie, in: Das Argument, 105, 14, 66-84
Haraway, Donna (1991): Simians, Cyborgs, and Women. The Reinvention of Nature, New York
Haraway, Donna (1995): Die Neuerfindung der Natur. Primaten, Cyborgs und Frauen, Frankfurt/M.
Hardt, Stefan (1987): Tod und Eros beim Essen, Frankfurt/M.
Harig, Georg/Kollesch, Jutta (1981): Gesellschaftliche Aspekte der antiken Diätetik, Jena
Harris, Marvin (1975): Cows, Pigs, Wars and Witches, London
Harris, Marvin (Ed.) (1987): Food and Evolution: Toward a Theory of Human Food Habits, Philadelphia
Harris, Marvin (1988): Wohlgeschmack und Widerwillen – das Rätsel der Nahrungstabus, Stuttgart
Harris, Marvin (1990): Kannibalen und Könige. Die Wachstumsgrenzen der Hochkulturen, Stuttgart
Harris, Marvin et al. (1984): Food Intake in a Multicultural Southwestern Population. Ethnic, Gender and Age Distributions, in: Ecology of Food an Nutrition, 21, 287-296
Hartmann, Andreas (Hg.) (1994): Zungenglück und Gaumenqualen. Geschmackserinnerungen, München
Hartmann, Petra (1998): Arbeitsteilung im Haushalt, in: Braun, Michael/Mohler, Peter Ph. (Hg.): Blickpunkt Gesellschaft 4., Soziale Ungleichheit in Deutschland, Opladen, 139-172
Hartmann-Tews, Ilse (1995): Disziplinierung des Körpers – Aspekte der somatischen Kultur von Studenten verschiedener Fachrichtungen, in: Winkler, Joachim (Hg.) (1995): Soziologie des Sports, Opladen, 217-228
Hassauer, Friederike (1988): Gleichberechtigung und Guillotine. Olympe de Gouges und die feministische Menschenrechtserklärung der Französischen Revolution, in: Becher, Ursula A./Rüsen, Jörn (Hg.): Weiblichkeit in geschichtlicher Perspektive. Fallstudien und Reflexionen zu Grundproblemen der historischen Frauenforschung, Frankfurt/M., 259-291
Haug, Frigga (1988): Sexualisierung der Körper, Hamburg

Hausen, Karin (1976): Die Polarisierung der Geschlechtscharaktere – Eine Spiegelung der Dissoziation von Erwerbs- und Familienleben, in: Conze, Werner (Hg.): Sozialgeschichte der Familie in der Neuzeit Europas, Stuttgart, 363-393
Haydar, Haschem (1986): Körperkultur und Gesellschaftsstruktur. Versuch einer historisch-materialistischen Analyse der Körperkultur in der griechisch-römischen Antike, Frankfurt/M.
Heigl-Evers, Anneliese (1997): Der Körper als Bedeutungslandschaft: die unbewußte Organisation der weiblichen Geschlechtsidentität, Bern et al.
Heim, Nikolaus (1992): Soziologie des Ernährungsverhaltens, in: Medizin Mensch Gesellschaft, 17, 2, 99-107
Heim, Nikolaus (1994): Hunger und sattes Leben. Zur sozialen Modellierung von Ernährungsbedürfnissen, in: Schuller, Alexander/Kleber, Jutta A. (Hg.): Verschlemmte Welt. Essen und Trinken historisch-anthropologisch, Göttingen, 89-102
Heintz, Bettina (1993): Die Auflösung der Geschlechterdifferenz – Entwicklungstendenzen in der Theorie der Geschlechter, in: Bühler, Elisabeth (Hg.): Ortssuche. Zur Geographie der Geschlechterdifferenz, Zürich; Dortmund, 17-48
Heintz, Bettina/Nadai, Eva (1998): Geschlecht und Kontext. De-Institutionalisierungsprozesse und geschlechtliche Differenzierung, in: Zeitschrift für Soziologie, 19, 3, 573-588
Held, Thomas (1978): Soziologie ehelicher Machtverhältnisse, Darmstadt; Neuwied
Helfferich, Cornelia (1989): Weibliche Körperverhältnisse im Wandel. Ergebnisse einer empirischen Untersuchung, in: Müller, Ursula/Schmidt-Waldherr, Hiltraud (Hg.): FrauenSozialKunde. Wandel und Differenzierung von Lebensformen und Bewußtsein, Bielefeld, 205-228
Helfferich, Cornelia (1990): Unbeschreiblich Leiblich – Der Frauenkörper in der Frauenforschung, Osnabrück
Helfferich, Cornelia (1994a): Jugend, Körper und Geschlecht. Die Suche nach sexueller Identität, Opladen
Helfferich, Cornelia (1994b): Zwang von Natur und Gesellschaft: Alltagsbilder vom Körper aus der Sicht von Frauen, in: Vogt, Irmgard/Bormann, Monika (Hg.): Frauen-Körper, Lust und Last, Tübingen, 9-37
Helle, Horst Jürgen (1980): Soziologie und Symbol, Opladen
Helle, Horst Jürgen (1992): Verstehende Soziologie und Theorie der Symbolischen Interaktion, Stuttgart
Helle, Horst Jürgen (1999): Verstehende Soziologie: Lehrbuch, München
Helm, Eve Marie/Schindler, Edith (1986): Speis und Trank im Aberglauben, Stuttgart
Helmann, Cecil (1991): Körpermythen. Werwolf, Medusa und das radiologische Auge, München
Henley, Nancy M. (1989): Körperstrategien: Geschlecht, Macht und nonverbale Kommunikation, Frankfurt/M.
Herdt, Gilbert H. (Ed.) (1994): Third Sex, Third Gender: Beyond Sexual Dimorphism in Culture and History, New York
Heritage, John (1984): Garfinkel and Ethnomethodology, Cambridge
Herzog, Cordula (1997): Der Mensch zwischen Distanz und Ausdruck. Zur Bedeutung der Leiblichkeit in der philosophischen Anthropologie Helmuth Plessners, in: List, Elisabeth/Fiala, Erwin (Hg.): Leib Maschine Bild. Körperdiskurse der Postmoderne, Wien, 61-73

Hetherington, Marion M. et al. (1994): Ageing and the Pursuit of Slimness: Dietary Restraint and Weight Satisfaction in Elderly Women, in: British Journal of Social and Clinical Psychology, 33, 391-400

Hettlage, Robert (1999): Erving Goffman (1922-1982), in: Kaesler, Dirk (Hg.): Klassiker der Soziologie, Bd. 2: von Talcott Parsons bis Pierre Bourdieu, München, 188-205

Hettlage, Robert/Lenz, Karl (Hg.) (1991): Erving Goffman – ein soziologischer Klassiker der zweiten Generation, Bern; Stuttgart

Hirschauer, Stefan (1989): Die interaktive Konstruktion von Geschlechtszugehörigkeit, in: Zeitschrift für Soziologie, 18, 2, 100-118

Hirschauer, Stefan (1993a): Dekonstruktion und Rekonstruktion. Plädoyer für die Erforschung des Bekannten, in: Feministische Studien, 11, 2, 55-67

Hirschauer, Stefan (1993b): Die soziale Konstruktion der Transsexualität. Über die Medizin und den Geschlechtswechsel, Frankfurt/M.

Hirschauer, Stefan (1994): Die soziale Fortpflanzung der Zweigeschlechtlichkeit, in: Kölner Zeitschrift für Soziologie und Sozialpsychologie, 46, 4, 668-692

Hitzler, Ronald (1992): Der Goffmensch: Überlegungen zu einer dramatologischen Anthropologie, in: Soziale Welt, 43, 449-46

Hochschild, Arlie Russell (1990): Das gekaufte Herz. Zur Kommerzialisierung der Gefühle, Frankfurt/M.; New York (zuerst 1983)

Höpflinger, Francois/Charles, Maria (1990): Innerfamiliäre Arbeitsteilung: Mikrosoziologische Erklärungsansätze und empirische Beobachtungen, in: Zeitschrift für Familienforschung, 2, 87-113

Hofstadler, Beate/Buchinger, Birgit (1995): Vom Umgang zum Umgehen. Eßstörungen als Gegenstand der medizinisch-psychotherapeutischen Praxis und Wissenschaft, in: Kleber, Jutta Anna (Hg.): Die Äpfel der Erkenntnis. Zur historischen Soziologie des Essens, Pfaffenweiler, 121-145

Hollstein, Walter (2001): Potent werden. Das Handbuch für Männer, Göttingen

Holz, Erlend (2000): Zeitverwendung in Deutschland – Beruf, Familie, Freizeit (hg. v. Statistisches Bundesamt), Wiesbaden

Homolka, Anita (1989): Zück die Finger und iß. Ein Streifzug durch die Geschichte unserer Tischsitten von den alten Ägyptern bis heute, Frankfurt/M.

Honegger, Claudia (1983): Überlegungen zur Medikalisierung des weiblichen Körpers, in: Imhof, Arthur E. (Hg.): Leib und Leben in der Geschichte der Neuzeit, Berlin, 203-214

Honegger, Claudia (1991): Die Ordnung der Geschlechter. Die Wissenschaften vom Menschen und das Weib, Frankfurt/M.

Horkheimer, Max/Adorno, Theodor W. (1969): Dialektik der Aufklärung, Frankfurt/M. (zuerst 1944)

Hülst, Dirk (1999): Symbol und soziologische Symboltheorie. Untersuchungen zum Symbolbegriff in Geschichte, Sprachphilosophie, Psychologie und Soziologie, Opladen

Hulme, Peter (Hg.) (1998): Cannibalism and the Colonial World, Cambridge

Humphrey, Theodore et al. (Eds.) (1988): We gather together: Food and Festival in American Life, Ann Arbor/ Mich.

Hupkens, Christiane/Knibbe, Ronald A./Drop, Maria J. (1997): Social Class Differences in Woman's Fat and Fibre Consumption: A Cross-National Study, in: Appetite, 28, 131-149

Hunt, Lynn (Hg.) (1991): Eroticism and the Body Politic, Baltimore

Hurrelmann, Klaus (1993): Einführung in die Sozialisationstheorie. Über den Zusammenhang von Sozialstruktur und Persönlichkeit, Weinheim/Basel

Hurrelmann, Klaus/Kolip, Petra (2002): Geschlecht, Gesundheit und Krankheit. Männer und Frauen im Vergleich, Bern

Imbusch, Peter (Hg.) (1998): Macht und Herrschaft. Sozialwissenschaftliche Konzeptionen und Theorien, Opladen

Imhof, Arthur. E. (Hg.) (1983a): Leib und Leben in der Geschichte der frühen Neuzeit, Berlin

Imhof, Arthur E. (Hg.) (1983b): Der Mensch und sein Körper – von der Antike bis heute, München

Institut für Sozialforschung (Hg.) (1994): Geschlechterverhältnisse und Politik, Frankfurt/M.

Jacobus, Mary/Keller, Evelyn Fox (1990): Body Politics: Women and the Discourses of Science, New York et al.

Janshen, Doris (Hg.) (2000): Blickwechsel. Der neue Dialog zwischen Frauen- und Männerforschung, Frankfurt/M.

Jansz, Jeroen (2000): Maculine Identity and Restrictive Emotionality, in: Fischer, Agneta H. (Ed.): Gender and Emotion. Social Psychological Perspectives, Cambridge, 166-186

Jauslin, Kurt (1998): Der magersüchtige Leviathan: Essen und Trinken im Werk Arno Schmidts – ein Versuch zur Mythologie des Alltagslebens, Wiesenbach

Jeggle, Utz (1988): Eßgewohnheit und Familienordnung, in: Zeitschrift für Volkskunde, 2, 189-205

Jellinek, J. Stephan (1974): Verbraucherdeutung verschiedener Geschmacks- und Konsistenzbegriffe bei Lebensmitteln, in: Dragoco Report, 19, 115-125

Jirak, Peter (1992): Erotik/Gourmandise. Ein gastrosophischer Exkurs vom menschlichen Glück, Wien

Joas, Hans (1980a): Praktische Intersubjektivität. Die Entwicklung des Werkes von G. H. Mead, Frankfurt/M.

Joas, Hans (1980b): Rollen- und Interaktionstheorien in der Sozialisationsforschung, in: Hurrelmann, Klaus /Ulich, Dieter (Hg.): Handbuch der Sozialisationsforschung, Weinheim; Basel, 147-160

Joas, Hans (1988): Symbolischer Interaktionismus. Von der Philosophie des Pragmatismus zu einer soziologischen Forschungstradition, in: Kölner Zeitschrift für Soziologie und Sozialpsychologie, 40, 417-446

Joas, Hans (1999): George Herbert Mead (1863-1931), in: Kaesler, Dirk (Hg.): Klassiker der Soziologie, Bd.1: Von Auguste Comte bis Norbert Elias, München, 171-189

Johnson, Mark (1987): The Body in the Mind: The Bodily Basis of Meaning, Imagination an Reason, Chicago

Jones, Colin (Ed.) (1994): Reassessing Foucault: Power, Medicine, and the Body, London et al.

Joosten, Bernhardine (1992): Ernährungspädagogik. Ernährungsbezogenes Lehren und Lernen, in: Ernährungs-Umschau, 39, 52-59

Jütte, Robert (2000): Geschichte der Sinne. Von der Antike bis zum Cyberspace, München

Kaelble, Helmut/Kocka, Jürgen/Siegrist, H. (Hg.) (1997): Konsumgeschichte als Gesellschaftsgeschichte, Frankfurt/M.; New York 1997

Kalka, Edith (2000): Kann man kulturelle Qualität von Lebensmitteln schmecken? Verknüpfung zwischen kultureller und sensorischer Qualität am Beispiel einer vergleichenden Untersuchung von Speisequark aus hofeigener und industrieller Verarbeitung, in: Mitteilungen des Internationalen Arbeitskreises für Kulturforschung des Essens, 6, 11-18

Kamper, Dietmar (1989): Tod des Körpers – Leben der Sprache. Über die Intervention des Imaginären im Zivilisationsprozeß, in: Gebauer, Gunter et al. (Hg.): Historische Anthropologie, Reinbek b. Hamburg, 49-81

Kamper, Dietmar (1997): Körper, in: Wulf, Christoph (Hg.): Vom Menschen. Handbuch Historische Anthropologie, Weinheim; Basel, 407-416

Kamper, Dietmar/Rittner, Volker (Hg.) (1976): Zur Geschichte des Körpers, München; Wien

Kamper, Dietmar/Wulf, Christoph (Hg.) (1982): Die Wiederkehr des Körpers, Frankfurt/M.

Kamper, Dietmar/Wulf, Christoph (Hg.) (1984a): Das Schwinden der Sinne, Frankfurt/M.

Kamper, Dietmar/Wulf, Christoph (Hg.) (1984b): Der andere Körper, Berlin

Kamper, Dietmar/Wulf, Christoph (Hg.) (1989a): Der Schein des Schönen, Göttingen

Kamper, Dietmar/Wulf, Christoph (Hg.) (1989b): Transfigurationen des Körpers: Spuren der Gewalt in der Geschichte, Berlin

Kaplan, Helmut F. (1991): Sind wir Kannibalen? Fleischessen im Lichte des Gleichheitsprinzips, Frankfurt/M.

Kaplan, Helmut F (1993): Leichenschmaus, Reinbek b. Hamburg

Kappel, Sibylle (1995): Der Herstellungsmodus von Geschlecht und der ihm hartnäckig anhaftende Schein der Natürlichkeit. Bemerkungen zur vermeintlichen Differenz der Geschlechter, in: Althoff, Martina/Kappel, Sibylle (Hg.): Geschlechterverhältnis und Kriminologie, Weinheim, 58-76

Katschnig-Fasch, Elisabeth (1997): Die Magie der Bilder: Kulturelle Veränderungen durch die Wiederkehr des Körpers, in: List, Elisabeth/Fiala, Erwin (Hg.): Leib Maschine Bild. Körperdiskurse der Postmoderne, Wien, 103-119

Katz, Solomon H. (1974): Anthroplogie Sociale/Culturelle et Biologique, in: Morin, Edgar/Piatelli-Palamarini, Massimo (Eds.): Pour une Anthroplogie Fondamentale, Bd. 3, Paris, 49-86

Katz, Solomon H. (1979): Une Exemple d'Évolution Bioculturelle: La Fève, in: Communications 32, 53-69

Kaufmann, Jean-Claude (1994): Schmutzige Wäsche. Zur ehelichen Konstruktion von Alltag, Konstanz

Kaufmann, Jean-Claude (1996): Frauenkörper – Männerblicke, Konstanz

Kaufmann, Jean-Claude (1999): Mit Leib und Seele. Theorie der Haushaltstätigkeit, Konstanz

Kelly, Janice R./Hutson-Comeaux, Sarah L. (1999): Gender-Emotion Stereotypes are Context Specific, in: Sex Roles, 40, 1/2, 107-120

Kemper, Theodore (Ed.) (1991): Research Agendas in the Sociology of Emotions, Albany

Kerr, Marion/Charles, Nickie (1986): Servers and Providers: the Distribution of Food within the Family, in: Sociological Review, 34, 1, 115-157

Kessler, Suzanne J./McKenna, Wendy (1978): Gender. An ethnomethodological Approach, New York et al.

Kettschau, Irmhild/Methfessel, Barbara (1991): Hausarbeit. Gesellschaftlich oder privat? Entgrenzungen – Wandlungen – Alte Verhältnisse, Baltmannsweiler

Kilgour, Maggie (1990): From Communion to Cannibalism. An Anatomy of Metaphors of Incorporation, Princeton

Kiltz, Hartmut (1986): Das erotische Mahl. Szenen aus dem „chambre separée" des neunzehnten Jahrhunderts, Frankfurt/M.

Kimmerle, Hans (1988): Derrida zur Einführung, Hamburg

Kipnis, Laura (1995): Die kulturellen Implikationen des Dickseins, in: Angerer, Marie-Luise (Hg.): The body of gender. Körper. Geschlechter. Identitäten, Wien, 111-130

Kipp, Hilde (1995): Anorexia nervosa. Das Versagen des Anspruchs im Symptom der Magersucht, in: Kleber, Jutta Anna (Hg.): Die Äpfel der Erkenntnis. Zur historischen Soziologie des Essens, Pfaffenweiler, 108-120

Kleber, Jutta Anna (1993): FrauenEssen, in: Zeitschrift für Sexualforschung, 6, 297-118

Kleber, Jutta Anna (1994): Zucht und Ekstase. Maßregeln des klösterlichen Essens, in: Schuller, Alexander/Kleber, Jutta Anna (Hg.): Verschlemmte Welt. Essen und Trinken historisch-anthropologisch, Göttingen, 235-253

Kleber, Jutta Anna (Hg.) (1995): Die Äpfel der Erkenntnis. Zur historischen Soziologie des Essens, Pfaffenweiler

Klein, Gabriele/Liebsch, Katharina (Hg.) (1997): Zivilisierung des weiblichen Ich, Frankfurt/M.

Kleinspehn, Thomas (1980): Fressen statt Moral – Moral statt Fressen. Überlegungen zur Soziogenese von Oralität, in: Politikon, Nr. 65, Oktober, 32-35

Kleinspehn, Thomas (1985): "Kein Mund weiß sich selber zu küssen". Über das Essen, Beißen, Saugen und Lutschen, in: Ästhetik und Kommunikation, 15, 57/58, 141-148

Kleinspehn, Thomas (1987a): Zum Bedeutungswandel abweichenden Eßverhaltens seit der frühen Neuzeit, in: Medizin Mensch Gesellschaft, 12, 220-226

Kleinspehn, Thomas (1987b): Warum sind wir so unersättlich? Über den Bedeutungswandel des Essens, Frankfurt/M.

Kleinspehn, Thomas (1987c): "Als ging's in den Höllenraum". Über verschlingende Frauen und die Ängste von Männern zu Beginn des 19. Jahrhunderts, in: Dröge-Modelmog, Ilse/Mergner, Gottfried (Hg.): Orte der Gewalt. Herrschaft und Gewalt im Geschlechterverhältnis, Opladen, 168-185

Kleinspehn, Thomas (1990): "Er fühlt sich nicht satt, nur voll", in: Moll, Monika (Hg.): Essen: Sozialgeschichte – Symptom – Ernährung, Münster, 29-46

Kleinspehn, Thomas (1993): Sprechen – Schauen – Essen. Formen des öffentlichen Diskurses über das Essen in Deutschland und ihre verborgenen Zusammenhänge, in: Wierlacher, Alois/Neumann, Gerhard/Teuteberg, Hans Jürgen (Hg.): Kulturthema Essen: Ansichten und Problemfelder, Berlin, 257-268

Klingenspor, Barbara (1994): Geschlecht, soziale Identität und bulimisches Eßverhalten, in: Zeitschrift für Sozialpsychologie, 25, 2, 108-125

Klinkan-Ellensohn, Stefanie (1991): Schlankheitskuren als Disziplinierungsmittel und Lebensentwurf, Salzburg

Klinkhammer, Monika (1998): Körperverständnis und Gesundheitsbewußtsein von Wissenschaftlerinnen, in: Beiträge zur feministischen Theorie und Praxis, 21, 49/50, 51-62

Klose, Birgit/Schmelz, Barbara (1987): Der Fleischmythos. Über den Einfluß der Nahrungsmittelproduktion auf die Ernährungsgewohnheiten in der BRD, Kassel

Klose, Jutta (1987): Tafelfreud und Liebesleid in der Bourgeoisie: Essen und Trinken bei Balzac, Flaubert und Zola, Frankfurt/M.; Bern; New York

Klotter, Christoph (1990): Adipositas als wissenschaftliches und politisches Problem, Heidelberg

Klotter, Christoph (1993): Der geraubte Körper. Verführt und zugerichtet, Pfaffenweiler

Klotter, Christoph (1994): Mächtiges Fressen. Adipositas als historisches Dispositiv, in: Schuller, Alexander/Kleber, Jutta A. (Hg.): Verschlemmte Welt. Essen und Trinken historisch-anthropologisch, Göttingen, 132-149

Knapp, Gudrun-Axeli (1992): Macht und Geschlecht. Neuere Entwicklungen in der feministischen Macht- und Herrschaftsdiskussion, in: Knapp, Gudrun-Axeli/Wetterer, Angelika (Hg.): TraditionenBrüche. Entwicklungen feministischer Theorie, Freiburg i.Br., 287-325

Kneer, Georg (1998): Die Analytik der Macht bei Michel Foucault, in: Imbusch, Peter (Hg.): Macht und Herrschaft. Sozialwissenschaftliche Konzeptionen und Theorien, Opladen, 239-254

Knoblauch, Hubert A. (1994): Erving Goffmans Reich der Interaktion (Einleitung), in: Goffman, Erving: Interaktion und Geschlecht, Frankfurt/M., 7-49

Knoblich, Hans (1996): Geschmacksforschung: Marketing und Sensorik für Nahrungs- und Genußmittel, München

Knorr-Cetina, Karin (1989): Spielarten des Konstruktivismus. Einige Notizen und Anmerkungen, in: Soziale Welt, 40, 86-97

Koch, Gertrud (Hg.) (1995): Auge und Affekt, Frankfurt/M.

Kofman, Sarah (1987): Derrida lesen, Wien

Kohl, Karl Heinz (1981): Entzauberter Blick. Das Bild vom Guten Wilden und die Erfahrung der Zivilisation, Berlin

Kohl, Karl Heinz (1993): Amazonen und Kannibalen. Die phantastische Kulinarik der Konquistadoren, in: Schultz, Uwe (Hg.): Speisen, Schlemmen, Fasten, Frankfurt/M. et al., 165-178

Köhler, Barbara Maria (1991): Gibt es eine soziale Differenzierung des Ernährungsverhaltens? Sekundäranalytische Untersuchung sozialer Bestimmungsgrößen des Ernährungsverhaltens Erwachsener (Veröffentlichungsreihe der Forschungsgruppe Gesundheitsrisiken u. Präventionspolitik, WZB), Berlin

Köhler, Barbara Maria (1995): Ernährung in der Armut – Folgen für die Gesundheit, in: Barlösius, Eva/Feichtinger, Elfriede/Köhler Barbara M. (Hg.): Ernährung in der Armut. Gesundheitliche, soziale und kulturelle Folgen in der Bundesrepublik Deutschland, Berlin, 271-290

Köhler, Barbara Maria (1997): Poverty and Food in Welfare Societies, Berlin

Köhler, Jochen (1983): Rezension zu S. Moscovici: ‚Versuch über die menschliche Geschichte der Natur‘, in: Philosophische Rundschau, 1-2, 23-30

Köhler, Michael (1995): Sein und Mahlzeit. Über Opfer und Essen, in: Kleber, Jutta Anna (Hg.): Die Äpfel der Erkenntnis. Zur historischen Soziologie des Essens, Pfaffenweiler, 28-40

König, Eugen (1989): Körper – Wissen – Macht. Studien zur historischen Anthropologie des Körpers, Berlin
König, Eugen (Hg.) (1995): Bewegungskulturen. Ansätze zu einer kritischen Anthropologie des Körpers, Sankt Augustin
König, René (1965): Die soziale und kulturelle Bedeutung der Ernährung in der industriellen Gesellschaft, in: König, René: Soziologische Orientierungen, Köln; Berlin, 494-505
Könnecker, Marie-Luise/Fischer-Homberger, Esther (1990): Götterspeisen, Teufelsküchen, Texte und Bilder vom Essen und Verdauen, vom Fressen und Fasten, Schlecken und Schlemmen, von Fett und Fleisch, Brot und Tod, Frankfurt/M.
Kolip, Petra (1995): Ernährung und Körperzufriedenheit: Der Einfluß von Alter und Geschlecht auf Körperzufriedenheit und Ernährungsverhalten im Jugendalter, in: Zeitschrift für Gesundheitspsychologie, 3, 2, 97-113
Kolip, Petra (1997a): Geschlecht und Gesundheit im Jugendalter. Die Konstruktion von Geschlechtlichkeit über somatische Kulturen, Opladen
Kolip, Petra (1997b): Geschlechtlichkeit im Jugendalter oder: Der blinde Fleck in der Jugendgesundheitsforschung, in: Zeitschrift für Sozialisationsforschung und Erziehungssoziologie, 17, 2, 135-147
Kolip, Petra (1999): Riskierte Körper: Geschlechtsspezifische somatische Kulturen im Jugendalter, in: Dausien, Bettina et al. (Hg.): Erkenntnisprojekt Geschlecht. Feministische Perspektiven verwandeln Wissenschaft, Opladen, 291-303
Kolip, Petra (Hg.) (1994): Lebenslust und Wohlbefinden. Beiträge zur geschlechtsspezifischen Jugendgesundheitsforschung, Weinheim
Kontos, Silvia/Walser, Karin (1978): Hausarbeit ist doch keine Wissenschaft, in: Sozialwissenschaftliche Forschung und Praxis für Frauen e.V. (Hg.): Erste Orientierungen. Beiträge zur Feministischen Theorie und Praxis
Koppetsch, Cornelia (Hg.) (2000): Körper und Status. Zur Soziologie der Attraktivität, Konstanz
Koppetsch, Cornelia/Burkart, Günter (1999): Die Illusion der Emanzipation. Zur Wirksamkeit latenter Geschlechtsnormen im Milieuvergleich, Konstanz
Kotthoff, Helga (1994): Geschlecht als Interaktionsritual?, in: Goffman, Erving: Interaktion und Geschlecht, Frankfurt/M.; New York, 159-194
Krais, Beate (1993): Geschlechterverhältnis und symbolische Gewalt, in: Gebauer, Gunter/Wulff, Christoph (Hg.): Praxis und Ästhetik. Neue Perspektiven im Denken Pierre Bourdieus, Frankfurt/M., 208-250
Krasmann, Susanne (1995): Simultaneität von Körper und Sprache bei Michel Foucault, in: Leviathan, 23, 2, 240-262
Krause, Burkhardt (1992): Fremdkörper – fremde Körper – Körperfremde: kultur- und literaturgeschichtliche Studien zum Körperthema, Stuttgart
Krause, Günther (Hg.) (1997): Literalität und Körperlichkeit, Tübingen
Kreckel, Reinhard (1991): Geschlechtssensibilisierte Soziologie. Können askriptive Merkmale eine vernünftige Gesellschaftstheorie begründen?, in: Zapf, Wolfgang (Hg.): Die Modernisierung moderner Gesellschaften, Frankfurt/M., 370-382
Kremmer, Debbie/Anderson, A. S./Marshal, David W. (1998): Living Together and Eating Together: Changes in Food Choice and Eating Habits during the Transition from Single to Married/Cohabiting, in: Sociological Review, 46, 48-72

Krondorfer, Birge (1996): Von Unterschieden und Gleichgültigkeiten, in: Mixa, Elisabeth et al. (Hg.): Körper. Geschlecht. Geschichte. Historische und aktuelle Debatten in der Medizin, Innsbruck; Wien, 60-73

Kruell, Marianne (Hg.) (1990): Wege aus der männlichen Wissenschaft, Pfaffenweiler

Krug-Richter, Barbara (1994): Zwischen Fasten und Festmahl, Münster

Kübler, Werner et al. (Hg.) (1994a): Lebensmittel- und Nährstoffaufnahme Erwachsener in der Bundesrepublik Deutschland, VERA (Verbundstudie Ernährungserhebung und Risikofaktoren-Analytik) Schriftenreihe Bd. III, Niederkleen

Kübler, Werner et al. (Hg.) (1994b): Lebensmittel- und Nährstoffaufnahme in der Bundesrepublik Deutschland. Ergänzungsband zum Ernährungsbericht 1992 auf der Basis der Nationalen Verzehrsstudie im Auftrag der Deutschen Gesellschaft für Ernährung, VERA (Verbundstudie Ernährungserhebung und Risikofaktoren-Analytik) Schriftenreihe Bd. XII, Niederkleen

Kühn, Arthur (1993): Ergänzende Aspekte zur Rollentheorie des Symbolischen Interaktionismus, in: Püttjer, Christian/ Schnierda, Uwe M. (Hg.): Kontaktforum: Soziologie in Schleswig-Holstein (Festschrift für Johann Dieckmann), Kiel, 109-128

Künzler, Jan (1994): Familiale Arbeitsteilung – Die Beteiligung von Männern an der Hausarbeit, Bielefeld

Küster, Christine (1996): Wieviel Zeit nimmt sich der Haushalt für die Ernährung?, in: Oltersdorf, Ulrich/Preuß, Thomas (Hg.): Haushalte an der Schwelle zum nächsten Jahrtausend, Frankfurt/M.; New York, 84-105

Küster, Christine (2000): Auswertungsmöglichkeiten der Zeitbudgeterhebung 1991/92 für eine zukünftige Ernährungsberichterstattung, in: Köhler, Barbara Maria/Oltersdorf, Ulrich/Papastefanou, Georg (Hg.): Ernährungsberichterstattung in der Bundesrepublik Deutschland, Berlin, 140-150

Kuhn, Gabriel (1995): 9 Spotlights auf die Würstelbude. Ein perspektivischer Beitrag zu einer Soziologie des Essens, in: Kleber, Jutta Anna (Hg.): Die Äpfel der Erkenntnis. Zur historischen Soziologie des Essens, Pfaffenweiler, 84-97

Kutsch, Thomas (1985): Zur Programmatik der Ernährungssoziologie, in: Hauswirtschaft und Wissenschaft, 33, 151-56

Kutsch, Thomas (1986): Soziale Determinanten und Rahmenbedingungen des Ernährungsverhaltens, in: Hauswirtschaft und Wissenschaft, 34, 5-15

Kutsch, Thomas (1990): Ethnic Food, Cuisines Régionales, gruppen- und landschaftstypische Küchen: Essen als Feld der sozialen Identität, in: Schriftenreihe der AGEV, Bd. 7, Beiheft der Ernährungsumschau 37, 29-37

Kutsch, Thomas (1993): Ernährungssoziologie, in: Kutsch, Thomas (Hg.): Ernährungsforschung – interdisziplinär, Darmstadt, 98-135

Kutsch, Thomas (Hg.) (1989): Forschung im Dienste der Ernährung. Eine Festschrift (Berichte der Bundesforschungsanstalt für Ernährung), Karlsruhe

Kutsch, Thomas (Hg.) (1993): Ernährungsforschung – interdisziplinär, Darmstadt

Kutsch, Thomas/Weggemann, Sigrid (Hg.) (1996): Ernährung in Deutschland nach der Wende. Veränderungen in Haushalt, Beruf und Gemeinschaftsverpflegung, Bonn

Kuzmics, Helmut (1997): Individualisierung und Körpererfahrung in der Zivilisationstheorie von N. Elias. Die Entwicklung der bürgerlichen Rationalität in der frühen Marktgesellschaft am Beispiel von D. Defoes "Moll Flanders", in: List,

Elisabeth/Fiala, Erwin (Hg.): Leib Maschine Bild. Körperdiskurse der Postmoderne, Wien, 31-48
Lachmund, Jens (1997): Der abgehorchte Körper. Zur historischen Soziologie der medizinischen Untersuchung, Opladen
Ladiges, Peter Michael (1983): Kulinarische Systeme, in: Curare, 6, 3, 209-227
Lakoff, George/Johnson, Mark (1998): Leben in Metaphern. Konstruktion und Gebrauch von Sprachbildern, Heidelberg
Landweer, Hilge (1990): Das Märtyrerinnenmodell. Zur diskursiven Erzeugung weiblicher Identität, Pfaffenweiler
Landweer, Hilge (1993): Kritik und Verteidigung der Kategorie Geschlecht. Wahrnehmungs- und symboltheoretische Überlegungen zur sex/gender-Unterscheidung, in: Feministische Studien, 11, 2, 34-43
Landweer, Hilge (1995): Verständigung über Gefühle, in: Großheim, Michael (Hg.): Leib und Gefühl. Beiträge zur Anthropologie, Berlin, 71-86
Landweer, Hilge (1997): Fühlen Männer anders? Überlegungen zur Konstruktion von Geschlecht durch Gefühle, in: Stoller, Silvia/Vetter, Helmuth (Hg.): Phänomenologie und Geschlechterdifferenz, Wien, 249-273
Langer, Susanne K. (1987): Philosophie auf neuem Wege. Das Symbol im Denken, im Ritus und in der Kunst, Frankfurt/M.
Laqueur, Thomas (1992): Auf den Leib geschrieben: die Inszenierung der Geschlechter von der Antike bis Freud, Frankfurt/M.; New York
Lash, Scott (1984): Genealogy and the Body: Foucault/Deleuze/Nietzsche, in: Featherstone, Mike/Hepworth, Mike/Turner, Bryan S. (Eds.): The Body. Social Process and Cultural Theory, London; Thousand Oaks; New Delhi, 256-280
Laurioux, Bruno (1992): Tafelfreuden im Mittelalter. Kulturgeschichte des Essens und Trinkens in Bildern und Dokumenten, Stuttgart
Leach, Edmund (1972): Anthropologische Aspekte der Sprache: Tierkategorien und Schimpfwörter, in: Eric H. Lenneberg (Hg.): Neue Perspektiven in der Erforschung der Sprache, Frankfurt/M., 32-73
Leach, Edmund (1974): Kultur und Kommunikation. Zur Logik symbolischer Zusammenhänge, Frankfurt/M.
Leach, Edmund (Hg.) (1973): Mythos und Totemismus. Beiträge zur Kritik der strukturalen Analyse, Frankfurt/M.
Leder, Drew (Ed.) (1992): The Body in Medical Thought and Practise, Dordrecht
Leitzmann, Claus/Hahn, Andreas (1996): Vegetarische Ernährung, Stuttgart
Lerner, Gerda (1991): Die Entstehung des Patriarchats, Frankfurt/M.; New York
Leroi-Gourhan, André (1975): Prähistorische Kunst. Die Ursprünge der Kunst in Europa, Freiburg; Basel; Wien (zuerst 1965)
Leroi-Gourhan, André (1988): Hand und Wort. Die Evolution von Technik, Sprache und Kultur, Frankfurt/M. (zuerst 1964/65)
Levenstein, Harvey A. (1988): Revolution at the Table, New York
Levenstein, Harvey A. (1993): Paradox of Plenty: a Social History of Eating in Modern America, New York
Lévi-Strauss, Claude (1966): The Culinary Triangle, in: Partisan Review, 33, 586-595
Lévi-Strauss, Claude (1967): Strukturale Anthropologie, Frankfurt/M. (zuerst 1958)
Lévi-Strauss, Claude (1976): Mythologica, Bd. I: Das Rohe und das Gekochte (zuerst 1964); Bd. II: Vom Honig zur Asche (zuerst 1966); Bd. III: Der Ursprung der Tischsitten (zuerst 1968), Frankfurt/M.

Lévi-Strauss, Claude (1981): Die elementaren Strukturen der Verwandtschaft, Frankfurt/M. (zuerst 1949)
Linck, Gudula (2001): Leib und Körper: zum Selbstverständnis im vormodernen China, Frankfurt/M.
Lindemann, Gesa (1992): Die leiblich-affektive Konstruktion des Geschlechts, in: Zeitschrift für Soziologie, 21, 5, 330-346
Lindemann, Gesa (1993a): Das paradoxe Geschlecht. Transsexualität im Spannungsfeld von Körper, Leib und Gefühl, Frankfurt/M.
Lindemann, Gesa (1993b): Wider die Verdrängung des Leibes aus der Geschlechtskonstruktion, in: Feministische Studien, 11, 2, 44-54
Lindemann, Gesa (1994): Die Konstruktion der Wirklichkeit und die Wirklichkeit der Konstruktion, in: Wobbe, Theresa/Lindemann, Gesa (Hg.): Denkachsen. Zur theoretischen und institutionellen Rede vom Geschlecht, Frankfurt/M., 115-146
Lindemann, Gesa (1995): Geschlecht und Gestalt. Der Körper als konventionelles Zeichen der Geschlechterdifferenz, in: Koch, Gertrud (Hg.): Auge und Affekt, Frankfurt/M., 75-92
Lindemann, Gesa (1996): Zeichentheoretische Überlegungen zum Verhältnis von Körper und Leib, in: Barkhaus, Annette/Mayer, Matthias/Roughley, Neil (Hg.): Identität, Leiblichkeit, Normativität, Frankfurt/M., 146-175
List, Elisabeth (1991): Was heißt natürlich? Theorieproduktion und Geschlechterpolitik am Beispiel der Soziobiologie, in: Herzog, Walter/Violi, Enrico (Hg.): Beschreiblich weiblich. Aspekte feministischer Wissenschaft und Wissenschaftskritik, Zürich, 135-152
List, Elisabeth (1997a): Vom Enigma des Leibes zum Simulakrum der Maschine. Das Verschwinden des Lebendigen in der telematischen Kultur, in: List, Elisabeth/Fiala, Erwin (Hg.): Leib Maschine Bild. Körperdiskurse der Postmoderne, Wien, 121-137
List, Elisabeth (1997b): Das lebendige Selbst. Leiblichkeit, Subjektivität und Geschlecht, in: Stoller, Silvia/Vetter, Helmuth (Hg.): Phänomenologie und Geschlechterdifferenz, Wien, 292-318
List, Elisabeth/Fiala, Erwin (Hg.) (1997): Leib Maschine Bild. Körperdiskurse der Postmoderne, Wien
Logue, Alexandra W. (1995): Die Psychologie des Essens und Trinkens, Heidelberg; Oxford; Berlin
Lorber, Judith (1999): Gender-Paradoxien, Opladen (zuerst 1994)
Lorber, Judith/Farrell, Susan A. (Eds.) (1991): The Social Construction of Gender, London
Lorenz, Maren (2000): Leibhaftige Vergangenheit. Einführung in die Körpergeschichte, Tübingen
Lorey, Isabell (1993): Der Körper als Text und das aktuelle Selbst: Butler und Foucault, in: Feministische Studien, 11, 2, 10-23
Lorey, Isabell (1995): Immer Ärger mit dem Subjekt, in: Haas, Erika (Hg.): Verwirrung der Geschlechter: Dekonstruktion und Feminismus, München, 19-34
Lumme, Christoph (1996): Höllenfleisch und Heiligtum. Der menschliche Körper im Spiegel autobiographischer Texte des 16. Jahrhunderts, Frankfurt/M.
Lupton, Deborah (1996a): Food, the Body and the Self, London et al.

Lupton, Deborah (1996b): Sugar and Snails: The Gendering of Food and Food preferences, in: Germov, John/Williams, Lauren (Eds.): The Sociology of Food and Nutrition: Australian Perspectives, Newcastle, 22-28
Lutz, Rainer/Sundheim, Diane (2002): Das Euthyme Konzept: Genuss zum Wohle der Gesundheit. Psychologische Aspekte gesundheitsfördernder Ernährung, in: Mitteilungen des Internationalen Arbeitskreises für Kulturforschung des Essens, 9, 14-24
Lyotard, Jean-Francois (1988): Ob man ohne Körper denken kann, in: Gumbrecht, Hans Ulrich/Pfeiffer, Ludwig (Hg.): Materialität der Kommunikation, Frankfurt/M., 813-829
Macht, Michael/Simons, G. (2000): Emotions and Eating in Everyday Life, in: Appetite, 35, 1, 65-71
Mader, Petra (1984): Gestörtes Eßverhalten, Hamburg
Maihofer, Andrea (1995): Geschlecht als Existenzweise. Macht, Moral, Recht und Geschlechterdifferenz, Frankfurt/M.
Malinowski, Bronislaw (1951): Die Dynamik des Kulturwandels, Stuttgart
Malinowski, Bronislaw (1985): Eine wissenschaftliche Theorie der Kultur, Frankfurt/M. (zuerst 1944)
Mann, Bettina (1991): Essen und Identität: Zur sozialen und kulturellen Dimension der Ernährung, Bielefeld
Mann, Doug (1996): The Body as an "Object" of Historical Knowledge, in: Dialogue (Canada), 35, 4, 753-776
Margolis, Karen (1985): Die Knochen zeigen. Über die Sucht zu hungern, Berlin
Marinetti, Filippo T./Marinetti, Fillia (1983): Die futuristische Küche, Stuttgart
Martens, Lydia (1997): Gender and the Eating Out Experience, in: British Food Journal, 99/1, 20-26
Martens, Lydia (2000): Eating Out. Social Differentiation, Consumption, and Pleasure, Cambridge
Maschewsky-Schneider, Ulrike (1997): Frauen sind anders krank: Zur gesundheitlichen Lage der Frauen in Deutschland, München
Mattenklott, Gert (1982): Der übersinnliche Leib, Hamburg
Matter, Max (Hg.) (1996): Körper – Verständnis – Erfahrung, Marburg
Mattheier, Klaus J. (1993): Das Essen und die Sprache. Umrisse einer Linguistik des Essens, in: Wierlacher, Alois/Neumann, Gerhard/Teuteberg, Hans Jürgen (Hg.): Kulturthema Essen: Ansichten und Problemfelder, Berlin, 245-256
Matthes, Joachim et al. (1973): Alltagswissen, Interaktion und gesellschaftliche Wirklichkeit. Bd.1: Symbolischer Interaktionismus und Ethnomethodologie, Reinbek b. Hamburg
Mauss, Marcel (1968): Die Gabe, Frankfurt/M. (zuerst 1923-24)
May, Michael (1995): Konstruktionen von Männlichkeit in unterschiedlichen soziokulturellen Milieus, in: Widersprüche, 55/56, 89-102
McNay, Lois (1992): Power, Foucault and Feminism. Power, Gender and the Self, Cambridge
Mead, George Herbert (1968): Geist, Identität und Gesellschaft aus der Sicht des Sozialbehaviorismus, Frankfurt/M. (zuerst 1934)
Mead, Margaret (1943a): Dietary Patterns and Food Habits, in: Journal of the American Dietetic Association, 19, 1, 1-5

Mead, Margaret (1943b): The Factor of Food Habits, in: Annals of the American Academie of Political and Social Science, 225, 136-141

Mead, Margaret (1949): Cultural Patterning and Nutritionally Relevant Behavior, in: Journal of the American Dietetic Association, 25, 677-680

Mead, Margaret (1957): We don't Like what we don't Eat, in: Cyprus Medical Journal, 9, 90-93

Mead, Margaret (1970): The Changing Significance of Food, in: American Scientist, 58, 176-181

Mead, Margaret (1992): Mann und Weib. Das Verhältnis der Geschlechter in einer sich wandelnden Welt, Frankfurt/M. (zuerst 1949)

Meigs, Anna S. (1988): Food, Sex and Pollution: A New Guinea Religion, New Brunswick

Meigs, Anna S. (1992): Food Rules and the Traditional Sexual Ideology, in: Deane W. Curtin/ Heldke, Lisa M. (Eds.): Cooking, Eating, Thinking. Transformative Philosophies of Food, Bloomington/Indianapolis, 109-118

Meinert, Petra/Schönberger, Gesa/Ströbele, Nanette (2001): Sensory Ambience of a Meal and its Effects on Health (Vortrag auf dem 7. ARISE-Symposium 7.-10.10.2001 in Nizza); Heidelberg (Dr. Rainer Wild-Stiftung)

Mellinger, Nan (2000): Fleisch. Ursprung und Wandel einer Lust, Frankfurt/M.; New York

Mellor, Philip A./Shilling, Chris (1997): Re-Forming the Body: Religion, Community and Modernity, London; Newbury Park; New Delhi

Mennell, Stephen (1986): Über die Zivilisierung der Eßlust, in: Zeitschrift für Soziologie, 15, 406-421

Mennell, Stephen (1988): Die Kultivierung des Appetits. Die Geschichte des Essens vom Mittelalter bis heute, Frankfurt/M.

Mennell, Stephen/Murcott, Anne/Otterloo, Anneke (1992): The Sociology of Food. Eating, Diet and Culture, London et al.

Mennell, Stephen/Simons, Katherine (1989): Die Soziologie der Bulimie, in: Kämmerer, Annette/Klingenspor, Barbara (Hg.): Bulimie. Zum Verständnis einer geschlechtsspezifischen Eßstörung, Stuttgart, 11-30

Merleau-Ponty, Maurice (1966): Phänomenologie der Wahrnehmung, Berlin (zuerst 1945)

Methfessel, Barbara (1992): Hausarbeit zwischen individueller Lebensgestaltung, Norm und Notwendigkeit. Ein Beitrag zur Sozioökonomie des Haushalts, Baltmannsweiler

Methfessel, Barbara (1993): Eine gemeinsame Zukunft? Zur Relevanz von Familie und Haushalt für die Lebensplanung von Jungen und Mädchen, in: Kettschau, Irmhild/ Methfessel, Barbara/Schmidt-Waldherr, Hiltraud (Hg.): Jugend, Familie und Haushalt. Internationale Beiträge zu Entwicklung und Lebensgestaltung, Baltmannsweiler, 85-102

Methfessel, Barbara (1999a): Körperbeziehungen und Ernährungsverhalten bei Mädchen und Jungen. Lehr- und Lernvoraussetzung in der Ernährungserziehung, in: Methfessel, Barbara (Hg.): Essen lehren – Essen lernen. Beiträge zur Theorie und Praxis der Ernährungsbildung, Baltmannweiler, 31-76

Methfessel, Barabara (1999b): Ernährungserziehung, Selbst-Bewußtsein und Eigenverantwortlichkeit. Forderungen und Überforderungen, in: Dr.-Rainer-Wild-Stiftung (Hg.): Ernährung zwischen Natur- und Kulturwissenschaft, Münster

Methfessel, Barbara/Kettschau, Irmhild (1994): Koedukative Haushaltslehre – Partnerschaftliches Leben?, in: Glumpler, Edith (Hg.): Koedukation. Entwicklungen und Perspektiven, Bad Heilbrunn, 86-106

Metz-Göckel, Sigrid (1993): Jungensozialisation oder: Zur Geschlechterdifferenz aus der Perspektive einer Jungenforschung, in: Zeitschrift für Frauenforschung, 1/2, 90-110

Meuser, Michael (1998): Geschlecht und Männlichkeit. Soziologische Theorien und kulturelle Deutungsmuster, Opladen

Meuser, Michael (2000): Dekonstruierte Männlichkeit und die körperliche (Wieder-)Aneigung des Geschlechts, in: Koppetsch, Cornelia (Hg.): Körper und Status. Zur Soziologie der Attraktivität, Konstanz, 211-236

Meyer-Renschhausen, Elisabeth (1997): Zivilisationsgeschichte der Eßkultur, in: Klein, Gabriele/Liebsch, Katharina (Hg.): Zivilisierung des weiblichen Ich, Frankfurt/M., 129-153

Michel, Paul (1994): Destruktion des Symbolbegriffs, in: Michel, Paul (Hg.): Die biologischen und kulturellen Wurzeln des Symbolgebrauchs beim Menschen, Bern, 129-202

Michel, Paul (Hg.) (1994): Die biologischen und kulturellen Wurzeln des Symbolgebrauchs beim Menschen, Bern

Michel, Paul (Hg.) (1995): Symbolik des menschlichen Leibes, Bern

Middlebrook, Diane Woods (1999): Er war eine sie. Das Doppelleben des Jazzmusikers Billy Tipton, Berlin

Mills, Jane (1989): Womanwords: A Vocabulary of Culture and Patriarchal Society, Essex

Mintz, Sidney W. (1987): Die süße Macht. Kulturgeschichte des Zuckers, Frankfurt/M.

Mintz, Sidney W. (1991): Color, Taste and Purity: Some Speculations on the Meanings of Marzipan, in: Ethnofood, 4, 1, 103-108

Mixa, Elisabeth et al. (Hg.) (1996): Körper. Geschlecht. Geschichte. Historische und aktuelle Debatten in der Medizin, Innsbruck; Wien

Modelmog, Ilse (1988): Keusches Verlangen. Zur Veränderung des Sexualverhaltens, in: Konnertz, Ursula (Hg.): Zeiten der Keuschheit. Ansätze feministischer Vernunftkritik, Tübingen, 71-98

Montanari, Massimo (1999): Der Hunger und der Überfluß. Kulturgeschichte der Ernährung in Europa, München (zuerst 1993)

Montanari, Massiomo (1994): The Culture of Food, Oxford 1994

Mori, Deanna/Pliner, Patricia/Chaiken, Shelly (1987): „Eating Lightly" and the Self-Presentation of Femininity, in: Journal of Personality and Social Psychology, 53, 693-702

Morris, Desmond (1996): Körpersignale, München

Mörth, Eveline (1997): Der Leib als Subjekt der Wahrnehmung. Zur Philosophie der Leiblichkeit bei Merleau-Ponty, in: List, Elisabeth/Fiala, Erwin (Hg.): Leib Maschine Bild. Körperdiskurse der Postmoderne, Wien, 75-87

Moscovici, Serge (1982): Versuch über die menschliche Geschichte der Natur, Frankfurt/M. (zuerst 1968)

Moulin, Leo (1989): Augenlust und Tafelfreuden, Essen und Trinken in Europa – eine Kulturgeschichte, Steinhagen

Mühlen Achs, Gitta (1993): Wie Katz und Hund. Die Körpersprache der Geschlechter, München
Mühlen Achs, Gitta (1998): Geschlecht bewußt gemacht. Körpersprachliche Inszenierungen – ein Bilder- und Arbeitsbuch, München
Müller-Ebeling, Claudia/Rätsch, Christian (1989): Isoldens Liebestrank: Aphrodisiaka in Geschichte und Gegenwart, München
Murcott, Anne (1988a): Mealt-time Myths hard to Swallow, in: Australian Financial Review, 14. Dec., 12
Murcott, Anne (1988b): On the Altered Appetites of Pregnancy, in: Sociological Review, 36, 4, 733-764
Murcott, Anne (1988c): Sociological and Social Anthropological Approaches to Food and Eating, in: World Review of Nutrition and Diet, 55, 1-40
Murcott, Anne (1993a): Kochen, Planung und Essen zu Hause. Männer, Frauen und Ernährung, in: Österreichische Zeitschrift für Soziologie, 18, 4, 19-28
Murcott, Anne (1993b): Purity and Pollution: Body Management and the Social Place of Infancy, in: Morgan, David/Scott, Sue (Eds.): Body Matters: Essays on the Sociology of the Body, London
Murcott, Anne (Ed.) (1983): The Sociology of Food and Eating, Essays on the Sociological Significance of Food, Aldershot
Murcott, Anne (Ed.) (1998): „The Nation´s Diet“: the Social Science of Food Choice, London
Musil, Robert (1965): Der Mann ohne Eigenschaften, Reinbek b. Hamburg (zuerst 1940-43)
Neumann, Gerhard (1984): Hungerkünstler und Menschenfresser. Zum Verhältnis von Kunst und kulturellem Ritual, in: Archiv für Kulturgeschichte, 66, 347-388
Neumann, Gerhard (1993a): "Jede Nahrung ist ein Symbol", in: Wierlacher, Alois/Neumann, Gerhard/Teuteberg, Hans Jürgen (Hg.): Kulturthema Essen: Ansichten und Problemfelder, Berlin, 385-444
Neumann, Gerhard (1993b): Filmische Darstellungen des Essens, in: Wierlacher, Alois/Neumann, Gerhard/Teuteberg, Hans Jürgen (Hg.): Kulturthema Essen: Ansichten und Problemfelder, Berlin, 343-366
Neumann, Gerhard (1996): Geschmack-Theater. Mahlzeit und soziale Inszenierung, in: Geschmacksache, Göttingen 1996 (Schriftenreihe Forum, Bd. 6), 35-64
Neumann, Gerhard (1999): Eßgewohnheiten im kulturellen Wandel. Einige Thesen zum Verhältnis zwischen naturwissenschaftlicher und kulturwissenschaftlicher Diagnose des Nahrungsgeschehens, in: Mitteilungen des Internationalen Arbeitskreises für Kulturforschung des Essens, 4, 2-10
Noelle-Neumann, Elisabeth/Köcher, Renate (Hg.) (2002): Allensbacher Jahrbuch für Demoskopie 1998-2002, München; New York; London; Paris
O'Brien, Mary (1981): The Politics of Reproduction, London
Öhlschläger, Claudia/Wiens, Birgit (1997): Körper – Gedächtnis – Schrift. Eine Einleitung, in: Öhlschläger, Claudia/Wiens, Birgit (Hg.): Körper – Gedächtnis – Schrift. Der Körper als Medium kultureller Erinnerung, Berlin, 9-22
Öhlschläger, Claudia/Wiens, Birgit (Hg.) (1997): Körper – Gedächtnis – Schrift. Der Körper als Medium kultureller Erinnerung, Berlin
Oltersdorf, Ulrich (1995): Ernährungs-Epidemiologie. Mensch, Ernährung, Umwelt, Stuttgart

O'Neill, John (1990): Die fünf Körper: medikalisierte Gesellschaft und Vergesellschaftung des Leibes, München
Onfray, Michel (1990): Der Bauch der Philosophen. Kritik der diätischen Vernunft, Frankfurt/M., New York
Onfray, Michel (1992): Der sinnliche Philosoph. Über die Kunst des Genießens, Frankfurt/M., New York
Onfray, Michel (1993): Philosophie der Ekstase, Frankfurt/M.; New York
Ortner, Sherry B. (1975): Is Female to Male as Nature is to Culture?, in: Rosaldo, Michelle Zimbalist/Lamphere, Louise (Eds.): Women, Culture, and Society, Stanford, 67-87
Ortner, Sherry B./Whitehead, Harriet (Eds.) (1981): Sexual Meanings. The Cultural Construction of Gender and Sexuality, Cambridge
Ostner, Ilona (1978): Beruf und Hausarbeit. Die Arbeit der Frau in unserer Gesellschaft, Frankfurt/M.; New York
Ostner, Ilona (1991): ‚Weibliches Arbeitsvermögen' und soziale Differenzierung, in: Leviathan 19, 192-207
Ostner, Ilona/Lichtblau, Klaus (Hg.) (1992): Feministische Vernunftkritik. Ansätze und Traditionen , Frankfurt/M.; New York
Ott, Cornelia (1998): Die Spur der Lüste. Sexualität, Geschlecht und Macht, Opladen
Oudshoorn, Nelly (1994): Beyond the Natural Body. An Archeology of Sexhormones, London; New York
Palzkill, Birgit (1991): Was hat sexuelle Gewalt mit Sport(abstinenz) zu tun? Körper- und Bewegungsentwicklung in Gewaltverhältnissen, in: Palzkill, Birgit/Scheffel, Heidi/Sobiech, Gabriele (Hg.): Bewegungs(t)räume, München, 62-74
Pasero, Ursula/Braun, Friederike (Hg.) (1999): Wahrnehmung und Herstellung von Geschlecht, Opladen
Pasero, Ursula/Gottburgsen, Anja (Hg.) (2002): Wie natürlich ist Geschlecht? Gender und die Konstruktion von Natur und Technik, Wiesbaden
Patel, Kushal/Schlundt, David (2001): Impact of Moods and Social Context on Eating Behavior, in: Appetite, 36, 2, 111-118
Paul, Jean (1987): Dr. Katzenbergers Badereise, in: Paul, Jean: Gesammelte Werke, Bd. 6, München, 77-363 (zuerst 1808)
Penning, Lothar M. (1984): Kulturgeschichtliche und sozialwissenschaftliche Aspekte des Ekels, Mainz
Perry-Hunnicut, C./Newman, I. M. (1993): Adolescent Dieting Practices and Nutrition-Knowledge in: Health Values. Journal of Health Behavior, Education and Promotion, 17, 35-40
Pines, Dinora (1997): Der weibliche Körper: eine psychoanalytische Perspektive, Stuttgart
Plasser, Gunda (1994): Essen und Lebensstil, in: Richter, Rudolf (Hg.): Sinnbasteln: Beiträge zur Soziologie der Lebensstile, Wien, 88-98
Plessner, Helmuth (1970): Philosophische Anthropologie, Frankfurt/M., darin: Anthropologie der Sinne, 188-251
Plessner, Helmuth (1981): Die Stufen des Organischen und der Mensch. Einleitung in die philosophische Anthropologie, Berlin (Gesammelte Schriften, Bd. IV) (zuerst 1928)

Plessner, Helmuth (1982): Lachen und Weinen. Eine Untersuchung der Grenzen menschlichen Verhaltens, in: Plessner, Helmuth: Gesammelte Schriften, Bd. VII: Ausdruck und menschliche Natur, Frankfurt/M., 201-387 (zuerst 1941)
Pliner, Patricia/Chaiken, Shelly (1990): Eating, Social Motives, and Self-Presentation in Men and Women, in: Journal of Experimental Social Psychology, 26, 240-254
Pokora, Felizitas (1994): Lebensstile ohne Frauen? Die Konstruktion von Weiblichkeit als konstitutives Moment des Lebensstils, in: Blasius, Jörg/Dengschat, Jens (Hg.): Lebensstile in den Städten, Opladen, 169-178
Posner, Roland et al. (1982): Kulinarische Semiotik, in: Zeitschrift für Semiotik, 4, 319-428
Prahl, Hans-Werner (1993): Doktor Schmaus und seine Gäste, in: Schulz, Uwe (Hg.): Das Fest, München, 105-115
Prahl, Hans-Werner (2002): Soziologie der Freizeit, Paderborn
Prahl, Hans-Werner/Setzwein, Monika (1999): Soziologie der Ernährung, Opladen
Prahl, Hans-Werner/Setzwein, Monika (2000): Ernährung zwischen Konflikt und Tausch, in: Dombrowsky, Wolf R./Endruweit, Günter (Hg.): Ein Soziologe und sein Umfeld. Lars Clausen zum 65. Geburtstag von Kieler Kollegen und Mitarbeitern, Kiel (Reihe: C.A.U.S.A. Soziologische Arbeitsberichte 28), 133-146
Preuß-Lausitz, Ulf (1983): Vom gepanzerten zum sinnstiftenden Körper, in: Preuß-Lausitz, Ulf et al. (Hg.): Kriegskinder, Konsumkinder, Krisenkinder. Zur Sozialisationsgeschichte seit dem Zweiten Weltkrieg, Weinheim; Basel, 89-106
Pringle, Rosemary/Collings, Susan (1993): Women and Butchery: Some Cultural Taboos, in: Australian Feminist Studies, 17, 29-45
Prokop, Ulrike (1977): Weiblicher Lebenszusammenhang. Von der Beschränktheit der Strategien und der Unangemessenheit der Wünsche, Frankfurt/M.
Pross, Helge (1976): Die Wirklichkeit der Hausfrau, Frankfurt/M.
Protzner, Wolfgang (Hg.) (1987): Vom Hungerwinter zum kulinarischen Schlaraffenland. Aspekte einer Kulturgeschichte des Essens in der Bundesrepublik Deutschland, Stuttgart
Pudel, Volker (1993): Praxis der Ernährungsberatung, Berlin; Heidelberg; New York
Pudel, Volker/Müller, Manfred James (1998): Leitfaden der Ernährungsmedizin, Berlin
Pudel, Volker/Westenhöfer, Joachim (1998): Ernährungspsychologie. Eine Einführung, Göttingen
Rätsch, Christian (1990): Pflanzen der Liebe. Aphrodisiaka in Mythos, Geschichte und Gegenwart, Bern
Raphael, Ray (1993): Vom Mannwerden. Übergangsrituale im westlichen Kulturkreis, München
Rath, Claus Dieter (1984): Reste der Tafelrunde. Das Abenteuer der Eßkultur, Reinbek b. Hamburg
Rath, Claus Dieter (1988): Zur Problematik der Eß-Forschung, in: Zeitschrift für Volkskunde, 78, 189-210
Rath, Claus Dieter (1993): Zur Psychoanalyse der Eßkultur, in: Wierlacher, Alois/Neumann, Gerhard/Teuteberg, Hans Jürgen (Hg.): Kulturthema Essen: Ansichten und Problemfelder, Berlin, 151-176
Rath, Claus Dieter (1997): Nahrung, in: Wulf, Christoph (Hg.): Vom Menschen. Handbuch Historische Anthropologie, Weinheim/Basel, 243-258

Rath, Norbert (1994): Jenseits der ersten Natur. Kulturtheorie nach Nietzsche und Freud, Heidelberg

Raulff, Ulrich (1982): Chemie des Ekels und des Genusses, in: Dietmar Kamper/Christoph Wulf (Hg.): Die Wiederkehr des Körpers, Frankfurt/M., 241-258

Redler, Elisabeth (Hg.) (1994): Der Körper als Medium zur Welt. Eine Annäherung von außen: Schönheit und Gesundheit, Frankfurt/M.

Reinhardt, Dirk/Spiekermann, Uwe/Thoms, Ulrike (1993): Neue Wege zur Ernährungsgeschichte, Frankfurt/M.

Richards, Audrey I. (1939): Land, Labour and Diet in Northern Rhodesia, Oxford

Richards, Audrey I./Widdowson, Elsie M. (1936): A Dietary Study in Northeastern Rhodesia, in: Africa. Journal of the International Institute of African Languages and Culture, 9, 166-196

Richter, Dieter (1995): Schlaraffenland. Geschichte einer populären Phantasie, Frankfurt/M.

Rifkin, Jeremy (1994): Das Imperium der Rinder, Frankfurt/M.

Ritter, Martina (1996): Die Freiheit der Frau, zu sein wie der Mann, in: Barkhaus, Annette/Mayer, Matthias/Roughley, Neil (Hg.): Identität, Leiblichkeit, Normativität Frankfurt/M., 404-422

Rittner, Volker (1982): Krankheit und Gesundheit. Veränderungen in der sozialen Wahrnehmung des Körpers, in: Kamper, Dietmar/Wulf, Christofph (Hg.): Die Wiederkehr des Körpers, Frankfurt/M., 40-52

Rittner, Volker (1983): Zur Soziologie körperbetonter sozialer Systeme, in: Neidhardt, Friedhelm (Hg.): Gruppensoziologie: Perspektiven und Materialien, Opladen, 233-255

Rittner, Volker (1984): Geschmack und Natürlichkeit, in: Kölner Zeitschrift für Soziologie und Sozialpsychologie, 36, 372-378

Ritzer, George (1995): Die McDonaldisierung der Gesellschaft, Frankfurt/M.

Rodenstein, Marianne (1982): Thesen zur somatischen Kultur von Frauen, in: Hagemann-White, Carol/Ostner, Ilona (Hg.): Beiträge zur Frauenforschung am 21. Deutschen Soziologentag, Bamberg, 231-241

Rodin, Judith (1994): Die Schönheitsfalle: Was Frauen daran hindert, sich und ihren Körper zu mögen, München

Röder, Heinrich (1999): Erotisch Kochen von Mann zu Mann, Lübeck

Rötzer, Florian (1996): Die Zukunft des Körpers, Köln

Roos, Eva (1998): Social Patterning of Food Behavior among Finnish Men and Women, Helsinki

Rose, Lotte (1992): Sportwissenschaften und feministische Körper-Debatte. Bestandsaufnahme und Perspektiven eines distanzierten Verhältnisses, in: Sportwissenschaft, 22, 1, 46-59

Rose, Lotte (1997): Körperästhetik im Wandel. Versportung und Entmütterlichung des Körpers in den Weiblichkeitsidealen der Risikogesellschaft, in: Dölling, Irene/Krais, Beate (Hg.): Ein alltägliches Spiel. Geschlechterkonstruktion in der sozialen Praxis, Frankfurt/M., 125-149

Rosenbrock, Rolf/Kühn, Hagen/Köhler, Barbara M. (1994): Präventionspolitik, Berlin

Ross, Eric Barry (1978): Food Taboos, Diet, and Hunting Strategy: The Adaption to Animals in Amazon Cultural Ecology, in: Current Anthropology, 19, 1-36

Rousseau, Jean-Jacques (1990): Emile oder Über die Erziehung, Stuttgart (zuerst 1762)

Rothfield, Philipa (1992): Subjektivität, Erfahrung, Körperlichkeit, in: Das Argument, 196, 34, 6, 831-847
Rubin, Gayle (1975): The Traffic in Women. Notes on the Political Economy of Sex, in: Reiter, Rayna Rapp (Ed.): Toward an Anthropology of Women, New York
Rummel, Carola (1991): Ernährungserziehung bei Kindern, Bonn
Rüter, Christian (1996): Der konstruierte Leib und die Leibhaftigkeit der Körper, in: Beier, Stefan/Fröhler, Norbert/Kahmann, Marcus et al. (Hg.): Kritische Männerforschung. Neue Ansätze in der Geschlechterforschung, Berlin, 76-107
Sahlins, Marshall (1981): Kultur und praktische Vernunft, Frankfurt/M.
Saltonstall, Robin (1993): Healthy Bodies, Social Bodies: Men's and Women's Concepts and Practices of Health in Everyday Life, in: Social Science and Medicine, 36, 7-14
Sanday, Peggy (1981): Female Power and Male Dominance: On the Origins of Sexual Inequality, Cambridge
Sanday, Peggy (1986): Divine Hunger: Cannibalism as a Cultural System, Cambridge
Sandgruber, Roman (1986): Bittersüße Genüsse. Kulturgeschichte der Genußmittel, Wien; Köln; Graz
Sandgruber, Roman (1997): Österreichische Nationalspeisen: Mythos und Realität, in: Teuteberg, Hans Jürgen/Neumann, Gerhard/Wierlacher, Alois (Hg.): Essen und kulturelle Identität. Europäische Perspektiven, 179-203
Sandgruber, Roman/Kühnel, Harry (Hg.) (1994): Genuß/Kunst. Kaffee, Tee, Schokolade, Tabak, Cola, Wien
Sawicki, Jana (1991): Disciplining Foucault: Feminism, Power, and the Body, New York et al.
Scarry, Elaine (1992): Der Körper im Schmerz. Die Chiffren der Verletzlichkeit und die Erfindung der Kultur, Frankfurt/M.
Schaeffer-Hegel, Barbara/Wartmann, Brigitte (Hg.) (1984): Mythos Frau. Projektionen und Inszenierungen im Patriarchat, Berlin
Scharfe, Martin (1986): Die groben Unterschiede. Not und Sinnesorganisation: Zur historisch-gesellschaftlichen Relativität des Genießens beim Essen, in: Jeggle, Utz (Hg.): Tübinger Beiträge zur Volkskultur, Tübingen, 13-28
Scharnowski, Susanne (1992): Dinner for Dons. Rituale der Nahrungsaufnahme am College in Cambridge, in: Medizin Mensch Gesellschaft, 17, 2, 118-126
Scheffel, Heidi/Sobiech, Gabriele (1991): „ene mene, muh, aus bist du?“ Die Raumaneignung von Mädchen und Frauen durch Körper und Bewegung, in: Palzkill, Birgit/Scheffel, Heidi/Sobiech, Gabriele (Hg.): Bewegungs(t)räume, München, 31-46
Schelsky, Helmut (1955): Soziologie der Sexualität. Über die Beziehungen zwischen Geschlecht, Moral und Gesellschaft, Hamburg
Schepers, Eva-Maria /Gniech, Gisla (1987): Eine Erkundungsstudie über die Hintergründe von Ernährungsverhalten mit besonderer Berücksichtigung von Geschlechtsunterschieden, Bremen
Schiebinger, Londa (1993): Nature's Body: gender in the Making of Modern Science, Boston
Schipperges, Heinrich (1981): Kosmos Anthropos. Entwürfe einer Philosophie des Leibes, Stuttgart
Schipperges, Heinrich (1985a): Lebensmittel – Mittel des Lebens. Einführung in die Regelkreise der Lebensführung, Bad Mergentheim

Schipperges, Heinrich (1985b): Das Konzept der Leiblichkeit bei Friedrich Nietzsche, in: Petzold, Hilarion (Hg.): Leiblichkeit. Philosophische, gesellschaftliche und therapeutische Perspektiven, Paderborn, 133-147
Schipperges, Heinrich (1993): Zur Philosophie der Ernährung, in: Wierlacher, Alois/ Neumann, Gerhard/Teuteberg, Hans Jürgen (Hg.): Kulturthema Essen: Ansichten und Problemfelder, Berlin, 25-40
Schivelbusch, Wolfgang (1980): Das Paradies, der Geschmack und die Vernunft. Eine Geschichte der Genußmittel, München; Wien
Schmidt, Alfred (1994): Die Leiblichkeit des Menschen als Bindeglied zwischen Medizin und Philosophie, in: Greven, Michael Th./Kühler, Peter/Schmitz, Manfred (Hg.): Politikwissenschaft als Kritische Theorie. Festschrift für Kurt Lenk, Baden-Baden, 133-149
Schmitt-Lieb, Willy (1990): Vom Fressen zum Essen, Hausmetzger – Fleischermeister – Fleischwarenindustrie, Frankfurt/M.
Schmitz, Hermann (1964): Die Gegenwart, Bonn (System der Philosophie, Bd. 1)
Schmitz, Hermann (1965): Der Leib, Bonn (System der Philosophie, Bd. 2, Teil 1)
Schmitz, Hermann (1966): Der Leib im Spiegel der Kunst, Bonn (System der Philosophie, Bd. 2, Teil 2)
Schmitz, Hermann (1967): Der leibliche Raum, Bonn (System der Philosophie, Bd. 3, Teil 1)
Schmitz, Hermann (1969): Der Gefühlsraum, Bonn (System der Philosophie, Bd. 3, Teil 2)
Schmitz, Hermann (1980): Die Person, Bonn (System der Philosophie, Bd. 4)
Schmitz, Hermann (1985): Phänomenologie der Leiblichkeit, in: Petzold, Hilarion (Hg.): Leiblichkeit. Philosophische, gesellschaftliche und therapeutische Perspektiven, Paderborn, 71-106
Schmitz, Hermann (1989): Leib und Gefühl. Materialien zu einer philosophischen Therapeutik, Paderborn
Schmitz, Hermann (1993): Gefühle als Atmosphären und das affektive Betroffensein von ihnen, in: Fink-Eitel, Hinrich/Lohmann, Georg (Hg.): Zur Philosophie der Gefühle, Frankfurt/M., 33-57
Schmitz, Hermann (1998): Der Raum, der Leib und die Gefühle, Ostfildern vor Stuttgart
Schmitz, Hermann (2000): Die Verwaltung der Gefühle in Theorie, Macht und Phantasie, in: Benthien, Claudia/Fleig, Anne/Kasten, Ingrid (Hg.): Emotionalität. Zur Geschichte der Gefühle, Köln; Weimar; Wien, 42-59
Schmölders, Claudia (Hg.) (1989): Einladung zum Essen, Frankfurt/M.
Schreiner, Klaus/Schnitzler, Norbert (Hg.) (1992): Gepeinigt, begehrt, vergessen: Symbolik und Sozialbezug des Körpers im späten Mittelalter und in der frühen Neuzeit, München
Schroer, Silvia/Staubli, Thomas (1998): Die Körpersymbolik der Bibel, Darmstadt
Schröter, Susanne (Hg.) (1998): Körper und Identität: ethnologische Ansätze zur Konstruktion von Geschlecht, Hamburg
Schürmann, Thomas (1994): Tisch- und Grußsitten im Zivilisationsprozeß, Münster
Schütz, Alfred (1971): Gesammelte Aufsätze, Bd. 1, Den Haag
Schütz, Alfred (1981): Der sinnhafte Aufbau der sozialen Welt. Eine Einleitung in die verstehende Soziologie, Frankfurt/M. (zuerst 1932)

Schuller, Alexander (1994): Die Gemeinschaft der Kannibalen. Vom Mord zum Wort, in: Schuller, Alexander/Kleber, Jutta Anna (Hg.): Verschlemmte Welt. Essen und Trinken historisch-anthropologisch, Göttingen, 215-234

Schuller, Alexander/Kleber, Jutta Anna (Hg.) (1993): Gier. Zur Anthropologie der Sucht, Göttingen

Schuller, Alexander/Kleber, Jutta Anna (Hg.) (1994): Verschlemmte Welt. Essen und Trinken historisch-anthropologisch, Göttingen

Schultz, Uwe (Hg.) (1993): Speisen, Schlemmen, Fasten: eine Kulturgeschichte des Essens, Frankfurt/M.

Schulze, Gerhard (1992): Die Erlebnisgesellschaft. Kultursoziologie der Gegenwart, Frankfurt/M.

Schulze, Micha (1996): Scharfmacher. Das große Kochbuch für Schwule, Berlin

Seifert, Ruth (1992): Männlichkeitskonstruktionen: Das Militär als diskursive Macht, in: Das Argument, 34, 6, 859-872

Sellach, Brigitte (1996): Wie kommt das Essen auf den Tisch? Die Frankfurter Beköstigungsstudie, Hohengehren

Selvini-Palazzoli, Maria (1982): Magersucht. Von der Behandlung einzelner zur Familientherapie, Stuttgart

Sennett, Richard (1995): Fleisch und Stein: der Körper und die Stadt in der westlichen Zivilisation, Berlin

Serres, Michel (1998): Die fünf Sinne. Eine Philosophie der Gemenge und Gemische, Frankfurt/M.

Setzwein, Monika (1997): Zur Soziologie des Essens. Tabu. Verbot. Meidung, Opladen

Setzwein, Monika (2000a): Ernährung und Geschlecht. Umrisse einer theoretischen Herausforderung, in: Mitteilungen des Internationalen Arbeitskreises für Kulturforschung des Essens, 5, 14-23

Setzwein, Monika (2000b): Mythenjagd im kulinarischen Universum, in: Mitteilungen des Internationalen Arbeitskreises für Kulturforschung des Essens, 6, 47ff.

Setzwein, Monika (2001): Essen: Typisch männlich, in: UGB-Forum. Fachzeitschrift für Gesundheitsförderung, 18, 6, 315-317

Setzwein, Monika (2002): Sex & Food & Hierarchy. Überlegungen zum Zusammenhang von Ernährung, symbolischer Geschlechterordnung und sexueller Ideologie, in: Jahn, Ingeborg/Voigt, Ulla (Hg.): Essen mit Leib und Seele, Bremen, 75-98

Setzwein, Monika (2003): Was ist Ernährungskultur? Ein Diskussionsbeitrag, in: Mitteilungen des Internationalen Arbeitskreises für Kulturforschung des Essens, 11, 64f.

Setzwein, Monika (2004a/i.D.): Ernährung als Thema der Geschlechterforschung, Universität Hohenheim (i.D.)

Setzwein, Monika (2004b/i.V.): Ernährung als Kulturphänomen. Kultursoziologische Zuwegungen in das Bedürfnisfeld der Ernährung (i.V.)

Shields, Stephanie A. (2000): Thinking about Gender, Thinking about Theory: Gender and Emotional Experience, in: Fischer, Agneta H. (Ed.): Gender and Emotion. Social Psychological Perspectives, Cambridge, 3-23

Shilling, Chris (1991): Educating the Body, in: Sociology, 25 (1991), 4, 653-672

Shilling, Chris (1993): The Body and Social Theory, London; Newbury Park; New Delhi

Signorelli, Nancy (1995): Ungesunde Botschaften. Medieneinflüsse auf das Gesundheits-Ernährungsverhalten von Kindern, in: Franzmann, Bodo et al. (Hg.): Auf den Schultern von Gutenberg. Medienökologische Perspektiven der Fernsehgesellschaft, Berlin, 150-164

Simmel, Georg (1911): Weibliche Kultur, in: Archiv für Sozialwissenschaft und Sozialpolitik, 33, 1-36

Simmel, Georg (1957): Soziologie der Mahlzeit, in: Simmel, Georg: Brücke und Tür. Essays des Philosophen, Stuttgart, 243-250 (zuerst 1910)

Simmel, Georg (1983): Zur Psychologie der Scham, in: Simmel, Georg: Schriften zur Soziologie. Eine Auswahl, hg. v. Dahme, Heinz J./Rammstedt, Otthein, Frankfurt/M., 140-149 (zuerst 1901)

Simoons, Frederick J. (1967): Eat Not This Flesh. Food Avoidances in the Old World, London et al.

Sobiech, Gabriele (1991): Die gesellschaftliche Disziplinierung des Frauenkörpers zwischen Gesundheit und Krankheit, in: Stahr, Ingeborg/Jungk, Sabine/Schulz, Elke (Hg.): Frauengesundheitsbildung. Grundlagen und Konzepte, Weinheim; München, 74-89

Sobiech, Gabriele (1994): Grenzüberschreitungen. Körperstrategien von Frauen in modernen Gesellschaften, Opladen

Soentgen, Jens (1998): Die verdeckte Wirklichkeit. Einführung in die neue Phänomenologie von Hermann Schmitz, Bonn

Speckels, Gabriele (1988): Naturkost: Geschmack am Fremden, in: Greverus, Ina-Maria/Köstlin, Konrad/Schilling, Heinz (Hg.): Kulturkontakt, Kulturkonflikt: zur Erfahrung des Fremden, Frankfurt/M., 479-482

Spelsberg, Gerd (1993): Essen aus dem Genlabor. Über die Zukunft unserer Ernährung, Göttingen

Spencer, Colin (1993): The Heretic's Feast: a History of Vegetarianism, London

Sperber, Dan (1973): Der Strukturalismus in der Anthropologie, in: Wahl, Francois (Hg.): Einführung in den Strukturalismus, Frankfurt/M., 181-258

Sperber, Dan (1975): Über Symbolik, Frankfurt/M.

Spiekermann, Uwe (2000): Verlust der Sinne? Riechen und Schmecken im Wandel, in: Mitteilungen des Internationalen Arbeitskreises für Kulturforschung des Essens, 7, 33-39

Spiekermann, Uwe (2002): Das Deftige für den Mann, das Leichte für die Frau? Über den Zusammenhang von Ernährung und Geschlecht, in: Jahn, Ingeborg/Voigt, Ulla (Hg.): Essen mit Leib und Seele, Bremen, 51-74

Spittler, Gerd (1993): Lob des einfachen Mahles. Afrikanische und europäische Eßkultur im Vergleich, in: Wierlacher, Alois/Neumann, Gerhard/Teuteberg, Hans Jürgen (Hg.): Kulturthema Essen: Ansichten und Problemfelder, Berlin, 193-210

Spitzack, Carole (1992): Foucault's Political Body in Medical Praxis, in: Leder, Drew (Ed.): The Body in Medical Thought and Practise, Dordrecht, 51-68

Spode, Hasso (1991a): Alkohol und Zivilisation. Berauschung, Ernüchterung und Tischsitten in Deutschland, Berlin

Spode, Hasso (1991b): Langfristige Wandlungen des Eß- und Trinkverhaltens, Berlin

Spode, Hasso (1993): Der Anspruch auf die Begierde. Die Revolution des medizinischen Wissens über die Trunkenheit, in: Schuller, Alexander/Kleber, Jutta Anna (Hg.): Gier. Zur Anthropologie der Sucht, Göttingen, 158-186

Spode, Hasso (1996): Die Macht der Trunkenheit. Kultur- und Sozialgeschichte des Alkohols in Deutschland, Opladen

Spörk, Ingrid (1997): Der psychoanalysierte Leib: Phantasien zur Geschlechterdifferenz , in: List, Elisabeth/Fiala, Erwin (Hg.): Leib Maschine Bild. Körperdiskurse der Postmoderne, Wien, 49-57

Staden, Hans (1557): Von den Wilden/Nacketen/Grimmigen Menschenfresser Leuthen/in der Neuwenwelt America gelegen, Marburg

Stahr, Ingeborg/Barb-Priebe, Ingrid/Schulz, Elke (1995): Eßstörungen und die Suche nach Identität, Weinheim

Starobinski, Jean (1991): Kleine Geschichte des Körpergefühls, Frankfurt/M.

Statistisches Bundesamt (Hg.) (1995): Die Zeitverwendung der Bevölkerung. Ergebnisse der Zeitbudgeterhebung, I-IV, Wiesbaden

Statistisches Bundesamt (Hg.) (2000a): Statistisches Jahrbuch 2000, Wiesbaden

Statistisches Bundesamt (Hg.) (2000b): Datenreport 1999. Zahlen und Fakten über die Bundesrepublik Deutschland, Bonn

Stein-Hilbers, Marlene (1994): Männer und Männlichkeiten in der neueren sozialwissenschaftlichen Diskussion, in: Psychologie und Gesellschaftskritik, 3/4, 67-80

Stein-Hilbers, Marlene (1995): Geschlechterverhältnisse und somatische Kulturen, in: Abholz, Heinz Harald et al. (Hg.): Jahrbuch Kritische Medizin, 24: Frauengesundheit, Hamburg, 62-81

Stein-Hilbers, Marlene/Becker, Marion (1996): „Wie schlank muß ich sein, um geliebt zu werden?“ Zur Prävention von Eßstörungen (Abschlußbericht der Begleitforschung zum Modellprojekt des BMFSFJ), Bonn

Stepper, Sabine (1992): Der Einfluß der Körperhaltung auf die Emotion "Stolz". Experimentelle Untersuchungen zur "Körper-Feedback"-Hypothese, Mannheim

Stoller, Robert J. (1968): Sex and Gender, New York

Stolzenberg-Bader, Edith (1989): Weibliche Schwäche – männliche Stärke. Das Kulturbild der Frau in medizinischen und anatomischen Abhandlungen um die Wende des 18. zum 19, Jahrhundert, in: Martin, Jochen/Zoepffel, Renate (Hg.): Aufgabe, Rollen und Räume von Frau und Mann, 751-818

Stroot, Thea (1990): Eßstörungen bei Frauen, in: Moll, Monika (Hg.): Essen: Sozialgeschichte – Symptom – Ernährung, München, 47-66

Stüttgen, Thomas (1990): Zur Unterscheidung von Körperlichkeit und Leiblichkeit, in: Daseinsanalyse: Zeitschrift für phänomenologische Anthropologie und Psychotherapie, 7, 4, 255-270

Sykora, Katharina (1993a): Ver-Körperung. Natur – Weiblichkeit – Artefakte, in: Huber, Jörg/Müller, Alois Martin (Hg.):) Raum und Verfahren (Interventionen 2), Basel; Frankfurt/M., 103-117

Sykora, Katharina (1993b): Weibliche Kunst-Körper. Zwischen Bildersturm und Erlösungspathos, in: Welsch, Wolfgang (Hg.): Die Aktualität des Ästhetischen, München

Symons, Michael (1994): Simmel's Gastronomic Sociology: An Overlooked Essay, in: Food and Foodways, 5, 4, 333-351

Synnott, Anthony (1993): The Body Social: Symbolism, Self and Society, London et al.

Tambiah , Stanley J. (1969): Animals are Good to Think and Good to Prohibit, in: Ethnology, 8, 423-459

Tannahill, Reavy (1979a): Fleisch und Blut. Eine Kulturgeschichte des Kannibalismus, München

Tannahill, Reavy (1979b): Kulturgeschichte des Essens. Von der letzten Eiszeit bis heute, München

Tannahill, Reavy (1988): Food in History, London

Tanner, Jakob (1993): Kulinarische Neologismen in der deutschen Gegenwartssprache, in: Wierlacher, Alois/Neumann, Gerhard/Teuteberg, Hans Jürgen (Hg.): Kulturthema Essen: Ansichten und Problemfelder, Berlin, 269-278

Tanner, Jakob (1996): Der Mensch ist, was er ißt. Ernährungsmythen im Wandel der Eßkultur, in: Historische Anthropologie, 4, 399-419

Tanner, Nancy (1994): Wie wir Menschen wurden. Der Anteil der Frau an der Entstehung des Menschen, Frankfurt/M.; New York

Taylor, Gordon Rattray (1970): Sex in History, New York

Teuteberg, Hans Jürgen (1974): Die Einwirkung sozialer und kultureller Faktoren auf das Ernährungsverhalten, in: Ernährungsumschau, 21, 2, 40-51

Teuteberg, Hans Jürgen (1979): Die Ernährung als psychosoziales Phänomen, in: Hamburger Jahrbuch für Wirtschafts- und Gesellschaftspolitik, 24, 263-282

Teuteberg, Hans Jürgen (1985): Der Wandel der häuslichen Tischgemeinschaft und Aufgaben einer Haushalts- und Ernährungserziehung, in: Hauswirtschaft und Wissenschaft, 33, 30-40

Teuteberg, Hans Jürgen (1988): Magische, mythische und religiöse Elemente in der Nahrungsmittelkultur Mitteleuropas, in: Bringéus, Nils-Arvid et al. (Hg.): Wandel der Volkskultur in Europa. Festschrift für Günter Wiegelmann, Münster, 351-373

Teuteberg, Hans Jürgen (1993): Prolegomena zu einer Kulturpsychologie des Geschmacks, in: Wierlacher, Alois/Neumann, Gerhard/Teuteberg, Hans Jürgen (Hg.): Kulturthema Essen: Ansichten und Problemfelder, Berlin, 103-136

Teuteberg, Hans Jürgen (1994): Zur Sozialgeschichte des Vegetarismus, in: Vierteljahrsschrift für Sozial- und Wirtschaftsgeschichte, 81, 1, 33-65

Teuteberg, Hans Jürgen (Hg.) (1992): European Food History. A Research Review, Leicester

Teuteberg, Hans Jürgen/Wiegelmann, Günter (1986): Unsere tägliche Kost. Geschichte und regionale Prägung, Münster

Teuteberg, Hans Jürgen/Neumann, Gerhard/Wierlacher, Alois (Hg.) (1997): Essen und kulturelle Identität. Europäische Perspektiven, Berlin

Theweleit, Klaus (1986): Männerphantasien, Frankfurt/M., 2 Bde.

Thies, Christine J. (1998): Bulimie als soziokulturelles Phänomen: Konsequenzen für Theorie und Praxis, Pfaffenweiler

Thönes, Egidius (Hg.) (1992): Fleischeslust. Geschichten um ein Nahrungsmittel, Essen

Thoms, Ulrike (1995): Dünn und dick, schön und häßlich. Schönheitsideal und Körpersilhouette in der Werbung 1850-1950, in: Borscheid, Peter/Wischermann, Clemens (Hg.): Bilderwelt des Alltags. Werbung und Konsumgesellschaft des 19. und 20. Jahrhunderts. Festschrift für Jürgen Teuteberg, Stuttgart, 242-281

Thomsen, Christian W. (1983): Menschenfresser in der Kunst und Literatur, in fernen Ländern, Mythen, Märchen und Satiren, in Dramen, Liedern, Epen und Romanen. Eine kannibalische Text-Bild-Dokumentation, Wien

Thorne, Barrie (1995): Kommentar, Symposion on West and Fenstermakers ‚Doing Difference', in: Gender and Society, 9, 497-499
Thornton, Andrew D. (1995): Wessen Männlichkeiten? Ideologie, Theorie und Vergnügungen auf dem Ultimate Feld, in: Armbruster, Christof/Müller, Ursula/Stein-Hilbers, Marlene (Hg.): Neue Horizonte? Sozialwissenschaftliche Forschung über Geschlechter und Geschlechterverhältnisse, Opladen, 85-105
Thürmer-Rohr, Christina (1990a): Mittäterschaft der Frau – Analyse zwischen Mitgefühl und Kälte, in: Studienschwerpunkt „Frauenforschung" am Institut für Sozialpädagogik der TU Berlin (Hg.): Mittäterschaft und Entdeckungslust, Berlin, 87-103
Thürmer-Rohr, Christina (1990b): Mittäterschaft und Entdeckungslust, in: Studienschwerpunkt „Frauenforschung" am Institut für Sozialpädagogik der TU Berlin (Hg.): Mittäterschaft und Entdeckungslust. Zur Dynamik feministischer Erkenntnis, Berlin, 138-155
Tönnies, Ferdinand (1979): Gemeinschaft und Gesellschaft. Grundbegriffe der reinen Soziologie, Darmstadt (zuerst 1887)
Tornieporth, Gerda (Hg.) (1988): Arbeitsplatz Haushalt. Zur Theorie und Ökologie der Hausarbeit, Berlin
Toklas, Alice B. (1999): Kochen für Gertrude Stein. Rezepte und Geschichten, Frankfurt/M.
Tolksdorf, Ulrich (1972): Ein systemtheoretischer Ansatz in der ethnologischen Nahrungsforschung, in: Kieler Blätter zur Volkskunde, 4, 55-72
Tolksdorf, Ulrich (1973): Grill und Grillen oder: die Kochkunst der mittleren Distanz. Ein Beschreibungsversuch, in: Kieler Blätter zur Volkskunde, 5, 113-133
Tolksdorf, Ulrich (1975): Die Schwangerschaftsgelüste (Picae gravidarum), in: Kieler Blätter zur Volkskunde, 7, 81-106
Tolksdorf, Ulrich (1976): Strukturalistische Nahrungsforschung: Versuch eines generellen Ansatzes, in: Ethnologia Europaea, 9, 1, 64-85
Tolksdorf, Ulrich (1988): Nahrungsforschung, in: Brednich, Rolf W. (Hg.): Grundriß der Volkskunde, Berlin, 229-242
Tolksdorf, Ulrich (1993): Das Eigene und das Fremde. Küchen und Kulturen im Kontakt, in: Wierlacher, Alois/Neumann, Gerhard/Teuteberg, Hans Jürgen (Hg.): Kulturthema Essen. Ansichten und Problemfelder, Berlin, 187-152
Tomlinson, Graham (1986): Thought for Food: A Study of Written Instructions, in: Symbolic Interaction, 9, 201-216
Tomlinson, Mark (1994): Do Distinct Class Preferences for Food exist? An Analysis of Class-Based Tastes, in: British Food Journal, 96, 7, 11-17
Treibel, Annette (2000): Einführung in soziologische Theorien der Gegenwart, Opladen
Treusch-Dieter, Gerburg (1985): „Cherchez la femme" bei Foucault, in: Dane, Gesa et al. (Hg.): Anschlüsse. Versuche nach Michel Foucault, Tübingen, 80-95
Tritt, Karin (1992): Emotionen und ihre soziale Konstruktion. Vorarbeiten zu einem wissenssoziologischen, handlungstheoretischen Zugang zu Emotionen, Frankfurt/M.
Turner, Bryan S. (1984): The Body and Society: Explorations in Social Theory, Oxford

Turner, Bryan S. (1991): Recent Developments in the Theory of the Body, in: Featherstone, Mike/Hepworth, Mike/Turner, Bryan S. (Eds.): The Body. Social Process and Cultural Theory, London; Thousand Oaks; New Delhi, 1-35
Turner, Bryan S. (1994): Regulating Bodies. Essays in Medical Sociology, London
Tuzin, Donald F./Brown, Paula (Hg.) (1983): The Ethnography of Cannibalism, Washington
Twigg, Julia (1983): Vegetarianism and the Meanings of Meat, in: Murcott, Anne (Ed.): The Sciology of Food and Eating, Aldershot, 18-30
Tyrell, Hartmann (1986): Geschlechtliche Differenzierung und Geschlechterklassifikation, in: Kölner Zeitschrift für Soziologie und Sozialpsychologie, 38, 450-489
Ulbricht, Gottfried (1993): Sozialökonomische Forschung zum Ernährungsverhalten in den alten und neuen Bundesländern: Stand, Entwicklung, Perspektiven, Karlsruhe
Vandereycken, Walter/van Deth, Ron/Meermann, Rolf (1992): Hungerkünstler, Fastenwunder, Magersucht. Eine Kulturgeschichte der Eßstörungen, München
Veblen, Thorstein (1986): Theorie der feinen Leute. Eine ökonomische Untersuchung der Institutionen, Frankfurt/M. (zuerst 1899)
Verein Sozialwissenschaftliche Forschung und Bildung für Frauen (Hg.) (1996): Materialität, Körper, Geschlecht: Vorträge, Frankfurt/M.
Vester, Heinz-Günter (1991): Emotion, Gesellschaft, Kultur. Grundzüge einer soziologischen Theorie der Emotionen, Opladen
Veyne, Paul (1986): Homosexualität im antiken Rom, in: Ariès, Philippe/Béjin, André (Hg.): Die Masken des Begehrens und die Metamorphosen der Sinnlichkeit. Zur Geschichte der Sexualität im Abendland, Frankfurt/M., 40-50
Vialles, Noélie (1995): Animal to Edible, Cambridge
Villa, Paula-Irene (1996): Spürbare Zugehörigkeiten. Klasse und Geschlecht als zweifache Positionierung des Leibes, in: Fischer, Ute Luise et al. (Hg.): Kategorie Geschlecht. Empirische Analysen und feministische Theorien, Opladen, 141-162
Villa, Paula-Irene (2000): Sexy Bodies. Eine soziologische Reise durch den Geschlechtskörper, Opladen
Villon, Francois (1962): Die lasterhaften Balladen und Lieder. Nachdichtung von Paul Zech. Mit einer Biographie von Villon, München
Vinken, Barbara (Hg.) (1992): Dekonstruktiver Feminismus, Frankfurt/M.
Virilio, Paul (1996): Die Eroberung des Körpers. Vom Übermenschen zum überreizten Menschen, Frankfurt/M.
Visser, Margaret (1986): Much Depends on Dinner. The Extraordinary History and Mythology, Allure and Obsessions, Perils and Taboos of an Ordinary Meal, Toronto
Vogt, Irmgard/Bormann, Monika (1994): Grenzenlose Schönheit – grenzenlose Körper, in: Zeitschrift für Frauenforschung, 12, 4, 98-105
Vogt, Irmgard/Bormann, Monika (Hg.) (1994): Frauen-Körper, Lust und Last, Tübingen
Volkert, Dorothee/Wankmüller, Ingeborg/Oster, Peter (1992): Ernährung im Alter, Heidelberg
Wagner, Christoph (1989): Fremdenangst und Tischgemeinschaft, in: Österreichische Zeitschrift für Soziologie, 18, 4, 29-40

Waldeck, Ruth (1993): Zur Produktion des "schwachen Geschlechts". Körpergeschichte eines Weiblichkeitsideals, in: Ethnopsychoanalyse Bd. 3: Körper, Krankheit und Kultur, Frankfurt/M., 198-213

Waldenfels, Bernhard (1985): Das Problem der Leiblichkeit bei Merleau-Ponty, in: Petzold, Hilarion (Hg.): Leiblichkeit. Philosophische, gesellschaftliche und therapeutische Perspektiven, Paderborn, 149-172

Waldenfels, Bernhard (2000): Das leibliche Selbst. Vorlesungen zur Phänomenologie des Leibes, Frankfurt/M.

Warneken, Bernd Jürgen (1997): Ver-Dichtungen. Zur kulturwissenschaftlichen Konstruktion von „Schlüsselsymbolen", in: Brednich, Rolf Wilhelm/Schmitt, Heinz (Hg.): Symbole. Zur Bedeutung der Zeichen in der Kultur, Münster, 549-562

Wartenpfuhl, Birgit (1996): Destruktion – Konstruktion – Dekonstruktion. Perspektiven für die feministische Theorieentwicklung, in: Fischer, Ute Luise et al. (Hg.): Kategorie Geschlecht. Empirische Analysen und feministische Theorien, Opladen, 191-209

Wartenpfuhl, Birgit (2000): Transversale Differenzen. Ein theoretischer Beitrag zur Konstruktion und Dekonstruktion der Geschlechterdifferenz, Opladen

Wayand, Gerhard (1998): Pierre Bourdieu: Das Schweigen der Doxa aufbrechen, in: Imbusch, Peter (Hg.): Macht und Herrschaft. Sozialwissenschaftliche Konzeptionen und Theorien, Opladen, 221-237

Weber, Jutta (1998): Feminismus & Konstruktivismus. Zur Netzwerktheorie bei Donna Haraway, in: Das Argument 227, 699-712

Weber, Max (1980): Wirtschaft und Gesellschaft, Tübingen (zuerst 1922)

Weber, Max (1984): Soziologische Grundbegriffe, Tübingen (zuerst 1921)

Weber-Kellermann, Ingeborg (1984): Die Sprache der Bräuche, in: Zeitschrift für Volkskunde, 80, 1, 23-29

Weigel, Sigrid (Hg.) (1992): Leib- und Bildraum: Lektüren nach Benjamin, Köln et al.

Welsch, Wolfgang (Hg.) (1993): Die Aktualität des Ästhetischen, München

Wenzel, Harald (1990): George Herbert Mead zur Einführung, Hamburg

Werlhof, Claudia von/Mies, Maria et al. (1988): Frauen, die letzte Kolonie. Zur Hausfrauisierung der Arbeit

West, Candace/Fenstermaker, Sarah (1993): Power, Inequality, and the Accomplishment of Gender: An Ethnomethodological View, in: England, Paula (Ed.): Theory on Gender – Feminism on Theory, New York, 151-174

West, Candace/Fenstermaker, Sarah (1995): Doing Difference, in: Gender and Society, 9, 1, 8-37

West, Candace/Zimmerman, Don H. (1991): Doing Gender, in: Lorber, Judith/Farrel, Susan (Eds.): The Social Construction of Gender, London et al., 13-37 (zuerst 1987)

Westenhöfer, Joachim (1996): Gezügeltes Essen und Störbarkeit des Eßverhaltens, Göttingen

Westenhöfer, Joachim/Pudel, Volker (1990): Gesellschaftliche Aspekte von Eßstörungen, in: Praxis der klinischen Verhaltensmedizin und Rehabilitation, 3, 151-159

Wetterer, Angelika (1992): Profession und Geschlecht. Über die Marginalität von Frauen in hochqualifizierten Berufen, Frankfurt/M.; New York

Wetterer, Angelika (1995a): Dekonstruktion und Alltagshandeln. Die (möglichen) Grenzen der Vergeschlechtlichung von Berufsarbeit, in: Haas, Erika (Hg.): Verwirrung der Geschlechter: Dekonstruktion und Feminismus, München, 123-156

Wetterer, Angelika (1995b): Das Geschlecht (bei) der Arbeit. Zur Logik der Vergeschlechtlichung von Berufsarbeit, in: Pasero, Ursula/Braun, Friederike (Hg.): Konstruktion von Geschlecht, Pfaffenweiler, 199-223

Wetterer, Angelika (Hg.) (1995): Die soziale Konstruktion von Geschlecht in Professionalisierungsprozessen, Frankfurt/M.; New York

Wex, Marianne (1980): „Weibliche" und „männliche" Körpersprache als Folge patriarchalischer Machtverhältnisse, Frankfurt/M.

Whit, B. (1995): Food and Society: A Sociological Approach, New York

Whitehead, Harriet (1981): The Bow and the Burden Strap: A new Look at institutionalized Homosexuality in Native North America, in: Ortner, Sherry/Whitehead, Harriet (Eds.): Sexual Meanings. The Cultural Construction of Gender and Sexuality, Cambridge, 80-115

Wierlacher, Alois (1987): Vom Essen in der deutschen Literatur. Mahlzeiten in Erzähltexten von Goethe bis Grass, Stuttgart

Wierlacher, Alois (1993): Zur Begründung einer interdisziplinären Kulturwissenschaft des Essens, in: Wierlacher, Alois/Neumann, Gerhard/Teuteberg, Hans Jürgen (Hg.): Kulturthema Essen. Ansichten und Problemfelder, Berlin, 1-21

Wierlacher, Alois/Neumann, Gerhard/Teuteberg, Hans Jürgen (Hg.) (1993): Kulturthema Essen. Ansichten und Problemfelder, Berlin

Wildt, Michael (1982): Die Zeichen des Geschmacks, in: Geschichtswerkstatt, 12, 47

Wildt, Michael (1993): Abschied von der "Freßwelle" oder: Die Pluralisierung des Geschmacks, in: Wierlacher, Alois/Neumann, Gerhard/Teuteberg, Hans Jürgen (Hg.): Kulturthema Essen: Ansichten und Problemfelder, Berlin, 211-225

Wildt, Michael (Hg.) (1987): Essen, Geschmack, Kultur, Hamburg

Wildt, Michael (1994): Am Beginn der "Konsumgesellschaft": Mangelerfahrung, Lebenshaltung, Wohlstandshoffnung in Westdeutschland in den fünfziger Jahren, Hamburg

Williams, Lauren/Germov, John (1996): The Need for a Sociological Approach to Food and Nutrition: The Women-Dieting Nexus, in: Germov, John/Williams, Lauren (Eds.): The Sociology of Food and Nutrition: Australian Perspectives, Newcastle, 8-14

Willems, Herbert (1998): Inszenierungsgesellschaft: ein einführendes Handbuch, Opladen

Willems, Herbert/Kautt, York (1999): Zur Codierung des Körpers: Geschlecht, Gesellschaft und Kultur, in: Sociologica internationalis. Internationale Zeitschrift für Soziologie, Kommunikations- und Kulturforschung, 37, 2, 133-156

Wilson, Monica (1972): The Wedding Cakes: A Study of Ritual Change, in: La Fontaine, Jean Sibyl (Hg.): The Interpretation of Ritual, London

Winau, Rolf (1982): Krankheitskonzept und Körperkonzept, in: Kamper, Dietmar/Wulf, Christoph (Hg.): Die Wiederkehr des Körpers , Frankfurt/M., 285-298

Wirz, Albert (1997): „Schwaches zwingt Starkes": Ernährungsreform und Geschlechterordnung, in: Teuteberg, Hans Jürgen/Neumann, Gerhard/Wierlacher, Alois (Hg.): Essen und kulturelle Identität. Europäische Perspektiven, Berlin, 438-455

Woesler de Panafieu, Christine (1983): Außen- und Innenaspekte weiblicher Körper, in: Klein, Michael (Hg.): Sport und Geschlecht, Reinbek b. Hamburg, 60-74

Woesler de Panafieu, Christine (1984): Das Konzept von Weiblichkeit als Natur- und Maschinenkörper, in: Schaeffer-Hegel, Barbara/Wartmann, Brigitte (Hg.): Mythos Frau. Projektionen und Inszenierungen im Patriarchat, Berlin, 244-266

Wolf, Naomi (1993): Der Mythos Schönheit, Reinbek b. Hamburg

Wood, Roy C. (1995): The Sociology of the Meal, Edinburgh

Wouters, Cas (1994): Duerr und Elias. Scham und Gewalt in Zivilisationsprozessen, in: Zeitschrift für Sexualforschung, 7, 3, 203-216

Wulf, Christoph (Hg.) (1997): Vom Menschen. Handbuch Historische Anthropologie, Weinheim; Basel

Wyrwa, Ulrich (1995): Die Minimalisierung des Rituals. Zur Kulturgeschichte des Trinkens im Übergang von der traditionalen Agrar- zur modernen Industriegesellschaft, in: Kleber, Jutta Anna (Hg.): Die Äpfel der Erkenntnis. Zur historischen Soziologie des Essens, Pfaffenweiler, 41-55

Yalman, Nur (1973): »Das Rohe : das Gekochte : : Natur : Kultur«. Beobachtungen zu Le cru et le cuit, in: Leach, Edmund (Hg.): Mythos und Totemismus. Beiträge zur Kritik der strukturalen Analyse, Frankfurt/M., 109-131

Zaner, Richard M. (1964): The Problem of Embodiment. Some Contributions to a Phenomenology of the Body, Den Haag

Zanetti, Véronique (1988): Kann man ohne Körper denken? Über das Verhältnis von Leib und Bewußtsein bei Luhmann und Kant, in: Gumbrecht, Hans Ulrich/Pfeiffer, Ludwig (Hg.): Materialität der Kommunikation, Frankfurt/M., 280-294

Zemann, Armin (1997): Richtige Männer. Eine Analyse männlicher Identitäten im Lichte der Theorie Bourdieus, in: Psychologie und Gesellschaftskritik, 21, 3/4, 53-76

Zischka, Ulrike (Hg.) (1994): Die anständige Lust: von Eßkultur und Tafelsitten, München 1994

zur Lippe, Rudolf (1976): Anthropologie für wen?, in: Kamper, Dietmar/Wulf, Christoph (Hg.): Zur Geschichte des Körpers, Wien; München, 91-129

zur Lippe, Rudolf (1980): Wiederbegegnung der Industriegesellschaften mit dem Körper, in: Neue Sammlung, 20, 5, 442-451

zur Lippe, Rudolf (1982): Am eigenen Leibe, in: Kamper, Dietmar/Wulf, Christoph (Hg.): Die Wiederkehr des Körpers, Frankfurt/M., 25-39

zur Lippe, Rudolf (1983): Die Geometrisierung des Menschen, Oldenburg

zur Lippe, Rudolf (1984): Arbeit, Leib und Arbeit am Leibe, in: Petzold, Hilarion (Hg.): Psychotherapie und Arbeitswelt

zur Lippe, Rudolf (1988): Vom Leib zum Körper: Naturbeherrschung am Menschen in der Renaissance, Reinbek b. Hamburg

zur Lippe, Rudolf (1989): Postmoderne. Wiederholung des Verdrängten oder Entfaltung des Unterstroms, in: Eifler, Günther/Saame, Otto (Hg.): Postmoderne, Anbruch einer neuen Epoche, Wien

Zweig, Adam (Hg.) (1984): Zur Entstehung von Symbolen, Bern